MASKENWECHSEL

Für Martin Hauk
zur Erinnerung an den
14. Oktober 2010

JOACHIM LERCHENMUELLER
GERD SIMON

MASKEN-
WECHSEL

Wie der SS-Hauptsturmführer Schneider
zum BRD-Hochschulrektor Schwerte wurde
und andere Geschichten über die
Wendigkeit deutscher Wissenschaft
im 20. Jahrhundert

Mit zahlreichen Dokumenten
und einem bisher ungedruckten Text von
Hans Schwerte aus neuester Zeit

Verlag der Gesellschaft für interdisziplinäre Forschung
Tübingen 1999

MITARBEITERINNEN UND MITARBEITER

Wolfgang Adis
Walther Back
Martina Becker
Peter M. Berger
Sabine Besenfelder
Arnold Biermann
Stefan Blanz
Michael Boehnke
Sultan Braun
Klaus Bruckinger
Rolf Czernotzky
Kiki Dreher
Susi Ehrgott
Janina Eisele
Johannes Freudewald
Petra Geiling
Horst Gerbig
Jan Gräf
Eva Grund
Ulrike Hartmann
Armin Heiderich
Mona Henken-Mellies

Armin Hennig
Joachim Hentschel
Horst Junginger
Michael Kapellen
Thomas Kästner
Susanne Kirst
Michael König
Ute Koplin
Sabine Körtje
George Leaman
Andrea Le Lan
Christoph Leibenath
Toni Löffler
Brigitte Lorenzoni
Peter Lüttge
Volker Mergenthaler
Katja Moser
Thomas Müller
Britta Osterspey
Peter Ott
Andreas Petrou
Maja-Sybille Pflüger
Christian Radaj

Martina Rall
Frank Renkewitz
Angelika Richert
Heike Rohrdanz
Maren Schäfer
Michael Schiek
Ulrich Schmid
Ralf Schröder
Irene Schuricht
Bert Sölzer
Uschi Strohmaier
Stefanie von Szalghary
Beate Teppert
Joachim Thomas
Mathias Veil
Peter Voigt
Florian Vogel
Gregor Walter
Antje Weber
Markus Woehl
Joachim Zahn
Andreas Zimmermann

Die Deutsche Bibliothek – CIP-Einheitsaufnahme
Lerchenmueller, Joachim:
Maskenwechsel: wie der SS-Hauptsturmführer Schneider zum
BRD-Hochschulrektor Schwerte wurde und andere Geschichten
über die Wendigkeit deutscher Wissenschaft im 20. Jahrhundert /
Joachim Lerchenmueller/Gerd Simon.–
Tübingen: Ges. für Interdisziplinäre Forschung, 1999
ISBN 3-932613-02-3

Redaktion: Ike de Pay
Satz: niemeyers satz, Tübingen

© 1999 Verlag der ›Gesellschaft für interdisziplinäre Forschung Tübingen‹

Naive Leute glauben, die Königswürde stecke im König selbst, in seinem Hermelinmantel und in der Krone, in seinem Fleisch und Bein. Aber die Königswürde ist ein Verhältnis zwischen Menschen. Der König ist nur darum König, weil sich in seiner Person die Interessen und Vorurteile von Millionen Menschen widerspiegeln. Wenn dieses Verhältnis vom Strom der Ereignisse weggespült wird, erweist sich der König bloß als ein verbrauchter Herr mit herabhängender Unterlippe.

Leo Trotzki, 1933

In Amerika kann man zu Hiroshima eine sehr unterschiedliche Haltung einnehmen. Man schämt sich, zeigt Verständnis, verteidigt alles oder ist stolz drauf. Aber niemand käme auf den Gedanken, Hiroshima zu leugnen.
Die deutsche Verarbeitungskultur ist demgegenüber zentral gekennzeichnet durch Leugnen, Verharmlosen, Maskieren, Deportieren bis hin zur Zeugenbeseitigung. Auschwitz wird geleugnet, manchmal explizit, meistens durch Wegsehen, nicht selten durch Aufbauschen von Nebensächlichkeiten. Den Lagerarzt macht man zum Professor, die Putzfrau hängt man. Und natürlich ist nichts so unverzeihlich, wie AUSCHWITZ mit SS zu schreiben.

Gérard Simenon, 1997

Vorwort

Das wechselvolle Leben des SS-Hauptsturmführers Hans Ernst Schneider alias Hans Schwerte beschäftigt die Öffentlichkeit seit April 1995 als Beispiel für die Verstrickung von Wissenschaft in die Verbrechen des nationalsozialistischen Deutschlands. Inzwischen hat sich die Biographie dieses Germanisten zu einem Paradefall der Wissenschaft überhaupt entwickelt, an dem man lehrbuchmässig wissenschaftsgeschichtliche Methodik studieren kann.

Dieses Opus will nicht einfach nur eine Biographie oder Institutionengeschichte darstellen. Wir verstehen das vorliegende Buch als Beitrag zu einer Wissenschaft, die aus der Kritik ihrer Grundlagen Wege aufzeigt zu einem Wissenschaftsverständnis, bei dem der Begriff der Verantwortung eine zentrale Rolle spielt. Dabei geht es uns nicht (nur) um individuelle Verantwortung: die Menschheitsverbrechen in Auschwitz und Hiroshima sind Beispiele für das Versagen der gesellschaftlichen Institution ›Wissenschaft‹. Wir beteiligen uns bewusst nicht an den durchsichtigen Versuchen, durch moralinsaure oder sonstwie entrüstete Überhöhung von Einzelbeispielen den Rest der Wissenschaftsgemeinde zu exkulpieren, so dass zukünftige Forschung sich weiterhin Traditionen unterstellen kann, die mit umgekehrten Vorzeichen oder ohne ihre Grundlagen zu hinterfragen so weitermacht, als wenn nichts gewesen wäre.

Wir wollen der Theorie der allmählichen Annäherung der Wissenschaft an die Wahrheit – wie sie noch Lakatos gegen Thomas Kuhn offensiv vertrat[1] – nicht einfach eine Theorie der allmählichen Annäherung der Wissenschaft an das Verbrechen gegenüberstellen. Eine solche Theorie hätte sicher nicht weniger überzeugende Argumente beizubringen. Aber damit würden wir uns nur antithetisch abhängig machen von einer Theorie, die nach dem inzwischen zu-

---
[1] Lakatos 1974.

sammengetragenen empirischen Material zu Recht als Legende gilt. Wir wollen dazu beitragen, den Weg freizuschaufeln für eine Wissenschaft, die den Allgemeinplatz, dass jeder Satz eine Wertung in sich berge, dass es keine „wertfreie = unparteiische" Forschung gebe, nicht als Legitimation dafür benutzt, sich zur Hure zu machen: zum willigen Erfüllungsgehilfen für politische, ökonomische, soziale oder gruppenegoistische Zwecke, die – manchmal unter der Maske der Kritik – nicht selten auch nur banal den eigenen Trieben und Wünschen verpflichtet sind.

In der Dritte-Reich-Forschung ist von Anfang an, in letzter Zeit sogar eher verstärkt, eine Entwicklung zu beobachten, die ausgewählte empirische Daten ausbeutet, um damit durchsichtige Zwecke zu rechtfertigen, die mit diesen Daten bestenfalls über zehn Ecken zu tun haben. Einfachstes Beispiel: Man zitiert einen unbedeutenden oder zum Zeitpunkt der Publikation des zitierten Textes einflusslosen NS-Wissenschaftler (mit Vorliebe Ernst Krieck) mit einem Votum für eine bestimmte Forschungsrichtung, die in der Gegenwart von Kontrahenten der eigenen Richtung ebenfalls positiv beurteilt wird. Man konstruiert auf diesem Wege eine Kontinuität und glaubt dann allen Ernstes, für seine Auffassung Pluspunkte gesammelt zu haben. Oder ein anderes Beispiel: 1997 drängte uns ein namhafter Hochschulpolitiker einer neu zu gründenden Universität in Thüringen, dass wir ihm unsere Informationen über Indogermanisten im Dritten Reich zur Verfügung stellen: er versprach sich davon Argumente gegen die Einrichtung eines indogermanistischen Lehrstuhls zugunsten eines solchen für allgemeine Sprachwissenschaft. Wir übersandten dem Herrn unser Opus ›im vorfeld des massenmords. germanistik und nachbarfächer im 2. weltkrieg‹ – es wird ihn enttäuscht haben. Es zeigt nämlich, dass beide Disziplinen in die Verbrechen der NS-Zeit verwickelt waren. Ausserdem wäre natürlich die organismische Logik zu hinterfragen, nach der man hier aus historischen Verstrickungen eines Fachs oder manchmal nur einzelner Vertreter auf die Legitimation derselben in der Gegenwart schliesst. Diese Logik ist nicht weit entfernt von jener, die aus der Rückführbarkeit eines Ortsnamens auf einen germanischen Wortstamm aktuelle Besitzansprüche herleitet, wie man das in der Regel im Dritten Reich tat, es aber sofort als problematisch brandmarkt, wenn es Gegner tun.[2]

Differenzierende wissenschaftshistorische Forschung, wie sie hier versucht wird, zeichnet sich durch Vergleich und Diskussion von Alternativen aus. Spekulationen schliessen wir auch von unserer Forschung keineswegs aus.

---

[2] So selbst der Sicherheitsdienst der SS. s. Boberach 1984, S. 5624 f.

Wir betrachten sie freilich zentral als einen Bestandteil der (wissenschaftlichen Veröffentlichungen vorangehenden) Vorstudien, die erst dann in Veröffentlichungen hineingehören, wenn die Datenbasis mehrere Interpretationsmöglichkeiten zulässt. Wenn in einer empirischen Studie auf neun Spekulationen eine methodisch erarbeitete, gesicherte, (d. h. eingehender Kritik standhaltende) Tatsachenbehauptung fällt, hat man das Recht, diese Studie als wertlos beiseite zu legen. Daran kann auch der Versuch nichts ändern, solche Spekulationen durch Häufung nichtssagender Belege zu unterfüttern. Ein derartiges Verfahren steht sogar im Verdacht, den oberflächlichen Leser über die Haltlosigkeit der Spekulationen bewusst hinwegtäuschen zu wollen. Wer überdies Repräsentatives wie Extremes behandelt, „Normalbeispiele" aus Gründen der Nicht-Beherrschung wissenschaftshistorischer Methodik oder gar aus wissenschaftsfremden Gründen zu „Extrembeispielen" macht, muss sich fragen lassen, ob er hier nicht den soundsovielten Versuch unternimmt, auf Kosten einzelner die Wissenschaft an sich von aller Schuld freizusprechen, damit sie gedankenlos so weitermachen kann wie bisher.

Diese Arbeit ist in wesentlichen Teilen schon im Herbst 1995 fertiggestellt gewesen. Passagen daraus wurden am 9. Oktober 1995 zur 125-Jahr-Feier der Rheinisch-Westfälischen TH Aachen auf Einladung der dortigen Fachschaft Philosophie als Vortrag gehalten. Eine Kurzform dieser Passagen lag im Februar 1996 – übrigens bereits unter dem Titel ›Maskenwechsel‹ – in einer Erfurter Zeitung erstmals in gedruckter Form vor, bevor Ludwig Jäger eine überarbeitete und durch einen Dokumenten-Anhang angereicherte Fassung in der germanistischen Zeitschrift ›Sprache und Literatur‹ herausbrachte. Die Aachener Studenten zitierten dann in ihrem Buch ›Schweigepflicht‹ auf Grund eines Tonbandmitschnitts längere Teile aus dem erwähnten Vortrag ohne Rückfrage und Autorisierung und mit zahlreichen Fehlern. Andere Teile wurden am 15. Februar 1996 auf einer Tagung in Erlangen präsentiert, die dann in dem Sammelband ›Ein Germanist und seine Wissenschaft‹ von der Universität Erlangen gedruckt wurde.[3] Zu den Beiträgen von Ludwig Jäger und Theo Buck in ›Sprache und Literatur‹ verfassten wir eine Kritik, die Jäger zwar versprach ebenda abzudrucken, die er aber bis heute nicht abgedruckt hat. Sie ist im Internet unter der Homepage des Deutschen Seminars der Universität Tübingen

http://www.uni-tuebingen.de/deutsches-seminar/gift/index.html

zu finden. Weitere Stellungnahmen zu anderen in der Öffentlichkeit bezoge-

---
[3] Rektor der Friedrich-Alexander-Univ. 1996, S. 47–74.

nen Positionen haben wir als Kopie unter interessierten Spezialisten kursieren lassen; sie sind inzwischen ebenfalls an gleicher Stelle nachlesbar. Angeregt durch den ‚Fall' Schwerte-Schneider und die unmittelbaren Reaktionen in Wissenschaft und Medien veranstalteten wir im Februar und März 1997 im Haspelturm des Schlosses Hohentübingen eine Ausstellung, die unter dem Thema ›im vorfeld des massenmords‹ einen Überblick über die Geschichte der Germanistik im 2. Weltkrieg gab und dadurch nebenbei auch zeigte, wie normal damals das Verhalten Schneiders im Vergleich zu dem anderer Germanisten (leider) war. Wir hielten es nicht zuletzt aus methodischen Gründen für sinnvoll, unserer Einzelstudie über Schwerte-Schneider eine Veröffentlichung zum Kontext seines Handelns im Dritten Reich voranzustellen.

Dass das vorliegende Buch erst so spät erscheint, ist unglücklichen, vor allem technischen Schwierigkeiten anzulasten, die detaillierter auszuführen an dieser Stelle nur wenig interessieren würde. Inzwischen sind eine Fülle von Studien zum Thema erschienen. Manche dieser Arbeiten werden hier schon darum nicht diskutiert, weil sie sich explizit als nicht wissenschaftlich diskreditieren.[4] Wir haben auch nicht vor, auf die vielen zum Teil durchaus anregenden Essays zu unserem Thema sonderlich einzugehen. Unter den auf umfangreicher Autopsie beruhenden Forschungsbeiträgen ist das Buch von Ludwig Jäger hervorzuheben. Da es uns erst seit kurzem vorliegt, haben wir lediglich die Erkenntnisse, die uns zu recht korrigierten, noch in dieses Buch einarbeiten können. Eine ausführliche Kritik an diesem Jäger-Beitrag findet sich auf der angegebenen Homepage.

Schwerte hat infolge der Entdeckung seiner Vergangenheit manche Unbillen erleiden müssen. Wir halten es für misslich, hier über mehr als 50 Jahre hinweg Vergleiche anzustellen. Die Wut des nordrhein-westfälischen Innenministers Schnoor, einst Duzfreund Schwertes, mit dem Verfolgungsrausch der SS zu vergleichen ist abwegig. Entsprechend macht es keinen Sinn, Schwerte mit SS-Opfern zu vergleichen. Mitleid, in dem ja solche Vergleiche (Identifikationsakte) versteckt sind, ist nicht weniger angebracht. Wir gehen davon aus, dass Schwerte sich derartiges auch verbittet. So überzogen die politischen Entscheidungen sind, die Schwertes jetziges Schicksal auslösten, die momentan sich ausbreitende Larmoyanz ist nicht weniger fehl am Platze wie die anfängliche übertriebene Entrüstung. Unserer Meinung nach ist es endlich Zeit für mehr Sachlichkeit. Mit Wissenschaft hat sie ohnehin mehr zu tun. Und um diese geht es uns hier allein.

---

[4] So z. B. AutorInnenkollektiv für Nestbeschmutzung 1996, S. 8.

Vorwort

Flüchtige Leser hören aus diesem Votum eine Nicht-Fisch-nicht-Fleisch-Position heraus. Wir selbst sehen darin vielmehr eine radikal differenzierende, d. h. an die Wurzel gehende Kritik an der Wissenschaft, wie sie bisher betrieben wurde. Von dieser Position aus lassen die Fakten keinen anderen Schluss zu als den, dass wir es bei Schwerte-Schneider mit einem ‚Normalbeispiel' zu tun haben, das allerdings Repräsentativität beanspruchen kann.

Wir haben unter den auf der Titelrückseite genannten Mitarbeitern insbesondere Ike de Pay zu danken. Ohne ihre Geduld und ihren Ideenreichtum bei der Lösung aller anfallenden Probleme wäre dieses Opus jedenfalls nicht so professionell ausgefallen, wie es jetzt vorliegt. Darüber hinaus danken wir Marita Keilson-Lauritz, Hans Keilson und Eda Sagarra für ihre Unterstützung, ihre Beiträge und ihren Rat im Zusammenhang unseres Ausstellungsprojekts ›im vorfeld des massenmords‹. Zu Dank verpflichtet sind wir auch den weit über 70 Archiven, aus denen wir unsere Informationen holten. Wir hoffen, dass deren Archivare, die uns manchmal sogar auf wichtige Akten hinwiesen, es uns nicht allzu sehr verübeln, wenn wir sie hier nicht namentlich erwähnen; es wäre nämlich auf jeden Fall eine dreistellige Zahl geworden, die wir dann hätten aufführen müssen. Vor allem aber danken wir Hans Schwerte für seine Stellungnahme zu einer Vorfassung des vorliegenden Opus. Unserem dialogisch orientierten Wissenschaftsverständnis gemäss hatten wir ihn zu dieser Stellungnahme eingeladen. Wir haben diese im Text bzw. manchmal auch in Fussnoten eingearbeitet. Die meisten Korrekturvorschläge trafen sich mit unseren eigenen Vorstellungen. Tilgungswünschen grösseren Umfangs sind wir nicht nachgekommen.

Ursprünglich hatten wir vor, diesen Band in zwei Teilen erscheinen zu lassen. Als es in den Bereich des Machbaren rückte, alles in einem Band unterzubringen, haben wir auch das Konzept leicht verändert und allen Widerständen zum Trotz umgesetzt. Zugleich haben wir uns entschieden, das Resultat nicht – wie bisher im Verlag üblich – im Fotokopier-, sondern im herkömmlichen Druckverfahren herstellen zu lassen. Die Vorteile liegen auf der Hand.

Limerick, Tübingen, im Februar 1999   Die Verfasser

INHALT

Vorwort vii

Abkürzungsverzeichnis xix

I. Einleitung
Identität als Maske? 1
Germanistik – eine nationale Wissenschaft 10

II. Herkunft und Studium 18
Max Herrmann 19
Josef Nadler 19
Paul Hankamer 26

III. Dichtung, Volk und Krieg 31

IV. In der ›Nationalsozialistischen Kulturgemeinde‹ alias
›Kampfbund für deutsche Kultur‹ 34

Exkurs: Der Begriff der ‚Rasse' vor 1933 36
Rasse und Kultur in der ›Nationalsozialistischen Kulturgemeinde‹
alias ›Kampfbund für deutsche Kultur‹ 39
Walter Stang und die ›Deutsche Theatergemeinde‹ 44

V. Ein erster Vorgesetzter: Alfred Zastrau 48

VI. Joseph Otto Plassmann 61

VII. Im Rassenamt des ›Rasse- und Siedlungshauptamts‹ . . . 69
    Das ›Rasse- und Siedlungshauptamt‹ 71

VIII. Überblick über die im 3. Reich mit Wissenschaft befassten Institutionen 79

IX. Ein Nest von Germanisten im SD 91
    Wilhelm Spengler 91
    Walter von Kielpinski 94
    Hans Rössner 96
    Karl Justus Obenauer 101
    Andreas (André) Jolles 105
    Ernst Turowski 107
    Otto Ohlendorf 108
    Franz Alfred Six 110

X. Das ›Ahnenerbe‹ der SS 116
    Die Entstehungsphase 116
    Das ›Ahnenerbe‹ in seinen Selbstdarstellungen 123
    Die Rüstungsphase 134
    Walther Wüst 140

XI. Schneiders Tätigkeit in der ›Lehr- und Forschungsstätte für germanische Volkskunde‹ in Salzburg 153

XII. Die ›Weltliteratur‹ 160

XIII. Auf der Suche nach neuen Wirkungsfeldern 174

XIV. Plassmanns Holland-Plan 177

XV. Das ›Ahnenerbe‹ in der Blitzkriegsphase 180
    Exkurs: Das Problem der An-Institutionen 185
    Mitwirkung am Kunstraub? 186

Inhalt

XVI. Das ›Ahnenerbe‹ in der Untergangsphase 189

XVII. Der ›Germanische Wissenschaftseinsatz‹ 196

    Die ›Germanische Leitstelle‹ in Den Haag 197
    Zwei Mitarbeiter 202
    Das ›Germanische Institut‹ in Holland 204
    Die Herrschaftsverhältnisse in Holland 211

XVIII. Schneider und der Sicherheitsdienst 213

XIX. Die Hannoversche Tagung der ›Germanischen
      Arbeitsgemeinschaft‹ 217

    Vorgeschichte 217
    Tagungsverlauf 221
    Weitere medienpolitische Aktivitäten 222
    Am Rande der Denunziation 226

XX. Pläne für die kollaborierenden Wissenschaftler und der
    ›Totale Kriegseinsatz der Wissenschaft‹ 230

XXI. Pläne zur Umwandlung der Göttinger Universität in eine
     SS-Kaderschmiede 235

XXII. Das ›Ahnenerbe‹ und der Europagedanke 238

XXIII. Eine dritte Identität? 247

    „Der 3. Mann der SS"? 248
    Organisator von Menschenversuchen? 250

XXIV. Weitere Fälle von Maskenwechsel 259

XXV. Bedingungen des (Über-)Lebens in der Nach-Kriegszeit 265

    „Ihr Mann ist tot und lässt Sie grüssen" 278
    „Auftauchen ist Dummheit und vielleicht sogar Selbstmord"
    – Von Illegalen, U-Booten und Braunschweigern 287
    Vom Leben mit und ohne Persilschein 298

XXVI. Erlanger Schreibübungen 304
    ‚Im heutigen Europa': Zusammenarbeit alter Bekannter 316
    Annalen der deutschen Literatur 333
    Das Thema Maske und Identität 336

XXVII. Karriere mit Mephistopheles 339
    „Faust und das Faustische" 339
    Aufstieg und Abschluss in Aachen 347

XXVIII. „Don't Ask – Don't Tell" 358
    Zum bundesrepublikanischen Umgang mit der
    ‚braunen Vergangenheit' 358

XXIX. Skandal im Sperrbezirk 362
    RWTH Aachen: Helden vor Sumpflandschaft? 362
    Die Reaktionen der Behörden und die Reaktionen darauf 367

XXX. Wendezeiten, Wendehälse? 373
    ‚Gnade oder freies Geleit …'? Eine ‚zweite Chance' für
    RAF-Aussteiger? 377

XXXI. Das Leben geht weiter 386
    Nur *ein* Maskenwechsel? 389

Anhang 393
    Dokumente 395
        1. „Kampfbund für deutsche Kultur" – Endfassung eines
           Flugblatts aus den Anfängen einer nationalsozialistischen
           Kulturorganisation 395
        2. Heinrich Guthmann: Volkstumsarbeit in Ostpreussen . . 398
        3. Zastrau aus der Sicht von Heinrich Harmjanz 402
        4. Joseph Otto Plassmann: Gedanken zum weiteren
           Ausbau der Hauptabteilung II im Rassenamt des
           Rasse- und Siedlungshauptamts 408

Inhalt xvii

5. Rasse- und Siedlungshauptamt: Die Rassenformel 413
    5.1. Begleitschreiben Bruno Schultz 413
    5.2. Richtlinien zur Rassenbestimmung 414
6. [Hans Ernst Schneider]: Bericht über die Teilnahme am 7. Internationalen Osterferien-Lehrgang von ›Het Nederlandsch Central Bureau voor Volksdansen‹ vom 10.–15. April 1939 in Oosterbeek (Holland) 420
7. Protokoll einer von Wilhelm Spengler geleiteten SD-Tagung 425
8. Hans Ernst Schneider: Politische Aufgaben der deutschen Wissenschaft, insbesondere der Volkskunde in den westlichen und nördlichen germanischen Randgebieten 429
9. Hans Ernst Schneider: Wissenschaftspolitik nach der Flucht aus den ›Germanischen Ländern‹ 431
10. Hans Ernst Schneider: Der ›Germanische Wissenschaftseinsatz‹ nach der Flucht aus den ›Germanischen Ländern‹ 435
11. Hans Ernst Schneider: Der Einsatz der deutschen Geisteswissenschaften unter Führung durch die SS . . . 437
12. Hans Ernst Schneider: Tätigkeitsbericht über die kulturpolitische Arbeit in Flandern 440
13. Hans Schwerte: Faust und das Faustische – Vom Faustbuch zum „anschwellenden Bocksgesang" . . 443

Literaturverzeichnis 459
Personenverzeichnis 487
Bildnachweise 496

Abkürzungsverzeichnis

AA	Auswärtiges Amt
a. a. O.	am angegebenen Ort
AB	Arbeitsbericht
AE	Ahnenerbe (der SS)
AKW	Akademie der Wissenschaften
AN	Aachener Nachrichten
AO	Anordnung
APA	Aussenpolitisches Amt der NSDAP
Apr.	April
ARo	Amt Rosenberg (= Dienststelle des „Beauftragten des Führers für die Überwachung der gesamten geistigen und weltanschaulichen Schulung und Erziehung der NSDAP")
Aufl.	Auflage
Aug.	August
AV	Aktenvermerk
AVZ	Aachener Volkszeitung
BA	Bundesarchiv
BAHO	Bundesarchiv Dahlwitz-Hoppegarten
BAK	Bundesarchiv Koblenz
BAPo	Bundesarchiv Potsdam
BAZ	Bundesarchiv Abt.III Zehlendorf (ehem. BDC, heute BA)
Bd.	Band
BDC	Berlin Document Center (heute Bundesarchiv)
Bde.	Bände
BDM	Bund Deutscher Mädel
Bl.	Blatt
Bln.	Berlin
BN	Bonn
bzw.	beziehungsweise
ca.	circa
cj.	Konjektur
d. h.	das heisst
DA	Deutsche Akademie (München)

DAAD	Deutscher Akademischer Austauschdienst
DAWI	Deutsches Auslandswissenschaftliches Institut Berlin
DEB	Deutscher Esperantobund
Ders.	Derselbe
Dez.	Dezember
DFG	Deutsche Forschungsgemeinschaft
Div.	Division
DLA	Deutsches Literaturarchiv (Marbach)
Dr.	Doktor
DS	Denkschrift
DSV	Deutscher Sprachverein
dt.	deutsch
dto.	dito
DU	Der Deutschunterricht
Düss.	Düsseldorf
DWD	Deutscher wissenschaftlicher Dienst
E	Erziehung
ebd.	ebenda
ed.	Editor (= Herausgeber)
Eidesstattl.	Eidesstattlich
FAZ	Frankfurter Allgemeine Zeitung
FB	Fragebogen
ff.	fortfolgende
Ffm	Frankfurt am Main
Fig.	Figur
Fo	Forschung
Frankfurt a. M.	Frankfurt am Main
Frhr.	Freiherr
FS	Fernschreiben
G. S.	Gerd Simon
GA	Gutachten
geb.	geboren
gesellsch.	gesellschaftlich
Gestapa	Geheimes Staatspolizeiamt
Gestapo	Geheime Staatspolizei
GFL	Germanische Freiwilligen Leitstelle
GIFT	Gesellschaft für interdisziplinäre Forschung Tübingen
GLA	Generallandesarchiv
GRM	Germanisch-Romanische Monatsschrift
GStA	Geheimes Staatsarchiv
GWE	Germanischer Wissenschaftseinsatz
H.	Heft
HA	Hauptamt
Habil.	Habilitation

Abkürzungsverzeichnis

HD	Heidelberg
Hg.	Herausgeber
HJ	Hitlerjugend
Hrsg.	Herausgeber
hsl.	handschriftlich
HStA Düss	Hauptstaatsarchiv Düsseldorf
HUB	Humboldt-Universität Berlin
ibid.	ibidem (= ebenda)
Ic	„Eins ce" (herkömmliche Bezeichnung für Abwehr-Abteilungen)
IfZ Mchn	Institut für Zeitgeschichte München
IHT	International Herald Tribune
IM	Informeller Mitarbeiter
IMT	International Military Tribunal (Nürnberg)
Int.	International
Jan.	Januar
Jb.	Jahrbuch
J. L.	Joachim Lerchenmueller
K	Körper(erziehung)
KdF.	Kraft durch Freude
K.f.d.K.	Kampfbund für deutsche Kultur
Kl.	Klasse
KPA	Kulturpolitisches Archiv (im HA Kunstpflege des ARo)
Kripo	Kriminalpolizei
KZ	Konzentrationslager
L	Land(jahr)
Ldn.	London
Llf.	Lebenslauf
LNN	Leipziger Neueste Nachrichten
loc. cit. (= l.c.)	loco citato (= am ausgeführten Orte)
Lpz.	Leipzig
lt.	laut
Mchn.	München
Ms.	Manuskript
MW-Korr	Maskenwechsel-Korrespondenz
Nbg.	Nürnberg
NDB	Neue Deutsche Biographie. Hg. v. der Historischen Kommission bei der Bayrischen Akademie der Wissenschaften, Berlin 1957
NL	Nachlass
N.N.	Nürnberger Nachrichten
No.	Numero
Nov.	November
Nr.	Nummer

Abkürzungsverzeichnis

NSB	Nationaal-Sicialistische Beweging der Nederlande
NSDAP	Nationalsozialistische Deutsche Arbeiterpartei
NSD(DB)	Nationalsozialistischer Deutscher Dozentenbund
NSDStB	Nationalsozialistischer Deutscher Studentenbund
NSKG	Nationalsozialistische Kulturgemeinde
NSLB	Nationalsozialistischer Lehrerbund
o. D.	ohne Datum
o. J.	ohne Jahr
OKW	Oberkommando der Wehrmacht
o. O.	ohne Ort
o.U.	ohne Unterschrift
o. V.	ohne Verfasser
o. VA.	ohne Verfasserangabe
Oct.	October
op.cit.	opus citatum (= das angegebene Werk)
ORPO	Ordnungspolizei
OSAF	Oberste SA-Führung
PA	Personalakte
Pb.	Personalbogen
Pf	Pfennig
Pg	Parteigenosse
Ph. D.	Philosophical doctor
Phil. Diss.	Philosophische Dissertation
Phil. Fak.	Philosophische Fakultät
Philos.	Philosophisch
PHMA	(Rhema = griech. ›Rede‹)
PI	Presse- und Informationsdienst
PK	Parteikanzlei
pol. Prop.	politische Propaganda
Polit.	Politisch
PPK	Parteiamtliche Prüfungskommission
Präsi	Präsident
Preuss.	Preussisch
Prof.	Professor
Promi	Propagandaministerium
Prot.	Protokoll
Proz.	Prozent
R	Reich
RA	Rassenamt
RAD	Reichsarbeitsdienst
RAF	Rote Armee Fraktion
RAS	Rasse- und Siedlungsamt
Rdbr	Rundbrief
REM	Reichsministerium für Wissenschaft, Erziehung und Volksbildung
RFSS	Reichsführer der SS (= Himmler)

Abkürzungsverzeichnis

Rgf.	Reichsgeschäftsführer
RIOD	Rijksinstituut voor Oorlogsdocumentatie (Amsterdam)
R-Karte	Rassen-Karte
RKF	Reichskommissariat für die Festigung des dt. Volkstums
RKK	Reichskulturkammer
RL	Reichsleiter
RM	Reichsmark
RMbO	Reichsministerium für die besetzten Ostgebiete
RMI	Reichsministerium des Inneren
Rmini	Reichsminister
ROL	Reichsorganisationsleitung
RPresseL	Reichspresseleitung
RPropL	Reichspropagandaleitung
RSHA	Reichssicherheitshauptamt
RSK	Reichschrifttumskammer
Rst.	Reichsstelle
RuSHA	Rasse- und Siedlungshauptamt
RWTH	Rheinisch-Westfälische Technische Hochschule (Aachen)
s.	siehe
S.	Seite
s. a.	siehe auch
SA	Sturmabteilung
Sächs.	Sächsisch
SB	Sitzungsbericht
SD	Sicherheitsdienst
Sd.beauftr.	Sonderbeauftragter
SDHA	Hauptamt des Sicherheitsdienstes
SIPO	Sicherheitspolizei
Sp.	Spalte
Sprachwiss.	Sprachwissenschaft
SS	Schutzstaffel
SSHA	Hauptamt der Schutzstaffel
SSO	SS-Organisationen
SS-OA	Schutzstaffel-Oberabschnitt
Stasi	Staatssicherheit (der DDR)
Sta Wi. Fak.	Staatswissenschaftliche Fakultät
Staatsmini.	Staatsminister
StF	Stellvertreter des Führers
Stgt.	Stuttgart
Stn.	Stellungnahme
Str.	Strasse
s. u.	siehe unten
SZ	Süddeutsche Zeitung
Tb.	Tagebuch
Telegr.	Telegramm
TKW	Totaler Kriegseinsatz der Wissenschaften

TÜ	Tübingen
u.	und
u. a.	und andere
u. ö.	und öfter
UA	Universitätsarchiv
UAL	Universitätsarchiv Leipzig
UB	Universitätsbibliothek
U-L-Chr.	Ura-Linda-Chronik
V	Volk(-sbildung)
v.	von
v. a.	vor allem
VB	Völkischer Beobachter
VBW	Volksbildungswerk
VDA	Verein (ab 1933: Volksbund) für die Deutschen im Ausland
vgl.	vergleiche
vgl. a.	vergleiche auch
V-Mann	Vertrauensmann
vol.	volume (= Band)
Vorschlags-Prot.	Vorschlagsprotokoll
VVN	Vereinigung der Verfolgten des Naziregimes
WDR	Westdeutscher Rundfunk
W(iss.)	Wissenschaft
wiss.	wissenschaftlich
WL	Die Weltliteratur
WuB	Wald und Baum
ZA.	Zeitungsartikel
z. B.	zum Beispiel
z.b.V.	zur besonderen Verwendung
z. T.	zum Teil
Zentralbl.	Zentralblatt
zit.	zitiert
ZS LB	Zentralstelle Ludwigsburg
Zs.	Zeitschrift

I.
EINLEITUNG

Identität als Maske?

Die Maske ist ein in Germanistik und Philosophie traditionell bemühtes Bild. Spätestens seit Nietzsche fragt man sich: Gibt es überhaupt etwas, was nicht Maske ist? Gibt es eine Identität hinter den Masken, ein Subjekt zum Beispiel, eine *persona*, wie die Römer es nannten, was abzuleiten ist von *per-sonare* ‚hindurchtönen' (d. h. durch die Maske), und im Deutschen die Lehnwörter *Person* und *Persönlichkeit* hinterliess? Was steckt hinter den Masken anderes als wieder nur Masken? Dringe ich bei einer Demaskierung vor zur Wahrheit, Wirklichkeit, zur wahren Identität? Oder ist alles wie eine Zwiebel aus lauter Schalen ohne Kern? Kommen wir bei einer Demaskierung also lediglich einem Maskenwechsel auf die Spur? Anders gefragt: Ist das Messer nichts als eine Mordwaffe? Ist also die Maske nichts als ein Werkzeug aus dem Arsenal des Verbrechens? Wenn sie aber auch noch andere Funktionen haben kann, was fasziniert uns dann so an den Masken? Was regt uns wenigstens an bestimmten Maskenwechseln so auf?

Dieses Buch handelt zentral von einem berühmten Fall von Maskenwechsel: dem des SS-Hauptsturmführers Hans Ernst Schneider, ohne den in den „germanischen Randländern" – so nannte man das damals – Flandern, Niederlande und Norwegen (in Dänemark kam man über einen Versuch nicht hinaus) in Sachen Wissenschaft nichts lief, der sich dann in den letzten Tagen des 2. Weltkriegs einen Totenschein ausstellen liess und unter dem neuen Namen Hans Schwerte seine Frau zum zweiten Mal heiratete, zum zweiten Mal zum Dr. phil. promovierte, sich dann habilitierte, Professor und schliesslich Rektor der Rheinisch-Westfälischen Technischen Hochschule Aachen wurde.

Hans Ernst Schneider, alias Hans Schwerte, der themenspendende Gegenstand – wenn man so will, die Titelgestalt – dieses Buches, hat sich in seinem literaturwissenschaftlichen Werk immer wieder auch mit dem Motiv der Maske beschäftigt. Der Begriff „Maske" taucht immer wieder auf: so zum Beispiel in seinem Beitrag „Über Barlachs Sprache", in seinem im doppelten Wortsinne Epoche-machenden Aufsatz „Deutsche Literatur im Wilhelminischen Zeitalter", in seinem Beitrag zur Literaturgeschichte Heinz Otto Burgers und natürlich in jenem Werk, mit dem sich der deutsche Germanist international einen Namen machte: „Faust und das Faustische. Ein Kapitel deutscher Ideologie."

> „Ich fühlte etwas wie Maske in der Erscheinung und bin versucht, hinter die Maske zu sehen …". „Aber", fährt Barlach fort und erklärt damit selbst sein organisches Ineinanderbeziehen von Konkretion und Abstraktion, „aber natürlich weiss ich, dass die Maske organisch auf dem Wesentlichen gewachsen ist, und so bin ich doch auf sie verwiesen." [1]
>
> Kampf der Metapher bedeutet für Sternheim somit zugleich Kampf der Marionette, der Maske, Kampf der sozialen Mechanik, aller gesellschaftlichen Verklemmung und Verbiegung.[2]
>
> […] das eigentümlich Maskierte des Wilhelminischen, maskiert gegen die Signatur der eigenen Zeit: die Maske des Vorindustriellen, die Maske des Höfisch-Ständischen, die Maske des Agrarischen, die Maske mittelalterlichen Reichsgehabes, und dies alles in einem längst hochindustriellen Zeitalter mit seinen noch unbewältigten sozialen Spannungen und Umwälzungen [3]
>
> Trotz diesem vorsichtigen Versuch Rickerts, die konkrete „Einheitlichkeit" des „Faustischen" von der „Einheit" der Goetheschen Dichtung her zu erhellen und, nach einer jahrhundertelangen zweideutigen Wortgeschichte, einen Grundsinn verbindlich wiederherzustellen […], beunruhigte die neuere Forschung weit mehr das bereits von Walzel herausgespürte Doppeldeutige und Zwiespältige des „Faustischen", – das man oft auf die „zwei Seelen" Fausts selbst zurückzuführen versucht hat –, auch das Täuschende darin, das Sich-selbst-Maskierende dieses bald konkret gemeinten, bald abstrahierenden Begriffes, dieses bald positiv heroisierten, bald negativ sich selbst aufhebenden Wortes.[4]

Wir werden uns hier auch zu fragen haben, ob hinter solchen Ausführungen mehr als ein vorwissenschaftlicher Maskenbegriff steckt.

---

[1] Schwerte 1954a, S. 222.
[2] Schwerte 1963, S. 422.
[3] Schwerte 1964a, S. 255.
[4] Schwerte 1962a, S. 16.

Identität als Maske? 3

Im Frühjahr 1995 gehörte die Demaskierung Schwertes als Schneider zu den Topmeldungen in den Medien über Wochen hinweg:

„Die eigene Witwe erneut geheiratet. Das Doppelleben eines Nazi-Verbrechers [...]"[5]

„Hätte auf der Strasse gestanden" – Gespräch mit Hans Schwerte alias Hans Erich [!] Schneider[6]

„Ihr Tod war bewusst einkalkuliert" – Was wusste Hans Schwerte von den Experimenten an Dachauer KZ-Häftlingen?[7]

„Ich bin doch immun" – Spiegel-Reporter Walter Mayr über das zweite Leben des SS-Mannes Hans Schneider[8]

„Tollhaus-Stück" – Nach der Entlarvung des Altrektors als SS-Offizier herrschen Intrigen an der TH Aachen[9]

Nazi Fugitive Rose to Be a Pillar of German Academe[10]

„Arglistige Täuschung" – Im Streit um den ehemaligen SS-Mann Schwerte glänzen die Zuständigen durch Zögerlichkeit[11]

Gerüchte gab es schon seit langem. Ehemaliger RWTH-Rektor gesteht: Ich war SS-Mann – Professoren geschockt.[12]

SS-officier ontmaskert zichzelf.[13]

Johannes Rau kann es nicht fassen. Der Fall Schwerte stürzt die RWTH Aachen in ihre schwerste Krise.[14]

Schwerte narrte alle![15]

Bestürzt über SS-Vergangenheit. Ehemaliger Aachener Rektor lebte unter falschem Namen.[16]

Das Doppelleben des Professors „Schwerte". Gegen Ex-Mitarbeiter Himmlers wird ermittelt – Stammgast bei Glasers „Nürnberger Gesprächen".[17]

---

[5] taz, 2. Mai 1995.
[6] AN, 28.4.1995.
[7] AN, Nr. 100, 29. April 1995.
[8] Der Spiegel, Nr. 19, 8. Mai 1995.
[9] taz, 6./7. Mai 1995.
[10] IHT, 2. Juni 1995.
[11] SZ, 2. März 1996.
[12] AN, 28. April 1995.
[13] Algemeen Dagblad, 28. April 1995.
[14] AVZ, 29. April 1995.
[15] SuperSonntag, 30. April 1995.
[16] Der Tagesspiegel, 2. Mai 1995.
[17] Erlanger Nachrichten, 3. Mai 1995.

I. Einleitung

Schwerte alias SS-Offizier Schneider. Ehemaliger Rektor der TH Aachen enttarnt/Disziplinarverfahren.[18]

Mein Name sei Schwerte. Ein deutsches Leben: Der frühere Rektor der TH Aachen, bekannt als Hans Schwerte, war Hauptsturmführer der SS und hiess Hans Ernst Schneider.[19]

Beredtes Schweigen. Verwirrende Reaktionen auf Skandal um Aachener Ex-Rektor.[20]

Ahnenerbe Aachen. Die Metamorphose Schneider – Schwerte und eine Schule der Germanisten.[21]

„Er war ein Mann ohne Gewissen". Niederländischer „Ahnenerbe"-Experte referierte zum Fall Schwerte/Schneider.[22]

After 50 Years, Germans Not Yet Absolved.[23]

German Scholar Unmasked as Former SS Officer.[24]

Allemagne: le professeur de gauche était un ancien SS. Hans Schwerte était un collaborateur de Himmler.[25]

Doktor Schwerte et Hauptsturmführer Schneider.[26]

Klammheimliche Annulierung eines Fachbereichs in Aachen.[27]

Eine Jubelfeier mit braunen Schatten.[28]

Eklat beim RWTH-Geburtstag: Falsche SS-Männer störten den Festakt.[29]

Da „Dr. Schneider" ein Tarnname von Reinhard Gehlen war, ist man ohnehin versucht gewesen, den Namen Schneider zum Symbol für Masken hochzustilisieren: Gehlen war Leiter eines der Nachrichtendienste Hitlers, der „Fremden Heere Ost"; er war aber auch der wohl wichtigste deutsche Geheimdienstler des 20. Jahrhunderts, der sowohl den USA als auch der BRD zu Diensten stand. Er leitete die nach ihm benannte „Organisation Gehlen", die 1955 in „Bundesnachrichtendienst" umbenannt wurde.[30] Als zeitgleich mit der Enttarnung Schwertes auch noch ein Immobilienhändler des Namens

---

[18] FAZ, 6. Mai 1995.
[19] Die Zeit, 12. Mai 1995.
[20] Süddeutsche Zeitung, 13./14. Mai 1995.
[21] FREITAG, 19. Mai 1995.
[22] AN, 25. Mai 1995.
[23] IHT, 29. Mai 1995.
[24] New York Times, 1. Juni 1995.
[25] Le Monde, 9. Juni 1995.
[26] Le Point – Monde, 17. Juni 1995.
[27] AVZ, 12. August 1995.
[28] Welt am Sonntag, 8. Oktober 1995.
[29] Bild, 11. Oktober 1995.

Schneider gefasst wurde, der im Verdacht stand, bei deutschen Banken mehr als zwei Milliarden Mark ergaunert zu haben, – „*peanuts*" hatte das ein führender Bankier in verräterischem Beschwichtigungseifer genannt, was der Germanistenvereinigung „Gesellschaft für deutsche Sprache" in Wiesbaden wiederum das Stichwort für die Wahl ihres „*Unworts*" des Jahres 1995 lieferte –, da avancierte der Name Schneider scheinbar endgültig zum Synonym für Schwindel und Betrug. Und wie um dem ganzen noch die Narrenkappe aufzusetzen, wollte der Zufall es so, dass auf *symbolischer* Ebene ein höchst genüsslicher Zusammenhang zwischen diesen beiden Schneiders bestand: die kriminellen Taten des Baulöwen hätten beinahe zur Zwangsschliessung von *Auerbachs Keller* geführt ...

Wir sollten – das sei allen Lesern dieses Namens zum Trost und allen anderen zur Demolierung ihrer schon gierig geöffneten Schubladen vorweg gesagt – auch noch auf einen Schneider hinweisen, der zwar im Wiener Kriminalmedizinischen Institut des Sicherheitsdienstes tätig war, aber zu den wenigen gehörte, die eine Beteiligung an Menschenversuchen verweigerten – wie es scheint, sogar ohne gravierende Folgen für seine Person. Ein anderer Germanist mit dem Namen Schneider verbrachte wegen Teilnahme am Widerstand der „Weissen Rose" einige Zeit in deutschen Konzentrationslagern.[31]

Angesichts der „Demaskierung" Schwertes, die man freilich mit gleichem Recht eine „Remaskierung" nennen kann, liegt der Gedanke nahe, sein gesamtes wissenschaftliches Œuvre als Auseinandersetzung mit dem eigenen Maskenwechsel zu begreifen – gleichviel, ob Schwerte diese un-, halb- oder durchaus vollbewusst vorgenommen hat. Wer es unternimmt, Schwertes Veröffentlichungen auf mehrere Lesarten hin zu analysieren, kann in ihnen, wie in anderen literaturwissenschaftlichen Schriften, Ansätze zu einer Maskentheorie entdecken, aber auch eine Problematisierung der eigenen Identität. Er kann in Schwertes Texten alles *das* exemplifiziert finden, was sie literaturwissenschaftlich analysieren. Die von Schwerte geschilderten Verwandlungen, Rollenspiele und Masken erhalten dann etwas Doppelbödiges. Kurz, das Wort des französischen Symbolisten Rimbaud: „*Je est un autre*", lässt

---

[30] s. dazu Höhne 1985, S. 459 ff, insbes. S. 503.
[31] Müller/Schöberl 1991 – Karl Ludwig Schneider war der wichtigste Dozent von Gerd Simon in neuerer Literaturwissenschaft an der Uni Hamburg, u. a. Prüfer im Rigorosum.

sich dann auf Hans Schwerte wie auf seine Texte anwenden. Es bleibt zu fragen, ob es sich hierbei um etwas spezifisch Schwerte'sches handelt oder um ein allgemeines Phänomen. Wer Doppelbödiges analysiert, gerät freilich sehr schnell in Gefahr, nur noch für den meist unsichtbaren zweiten „psychologisierenden" Boden einen Sinn zu entwickeln. Helfen Psychologisierungen da wirklich weiter? Verliert man so nicht auch den Blick für die Qualität und die weit über die engen Fachgrenzen hinausreichende Bedeutung des Schwerteschen Werks? Haben seine Beiträge zur deutschen Literatur- und Geistesgeschichte, wenn man denn überhaupt neu *urteilen* will, durch unser Wissen um Hans Schwertes Identität mit Hans Ernst Schneider an Reiz verloren? Könnte es nicht – zumindest aus der Perspektive des Zeithistorikers – eher an Bedeutung gewonnen haben? Werden wissenschaftliche Erkenntnisse dadurch falsch, dass ihr Urheber seinen Namen gefälscht hat und die Öffentlichkeit so über seine Vergangenheit hinweggetäuscht hat?

Tagespolitische Aufgeregtheit und eine auf das Plakative fixierte Publizistik sollten uns jedenfalls den kritischen Zugang zu Leben und Werk Schwerte-Schneiders nicht verbauen. Die Weise, in der die Medien seine Demaskierung im Mai 1995 über mehrere Wochen hinweg zur Topmeldung machten, ist diesem Unterfangen eher hinderlich als förderlich gewesen. Auch wir stehen dem Werk Schwertes – wie sich zeigen wird – alles andere als unkritisch gegenüber. Das Kind aber mit dem Bade auszugiessen, ist wissenschaftstheoretisch nicht begründbar und blockiert wahrscheinlich gerade den Zugang zu dem, was an dem angenehm schmalen Œuvre dieses Literaturwissenschaftlers von bleibendem Wert sein könnte.

Der Alltagsmensch ist in der Regel schnell bei der Hand mit Vorverurteilungen, aber auch mit Vertrauensvorschüssen. Wir können Mitmenschen blitzschnell und mit hasserfüllter Heftigkeit in der Luft zerfetzen, wie das Bienen mit Artgenossen tun, die in ihren Tänzelbewegungen aus irgendwelchen Gründen offenkundige Falschmeldungen weitergeben. Wir können aber auch bei anderer Gelegenheit etwas zur schönsten Maske oder zur gelungensten Lügengeschichte des Jahres küren. Offenbar hängt unser Verhalten in solchen Fragen weniger von der Tatsache der Maskierung selbst als von der Art ihrer Inszenierung ab, vom Zeitpunkt der Einweihung und nicht unerheblich von dem Vorteil, den sich der Maskierte damit verschaffte, bzw. von dem Schaden, der damit bei anderen entstand bzw. hätte entstehen können.

Als Wissenschaftler haben wir auch das Phänomen der Maske nüchtern und kontrolliert zu betrachten, haben wir mit geheimen Ängsten zu rechnen zum Beispiel in bezug auf die Maskenhaftigkeit unseres eigenen Ichs bzw.

Identität als Maske?

unserer Vorgehensweise, der Untersuchungstechnik, ja sogar der theoretischen Grundlagen unserer Tätigkeit, also auch mit der Maskenhaftigkeit von Nüchternheit und Kontrolliertheit, der Analyse unserer Ängste und nicht zuletzt der des Bildes der Maske selbst.

Historiker mit dem Schwerpunkt „Drittes Reich" haben sich mehr als andere mit Vorwürfen und Kritiken auseinanderzusetzen, die in Richtung Entlarvungs-, Enthüllungs- oder eben Demaskierungswut gehen. So oft sich solche Vorwürfe und Kritiken einem problematischen Abwehrverhalten zu verdanken pflegen, das nur selten eine wissenschaftlich vertretbare Berechtigung für sich beanspruchen kann – zum Beispiel wenn der Intim- oder Privatbereich berührt ist –, so wenig können wir als Wissenschaftler die Demaskierung unreflektiert einfach als wissenschaftlich begründetes Verfahren praktizieren. Wir müssen nicht nur damit rechnen, dass sich hinter den Masken wiederum Masken befinden, wir müssen auch darauf gefasst sein, dass eben gerade das Bild der Maske das gesamte Untersuchungsverfahren in die Irre führt.

Wir können und wollen uns in dieser Veröffentlichung nicht mit den philosophischen Grundlagen unserer Forschung befassen. Das erfordert eine eigene Veröffentlichung[32] und würde auch der Erwartungshaltung des Lesers kaum entsprechen. Zum Verfahren sei aus ähnlichen Gründen nur angedeutet, dass wir eine Forschung favorisieren, die – um es wiederum im Bild auszudrücken – emotionslos die Schalen einer Zwiebel in ihrer relativ autonomen Struktur und deren Beziehungen zu der darunter liegenden Schale durchsichtig macht bzw. auf umgekehrtem Wege das Gesamtphänomen zu rekonstruieren versucht.

Nicht nur der König – so wäre das eingangs zitierte Votum Trotzkis zu revidieren –, nicht nur der Universitätsrektor, der Hans Schwerte ebenso war wie andere hier erwähnte Maskenwechsler (Christian und Wüst), sondern auch der *„verbrauchte Herr mit herabhängender Unterlippe"*, nicht nur der naive Glaube an das Sosein des Ungefiltert-Wahrgenommenen, sondern auch das Verhältnis selbst sind Masken. Allerdings – wie wir meinen – eine zum Verständnis der Vorgänge verheissungsvollere.

Diese Andeutung birgt in sich den methodisch nicht selbstverständlichen Ansatz, jede Ebene, jede Maske als relativ eigenständig zu behandeln und also

---

[32] s. dazu Simenon 1997.

ernst zu nehmen und andererseits damit zu rechnen, dass Masken nicht nur – wie der Titel des Buches zu insinuieren scheint – in sukzessiver, sondern – wie vor allem der hier nur am Rande gestreifte Fall Wüst zeigt – auch in simultaner Beziehung zueinander stehen können, dass es überdies kein Bruch in der Methode bedeutet, wenn wir – wo es sinnvoll erscheint – die Bilder von Maske und Verhältnis transzendieren.

Wer hinter der Maske nicht gleich das Maskenlose sucht, ist auch sonst gefeit vor vorschnellen Unterscheidungen. Als Empiriker bildet er sich nicht gleich ein, dass seine Tatsachenbehauptungen theorielos oder wertfrei seien. Anders formuliert: er versucht gar nicht erst zum Beispiel die Wahrheits- von der Bedeutungsfrage grundsätzlich und nicht nur für analytische Zwecke zu trennen.

Um Missverständnissen vorzubeugen: Unsere in Faktenaussagen mündenden Indizien und Datensammlungen halten wir für nur auf gleichem oder kritischerem Wege widerlegbar. Unsere Interpretationen werden darüber hinaus kontrolliert, zum Teil vor dem Hintergrund von über zwei Jahrzehnten Erfahrung im wissenschaftlichen Umgang mit grösstenteils in Archiven lagernden, nicht veröffentlichten Unterlagen unserer das Thema dieses Buches weitaus transzendierenden Forschungen.

Wir haben aber nicht die Absicht, selbst wenn wir es könnten, die Erregung, die solche Faktenaussagen beim Leser auszulösen pflegen, zu unterbinden, zu bremsen oder zu diskreditieren. Im Gegenteil, wir konzedieren jedem ausdrücklich sämtliche Facetten von Bewertungshandlungen. Wenn sie allerdings in Vorwürfe gegen uns oder andere münden, die auf Unterstellungen und Interpretationen beruhen, die mit den Faktenaussagen nichts mehr zu tun haben – unabhängig davon, ob sie auf mangelnder Lesetechnik beruhen oder bewusst oder unbewusst Wörter aus dem Kontext reissen und diese als Reizwörter zur Auslösung von textfremden Reaktionen bei sich und anderen benutzen – werden wir uns natürlich vorbehalten, diese Faktenaussagen einer Kritik zu unterziehen bzw. die theoretischen Grundlagen der Bewertungshandlungen zu analysieren sowie beides zu bewerten. Es liegt uns aber fern, solche Bewertungen in irgendeiner Form zu inkriminieren.

Wir werden uns selbst um Bewertungen bemühen dort, wo die den von uns überblickten Informationen zum Thema dies zulassen. Wo wir das entweder auf Grund der Lückenhaftigkeit der Unterlagen oder mangels Erklärungsstärke unserer Interpretationen nicht oder nur zum Teil geschafft haben, ver-

Identität als Maske? 9

suchen wir, die Faktenaussagen mit Vagheitsausdrücken wie „vermutlich", „möglicherweise" und graduierenden Adverbien wie „nahezu" oder „kaum" zu differenzieren. Prozentuale Wahrscheinlichkeitsaussagen (95 % oder gar 91,2 %) oder Tatsächlichkeit vortäuschende Mutmassungen fallen unserer Meinung nach unter die Kategorie Exaktheitsbluff. Der Begriff „wahrscheinlich" wird hier jedenfalls nicht so gebraucht, als hätte jeder Zweifel daran das massive Expertenurteil gegen sich. Offenheit und Revisionsbereitschaft gehören zu den Fundamenten unseres Forschungsansatzes.

Die bisherige Darstellung mag die Vermutung genährt haben, hier gehe es lediglich um eine Biographie. Wir verwenden die Biographie aber wie ein Prisma oder ein Kristall, in dem sich vor allem die Geschichte ganzer Institutionen, manchmal sogar zentrale Aspekte der Zeitgeschichte mikroskopisch spiegeln. Es sei ausdrücklich darauf hingewiesen, dass unsere Methode uns umgekehrt zu einer Präsentation der Fakten drängt, die Biographisches von der Umgebung her beleuchtet, insbesondere aus der Perspektive der Institutionen sowie der in diesen massgeblichen Personen, mit denen die Hauptperson zentral zu tun hatte. Die in der Wissenschaftsgeschichtsforschung geführte Diskussion über ‚personengeschichtliche versus institutionengeschichtliche Ansätze' ist für uns nichts als ein Streit um des Kaisers Bart. Wer das eine oder das andere weglässt, verfährt methodisch defizitär; die Schwerpunktsetzung auf das eine oder das andere ist lediglich eine Sache der Präsentationstechnik. Spätestens Ulrich Herberts biographische Studie über Werner Best[33] dürfte diese Diskussion in dem auch von uns favorisierten Sinne entschieden haben.

Die Fachgeschichte haben wir hier nur so weit behandelt, wie sie für den allgemein an Wissenschaftsgeschichte Interessierten zum Verständnis der Vorgänge wichtig erscheint. Wir wollen damit andeuten, dass wir uns nicht im Dornengestrüpp von Terminologien, Methoden und Forschungsansätzen verheddern wollen. Das erforderte eine eigene – im übrigen dann natürlich auch relativ schwer lesbare – Monographie.

Die Detailiertheit unserer Darstellung sollte nicht darüber hinwegtäuschen, dass der von uns vorgestellte Fall alles andere als restlos erforscht ist. Wir

---
[33] Herbert 1996.

gehören zwar nicht zu den Zeithistorikern, die Interviews zu den wichtigsten Methoden der Informationsermittlung rechnen, aber zur Ergänzung und als Element in der Verfolgung vor allem alternativer Spuren wären sie zumindest nicht zu verachten gewesen. Dennoch haben wir von dieser Informationsquelle nur kärglichen Gebrauch gemacht: ein halbes Jahrhundert ist Grund genug, auch die beste Gedächtnisleistung zu hinterfragen. Archivalien sind bei aller Quellenkritik, der sie selbstverständlich bedürfen, eine zuverlässigere Informationsquelle. Nichtsdestoweniger wollen wir an dieser Stelle Hans Schwerte dafür danken, dass er unsere zahlreichen Fragen schriftlich beantwortet hat. Bei allen Mühen um die empirische Basis – wenn man so will: um das Maskenlose – und eine darauf aufgebaute Darstellung, bilden wir uns nicht ein, mehr als eine in sich stimmige Geschichte zu erzählen, von der wir im übrigen nicht einmal genau wissen, ob sie zumindest in den Randzonen mehr als plausibel verknüpfte Masken sind.

Germanistik – eine nationale Wissenschaft

Kaum jemals war die Germanistik so sehr in den Schlagzeilen wie nach der sogenannten „Demaskierung" Hans Schwertes als Hans Ernst Schneider. Man muss schon mehr als 60 Jahre zurückgehen, um ein die Germanistik betreffendes Ereignis zu ermitteln, das die Gemüter noch mehr erregte: Der Streit um die Echtheit der Ura-Linda-Chronik, von der später noch kurz die Rede sein wird.

Was ist das eigentlich für ein Fach, fragte sich seit langem einmal wieder die Öffentlichkeit. War die Germanistik nicht einfach zuständig für die Ausbildung der Deutschlehrer? Was hat das mit der SS zu tun? Und natürlich taucht sofort auch wieder die Frage auf: Was ist denn an dem, was sie treibt, überhaupt wissenschaftlich?

Immer wenn man als Wissenschaftshistoriker in Kreisen von Nicht-Germanisten Vorträge hält, sind letztere überrascht, wenn man ihnen berichtet, dass die Schule ein Praxisfeld ist, das der Germanistik erst kurz vor dem 1. Weltkrieg gut hundert Jahre nach ihrer Entstehung zuwuchs, und das auch nur unter höchstkaiserlichem Druck, der zudem schon über zwei Jahrzehnte gewährt hatte. Wilhelm II wörtlich:

> Wir müssen als Grundlage für das Gymnasium das Deutsche nehmen: wir sollen nationale junge Deutsche erziehen und nicht junge Griechen und Römer. Wir müssen von der Basis abgehen, die Jahrhunderte lang bestanden hat, von der alten klösterlichen Erziehung des

Mittelalters, wo das Lateinische massgebend war und ein Bischen Griechisch dazu. Das ist nicht mehr massgebend, wir müssen das Deutsche zur Basis machen. Der deutsche Aufsatz muss der Mittelpunkt sein, um den sich Alles dreht. Wenn Einer in dem Abiturienten-Examen einen tadellosen deutschen Aufsatz liefert, so kann man daraus das Mass der Geistesbildung des jungen Mannes erkennen und beurtheilen, ob er etwas taugt oder nicht.[34]

Zuvor hatte sich sein Minister von Gossler, der Leiter des preussischen Schulwesens, bereits in gleicher Richtung geäussert:

In der That wüsste ich nach der Erziehung des heranwachsenden Geschlechtes zu Glauben und Sittlichkeit keine Aufgabe der Schule, die mit gleicher Einhelligkeit, wie der deutsche Unterricht, als die selbstverständliche und unentbehrliche Grundlage für jegliche Bildungsstufe erachtet würde.[35]

Angesichts des Umstandes, dass zu dem Zeitpunkt die Deutschlehrer an Gymnasien in der Regel eine Lateinlehrerausbildung erhalten und nur in seltenen Fällen Germanistik studiert hatten, war es schon erstaunlich, dass es mehr als zweier Jahrzehnte bedurfte, bis diese Verlautbarungen von höchster Stelle auch Rückwirkungen hatten auf die Universitätsgermanistik.

Der Widerstand gegen das Praxisfeld Schule war diesem Fach ursprünglich sogar gleichsam in die Wiege gelegt worden. Jeder Germanist kannte und schätzte noch zu Beginn unseres Jahrhunderts das Votum Jakob Grimms in der Vorrede zur ersten Auflage seiner „Deutschen Grammatik":

Man pflegt allmälig in allen Schulen aus diesen Werken Unterricht zu ertheilen und sie selbst Erwachsenen zur Bildung und Entwickelung ihrer Sprachfertigkeit anzurathen. Eine unsägliche Pedanterei, die es Mühe kosten würde, einem wieder auferstandenen Griechen oder Römer nur begreiflich zu machen; die meisten mitlebenden Völker haben aber hierin so viel gesunden Blick vor uns voraus, dass es ihnen schwerlich in solchem Ernste beigefallen ist, ihre eigene Landessprache unter die Gegenstände des Schulunterrichts zu zählen. Den geheimen Schaden, den dieser Unterricht, wie alles überflüssige, nach sich zieht, wird eine genauere Prüfung bald gewahr. Ich behaupte nichts anders, als dass dadurch gerade die freie Entfaltung des Sprachvermögens in den Kindern gestört und eine herrliche Anstalt der Natur, welche uns die Rede mit der Muttermilch eingibt und sie in dem Befang des elterlichen Hauses zu Macht kommen lassen will, verkannt werde.[36]

---

[34] Ausschnitt aus der Rede Wilhelms II am 4.12.1890 auf der 1. Versammlung der Sachverständigen zur Frage des höheren Schulunterrichts. zit. n. *Zs. des allg. dt. Sprachvereins* VI, 1, 2.1.91, 201.
[35] von Gossler an „Allgemeiner Deutscher Sprachverein", 15.1.1889 – zit. n. Trautmann 1890.
[36] Grimm 1968, S. 1.

Aus seinem Votum, dass der Grammatikunterricht nicht in die Schule gehört, folgert Grimm dann, dass das Studium der Germanistik eine andere Aufgabe hat, als Deutschlehrer auszubilden:

> [...] Gibt es folglich keine Grammatik der einheimischen Sprache für Schulen und Hausbedarf, keinen seichten Auszug der einfachsten und eben darum wunderbarsten Elemente, deren jedes ein unübersehliches Alter bis auf seine heutige Gestalt zurückgelegt hat, so kann das grammatische Studium kein anderes, als ein streng wissenschaftliches und zwar der verschiedenen Richtung nach, entweder ein philosophisches, critisches oder historisches seyn.[37]

Zwar lebte der Grammatikunterricht im Schulfach Deutsch alsbald wieder auf, die Universitätsgermanistik hielt sich aber bis zum Ersten Weltkrieg weitgehend von dieser Rückentwicklung hinter die Brüder Grimm und seine Weggenossen, insbesondere Wilhelm von Humboldt, fern. Man wollte die junge Universitätsdisziplin nicht wie Theologie, Jurisprudenz und Medizin zur „Brotwissenschaft" verkommen lassen. Seit der Humboldtschen Universitätsreform, die der wichtigste Mutterboden der Germanistik war, schaute man verächtlich auf diese „angewandten" Wissenschaften herab, orientierte sich lieber an den traditionellen „freien Künsten", hätte man die Universitäten am liebsten auf Grundlagenforschung aus Selbstzweck, jedenfalls ohne Blick auf Praxis reduziert. Der Begriff der Wissenschaftsfreiheit richtete sich auch gegen die Ausrichtung von Wissenschaft an der Praxis, er war auch ein entschiedenes Votum für den Elfenbeinturm. Praxis freilich wurde weitgehend gleichgesetzt mit beruflicher Praxis.

Nach dem Zweiten Weltkrieg, in wirkungslosen Ansätzen schon vorher, beginnen die Germanisten zunehmend zu erkennen, dass ihr Fach von Anfang an kein Elfenbeinturm war, sich im Gegenteil stets im Banne von Praxis bewegte, freilich einer berufs*un*spezifischen, vorwiegend politischen Praxis. Die schon in den Anfängen selbstverständliche Definition der Germanistik als „nationaler Wissenschaft", eine seinerzeit in der Wissenschaftsgeschichte strukturneue Fachdefinition (die dennoch konstitutiv ist, d. h. die Disziplin als etwas definiert, ohne das sie gar nicht existierte), verrät bereits die Richtung der berufsunspezifischen Praxis, in deren Griff sie sich nicht erst im 3. Reich hoffnungslos verfangen sollte. Was sich ursprünglich gegen die Kleinstaaterei und Schutzzölle im Deutschland zu Beginn des 19. Jahrhunderts richtete, die Wirtschaft und Mobilität Mitteleuropas damals noch ganz anders behinderten als heute die Mautstationen, entwickelte sich spätestens nach der „Einigung"

---

[37] ebenda S. 3.

Germanistik – eine nationale Wissenschaft 13

des Reiches unter Bismarck unter der Zielangabe „Stärkung des Nationalgefühls" zu einer unsichtbaren Stützkonstruktion zur Kanalisierung kollektiver Schizophobie, d. h. kollektiver Ängste vor Selbstspaltung und Persönlichkeitszerfall.

In der Ära Wilhelms II überwucherte dieser Kollektivwahn nicht nur die Regierung, sondern erfasste auch die nationale Wissenschaft. Sah letztere schon Anfang des 18. Jahrhunderts Sprache und Nation ineinander „verschmelzen", so scheute sie jetzt selbst vor Geschichtsklitterungen nicht mehr zurück, nach denen es diese Einheit schon zur Zeit der Germanen gegeben habe.[38] Infolge dieses Einigungswahns entdeckte sie spätestens in den 90er Jahren auch die Deutschen ausserhalb der Grenzen des Reichs. Bismarcks keineswegs bedenkenfrei erfolgte Einverleibung Elsass-Lothringens weckte gleichsam posthum die Besitzgier der Deutschen.

Der imperialistische Virus durchdrang bis in die 50er Jahre unseres Jahrhunderts mehr und mehr das ganze Fach. Nichts konnte die Expansionsträume der Deutschen ja auch besser begründen als exakte Studien zu den Sprachgrenzen und Sprachinseln. In der Geschichte des deutschen Nationalismus spielte die Germanistik bis zum bitteren Ende der nationalsozialistischen Exzesse stets eine hervorragend aktive Rolle. Der Sprachfaschismus wurde zwar vom Biofaschismus der Rassisten im 3. Reich als zu bekämpfende Sekte behandelt. Nichtsdestoweniger griff auch dieser sehr gerne vor allem für die Begründung kriegerischer Auseinandersetzungen mit rassegleichen oder -verwandten Völkern auf das sprachfaschistische Argumentationspotential zurück.[39]

Mit der Gründung des Germanistenverbands 1912 geriet die Einteilung der Philologien nach dem Nationenprinzip endgültig in den Strudel des Nationalismus.[40] Germanistik wurde nicht nur an das Schulfach Deutsch gekoppelt, sondern, nunmehr nahezu von niemandem mehr bestritten, zur „nationalen Wissenschaft". Sehr bald entstanden Pläne zum Ausbau der Germanistik zur Deutschkunde, zu einem Mammutfach, das nicht nur deutsche Sprache und Literatur, sondern auch deutsche Volkskunde, deutsche Geographie, deutsches Recht, deutsche Geschichte, deutsche Vorgeschichte, deutsche Kunst und deutsche Musik sowie „natürlich" Nordistik und Nederlandistik umfassen sollte.

---

[38] s. Ahlzweig 1994 passim.
[39] Simon 1989.
[40] Zum Germanistenverband siehe Röther 1980; Bessling 1997; Lerchenmueller/Simon 1997.

Der Traum von der Deutschkunde als Mutter der Wissenschaften wurde in den 30er Jahren vom Sicherheitsdienst der SS aufgegriffen und Grundlage der Wissenschaftspolitik dieser Institution.[41] Im 2. Weltkrieg finden wir schon kurz nach der Besetzung Polens den Deutschtumsgedanken der Germanisten plötzlich im Gewande des Europagedankens wieder, gleichsam als Herzstück. Die von Fricke, Koch und Lugowski herausgegebenen fünf Bände „Von deutscher Art in Sprache und Kunst", die 1941 im Rahmen des „Kriegseinsatzes der Germanistik" erschienen, einer Subinstitution des vom Wissenschaftsministerium initiierten „Kriegseinsatzes der Geisteswissenschaften", und die Beiträge von nahezu allen Germanistik-Ordinarien der Zeit enthielten, sind ein hervorragender Spiegel für das damalige Selbstverständnis des Fachs. Sie waren auch konzeptionsgetreu paradigmatisch in einer Hinsicht, die sich leichter mit dem ideologischen Rahmen vereinbaren liess, als wir heute für möglich halten, nämlich was Exaktheit und Wissenschaftlichkeit betrifft. Der Europagedanke und der erreichte Grad an Wissenschaftlichkeit im Sinne von Exaktheit und Zuverlässigkeit waren die Ursache dafür, dass diese 5 Bände noch in den 50er Jahren Grundlage des akademischen Unterrichts in der Germanistik waren – natürlich mit Zusätzen seitens der damals Lehrenden versehen, die Einleitung und einzelne Artikel solle man getrost beiseite lassen, etc.

Wissenschaft entdeckte sich selbst als Gegenstand ihrer Forschung ohnehin erst sehr spät. Es ist also nicht verwunderlich, dass die meisten Fächer ihre Vergangenheit im 3. Reich erst in den 60er Jahren thematisierten. Von einigen Fächern, die sich noch heute gerne als „Orchideenwissenschaften" definieren[42] und sofort elektrisiert zurückschrecken, wenn dieses Selbstverständnis als wirklichkeitsferner Traum entlarvt zu werden droht, sei an dieser Stelle abgesehen, obwohl hier über Personalunionen durchaus Querverbindungen und Parallelerscheinungen anzutreffen sind.

Wissenschaftsforschung wird noch heute von Wissenschaftlern nicht selten als „Onanierwissenschaft" abgelehnt. Die Verspätung der Vergangenheitsbewältigung im Wissenschaftsbereich ist also aus mehreren Gründen strukturbedingt. Sie wird durch einen Konservativismus noch gesteigert, der Wissenschaft so naiv weiter betreiben will, wie das vor den medizinischen Menschenversuchen in den Konzentrationslagern Dachau und Natzweiler-Struthoff und vor der Kernspaltung geschah. Die Germanistikgeschichte nach

---

[41] Simon 1998.
[42] Wie verfehlt eine solche Einschätzung ist, lässt sich jetzt studieren am Beispiel der Keltologie. s. Lerchenmueller 1997.

1945 unterscheidet sich nicht sonderlich von der Gesellschaftsgeschichte allgemein, übrigens weltweit: Auschwitz und Hiroshima sind auch hier die Leitsymbole des 20. Jahrhunderts. Dass die Fantasie selbst von Dichtern, wenn sie wie Dante die Scheusslichkeiten der Hölle zu schildern versuchten, nicht annähernd an die Abgründe dieser Wirklichkeiten heranreichte, hätte nicht nur jeden Dichter, sondern jeden Denker und Täter zu einer fundamentalen Umorientierung veranlassen sollen. Es hätte alle wachrütteln sollen. Verfolgt man die inzwischen verstrichene Zeit, gibt es nur eine Reaktion: die Welt hat nichts begriffen. Ist noch etwas anderes zu erwarten, als dass sich derartiges wiederholt? Für alle, die keine Selbstmörder sind, kann die Antwort nur heissen: Jetzt erst recht. Für Wissenschaftler muss das heissen: Bevor sie ihre Forschungsergebnisse publizieren, sollten diese durch das Feuer des 3. Reichs gegangen sein, sollten sie Fragen wie diesen standgehalten haben: Was hätte man daraus im 3. Reich gemacht? Was tragen sie zur Wiederkehr vergleichbarer Verhältnisse bzw. zur Heraufkunft noch düsterer Zeiten bei? Was an ihnen wäre geeignet, das zu erschweren oder gar zu verhindern? Was tragen Lehre und Forschung zur Ausschaltung eines der wichtigsten Bedingungsfaktoren der Unterdrückung von Menschen bei: der Sozialisation zu Mitläufern, zum widerstandslosen, als verzeihlich oder selbstverständlich empfundenen „Heulen mit den Wölfen"?

Wer will, dass in dieser Hinsicht vor allem ein ethisch-moralischer Paradigmenwechsel bzw. Entwicklungssprung oder eine Weichenstellung stattfindet, muss sicher durch einige Feuer zu gehen bereit sein; um das 3. Reich wird er vorläufig kaum herumkommen. Das gilt auch für die Germanistik, selbstverständlich auch für eine Wissenschaftsforschung, wie sie hier betrieben wird. Die Angst vor der Erkenntnis der Bedingtheit und der Praxisbezüge seines Forschens lässt sich wissenschaftlich natürlich nicht begründen, aber ziemlich leicht maskieren. Da die Nationalsozialisten anfangs selbst – wenn auch mit anderer Intention – eine Wissenschaft inkriminierten, die die Praxisbezüge ausklammerte, lässt es sich mit diesem Konservativismus weiterhin sehr gut leben. Dadurch, dass man seine Auffassung in einem von vielen Merkmalen von einer anderen Auffassung unterscheidet, hat man logischerweise den Boden der letzteren bestenfalls geringfügig verlassen. Die Behauptung, sich mit dieser *one-feature-difference* grundsätzlich im Gegensatz zu einer Auffassung zu befinden, ist ein auch heute noch unter Wissenschaftlern beliebter Taschenspielertrick. Das Zusammenspiel positivistischer, voraussetzungsloser, wertfreier, die Praxisbezüge ausklammernder – oder wie immer man es genannt hat – Forschung mit bewusster Zweckforschung im Fahrwasser problematischer, kriegsorientierter, menschenrechtsverletzender oder überhaupt lebenriskierender Politik ist ein nicht erst im 3. Reich zu beobachtender, überzufällig häufig auftretender Tatbestand, der jedem zu denken geben sollte, der seiner Wissenschaft auch nur mit einem Funken Selbstkritik begegnet. Offenbar handelt es sich hier um eine für moderne Wissenschaft eher konstitutive Symbiose zweier Forschungstypen, die sich durchaus auch bekämpfen können, meist aber wie changierende Komplementärfarben wirken, oder – je nach politischer Bedingungssituation – einander als Maske dienen können.

Die Fachverbände der Germanistik begannen sich – zentral von aussen angestossen – zwei Jahrzehnte nach dem Ende des 3. Reichs erstmals mit ihrer Geschichte in dieser verhängnisvollen Epoche zu beschäftigen. Der Germanistentag 1966 wurde von der Öffentlichkeit aufmerksam registriert. Wie uns einer der Hauptreferenten dieser Veranstaltung später schriftlich gestand, hatte er nur knapp einen Monat Zeit, sich in die Thematik einzuarbeiten.[43] Entsprechend oberflächlich und wenig repräsentativ fielen die Beiträge aus. Der Umstand, dass ein anderer Referent auf diesem Germanistentag, dessen Beitrag noch weniger fundiert und repräsentativ ausfiel, noch bis vor kurzem einer der fünf für Wissenschaftsforschung zuständigen Obergutachter der Deutschen Forschungsgemeinschaft – der zentralen deutschen Wissenschaftsförderungsinstitution seit den 20er Jahren – war, die die Verteilung ohnehin geringer Summen auf sämtliche wissenschaftshistorische Projekte vorzunehmen hat, dürfte verständlich, wenn auch nicht verzeihlich machen, warum diese Selbstbeschäftigung der Germanistik sich bis in unsere Tage mit wenigen Ausnahmen aus neuerer Zeit[44] nicht wesentlich über ihre embryonalen Anfänge 1966 erhob.

Es stört Wissenschaftler nicht mehr sonderlich, dass es keine allgemein verbindliche fächerübergreifende Definition von Wissenschaft gibt. Sie haben sich an diesen schismatischen Zustand gewöhnt und leiten aus ihm ziemlich kurzschlüssig das Recht ab, ihren Massstab von Wissenschaftlichkeit absolut zu setzen und auf andere Arten, Wissenschaft zu betreiben, herabzuschauen. Wenn wir der Germanistikforschung eine gewissen Embryonalität bescheinigen, bewegen wir uns offenbar in diesem Verhaltensschema. Darum hier noch einige Hinweise zu unseren Wertungen:

---

[43] Polenz an Simon, 17.1.89, GIFT-Archiv, Germ 66.
[44] Es drängt uns, bereits an dieser Stelle die wichtigste Ausnahme zu nennen: Jan-Pieter Barbian: Literaturpolitik im Dritten Reich. Institutionen, Kompetenzen, Betägigungsfelder. Frankfurt/Main 1993.

- Wir befürworten alles, was den Dialog unter den Wissenschaftlern fördert.
- Wir treten dafür ein, dass die Forschung am meisten Geltung für sich beanspruchen kann, die interdisziplinär die meisten Phänomene aus einer widerspruchsfreien Theorie heraus erklären bzw. ihre Tätigkeit konfliktfrei in eine solche integrieren kann. Das Ausklammern von Forschungsaspekten aus technischen Gründen muss seinen Niederschlag finden in der Ergebnisdeutung.
- Wir favorisieren eine Forschung, für die in jeder Phase ihre möglichen Praxisbezüge ein konstitutiver Bestandteil und Reflexionsgrund sind.

II.
HERKUNFT UND STUDIUM

Hans Ernst Schneider wurde am 15. Dezember 1909 in Königsberg in Ostpreussen geboren.[1] Sein Vater war Bezirksdirektor einer Versicherung. Schwerte selbst ordnet diesen Beruf später einmal dem Kleinbürgertum, dann dem mittleren Bürgertum zu.[2] Im Elternhaus habe man nie über Politik gesprochen, versichert er später.[3] Er sei völlig unpolitisch aufgewachsen, ein Einzelgänger, der in Büchern lebte.[4] Er wächst in Königsberg auf, macht dort 18jährig Abitur und beginnt dort auch sein Studium.

In den Mittelpunkt seiner Studien stellt Schneider die deutsche Literaturgeschichte. Daneben studiert er Kunstgeschichte, Theaterwissenschaft, Philosophie, Volkskunde und Vorgeschichte, ein zu damaliger Zeit – gerade auch was den Umfang angeht – nicht ungewöhnliches Fächerspektrum. Schneider setzt sein Studium in Berlin und Wien fort, bevor er nach Königsberg zurückkehrt, um dort zu promovieren. In Berlin studierte er nach heutigen Aussagen hauptsächlich Theaterwissenschaft bei Max Herrmann.[5]

---

[1] Die empirischen Aussagen zur Biographie Schneiders in diesem und in den folgenden Kapiteln, sofern sie nicht gesondert belegt sind, stützen sich auf die im BDC liegenden Personalakten, insbesondere die Lebensläufe vom 21.12.36 und 15.4.37 sowie die Angaben Schneiders in seiner Bewerbung um die Stelle beim ›Rasse- und Siedlungshauptamt‹ vom 29.4.37, der ein Lebenslauf beigefügt ist.
[2] Interview Alexander-Thieme/Müller, Mai 1995. Ausschnitte aus diesem Interview wurden sowohl in den ARD-Tagesthemen als auch vom WDR gesendet.
[3] ebenda.
[4] ebenda.
[5] Für dies und den folgenden Satz s. Schwerte an Simon, loc. cit. Schwerte weist in diesem Zusammenhang empört zurück, er habe bei Julius Petersen studiert.

Max Herrmann

Über Herrmanns Schicksal im 3. Reich ist auch Schwerte heute relativ gut informiert: 1865 geboren, 1891 Privatdozent, seit 1909 ausserodentlicher Professor, wurde Herrmann, selbst sehr streitbar, als Halbjude, der mit einer Jüdin verheiratet war, früh von Fachgenossen angegriffen und infolgedessen erst 1929 Lehrstuhlinhaber.[6] Am 16.9.33 wird er auf Grund von § 3 des im April 33 neu geschaffenen Beamtengesetzes in den Ruhestand versetzt.[7] 1942 stirbt er im Konzentrationslager Theresienstadt.[8]

Josef Nadler

In Wien trifft Schneider auf Josef Nadler, den er schon von der Uni Königsberg her kennt und dem er sein Dissertationsthema verdankt. Nadler, geboren am 23. Mai 1884, muss als wichtiger Wegbereiter der nationalsozialistischen Literaturwissenschaft eingestuft werden.[9] Seine Stellung in der Literaturwissenschaftsgeschichte der ersten Hälfte des 20. Jahrhunderts skizziert Sebastian Meissl kurz und bündig:

> Der weit über das eigene Fach hinaus bekannte Nadler galt damals als der erste Literaturhistoriker.[10]

Nadler wuchs in Böhmen auf, studierte von 1904 bis 1908 in Prag deutsche und klassische Philologie und promovierte im Sommer 1908 bei August Sauer über „Eichendorffs Lyrik". Nach dem „Einjährigfreiwilligenjahr" bei den Tiroler Kaiserjägern und einem mehr als zweijährigen Forschungsaufenthalt in München – er schreibt dort seine Literaturgeschichte – wird er 1912 ausserordentlicher Professor in Fribourg in der Schweiz. Im Ersten Weltkrieg zunächst Leutnant, dann Oberleutnant der österreichisch-ungarischen Armee,

---

[6] Zu Max Herrmann s.v. a. Schottländer 1988, S. 101 – Herrmann lieferte sich mehrere Fehden mit anerkannten Forschern, so schon in den 90er Jahren mit Jacob Minor. (s. Herrmann 1894 und Minor 1896/97), später mit Albert Köster (s. Hermann 1923 – Köster 1923a sowie 1923b).

[7] Wienert 1935, S. 38.

[8] s. Schottländer, loc. cit.

[9] Biographische Angaben: Pb Nadler BA R 21 A 10014 Bl. 6843. Einen Teil des Nachlasses findet man im Deutschen Literatur-Archiv in Marbach am Neckar.

[10] Meissl 1981. Zu diesem und dem folgenden siehe Meissl 1985, 1989, 1986.

II. Herkunft und Studium

wird er 1917 „*mit besonderen militärischen Aufträgen*" an der Universität Fribourg „*beurlaubt*". Welche Aufträge das waren, ist nicht zu ermitteln gewesen. Es spricht vieles dafür, dass sie geheimdienstlicher Art waren. Ostern 1925 erhält Nadler einen Ruf an die Universität Königsberg. Von dort aus wirkt er in die baltischen Länder, insbesondere nach Litauen hinein. Im Herbst 1931 folgt er einem Ruf nach Wien, wo er – wie er 1939 besonders betont – im Vorstand des „Österreichisch-deutschen Volksbundes" neben dem späteren Reichsstatthalter Seyss-Inquart und dem späteren Wiener Bürgermeister Neubacher arbeitet. Nadler war Gründungsmitglied des „Bundes der deutschen Schriftsteller Österreichs" und Mitglied mehrerer Akademien und Gelehrtengesellschaften (München, Prag, Königsberg, Wien) sowie Inhaber der Kant-Medaille der Stadt Königsberg und Träger des Gottfried-Keller-Preises. Er ist Leiter der Grillparzer-Gesellschaft, Vorstandsmitglied der sudetendeutschen Kulturgesellschaft in Berlin, Vorsitzender der Jury des österreichischen Staatspreises für Literatur, und er spielt in der Görres-Gesellschaft eine zentrale Rolle.

Nadler war in der Schuschnigg-Ära „Kophilister" der Prager Studentenverbindung „Ferdinandaea", der er seit 1904 angehörte. Deswegen, aber auch wegen seiner Zugehörigkeit zur „Vaterländischen Front", wird sein Aufnahmeantrag in die NSDAP zunächst abgelehnt.[11] Nadler betont demgegenüber, dass er sich schon 1934 in seinem Buch „Das stammhafte Gefüge des Deutschen Volkes" zum Führer bekannt habe. Er kann eine Einladung des späteren Reichsstatthalters Seyss-Inquart vom 16. Juni 1937, also noch vor dem „Anschluss", vorweisen, in der es heisst:

> [...] In der Überzeugung, dass selten eine Persönlichkeit unserer Zeit in dem Masse deutscher Einheit in Sprache und Kultur Ausdruck verliehen hat wie Sie, sehr verehrter Herr Professor, und in dem Wunsche, eine solche Persönlichkeit im Vorstande unseres Verbandes zu sehen, richten wir die ergebene Bitte an Sie, einer allfälligen Wahl in unseren Vorstand Ihre Zustimmung zu erteilen.

Auf Grund dieser Hinweise wird die Ablehnung rückgängig gemacht und Nadler mit der Mitgliedsnummer 6.196.904 in die NSDAP aufgenommen. Das Aufnahmedatum 1.5.38 ist, wie auch sonst nicht selten, rückdatiert. 1939 stellt die Zentrale der Partei jedoch fest, dass eine Mitgliedskarte dort nicht vorhanden ist.[12] Der Sicherheitsdienst wiederum hatte sich schon im Oktober

---

[11] Bestätigung Ortsgruppenleiter Wien, 2.7.38 BDC PA Nadler.
[12] Mitgliedschaftsamt an Gauschatzmeister Wien, maschinenschriftlicher Eintrag auf: NSDAP-Personalfragebogen 13.6.38 BDC PA Nadler.

1938 für Nadler interessiert.[13] Dessen Dossier über Nadler fällt im nationalsozialistischen Sinne durchaus positiv aus:

> Aus der anliegenden Korrespondenz erhellt, dass Nadler bei einem Zusammenstoss zwischen nationalsozialistischen Studenten und Korporations-Studenten, nämlich CVern, am 3.12.32 auf dem Gelände der Universität Wien zugunsten der Nationalsozialisten eingeschritten ist und sich dadurch das Missfallen der CV zugezogen hat.[14]

Die Gestapo weiss 1940 zu berichten, dass er demgegenüber noch 1934 eine ns-feindliche Haltung eingenommen und der „Vaterländischen Front" angehört habe. Das Gestapo-Dossier enthält noch weitere, damals ziemlich vernichtende Einschätzungen seiner Person:

> Nadler ist einer der führenden katholischen Literaturhistoriker, der sich immer klug anzupassen verstand, ohne jedoch seine katholische Grundeinstellung jemals zu verlassen. [...] Nadler ist in allen politisch-weltanschaulichen Entscheidungen eine ausgesprochen weiche Natur, immer mehr hinneigend zu verschwommenen liberalisierenden und katholisierenden Tendenzen, als etwa zu nationalsozialistischen. Die Grundlage seiner Forschung ist selbstverständlich deutsch im allgemeinen Sinne, aber sie ist keineswegs nationalsozialistisch und widerspricht vor allen durchaus nicht den katholischen Grundsätzen; denn die Betonung der Stämme verträgt sich durchaus mit dem katholisch-nationalen Geschichtsbild vom „Reich". Im übrigen hat ihn seine oft viel zu stark betonte „Deutschheit" nicht davon abgehalten, noch nach dem Umbruch Dissertationen über jüdische und halbjüdische Dichter und Schriftsteller zu vergeben. Prüfungskandidaten hat er darauf hingewiesen, dass sie auch über die jüdische Literatur geprüft würden und dass sie auch die Werke jüdischer Literaten durchzulesen hätten.[15]

Vermutlich auf Grund dieses Gestapo-Dossiers und einer Anfrage des Gaugerichts Wien legt der Reichshauptstellenleiter dem Gauschatzmeister Wien nahe, ein Ausschlussverfahren gegen Nadler zu beantragen.[16] Bormann persönlich setzte in einem Schreiben an Schirach nach, in dem er anordnete, dass Nadler „ehrenvoll" aus der Partei zu entlassen sei.[17] Die nicht nur in Wien ver-

---

[13] Lt. Meiler an Gauschatzmeister Wien, 14.1.39 BDC PA Nadler. In den Germanisten-Dossiers, die Rössner für seine Denkschrift verarbeitet, kommt Nadler nicht vor. Das betrifft übrigens alle in Österreich wirkenden Germanisten. Siehe dazu Simon 1998a.
[14] Bericht o.V., 20.10.38 BA Z/B 1–51 Bl. 102.
[15] AV o.V. o. D. [nach Mai 1938] BA NS 15/197 Bl. 160 + NS 15/199 Bl. 188; KPA an Amt Wissenschaft, 8.6.42 BA NS 15/158b Bl. 110; Mitteilungen zur weltanschaulichen Lage 17, 15.7.38, 14 (= BA NSD 16/6). Vgl. auch Lektorenbrief 1,3 Mai 1938. Das Kulturpolitische Archiv des Amtes Rosenberg urteilt vermutlich in Kenntnis dieses Dossiers ähnlich: es gibt sofort eine Warnung heraus, Nadler nicht „herauszustellen". KPA an VBW IV/1, 9.9.42, dto. 30.9.42 BA NS 15/254.
[16] Eder an Gauschatzmeister Wien, 17.5.43 BDC PA Nadler.
[17] Meissl 1986, S. 300.

breitete dilatorische Behandlung solcher Angelegenheiten führt dazu, dass es bis Ende des Krieges nicht zu diesem Ausschluss kam.[18]

Durch sein Verhalten im Spruchkammerverfahren nach Kriegsende bestätigte Nadler ungewollt die Einschätzung seiner Person als Wendehals durch die Gestapo. Natürlich verweist er auf das ins Auge gefasste Ausschlussverfahren. Ausserdem konnte er weitgehend auf Verhaltensstrukturen rekurrieren, die er 1934 in einem von ihm selbst angestrengten Gerichtsverfahren praktiziert hatte:[19] Er versuchte zu belegen, dass er den Rassismus von Rosenberg und seinen Leuten stets abgelehnt habe. 1933 – also nur ein Jahr vor diesem Gerichtsverfahren – hatte er sich noch als Vorläufer des Nationalsozialismus ausgegeben, was er jetzt, zugegeben einfallsreich, sowohl zurücknimmt als auch bestätigt:

> Wenn man heute von Blut und Boden spricht, so denkt jeder Mensch an den Rosenbergschen Mythos [!]. Nun habe ich schon im Jahre 1911 über den Einfluss von Blut und Boden auf das Schaffen eines Menschen geschrieben, es ist daher nicht meine Schuld, wenn die Nationalsozialisten sich manches von meinem Gedankengut – sehr verändert – angeeignet haben.[20]

Natürlich lehne er das Gedankengut in dieser veränderten Form ab. Das hinderte ihn nach 1938 aber nicht daran, kräftig in Antisemitismus zu machen. Nicht nur artikuliert Nadler 1941 seinen Antisemitismus im Schlussband seiner Literaturgeschichte, er verherrlicht zugleich eine Gewalttat:

> Alles, was sich gegen den Weimarer Staat und manches, was sich für die damaligen nationalen Bewegungen sagen lässt, das steht bei Rathenau. Darum war er der jüdische Versucher in seiner gefährlichsten Gestalt. Er versuchte, die deutsche Jugend für ein nichts als geistiges, für ein geschichtsloses, für ein volklich geschlechtsloses Dasein zu bezaubern. Aus jeder Zeile hört man die nervöse Abneigung heraus gegen Blut und Erde und alles, was aus den Sinnen stammt. Ewige Gedanken des deutschen Geistes, die grossen Gedanken der deutschen Erhebung erscheinen durch Rathenau nur als Masken des verkappten jüdischen Geistes, der sich in seiner Vermischung von Geschäft, Seele und Machtgelüste gefiel. Weltsendung des deutschen Volkes war bei Rathenau nichts anderes als eine Perversion seines jüdischen Messiasgedankens.
> Dieser also, der mächtigste und geistreichste Mann, den das Judentum in Deutschland zu stellen hatte, rief im Augenblick der Entscheidung die deutsche Jugend an und erhob – mit einer berechneten Gebärde der Bescheidenheit – den Anspruch auf die Führung.

---

[18] Zu diesem Fall fragt der Gauschatzmeister Wien bei der Reichsleitung per Telegramm am 23.5.44 an, ob Nadler noch als Mitglied geführt werde, und erhält am 26.6.44 die Antwort, er sei bereits am 17.5.43 über das Mitgliedschaftsverhältnis informiert worden. (BDC PA Nadler).

[19] Für dieses und das folgende siehe vor allem Meissl 1985, S. 135 f.

[20] Zit. nach Meissl 1985, S. 135 f.

Und wie antwortete die Jugend auf diesen Anruf? Walter Rathenau wurde, gerade als er sich anschickte, die Führung der Weimarer Republik fest in die Hand zu nehmen, am 24. Juni 1922 in Berlin von jungen Händen erschossen. Die Schüsse mögen wem immer gegolten haben, sie trafen den Mann, der dem deutschen Volk ein Gift zugedacht hatte, das wie Heilmittel aussah: Balsam der Seele für einen ausgebluteten Körper. Die Schüsse auf Walter Rathenau setzten unter den Deutschen eine unwiderrufliche Entscheidung der Gesinnung und der Tat. Es war eine Entscheidung um das deutschländische Judentum und gegen die Gefahr, die Rathenaus Griff nach der Macht aufgedeckt hatte.[21]

In der Nachkriegszeit wird Nadler zu einer Art Leit- und Identifikationsfigur des sich neu formierenden Lagers ehemaliger Nationalsozialisten, alter Grossdeutscher und einiger Feigenblattliberaler.[22] Sein Fall löst den Kampf um die sogenannte „Vierte Partei" aus, die später den Namen „Verband der Unabhängigen" annimmt. Edwin Rollet und circa 30 Intellektuelle – darunter auffällig wenige Wissenschaftler und kein Germanist – wenden sich in Erwartung des Amnestiegesetzes in einer Denkschrift dagegen, dass *„eine Befreiung von den Sühnefolgen nicht gleichbedeutend sein darf mit einer Rehabilitierung auf geistigem Gebiet."*

In der Folge werden Zeitschriften der „Vierten Partei" wie die „Freien Stimmen" verboten. Nadler wurde endgültig in den Ruhestand versetzt, durfte aber weiterhin publizieren. Er nutzte diese Publikationsmöglichkeit für eine Selbstrechtfertigung, die er unter dem Titel „Nachspiel" veröffentlichte. Eine grosse Anhängerschar hatte Nadler auch nach 1945; noch in den 50er Jahren wurde er heiss diskutiert. Nichts aber kann darüber hinwegtäuschen, dass Nadler wichtige Versatzstücke zur nationalsozialistischen Literaturwissenschaft beisteuerte. Dass er als Jesuit erzogen wurde und sich allzu bereitwillig mit den Leuten um Dollfuss und Schuschnigg eingelassen hatte, machte ihn aus der Sicht der Nazis zwar zum Problem, es ändert aber an seiner Beiträger-Rolle nichts. Zu den wenigen, die Nadler im Dritten Reich positiv rezipierten, gehörte übrigens Hans Rössner.

Das Studium in Wien hinterlässt bei Schneider Erinnerungen, die ihm auch im Alter noch erwähnenswert erscheinen.[23] Ursprünglich habe er dort nur einige Quellen nachsehen wollen. Dann kam ein Erlebnis, das – so Schwerte-

---

[21] Nadler 1941, S. 221 – zit. nach Wulf 1989b, S. 452 f.
[22] Für das folgenden siehe Meissl 1986, S. 290.
[23] Für dies und den Rest des Absatzes Interview Alexander-Thieme/Müller, Mai 95 in mehreren WDR-Sendungen.

II. Herkunft und Studium

Schneider in einem Interview, das er dem WDR gab – bei ihm eine erste Politisierung ausgelöst zu haben scheint:

> In Wien am 1. Mai 1932, ein schöner Tag, nahmen mich [...] einige Leute mit zum Maiaufmarsch. [...] Als vorderste [...] die Vaterländische Front", die „Dollfuss-Leute". Und als zweite marschierten, wie man damals sagte, die „Roten", die „SPÖ-Leute", die „Republikaner", die ja dann 1934 [...] in ihren Häusern mit Artillerie zu Hunderten totgeschossen worden sind. Und dann kam ein dritter Block. Ich wollte schon nach Hause gehen [...] Und das waren, wie mir dann mitgeteilt wurde: na, Mensch, die musst Du doch kennen, das sind die Nationalsozialisten, die Nazis. [...] Da habe ich zum ersten Mal Kontakt mit denen bekommen und habe es auch begriffen, warum in der Hochschule, die tagelang gesperrt war, warum in den Gängen der Hochschule Studenten herausgeprügelt wurden. Das waren entweder Rote, oder es waren Juden, die von entsprechenden, ja, waren es Corps-Studenten oder waren es Rechtsleute (herausgeprügelt wurden. G.S.). Da fiel bei mir ein Zapfen. [24]

Nach neuerlichen Angaben ist Schneider auf Grund dieser Erlebnisse in den Sozialistischen Studentenbund eingetreten.[25] Da das für die Nationalsozialisten überprüfbar war, und die Fragebögen der Reichsschrifttumskammer explizit solche Mitgliedschaften erfragten, Schneider darüber aber kein Wort preisgab, sind Zweifel angebracht. Wenn diese Angabe zutrifft, verrät sie zugleich, dass Schneider sich schon in den 30er Jahren auf das *corriger la fortune* verstand. Mit diesem Verdacht konfrontiert, schliesst er inzwischen nicht mehr aus, dass er auch nur eine Art Sympathisant gewesen sein könnte.[26]

Im Juni 1935 promoviert Schneider an der Universität Königsberg mit einer Arbeit über Turgenjews Einfluss auf die deutsche Literatur. Diese Dissertation muss, obwohl sicher nicht nur die Universität Königsberg ein Exemplar hatte, als verschollen gelten. Sie ist erstaunlicherweise in keiner Bibliographie, keinem Verzeichnis von Hochschulschriften bzw. von Dissertationen zu finden und auch sonst nicht zu ermitteln. Hier muss zumindest von einer auffälligen Unregelmässigkeit gesprochen werden.[27] An der Universität Königsberg galt seit 1905 eine Promotionsordnung, die die Abgabe von mindestens 200 Exemplaren der Dissertation zur Vorbedingung für die Erteilung der Doktorwürde machte.[28] Insofern muss hier zumindest von einer

---

[24] ebenda.
[25] Schwerte an Simon 8.12.1995, GIFT-Archiv, MW-Korr.
[26] Schwerte an Simon 25.1.1996, GIFT-Archiv, MW-Korr.
[27] Insofern muss auch die Darstellung von Gerd Simon in einem von der Frankfurter Allgemeinen Zeitung abgedruckten Leserbrief (9. Nov. 1996) explizit zurückgenommen werden.
[28] Die seinerzeit gültige Promotionsordnung der Universität Königsberg ist nicht überliefert. Sie ist aber zitiert in: Schröder 1929, S. 170 f. Im GStA Berlin Rep 76/I. HA/Nr. 879 findet

auffälligen Unregelmässigkeit gesprochen werden. Das Reichssicherheitshauptamt hat im 2. Weltkrieg bei Gestapo-Leuten, aber auch bei Ordnungspolizisten in Russland nach Bedarf bei Tarnnamen ohnehin, aber auch in Einzelfällen bei normalen Namen Doktortitel-Fälschungen vorgenommen.[29] Schneider führte seinen Doktortitel aber schon 1936, also vor seinem Eintritt in die SS, ganz offiziell.[30]

Nach seiner heutigen Darstellung hatte man Schneider 1935 das Versprechen abgenommen, die Dissertation nach einigen Korrekturen nachzureichen, was aber wegen Arbeitsüberlastung bis 1939 nicht geschah und danach als blosse Formalie aus dem Blick geriet.[31]

Die Version lautet in der Wiedergabe von Gotthard Jasper:

> Schneider hatte zwar 1935 – wie er auf Befragung mir gegenüber ausgeführt hat – in Königsberg promoviert und darüber eine Bescheinigung der Fakultät erhalten. Deshalb taucht er in den Akten als Dr. Schneider auf. Seine Doktorarbeit über Turgeniew hatte er jedoch anschliessend noch bearbeiten wollen, diese Bearbeitung allerdings nie fertiggestellt. 1944/45 sei die Arbeit dann verlorengegangen.[32]

Jasper erwähnt nicht, dass das voraussetzt, dass eine Promotionsordnung wie die erwähnte nicht existierte. Die Möglichkeit einer *„vorläufigen Führung des Doktortitels"* – wie es Jasper unterstellt [33] – ist dort an keiner Stelle vorgesehen. Es wird im Gegenteil ausdrücklich betont:

> Erst nach Empfang des Doktorbriefs ist er [der Geprüfte, G.S.] berechtigt, den Doktortitel zu führen.[34]

---

sich eine am 15.3.38 erlassene und ab 1.4.38 gültige gedruckte Promotionsordnung sowie eine maschinenschriftliche nicht datierte Vorfassung, von der aber nicht klar ist, ob sie jemals gültig war. In beiden Fassungen wird ebenfalls die Verleihung der Doktorwürde von dem vorherigen Druck der Doktorarbeit abhängig gemacht.

[29] Vor dem Landgericht Koblenz gestand der SS-Hauptsturmführer Heuser 1963, dass er zu einem kleinen Kreis gehörte, der für den ›Leitenden Dienst‹ in der Sicherheitspolizei vorgesehen war und dem das RSHA zugleich 1941 einen gefälschten Dr.-Grad verlieh. s. Lichtenstein 1990, S. 98. Den Hinweis auf diese Quelle verdanken wir Bernhard Daenekas.

[30] Als Verfasser des Artikels ›Heimatmuseen und Volkstumsarbeit‹ nennt die Zeitschrift ›Der junge Osten‹ 1, 9. Juni 1936 schon im Inhaltsverzeichnis und auch sonst bei jedem Artikel „Dr. Hans Ernst Schneider".

[31] Schwerte an Simon 17.11.1996, GIFT-Archiv, MW-Korr.

[32] Jasper 1996, S. 10.

[33] Jasper, loc. cit.

[34] So auch die Promotionsordnung vom 1.4.38, loc. cit.

26 *II. Herkunft und Studium*

Wenn Schwerte also 1948 in Erlangen die Erklärung abgab, dass er nicht promoviert sei,[35] so ist es keineswegs „abwegig" – wie Jasper in diesem Zusammenhang meint – dass, wenn nicht hier, so doch 1935 in Königsberg, eine Täuschung vorlag.

Für Täuschungsmanöver dieser Art hatten im übrigen auch die Nationalsozialisten – von der genannten Ausnahme abgesehen – kein Verständnis. Angeregt wurde die Dissertation offenbar noch von Josef Nadler, der 1931 nach Wien berufen wurde, wohin ihm – wie erwähnt – Schneider kurze Zeit später folgt. Doktorvater war Paul Hankamer, der – wie auch Schwerte-Schneider 1995 andeutet – wenig später per Erlass dienstentpflichtet wurde.

Paul Hankamer

Das Studium an der Königsberger Universität war schon in der Weimarer Republik durch besondere Anreize gefördert worden.[36] Im 3. Reich verfiel man darüber hinaus darauf, diese Hochschule zu einem *„Bollwerk gegen das Slawentum"* auszubauen. Das hiess aber unter anderem, dass hier über die Säuberung mit Hilfe des Gesetzes zur Wiederherstellung des Beamtentums hinaus zusätzliche Hebel zur Entfernung nichtlinientreuer Hochschullehrer aus der Universität entwickelt werden mussten. Ein solcher Hebel war das Gesetz über die Entpflichtung und Versetzung von Hochschullehrern vom 21. Januar 1935. Eines der berühmteren Opfer dieses Gesetzes war Schneiders Lehrer Paul Hankamer.

Paul Hankamer, am 11. Februar 1891 in Wesel, Kreis Rees, als Sohn des damaligen Hauptschriftleiters der „Niederrheinischen Volkszeitung", Friedrich Wilhelm Hankamer, und dessen Frau Maria Magdalena, geb. Heix,[37] geboren, bezeichnet sich später selbst als *„Zögling des Collegium Albertinum in Venlo"*, einem Dominikaner-Kloster in Holland.[38] Abitur machte er aber am Goethe-Gymnasium in Essen. Von 1910 bis 1914 studierte er in Heidelberg, Berlin und Bonn die Fächer Deutsch, Philosophie und Geschichte. Die Doktorprüfung legte er am 15. Juli 1914 ab.

---

[35] so Jasper loc. cit.
[36] Zur Geschichte der Uni Königsberg s. Heiber 1994, S. 314 ff.
[37] Den Namen Peter Heix benutzte Hankamer als Deckname. Befreiungsschein RSK 3.2.39, BDC.
[38] Für dies und das Folgende bis zum Absatz nach den Zitaten einschliesslich Pb. P.H. BA R 21 Anh. 10007 Bl. 3595 sowie Lebenslauf Hankamer o. D. [Nov. 38?], PA. P. H. BDC.

Am 2. August 1914 zog Hankamer als Freiwilliger in den Krieg. Nach einer Verletzung durch einen Streifschuss ist er in der Presseabteilung der Auslandstelle Emmerich mit Postüberwachung befasst. Als für seine Bildung entscheidend nennt er später *„das Werk Stefan Georges"*. Er habilitierte sich in Bonn am 14.1.1920, hatte dann ab 20.9.1922 einen Lehrauftrag für ideengeschichtliche Literaturgeschichte inne, und wurde am 16.7.1925 nichtbeamteter ausserordentlicher Professor. Nachdem er im Wintersemester 1927/28 seinen Förderer Ernst Bertram in Bonn vertreten hatte, lehrte Hankamer in Köln, bis er dann im März 1932 auf einen Lehrstuhl nach Königsberg berufen wurde – Julius Petersen hatte ihn schon zu *„der alten Garde der Unerlösten"* gerechnet.[39]

Am 8. April 1936 wird Hankamer mit 47 Jahren – wie angedeutet – vorzeitig entpflichtet.[40] Eine Rolle dürfte dabei gespielt haben, dass Hankamers Frau Edda Tille Halbjüdin war. Hankamer aber gehört zu den Fällen, in denen man es offenbar für nötig hielt, darüber hinaus besondere Gründe zu inszenieren. Was war geschehen?

Der NSD-Studentenbund Königsberg hatte in seiner Zeitschrift „Student der Ostmark" zu einigen Zitaten aus Hankamers „Deutscher Literaturgeschichte" kritisch Stellung genommen.[41] Die im folgenden zitierten Textstellen über Marx und Heinrich Mann lieferten den Anlass, Hankamer als ‚ns-feindlich' zu brandmarken:

> 1848 erschien das Manifest zur kommunistischen Partei, 1867 erschien Marx geniale Schrift „Das Kapital". Die Ideologie des Klassenkampfes war damit und damals geschaffen: eine geniale Persönlichkeit hatte die Wirklichkeit begriffen, bejaht und gab ihr die Idee und die Richtung ...

> Die deutsche Prosa hat nun ihren europäischen Stil gefunden und ist durch Heinrich Mann zu einer erstaunlichen Präzision und rhythmischen Bewegtheit gelangt, hat die Schärfe der Dialektik und die Bildfülle der Eindruckskunst erhalten ...

---

[39] Petersen an Panzer o. D., UB HD Heid. Ms. 3824 G 2.385-84.
[40] s. Hankamer an Buhl o. D. [Eingang 7.2.39], PA Hank. BDC sowie die Akte GStA Berlin Rep 90-1771 Bl. 414-9. „Entpflichtet" heisst, dass Hankamer weiterhin Mitglied der Philosophischen Fakultät der Uni Königsberg blieb und sein Gehalt weiter bezog.
[41] Für dies und das Folgende s. Lührs 1936, S. 156-7. Lührs Ausführungen basieren auf Artikeln, die u. a. in einer Extra-Ausgabe des „Student der Ostmark" vom 29.1.36 erschienen, die wir bislang nicht eingesehen haben. Wer Georg Lührs und der von ihm namentlich genannte Siegfried Drescher waren, haben wir ebenfalls bisher nicht ermittelt. – vgl. a. Heiber 1994, S. 315–323.

II. Herkunft und Studium

Wie anders man Heinrich Mann einschätzen konnte – damals ohnehin, aber auch noch in den 50er Jahren –, zeigt ausgerechnet Hankamers Schüler Schneider, jetzt freilich unter dem Namen Schwerte. In der Literaturgeschichte seines neuen Mentors Heinz Otto Burger vergleicht er Heinrich Mann mit seinem Bruder Thomas, der im übrigen auch nicht gerade bestens beurteilt wird, bei dem er aber immerhin bereit war zu diskutieren, ob er Dichter und nicht bloss ein Literat war:

> Bei seinem Bruder Heinrich Mann (1871–1950) stand das überhaupt nie zur Frage, da er von Anfang Literat war, der seine ästhetisierend kalte Sprache zwischen Karikatur und Rausch ansiedelte. Auch ihm geht es um das Grundproblem seines Bruders: hier der Handelnd-Tätige, der grosse Geniesser und Bezwinger des Lebens und dort der Erkennende, Wissende, der „Künstler". Aber beide Seiten werden nun übersteigert, romantisch und hysterisch. Die Bürger sind karikierte Schemen, die Starken sind Tier-Naturen im Sinne Wedekinds, die Künstler Komödianten ohne Ethos. Es bleibt eine tote Wort-Welt, deren Formeln reizen und zerstören wollen, nicht aber heilen und gesunden.[42]

Wie angenehm unvoreingenommen lesen sich da die Urteile seines Lehrers Hankamer! Urteile aus dem Munde eines „Erzkatholiken", der Hankamer nie – auch in seiner Literaturgeschichte nicht – leugnete zu sein. Diese Urteile, die sicher alles andere als auf *„Dogmatismus"* deuten, wurden in dem Artikel des NSD-Studentenbunds ebenso an den Pranger gestellt wie seine Forderung *„der Vorbereitung des künftigen grossen Dichters katholischen Geistes"*. Der NSD-Studentenbund registriert, dass die Hörerschaft Hankamers *„ihrem Meister in einer Vorlesung grosse Ovationen darbrachte"*. Daraufhin setzen sich einige Mitglieder des NSD-Studentenbund in die Vorlesung, um ihn näher kennenzulernen. Diese halten fest:

> Herr Hankamer verweigerte den deutschen Gruss. Ebenso nahm er keine Stellung zu dem in „Student der Ostmark" veröffentlichten Stellen seines Buches, sondern suchte die „Unzuständigkeit des NSD-Studentenbundes" zu bemängeln. Trotz seines recht exaltierten Selbstbekenntnisses und trotz der Weinkrämpfe eines Teils seiner Hörerinnen sah er sich doch veranlasst, die Vorlesung abzubrechen.

Immerhin 40 Studenten und Studentinnen unterzeichneten dann eine Erklärung, in der Hankamer bescheinigt wird, dass sie seine Lehrtätigkeit nie als katholische Propaganda erfahren haben, dass er vielmehr gerade den ausserkatholischen Kräften deutscher Geschichte und deutschen Geistes gerechteste Würdigung zuteil werden liess. Der NSD-Studentenbund reagierte auf diese

---

[42] Schwerte 1952a, S. 750.

Erklärung am 29.1.36 mit einer Extra-Ausgabe des „Student der Ostmark", in der er alle Unterzeichner namentlich bekannt machte. Der Fall Hankamer – so hiess es in der Folgezeit in dieser Zeitschrift – zeige „*eine allgemeine Entartungserscheinung der deutschen Hochschulen*".

An dieser Kampagne gegen Hankamer beteiligt sich übrigens auch die Zeitschrift „Der junge Osten". Diese Zeitschrift wird herausgegeben von der NS-Kulturgemeinde, Gaudienststelle Ostpreussen, in der Schneider unter Zastrau stellvertretender Leiter ist. Ab Juni 1936 publiziert Schneider dort auch einige Artikel.[43]

Kurz darauf wird Hankamer – wie erwähnt – entpflichtet. In dem Vorschlag zur Entpflichtung heisst es wörtlich:

> Das Ordinariat für Neuere Germanistik an der Universität Königsberg soll aufgrund eines dringenden Bedürfnisses an der Universität Breslau verlegt und dort für ein technisches Fach verwendet werden. Der Inhaber des Lehrstuhls, Professor Dr. Paul Hankamer, muss deshalb aufgrund von § 4 des Gesetzes über die Entpflichtung und Versetzung von Hochschullehrern aus Anlass des Neuaufbaues des deutschen Hochschulwesens vom 21. Januar 1935 von den amtlichen Verpflichtungen entbunden werden. Das Ausscheiden Hankamers liegt überdies im dringenden Interesse der Hochschulverwaltung.[44]

Es spricht einiges dafür, dass Hankamers Demission in Königsberg nicht einfach durch die Aktion der Studenten induziert wurde, sondern dass die Studenten – wie auch sonst häufiger – Werkzeug einer nationalsozialistischen Hochschulpolitik mit dem Ziel waren, aus der Uni Königsberg sowie aus den Universitäten in Kiel und in anderen grenznahen Städten „Frontuniversitäten" zu machen.

Obwohl Hankamer nach Schneiders eigenen Aussagen sein Doktorvater war, was sich wegen der Zerstörung der Universität Königsberg heute nur noch schwer nachweisen lässt, hat sich in Schneiders Publikationen kein entsprechender eindeutiger Einfluss niedergeschlagen. Vielmehr verraten insbe-

---

[43] Heimatmuseen und Volkstumsarbeit. *Der junge Osten* 1, 9, Juni 1936, S. 264–7. Das Theater als Stätte völkischen Glaubens. ibid. 1, 10, Juli 1936, S. 293–8.

[44] Antrag auf Entpflichtung Preussischer Ministerpräsident 26.3.36, GStA Bln Rep 90-1771 Bl. 415.

30 II. Herkunft und Studium

sondere Schneiders volkskundliche Veröffentlichungen vor allem den Einfluss des Dialektologen Walther Ziesemer, der zu Schneiders Studienzeit in Königsberg Professor war.[45] Freilich fehlen auch hier die Unterlagen.

---

[45] Hans Ernst Schneider spielt später mehrfach auf einen besonderen Zugang zu Ziesemers Sammlungen an. vgl. etwa in: Ostpreussischer Frauentanz. *Niederdt. Zs. für Volkskunde* 18, 1940, S. 100–129. Ziesemer war als Direktor des ›Instituts für Heimatforschung‹ der Universität Königsberg ehrenamtlicher Mitarbeiter der NS-Kulturgemeinde (Gaudienststelle Ostpreussen), in der Schneider tätig war. Alfred Zastrau: Volkstum und Heimat. Denkschrift und Bericht über Aufbau und Entwicklung der Hauptabteilung Volkstum und Heimat der NS-Kulturgemeinde Gaudienststelle Ostpreussen Königsberg in Pr. [31.7.36], DLA Marbach NL Zastrau Kasten 705, Bl. 5. In diesem Punkte tendieren wir ausnahmsweise einmal in die gleiche Richtung wie Jäger 1998, der allerdings keine Quellen angibt.

III.

DICHTUNG, VOLK UND KRIEG

Schneider verdient sich sein erstes Geld nach dem Studium mit Artikeln für unterschiedliche Zeitungen und Zeitschriften. Dabei entsteht sogar ein Büchlein. Schneiders „Königliches Gespräch" beginnt mit einem Deutschland-Gedicht:

> Deutschland, heimliche Krone Gottes,
> Dornenkranz, geflochten der edelsten Stirn
> hellen Blutes, Reich, das du brennest den Herzen
> Flammen der Liebe alle Nächte und sorgende Stunden.
>
> Innen warst du den Meistern nahe,
> schmaler Goldreif umlagst du leuchtend ihr Haupt,
> Sehende sahen und wenige hörten des Schweigens
> Ruf, nur narbte der Schmuck das Dornmal hohen Schmerzes.
>
> Wahrend die heiligen Schalen des Lebens,
> Wächter auch wir dem Brunnen der Scham vor lautem
> Griff und Geschrei, verbergen wir dich, du Reine,
> fliehend und folgend den frühen Trägern, im inneren Schrein.
>
> Deutschland, heimliches Feuer des Sagens
> aller Worte, Klang, der Sturm und Stille
> übertönt – beflecken die Frechen dein Schwert,
> höhnend im knechtischen Dienst die Demut stählerner Schärfe,
>
> glühest den Besten in Seele und Tat
> trotzigen Mut, und tief in den Schächten der Zeit
> beten und singen die Hüter grösseren Erbes
> dich, verheissene Krone Gottes, Deutsches Reich.[1]

Schwerte ordnet dieses Gedicht heute in die Tradition Weinhebers ein, den er seinerseits in der Tradition Georges sieht. Weinheber war ein damals auch von

---

[1] Schneider 1936c, S. 3.

III. Dichtung, Volk und Krieg

Nationalsozialisten geschätzter Dichter. „Edelkitsch" ist Schwertes heutige Einschätzung des Gedichts. In die literarische Produktion der damaligen Zeit eingebettet, muss der Vergleich günstiger ausfallen. In der Flut von Deutschland-Gedichten, die damals Konjunktur hatten, gehört Schneiders lyrische Verbeugung vor den Grössen ‚Nation' und ‚Reich' zweifellos zu den originellsten und auch formal gelungensten.[2] Dass ausgerechnet dieses Gedicht Schneider in Schwierigkeiten brachte – wie er heute behauptet[3] –, ist unwahrscheinlich, zumindest schwer nachvollziehbar.

Ansonsten gibt sich das „Königliche Gespräch" als eine handlungsarme Dichtung, in deren Zentrum der alternde Friedrich der Grosse steht, der sich von dem ebenfalls schon betagten Rektor der Leipziger Universität und Dichter Gottsched den Zusammenhang von Dichtung, Volk und Krieg erklären lässt:

> […] Sie haben zu schaffen begonnen, was uns, was mir, dem Dichter, fehlte: … ein Volk zu bilden! Das ist Ihre Mitarbeit an der Dichtung des werdenden Volkes … niemand könnte diese Arbeit für Sie ableisten. Mögen andere Ihrer Kriege fluchen, ich segne sie, denn sie bedeuten mir den Anbruch echteren Seins.[4]

Der König quittiert solche Ausführungen mit Bemerkungen wie:

> Spreche er doch weiter!

Schneider beherrscht nichtsdestoweniger die Form. Nirgendwo scheint eine formale Regel verletzt. Seine Erzählung enthält gefällige Beschreibungen. Die Ankunft des alten Fritz im Leipziger Schloss orientiert sich dabei mehr an gemalten als an poetischen Vorlagen:

> Mit einem leichten Ruck hielt der Schlitten vor dem geschwungenen Tor, dessen gedrehtes und gewundenes, aus der Mauer hervorbrechendes Schmuckwerk der Schnee zu absonderlich verschrobenen[5] und ins Masslose überformten Gebilden gestaltet hatte. Die Wachen standen hinter dem Schneeschleier gerade aufgerichtet und bewegungslos. Der König erhebt sich aus dem Gefährt; gestützt auf den langen Stock, steigt er die wenigen Stufen auf. Einige Flocken glänzen an seinem Überrock. Wieder ganz zusammengerafft, steht er einen Augenblick straff und herrschlich auf der erhöhten und umgitterten Steinplatte vor dem Hauseingang; sein scharfer, aus den grossen Augen hervorstechender Blick schien alles um ihn her zu umfassen. Dann fiel die Tür leise hinter ihm in das eisengeschmiedete Schloss.[6]

---

[2] Für abwegig halten wir die Einschätzung von Theo Buck. Unveröffentlichtes Vortragsms. Buck: „Rückblick auf einen Vorgänger oder ‚Tat und Trug' des Hans Ernst Schneider". vgl. a. Buck 1996.
[3] Schwerte an Jasper, Schwerte an Lerchenmueller.
[4] Schneider 1936c, S. 52 f.
[5] i. O. verschobenen.
[6] ebenda S. 9.

III. Dichtung, Volk und Krieg

Wiewohl das ›Königliche Gespräch‹ 1943 nochmals mit 5 000 Exemplaren aufgelegt wurde, Schneiders Ausflug in die Poesie hinterlässt kaum sichtbare Spuren. Unter seinem Pseudonym Friedrich Bojahr[7] sind nicht einmal Publikationen auffindbar. Nach Schwertes späterer Darstellung gefiel aber zumindest das eingangs zitierte Gedicht einem „*höheren SS-Führer*"[8], an dessen Namen er sich – wie häufig – nicht erinnert. Konfrontiert mit dem Namen des Zeitungswissenschaftlers und Obersturmbannführers Franz Alfred Six, der damals, wie noch auszuführen ist, einen Lehrauftrag in Königsberg hatte und im Berliner Hauptamt des Sicherheitsdienstes als einer der engsten Mitarbeiter Heydrichs die Abteilung Gegnerforschung leitete und lange Zeit unter Heydrich Chef des gesamten innerdeutschen Nachrichtendienstes war, ist Schwerte sich heute sicher, dass dieser es nicht war. Six hatte sich im Sicherheitsdienst mit der Bedeutung von Kunst für das Volk und damit für den Staat sowie umgekehrt insbesondere von volkseinigenden Kriegen für die Kunst zu befassen, hätte also ein Motiv gehabt, an Schneider interessiert zu sein. Erst umständliche Recherchen und Korrespondenzen machten es wahrscheinlich, dass es sich hier um den Leiter des Rasse- und Siedlungshauptamts Nordost (Sitz: Königsberg), SS-Obersturmbannführer Dr. Jacobsen handeln muss. Ein Foto von Schneider aus dieser Zeit zeigt Abbildung 19a.

---

[7] Bojahr war der Geburtsname seiner Grossmutter mütterlicherseits. s. FB RSK 27.4.40, PA. Schn. BDC.
[8] Die Institution der „Höheren SS- und Polizeiführer" gab es damals noch nicht, ist also damit nicht gemeint. Jacobsen scheint in ihr auch später in Russland keine Rolle gespielt zu haben. s. Birn 1986.

IV.
In der ›Nationalsozialistischen Kulturgemeinde‹ alias ›Kampfbund für deutsche Kultur‹

Bevor Schneider im Rasse- und Siedlungshauptamt landete, durchlief er einige Gliederungen in der NSDAP, die typisch waren für Leute, die man später beim Rasse- und Siedlungshauptamt wieder findet: Verwiesen sei hier nur auf Plassmann und Sievers, bei denen es genauso war.

Im August 1933 hatte Schneider seine körperlichen Fähigkeiten bei einem Freiwilligen-Arbeitsdienst mit Schachtarbeiten im Mündungsgebiet der Memel unter Beweis gestellt. Danach tritt er in die SA ein. Ende 1934 ist er Referent für Volkstumsarbeit in der Gaudienststelle der für die Steuerung der Freizeit zuständigen NS-Gemeinschaft „Kraft durch Freude" in dem Gewerkschaftsersatz „Deutsche Arbeitsfront". 1936 finden wir ihn als Gaufachstellenleiter, später stellvertretenden Hauptabteilungsleiter in der zu dem Zeitpunkt bereits von Rosenbergs NS-Kulturgemeinde übernommenen Organisation „Volkstum und Heimat", Gaudienststelle Ostpreussen, wieder.

Bevor wir auf diese Tätigkeit genauer eingehen, sei hier der Rahmen skizziert, innerhalb dessen sich Schneider in den Jahren 1935 bis 1937 bewegte.[1] Die ›Nationalsozialistische Kulturgemeinde‹ ging 1934 aus dem ›Kampfbund für deutsche Kultur‹ hervor. Wenn man so will, ist letzterer, veranlasst durch die Gründung des Amtes Rosenbergs und eine Neuorganisation der von Rosenberg kontrollierten Domänen, kaum mehr als in erstere umbenannt worden. Es ist also unumgänglich, die ›Nationalsozialistische Kulturgemeinde‹ von den Anfängen des ›Kampfbund für deutsche Kultur‹ an in ihrer Entwicklung zu umreissen.

---

[1] Die beste Darstellung ist immer noch die von Rothfeder 1963, insbes. S. 29–54 – vgl. a. Simon 1998b, S. 17 ff.

IV. In der ›Nationalsozialistischen Kulturgemeinde‹ 35

Auf dem Nürnberger Parteitag der NSDAP vom 19.–21. August 1927 wurde die Gründung einer „nationalsozialistischen Gesellschaft für Kultur und Wissenschaft" beschlossen.[2] Hitler übertrug Rosenberg die Leitung. Dieser wandte sich alsbald an 20 bis 30 Personen, wohl vorwiegend Parteigenossen, die als ideelle und materielle Förderer infrage zu kommen schienen. Satzung und Programm sind frühzeitig im Vorentwurf fertig. Nahziel ist die Abhaltung von Vorträgen in München und anderen grossen, aber in besonders „günstigen" Fällen auch in kleineren Städten.

Die Fernziele entwickelt Rosenberg zunächst in Auseinandersetzung – so scheint es – mit internationalistischen Zielsetzungen:

> Durch alle Länder zieht sich heute mehr denn je ein Kampf um denRang der verschiedenen Werte. Dieser Kampf lässt sich auf zwei letzte Faktoren zurückführen: es ist das Ringen des internationalen Gedankens mit dem Gedanken eines rassisch gebundenen Volkstums. Die internationale Idee zeigt sich in der Politik im Streben nach Vernichtung aller völkischen und staatlichen Grenzen, in der Lehre der Rassenverschmelzung, in der Forderung der Vereinigten Staaten der Welt, der Weltrepublik. Wirtschaftlich zeigt sich diese aus reinem Materialismus kommende und wieder auf Materialismus hinzielende Lehre in dem Bestreben, die bodenverbundene Wirtschaft aus ihrer räumlichen Bedingtheit zu lösen und unter die Herrschaft einiger weniger internationaler Trusts und Weltbanken zu bringen. Parallel mit diesen, heute schon zur Weltmacht gewordenen Kräften gehen die Versuche, auch die nationale Kunst, die nationale Kultur überhaupt zu überwinden im Zeichen einer sogenannten Menschheitskunst und Menschheitskultur.[3]

Der Internationalismus wird im Folgenden nicht nur mit Begriffen wie „Weltrepublik", „Materialismus", den „Trusts" und „Grossbanken" und der „leeren Phrase" Menschheit verknüpft und erläutert, sondern auch mit Pazifismus, mit einem „schrankenlosen und ungebundenen Individualismus" einerseits und dem Marxismus andererseits, sei es in der Form der „liberalen Sozialdemokratie" oder des „terroristischen Bolschewismus". Diese bunte Schublade erhält dann die Etiketten „Chaos", „Klassenkampf" und „Sklavenarmeen".

Dass der Ausdruck „Judentum", der in diesem Zusammenhang auch bei Rosenberg gewöhnlich sogar zentral fällig war, in dieser Denkschrift fehlt, ist auffällig und erklärungsbedürftig, wiewohl man darüber vorläufig mangels zusätzlicher Hintergrundinformationen nur spekulieren kann. Wir denken,

---

[2] Für dies und den Rest des Absatzes s. Rdbr. Rosenberg, 14.10.1927, BA NS 8/122 Bl. 35–37.
[3] (Alfred Rosenberg:) Nationalsozialistische Gesellschaft für Kultur und Wissenschaft. (Denkschrift o. D. (vor 14. Oktober 1927), BA NS 8/122 Bl. 29–32 (=CDJC CXLV-618 = Billig Nr. 28a, S. 46) – Vgl. Rothfeder 1963, S. 29 ff.

dass die Organisation speziell Intellektuelle ansprechen sollte, und dass Rosenberg diese Bevölkerungsgruppe zumindest damals so einschätzte, dass sie mehrheitlich noch nicht so weit war, seinen Antisemitismus so leicht nachzuvollziehen wie seinen Antimaterialismus, seinen Antiinternationalismus, Antiindividualismus oder Antikapitalismus. Vielleicht konnte man schon damals, wie später im 3. Reich häufiger, auch auf explizit antisemitische Formeln verzichten. Der Insider und alsbald die Mehrheit der Deutschen konnten die genannte Reihe erstaunlich schnell wie eine abgebrochene Litanei aus sich heraus ergänzen. Nichterwähntes, aber durch den Kontext Erschliessbares wirkt ja manchmal mehr als Explizites. Aber es fehlen uns vorläufig die nötigen Tagebuchkommentare Rosenbergs oder ähnliche einigermassen zuverlässige Informationen, um diese These zu belegen. Dass auch der Ultramontanismus (wie die Nationalsozialisten den Katholizismus nannten) nicht erwähnt wird, könnte man auf die gleiche Ursache zurückführen. Gestützt wird diese These durch den Umstand, dass der neu zu gründende Kulturverband schliesslich das Epitheton „*nationalsozialistisch*" verliert, ja, als parteiunabhängiger Verband ins Leben gerufen wird.

Nicht weniger erstaunlich an dem Wortlaut dieser Denkschrift ist der Umstand, dass auf die Beschreibung gegnerischer Ansichten deutlich mehr Mühen aufgewandt werden als auf die der eigenen. Die Beschreibung der eigenen Position reduziert sich hier noch mehr auf Schlagwörter. „*Rasse, Volk, Staat, Sprache und Geschichte*", das wird an keiner Stelle mit Inhalt gefüllt. Auch die anderen Begriffe „*Grenzen*", „*Gebundenheit*", „*Boden*", „*organischer Schöpferwille*" werden kaum eingeführt; es handele sich um neue positive Werte, die man von allem säubern bzw. reinigen müsse, was in der Beschreibung der gegnerischen Überzeugung als negativ markiert worden war.

Exkurs: Der Begriff der ‚Rasse' vor 1933

Der Begriff der Rasse sollte – das kann nicht häufig genug betont werden – nicht primär mit heutigen Augen betrachtet werden.[4] Dieser Begriff übte – wenn er nicht gerade auf Juden zugeschnitten war – auf die Wissenschaftler damals eine ähnlich schillernde Faszination aus wie heute der der „*Information*". So wie sich letzterer von einem Subterminus einer Randdisziplin,

---

[4] vgl. dazu Simon 1998b, S. 88 ff.

Exkurs: Der Begriff der ‚Rasse' vor 1933   37

der Nachrichtentechnik, die ihre Entstehung wesentlich geheimdienstlichen Interessen verdankte, über Ideologien wie Norbert Wieners Kybernetik und mit kräftiger Hilfe aus Wirtschaft (IBM) und Politik (in Deutschland vor allem Lothar Späth) zum Zentralbegriff ganzer Universitäten (in Deutschland Ulm) entwickelte, so mauserte sich „Rasse" von einem Unterbegriff der Genetik über die Agrarwissenschaften und darwinistische Ideologien zu dem Hauptbegriff der Nazis und damit in Ansätzen auch zu dem interdisziplinären Einheitsgedanken der Hochschulen. So wie man heute die Beziehungen des Informationsbegriffs zum Bereich der Rüstung und damit des Krieges mehr oder weniger durchschaut, so wurde damals zumindest die Eignung des Begriffs „Rasse" zur Verfolgung Fremdrassiger von vielen gesehen, wenn auch sicher mit Schutzkommentaren wie „... *die werden sich ja wohl nicht entblöden, solche Pläne in die Tat umzusetzen ...* " verdrängt.

Sogar Kritiker etwa aus dem Umkreis Max Horkheimers,[5] natürlich erst recht aus völkischen oder konservativen Kreisen[6] taten sich mit dem Rassegedanken aus heutiger Sicht unglaublich schwer. Man macht es sich zu einfach und verfehlt zumindest die Darstellung geschichtlicher Fakten aus der Innensicht, wenn man – wie etwa Kater[7] – über den Rassegedanken von vornherein nur die Nase rümpft. Ich sehe dabei davon ab, dass rassistische Überlegungen zumindest im Rahmen der Genetik nicht an Aktualität eingebüsst haben, und in für sie günstigen Perioden auch wieder andere Disziplinen beschäftigen, wenn nicht durchsetzen können.

Der Vergleich des Rassegedankens mit dem der Information könnte sicher auch manche Unterschiede hervorbringen. Uns geht es hier lediglich darum, durch diesen Vergleich unter gleichzeitiger Entrückung des heute Selbstverständlichen den Erfolg von etwas verständlich zu machen, was heute als exotisch, kriminell oder ridikül empfunden wird. Ist ein Werkzeug einer recht jungen Branche der Elektronik-Industrie – wie es der Computer darstellt – als Orientierungsmitte von Wissenschaft weniger lächerlich als eine von der angewandten Genetik entwickelte Zuchttechnik, wie sie in der Agrarindustrie eine zentrale Rolle spielt? Vermag heute jemand ein wissenschaftlich begründetes oder zumindest stimmiges Urteil zu fällen der Art, dass der Informationsbegriff dereinst weniger kriminelle Auswirkungen haben werde als damals der Rassebegriff – oder dass es menschlicher sei, den Menschen als

---
[5] z. B. Paul Ludwig Landsberg 1933.
[6] s. dazu Simon 1986a, S. 528 f.
[7] Kater 1974.

einen zu Unvollkommenheiten, besonders Ungenauigkeiten neigenden Roboter anzusehen als die These, er sei im wesentlichen das Ergebnis von Prozessen wie Mutation und Selektion? Die Wissenschaftler aller Fächer und aller Richtungen sollten unseres Erachtens aus der Geschichte der Wissenschaften im 3. Reich zumindest eine Lehre ziehen, dass nämlich das Fehlen einer breiten öffentlichen Diskussion über die theoretischen Grundlagen ihrer Tätigkeit und der damit verbundene Mangel an Ambiguitätstoleranz Entwicklungen wie die im 3. Reich erheblich begünstigen.

Unser Plädoyer für eine Verbesserung der Diskussionskultur an den Hochschulen und für das Aushalten abweichender und konträrer Auffassungen zumindest hinsichtlich der theoretischen Grundlagen von Wissenschaft sollte nicht als Absage an einen alle Fächer und Richtungen übergreifenden Einheitsgedanken missverstanden werden. Der Verzicht auf intensive Durchdringung der wichtigsten Forschungsergebnisse und ihre Verknüpfung zu einer in sich stimmigen Theorie wäre ähnlich problematisch und folgenreich wie der Verzicht auf das Universalitätsprinzip, wie er schon lange vor 1933 praktiziert und von den Nazis nur aufgegriffen und offen propagiert wurde. Die irrationalistische Vernunftkritik der 20er und 30er Jahre, die allen Anstrengungen und Bemühungen um die Einheit der Wissenschaft sowie um allgemeingültige Aussagen eine Absage erteilte, ist nicht weniger wie die heutige „*postmoderne*" eine Einladung an Forschungspolitiker, ihre – wenn auch noch so lächerlichen – Vorstellungen in die Tat umzusetzen. So sehr wir dafür eintreten, die Tendenz von Wissenschaftlern, ihre einseitige „*kopfarbeiter*"-typische Art, Erfahrungen zu machen und zu verallgemeinern, zu hinterfragen, sowie die Uneinheitlichkeit der Wissenschaftsbegriffe zu ertragen und als Movens für neue Entwicklungen anzuerkennen, so sehr sehen wir in dem Verzicht auf Anstrengungen in Richtung auf den Einheitsgedanken und auf das Universalitätsprinzip eine gedankenlos gefährliche Aufforderung an die Mächtigen, Leerstellen zu besetzen – und sei es durch die simpelsten Ideen, zum Beispiel durch den Rassegedanken oder auch nur durch das Nationalitätsprinzip. Gefahren drohen der Wissenschaft also immer von zwei Seiten:

– von der Tendenz, Überzeugungen auch der „selbstverständlichsten" Art der Diskussion zu entziehen, sie also zu dogmatisieren sowie
– von dem suizidalen Verzicht der Wissenschaft auf ein Bemühen um eine einheitliche und universelle Wahrheit.

Das Problem ist also nicht so einfach, wie es sich auch bei Wissenschaftshistorikern manchmal darstellt. Das Versagen der Wissenschaftler im 3. Reich lag jedenfalls unserer Meinung nach weniger darin, dass sie sich zu wenig gegen die Etablierung des Rassegedankens zur Mitte aller Wissenschaften gewehrt haben, es lag schon deutlich mehr in der Aufgabe des Universalitätsprinzips. Vor allem scheint es uns in dem Fehlen bzw. Be- und Verhindern öffentlicher Diskussionen zwischen den verschiedenen Wissenschaftsverständnissen schon in der Weimarer Republik zu liegen. Die Ersetzung des Wahrheitsgedankens durch den Zweckgedanken wird unseres Erachtens vornehmlich dadurch vorbereitet, dass man darüber öffentlich nicht mehr diskutiert.

Wenn man den Rassebegriff nicht gerade in bezug auf eine bestimmte wahrnehmbare Bevölkerungsgruppe, wie sie die Juden zum Beispiel darstellten, direkt anwandte, war er nur für Leute mit analytischem Scharfsinn einigermassen durchschaubar. Neu war der Begriff keineswegs.[8] Neu war bestenfalls, dass man ihn als Zentralbegriff nicht nur in den übrigen kulturellen Bereichen, sondern auch in den Wissenschaften etabliert wissen wollte. Insofern hatte er zumindest für Wissenschaftler das Flair des Radikalen und Revolutionären. Faktisch nahm Rosenberg aber auch für diese nur eine Gewichtsverlagerung vor.

Rasse und Kultur in der ›Nationalsozialistischen Kulturgemeinde‹ alias ›Kampfbund für deutsche Kultur‹

Der Zweckparagraph in der Satzung des 1929 gegründeten ›Kampfbundes für deutsche Kultur‹ fällt erwartungsgemäss nicht sehr deutlich aus:

> Der Kampfbund hat als Zweck, inmitten des heutigen Kulturverfalls mit aller Entschlossenheit in öffentlichen Veranstaltungen und auf jede andere sich bietende Art die Werte des deutschen Charakters zu verteidigen und jede arteigene Äusserung deutschen kulturellen Lebens zu fördern.
> Der Kampfbund setzt sich als Ziel, das deutsche Volk über die Zusammenhänge zwischen Rasse, Kunst, Wissenschaft, sittlichen und soldatischen Werten aufzuklären. Er setzt sich zum Ziel, bedeutende, heute totgeschwiegene Deutsche durch Wort und Schrift der Öffentlichkeit näherzubringen und mit allem Nachdruck das kulturelle Gesamtdeutschtum ohne Berücksichtigung politischer Grenzen zu fördern. Er setzt sich zum Ziel, durch Sammlung

---

[8] Zur Geschichte des Begriffs s. Römer 1985 – Miles 1988 – Rex 1990 – Miles 1990 – Brumlik 1990 – Hermanns 1991 – s. a. ders. 1982 – ders. 1994.

IV. In der ›Nationalsozialistischen Kulturgemeinde‹

von diese Bestrebungen fördernden Kräften die Voraussetzung für eine das Volkstum als ersten Wert anzuerkennende Erziehung in Schule und Hochschule zu schaffen. Er setzt sich namentlich auch zum Ziel, im heranwachsenden Geschlecht aller Schichten des Volkes die Erkenntnis und den Willen zu wecken, für das Wesen und die Notwendigkeit des Kampfes um die kulturellen und Charakterwerte der deutschen Nation, im Hinblick auf die zu erkämpfende Freiheit.[9]

In einem Flugblatt-Entwurf aus dieser Zeit wird dieser Zweckparagraph eingeleitet, indem er wieder nur gegen abgelehnte Überzeugungen gerichtet wird:

> Der Verfall Deutschlands zeigt sich nicht nur auf politischem Gebiet – in der Aufgabe aller Hoheitsrechte des Reiches – und auch nicht nur auf dem Boden der Wirtschaft – durch Zinsverschuldung an die Weltfinanz –, sondern auch in der kulturellen und sittlichen Sphäre. Durch Krieg und Revolution seiner inneren Widerstände beraubt, sah sich das deutsche Volk allen Gewalten der heraufkommenden Tiefe ausgeliefert, und heute stehen wir vor der Tatsache, dass der Begriff „Deutsch", innerlich fast ausgehöhlt, das Gegenteil dessen zu bezeichnen beginnt, als wofür er anderthalb Jahrtausende gegolten hat. Anstelle von Mut wird die Feigheit als sittliches Ideal aufgestellt; an Stelle deutschen Rechtsempfindens trat nicht ein lebensfremder Paragraphenkodex, der Landesverräter und vaterländische Frontkämpfer mit „gleichem Rechte" misst (was an sich offenbares ungleiches Recht darstellt), sondern sogar die Herrschaft des offenbar Verbrecherischen, welches als Sieger aus Kriegs- und Inflationsgewinn unangetastet die Geschicke des Volkes massgebend mitbestimmt.
> Diese Kräfte sind es auch, die bewusst alles die deutsche Kultur Zerstörende in Literatur, Musik, bildender Kunst usw. mit grössten Mitteln fördern, eine ganze Serie von Schriftstellern besolden, die deutsche Geschichte umfälschen, grosse Gestalten der Vergangenheit ihrer wesentlichen Züge berauben, die uns teuer sind, und die alles Echte und nach Ausdruck deutschen Wesens Ringende sich zu unterdrücken bemühen.
> Gegen diesen heute jedem im Leben stehenden nationalen Deutschen offenkundigen Verfall kämpfen Tausende. Einzeln, vielleicht in kleinen Gruppen. Aber dies alles, auch ihre schöpferischen Taten kann nur zu leicht ohne Früchte bleiben gegenüber dem Vernichtungswillen der organisierten Mächte des Untermenschen, sei es in pazifistischer, in marxistischer oder in anderer Gestalt.
> Not tut deshalb eine geschlossene Abwehr zielbewusster Deutscher aller Berufe und Stände, die nicht gewillt sind, sich kampflos dem Chaos zu ergeben.[10]

Man kann nur ahnen, welche Zeit und Arbeit es gekostet hat, bis im Januar 1929 endlich die Endfassung dieses Flugblatts fertig, gedruckt und in ver-

---

[9] Satzung und Programm des NS-Kampfbundes für deutsche Kultur o. D., BA NS 8/122 Bl. 43 – In einem Artikel o.V. „Arbeitsgrundsätze und Gliederung des Kampfbund für deutsche Kultur" *Mitteilungen des Kampfbund für deutsche Kultur* 1,1, Jan. 1929, 14 werden die Pläne des KfdK gegen die anderen NS-Organisationen abgegrenzt: Politik, Wirtschaft und Religion: nein, aber z. B. „Raum und Volk".

[10] Flugblatt-Entwurf o. D., BA NS 8/122 Bl. 33–34.

Rasse und Kultur in der ›Nationalsozialistischen Kulturgemeinde‹ 41

schiedenen Zeitschriften publiziert war, wenn man ihren von der soeben zitierten Fassung stark abweichenden Wortlaut liest. Hier einige Auszüge: [11]

> Ein Kampfbund für deutsche Kultur soll geschaffen werden durch einen umfassenden Zusammenschluss aller Kräfte des schöpferischen Deutschtums, um in letzter Stunde zu retten und zu neuem Leben zu erwecken, was heute zutiefst gefährdet ist: Deutsches Seelentum und sein Ausdruck im schaffenden Leben, in Kunst und Wissen, Recht und Erziehung, in geistigen und charakterlichen Werten. Gefährdet ist, zum Teil schon schwer geschädigt, was die Vergangenheit an lebendigem Gut hinterlassen hat; zersetzt und erstickt wird das Werteschaffen der Gegenwart; die Zukunft aber, das heilige Anrecht unserer Jugend, wird preisgegeben. [...]
> Die Zeit ist gekommen, da es gilt, der feindlichen Front eine eigene Front gegenüberzustellen.
> Die Aufgabe des K.f.d.K. ist es, diese Front ins Leben zu rufen. Hinweg über politische oder wirtschaftliche Meinungsverschiedenheiten, hinweg über alles Trennende individueller Einstellung zu Einzelfragen, hinweg auch über persönliche, kleinliche Bedenken und Hemmungen, will er eine gemeinsame geistige und willenhafte Grundlage schaffen, um von ihr aus das lebendig wertvolle Alte zu verteidigen, aber vor allem um Luft und Raum zu erkämpfen für das kommende Geschlecht.

Im Januar 1929 erscheint das erste Heft der „Mitteilungen des ›Kampfbund für deutsche Kultur‹", das mit dem programmatischen Artikel „Die Geisteswende" einsetzt:

> Der politisch-wirtschaftliche Zusammenbruch Deutschlands war mehr als bloss äusseres Geschehen; er war nur das Gleichnis einer inneren Glaubenslosigkeit gegenüber dem Wert des Deutschtums und der von ihm verfochtenen Sache; die Ziellosigkeit der deutschen Politik erscheint deshalb als Zeichen eines Mangels an einem allgemeinvölkischen, staatlichen und kulturellen Ideal. Vereinsamung, Verlassenheit, innere Zerspaltung und Hoffnungslosigkeit sind deshalb die Kennzeichen vieler um das seelische und geistige Gut ihres Volkes besorgter Deutscher.
> Die überwiegende Anzahl jener, die berufen waren, das deutsche Geisteserbe zu verteidigen und schöpferisch erneut hinüberzutragen in die Zukunft, ging dabei zweien Phantasmen nach: dem Ich und der sogenannten Menschheit. Dass zwischen diesen Ideen das blutmässig gebundene Volkstum lag, wurde oft nur als notwendiges Übel, nicht als urewiger Born alles Schöpferischen fast schamhaft mit in den Kauf genommen. Heute haben alle Gegenkräfte gesiegt, die ohne jedes Volksbewusstsein politisch für eine Weltrepublik (bzw. Paneuropa) [12] eintreten, gesittungsmässig eine in seinem Boden urverwurzelte „Menschheitskultur" schaffen wollen. Das Einzelwesen wird somit ohne jeden Zusammenhang mit Rasse,

---

[11] Der vollständige Wortlaut s. Anhang, Dokument 1.
[12] Die Paneuropa-Idee wurde in den 20er Jahren vor allem von Richard Coudenhove-Kalergi vertreten. Vgl. dazu ders. 1958 – Rosenberg entwickelte noch vor 1933 einen eigenen germanozentrischen Europagedanken. s. Simon 1997, S. 39–45.

Volk, Staat, Sprache und Geschichte betrachtet und theoretisch zusammengefügt mit Hunderten von Millionen von Einzelwesen anderer Völker, Staaten und Erdteile ... [13]

Diese Überzeugung versucht der Leitartikel der „Mitteilungen des ›Kampfbund für deutsche Kultur‹" folgendermassen historisch zu begründen:

> Es gibt in der Geschichte aller Völker Epochen, welche im Taktschlage des fortschreitenden Lebens tiefe Klüfte bilden, Abgründe aufreissen, nach deren Überwindung eine unveränderte Fortentwicklung alter, einmal zusammengebrochener Weltanschauungen und Wertsysteme unmöglich erscheint. In Schwellen solcher Katastrophen vollzieht sich nun entweder ein Niederdrücken des inneren geistigen und willenhaften Gesamtniveaus einer Rasse oder eines Volkes, oder aber nach einer schmerzlichen Umschmelzung alter Bindungen und Wertsetzungen die Geburt einer neuen Gesittung.
> Der Einzug des Christentums und die Nachwehen der Reformation waren weltanschaulich begründete Umwälzungen. Der Zusammenbruch von 1806 war mehr ein machtpolitischer Niedergang als Folge rein physischer Überanstrengungen vorhergegangener Zeiten. Damals handelte es sich um eine rein politische Ausnützung einer schwachen Stunde des Deutschen, heute geht es nicht nur um eine politische Staatszertrümmerung und Auflösung aller bindenden staatspolitischen Kräfte, sondern um die Vernichtung der seelisch-rassischen Substanz der deutschen Nation überhaupt, um die Vernichtung aller seiner echten religiösen Werte und schöpferischen Charakteranlagen, um die Vernichtung aller künstlerischen Ideale und wissenschaftlichen Zielsetzungen. Heute ist aus den Tiefen der uns alle verseuchenden Weltstädte der Untermensch heraufgestiegen. Millionen unselig Entwurzelter sind auf den Asphalt geworfen, arm an Raum, entnationalisiert, richtungslos, preisgegeben jeglichen schillernden Volksverführern, die heute in der sog. Weltpresse Mulatten- und Negerkultur als die höchsten Errungenschaften der Jetztzeit aufzutischen wagen. Sie sind in gleicher Weise die Vorbereiter des Verfalls, wie einst die internationalen Hellenisten im verkommenden Griechenland und wie die syrisch-afrikanischen pazifistischen Salons im untergehenden Rom.

Explizit geht der Verfasser, der anomym bleibt, aber nur allzudeutlich die Diktion Rosenbergs verrät, auf die Rolle wissenschaftlicher Gesellschaften ein:

> Die schon bestehenden Bünde kultureller Art haben es meist trotz sonstiger Verdienste an Kampfeswillen und Zielbewusstsein fehlen lassen. Wir wollen gewiss vieles Wirken dankbar anerkennen; es ist aber ein offenes Geheimnis, dass z. B. Kant- und Goethe-Gesellschaften nach und nach unter die Führung jener Kräfte gerieten, die dem Wollen der deutschen Grossen genau entgegengesetzt sind. So sprechen denn auch auf ihren Veranstaltungen fast nur Asphalt-Feuilletonisten oder internationalistische, an ihrem Volkstum Verrat übende Gelehrte.

Seine Gegner macht der ›Kampfbund für deutsche Kultur‹ gleich in der ersten Nummer seiner „Mitteilungen" namhaft: Emil Ludwig, Thomas Mann, Ernst

---

[13] *Mitteilungen des Kampfbund für deutsche Kultur* 1,1, Jan. 1929, 1.

Toller, Arnold Zweig, Jacob Wassermann, Lion Feuchtwanger, Arnolt Bronnen, Leonhard Frank, Alfred Neumann, Valeriu Marcu, Marcel Proust, Erich Kästner und immer wieder Kurt Tucholsky, dessen „Soldaten sind Mörder"-Gleichung schon damals nahezu kommentarlos zitiert zu werden brauchte, um die Differenzen zwischen Konservativen und Rechten vergessen zu machen.

Unterm Namen Ignaz Wrobel schrieb in Nr. 43, 1927, der „Weltbühne" Dr. Kurt Tucholsky:[14]

„Von der Dankbarkeit, die wir unsern lieben, hochverehrten, heldenhaften, gesegneten und zum Glück stummen Gefallenen schulden, von diesem Hokuspokus bis zum nächsten Krieg ist nur ein Schritt."[15]

Der ›Kampfbund für deutsche Kultur‹ gliedert sich in Stützpunkte, Ortsgruppen und Landesleitungen.[16] Im August 1933 verfügt er über folgende Fachgruppen: Theater und Film – Musik – Bildende Kunst – Baukunst und Technik – Schrifttum – Wissenschaft und Volksbildung – Volkstumsarbeit – Kleinkunstbühne – Körperbildung und Tanz – Deutsche Vorgeschichte.

Ausserdem sind ihm einige Sonderorganisationen einverleibt wie der „Reichsverband Deutsche Bühne" oder eng verbunden wie die „Reichsstelle zur Förderung deutschen Schrifttums". Korporativ angeschlossen oder durch Arbeitsgemeinschaften verbunden sind dem ›Kampfbund für deutsche Kultur‹ u. a.: Bildungsabteilung des Deutschen Handlungsgehilfen-Verbandes – Gesellschaft für Volksbildung – Deutscher Vortragsverband – Börsenverein der deutschen Buchhändler – Gesellschaft für deutsche Kultur – Deutsche Burschenschaft – Deutsche Sängerschaft.

---

[14] Die Zitate hat Rosenberg aus dem Artikel „Über wirkungsvollen Pazifismus" zusammengetragen. Vgl. Tucholsky 1960, S. 337–342.
[15] Bei T. gehen unmittelbar voran die Sätze: „*Die Schande ist überall gleich gross: in Amerika paradiert die kriegshetzerische amerikanische Legion auf öffentlichen Plätzen, ein übler reaktionärer Kriegsverein; in Deutschland schmoren die Kyffhäuserverbände in der Sonne der Gunst geschlagener Generale; in Frankreich enthüllen sie heute Kriegerdenkmäler über damals mit Recht verabscheute Greueltaten – und so verschieden die Nuancen sind, so gleichartig ist die Grundgesinnung ..."*
[16] Für dies und das Folgende s. „Stand der Organisation des Kampfbund für deutsche Kultur", 24.8.33, BA NS 8/122 Bl. 50 – Ebenda Bl. 90 findet sich auch eine Graphik mit der Struktur des ›Kampfbund für deutsche Kultur‹.

Walter Stang und die ›Deutsche Theatergemeinde‹

Im ›Kampfbund für deutsche Kultur‹ nahm schon vor seiner Überführung in die NS-Kulturgemeinde der Theaterkritiker Walter Stang eine herausragende Stellung ein. Walter Stang, geboren am 14.4.1895, war wie Schneider gelernter Germanist mit dem Schwerpunkt Theaterwissenschaften. Er promovierte 1925 in Erlangen bei Saran über das Thema „Das Weltbild in Walter Flex' Drama Lothar".[17] Seine Absicht, sich zu habilitieren, scheiterte u. a. – wie er sich ausdrückt – an seiner *„ausgesprochenen Veranlagung für Kulturpolitik"*.

1919 hatte Stang sich dem Freikorps Epp angeschlossen, war während des Kapp-Putsches Zeitfreiwilliger in Nürnberg und betätigte sich *„in der damals sehr regen völkischen akademischen Bewegung"*. Nach seinem Examen 1921 gründete er *„die amtliche Zeitschrift des Hochschulringes deutscher Art ‚Die deutschen akademischen Stimmen'"*.[18] Stang stand in München in engerer Beziehung zum „Bund Oberland" sowie zu anderen mehr an Ludendorff orientierten völkischen Formationen und wirkte im Bereich ‚Grenz- und Auslandsdeutschtum' mit. Am 8. und 9. November 1923 beteiligte er sich *„als Vertreter der Studentenschaft"* am Hitler-Putsch. Nach der Gründung des „Kampfbundes für deutsche Kultur" 1929 nahm er Verbindung zu Rosenberg auf. Später bezeichnet er sich – auch diesem gegenüber – als Rosenbergs „ältesten Mitarbeiter."[19] Durch Rosenberg wurde er Dramaturg bei der „Deutschen Theatergemeinde" in München. Im Gründungsmanifest dieser schon in der Weimarer Zeit effektvollen Verbraucher-Organisation heisst es unter anderem:

Die Deutsche Theatergemeinde gründet sich als eine Theaterbesucherorganisation zur Pflege bewusst deutscher Bühnenkunst und ist als solche der Zusammenschluss all derer, die den zu keinem Kompromiss bereiten Willen haben, unsere heute von einem artfremden Geiste beherrschten Bühnen einer wahrhaft deutschen Kunst und Kunstübung wieder zurückzuerobern.
Die Deutsche Theatergemeinde ist daher in erster Linie eine weltanschaulich fundierte künstlerisch-kulturelle Bewegung. Die Lösung ihrer sozial-wirtschaftlichen Aufgaben –

---

[17] Untertitel „Eine wissenschaftliche Untersuchung". Publiziert in Neustrelitz: Otto Wagner 1926. Für das Folgende s. den dort S. 115 abgedruckten Lebenslauf sowie den Personalbogen vom 18.8.34, BA NS 15/15 Bl 44, den Lebenslauf vom 21.8.34 ebenda und das Dossier o. D. (nach 30.7.35), BA NS 8/140 Bl. 10–11. Vgl.a. die PA im BDC sowie Rothfeder 1963, S. 44–47.
[18] Zum ›Hochschulring deutscher Art‹ die wenig distanzierte Darstellung in Popp 1955, S. 154 ff.
[19] Stang an Reichsleiter 7.10.41, BA NS 8/ 140 Bl. 13.

Vermittlung verbilligter Eintrittskarten an die deutschgesinnten Menschen aus allen Volksschichten und -ständen – erfolgt unter unbedingter Wahrung ihrer Überzeugung vom Wesen der Kunst und des Theaters als eines besonderen rassischen und ethisch bestimmten Lebensausdruckes unseres Volkes. [...]
Die Stellung der Deutschen Theatergemeinde zum Spielplan ihrer Bühne bestimmt sich also scharf und klar danach, ob die in ihm wirkenden und sichtbar werdenden Tendenzen und Gesinnungen auf eine seelische und geistige, auf eine charakterliche Erneuerung und Wiedergeburt des deutschen Menschen oder auf seine Zermürbung abzielen. Die Kräfte, die letzteres wollen, leisten samt und sonders, absichtlich oder unabsichtlich, Arbeit für den Bolschewismus, der die Zerstörung der nationalen und christlichen Kulturen des Abendlandes offen als Ziel verkündet. Auf dem Gebiete der Kunst und der Theaterpflege ist der Kampfbund für deutsche Kultur durch sein Dramaturgisches Büro sein schärfster und unerbittlichster Gegner. Ihm für seinen Kampf am Orte alle unsere Kräfte zur Verfügung zu stellen, sehen wir als unsere vornehmste Pflicht an.[20]

Zugleich rief Stang im Rahmen des ›Kampfbund für deutsche Kultur‹ das ›dramaturgische Büro‹ ins Leben. Herzstück dieses Büros und alsbald des ganzen Kampfbunds wurde das ›Theaterpolitische Archiv‹, das spätere ›Kulturpolitische Archiv‹, aus dem 1931 die Theater-Zeitschrift ›Deutsche Bühnenkorrespondenz‹ hervorging. Seit 1930 schreibt Stang als Kritiker im ›Völkischen Beobachter‹. Zugleich wird er Reichsfachgruppenleiter für Theater im ›Kampfbund für deutsche Kultur‹. Als der Kampfbund und der ›Völkische Beobachter‹ 1932 infolge finanziell bedingter Austritte bzw. Abbestellungen in eine Krise gerieten, erhielt Stang wie andere seine Kündigung.[21]

Nach der Machtergreifung war Stang zunächst ehrenamtlicher Beauftragter des bayrischen Kultusministers Schemm für Theaterfragen, ab März 1933 zugleich Leiter des Reichsverbands „Deutsche Bühne". Nach Gründung des Propagandaministeriums setzt er sich für die Schaffung eines „Reichsamts für Theaterwesen" ein.[22] Goebbels bietet ihm den Posten eines Reichsdramaturgen an. Stang bleibt aber Rosenberg und dem Reichsverband „Deutsche Bühne" treu. Eine Rolle dürfte dabei gespielt haben, dass er von Goebbels' rechter Hand in Theatersachen Hans Hinkel nicht viel hielt.[23]
Der Reichsverband Deutsche Bühne wird durch eine Anordnung des

---

[20] Gründungsmanifest der deutschen Theatergemeinde. Abgedruckt in: Das dramaturgische Büro des ›Kampfbund für deutsche Kultur‹ e.V., BA NS 8/122 Bl. 76–77.
[21] Stang an Reichsleiter 7.10.41, BA NS 8/ 140 Bl. 13.
[22] W. S.: Denkschrift zur Schaffung eines Reichsamts für Theaterwesen. o. D., PA Stang BDC
[23] Stang an Rosenberg 26.10.33, BA NS 8/122 Bl. 121–5 u. ö.

IV. In der ›Nationalsozialistischen Kulturgemeinde‹

Stellvertreters des Führers Rudolf Hess vom 11. April 1933 zur einzigen Theaterbesucherorganistion der NSDAP.[24] Als Buttmann Referent im Innenministerium wird, startet Stang eine Initiative, den ›Kampfbund für deutsche Kultur‹ zur „*einzigen Kulturorganisation der NSDAP*" zu machen.[25] Überhaupt erfasst die Rosenberg-Leute eine eigentümliche Euphorie: Sogar konkrete Pläne für ein „*Reichsministerium für Weltanschauung und Kultur*" mit Rosenberg an der Spitze werden geschmiedet.[26] Immerhin kommt dabei eine parteiinterne Dienststelle heraus: Als 1934 das Amt Rosenberg entsteht,[27] wird Stang in diesem Leiter des ›Amtes Kunstpflege‹, dem das Theaterpolitische Archiv als Kulturpolitisches Archiv einverleibt wird, in dem von da ab die Dialektologin Anneliese Bretschneider eine zentrale Rolle spielt.[28] Zugleich wird er bis zu der Vereinigung mit Robert Leys Freizeitorganisation ›Kraft durch Freude‹ (1937) Leiter der NS-Kulturgemeinde, der Nachfolge-Organisation des Kampfbunds für deutsche Kultur. Bei den Verhandlungen, die dieser Vereinigung vorausgingen, hatte sich Stang aus der Sicht Rosenbergs „*grosse Unvorsichtigkeiten*"[29] zuschulden kommen lassen. Von dem Zeitpunkt ab sieht er sich jedenfalls zum alten Eisen geworfen. Als 1941 Rosenbergs Stellvertreter im Amt an der Front fällt, und Stang nicht – wie erwartet – Nachfolger wird, beklagt er sich bei seinem Chef bitterlich.

Zuletzt finden wir Stang wieder als Leiter des Sachgebiets „Theater" in der Hohen Schule (in Vorbereitung).[30] Stang war Inhaber des goldenen Ehrenzeichens der NSDAP, der Dienstauszeichnung der NSDAP in Bronze und des grünen Dauerausweises für den Marsch am 9.11.23, ausserdem Mitglied des Reichstages. Er versuchte sich auch als Dramatiker. 1940 wurde seine in der Völkerwanderungszeit spielende Tragödie „Alboin und Rosamunde" im Alten Theater in Leipzig uraufgeführt.[31]

---

[24] BA NS 8/122 Bl. 49.
[25] Stang an Rosenberg, 1.5.33 – BA NS 8/122 Bl. 143.
[26] BA NS 8/175 Bl.131–4.
[27] Die wichtigsten Dokumente zur Vor- und Urgeschichte des ARo finden sich im BA NS 8/37 + 122 + 128.
[28] s. Simon 1998b.
[29] Randbemerkung Rosenbergs zu Stang an Reichsleiter 7.10.41, BA NS 8/ 140 Bl. 13.
[30] Übersicht über die am 8. August 1944 besetzten Planstellen (in der Hohen Schule), BA NS 15/102 S. 4. Unter seiner Leitung arbeitete dort Elisabeth Frenzel an dem berüchtigten „Lexikon der Juden im Theater".
[31] Auszug aus „Eigenmaterial", IdP Nr. 93, 14.8.42, BA NS 15/15 Bl. 46.

Die Frage ist legitim, was ein vom sozialistischen Studentenbund herkommender Germanistik-Student, der Schneider heute behauptet gewesen zu sein, an der ›Nationalsozialistische Kulturgemeinde‹ so reizvoll fand. Man kann nur *in dubio pro reo* vermuten, dass es lediglich sein Interesse am Theater war.

V.

Ein erster Vorgesetzter: Alfred Zastrau

Hauptabteilungsleiter und Schneiders unmittelbarer Vorgesetzter in der ›Nationalsozialistische Kulturgemeinde‹ war ein weiterer Königsberger Germanist: Alfred Zastrau, ebenfalls im Juni 1935 in Königsberg promoviert.[1]

Zastrau war der Universität Königsberg noch vor seiner Promotion so wichtig, dass sie ihm im 2. Wissenschaftslager, das die Uni zusammen mit der TH Danzig unter der Leitung des Rektors und Philosophieprofessors Hans Heyse in Pfahlbude durchführte, den Vortrag über die Sprachwissenschaft übertrug.[2] Von dem Ansatz aus, *„die deutsche Sprache ist als solche die geschichtliche Form deutschen Lebens und seines Wirklichkeitsbewusstseins"*, ist ihm die Sprachwissenschaft des 19. Jahrhunderts ein *„Abweg"*, den es zu überwinden gelte. Dabei verleitet ihn diese Sprachwissenschaft über den von ihr erarbeiteten etymologischen Zusammenhang von *sagen* und *sehen* zu den abenteuerlichsten Wurzelgleichungen. So glaubt er sich berechtigt, analog *sprechen* und *sprühen* zueinander in Beziehung zu setzen. Wenig später wird er *Wahrhaftigkeit* und *Wehrhaftigkeit* derart auf die gleiche indogermanische Wurzel zurückführen.[3] Als er es im 2. Weltkrieg anlässlich seiner Habilitation mit dem ihm an sich durchaus wohlgesonnenen Georg Baesecke zu tun hat, wird ihm dieser sehr schnell derartigen Schwachsinn ausgetrieben haben, was Zastrau nicht daran gehindert hat, diese Etymologien nach 1945 durch noch

---

[1] Für die empirischen Aussagen, die nicht weiter belegt sind, s. Llf. Zastrau o. D. [1.7.37], PA Z. BDC-REM Bl. 185–6. – Llf. Z. 20.5.38, PA. Zastrau, BDC AE – Llf. Z. 4.11.38, BA NS 15/233 Bl. 72 – Llf. Z. 30.4.40, PA. Z. BDC.

[2] Ein Referat dieses Vortrags findet sich im NL. Zastrau, Kasten 705 (Prosa-Wissenschaft), DLA Marbach. Nach diesem Referat wird im Folgenden zitiert. Das Lager fand vom 2. bis 7. Januar statt. – Das DLA macht uns darauf aufmerksam, dass die Kastennummern nur vorläufig gelten.

[3] A. Zastrau: Volkstum und Heimat. loc. cit. Bl. 20.

V. Ein erster Vorgesetzter: Alfred Zastrau 49

abenteuerliche zu ersetzen.[4] Andere Ideologeme, die nicht mit den Lautgesetzen im Konflikt standen, wird Baesecke eher geteilt haben:

> Aus der Zerstörung unseres gesamten sprachlichen Lebens kann nur eine von den Ursprüngen her fundierte Sprachwissenschaft, Sprachgesinnung und Spracherziehung im Zusammenhang mit einer allgemeinen völkischen Erneuerung langsam wieder heimführen. Insofern ist allerdings die Frage nach dem Reiche und der Totalität des geistigen Deutschlands in entscheidender Weise identisch mit der Frage nach der deutschen Sprache.[5]

In der konformen Diskussion dieses Vortrags betont man, dass die rassische Zersetzung stets einhergehe mit einem Niedergang der Sprache. Allerdings sei eine „*Spracherneuerung nicht möglich [...] vom einzelnen Wort her (pedantische Ausmerzung von Fremdworten), sondern immer nur von einer Gesamthaltung, die sich eher in der syntaktischen Struktur der Sätze ausdrückt.*"[6] Wie das vor sich gehen soll, hat jedenfalls Zastrau nie ausgeführt. Zastrau engagierte sich – auch das noch vor Abschluss seiner Promotion – in der nationalsozialistischen Volkstumsarbeit. In einer Denkschrift aus dem Jahre 1936 beschreibt er auf mehr als 90 Seiten, illustriert durch zahlreiche Fotos und anderes Anschauungsmaterial, sein Engagement in diesem Bereich[7] (s. Abbildungen 1 und 2).

Danach ist Zastrau 1934 zunächst als „fachlicher Mitarbeiter", ab 1. September 1934 als Leiter des ›Reichsbundes Volkstum und Heimat, Landschaftsführung Altpreussen‹ tätig. Dieser Reichsbund unterstand im Reich dem späteren Bielefelder Soziologieprofessor und – allerdings wenig später aus dieser Partei ausgeschlossenen – Gründungsmitglied der ›Grünen‹, Werner Haverbeck, seinerzeit noch Student, zeitweise Berater von Himmler und Hess, promoviert bei Eugen Fehrle in Heidelberg (klassischer Philologe und Volkskundler, alsbald Kultusminister in Baden).[8] Anfangs Konkurrent des ›Kampfbunds für deutsche Kultur‹, wird er nach einem Zwischenspiel in Robert Leys ›Deutscher Arbeitsfront‹ alsbald in den ›Bund deutscher Osten‹, der früh von Rosenberg dominiert wurde, integriert und mit dem ›Bund deutscher Osten‹ Leiter einer Hauptabteilung in der NS-Kulturgemeinde. Im ›Bund deutscher Osten‹ spielte der spätere bundesrepublikanische Vertriebenenminister Theodor Oberländer eine führende Rolle; er war Leiter der

---
[4] z. B. A. Zastrau: Sprechen – Sprache – Spruch. Vortrag WDR 25.12.73. – ders.: Organismus als Sprache – Sprache als Organismus. (beides DLA Marbach Kasten 703 + 704).
[5] NL. Zastrau (Prosa – Wissensch.), DLA Marbach, Bl. 19 f.
[6] ibid., Bl. 21.
[7] A. Z.: Volkstum und Heimat, loc. cit.
[8] Zu Haverbeck s. Lixfeld 1994b.

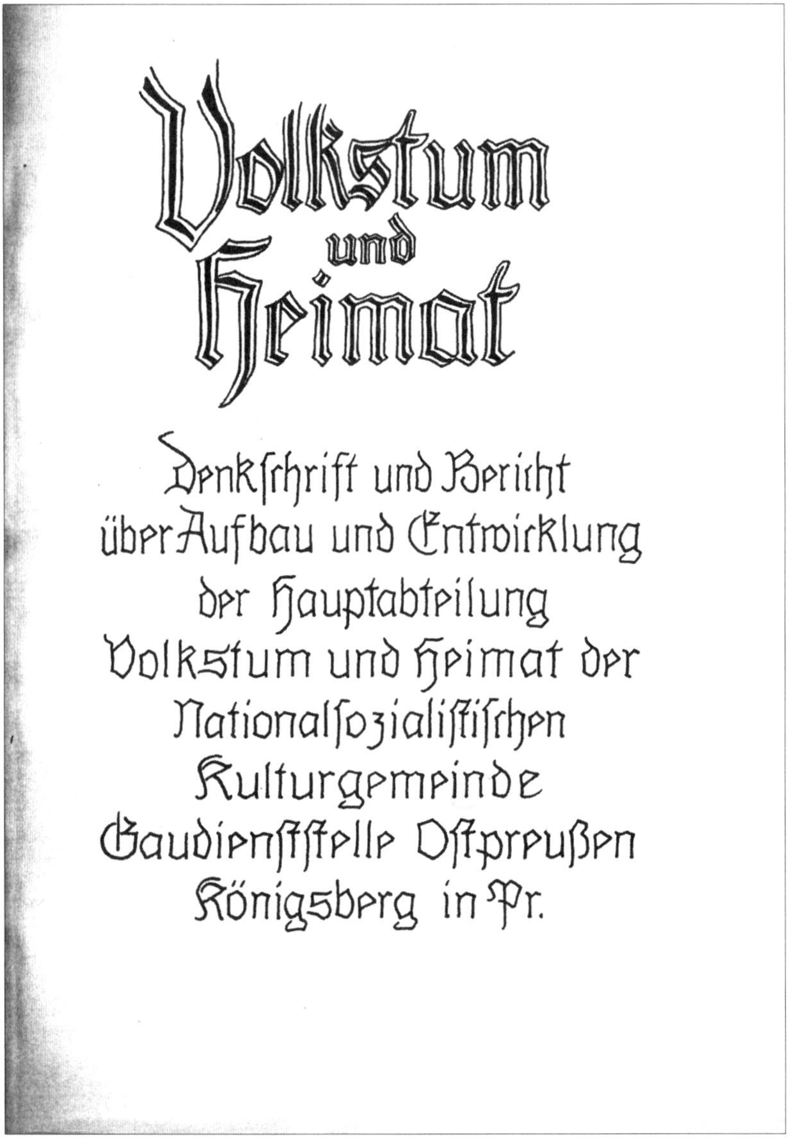

Volkstum und Heimat

Denkschrift und Bericht
über Aufbau und Entwicklung
der Hauptabteilung
Volkstum und Heimat der
Nationalsozialistischen
Kulturgemeinde
Gaudienststelle Ostpreußen
Königsberg in Pr.

Abb. 1: Titelblatt einer nicht publizierten Denkschrift von
Alfred Zastrau (von ihm selbst gezeichnet?).

V. Ein erster Vorgesetzter: Alfred Zastrau 51

Abb. 2: Aus der Denkschrift Zastraus. Die ›Ostland-Blockflöten‹ hat Zastrau in Zusammenarbeit mit einer Werkstatt selbst entworfen und entwickelt.

Landesgruppe Ostpreussen in dieser Organisation. Oberländer und Zastrau geben in einem gemeinsam unterschriebenen Rundbrief am 2. September 1935 die Integration des ›Bund deutscher Osten‹ in die NS-Kulturgemeinde bekannt.[9] Zastrau war schon ab 1. Mai im Auftrage der Gaudienststelle Ostpreussen und der Berliner Zentrale mit den Vorarbeiten zu dieser Integration befasst.[10]

In diesem Reichsbund (alias Amt alias Hauptabteilung) ›Volkstum und Heimat‹ war Schneider unter Zastrau Referent in der Gaufachstelle Volkskunde.[11] Im Juni 1936 erscheint in der von Zastraus Dienststelle herausgegebenen Zeitschrift ›Der junge Osten‹ ein Artikel von Schneider mit dem Titel „Heimatmuseen und Volkstumsarbeit". Den gleichen Titel trägt ein Kapitel in Zastraus Denkschrift vom 31. Juli 1936, das dort neben anderen als auf einem Vortrag eines Mitarbeiters beruhend eingeführt wird.[12]

Zastrau ist als Leiter der Hauptabteilung ›Volkstum und Heimat‹ in der NS-Kulturgemeinde ab März 1936 zugleich Mitarbeiter in der Gauleitung Ostpreussen und zwar in der Gaupropagandaleitung, Hauptstelle Kultur.[13] Er nennt sich hinfort „Gauvolkstumswart". Zur Frage, wie in dieser Organisation gearbeitet wurde, dürfte folgende Passage aus Zastraus Denkschrift wichtig sein:

> Die Lage der Dinge ebenso wie die innere Struktur der Arbeit selbst bringt es mit sich, dass von aussen kommendes Befehlen oder Verbieten seitens der Hauptabteilung ohne Bedeutung sind, zumal sie auch nur in den allerseltensten Fällen über die dazu erforderliche tatsächliche Macht verfügt. Zur Erreichung ihrer Ziele ist sie auf einen anderen und schliesslich wirkungsvolleren Weges. Sie muss durch kameradschaftliche Fühlungnahme und schnelle, zuverlässige Zusammenarbeit mit allen irgendwie in Frage kommenden Staats- und Parteistellen sich nach und nach als beratende, schulende, anregende, fördernde und vermittelnde Einrichtung unentbehrlich machen. Sie muss in dieser Form unaufdringlicher, aber begehrter Tätigkeit und lebendiger Verbindung gültige und dauerhafte Massstäbe entwickeln und aufrichten helfen. Sie muss alles, was ihr an äusserer Macht fehlt, nicht nur ersetzen, sondern übertreffen durch die Richtigkeit ihrer weltanschaulichen und kulturpolitischen Grundsätze und durch die wachsende Wirkung, Kraft und Reichweite ihres sachlichen Könnens, Einsatzes und Vorbildes.[14]

So sehr Befehl und Gehorsam, wenn ansonsten hierarchische Abhängigkeiten vorliegen, im 3. Reich dominierten, für das Verständnis der nationalsozialisti-

---

[9] Abgedruckt in A. Z.: Volkstum und Heimat, loc. cit. S. 28–30.
[10] ibid.
[11] ibid. Bl. 4.
[12] ibid. Bl. 9 – Das Kapitel ist dort Bl. 22–25 zu finden.
[13] ibid B. 28.
[14] ibid. B. 31.

V. Ein erster Vorgesetzter: Alfred Zastrau

schen Basisarbeit und auch der späteren Tätigkeit Schneiders in Holland sind nicht minder wichtig die indirekten Beeinflussungsmethoden, wie sie die Nazis aus der Jugendbewegung und der Reformpädagogik kannten. Die demokratischen Ansätze in diesen Bewegungen waren offenbar zu marginal und daher wehrlos gegen ihre problemlose Übernahme in die nationalsozialistische Jugenderziehung.

Ziel und Aufgabe ist Zastraus Organisation von Rosenberg und seinen Leuten vorgegeben:

> Nach der Anordnung des Beauftragten des Führers für die gesamte geistige und weltanschauliche Erziehung der NSDAP erstreckt sich die Arbeit der Abteilung, bezw. Hauptabteilung Volkstum und Heimat auf alle Äusserungen und Formen boden- und heimatgebundenen Volkstums. Sie umfasst daher Brauch und Sitte im Arbeitsleben, im Alltag und Feiertag, im Wechsel des Jahreslaufs und des Menschenlebens und muss bestrebt sein, alle wahrhaft im Volke und Volkstümlichen wurzelnden Schöpferkräfte auf allen völkischen Lebensgebieten zu betreuen. Sie dient dem äusseren Bilde der Heimat, wie es von der Natur (Naturschutz) oder vom Menschen (Heimatschutz) gestaltet ist und sucht ihre Ziele und Grundsätze jeweils an der Notwendigkeit einer unauflöslichen Wechselwirkung beider aufzufinden und auszurichten. Sie vereinigt daher sinngemäss und ausnahmslos innerhalb der Bereiche Volkskunde, Volkskunst, Volkssprache, Volksmusik, Volksspiel, Volkstanz, Volkserziehung, Volksfest alle Regungen und Formen eines echten und ursprünglichen Volks-Kulturlebens. In diesem Sinne versteht die Hauptabteilung Volkstum und Heimat als Ganzes und in allen ihren Gaufach- und Nebenstellen ihre Aufgabe: mitzuwirken an der Schaffung, Erziehung und Erhaltung unseres Volkes in einer gesunden, artgemässen und lebensvollen Nationalsozialistischen Kulturgemeinde.[15]

Zastraus Hauptabteilung und ihre Vorgänger haben nach seiner eigenen Darstellung eine respektable Fülle von Aktivitäten in allen zitierten Bereichen aufzuweisen:

- Sie veranstaltet Ausstellungen, z. T. im Rahmen anderer Ausstellungen, etwa der Ostmesse in Königsberg 1935, der „Deutschen Weihnachtsschau" am Funkturm Berlin 1935 oder der „Olympia-Ausstellung Deutschland" 1936 (s. Figur 2).
- Sie gründet im Verein mit anderen Stellen und einer ›Ringgemeinschaft ostpreussischer Buchhändler‹ den Verlag ›Heimat an der Grenze‹. Sie errichtet überdies eine nationalsozialistische Buchhandlung.
- Zastrau entwickelt zusammen mit einer von ihm ausgesuchten Werkstätte die „Ostlandflöte", die sich besonders für die Volksmusik eigne.
- Zastraus Hauptabteilung stellt einen besonderen Handwerkspfleger ein.

---

[15] ibid. Bl. 9.

V. Ein erster Vorgesetzter: Alfred Zastrau

Dieser lässt Musterstücke und Anschauungsmaterial, insbesondere ein Lichtbildarchiv anlegen. Einer seiner Kreisvolkstumswarte entwickelt einen eigenen Handweberahmen.[16]
- Sie kontaktiert und prüft bekannte und unbekannte Heimatdichter, hält Lese- und Erzählabende ab und organisiert Gemeinschaftsdichtungen.[17]
- Sie entfaltet im Rahmen nationalsozialistischer Gliederungen und Verbände eine umfangreiche Schulungstätigkeit. Allein in den Jahren 1934 bis 1936 veranstaltet sie zu dem Zweck 43 Lager und Kurse.[18]
- Sie beliefert die Presse regelmässig mit Material, vor allem Bildberichte, setzt ihre Mitarbeiter zu Vorträgen ein und führt Werbeveranstaltungen durch.
- Sie organisiert Exkursionen, vor allem ins Grenzland („*in Rücksicht auf eine alle anderen Arbeitsgebiete befruchtende politische Volkskunde [...] zur Abwehr der gegenwärtigen und höchst aktiven polnischen Propaganda*")[19]
- Sie initiiert einen Laienfilm. Dazu nimmt sie die Verbindung mit bekannteren Autoren wie Martin Luserke auf.[20]

Über Zastrau und damit Schneiders Arbeit in dieser Zeit gibt es einen Artikel in der Berliner Börsen-Zeitung vom 5. November 1936, der seinerseits auf einem bisher nicht gefundenen Rechenschaftsbericht fusst. Darin heisst es unter anderem:

An besonderen Unternehmungen fanden statt (die Ausdehnung der Arbeit wird durch diese Zahlen besonders deutlich):

---

[16] ibid. Bl. 44c ist eine Zeichnung mit einem solchen Handweberahmen abgebildet. Die Abteilung „vermittelt" solche Produkte auch, was wohl heisst „verkauft". Die Nutzniesser sind nicht genannt.
[17] ibid. Bl. 45–51 ist das Gemeinschaftsspiel „Zug nach dem Osten" wiedergegeben (mit Bühnenbild).
[18] ibid. Bl. 53–74 wird Planung, Ablauf und Evaluation (Statistik, Kosten etc.) des „Ostland-Lagers Pfahlbude" detailliert wiedergegeben.
[19] ibid. Bl. 78 ff findet sich die Planskizze einer Fahrt nach Masuren und Ermland.
[20] Luserke wird ein Jahr später auf Einwirkung des Kulturpolitischen Archivs (Sigle Dr. Br. = Anneliese Bretschneider) von der Gestapo überprüft. Zum KPA und Bretschneider s. Simon 1998b, passim. Das Ergebnis der Überprüfung ist uns nicht bekannt. KPA an Gestapo 29. 6. 37, BA NS 15/69, Bl. 109 – dto. 19.8.37, ibid. Bl. 110 – dto. 6.10. 37, ibid. Bl. 111 – KPA an Reichsstelle zur Förderung des deutschen Schrifttums 1.11.37, BA NS 15/137 B. 191 – vgl. a. die von uns nicht eingesehenen Archivalien BA NS 15/35 Bl. 68 + NS 15/85 Bl. 19 + NS 15/146 Bl. 23.

V. Ein erster Vorgesetzter: Alfred Zastrau 55

13 Singwochen, 10 vierzehntägige Blockflötenkurse, 3 vierzehntägige Werkkurse zum Selbstbau von Blockflöten, 8 zweitägige Sing- und Spieltreffen, 14 eintägige Singtreffen in Dörfern, 4 achttägige Rüstlager und Arbeitswochen, 1 mehrmonatige Rundreise der Hohnsteiner Puppenspieler mit 500 Spielnachmittagen und -abenden, 16 Volkstumswochen in Dörfern, 34 Lied- und Tanzabende der verschiedenen Organisationen, 4 achttägige Volks- und Laienspielkurse, 21 Volks- und Laienspielkurse von verschiedener Dauer und hauptsächlich auf dem Lande, 5 acht- bis vierzehntägige Werklehrgänge, 12 mehrtägige Schulungen im Rahmen kleinerer Lager mit verschiedenen Zwecken (Fest- und Feiergestaltung, Volkstanz, Sprache), 6 Volkstanzwochen, 19 Lehrgänge und Rüstwochen im Ostlandlager Pfahlbude, 9 Liedschulungen für die Politische Leitung, 3 Liedschulungen für die NSV[olkswohlfahrt], 20 Spielkreisabende, 6 grosse Volkskunstausstellungen, 3 volkskundliche Studienfahrten, 7 Vortragsreisen.[21]

Das Spektrum der Aktivitäten Zastraus und Schneiders in dieser Zeit ist – wenn man dem Bericht und seiner Wiedergabe in der „Börsen-Zeitung" trauen darf – beeindruckend.

1937 fällt Zastrau nichtsdestoweniger beim Gauleiter in Ungnade. Auf eigenen Wunsch kündigt er. Er lässt sich von der Berliner Amtsleitung der ›Nationalsozialistischen Kulturgemeinde‹ zwei positive Zeugnisse geben:

Seine umfassenden Sachkenntnisse, seine zielsicheren Arbeitsmethoden und die Verwirklichung der Gedanken nationalsozialistischer Volkstumsarbeit brachten ihm Verständnis und weitgehendste Anerkennung über Ostpreussen hinaus bei den zuständigen Staats- und Parteistellen. – Sein Verhältnis zu seinen Mitarbeitern war kameradschaftlich, er selbst stets einsatzbereit und opferwillig. Zwar war er nicht Parteigenosse[22], jedoch nach unserer Auffassung ein anständiger und verantwortungsbewuster Nationalsozialist.[23]

Das zweite Zeugnis verrät, obwohl von der Gauleitung Ostpreussen verfasst, die seine Kündigung veranlasst hatte, noch mehr inhaltliche Einzelheiten:

Durch seine Kenntnisse war es möglich, aus den vorhandenen Laienspielen brauchbare für die Aufführungen in der Bewegung und ihren Gliederungen auszusuchen und den Dienststellen der Partei in einem von ihm zusammengestellten Verzeichnis weiterzureichen. Dieses Verzeichnis hat den Dienststellen erhebliche Eigenarbeit erspart.
Seine besondere Aufmerksamkeit galt der Ausmerzung konfessionell ausgerichteten Schrifttums. Allen kulturpolitischen Bestrebungen des politischen Katholizismus ist Dr. Zastrau in seinem Arbeitsbereich schärfstens entgegengetreten. Sein Hinweis auf derartige sich bemerkbar machende Tendenzen ist für meine Arbeit sehr nützlich gewesen.

---

21 Vollständiger Abdruck s. Anhang, Dokument 2.
22 Zastrau wird erst nach der Aufnahmesperre rückwirkend am 1.5.37 Mitglied der NSDAP. – Llf. Z. 4.11.38, BA NS 15/233 Bl. 72 (=0354060) + PA. Z. BDC sowie Parteianwärterkarte 30.10.37, PA. Z. BDC.
23 Zeugnis Holzapfel 30.4.37, BA NS 15/233 Bl. 71 (=0354059) + PA. Z. BDC REM Bl. 232 u. ö.

> Mit besonderer Liebe hat sich Herr Dr. Zastrau der Pflege und Förderung überkommenen germanischen Brauchtums angenommen und sich bemüht, litauisches und polnisches Brauchtum als solches zu kennzeichnen. Auf diesem Gebiet hat er viel politisches Verständnis bewiesen.
> Durch intensive Pflege der Heimarbeit war er bestrebt, statt billiger Massenartikel gediegene handwerkliche Arbeit zu fördern. In geschickt zusammengestellten Ausstellungen hat er auch den Absatz dieser Arbeiten zu fördern gesucht.
> Auch persönlich habe ich Herrn Dr. Zastrau als ehrlichen und aufrichtigen Menschen schätzen gelernt.[24]

Das Kulturpolitische Archiv im Amt Rosenberg kennt offenbar diese Zeugnisse, aber auch die Vorbehalte des Gauleiters:

> Aufgrund persönlicher Verunglimpfungen bei der Gauleitung ist Z. dann auf eigenen Wunsch am 1.5.37 aus der Dienststelle des Pg. Gähring ausgeschieden. In der Gauleitung bestand eine gewisse Skepsis gegen Z., weil er früher in der Jugendbewegung gestanden hat.
> Demgegenüber betont die Gauleitung, dass er wahrscheinlich aufgrund seiner bündischen Einstellung Freunde seiner Geisteshaltung in einflussreiche Stellen zu lotsen versuchte. Es heisst dann, wenn Dr. Z. auch nicht als Gegner des heutigen Staates angesehen werden kann, so muss er doch wegen seiner bündischen Haltung für eine Parteiarbeit abgelehnt werden. In diesem Sinne sei bereits auch an den Stab des Stellvertreters des Führers und an den Reichsdozentenbundsführer berichtet worden.[25]

Zastrau lebt hinfort auf Vorschlag Baeumlers von einem lukrativen Stipendium;[26] er beschliesst Wissenschaftler zu werden und bewirbt sich auf Anregung des Oberforstmeisters von Monroy um ein Stipendium im Rahmen des Forschungswerks ›Wald und Baum‹, wie im übrigen auch Schneider und Rössner.[27] Auf Anregung des Oberforstmeisters unterzieht er als einziger Bewerber das Projekt einer umfassenden Gesamtkritik und macht Ergänzungsvorschläge.[28] Überhaupt ist es die gehaltvollste Bewerbung im Rahmen dieses Projekts.[29] Zastrau rechnet fest mit seiner Beteiligung. Er sucht sogar

---

[24] Zeugnis Maertins – Gaukulturhauptstellenleiter – 27.7.37, BA NS 15/233 Bl. 70 (=0354058) + PA. Z. BDC REM Bl. 214 u. ö. – Vgl. a. Dossier o. V. o. D., ibid. Bl. 49 (=0354036) sowie GA. NSD Gö, 31.7.37, PA. Z. BDC REM Bl. 208.

[25] KPA an Amt Wiss. 1.2.39, BA NS 15/158 a Bl. 73 + NS 15/233 Bl. 46.

[26] AV. Grahmann 20.2.39, BA NS 15/233 Bl. 44. – Zuvor wurde Zastrau von der DFG bzw. vom REM aus der „Förderung des Universitätslehrernachwuchses" unterstützt. Liste 1 o. D. (nach 31.3.37), PA. Z. BDC REM Bl. 200–1 + Llf. o. D. (1.7.37), ibid. Bl. 185f – NSD-Nachwuchsförderung an REM 13.8.37, ibid. Bl. 220–1.

[27] Zastrau an [Baeumler] 5.11.38, BA NS 15/233 Bl. 60 – Zu Rössner s. Trathnigg an Rössner 2.11.38, PA. Rössner BDC AE.

[28] Kronhausen an Zastrau 1.2.38, PA. Z. BDC REM Bl. 255 – Zastrau an ›Ahnenerbe‹, 5.2.38, PA. Z. BDC AE dto. 21.5.38, ibid. – Z. an Oberforstmeister 18.7.38, ibid.

[29] Z. an Baeumler, loc. cit. Z. an Ruppel, 22.8.38, PA. Z. BDC AE.

den Reichsgeschäftsführer des ›Ahnenerbes‹ persönlich auf.[30] Er schlägt überdies eine durchaus einleuchtende detaillierte Organisation dieses zuletzt mehr als 50 Einzelprojekte umfassenden Riesenunternehmens vor.[31] Als Schwiegersohn des Oberlandesforstmeisters Gernlein[32] scheinen auch auf der „Beziehungsebene" die Zeichen günstig.

Im Gegensatz zu Schneider und Rössner wird Zastrau aber nicht berücksichtigt, was mit seiner „bündischen" Einstellung begründet wird,[33] sicher aber auch daran lag, dass sich in der Ausschusssitzung dieses Forschungswerks Harmjanz vehement gegen ihn aussprach.[34] Aus den Akten geht bei aller Unklarheit immerhin so viel hervor, dass Harmjanz zumindest verleumderischen Gerüchten aufgesessen ist – wahrscheinlich hat er sie sogar selbst in die Welt gesetzt. Zudem weigerte er sich mit Hinweis auf die Vertraulichkeit der Sitzung, in der er sich gegen Zastrau ausgesprochen hatte, die Vorwürfe öffentlich zurückzunehmen.[35] Es spricht einiges dafür, dass die Stillegung des Projekts ›Wald und Baum‹ im November 1939 mit den stattgefundenen und noch zu erwartenden Auseinandersetzungen zwischen Harmjanz und Zastraus Schwiegervater Gernlein zu tun hatte (d. h. zwischen Wissenschaftsministerium und SS-›Ahnenerbe‹ einerseits und dem Forstmeister andererseits), und dass der Kriegsbeginn nur den äusseren Anlass abgab.

Harmjanz selbst sieht sich Ende Dezember 1939 so sehr in die Enge getrieben, dass er für das Wissenschaftsministerium schliesslich einen neunseitigen „Vermerk" anfertigt.[36]

Im Folgenden wiederholt Harmjanz, deutlich entschärft, seine den Privatbereich betreffenden Denunziationen. Dem Staatssekretär gegenüber leugnet er im Juni 1940 schliesslich völlig, jemals diese Behauptungen getätigt zu haben.[37]

---

[30] AV. Sievers 18.10.38, PA. Z. BDC AE.
[31] Ausarbeitung Z. ohne Überschrift o. D. (vor 1.9.38), PA. Z. BDC AE.
[32] Gernlein an Wüst, 2.4.39, PA. Z. BDC AE.
[33] Notiz o.V. 3.11.38, PA. Z. BDC AE.
[34] Trathnigg an Zastrau, 24.10.38, PA. Z. BDC AE – Harmjanz bearbeitete das Thema „Der Zeidelwald: Recht und Brauch". Aufstellung o. V. (Trathnigg) o. D. (nach 10.5.38, vor 1.9.39), BA NS 21/336 – Dass er sich gegen Z. aussprach, geht hervor aus Gernlein an Wüst, 3.4.39, loc. cit.
[35] Das Gerücht betrifft Zastraus Privatsphäre. Gernlein an Wüst 3.4.39, PA. Z. BDC AE + dto. 30.9.39, PA. Z. BDC REM Bl. 261–3 + dto. 20.11.39, ibid. Bl. 265–9 – Ursula Zastrau an Rust 10.12.39, ibid. Bl. 225–9.
[36] abgedruckt im Anhang, Dokument 3.1.
[37] Harmjanz an Staatssekretär 10.6.40 – PA. Z. BDC REM Bl. 284, abgedruckt im Anhang, Dokument 3.2.

Ausserdem veranlasst Harmjanz den ›Ahnenerbe‹-Kurator Wüst, ihm zu bestätigen, dass er zu Beginn und am Schluss der fraglichen Sitzung auf ihre Vertraulichkeit hingewiesen habe und sich überdies an die in den Privatbereich fallende Behauptung nicht entsinnen könne.[38] Welchen Gefallen ihm Wüst auch prompt tut.[39] Harmjanz war der Brückenkopf des ›Ahnenerbes‹ im Wissenschaftsministerium. Seine Drohung, sich aus dem ›Ahnenerbe‹ zurückzuziehen,[40] genügte, damit man ihm zumindest einen solchen Gefallen tat, zumal er ja nichts kostete. Ein Unbefangener gewinnt auf Grund der Akten schnell den Eindruck: Hier stinkt etwas vom Kopf bis zum Schwanz. Die Frage nach dem Motiv des Verhaltens von Harmjanz bleibt aber auch nach gründlichem Studium im Unklaren, und die Antwort muss unter Umständen total im Privatbereich gesucht werden. Umgekehrt dürfte klar sein, dass Zastrau seine Schwierigkeiten, mit denen er im 3. Reich zu kämpfen hatte, nicht auf seine NS-kritische Einstellung zurückführen konnte.

Zastrau will sich zunächst bei Neumann in Göttingen,[41] dann in Halle[42] habilitieren mit einer wortgeschichtlichen Studie über „Wahrheit"[43]. Bei Kriegsausbruch wird Zastrau zur Luftwaffe eingezogen. Sein zwiespältiger Kommentar Baeumler gegenüber:

> So sehr ich es begreiflicherweise bedaure, aus meinen so nahe vor dem Abschluss stehenden wissenschaftlichen Arbeiten herausgerissen zu werden, erfüllt es mich doch mit Freude, in dieser grossen Stunde Deutschlands mich als Soldat aufgerufen und in die Front eingereiht zu wissen. Da es keine Zweifel gibt, dass unsere Idee und unsere Waffen siegen werden, hoffe ich, in absehbarer Zeit meine Arbeiten wieder aufnehmen und mit allen Kräften um einen Abschluss bemüht sein zu können, der Sie, wie ich mir wünsche, in keiner Weise zu

---

[38] Harmjanz an Wüst 5.8.40, PA. Z. BDC AE.
[39] Wüst an Zschintzsch 9.8.40, PA. Z. BDC REM Bl. 289.
[40] Harmjanz an Wüst, 5.8.40, loc. cit.
[41] GA Neumann 2.7.37, PA. Z. BDC REM Bl. 211 – GA Heyse 22.7.37, ibid. Bl. 213 – In Göttingen ist er „*Weltanschauungs- und Kulturwart*" der SA. Dossier o.V. o. D., BA NS 15/233 Bl. 49f – Dienstleistungszeugnis 13.5.38., ibid. Bl. 69 + PA. Z. BDC REM Bl. 272 – Zastrau an Baeumler 5.11.38, BA NS 15/233 Bl. 60.
[42] Zastrau an Baeumler 10.2.39, BA NS 15/233 Bl. 45 – Erxleben an REM 15.10.42, BA NS 15/233 Bl. 15.
[43] Exposé Z. o. D. [nach 5.11.38], BA NS 15/233 Bl. 51–58. – Ein anderes Exposé vom 2.5.40 findet sich in BA NS 15/233 Bl. 29–37. Diese Exposés und Vorfassungen der Habil.schrift (nicht aber der Endfassung) birgt auch der NL. Zastrau, DLA Marbach. – Inzwischen ist der Titel leicht geändert: „WAHR – Studien zu einer wortgeschichtlichen Untersuchung." Ein Exemplar dieser ungedruckten Habilitationsschrift findet sich im UA Halle, Rep. 21/V/II.

V. Ein erster Vorgesetzter: Alfred Zastrau 59

enttäuschen braucht, sondern Ihre Anteilnahme und Förderung, so weit es mir irgend möglich ist, rechtfertigt.[44] Harmjanz wird 1943 des Plagiats überführt. Welche Rolle Zastrau dabei spielte, ist unklar. Fest steht, dass Zastrau seit 1932 Kontakt hatte zu Baeumler, dem wichtigsten für Wissenschaft zuständigen Mann in der Umgebung Rosenbergs, Leiter des Amtes Wissenschaft in dessen Dienststelle und der Hohen Schule (in Vorbereitung). Die Demaskierung Harmjanz' überliess Baeumler wohl aus seiner berüchtigten Feigheit heraus seinem Mitarbeiter Wilhelm Longert.[45] Damit war aber zumindest für Zastrau der Weg frei: Ab 1943 konnte er sich habilitieren. Am 6.1.43 erhält Zastrau endlich die Habilitationsurkunde, am 5.10.44 wird er schliesslich zum Dozenten ernannt.[46]

Schwerte gibt an, Zastrau schon in Königsberg aus den Augen verloren zu haben. Dabei betätigt sich Zastrau nach 1945 wie Schwerte als Goethe-Forscher.[47] Nach einem im Verlag Metzler kursierenden *ondit* übernahm Schwerte in den 60er Jahren den „Faust"-Artikel in Zastraus Neubearbeitung des Goethe-Handbuchs, habe sich dann aber mit diesem über diesen Artikel zerstritten, was nicht nur dazu geführt habe, dass der erste Band beim Eintrag „Farbenlehre", also kurz vor „Faust" endete, sondern dass Band 2 und 3 auch nie fertiggestellt wurden. Schwerte behauptet demgegenüber, dass er an diesem Handbuch nie mitgewirkt habe. Der Nachlass Zastraus bestätigt ihn indirekt. Zwar bemühte sich Zastrau um Koryphäen wie Richard Newald und Ernst Beutler als Verfasser des Faust-Artikels.[48] Diese aber waren tot bzw. hochbetagt. So sah sich Zastrau genötigt, den Artikel selbst zu übernehmen. Der Nachlass enthält denn auch den Faust-Artikel aus der Schreibmaschine Zastraus mit seinen handschriftlichen Korrekturen. Auch in den Mitarbeiterlisten der unterschiedlichen Stadien fehlt der Name Schwerte.

Zastrau ist nach dem Kriege zunächst als Lehrbeauftragter, später als ausserordentlicher Professor an der Technischen Universität Berlin tätig, bis

---
[44] Zastrau an Baeumler 19.10.39, BA NS 15/233 Bl. 40.
[45] s. dazu Klingemann 1996, S. 253–255.
[46] In der Akte PA. Zastrau BDC REM finden sich neben den dies belegenden Urkunden eine Reihe auch sehr kritischer Habilitationsgutachten. Auch nach dem damaligen Forschungsstand wies die Habilitationsschrift erhebliche, z. T. anfängerhafte Mängel auf.
[47] Zastrau 1961.
[48] Zastrau an Petzsch 25.8.1958, NL. Zastrau, DLA Marbach Korrespondenz NDB.

zum spektakulären Abbruch des Riesenunternehmens ›Goethe-Handbuch‹ Hauptabteilungsleiter des Metzler-Verlags, laut Lebensläufen auch an ungewöhnlich vielen ausländischen Universitäten: Oslo, Stockholm, Kopenhagen, Strassburg, Nancy, Paris, Rom, Athen, Ankara;[49] ein Exnazi als Botschafter der bundesrepublikanischen Wissenschaftspolitik?

Zuvor bringt er es fertig, Widerstandskämpfer Persilscheine für ihn schreiben zu lassen: er habe spätestens seit 1943 zum Widerstand gehört.[50] Noch 1978 lässt er sich darüber folgendermassen aus:

> [...] wir gehören zu den Verfolgten ihrer Schergen. Allein von mir als Beispiel zu reden: Sie haben mich achtmal aus meiner beruflichen Laufbahn und deren verschiedenen Geleisen als „politisch untragbar" entfernt und konnten mich trotz allem meinem Wesen und Wollen als „bündischer Mensch" nicht untreu werden lassen.[51]

Sieben Seiten später heisst es in diesem Vortrag vor befreundeten ehemaligen Wandervögeln:

> [...] Wir [...] waren bemüht, diese Chance zu nutzen und eine Art „Gegen-HJ" in bewusster, aber verschwiegener Opposition gegen die offizielle Hitler-Jugend aus dem Geist des Wandervogels auf- und auszubauen. Trotz aller Vorsicht erregten wir Schirachs, des „Reichsjugendführers", Argwohn und wurden mitsamt unseren Hilfskräften geschasst, noch dazu in diffamierender Form durch einen braunschweigischen „Goldfasan", der freilich keineswegs ein echter „Braun-Schweiger" war. Endlich, seit 1943, nahm ich u. a. durch den letzten mir persönlich begegneten Edelmann von exemplarischer Noblesse und Courage, durch den deutschen Staatsmann in friderizianischem Sinne, meinen Freund aus Studientagen, den Grafen Fritz-Dietlof von der Schulenburg in stärkerer Weise als bisher an den Vorbereitungen für den Gewissens-Aufstand 1944 teil. Davon ausführlich zu sprechen ist hier freilich nicht der Ort, zumal auch die Rede sein müsste von dem in so vielfacher Hinsicht verdriesslich zu kurz geratenen Eugen Gerstenmaier.[52]

Vergangenheitsbewältigung à la Zastrau!

Schneider war unter Zastrau Mitte der 30er Jahre hauptsächlich mit der *„Schaffung eines neuen geselligen volks- und artgemässen Tanzes"* befasst. Er ist in der Schulung tätig und unterrichtet daneben in Volkskunst und Brauchtumskunde, studiert Volks- und Laienspiele ein. Das führt ihn auch bald aus Ostpreussen heraus. Nach eigenen Angaben war Zastrau in seiner Zeit bei der NS-Kulturgemeinde persönlich mit Plassmann bekannt.[53]

---

[49] A. Z.: Biographische Daten. NL. Zastrau, DLA Marbach, Kasten 703.
[50] Überliefert im NL. Zastrau, DLA Marbach.
[51] A. Z.: Wer je die Flamme umschritt ... NL. Zastrau, DLA Marbach Bl. 9.
[52] ibid., B. 16.
[53] Z. an ›Ahnenerbe‹ 5.2.38, PA Z. BDC AE.

VI.
JOSEPH OTTO PLASSMANN

Ein Holland-Spezialist mit ähnlicher Entwicklung wie Schneider, von der NS-Kulturgemeinde über das Rasse- und Siedlungshauptamt ins ›Ahnenerbe‹ gekommen, lediglich „vorläuferartig" ein paar Jahre früher als dieser, ist Joseph Otto Plassmann. Wann Schneider ihn kennen lernt, ist unklar. Spätestens 1940 werden sie im ›Ahnenerbe‹ als Holland-Spezialisten in einem Atemzug genannt.[1] Im Juni 1942 ernennt Schneider der ›Volkschen Werkgemeenschap‹ gegenüber Plassmann zu seinem Vertreter, falls er einmal verhindert sein sollte.[2]

Über Plassmann hat neben Michael Kater vor allem Gisela Lixfeld bereits das Wichtigste zusammengetragen.[3] Da Plassmann – wie mit Recht von beiden Wissenschaftsforschern betont wird – zu den zentralen Figuren in der SS-Forschung, zu den wenigen Holland- und Flandernspezialisten des ›Ahnenerbes‹ und überdies zu den Germanisten zu zählen ist, die mit einiger Wahrscheinlichkeit von der Identität Schwerte-Schneiders wussten, halten wir es für unabdingbar, hier auf ihn etwas ausführlicher einzugehen, obwohl es auch uns bisher nicht möglich war, wichtige Informationsquellen auszuwerten.[4]

---

[1] s. Zondergeld o. D. – Zum gesamten Kapitel s. Lerchenmueller/Simon 1997, S. 32.
[2] Schneider an Feldmeijer 3.6.42, BA NS 21/76 – Das hatte Schneider mit dem Höheren SS- und Polizeiführer Nordwest Rauter in Anwesenheit von Plassmann so abgesprochen. Schneider an Rauter 3.6.42, ibid.
[3] Kater 1974 passim – Lixfeld 1994a. Für Vorarbeiten zur Biographie Plassmanns sei an dieser Stelle Volker Mergenthaler gedankt.
[4] Nach nicht bestätigten Berichten eines Archivbenutzers, der nicht genannt werden wollte, befindet sich der Nachlass Plassmanns in Detmold. Nicht eingesehen haben wir bisher auch die Entnazifizierungsakten Pl.'s.

VI. Joseph Otto Plassmann

Joseph Otto Plassmann wurde am 12. Juni 1895 in Warendorf in Westfalen als Sohn eines Oberlehrers und späteren Lektors und Professors der Astronomie an der Universität Münster geboren.[5] Kurz nach Beginn des Studiums der germanischen Sprachen, der Altertums- und Volkskunde[6] meldet er sich als Kriegsfreiwilliger an die Front, wird 1916 an Lunge und Kopf schwer verwundet, aus dem Heeresdienst entlassen und dient der deutschen Zivilverwaltung in Brüssel als Hilfsreferent für Volkstumspolitik, Sprachenfragen und Schulfragen. Unter anderem hilft er als Leiter einer Kommission die „*Sprachgrenze zwischen Flandern und Wallonien festsetzen*" und hatte in Brabant über die Durchführung der flämischen Sprachgesetze zu wachen. Zu dieser Zeit lernt er Herman Wirth kennen und ist damit unter allen ›Ahnenerbe‹-Wissenschaftlern derjenige, der Wirth am längsten kennt. Nach dem Krieg setzt Plassmann sein Studium in Tübingen und Münster fort. Im Oktober 1920[7] legt er in Münster seine Doktorprüfung und das Staatsexamen in Deutsch, Englisch und Französisch ab. Hauptreferent war Jostes, der Vorsitzende der deutsch-flämischen Gesellschaft. Plassmanns Dissertation handelt über die niederländische Mystikerin Hadewych. Obwohl keiner Partei angehörend, ist er in der Weimarer Republik alsbald militant auf der Seite der Rechten aktiv:

Politisch habe ich mich in der Nachkriegszeit nur mit der Waffe in der Hand betätigt.

Plassmann zählt eine stattliche Reihe von Kampfhandlungen und Propagandamassnahmen auf, an denen er sich beteiligte:

1919 habe ich gelegentlich eines Aufenthaltes in Berlin in der Abwehr des Spartakusputsches mitgekämpft; 1920 gehörte ich der Einwohnerwehr Münster als Zugführer an und wurde bei der Bekämpfung des roten Aufstandes an der Ruhr eingesetzt. 1923 nahm ich an der Bekämpfung des französischen Besatzungsheeres teil, und zwar vorwiegend in der heimlichen und offenen Propaganda, die durch die Pressestelle Rhein und Ruhr getragen wurde. Mit der bewaffneten Abwehr (Sprengkommandos) habe ich ständig Fühlung gehabt, aber nicht selbst daran teilgenommen.

---

[5] Für dies und die biographischen Angaben in diesem und folgenden Absätzen: J. O. Plassmann: Weltanschaulicher und politischer Lebenslauf 11. Feb. 37, PA. Plassmann BDC + BA NS 21/819 sowie Llf. Pl. 12.5.38, PA. Pl. BDC und Lebenslauf Pl. 18.9.43, PA Pl. und den Llf. im ›Rasse- und Siedlungshauptamt‹-Fb. 1944, ibid.
[6] Im Llf. vom 12.5.38 schreibt er „*Studium der germanistischen, anglistischen und romanischen Philologie*".
[7] Später verlegt er das Datum auf 1921.

VI. Joseph Otto Plassmann

1922 will Plassmann die Bibliothekarslaufbahn einschlagen, wird aber abgelehnt, weil er als *„Kriegsbeschädigter für die Beamtenlaufbahn nicht geeignet"* sei. Er betätigt sich als freier Schriftsteller, übersetzt die „Orphischen Hymnen" und die „Epistolae obscurorum virorum" und schreibt unter anderem eine Geschichte der Stadt Münster aus völkischer Sicht. Er lernt 1924 während seiner Klinikaufenthalte in Davos Wilhelm Gustloff, den Schweizer Landesgruppenleiter der Auslandsorganisation der NSDAP,[8] kennen und arbeitet mit ihm bis 1935, ein Jahr vor dessen Ermordung am 14.12.36 zusammen. 1928 gründet er mit Wilhelm Teudt und anderen die ›Vereinigung der Freunde germanischer Vorgeschichte‹ und die Zeitschrift ›Germanien‹, der er zunehmend, ab 1.3.36 als Hauptschriftleiter seinen Stempel aufprägen wird. Seit 1928 setzt sich Plassmann aktiv für die Verbreitung der Ideen Herman Wirths ein und leitete 1933 dessen Wanderausstellungen.

Im Januar 1934 wird Plassmann in der Führung des ›Reichsbunds Volkstum und Heimat‹ Referent und kommt mit diesem in die Amtsleitung der NS-Kulturgemeinde.[9] Am 1. Dezember 1935 wird er in das Stabsamt des Reichsbauernführers Darré als Abteilungsleiter[10] berufen.

Auf Vorschlag des SS-Brigadeführers Reischle[11] finden wir ihn vom 1.1. bis 18.11.37 als Abteilungsleiter im Rassenamt des ›Rasse- und Siedlungshauptamt‹.[12] Hier entstand die Denkschrift *„Einige Gedanken zum weiteren Ausbau der Hauptabteilung RA II."* Es spricht einiges dafür, dass Plassmanns Entlassung aus dem Rassenamt auf Intrigen zurückzuführen ist.[13] Plassmann hatte die Störaktionen der HJ auf dem Farbenfest der ehemaligen Schüler des Paulinischen Gymnasiums in Münster im Februar 1937 heftig verurteilt und unter dem tosenden Beifall der Ex-Pauliner ausgerufen: *„Wir wollen frei sein wie die Väter waren und eher den Tod, als in der Knechtschaft leben."*[14] Selbst Himmler hatte für dieses Verhalten des von ihm sonst stets geschätzten Wissenschaftlers kein Verständnis und warf ihn aus der SS. Das mögen die Tonangebenden im Rasse- und Siedlungsamt so verstanden haben, dass man

---

[8] Gustloff wurde im 3. Reich zum NS-Märtyrer hochstilisiert. s. Diewerge 1936.
[9] Für dies und den Rest des Absatzes ibid.
[10] Reischle an Himmler 2. Jan. 36, BA NS 21/386 – vgl. a. „Wie arbeitet das Deutsche Ahnenerbe" Jan. 36, BA NS 21/669. In seinen Lebensläufen verschweigt P. diese Tätigkeit.
[11] Reischle an Himmler 2.1.36, BA NS 21/386.
[12] Diese Tätigkeit verschweigt er im Llf. vom 18.9.43, der seinem Habilitationsantrag einverleibt ist.
[13] vgl. AV. Pl. 11.9.37, PA Pl. BDC.
[14] Für dies und das Folgende s. PA Pl. BDC AE.

sich von diesem deutlich „Angesägten" möglichst bald trennen müsse. Plassmann liess aber in der Folgezeit kaum eine Gelegenheit aus, um sich im Sinne der SS zu rehabilitieren. Alsbald ist er nicht nur im ›Ahnenerbe‹ aktiver als je zuvor, sondern auch im Sicherheitsdienst. Dazu sogleich mehr. Von einem „*Zeugnis aktiven Widerstandes gegen den Nationalsozialismus*" zu sprechen, wie es ein Teilnehmer des oben erwähnten Farbenfestes nach dem Krieg tat,[15] ist jedenfalls eine Argumentation von der Art, wie es Joseph Wulf beschreibt:

> Auch Himmler könnte, falls er heute noch am Leben wäre, den Beweis erbringen, dass er aus der NSDAP ausgestossen, von Hitler seiner sämtlichen Ämter entkleidet und degradiert wurde. Das ist eine Tatsache. Ebenso könnte er anführen, noch anfangs 1945 das Leben einiger tausend Jüdinnen gerettet zu haben, denn auch darüber besteht kein Zweifel. Welcher deutsche Widerstandskämpfer aber, der unter Umständen sein junges Leben für den Glauben an die Menschen und Menschenwürde opferte, könnte sich dessen rühmen?[16]

Vom 1. Januar 1937 an ist Plassmann ehrenamtlich, ab 1.12.37 hauptamtlich und ab April 38 als Leiter der Abteilung Germanische Kulturwissenschaft im ›Ahnenerbe‹ tätig,[17] in dem er von Anfang an bereits beratend mitwirkte. Plassmann dient dem Propagandaministerium zeitweise als Kontaktmann zum ›Ahnenerbe‹.[18]

Nach Beginn des 2. Weltkrieges wird Plassmann vom ›Ahnenerbe‹ im Rahmen der Umsiedlung der Südtiroler in Bozen eingesetzt. Der Reichsgeschäftsführer, Wolfram Sievers, hatte schon vor Kriegsausbruch die Leitung der Kulturkommission im Rahmen dieser Umsiedlung übernommen. Dann übernimmt Plassmann eine Aufgabe bei der Germanischen Leitstelle in den Niederlanden und in Flandern. In diesem Rahmen dürfte der im Anhang Dokument 4 abgedruckte Holland-Plan entstanden sein.

14 Tage nach der Einnahme von Paris führt er „*im Auftrage der Deutschen Botschaft und des Militärbefehlshabers in Frankreich die Sicherstellung und den Rücktransport der in ganz Frankreich verstreuten Bestände der Bibliothèque Nationale und der Archives Nationales*" durch.[19] In der Begründung des Antrages für das Kriegsverdienstkreuz II. Klasse (ohne Schwerter) wird

---

[15] Bericht Hinricher 10.10.47, IfZ M ZS/A-25/5 Bl. 63.
[16] Wulf 1964, S. 8f - In den uns bekannten Archivalien ist von den geretteten Jüdinnen an keiner Stelle die Rede.
[17] Wüst an Plassmann 6.4.38, BA NS 21/600.
[18] PL. an Wüst 28.9.38, BA NS 21/386.
[19] Komanns an Wüst 12.6.40, lt. Komanns an PL. 23.6.40, BA NS 21/321 – PL. an Ko. 28.6.40 ibid. – Rgf. an Wüst, 12.7.40 ibid. – vgl. a. Lehmann-Haupt 1948, S. 130 + 139 – Kater 1966, S. 143 f.

VI. Joseph Otto Plassmann   65

darauf verwiesen, dass es sich hier um einen „SD-Einsatz" handelte.[20] In der Tat war Plassmann „zeitweiliger Angehöriger des SD-Einsatzkommandos West unter SS-Sturmbannführer Dr. Knochen".[21] Plassmanns Unternehmen dürfte im Rahmen einer Sonderaktion stattgefunden haben, die Heydrich in einem Vermerk schildert, der als Plädoyer für die juristische Absicherung der Einsatzgruppen gegenüber dem Militär zu verstehen ist:

> [...] Der mit Hilfe des Feldmarschalls nachträglich getätigte Einsatz von geringen Einsatzkräften der Sicherheitspolizei (10 Mann in Paris, 15 Mann in Brüssel), die in Uniform der Geheimen Feldpolizei mit Mühe den Versuch machten, wenigstens wichtigstes Dokumentenmaterial sicherzustellen, wobei noch nicht sicher ist, dass sie dieses dem Geheimen Staatspolizeiamt bzw. Reichssicherheitshauptamt Berlin überführen dürfen, ist natürlich keineswegs eine allgemeine und grundsätzliche Besserung, sondern nur ein kümmerlicher Einzelversuch von uns, Schlimmeres zu verhüten.[22]

Wüst scheint Plassmann schon im September 1938 dem Sicherheitsdienst empfohlen zu haben[23]. Zugleich widmet Plassmann sich – vermutlich im Auftrag des Sicherheitsdienstes – einigen Sonderaufträgen. So gibt er „ein genaues Bild von den völkischen Verhältnissen in der Bretagne und vom Stand der bretonischen Autonomiebewegung". Nebenbei schafft er die „Grundlage für eine umfassende wissenschaftliche Untersuchung" des Teppichs von Bayeux. Auch seine Studien zum Westfälischen Frieden von 1648 erfahren durch seine Tätigkeit in französischen Archiven eine wesentliche Förderung.

Am 23.10.43 habilitiert sich Plassmann in Tübingen bei Hermann Schneider, nicht verwandt mit Hans Ernst Schneider, einer Koryphäe der Germanenkunde, später erster Rektor der Universität Tübingen nach dem 2. Weltkrieg. Am 18.2.44 wird Plassmann zum Dozenten für Germanenkunde und Nordische Philologie in Tübingen ernannt. Im März 44 nimmt er den Lehrstuhl für Deutsche Volkskunde in Bonn wahr. Am 26. Oktober 1944 wird er dort zum ausserordentlichen Professor ernannt.

Als im Herbst 1944 auch das ›Ahnenerbe‹ sich gezwungen sieht, seine Aktivitäten zu straffen und zum Teil einzustellen und davon auch die vom ›Ahnenerbe‹ herausgegebenen wissenschaftlichen Zeitschriften betroffen sind, übernimmt Plassmann die Redaktion eines wissenschaftlichen Nach-

---

[20] Vorschlagsliste Nr. 251 vom 26.1.42, Sonderakte 8263 AE Liste 19.
[21] Kater 1974, S. 192 – PL. an Komanns 28.6.40, BA NS 21/321.
[22] AV. Heydrich 2.7.40, zit. n. dem Faksimile in: Staatliche Pressestelle Hamburg 1967, S. 64–69.
[23] Das geht indirekt hervor aus Sievers an PL. 26.9.38, BA NS 21/603.

richtenblattes (Titelvorschlag „*Wissenschaftliche Nachrichten* ..."[24]), das „*im Vervielfältigungsverfahren*" unter den ›Ahnenerbe‹-Mitarbeitern verbreitet werden sollte.[25] Von diesem Blatt haben wir kein Exemplar ermitteln können. Bekannt ist nur, dass die erste Nummer unter anderem Berichte zweier mit Menschenversuchen befasster Wissenschaftler enthalten sollte:[26]

> Zu 3. Phil. v. Luetzelburg
> Bei den Berichten Luetzelburgs wird gebeten, die naturwissenschaftlichen Arbeiten nicht in extenso zu bringen, sondern nur etwa folgenden Hinweis: Luetzelburg arbeitete u. a. in Gemeinschaft mit August Hirt, Direktor der Anatomie, Strassburg an der Auswertung des Extraktes einer alpinen Pflanze, der für die Behandlung und Heilung des Krebses bestimmt ist. – Er stellte ferner Untersuchungen mit Wirkstoffen nach dem Beispiel Fahrenkamps, Pabenschwandt an aus dem Gebiete der Pflanzengifte, wie Digitalin und Digitoxin zur Vermehrung des vegetativen Zuwachses und der Ernteerträge. Zum gleichen Zweck wertete er auch andere Pflanzengifte wie Anemonol (Ranunculus Ficaria), Mezerein (Daphne Mezereum), Colchizin (Colchicum autumnale) aus.
>
> zu 5. Ludw. Ferd. Clauss.
> Seinem Bericht über die Arbeiten wäre folgender Text vorauszustellen: „L.F. Clauss und Bruno Beger führen im Auftrag des Reichsführer-SS gemeinsam einen Forschungsauftrag ›Rassen im Kampf‹ durch, dessen Aufgabe das Studium der Verhaltensweise von Angehörigen verschiedener Rassen im Verband der kämpfenden Truppe ist. Die militärische Lage verhinderte die zunächst für den Ostraum geplante Arbeit, die sich z. Zt. auf den Balkan beschränkt."[27]

Luetzelburg war ein Schwager Himmlers, genauer der Vetter seiner Frau, und leitete in Hechingen ein Kaiser-Wilhelm-Institut, in dem er zum Beispiel mit dem hochgiftigen Colchicin Menschenversuche vornahm.[28]

Der Tübinger bzw. Strassburger Anatom Hirt scheint Rascher an Brutalität und Niedertracht noch übertroffen zu haben.[29] Für seine Experimente, die darauf zielten, Konstitution und Verhalten mit dem Knochenbau zu vergleichen und damit auf Skelette angewiesen waren, konstruierte er eigens Entfleischungsmaschinen, weil ihm der natürliche Verwesungsprozess nach der Ermordung seiner Opfer – meist KZ-Insassen, aber auch russische Kriegsgefangene – zu lange dauerte. Er dürfte der schrecklichste Wissenschaftler gewesen sein, den die Universitäten bisher hervorgebracht haben. Leichen-

---

[24] AV. o.U. (Sievers) 15.11.44, BA NS 21/392.
[25] Rdbr. Wüst + Sievers o. D. (vor 31.12.44) PA. Plassmann BDC + BA NS 21/392.
[26] Schmitz-Kahlmann an Plassmann 11.1.45 PA. Plassmann BDC – Vgl. a. AV. o.U. (Sievers) 15.11.44 BA NS 21/392.
[27] Schmitz-Kahlmann an Plassmann 11. 1. 45 PA. Pl. BDC.
[28] Für diese und die fogenden 3 biographischen Skizzen s. vor allem Kater 1974, S. 87 + 216.
[29] Zu Hirt vor allem Kater 1974 passim.

teile seiner Opfer dienten der Tübinger Anatomie noch bis vor kurzem als Demonstrationsobjekt für Studenten.[30]

Bruno Beger war Mitarbeiter Hirts und analysierte vor allem die Schädel vor und nach der Ermordnung und Skelettierung der erwähnten Opfer.[31] Ludwig Ferdinand Clauss war der Lehrer von Beger und neben Hans F. K. Günther der bekannteste Rassenkundler im 3. Reich.[32] Weil er in seinem Haushalt eine Jüdin versteckt hielt, geriet er im 2. Weltkrieg ziemlich in Bedrängnis, aus der ihn Himmler u. a. mit dem genannten Forschungsauftrag „befreite". Im fernen Den Haag nahm sogar Schneider am Schicksal dieses Begründers der Rasseseelenforschung lebhaften Anteil.[33]

Der Umstand, dass offensichtlich nicht explizit hervorgehoben wurde, dass die Forschungsprojekte, über die hier berichtet werden sollten, mit dem Tod von Menschen erkauft worden waren, deutet darauf hin, dass man derartiges selbst am Kriegsende ›Ahnenerbe‹-Mitarbeitern für nicht zumutbar und also publizierbar hielt. Da Plassmann aber mit hoher Wahrscheinlichkeit[34] den Originalberichten entnehmen konnte, worum es ging, ist er in einem ganz anderen Masse als Schneider zu den Mitwissern zu rechnen.

Nach dem Kriege konnte Plassmann darauf hinweisen, dass er nicht in der NSDAP war und wegen seiner Zeugenaussagen gegen die HJ, die das von ihm besuchte Farbenfest in Münster gestört und Besucher verprügelt und zum Teil erheblich verletzt hatten, im September 1937 aus der SS entfernt worden war.[35] In gewisser Weise ist Plassmann auch sonst eine Art Mut nicht abzu-

---

[30] Inzwischen wurden sie in aller Form beerdigt.
[31] Zu Beger s. Kater 1974, S. 207ff u. ö.
[32] Zu Clauss s. Kater1974, S. 209–211.
[33] Boehm an Schneider 14.7.41, BA NS 21/76.
[34] Das Schreiben Schmitz-Kahlmann an Pl. 11.1.45 wurde per Einschreiben verschickt. In ihm bat die Reichsgeschäftsführung des ›Ahnenerbe‹ um Rücksendung der anliegenden Briefe. Diese fanden sich aber anscheinend nicht in Waischenfeld, wohin sich die ›Ahnenerbe‹-Rgf. zurückgezogen hatte.
[35] s. dazu Sievers an Galke 27.4.37, PA. Pl. BDC + BA NS 21/820 – Galke an Reichsführer-SS 13.5.37, PA. Pl. BDC + BA NS 21/702 – AV. Sievers 15.6.37, BA NS 21/702 – AV. Pl. 21.6.37, PA. Pl. BDC + BA NS 21/404 – PL. an Sievers 5.8.37, BA NS 21/702 – AV Sievers 5.8.37, BA NS 21/404 + PA. Pl. BDC – Galke an Reichsführer-SS 6.8.37, BA NS 21/702 – Wolff an SS-Gericht 19.8.37, BA NS 21/702 – dito 4.9.37 PA. Pl. BDC – AV. Pl. 11.9.37, PA. Pl. BDC – Steinhaus an Pl. 13.9.37, BA NS 21/702 – Wüst an Galke (mit einer ausführlichen wissenschaftlichen Beurteilung Pl's) 27.9.37, BA NS 21/819 + 804 + 702 + PA. Pl. BDC – Rgf. an Galke 24.11.37, BA NS 21/702 – Verwickelt in den Fall ist (s. RS) auch Bernhard Kummer. Der SD nimmt umfangreiche Überprüfungen (pro ›Ahnenerbe‹) vor. Niederschrift Polte über Besprechung mit Rampf am 14.10.37, BA ZM 1582 A4 – Galke an

VI. Joseph Otto Plassmann

sprechen. Als Himmler am 9.1.39 – vermutlich zunächst aus Verwaltungsgründen – anordnet:

> Für die Zukunft bitte ich, bei allen Büchern und sonstigen Drucksachen nicht die gotischen Lettern, die meines Wissens sogar von Juden erfunden wurden, sondern die Antiqua zu nehmen. Das hat ausserdem den Vorteil, dass Ausländer, die unsere Sprache können, die Antiqua besser lesen können als die gotischen Lettern.[36]

löst das bei Plassmann eine fast wutschnaubende Reaktion aus.[37] Kater hält Plassman nach Himmler, Wüst und Sievers für die wichtigste Figur im ›Ahnenerbe‹, wertet ihn aber als Wissenschaftler ab.[38] Gisela Lixfeld ironisiert in diesem Zusammenhang mit Recht Katers Einteilung der Forscher in Koryphäen und Dilettanten;[39] sehr produktiver Normalwissenschaftler, wäre angebrachter gewesen. Plassmann als „*Widerständler*" zu sehen – wie er es selbst tat[40] –, ist völlig abwegig.

Reichsführer-SS 3.11.37, PA. Pl. BDC – Sievers an v. Löw 2.1.38, PA Pl. BDC + BA NS 21/404 AV. Rampf betr. Besprechung im SDHA mit Spengler und Polte 2.2.38 ibid.
[36] Zit. n. Rdbr. Heissmeyer 17.1.39, BA ZM 1404 A.4 Bl. 191 – Hitler folgt Himmler ein Jahr später. s. dazu Simon 1991, S. 12–14.
[37] Stn. Pl. 1.2.39, BA Pl. BDC.
[38] Kater 1974 S. 46.
[39] Lixfeld loc. cit., S. 234.
[40] Interview Kater – PL. 19.5.63, IfZ Mchn. – PL. an Conze, 26.4.63 ibid. – vgl. a. Kater 1966, S. V + 296 A. 14.

VII.

Im Rassenamt des
›Rasse- und Siedlungshauptamts‹

1937 tritt Schneider „ehrenvoll" aus der SA aus und in die Allgemeine SS ein. Dieser Vorgang war damals nichts Ungewöhnliches, hatte aber bei Schneider offenbar tiefere Hintergründe. Schwerte führt seinen Eintritt in die SS heute darauf zurück, dass er wegen seiner Arbeit bei den Zeitungen Schwierigkeiten bekam. Irgendwelche älteren Zeitgenossen hätten sich von ihm durch unlautere Mittel aus ihren Stellungen herausgeboxt gefühlt. Man habe ihm empfohlen, er solle sich, bevor er Schreib- und Betätigungsverbot erhalte, schnell nach Berlin verziehen. Schneider sei aber in die Offensive gegangen, habe einen Obersturmbannführer der SS aufgesucht. Es spricht einiges dafür, dass es sich hier um den Leiter des Rasse- und Siedlungshauptamts Jacobsen gehandelt hat, mit dem Schneider auch später noch in Kontakt steht.[1] Dieser habe mit den Worten „*Saubande*" und „*Ganoven*" reagiert, die Zeitungsredaktion und die Gauleitung angerufen, und ihn dann per Handschlag unter seinen Schutz gestellt, was Schwerte heute so interpretiert, dass er damit in die SS aufgenommen war. Es wäre zu dem Zeitpunkt (1937) ein ziemlich einmaliger Vorgang, wenn – Himmler selbst ausgenommen – jemand einen wie auch immer gut Bekannten ohne vorherige gründliche Prüfung nur per Handschlag in die SS aufgenommen hätte.[2]

---

[1] Schneider an Rauter 31.7.41, BA NS 21/76, Schneider an Keitel 31.7.41, ibid. Schneider an Nachenius 7.10.41, RIOD Amst 16b u. ö. – Jacobsen hatte später eine zentrale Funktion im Schulungsamt des ›Rasse- und Siedlungshauptamt‹ inne. PA. Jacobsen, BDC-SSO. Sievers an Schneider 19.1.42, BA NS 21/76 – AV. Schneider 31.5.43, BA NS 21/245 – Diese Information verdanken wir Horst Junginger.

[2] Da Zastrau bei der Gauleitung ziemlich zeitgleich in Ungnade fiel, könnte man das damit in Zusammenhang bringen. Die Chronologie der Ereignisse spricht aber dafür, dass Zastraus Flucht nach Göttingen eher eine Folge der Probleme war, die sein wichtigster Mitarbeiter damals hatte, möglicherweise der Sack war, den man statt des Esels beschuldigte und bestrafte. Wahrscheinlicher ist, dass da aber überhaupt kein Zusammenhang besteht.

Es spricht einiges für die Hypothese, dass die ganze Geschichte nichts als eine Inszenierung war, um zu verhindern, dass Schneider sich weigert oder auch nur ziert, wenn das Thema SS aufkommt. Solche Methoden kennen wir von allen Geheimdiensten. Dass Schneider aber nicht sogleich beim Sicherheitsdienst landete, scheint glaubhaft. Schon um sich selbst zu schützen, war hier eine Überprüfung aus nächster Nähe und über einen längeren Zeitraum geboten. Das Rasse- und Siedlungshauptamt scheint in dieser Zeit auch eine Art Test- und Durchgangsstätte einerseits für den Einsatz im ›Ahnenerbe‹ der SS, andererseits für eine zukünftige Tätigkeit im Sicherheitsdienst gewesen zu sein, meistens sogar für beides. Typische Beispiele sind wieder Sievers und Plassmann.[3] Allerdings ist zu betonen, dass es sich hier nur um eine Hypothese handelt, zu deren Erhärtung wir in den Archiven bisher nichts Explizites gefunden haben.

Bevor Schneider ins Rassenamt des Rasse- und Siedlungshauptamts nach Berlin berufen wird, ist er im Auftrag der SS in Sachen Volkskultur im März 1937, also ein Jahr vor dem „Anschluss", in Österreich als Lehrer in einem dortigen Landdienstlager der HJ, dem BDM und der NS-Studentenschaft tätig. Einen Monat später studierte er dabei – nach eigenen Aussagen – auch *„die katholische Gegenarbeit gegen den Nationalsozialismus"*. Auch das klingt wie eine Art Probearbeit für sicherheitsdienstliche Aufgaben, die damals ja noch im wesentlichen nur aus Beobachtung und Berichterstattung bestand. Die gleiche Quelle verrät auch, dass zumindest der Plan bestand, ihn im Juli und August abermals in Österreich, diesmal aber an der jugoslawischen Grenze einzusetzen, um dort *„mit vorher entsprechend geschulten Landdienstgruppen völkische Aufbauarbeit zu leisten"*. Schwerte schreibt uns heute dazu:

> Ich bin, meiner Erinnerung nach, zweimal, 1937 und 1938, aus ganz privaten Gründen in Graz gewesen. Es mag nicht ausgeschlossen sein, dass ich dabei zu solch einem Lager mitgenommen worden bin, auf ebenso ganz privater Basis. Ich mag dabei dieses Lager kennengelernt haben, mag auch einiges gesagt haben aus meinen ostpreußischen Erfahrungen – von einem offiziellen Auftrag dazu kann keine Rede sein. […] Von den jugoslawischen Problemen an der Grenze wusste ich damals nicht das geringste. Da ist irgendetwas zusammengebastelt worden, was mit meinem NS-Leben damals wirklich nichts zu tun hat. Von Auftrag der SS kann schon vom Datum her auch nicht die Rede sein.[4]

Nach dem Hinweis auf seine Ausführungen in seinem Bewerbungsschreiben beim Rasse- und Siedlungshauptamt fügt Schwerte später hinzu:

---
[3] loc. cit.
[4] Schwerte an Simon 14.12.98.

Wenn dies in einem „Lebenslauf" von mir gestanden haben soll, mag es also zutreffen (es sei denn, ich hätte arg „angegeben"). Im Auftrag der SS 1937 kaum möglich. Auch von HJ, BDM, NS-Studentenschaft in Österreich 1937 so eindeutig zu sprechen, will mir nicht recht gefallen.[5]

Das ›Rasse- und Siedlungshauptamt‹

Im Februar 1938 tritt Schneider eine hauptamtliche Stelle als Referent im Rassenamt des „Rasse- und Siedlungshauptamts" an.[6] Welche Funktion hatte dieses SS-Amt? Wie hat es sich entwickelt? Auch hier sei wegen der Schneider betreffenden schlechten Überlieferungslage lediglich an Hand prototypischer Texte der Rahmen skizziert.

Am 31. Dezember 1931 gab Himmler den berüchtigten „Verlobungs- und Heiratsbefehl" heraus. Auf Grund dieses Befehls wurde unmittelbar darauf das ›Rassenamt der SS‹ gegründet.[7] Himmler begründet diesen Befehl später folgendermassen:

> Wir haben die Folgerung gezogen aus der Erkenntnis vom Wert des Blutes. Wir sind uns darüber klar geworden, dass es unsinnig wäre, den Versuch zu unternehmen, Männer rassischer Auslese zu sammeln und hätte man die Sippe zu denken. Wir wollten und wollen nicht den Fehler der Soldaten- und Männerbünde der Vergangenheit machen, die Jahrhunderte wohl bestehen mögen und dann, weil der Blutstrom der Zucht und die Tradition der Sippe fehlt, ins Nichts versinken, wir wissen ja aus tiefster, innerster Überzeugung, dass eine Gemeinschaft nur dann, wenn sie in Ehrfurcht vor den Ahnen der fernsten und grauesten Vorzeit, überzeugt von der ewigen Herkunft ihres Volkes lebt, instande sein wird, den Weg in die Zukunft zu gehen. Wir wissen, dass nur dann, wenn die Erkenntnis ganzen Blutes als Verpflichtung aufgefasst wird, als heiliges Vermächtnis, das in artreine Sippe weiter zu vererben ist, eine Rasse und ein Volk das ewige Leben haben. Wir sind durchdrungen von der Überzeugung, dass nur die Generation, die eingebettet ist zwischen Ahnen und Enkeln, den richtigen Massstab für die Grösse ihrer Aufgabe und Verpflichtung und für die Winzigkeit ihrer eigenen und vergänglichen Bedeutung in sich aufnimmt.[8]

---

[5] Schwerte an Simon 21.12.98. Unser Beleg: das Bewerbungsschreiben Schneiders beim RuSHA 29.4.37, PA Schneider BDC.
[6] Llf im ›Rasse- und Siedlungshauptamt‹-Fb 10.9.41, PA Schneider BDC.
[7] Für dies und das Folgende s. IMT Vol. IV – Gies 1968 – Marwell/Leaman 1994, S. 50 ff und die dort angegebenen Quellen.
[8] Himmler 1937, S. 24–25.

VII. Im Rassenamt des ›Rasse- und Siedlungshauptamts‹

Die wichtigsten Passagen des „Verlobungs- und Heiratsbefehls" sind folgende:

1. Die SS ist ein nach besonderen Gesichtspunkten ausgewählter Verband deutscher nordisch-bestimmter Männer.
2. Entsprechend der nationalsozialistischen Weltanschauung und in der Erkenntnis, dass die Zukunft unseres Volkes in der Auslese und Erhaltung des rassisch und erbgesundheitlich guten Blutes beruht, führe ich mit Wirkung vom 1. Januar 1932 für alle unverheirateten Angehörigen der SS die ‚Heiratsgenehmigung' ein.
3. Das erstrebte Ziel ist die erbgesundheitlich wertvolle Sippe deutscher nordisch-bestimmter Art.
4. Die Heiratsgenehmigung wird einzig und allein nach rassischen und erbgesundheitlichen Gesichtspunkten erteilt oder verweigert.
5. Jeder SS-Mann, der zu heiraten beabsichtigt, hat hierzu die Heiratsgenehmigung des Reichsführers-SS einzuholen.
6. SS-Angehörige, die bei Verweigerung der Heiratsgenehmigung trotzdem heiraten, werden aus dem SS gestrichen; der Austritt wird ihnen freigestellt.
7. Die sachgemässe Bearbeitung der Heiratsgesuche ist Aufgabe des ‚Rassenamtes' der SS.
8. Das Rassenamt der SS führt das ‚Sippenbuch der SS', in das die Familien der SS-Angehörigen nach Erteilung der Heiratsgenehmigung oder Bejahung des Eintragungsgesuches eingetragen werden ... [9]

Leiter des Rassenamts war Richard Walter Darré. Mitten in die Aufbauphase platzte das Verbot von SA und SS am 1.4.32 durch die Brüning-Regierung. Nach der Aufhebung dieses Verbots durch die Nachfolge-Regierung Papen am 16.6.32 wurde das Amt als „SS-Rasse- und Siedlungsamt" reorganisiert. Über die Umsetzung des „Verlobungs- und Heiratsbefehls" hinaus sollte es nun auch die Beziehungen zwischen SS und Bauerntum enger knüpfen. Die Aufgabe war auch sonst nicht unerheblich erweitert:

1. Die weltanschauliche Schulung der SS.
2. Die Auslese der SS.
   a) Leitung und Prüfung der Neueinstellungen in die SS.
   b) Nachmusterung der SS.
3. Sorge für einen gesunden und artgemässen Familienaufbau der SS-Angehörigen.
4. Herbeiführung einer engen Bindung der SS mit dem Bauerntum. Verwirklichung des Begriffes ‚Blut und Boden'.[10]

Nach dem fälschlich so genannten „Röhm-Putsch" am 30. Juni 1934 und dem Niedergang der SA übernahm die SS die Rolle der mächtigsten und brutalsten

---

[9] zit. nach Marwell/Leaman 1994, S. 50.
[10] ebda.

Gliederung der NSDAP. Das hatte auch Folgen für das Rasse- und Siedlungsamt. Fortan gliederte es sich in sieben Abteilungen:

   I Zentralabteilung
   II Personalabteilung
   III Rassenfragen
   IV Bauern- und Siedlungsfragen
   V Schulung
   VI SS-Auslese
   VII Familienaufbau, Sippenbuch, Nachwuchspflege

Hinfort hatte jeder SS-Oberabschnitt – vom Rasse- und Siedlungsamt bestimmt – einen „Rassereferenten", einen „Bauernreferenten" und einen „Schulungsreferenten". Ausserdem wurden in jedem SS-Oberabschnitt „Pflegestellen" errichtet, damit sich jeder SS-Mann vor Ort beraten lassen konnte. Diese „Pflegestellen" waren aber auch autorisiert, die Rasseprüfungen durchzuführen.

Vom Januar 1935 an nannte sich das Rasse- und Siedllungsamt ›Rasse- und Siedlungshauptamt‹. Die Berliner Zentrale hatte vor allem Kriterien für die Rassenauslese zu entwickeln und durchzusetzen. 1937 waren im ›Rasse- und Siedlungshauptamt‹ etwa 100 Mitarbeiter tätig. Die Abteilungen gliederten sich inzwischen in zahlreiche Unterabteilungen. Neue Ämter wie das ›Sippenamt‹ wurden gegründet, andere aufgelöst, manche wurden – wie der ›Lebensborn‹ – später sogar aus dem ›Rasse- und Siedlungshauptamt‹ herausgenommen und anderen SS-Ämtern – zum Beispiel dem Persönlichen Stab des Reichsführer-SS – unterstellt. Für die weitere Darstellung wichtig ist vor allem, dass das „Schulungsamt" vom ›Rasse- und Siedlungshauptamt‹ zum SS-Hauptamt wanderte, von dem noch ausführlich die Rede sein wird. Auch für die Errichtung des ›Ahnenerbe‹ leisteten die massgeblichen Personen im ›Rasse- und Siedlungshauptamt‹ (neben Darré Hermann Reischle und Wilhelm Kinkelin) eine wichtige Geburts- und Entwicklungshilfe. Kurz nachdem Schneider aus dem ›Rasse- und Siedlungshauptamt‹ in das ›Ahnenerbe‹ übertritt, reduziert sich allerdings der Einfluss des ›Rasse- und Siedlungshauptamt‹ auf das ›Ahnenerbe‹ auf wenige Bereiche. Im Spätsommer 1938 übernimmt das ›Ahnenerbe‹ die Wissenschaftler des Rassenamts.[11]

---

[11] Bericht über die Arbeit des ›Ahnenerbes‹ Juli/August 1938, BA NS 21/441.

Zwei Dokumente, eines aus der Zeit unmittelbar vor Schneiders Eintritt ins Rassenamt, das andere aus dem letzten Kriegsjahr, illustrieren ziemlich repräsentativ, was in diesem Amt getrieben wurde.

Verfasser der ersten, auf den 16. April 1937 datierten Denkschrift ist mit hoher Wahrscheinlichkeit Joseph Otto Plassmann. Der mit Wolfram Sievers befreundete Leiter der Abteilung RA II des Rassenamtes im Rasse- und Siedlungshauptamt, Schriftleiter der SS-Zeitschrift ›Germanien‹ und Leiter der Abteilung ›Germanenkunde‹ im ›Ahnenerbe‹ der SS, greift hier die Grundideen einer vermutlich von Hans Rössner vom Sicherheitsdienst verfassten Denkschrift („Erschliessung des germanischen Erbes"),[12] auf, verallgemeinert sie und entwickelt sie zu *„Gedanken zum weiteren Ausbau der Arbeit der Hauptabteilung II"* im Rassenamt weiter. Darin heisst es:

Die Tätigkeit der Hauptabteilung II gliedert sich in
a) Sammlung und Durcharbeitung von Tatsachen und Wissensstoffen,
b) Verwertung der Arbeitsergebnisse für die Schulung der SS.
Für die erste Aufgabe muss absolute wissenschaftliche Gründlichkeit und Zuverlässigkeit gesichert sein; für die zweite die Verarbeitung in einer Form, die dem Verständnis einfacher Männer gerecht wird, die im wesentlichen und zunächst von kämpferischer Haltung bestimmt sind. […]
Der SS-Mann soll auf diese Weise Träger und Verbreiter des deutschen Lebensgefühls werden, das alle fremdvölkische Suggestion auf die Dauer von selbst ausscheidet.
Daran können die Abteilungen von RA II etwa auf folgende Weise arbeiten:

A. KIRCHE UND WELTANSCHAUUNG.
Dauernde Fühlung mit der Marschrichtung der römischen und sonstigen christlichen Presse, Erkundung und Herausarbeitung ihrer Parolen, am besten in enger Zusammenarbeit mit dem SD, unter Benutzung seiner Sonderberichte; engere Zusammenarbeit mit den ehrenamtlichen Mitarbeitern, die mit diesem Gebiet vertraut sind. – Aufdeckung der Marschlinie des Gegners unter Herausstellung seiner volkstumsfeindlichen Zielrichtung, Prägung wirksamer Gegenparolen, die leicht verständlich sind, und dem SS-Mann eingehämmert werden können: Schlagwort gegen Schlagwort.
[…]
C. WISSENSCHAFT.
Es ist dringend notwendig, dass alle SS-Männer, die beruflich im Dienst der Wissenschaft stehen, sowohl für die Erfüllung wissenschaftlicher Aufgaben eingesetzt werden, wie auch sonst in ihrer Zielsetzung dem Geist der SS entsprechend ausgerichtet werden; es handelt sich hier vor allem um Dozenten und Studenten der Hochschule. An jeder deutschen Hochschule müsste zunächst eine feste Gemeinschaft aller SS-Studierenden geschaffen werden, die unter Führung eines Dozenten steht, der Überblick über die Verhältnisse, die einzelnen Fächer und das zu erreichende Arbeitsziel hat. Auf den einzelnen Fachgebieten müssen

---

[12] vgl. dazu Simon 1998c – Simon 1998a.

Das ›Rasse- und Siedlungshauptamt‹ 75

dann Studenten für bestimmte, der SS dienstbar zu machende Arbeiten eingesetzt werden; solche dringend notwendigen Arbeiten, die die Zusammenarbeit mehrerer Fachgebiete voraussetzen, gibt es noch viele; sie pflegen in der Ressorttrennung der amtlichen Wissenschaft unbeachtet zu bleiben. Dazu gehört die schon in Angriff genommene Aufnahme der Sammlung landschaftlicher Rechtsaltertümer, die auf die Bodenaltertümer überhaupt erweitert werden müsste. Auf diese Weise müssen solche Stätten, die für unsere völkische Geschichte von besonderer Bedeutung sind, allmählich zu einer Art von ‚Heiligen Stätten' werden, wofür in jeder engeren Landschaft wohl noch die Voraussetzungen gegeben sind. Die katholische Kirche hat es ja ausgezeichnet verstanden, eine feste Verbindung des von ihr gepflegten Glaubens mit dem Boden dadurch herzustellen, dass sie das ganze Land mit einem Netz von Kapellen, Kalvarienberge und Wallfahrtsorten überzogen hat, die dem Katholiken eine enge Verbundenheit seines römischen Glaubens mit dem deutschen Boden vortäuschen. Auf diesem Gebiete kann sie nur durch Konkurrenz aus dem Sattel gehoben werden. Mit Quedlinburg und dem Externstein ist schon ein Anfang gemacht. Dies muss sich aber vor allem in die engeren Lebenskreise hinein fortsetzen. Hier ist enge Zusammenarbeit mit der Abteilung A notwendig.
Eine sehr wichtige wissenschaftliche Aufgabe ist u. a. auch die Sammlung von Quellen und Belegen zur Germanengeschichte, die eine zuverlässige Grundlage für die wissenschaftliche Arbeit und die Schulung gibt. Eine solche Quellensammlung fehlt für die Zeit zwischen 378 (Völkerwanderung) und 800 (Unterwerfung der Sachsen) noch vollständig, sodass wir von den sogenannten ‚alten Germanen' ein viel geschlosseneres Bild haben als von dieser ebenso wichtigen Zeit des Heidentums. Dazu könnte zwischen den Hörern der verschiedenen Universitäten die Arbeit so geteilt werden, dass an einer jeden Hochschule bestimmte Quellen systematisch durchgearbeitet und ausgezogen werden. Dabei wäre die Zusammenstellung nach verschiedenen Gebieten vorzunehmen, etwa
a) Religionsgeschichtliches und Brauchtum,
b) Siedlungsgeschichte,
c) Kriegsgeschichte.
Eine Auswertung dieser Quellen für die Schulung sollte so erfolgen, dass man die weltgeschichtlichen Tatsachen mit den heimatgeschichtlichen in enge Verbindung und dadurch dem Verständnis näher bringt. Auf diese Weise hätte die Abteilung C auch wichtige Vorarbeiten zu leisten für die Abteilung.[13]

Im Kriege erlebt das ›Rasse- und Siedlungshauptamt‹ einen weiteren Expansionsschub mit Schwerpunktverlagerung. 1941 definiert Himmler die Aufgaben des ›Rasse- und Siedlungshauptamt‹ folgendermassen neu:

Das Rasse- und Siedlungshauptamt ist beratende und durchführende Dienststelle für alle Fragen der rassischen Auslese. Hierbei handelt es sich sowohl um die Überprüfung der in das Reich umzusiedelnden Volksdeutschen als auch um die Überprüfung der aus dem Reich

---

[13] Der Führer der Geschäfte RA II; o. U. (Plassmann?) an Stabsführer, 16.4.37, PA. Plassmann BDC. Plassmann war zur Abfassungszeit – wenn auch nicht mehr lange – Hauptabteilungsleiter im Rassenamt, und zwar der Abteilung RA II. Der vollständige Text ist im Anhang, Dokument 4 dieser Arbeit abgedruckt.

kommenden Ostsiedler. Das Rasse- und Siedlungshauptamt führt ferner die rassische Auslese der Fremdvolksgruppen hinsichtlich der Eindeutschungsfähigkeit einzelner Familien und Personen und die rassische Überprüfung bei Eheschliessungen mit Fremdvölkischen durch.[14]

Das ›Rasse- und Siedlungshauptamt‹ erklärt Himmler nun zum ›Fachamt der Allgemeinen SS und der Waffen-SS für die Beratung, Erfassung, Ausbildung und Sesshaftmachung von SS-Angehörigen auf dem bäuerlichen Sektor.‹ 1941 wird das ›Sippenamt‹ in das ›Heiratsamt‹ und das ›Ahnentafelamt‹ gespalten. 1943 verfügte das ›Rasse- und Siedlungshauptamt‹ über mehr als 400 Mitarbeiter in den folgenden sieben Abteilungen:

I Stabsführung
II Rassenamt
III Heiratsamt
IV Siedlungsamt
V Verwaltungsamt
VI Hauptfürsorge- und Versorgungsamt
VII Ahnentafelamt

Im Rassenamt wurden die Kriterien der Rassenauslese im Laufe der Zeit immer weiter verfeinert. Von Göring und anderen Mächtigen des 3. Reichs wird kolportiert, dass sie gesagt hätten: „Wer Jude ist, bestimme ich."[15] Ein unter Verwaltungsgesichtspunkten unbrauchbarer Ausspruch. Da Göring oder andere Mächtige des 3. Reiches die Rassebestimmungen nur in Ausnahmefällen selbst vornehmen konnten, brauchten ihre Vasallen und deren Untergebene für diese Aufgabe konkrete Anweisungen. Es war der Ehrgeiz des Rassenamts, diese Anweisungen und Kriterien nicht nur durch Rasse-Karten aus dem Bereich der blossen Willkür herauszutreiben, sondern die Vielfalt möglicher Fälle mit Hilfe einer leicht fasslichen „Rassenformel" in den Griff zu bekommen. Die ›Rasse- und Siedlungshauptamt‹-Angestellten zum Beispiel in den Umsiedlungslagern hatten konkrete Messwerte für jeden einzelnen Umsiedler zu ermitteln und in eine Rassekarte einzutragen. Eine nach der Rassenformel „programmierte" Hollerith-Maschine vorentschied dann auf Grund dieser Messwerte, welchem Rassetyp jemand zuzuordnen war.[16] Ledig-

---

[14] zit. nach Marwell/Leaman 1994, S. 52 f.
[15] Laut Irving 1987, S. 528 ff.
[16] Für diesen und den nächsten Satz s. Rdbr. Schultz 16.12.42, BDC EWZ Ordner 6a. Für den Hinweis auf diese und die folgenden Schriftstücke danken wir George Leaman.

Das ›Rasse- und Siedlungshauptamt‹ 77

lich die schwer entscheidbaren Fälle waren vom jeweiligen Rassereferenten zu entscheiden. Das Hollerith-Verfahren erlaubte zugleich eine statistische Auswertung. Um das umständlich Gemessene anschaulicher zu machen, stellte man Graphiken her (s. Dokument 5.2 im Anhang). Die messtechnischen Grundlagen für diese Rassenformel legte Bruno K. Schultz freilich bereits 1937 mit seinem „Taschenbuch der rassenkundlichen Messtechnik."[17]

Es ist ziemlich sicher, dass Schneider in der kurzen Zeit seiner Tätigkeit im Rassenamt noch nichts mit der Entwicklung der Rassenformel zu tun hatte. Dennoch scheint es uns zur Illustration der Hauptaufgabe dieses ältesten aller SS-Ämter sinnvoll, auf eine unpublizierte, in diesem Amt entstandene „Verschlusssache" ausführlicher einzugehen, die – wenn auch erst ab Februar 1944 bindend – wie kaum irgend andere Texte zeigt, zu welchen Exzessen der nationalsozialistische Rassismus fähig war.

Der Chef des ›Rasse- und Siedlungshauptamt‹ Bruno Schultz begleitet die Präsentation der Rassenformel am 8. Februar 1944 folgendermassen:

> Die beigefügten, unter Berücksichtigung der verschiedenen Aufgabengebiete des RuS-Hauptamtes-SS im Aufgabenbereich der SS-Auslese sowie innerhalb der Volkstumsarbeit erarbeiteten Richtlinien zur Ausfüllung der R-Karte, zur Rassenbestimmung und Rassenbeurteilung bieten Gewähr zur Abstellung der bisherigen Mängel, sowie für eine einheitliche Ausrichtung. Die darin festgelegten Begriffe und Entscheidungen sind als bindend für die Gesamtarbeit anzusehen; soweit in der bisherigen Handhabung Abweichungen davon bestehen, ist eine entsprechende Ausrichtung durchzuführen.[18]

Die Rassenformel wird im Folgenden aus Richtlinien heraus entwickelt und verständlich gemacht, die wir als Dokument 5.2 im Anhang abgedruckt haben. Da sie ein einzigartiges Dokument eines verwissenschaftlichen Rassismus darstellt, sei an dieser Stelle ausdrücklich auf sie verwiesen.

Adolf Eichmann, der „Architekt der Judenvernichtung" – wie man ihn genannt hat; in Wahrheit waren auch zahlreiche Nichtjuden Opfer seiner Schreibtischtätigkeit – sagte in den Jerusalemer Verhören aus, er hätte nie Juden gehasst und sei nie ein Antisemit gewesen.[19] Die Hollerith-Maschine,

---

[17] Untertitel: Anthropologische Messgeräte und Messungen am Lebenden.
[18] Rundbrief Schultz 8. Feb. 1944 Verteiler III, V, Va BDC EWZ Ordner 6a, abgedruckt als Dokument 5.1 im Anhang.
[19] von Lang 1982, S. 41.

mit der er arbeitete,[20] bedurfte in der Tat keiner Menschen mit Überzeugungen, sondern lediglich gehorsam funktionierender Exekutoren. Ohne die Rassenformel wäre das nicht möglich gewesen.

---

[20] ebda. S. 46.

VIII.
Überblick über die im 3. Reich mit Wissenschaft befassten Institutionen

Spätestens an dieser Stelle scheint es uns notwendig zu sein, etwas mehr Transparenz und Übersichtlichkeit in die Fülle der mit Wissenschaft befassten regierungs- und parteiamtlichen Institutionen zu bringen.[1] Überblicke sind grundsätzlich nur didaktische Krücken, eine Art Gerüst, das sinnvollerweise nach Errichtung des Hauses wieder abgebaut wird. Graphiken haben überdies den Nachteil, dass sie historische Prozesse in einem statischen Gebilde einfangen wollen. Für Forscher, die sich in der Materie bereits auskennen, sind sie deswegen immer unbefriedigend und auch leicht kritisierbar. Wer sich zu diesen Forschern zählen kann, sei daher aufgefordert, dieses Kapitel gleich zu überschlagen. Auch für Anfänger wichtig ist, dass wir in diesen Graphiken alle von der Wirtschaft und von der Wehrmacht – der manchmal als „dritte Säule" bezeichneten Machtfaktoren im 3. Reich – dominierten Forschungseinrichtungen, weil sie für den Fall Schneider ohne grössere Bedeutung sind, nur angedeutet haben.

Abbildung 3 gibt uns einen Gesamtüberblick und differenziert die Institutionen des Wissenschaftsministeriums aus. Zu den Abkürzungen siehe Abkürzungsverzeichnis.

Es ist davon auszugehen, dass jedes Ministerium – wie noch heute – über eine Forschungsabteilung verfügte. Wir haben nur die wichtigsten herausgestellt und zur Orientierung einige Nachbarinstitutionen ergänzt. Die für die Germanistik zentralen Einrichtungen sowie deren übergeordnete Stellen sind jeweils doppelt umrahmt.

---

[1] Zu diesem und dem folgenden siehe Lerchenmueller/Simon 1997.

VIII. Überblick über die mit Wissenschaft befassten Institutionen

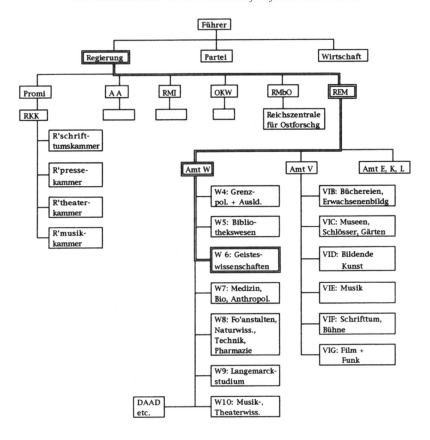

Abb. 3: Übersicht über die Herrschaftsverhältnisse im 3. Reich
(Schwerpunkt: Wissenschaft)

Abbildung 4 differenziert die parteiamtlichen Forschungsinstitutionen vor allem in Richtung ›Amt Rosenberg‹ aus. Die Namen der Leiter der wichtigsten Abteilungen sind hinzugefügt:

Das Amt Rosenberg war hauptsächlich für die Geisteswissenschaften zuständig, der NSD-Dozentenbund mehr für die Naturwissenschaften.

VIII. Überblick über die mit Wissenschaft befassten Institutionen

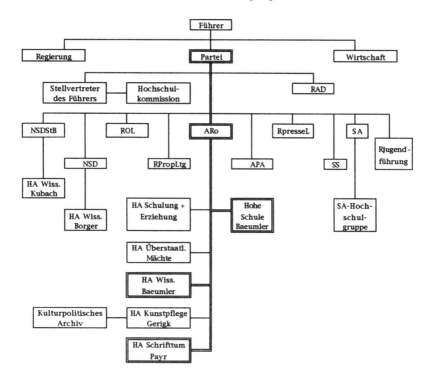

Abb. 4: Forschungspolitisch relevante Ämter und Stellen ca. 1943
(Schwerpunkt: Partei, v. a. Amt Rosenberg)

Institutionen machen manchmal eine fast umwälzende Entwicklung durch. Das trifft auch auf die SS zu, die sich mehr und mehr zur Dominante im Forschungsbereich mausert. Darum hier mehrere Organogramme zu verschiedenen Zeitpunkten.[2] Sie sind in Richtung SD-Forschung ausdifferenziert. Eine Übersicht über das ›Ahnenerbe‹ der SS folgt in Kapitel X.

Schon im Herbst 1931 entwickelt sich der Ic-Dienst, benannt analog zu den militärischen Abwehrdiensten, die traditionell das Kennzeichen Ic bekamen,

---

[2] Zum Folgenden v. a. Kinder 1977, S. 379–397.

VIII. Überblick über die mit Wissenschaft befassten Institutionen

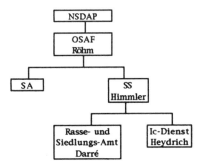

Abb. 5: Die Schutzstaffel (SS) 1931

zum PI-Dienst, dieser im Juli 1932 schliesslich zum Sicherheitsdienst (vgl. Abb. 5).

Nach dem, was wir über den Sicherheitsdienst wissen – und das ist alles in allem nicht viel[3] – gehörten Wissenschaft und Kultur zu den Interessensphären, denen der Sicherheitsdienst von Anfang an nicht nur beiläufig sein Augenmerk schenkte. Das hing sicher mit den Prioritätensetzungen des ersten Leiters des Zentralamtes im Sicherheitsdienst, Reinhard Höhn, zusammen, der zugleich Professor und Direktor des Instituts für Staatsforschung in der juristischen Fakultät der Universität Berlin war[4]. Die Hochschulen waren auch der wichtigste Bereich, aus dem der Sicherheitsdienst seinen Nachwuchs rekrutierte. 1934, jedenfalls nach dem „Röhm-Putsch" definiert der SS-Hauptscharführer Paul Bigga die Aufgaben des Sicherheitsdienstes bereits wie folgt:

> Die Gegner aller Schattierungen [...] versuchen nunmehr mit illegalen Mitteln den Staat zu bekämpfen, die nationalsozialistische Weltanschauung zu verwässern. Es sind nicht nur geg-

---

[3] s. dazu Leaman/Simon 1992, S. 261–292 und die dort angegebene Literatur. Vgl. a. Backofen an Hauer 28.10.48, BA NL Hauer 209, Nr. 4 – Den Hinweis auf dieses Schriftstück verdanken wir Horst Junginger.

[4] Für dies und das Folgende s. Aronson 1971, S. 213. Danach setzte die Arbeit des SD daher auch innerhalb der Hochschulen in den Staatswissenschaften ein. Vgl. a. Klingemann 1996, passim – Hachmeister 1998, S. 87 ff.

VIII. Überblick über die mit Wissenschaft befassten Institutionen   83

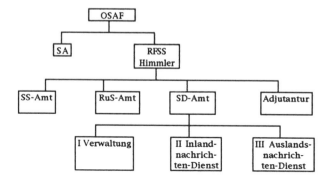

Abb. 6: Die SS 1933
Entwicklungen: 9.3.33 RFSS > RFSS + Polizeipräsident von München + Kommandeur der
Bayerischen Politischen Polizei. 1934 Adjutantur > Persönlicher Stab. 20.4.34 RFSS >
RFSS + Chef + Inspekteur der Preussischen Geheimen Staatspolizei.
9.6.34 SD > ausschliesslicher Nachrichten- und Abwehrdienst der Partei. Nach 30.6.34 RFSS
wird gegenüber dem OSAF selbständig. 30.1.35 Alle Ämter > Hauptämter

nerische Strömungen auf dem rein politischen Gebiet, sondern auch im grossen Rahmen abseits der Tagespolitik, z. B. auf dem Gebiet der Kunst, Wissenschaft, Literatur usw., um [!] den Nationalsozialismus zu verwässern, auf den einzelnen Lebensgebieten zu verfälschen, ihn im Ansehen der Bevölkerung herabzusetzen, Massnahmen irgendwelcher Art den Bedürfnissen der Nation anzupassen [...] Weiter soll der SD die Gegnerform erkennen und weiter beobachten und die Arbeit der Stapo erleichtern und ergänzen.[5]

Noch steht die Gegnerbekämpfung im Vordergrund der Aktivitäten des Sicherheitsdienstes. Die Strukturen für eine systematische, flächendeckende Beobachtung der Stimmung in der Bevölkerung sind noch nicht aufgebaut. Und doch sind Kultur und Wissenschaft schon ein zentrales Thema. 1933 hatte der Sicherheitsdienst im Wesentlichen drei Abteilungen (vgl. Abb. 6).

Am 9.3.33 wird Himmler, der Reichsführer-SS überdies Polizeipräsident von München und Kommandeur der Bayerischen Politischen Polizei. 1934 wird die Adjutantur in ›Persönlicher Stab‹ umbenannt. Am 20.4.34 steigt der Reichsführer-SS zum Chef und Inspekteur der Preussischen Geheimen Staats-

---
[5] zitiert nach Aronson 1971, S. 199.

polizei auf. Am 9.6.34 entwickelt sich der Sicherheitsdienst zum ausschliesslichen Nachrichten- und Abwehrdienst der Partei. Erst nach dem 30.6.34 wird der Reichsführer-SS gegenüber der Obersten SA-Führung selbständig. Am 30.1.35 werden alle Ämter zu Hauptämtern.

Amt I (Verwaltung und Organisation) wurde von Werner Best geleitet, Mitverfasser der berüchtigten „Boxheimer Dokumente", die 1931 bereits ankündigten, wie die Nationalsozialisten nach der Machtübernahme mit ihren politischen Gegnern umspringen würden, deswegen als Richter suspendiert, der wichtigste Architekt der Gestapo, zeitweise Heydrichs Stellvertreter, kurze Zeit auch verantwortlich für die Einsatzgruppen, später nach einem vergeblichen Versuch, Heydrich von der Spitze des Reichssicherheitshauptamt zu verdrängen, ab 1940 als Leiter des Geheimdienstes bei seinem Schwager, dem Militärbefehlshaber von Stülpnagel, in Paris und ab 1942 Reichsbevollmächtigter und damit erster Mann in Dänemark, nach 1945 ebendort zum Tode verurteilt, begnadigt und 1952 freigelassen, als Hobbykeltologe und Mitglied der ›Deutschen Gesellschaft für keltische Studien‹ auch für die Philologiegeschichte von direkter Bedeutung.[6]

Amt II (SD-Inland) war seinerzeit *„der wichtigste Teil des SD"*[7]. Sein Leiter Hermann Behrends hatte sich bereits als Leiter des Sicherheitsdienstes Berlin einen Namen gemacht, bevor er diese Funktion übernahm. Im 2. Weltkrieg war er Stabsführer in Himmlers Reichskommissariat für die Festigung des deutschen Volkstums, dessen Hauptfunktion die Organisation der Umsiedlung riesiger Bevölkerungsgruppen vor allem im osteuropäischen Raum war.[8] Das Amt II hatte schon damals die Aufgabe, die „deutschen Lebensgebiete" zu beobachten und zu überwachen, konzentrierte sich dabei freilich – wie ausgeführt – auf die Kontrolle der Gegner in Politik, Wissenschaft und Kultur. In der Unterabteilung II 1 123 war damals Adolf Eichmann als Sachbearbeiter für „zionistische Fragen" tätig.[9]

Amt III (SD-Ausland) leitete Heinz Jost, Träger des Goldenen Parteiabzeichen, zeitweise Leiter des Hochschulamtes der SA, dann Polizeidirektor

---

[6] s. Lerchenmueller 1997; s.a Simon 1992 – Zu Best s. sein Nachlass im BA sowie die umfangreiche Literatur zur Gestapo und zum SD, z. B. Calic 1982, S. 253 f+371-5, v. a. Aronson 1971 – Herbert 1996.
[7] Aronson, op. cit., S. 202.
[8] Koehl 1957.
[9] Aronson, op. cit., S. 203.
[10] Aronson, op. cit., S. 281.
[11] Zu diesem und dem Folgenden s. vor allem Wilhelm 1981.

VIII. Überblick über die mit Wissenschaft befassten Institutionen 85

von Worms, danach von Giessen,[10] ab 1942 Leiter der berüchtigten Einsatzgruppe A des Sicherheitsdienstes,[11] einem „wandernden Reichssicherheitshauptamt" bzw. einer „Gestapo auf Rädern" – wie man sie nannte –, deren mörderischen „Säuberungsaktionen" in den rückwärtigen Gebieten der Heeresgruppe Nord in Russland insbesondere Juden und Zigeuner in einer Gesamtsumme zum Opfer fielen, die „dem rechnerischen Verstand in gleichem Masse als unabweisbar sich aufdrängt, wie sie sich menschlichem Empfinden als nicht fassbar entzieht".[12] Wie Otto Ohlendorf, Nachfolger von Behrends im Sicherheitsdienst und selbst Leiter einer Einsatzgruppe, im Nürnberger Prozess eingestand, gehörten zu den ausdrücklichen Zielen der Einsatzgruppe A die Ermordung jüdischer Kinder.[13] In dieser Einsatzgruppe wirkte auch ein Germanist mit, Manfred Pechau, der Verfasser einer der ersten Beschreibungen der NS-Sprache, einer bei Wolfgang Stammler in Greifswald entstandenen und mit „gut" bewerteten Dissertation, die an keiner Stelle das Niveau eines durchschnittlichen Schulaufsatzes überschreitet.[14] Pechau war 1942 Leiter eines Einsatzkommandos, das sich im Rahmen des Unternehmens „Sumpffieber" an der Vernichtung von Partisanen in Weissrussland beteiligte. Im Rahmen dieses Unternehmens wurden allein am 2. und 3. September 1942

>389 bewaffnete Banditen [so nannte man die Partisanen] im Kampf erschossen;
>1 274 Verdächtigte abgeurteilt und erschossen,
>8 350 Juden exekutiert.[15]

Zitate aus Pechaus Doktorarbeit gehörten bereits zu den krassesten Auswüchsen des Rassismus in Joseph Wulfs und Rolf Seeligers Sammlungen, die 1966 wesentlich die Diskussionen des 1. Germanistentages bestimmten, der sich mit der Fachgeschichte im 3. Reich befasste.[16]

Alle 3 Amtsleiter des Sicherheitsdienstes, Best, Behrends und Jost waren Juristen. Juristen gaben auch bis Kriegsende den Ton an. Der Sicherheitsdienst wuchs in der Folgezeit, insbesondere nach Kriegsausbruch, in fast exponentieller Weise. Das zeitigte mehrere Umstrukturierungen. Auf die wichtigsten sei hier kurz eingegangen.

---

[12] Krausnick/Wilhelm, op. cit., S. 16.
[13] Der Prozess gegen die Hauptkriegsverbrecher vor dem Internationalen Militärgerichtshof 26. Tag, 3. Jan. 1946, Nbg. 1947, Bd. IV, S. 374.
[14] zu diesem und dem Folgenden s. Simon 1990a – Ders.: Manfred Pechau, Linguist zwischen Saalschlachten und Massenmord (in Arbeit).
[15] Bericht Jeckeln 6.11.42, BA ZM 1487 A 7.
[16] Poliakov/Wulf 1959 – Seeliger 1966, S. 50–53 – Simon 1998a.

VIII. Überblick über die mit Wissenschaft befassten Institutionen

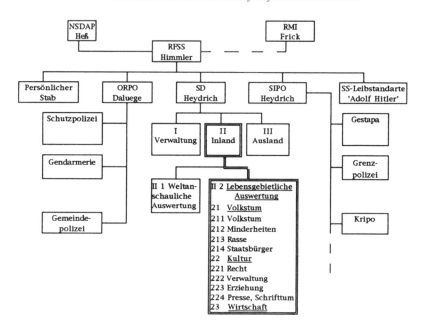

Abb. 7: Die SS 1936
Entwicklungen: 1939 Grundlegender Umbau v. a. SD + Sipo > RSHA

Zu Beginn der Rüstungsphase des 3. Reichs, die offiziell mit dem Vierjahresplan 1936 einsetzt, versucht der Sicherheitsdienst den Forschungsbereich direkt und in Veröffentlichungen, aber auch indirekt durch Lageberichte und wissenschaftsbezogene „Meldungen aus dem Reich" sowie mit Dossiers zwecks Beeinflussung der Berufungspolitik an den Hochschulen allmählich in den Griff zu bekommen [17] (vgl. Abb. 7).

1939 erfährt die SS einen umfassenden organisatorischen Umbau. Insbesondere werden Sicherheitsdienst und Sicherheitspolizei in das neu geschaffene Reichssicherheitshauptamt integriert (vgl. Abb. 8)

---

[17] s. dazu Leaman/Simon 1992, S. 261-292.

VIII. Überblick über die mit Wissenschaft befassten Institutionen

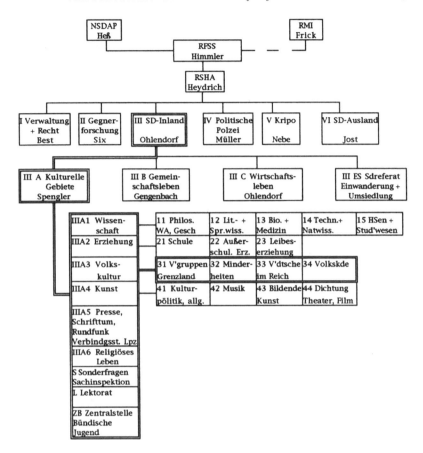

Abb. 8: Die Kulturabteilung des SD in der SS 1939
Entwicklungen: 1940 I Verwaltung + Recht > Personalamt + II Verwaltung + Recht
II Gegnerforschung > VII Weltanschauliche Forschung + Auswertung
III A Kultur > III C + III B > III A + III C > III D

1940 wird ein besonderes Personalamt als Amt I geschaffen. Das alte Amt I (Verwaltung + Recht) erhält die Nr. II und das alte Amt II (Gegnerforschung) die Nr. VII mit der neuen Bezeichnung ›Weltanschauliche Forschung und Auswertung‹. Auch das Amt III wird umgebaut: III A (Kultur) wird zu III C,

88 VIII. Überblick über die mit Wissenschaft befassten Institutionen

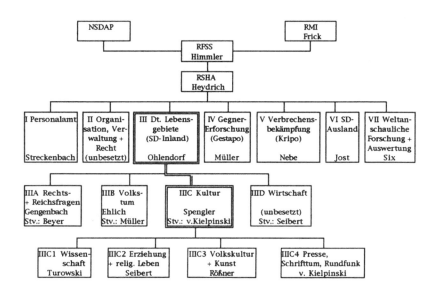

Abb. 9: Die Kulturabteilung des SD in der SS 1941
Entwicklungen: 1943 VI SD-Ausland > VI Auslandsnachrichtendienst + VIII Militärischer Nachrichtendienst

III B wird zu III A und III C zu III D. Die hier erwähnten Unterabteilungen vor allem des Amtes III A sind 1939 noch grösstenteils unbesetzt. Die oben erwähnten Ämterrochaden sind möglicherweise durch die Neubesetzung bedingt (vgl. Abbildung 9).

VIII. Überblick über die mit Wissenschaft befassten Institutionen   89

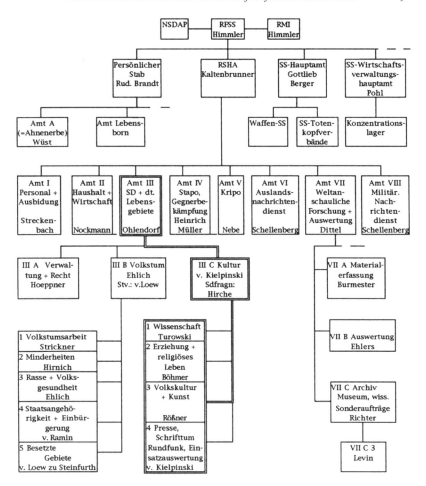

Abb. 10: Die Kulturabteilung des SD in der SS 1944

1943 wird dem Amt VI (SD-Ausland, unter Umbenennung in Auslandsnachrichtendienst) der Militärischer Nachrichtendienst entzogen, das sich zu einem eigenen Amt VIII entwickelt. Die SS wächst keineswegs nur, was den hier im Mittelpunkt stehenden Bereich angeht, wie ein Krebsgeschwür. Das vermutlich letzte Entwicklungsstadium des Sicherheitsdienstes präsentiert Abbildung 10.

Abteilung III C birgt – wie das nächste Kapitel zeigen wird – ein ganzes Nest an Germanisten. Gleich mehrfach bemüht man sich hier auch um Schneider als Mitarbeiter.

IX.

Ein Nest von Germanisten im Sicherheitsdienst

Wir werden sehen, dass Schneider privat und öffentlich mit SD-Leuten zu tun hatte. Das waren – wie zu erwarten – zur Hauptsache Germanisten, die auch untereinander zusammenhingen.[1] Nach Aussagen aus jüngerer Zeit kannte Schneider zumindest zwei führende SD-Leute näher: Wilhelm Spengler und Walter von Kielpinski, ausserdem – „*mit Abstand*" – Hans Rössner. Ein weiterer SD-Mann, an den er sich überhaupt nicht erinnert, war ihm nach Ausweis der Akten mehrmals begegnet: Ernst Turowski. Spengler und Rössner hatten in Leipzig akademische Lehrer, die ebenfalls mit dem Sicherheitsdienst zusammenarbeiteten: Karl Justus Obenauer und André Jolles. Mit diesen allen zu tun hatte auch Franz Alfred Six.

Wer waren diese Menschen, mit denen Schneider zum Teil beruflich und privat verkehrte? Welche Funktionen übten sie tatsächlich aus? Und wie sahen ihre individuellen Lebenswege aus, die sie alle in den Herrschaftsapparat Heinrich Himmlers geführt hatten? Für die Beleuchtung der Biographie Schneiders halten wir es für unabdingbar, auf diese Personen einzugehen. Für detailliertere Informationen sei verwiesen auf die Einleitung von Gerd Simon: „Germanistik in den Planspielen des Sicherheitsdienstes der SS".

Wilhelm Spengler

Wilhelm Spengler wurde am 19. März 1907 als Sohn eines Volksschullehrers in Ratholz im Allgäu geboren.[2] Er studierte in München und Leipzig Germa-

---

[1] Zu diesem und dem ganzen Kapitel vgl. a. Lerchenmueller/Simon 1997, S. 33 ff (mit vielen Fotos) – Simon 1998a, S. XXII ff.
[2] Für dies und das Folgende s. der Lebenslauf in seiner Diss., der Lebenslauf im ›Rasse- und Siedlungshauptamt‹-Fb 5.2.36, PA. SP. BDC – Lebenslauf 3. Aug. 36, ibid. – sowie die zahlreichen Beförderungsanträge, v. a. die vom 14.1.43, ibid. sowie o. D. (nach 6.3.43), ibid.

nistik, Geschichte, Kunstgeschichte und Philosophie unter anderem bei André Jolles, Karl Justus Obenauer und bei seinem Doktorvater Hermann August Korff. Er promovierte 1931 summa cum laude mit einer Dissertation über „Das Drama Schillers."[3] Im Januar 1932 legte er das Staatsexamen mit der Note Eins ab. 1932 bis 1933 war er Studienassessor am Carolagymnasium Leipzig. Zugleich baute er im Rahmen der akademischen Selbsthilfe die Abteilungen für Arbeitsdienst, Siedlung, Arbeitsvermittlung und Junglehrerhilfe auf.

Bereits im November 1933 tritt Spengler durch Vermittlung des SS-Oberführers Beutel in den Sicherheitsdienst ein.

Ab 15. März 1934 war Spengler hauptamtlich unter Franz Alfred Six tätig. Er hatte sich dafür mit Plänen für die Auswertung des gesamten deutschsprachigen Schrifttums für den Sicherheitsdienst qualifiziert. Von Juni 1934 bis März 1936 baut er die zu dem Zweck gegründete Schrifttumsstelle des SD-Hauptamtes an der Deutschen Bücherei in Leipzig auf,

> [...] die über das neu erscheinende Schrifttum fachliche Gutachten und bibliographische Auskünfte aus dem Material der Deutschen Bücherei für den Sicherheitsdienst zu erstellen hatte.[...] Diese Gutachten sollten ein Bild der geistigen Strömungen und Entwicklungen auf den verschiedenen Wissenschafts- und Kulturgebieten vermitteln. Da jede Woche einige Dutzende von Büchern und Schriften herauskamen, konnte ich diese Aufgabe allein nicht bewältigen. So wandte ich mich hilfesuchend an verschiedene Fachleute in den einzelnen Wissenschaftsgebieten.[4]

Als sich Ende September 1935 in Berlin das Amt Presse und Schrifttum mit den Referenten der Oberabschnitte auf einem Schulungskurs trifft, sind alle von der Arbeit Spenglers und seiner Leute beeindruckt:

> Der Eindruck, den die auf hoher Stufe stehenden Vorträge der Schrifttumsstelle auf die Kursteilnehmer machten, war sehr stark; besonders beeindruckte die grosse geistige, um nicht zu sagen wissenschaftliche Arbeit, die hinter diesen Vorträgen steckte.[5]

Es wird aber auch ein Grund ausgegeben, warum die Stelle von Leipzig nach Berlin verlegt wurde:

> Es besteht die Gefahr, dass die Sachbearbeiter bei ihrer isolierten Schrifttumsarbeit in Leipzig einseitig literarisch gebildet werden und die Schrifttumsstelle selbst zu einem literarischen Seminar wird. Dieser Gefahr kann beggegnet werden durch eine spätere Eingliederung der Schrifttumsstelle in das SD-Hauptamt Berlin.[6]

---

[3] Ediert in Korffs Reihe „Von deutscher Poeterey" als Bd. 13 bei Weber in Leipzig 1932.
[4] So Spenglers Formulierung in seiner eidesstattlichen Erklärung vom 30.5.49, HStA Düss. NW 1049/4268. – Zur Deutschen Bücherei s. Rötzsch/Plesske 1987 – Riedel 1969.
[5] Bericht Six o. D. [nach 29.9.35], BA R 58/993 Bl. 1–7 (6).
[6] ibid.

Daneben übernimmt er den Hexen-Sonderauftrag Himmlers. Im April 1936 wird er zusammen mit seinen Mitarbeitern und dem Sonderauftrag als Leiter der Abteilung Presse und Schriftum an die SD-Zentrale in Berlin versetzt. Dort ist er Gruppenleiter im späteren Amt III (Kultus) unmittelbar unter Otto Ohlendorf. Nach einer nicht datierten, aber circa 1944 entstandenen Liste von „Angehörigen von Amt III – Reichssicherheitshauptamt" waren in Spenglers Abteilung exakt 100 Mitarbeiter und Mitarbeiterinnen beschäftigt.[7]

Am 13. März bzw. 1. Oktober 1938 ist Spengler in dem von Six geleiteten Sondereinsatz im Rahmen der Einmärsche in die „Ostmark" – wie Österreich damals auch offiziell noch hiess – sowie in die Tschechoslowakei aktiv. Aus Wien lässt Spengler kurz nach dem Einmarsch einen „Riesenumfang" von Material nach Berlin transportieren.[8] Im Mai 1938 führt er zeitweise in Vertretung des im Urlaub befindlichen Six die Geschäfte der Abteilung II 1 des Sicherheitsdienstes.[9] Später wird er vorgeschlagen für die Verleihung der „Medaille zur Erinnerung an den 13. März 1938" als auch der „Medaille zur Erinnerung an den 1. Oktober 1938".[10] Seine Tätigkeit im SD-Hauptamt wird mehrfach als so „ausserordentlich kriegswichtig" eingestuft, dass Himmler sogar den von ihm angeordneten Fronteinsatz zumindest bis April 1944 hinausschob. Noch im April 1944 leitet Spengler eine Tagung seiner Abteilung III C.[11]

Das ›Ahnenerbe‹ steht seit 1937 in engem Kontakt mit Spengler und seiner Abteilung. Spengler und der spätere Präsident bzw. Kurator des ›Ahnenerbe‹, Walther Wüst, dürften sich bereits 1926 in München kennen gelernt haben. Jedenfalls erklären sich beide bereit, am Aufbau eines Forschungsinstituts mitzuwirken, das Karl Haushofer leiten sollte.[12] Das ›Ahnenerbe‹ benutzt den Sicherheitsdienst insbesondere dann, wenn es gilt, lästige Konkurrenzinstitutionen etwa der katholischen Kirche wie Georg Schreibers Auslandsinstitut

---

[7] Liste o.V. o. D. [nach 1940], BA ZR 747 A. 16 Bl. 1 ff.
[8] Umlauf Spengler 2.4.38, BA R 58/996 Bl. 100–1.
[9] AV. Dannecker 30.5.38, ibid. Bl. 120 f.
[10] Vorschlagliste o. D., BA ZR 747 A 21 bzw. BA ZR 317 Bl. 14 Nr. 439.
[11] AV. Levin 21.4.44, BA ZR 550/1 Bl. 277–9.
[12] Borchardt an Haushofer 30.7.26, IfZ Mchn MA-1190-3 – Haushofer an Schmidt-Ott 8.8.26, ibid.. Von dem Institut erfährt man nur, dass es sich mit östlichen Fragen beschäftigen sollte. Vermutlich ist damit das später von der Deutschen Akademie ins Leben gerufene Indieninstitut gemeint.

in Münster auszuschalten.[13] Es lässt von ihm regelmässig seine Mitarbeiter überprüfen, zumindest zu Beginn ihrer Tätigkeit oder vor der Heranziehung zu einem neuen Projekt wie 1938 zum „Wald und Baum in der arisch-germanischen Geistes- und Kulturgeschichte", an dem auch Schneider teilnimmt.[14] Eine ähnliche Zusammenarbeit besteht zwischen der Reichsstudentenführung und Spengler.[15] Leonhard Franz, Sozialamtsleiter in der Reichsstudentenführung und wenig später Professor in Leipzig und Strassburg, avanciert über seine Kontakte mit Spengler selbst alsbald zu einem wichtigen Mitarbeiter des Sicherheitsdienstes. 1943 bemüht sich Mentzel vom Erziehungsministerium um Spengler als Nachfolger von Harmjanz. Spengler lehnt aber ab.[16]

Spengler berät mehrere SS-Leute nach dem 2. Weltkrieg bei den Entnazifizierungsverfahren. Nach Hachmeister wirkt er in der Wuppertaler ›Stillen Hilfe für Kriegsgefangene und Internierte‹ unter deren Prinzipalin Helene Elisabeth von Isenburg als Pressewart mit.[17] Hauptberuflich ist er Lektor im Stalling Verlag in Oldenburg. Ihm selbst konnten Verbrechen, wie sie sein unmittelbarer Vorgesetzter Otto Ohlendorf offen eingestand, nicht nachgewiesen werden. Als Organisationstalent und Ideologieproduzent ist er aber auf dem Hintergrund eines wachsenden Einflusses des Sicherheitsdienstes kaum zu überschätzen, wenn er auch nicht ganz so produktiv und innovativ einzuschätzen ist wie sein wichtigster Untergebener Hans Rössner.

Walter von Kielpinski

Walter von Kielpinski wurde am 29. April 1909 in Chemnitz geboren.[18] Er studierte von Sommersemester 1929 bis 1934 in Halle, Berlin und Leipzig Germanistik und neuere Sprachen. 1934 war er ein Semester lang Dozent der

---

[13] Rgf. ›Ahnenerbe‹ an Spengler 9.2.40 PA. Sp. BDC.
[14] Sievers an Spengler 17.9.38, PA. Sp. BDC.
[15] Für dieses und den Rest des Absatzes s. AV. Franz 12.1.40, PA. Sp. BDC.
[16] Prot. Koeppen, BA NS 8/131 Bl. 81. Nachfolger wird dann der Indogermanist Erich Hofmann. s. Simon 1998a, S. 81 f.
[17] Für diesen und den nachfolgenden Satz s. Hachmeister 1998, S. 300.
[18] Für dies und das Folgende s. Llf. Kielpinski, 20.9.37, PA. Kielp. BDC SSO – Personalbericht Six, o.D (Durch Wasserschaden unleserlich, nach 1937/38), ibid. – dto. 21.9.37, ibid. – Beförderungsvorschläge o. D. (nach 1941), ibid. – Vorschlags-Prot. Six, o. D. (21.9.37), ibid. – FB zur Verlobungsgenehmigung, 15.2.36, ibid.

Fichte-Hochschule in Leipzig.[19] Im Juni 1933 trat er der SA bei, dort ist er ab Februar 1934 Scharführer. Am 1. Juli 1934 – also einen Tag nach dem „Röhm-Putsch" – meldet er sich zum Sicherheitsdienst. Er ist zunächst ehrenamtlicher Mitarbeiter in Spenglers Schrifttumsstelle in Leipzig. Nach seinem Examen im Dezember 1934 übernimmt er hauptamtlich im SD-Hauptamt die Abteilung II 22 (›Presse und Schriftum‹). Kielpinski ist wie Spengler in dem von Six geleiteten Sondereinsatz im Rahmen der Einmärsche in die „Ostmark" sowie in die Tschechoslowakei aktiv.[20]

Spätestens ab 1. Januar 1941 ist er Spenglers Stellvertreter in der Kulturabteilung des Sicherheitsdienstes (inzwischen III C genannt), in der er weiterhin die Unterabteilung III C 4 (›Presse, Schrifttum, Rundfunk‹) betreut.[21] Gelegentlich hilft er auch in Eichmann's Abteilung IV B 4 (›Judenangelegenheiten, Räumungsangelegenheiten‹) aus. Zeitweise ist er für den Sicherheitsdienst in Warschau tätig.[22] Ein Angebot, ins Propagandaministerium überzuwechseln, schlägt er aus. Zuletzt ist er Obersturmbannführer.

Wie Spengler betätigt sich Kielpinski nicht nur als – Beobachtungen zusammenfassender – Referent, sondern auch als Ideologe. 1937 ist sozusagen das Jahr der „*Einbruchs*"-Literatur. Zumeist behandelt sie den aus NS-Sicht höchst beklagenswerten „*Einbruch des Judentums ...* " zum Beispiel in die Philosophie (Hans Alfred Grunsky).[23] Kielpinski beteiligt sich an diesem Modethema, indem er es auf einen anderen NS-Gegner überträgt. In dem Aufsatz „*Der Einbruch des Katholizismus in die Wissenschaft*"[24] versucht er

---

[19] Die Fichte-Hochschule war völkisch-national orientiert und stand unter dem Einfluss des Philosophen und Soziologen Gunther Ipsen („Blut und Boden"-Ipsen, so nach seinem 1933 veröffentlichten Hauptwerk genannt), der damals zum Kreis um den Leipziger Soziologen und Philosophen Hans Freyer gezählt wurde. Ipsen war im 2. Weltkrieg Major in Belgien. Zur Fichte-Hochschule in Leipzig s. Meyer 1969, S. 83-85, 98-100 u. ö. – Zu Ipsen: Hentschel 1984.
[20] Vorschlagliste o. D., BA ZR 747 A 21 bzw. BA ZR 317 Bl. 14 Nr. 439.
[21] Für dies und das Folgende: Geschäftsverteilungsplan Stand 1.1.41 [datiert vom 1.3.41], IMT Dok. 185 – dto, 1.10.43, IMT Dok 219 – dto., Stand 1.10.44 (nach 1945 angefertigt, nicht ohne Fehler!), BA ZR 275 Bl. 241 – Liste Angehörige Amt III RSHA o. D. [nach 1940], BA ZR 747 A 16 Bl. 4 – vgl. auch Geschäftsverteilungsplan Stand 1.2.40, BA ZR 257 Bl. 277 + BA R 58/80 Bl. 210ff – „Das RSHA" o.V. o. D. [vor 8.5.47], BA Z 42 VIII 17 Bl. 8.
[22] Für dies und den Rest des Absatzes: Beförderungsvorschlag 19.5.43, PA. v. Kielpinski, BDC SSO.
[23] Ein Spätling dieser Gattung stammt übrigens von Wilhelm Emrich: Der Einbruch des Judentums in das wissenschaftliche und fachliche Denken. *Das deutsche Fachschrifttum* 4/5/6, Apr-Juni 1943, S. 1-3.
[24] *Volk und Werden* 5, Jan. 1937, 12-28 [13].

den – wie er sonst meistens heisst – Ultramontanismus nicht einfach nur gegen den Nationalsozialismus abzugrenzen, sondern auch gegen gemeinsame Gegner wie den Materialismus, den Rationalismus und den Formalismus, insbesondere aber gegen die Relativitätstheorie.

Schwerte schreibt uns heute zu Kielpinskis Schicksal 1945:

> Von Kielpinski hat niemand mehr etwas gehört. Er wollte in oder bei Berlin bleiben, hat sich aber wahrscheinlich falsch vorbereitet, ist alsbald den Russen in die Hände gefallen – so nehme ich an. Die Familie lebt noch wohlauf, Frau in Pension, zwei Kinder verheiratet usw.[25]

Hans Rössner

Hans Rössner wurde am 5. Juli 1910 als Sohn des Schulleiters Otto Rössner in Dresden geboren und aufgezogen[26], studierte ab 1930 in Leipzig, Graz und Marburg die Fächer Deutsch, Geschichte und evangelische Theologie – vor 1945 spricht er von dieser als *„Religionslehre"* –, war ab 1933 Mitarbeiter im Studentenwerk Leipzig und Abteilungsleiter der Akademischen Selbsthilfe Sachsen, in der wir ja bereits Spengler aktiv sahen, trat der SA bei, bevor 1934 die SS ihn zeitweise als hauptamtlichen Referenten und Abteilungsleiter im Sicherheitsdienst übernahm[27]. Im April 1936 wurde er Assistent am Ger-

---

[25] Schwerte an Simon 14.12.98.
[26] Wir verwenden für das Folgende vor allem Rössners eigene Lebensläufe. Llf. 9.11.73, BAHO ZB II 1939/1 (mit Schriftenverzeichnis) – Llf. o. D. [nach 8.3.38] ebd. (mit Verzeichnis der wiss. Veröffentlichungen) – Llf. in Rössner 1938 – Llf. 18.1.39, BDC PA H. R. – Llf. im RuS-FB 20.12.38, ebd. – Angaben zur Person aus der Vernehmungsniederschrift der Dienststelle KK III A4 München vom 12.5.1965, ZS LB 1 AR 123/63. Die übrigen Informationsquellen geben wir an entsprechender Stelle gesondert an.
[27] Rössners eigene Lebensläufe widersprechen sich in diesem Punkt. Am 19.11.37 heisst es: *„... wurde 1934 in die SS übernommen als hauptamtlicher Referent und Abteilungsleiter in einer Dienststelle des Sicherheitsdienstes des Reichsführer-SS."* Im Lebenslauf o. D. (nach 8.3.38) lautet die entsprechende Passage: *„1934 wurde ich in die SS übernommen und war bis März 1936 zuerst ehrenamtlich, dann hauptamtlich Referent und Abteilungsleiter in einer Dienststelle des Reichsführer-SS."* Der Lebenslauf im RuS-Fragebogen vom 20.12.38 variiert diese Fassung geringfügig: *„1934 in die SS übernommen, war ich zuerst ehrenamtlich, dann hauptamtlicher Mitarbeiter im SD des Reichsführer-SS/zuletzt Abteilungsleiter"*. Der Lebenslauf vom 18.1.39 bringt demgegenüber folgende Version: *„1934 wurde ich in die SS (SD) übernommen, wo ich bis April 1936 hauptamtlich, dann ehrenamtlich tätig war, nachdem ich eine Assistentenstelle am Germanistischen Seminar der Universität Bonn übernommen hatte"*. Der Lebenslauf vom 14. März 1948, der dem Bergedorfer Spruchgericht

manistischen Seminar der Universität Bonn. Am 18.10.1937 bestand er bei Karl Justus Obenauer mit der Arbeit „*Georgekreis und Literaturwissenschaft*" das Doktorexamen. In Bonn gibt er Ausländerkurse und hält Vorlesungen und Übungen für Auslandsdeutsche ab.[28] 1938 ist er darüber hinaus Leiter der Nachrichtenstelle der Universität Bonn und Amtsträger im NSD-Dozentenbund. Ab 1938 ist er Referent in der Wissenschaftsabteilung im SD-Hauptamt.[29]

Zu Beginn des Krieges macht Rössner „*den Polenfeldzug in vorderer Linie bei der kämpfenden Truppe (Artillerie)*" sowie bis April 1940 den Frankreichfeldzug mit.[30] 1940 ist er „*als einziger nichthabilitierter Geisteswissenschaftler*" zu einer Mitarbeit am ›Kriegseinsatz der Geisteswissenschaften‹ vorgesehen, einem vom Wissenschaftsministerium initiiertem Grossprojekt[31]. Die Germanisten stellten im Rahmen dieses Unternehmens in sagenhaft kurzer Zeit die fünf von Gerhard Fricke, Franz Koch und Klemens Lugowski herausgegebenen Bände „*Von deutscher Art in Sprache und Dichtung*" her. Rössner muss sich aber aus diesem Projekt zurückziehen, weil ihm „*wegen der auf Grund meiner Kriegsdienstverpflichtung hauptamtlich geleisteten Arbeit im Reichssicherheitshauptamt keine Arbeitszeit blieb*".

Seit 1940 leitet Rössner die von ihm geschaffene[32] und seitdem so benannte Abteilung III C 3 „*Kunst und Volkskultur*" im Sicherheitsdienst,[33]

---

vorlag, spricht von „*ehrenamtlicher Mitarbeit*" 1934–1939 bzw. nebenamtlicher SD-Tätigkeit 1934–36 (BA Z 42 III 3586 Umschlagblatt). Dem Spruchgericht lag auch eine kurzbiographische Skizze in englischer Sprache vor. In dieser heisst es: „*He served hauptamlich with the SD from Feb. 34 to 1 Oct 37 and since 1 May 40. From 1 Oct 37 to 1 May 40 he served with the SD on a honorary [...] basis.*" (ibid. Bl. 1). 1965 gibt er, vor Gericht zur Person gefragt, an: „*Von 1934 bis 1936 übte ich eine nebenamtliche Tätigkeit in der Schriftumstelle des SD der SS in Leipzig aus. Das Tätigkeitsgebiet erstreckte sich auf literarische und wissenschaftliche Gutachten, keinerlei Formationsdienst und keine Exekutive. Von 1936 bis 1940 war ich ehrenamtlich tätig bei der SD-Aussenstelle in Bonn. Hier nahm ich Stellung zu Wissenschafts- und Hochschulfragen*". Eine Erklärung für diese Widersprüche findet sich in den Archiven nicht.

[28] So jedenfalls die eidesstattliche Versicherung des ehemaligen Rektors der Uni Bonn Chudoba 7.8.47, BA Z 42 III 3586 Bl. 27.
[29] Personal-Bericht o. D., PA. Rössner BDC.
[30] Stn. SD III A, o. D. (nach 28.2.40), PA. Rössner BDC.
[31] Für dieses und den Rest des Absatzes s. Rössner an Spengler 24.6.41, BA ZB II 1939/1. Zum „Kriegseinsatz der Geisteswissenschaften" s. Schönwälder 1992 Hausmann 1998 – s. a. Gerd Simon: Der Krieg als Krönung der Wissenschaft (in Arbeit).
[32] So Rössner in seiner Erwiderung auf die Anklage im Bergedorfer Spruchgerichtsverfahren 19.8.48, BA Z 42 III 3586 Bl. 32.
[33] Personalbericht o.V. o. D. [nach 28.2.40], PA. Rössner BDC.

zuletzt als SS-Obersturmbannführer. Er hatte dort 14 Mitarbeiter.[34] In dieser Abteilung wurden die Gebiete ‚Allgemeine Kultur, Dichtung, Bildende Kunst, Theater, Musik und Film' nachrichtendienstlich behandelt. Laut Vernehmungsniederschrift vom 12.5.1965:

> Es wurden aus den SD-Dienststellen im Lande, die ihrerseits mit zahlreichen ehrenamtlichen Vertrauensleuten zusammenarbeiteten, Nachrichten aus den genannten Gebieten gesammelt und ausgewertet, wobei es darauf ankam, dass auch sachlich kritische Meinungen unverfälscht wiedergegeben wurden. Die zusammengefassten Berichte wurden den verschiedenen zuständigen Dienststellen und Ministerien weitergeleitet.

Bei den „*zusammengefassten Berichten*" handelt es sich vermutlich um die Grundlagen der „Meldungen aus dem Reich", wie sie in Auszügen inzwischen Heinz Boberach in 18 Bänden publiziert hat.

1941 steht Rössner auf der Vorschlagsliste für den Strassburger Lehrstuhl für Germanistik.[35] Als sein Chef im Sicherheitsdienst, Spengler, ihn darauf anspricht, verrät er, dass diese Liste an sich auf ihn zurückgeht, dass sein Name aber ohne sein Zutun auf die Liste geraten sei. Er sei zwar grundsätzlich zur Übernahme des Strassburger Ordinariats bereit, stelle aber die Bedingung, dass er sich erst einmal ordnungsgemäss habilitiere und eine Anstellung erhalte, die ihm dafür Zeit lasse. Er denke an einen Lehrauftrag an der Universität mit Bezügen, wie er sie als Abteilungsleiter im Sicherheitsdienst erhalte.

Spengler reicht Rössners Schreiben an Mentzel, den Leiter des Amtes Wissenschaft im Wissenschaftsministerium, weiter.[36] Dort stösst man sich an der Darstellung über das Zustandekommen der Vorschlagsliste.[37] Eine weitere Reaktion des Wissenschaftsministeriums war bisher in den Archiven nicht aufzutreiben. Sicher ist, dass Rössner zwar von 1940 bis 1944 einen Lehrauftrag an der Universität Bonn innehatte,[38] aber weder in Strassburg noch sonstwo jemals Professor wurde.

Rössner gehört zu den hochkarätigen Ideenlieferanten im Sicherheitsdienst. Dabei nennt er Probleme furchtlos beim Namen, geht sie mit grosser

---

[34] Liste o.V. o. D. [nach 1940], BA ZR 747 A. 16 Bl. 1ff – Allerdings ist die Liste in mehreren Punkten unzuverlässig: Namen – Sprengler statt Spengler – und auch die Abteilungszuweisungen – bei Rössner III C 2 statt III C 3 – sind fehlerhaft getippt.
[35] Für dies und den Rest des Absatzes: Rössner an Spengler 24.6.41, BA ZB II 1939/1.
[36] Mentzel an Harmjanz 30.10.41, BA ZB II 1939/1.
[37] Nach Ausweis der Randbemerkungen zu Rössner an Spengler 24.6.41, l. c.
[38] s. Wenig 1968, S. 249.

Analyseschärfe an, nimmt Entwicklungen vorweg und bleibt dennoch stets im Rassismus haften. 1938 profiliert er sich mit einer 134 Seiten langen Denkschrift „Lage und Aufgaben der Germanistik und deutschen Literaturwissenschaft". Über diese Denkschrift liegt inzwischen eine ganze Monographie vor.[39] Selbst wenn es kein hochkarätiger SD-Mann gewesen wäre, der sie verfasst hat, wäre sie ein Elaborat, das höchste Aufmerksamkeit verdient. Hier sei nur im Hinblick auf Schneider herausgehoben, dass in ihr das Programm der Wirkungsgeschichtsforschung vorweggenommen scheint,[40] als deren Pionier manche Leute bisher Schwerte sahen. „*Faust und das Faustische*" ist sicher mehr als die Umsetzung des Rössnerschen Programms. Es ist auch nicht davon auszugehen, dass Schneider diese Denkschrift kannte.[41] Aber Rössner hat im 3. Reich genügend publiziert, in dem der wirkungsgeschichtliche Ansatz sich nicht nur andeutet, sondern auch in programmatische Form gebracht ist. Schon seine Dissertation „*Georgekreis und Literaturwissenschaft*"[42] hatte eine „notwendige und mögliche Neuordnung der deutschen Literaturwissenschaft" avisiert. Schon dort hatte Rössner seinen wirkungsgeschichtlichen Ansatz, eingebettet in krassen Rassismen, in wenige programmatische Sätze gebracht:

> Was uns nottut, ist eine Wirkungs- und Gestaltungsgeschichte der Dichtung im Rahmen und inneren [!] Zusammenhang der Volksgeschichte [...]
> Der höchste Adel der Kunst liegt nicht allein in ihrer formalen Vollkommenheit und Ausdrucksgewalt, sondern in ihrer dienenden Wirkungskraft in einem lebendigen Ganzen. Die Literaturwissenschaft glich allzuoft peinlich einer literarischen Museumsverwaltung, die sich an geistesgeschichtlichen Bestandsaufnahmen genug tat und über den blossen Seinsweisen der Dichtung ihre Wirkungsweisen vergass und übersah. Was Dichtkunst sei und sein soll im Lebenszusammenhang des Volkes – das ist eine der letzten Fragen der Literaturwissenschaft. Hier liegt einer ihrer entscheidenden politischen Ansätze, der weit über blosse historische Bestandsaufnahmen hinausweist, und würden sie durch eine noch so subtile Deutekunst unterstützt. Die echten Dichter selbst sind, wenn sie Geschichte ihres Volkes gestalten, nimmer nur Tadler, Lobredner und Deuter des Vergangenen, sondern Künder und Wegbereiter des Zukünftigen. Das ist der geheime politische Sinn aller grossen Dichtung.[43]

---

[39] Simon 1998a.
[40] Rössners Rolle wird nicht dadurch geschmälert, dass es schon vor seiner Diss. eine Reihe von rezeptionsgeschichtlich orientierten Publikationen gab.
[41] Schneiders Lehrer Paul Hankamer praktizierte bereits den Rezeptionsforschungsansatz.
[42] Diss. Bonn 1938, bei Diesterweg, Ffm 1938 erschienen.
[43] ibid. S. 223.

IX. Ein Nest von Germanisten im Sicherheitsdienst

Nach dem Kriege war Rössner vom 23.5.45 bis zum 13.4.1948 im Lager Neuengamme interniert[44]. Er trat als Zeuge der Verteidigung im Nürnberger Prozess gegen die Hauptkriegsverbrecher auf.[45] Sein Verhalten in diesem Prozess kann nur als geschickt und versiert bezeichnet werden. Am 19. August 1948 verurteilte ihn das Spruchgericht Bergedorf[46] wegen „*Zugehörigkeit zu einer für verbrecherisch erklärten Organisation*" zu 2 000,– DM Geldstrafe, ersatzweise für je 10,– DM zu einem Tag Gefängnis, verbüsst durch die Internierungshaft. Am 21.4.1950 wird er entnazifiziert und in die Gruppe IV (Mitläufer!!!) eingestuft. Die Entnazifizierungsurteile kannten 5 Stufen:

> I Hauptschuldige
> II Belastete (Aktivisten)
> III Minderbelastete
> IV Mitläufer
> V Entlastete

Bekanntlich urteilten die Spruchkammern zunächst, d. h. vor 1948 selbst in Bagatellfällen relativ streng, nach Ausbruch des kalten Krieges aber sogar in schwersten Fällen ausgesprochen mild.[47]

Anschliessend arbeitete Rössner zunächst als Volontär und später wie Spengler als Lektor im Stalling-Verlag in Oldenburg. Da nach Hachmeister zumindest Spengler in den 50er Jahren mit der Prinzessin von Isenburg und seinem Chef aus SD-Zeiten Franz Alfred Six ziemlich eng kooperierte, lässt sich auch nicht mehr ausschliessen, dass Spenglers Koautor und Freund Schwerte alias Schneider im Rahmen dieses Netzwerks wirkte. Wenn man in Bezug auf Schneider überhaupt von einem Netzwerk reden will, dann war er in diesem eine absolute Randfigur.[48]

---

[44] Anklageschrift vor dem Spruchgericht Bergedorf 15.6.48, BA Z 42 III 3586 Bl. 13. Strafnachricht (A), 30.10.48, BA ZB II 1939 A. 1 – s. a. Vernehmungsniederschrift 12.5.65, loc. cit.

[45] Für dies und den Rest des Absatzes s. IMT 1946–1949, S. 261–289.

[46] Urteil Spruchgericht Hamburg-Bergedorf 19.8.48, BA Z 42 III 3586 Bl. 32–34.

[47] Rössners Entnazifizierungsakten sind unter 10 Sp Js 3210/48 beim leitenden Oberstaatsanwalt Bielefeld entstanden, liegen heute vermutlich in Berlin. Wir haben sie bisher nicht eingesehen. Zum Thema ‚Entnazifizierung' vgl. Niethammer 1982 – Frei 1996 – Hachmeister 1998.

[48] Schwerte bestätigt uns: „*Im Netzwerk Spenglers habe ich in den 50er Jahren nirgends mitgewirkt, auch nicht mit Six oder einer Prinzessin von Isenburg, deren Namen ich hier zum ersten Mal höre.*" Schwerte an Simon 14.12.98. Ähnlich wenig später: „*[...] ich hatte damals mit Spenglers Aktivitäten nichts zu tun, traf ihn erst als Lektor in Oldenburg wieder.*" Schwerte an Simon, 21.12.98, GIFT-Archiv MW-Korr.

1953 tritt Rössner in die Verlagsleitung des Insel-Verlages in Wiesbaden ein. Ab 1958 ist er Verlagsleiter im Piper-Verlag in München. Er gibt einige Sammelbände hauptsächlich zu anthropologischen Fragen heraus. Kurioserweise enthält einer dieser Bände („*Rückblicke in die Zukunft – Beiträge zur Lage in den achtziger Jahren.*"[49]) kurzbiographische Notizen über die Beiträger, nicht aber über den Herausgeber. Beiträger waren Leszek Kolakowski, Golo Mann, Karl Dietrich Bracher, Ralf Dahrendorf, Knut Borchardt, Horst Albach, Peter Wapnewski, Reimar Lüst, Victor F. Weisskopf, Manfred Eigen, Otto Creutzfeldt, Bernhard Hassenstein, György Ligeti, August Everding und Werner Hofmann. Die meisten von ihnen – wenn nicht alle – dürften keinerlei Ahnung gehabt haben, mit wem sie es zu tun hatten.

Karl Justus Obenauer

Karl Justus Obenauer war der akademische Lehrer dieser Gruppe von Germanisten im Sicherheitsdienst und wurde offenbar auch durch diese in den Sicherheitsdienst hineingezogen. Er wurde am 29. Februar 1888 in Darmstadt als Sohn eines Bankbeamten geboren.[50] Ab 1906 studierte er in München Germanistik – er hebt unter seinen Lehrern Muncker und von der Leyen hervor –, Philosophie und Geschichte. Am 23. Juli 1910 promovierte er über den von Fichte herkommenden, mit den Brüdern Schlegel befreundeten und ausserdem von Schelling und Schleiermacher geschätzten Philosophen und Schriftsteller August Ludwig Hülsen.[51] 1911 ist er Lektor in Grenoble, 1912 in Paris. 1914 wird er als Kriegsfreiwilliger zuerst zurückgestellt, 1915 als Fussartillerist, dann als Dolmetscher in einem Gefangenenlager seiner Heimatstadt Darmstadt, schliesslich als Gefreiter beim Nachrichtenchef im Grossen Hauptquartier eingesetzt. Hier dürfte er sich bereits wesentliche Grundfertigkeiten angeeignet haben, die ihm später beim Sicherheitsdienst nützlich sein konnten.

In der Nachkriegszeit betätigt er sich in Darmstadt als freier Schriftsteller. Er fühlt sich geprägt durch die Anthroposophie Rudolf Steiners. 1926 habilitiert er sich an der Universität Leipzig kumulativ mit seinen bis dahin erschie-

---

[49] Entnazif. erschienen bei Severin und Siedler, o. O. und o. J. (1981).
[50] Für dies und das Folgende s. Llf. Obenauer, o. D., PA. O. BDC REM, Bl. 9–11 – vgl. a. Vorschlag zur Ernennung o. D. (1935), ibid. B. 18–19 – Pb Obenauer, ibid. Bl. 25.
[51] Karl Obenauer: August Ludwig Hülsen. Seine Schriften und seine Beziehung zur Romantik. Diss. München, Erlangen 1910.

nenen Werken über Goethe, die Romantik und Nietzsche. 1932 wird er ebendort nichtplanmässiger ausserordentlicher Professor für deutsche Literaturgeschichte. 1935 beruft ihn das Wissenschaftsministerium gegen den Willen der Fakultät als ordentlichen Professor und Nachfolger von Oskar Walzel nach Bonn.[52]

1933 tritt Obenauer in die NSDAP ein (Mitgliedsnummer 1961 827). In Leipzig ist er Blockwart. Spätestens in Bonn ist er nachrichtendienstlich tätig, und zwar im Sicherheitsdienst – wenn auch nicht hauptamtlich, doch dafür *„auf Wunsch des Oberabschnitts Mitte des SD"*, wie er sogar in seinem für das Wissenschaftsministerium abgefassten Lebenslauf betont. In diesem Oberabschnitt waren zunächst auch Obenauers *„langjähriger Schüler"* Spengler, von Kielpinski und Rössner organisiert, bevor sie in die Zentrale überwechselten.[53] In Bonn hat Obenauer mehrere Funktionen inne. Ob er tatsächlich stellvertretender Gaudozentenführer war, wie aus einer Archivalie hervorgeht,[54] ist nicht ganz klar. Zumindest hat er dann der Spruchkammer und der Entnazifizierungsbehörde nach dem Kriege eine wichtige Funktion verschwiegen.

Kaum im Amt als Dekan und damit Führer der Philosophischen Fakultät wird Obenauer in einen Fall verwickelt, der weit über Deutschlands Grenzen hinaus die literarische Welt empörte, wenn nicht die aller Gebildeten, zum Symbol für den Einzug nationalsozialistischen Barbarentums in die deutschen Universitäten wurde und noch heute speziell die Universität Bonn beschäftigt: Die Aberkennung der Ehrendoktorwürde an Thomas Mann.

Nach Ende des 2. Weltkriegs kommt Obenauer im Juni 1945 zunächst in das Lager Recklinghausen[55], dann in das Lager Hemer.[56] Später finden wir ihn im Lager Eselheide[57], schliesslich im Lager Staumühle.[58] In Recklinghausen konvertiert er zum Katholizismus.[59] Im Spruchkammer-Verfahren spannt

---

[52] Eignungsbericht Mattiat 17.8.35, PA. O. BDC REM, Bl. 17 – In Bonn weiss man sogar noch 2 Wochen nach der Ernennung (zum 1.10.35) nichts davon. Obenauer an REM 12.10.35 (abgegangen17.10.35), ibid. Bl. 3.
[53] Obenauer an REM 25.3.38, PA. O. BDC REM, Bl. 4.
[54] Meldung Reichsdozentenführer 18.8.41, PA. Wurmbach BDC PK.
[55] Leumundszeugnis Florian Silva 30.10.46, BA Z 42 IV 42 95 Bl. 13.
[56] Luise L. Obenauer an Spruchkammer 13. Juli 47, BA Z 42 IV 4295 Bl. 24–25.
[57] ibid. und Fb Int. Div. 28. 1.47, BA Z 42 IV 4295.
[58] Gesuch Obenauer 1.9.48, HStA Düss. NW 1049/4268 Bl. 12.
[59] Leumundszeugnis Silva 30.10.46, loc. cit. – Luise L. Obenauer an Spruchkammer 13.7.47, loc. cit.

er den früheren Dekan der Katholisch-Theologischen Fakultät ein, der seinerseits den Erzbischof von Paderborn, Laurentius Jäger, in den Fall verwickelt.[60] Auch sonst kann er mit einer Fülle von „Leumunds-Zeugnissen" aufwarten. Sie weisen auffällig viele sinngemäss oder wörtlich übereinstimmende Formulierungen auf. Danach war Obenauer unpolitisch, still und zurückgezogen, christlich usw.

Am 19. April 1948 verkündete die 9. Kammer des Bielefelder Spruchgerichts: *„Der Angeklagte wird auf Kosten der Staatskasse freigesprochen."*[61] Sie zählte die Tatbestände fast ähnlich auf wie die Anklage, bewertete diese aber anders. Als entlastend stufte sie vor allem ein, dass Obenauers Kontakte zur SD-Aussenstelle Bonn im Kriege selten und vernachlässigbar waren. Obenauers direkter Draht zur SD-Zentrale in Berlin vor allem über seine ehemaligen Schüler Rössner und Spengler wurden nicht erfragt, vermutlich weil weder Ankläger noch Richter entfernt ahnten, mit welch hochkarätigen SD-Männern man es hier zu tun hatte.

Die Anklagebehörde legt Revision ein[62] und der Erste Spruchsenat des Obersten Spruchgerichtshofs Hamm hebt – wenn auch aus anderen Gründen – das Urteil auf und verweist die Sache an das Spruchgericht in Bielefeld zur erneuten Verhandlung zurück.[63] Man habe versäumt, über die SD-Zugehörigkeit hinaus auch über die SS-Zugehörigkeit zu verhandeln.

Die Spruchgerichte hatten lediglich mit Fällen zu tun, die mit Gewaltverbrechen zusammenhingen, also auch mit der Zugehörigkeit zu Organisationen, die in Nürnberg als verbrecherisch erklärt worden waren, vorwiegend mit der SS und ihren Subinstitutionen, also auch dem Sicherheitsdienst. Daneben hatte sich Obenauer einem Entnazifizierungsverfahren zu unterziehen, wenn er seinen Beruf wieder ausüben oder auch nur veröffentlichen wollte. Den Antrag stellte er, bevor ein rechtskräftiges Urteil des Spruchgerichts vorlag.[64]

Nach seiner Entlassung aus den Internierungslagern hatten die Engländer Obenauer in die Gruppe IVa (Mitläufer) voreingestuft.[65] Dieses Urteil übernimmt die Entnazifizierungsbehörde am 22.11.48.[66] Die Dritte Kammer des

---

[60] Barion an Jäger 7.11.46, BA Z 42 IV 4295 Bl. 9–10.
[61] Urteil 19.4.48, BA Z 42 IV 4295 Bl. 108–113 u. ö. und HStA Düss. NW 1049 – 4268 Bl. 16–18.
[62] Revision Ankläger beim Spruchgericht Bielefeld 12.5.48, BA Z 42 IV 4295 Bl. 133 f. – Antrag Verteidiger 17.8.48, ibid.
[63] Für diesen und den nächsten Satz s. Urteil 5.11.48, BA Z 42 IV 4295 Bl. 152 f.
[64] Gesuch Obenauers 1.9.48, HStA Düss. NW 1049/4268 Bl. 10 [?].
[65] ibid.
[66] Einreihungsbescheid 25.11.48, HStA Düss. NW 1049/4268 Bl. 9 u. ö.

Spruchgerichts verurteilt Obenauer am 9.2.49 in zweiter Instanz zu 3 000,– DM Strafe, ersatzweise 3 Monaten und 10 Tagen Gefängnis.[67] Die Strafe wird als verbüsst erklärt durch die Internierungshaft – immerhin fast drei Jahre. Die Verfahrenskosten hatte nunmehr Obenauer zu tragen. Obenauer wertet das als *„praktisch fast ebenfalls ein Freispruch".*[68] Auf Grund eines Verfahrensfehlers wird nur acht Tage später auch der Entnazifizierungsentscheid aufgehoben.[69] Das neue Verfahren lässt auf sich warten. Obenauer hat Frau und zwei minderjährige Kinder zu versorgen, ohne Einkünfte und ohne Vermögen.[70] Die Universität wäre damit einverstanden, wenn Obenauer einfach pensioniert würde. Da kommt Obenauer sein Schüler Wilhelm Spengler zu Hilfe, der bis Februar 1947 im Internierungslager Ludwigsburg inhaftiert und im Mai 1948 *„ohne jegliche Auflagen oder Einschränkungen"* entlassen worden war.[71]

Spengler stösst den Sonderbeauftragten für die Entnazifizierung in Nordrhein-Westfalen mit der Nase auf eine eklatante Ungleichbehandlung der Exnazis. Spengler war zweifellos der Ranghöhere und Belastetere gegenüber Obenauer. Seinen direkten Vorgesetzten Ohlendorf hatte man für Verbrechen, die man Spengler – übrigens bis heute – nicht nachweisen konnte, die aber auch nicht auszuschliessen sind, in Nürnberg zum Tode verurteilt und hingerichtet. Trotzdem hatte Spengler nach dem Kriege ein deutlich leichteres Schicksal und weniger Probleme als sein „Untergebener" Obenauer. Als dann auch noch der Paderborner Erzbischoff Lorenz Jäger ein Wort für Obenauer einlegt,[72] musste der Sonderbeauftragte für die Entnazifizierung eigentlich zu dem Ergebnis kommen, dass es kaum noch einen Beurteilungsspielraum für ihn gab. Die Bestätigung der Gruppe IV (Mitläufer) im neuen Einreihungsbescheid war also vorhersagbar.[73]

Obenauer hat übrigens Anfang der 60er Jahre seinen Wohnsitz in Aachen. Da es unwahrscheinlich ist, dass sich Obenauer und Schneider vor Kriegsende

---

[67] Für dies und den Rest des Absatzes s. Urteil 9.2.49, BA Z 42 IV 4295 Bl. 169 und HStA Düss. NW 1049/4268.
[68] Obenauer an Sonderbeauftragten für die Entnazifizierung 5.5.49, HStA Düss. NW 1049/4268.
[69] Beschluss Sd.beauftr. 17.2.49, ibid.
[70] Obenauer an Sonderbeauftragten 5.5.49, HStA Düss. NW 1049/4268.
[71] Für dies und das Folgende s. Eidesstattliche Erklärung Spengler 30.5.49, HStA Düss. NW 1049/4268.
[72] L. Jäger an Frau Obenauer 18.9.49, HStA Düss. NW 1049/4268.
[73] Einreihungsbescheid 20.9.49, HStA Düss. NW 1049/4268.

begegnet sind, ist auch nicht davon auszugehen, dass er von der Identität Schwertes mit Schneider anders als durch Hörensagen wusste. Das einzige Verbindungsglied zwischen Obenauer und Schwerte ist, dass beide Spengler auch nach 1945 gut kannten.

Andreas (André) Jolles

Johannes Andreas Jolles – vor 1933 und nach 1945 dominiert der Name André Jolles – wurde am 7. August 1874 in den Helder in Holland als Sohn eines holländischen Marineoffiziers und Kaufmanns geboren.[74] Er wächst in Amsterdam auf, studiert dort ab 1894, später auch in Leiden, orientalische Kunst und vergleichende Kunstgeschichte. In Frankreich und Italien betätigt er sich zwischendurch als Dichter und Schriftsteller. Er wird als *„einer der Führer der jungen flämischen Literatur"* zum Kreise um Verweylen gerechnet. Er ist Mitbegründer und Herausgeber der Zeitschriften ›Van nu en straks‹ und ›De kroniek‹. 1901 setzt er sein Studium in Freiburg fort. Schwerpunkt ist jetzt Archäologie und Geschichte. 1904 promoviert er, 1905 habilitiert er sich ebenda in allgemeiner Kunstgeschichte. 1908 habilitiert er sich nach Berlin um. Ab 1912, spätestens 1913 ist er im Auftrage des Preussischen Kultministeriums am Zentralinstitut für Erziehung und Unterricht tätig. Im Ersten Weltkrieg Kriegsfreiwilliger, leistet er auf deutscher Seite als Oberleutnant und Gasoffizier Dienst. Er erhält das Eiserne Kreuz I. und II. Klasse. 1916 wird er ordentlicher Professor an der flämischen Universität in Gent. 1917 wird er nach Leipzig berufen als ausserordentlicher Professor für vergleichende Literaturwissenschaft, flämische und nord-niederländische Sprachen und Literatur. 1932 erhält er für ein Festspiel zur Feier des 300jährigen Bestehens der Universität Amsterdam einen ersten Preis.

Jolles steht seit 1937 im Dienst des Sicherheitsdienstes. Nach der Besetzung Hollands schlägt Spengler den inzwischen emeritierten Jolles für eine Tätig-

---

[74] Für dies und den Rest des Absatzes s. Dekan der Philos. Fakultät der Uni Leipzig 9.7.1917, UA Lpz., PA. 20 Bl. 2–5 – Degener 1928, S. 743 – Pb. A.J. o. D., BDC REM Bl. 9281 – Vgl. a. Koppelmann an Rminister 10.11.42, ibid. Bl. 9306 – Harmjanz an Margaretha Jolles, 11.1.43, ibid. Bl. 9309 – Looft, PK an Staatsminister + Chef des Präsidialkanzlei 2.8.44, ibid. Bl. 9312 – ZA. o. V.: „Prof. Dr. Andreas Jolles 70 Jahre." LNN 7.8.44 – FB Rektor Lpz 10. Mai 45, UA Lpz, PA 20 Bl. 69 f.

keit bei der Zivilverwaltung in Holland vor.[75] Auf Anordnung Heydrichs ist er von Januar bis März 1942 mit der „*Fertigstellung grösserer Denkschriften zu einem bestimmten Fragenkreis der Freimaurerei*" beschäftigt.[76] Zum 70. Geburtstag wird ihm im Jahr 1944 die Goethe-Medaille für Kunst und Wissenschaft verliehen, die höchste Auszeichnung, die im 3. Reich vergeben wurde.[77] Jolles wird als „*schöpferischer Geist*" gepriesen, der in vielen meist kleineren Schriften eine „*ganz eigenwillige Auffassung von Literaturwissenschaft*" artikuliert habe.[78] Die Parteikanzlei verweist nicht nur auf Jolles „*hervorragende Arbeit*' ,*Die Freimaurerei, Wesen und Brauchtum*', sondern auch auf das „*für die Literaturwissenschaft wie für die Volkskunde bedeutsame Buch ,Einfache Formen ...*'", das „*bahnbrechend gewirkt*" habe.[79] Letzteres Opus erfreut sich bis zur Gegenwart einer ungebrochen positiven Rezeption. 1982 erschien es in sechster Auflage.[80]

Als der Leipziger Rektor Helmut Berve, Leiter des ›Kriegseinsatzes der Altertumswissenschaften‹ [81] Anfang 1942 die Genehmigung erhält, eine Universität für französische Kriegsgefangene zu errichten und seinen Leipziger Kollegen von Jan mit der Leitung dieser Universität beauftragt, verpfeift Jolles Letzteren beim Reichssicherheitshauptamt als „*Katholik und Freimaurer*".[82] Da von dieser Universität hinfort nirgends mehr die Rede ist, lässt sich

---

[75] Spengler an Führer REM 3.7.41, PA Jolles BDC REM Bl. 9296.
[76] Spengler an Menzel 9.12.41, PA. Jolles BDC REM Bl. 9298 – Vgl. Mentzel an Leiter des Sächs. Ministeriums für Volksbildung Dresden, ibid. Bl. 9300 – Göpfert an REM, 15.1.42, ibid. Bl. 9301 – Mylius an Mentzel, März 42 [Eingang 14.4.], ibid. Bl. 9302 – dto, 18.9.42, ibid. Bl. 9304 – Die Denkschriften haben wir bisher nicht ermitteln können.
[77] Staatsministerium + Chef der Präsidialkanzlei an REM 5.9.44, PA. Jolles, BDC REM Bl. 9319.
[78] Telegr. Hofmann REM 21.8.44, PA. Jolles, BDC REM Bl. 9315 – Vgl. Mentzel an Staatsministerium + Chef der Präsidialkanzlei 25.8.44, ibid. Bl. 9316.
[79] Looft an Staatsministerium + Chef der Präsidialkanzlei 2.8.44, PA. Jolles BDC REM Bl. 9312.
[80] Jolles, André: Einfache Formen. Legende/Sage/Mythe/Rätsel/Spruch/Kasus/Memorabile/Märchen/Witz. [Sächsische Forschungsinstitute in Leipzig D: Forschungsinstitut für neuere Philologie II. Neugermanistische Abteilung, Heft II] Halle 1929/30. Tübingen 1982 [6. Aufl.].
Jolles war in erster Ehe verheiratet mit Mathilde Mönckeberg, einer Tochter des berühmten Hamburger Bürgermeisters Mönckeberg. Unter dem Pseudonym Karl Andres arbeitet er zusammen mit seinem Schwager Carl Mönckeberg Bühnenstücke („Vielliebchen") aus. – Pb. Jolles, loc. cit. – Degener, loc. cit.
[81] s. Berve 1942.
[82] AV. Dittel Reichssicherheitshauptamt VII 4.2.42,BA ZR 550/1 Bl. 62.

nicht ausschliessen, dass das Unternehmen durch diese Denunziation zu Fall gebracht wurde.

Unmittelbar nach dem 2. Weltkrieg gibt der Dekan der philosophischen Fakultät, der bekannte Philosoph Hans-Georg Gadamer, eine dreigegliederte Einschätzung Jolles:

1. Altparteigenosse. Mitarbeit im Rahmen der SS und des SD, insbesondere Mitarbeit im Rahmen des ›Ahnenerbe‹. Entschieden nationalsozialistische Haltung.
2. Das Bekenntnis zum Nationalsozialismus dürfte durch die Volkstumsinteressen von Professor Jolles, aber insbesondere seine niederländischen Studien nahe gelegt sein.
3. Ein geistvoller Forscher von eigenartiger Weite literaturgeschichtlicher Interessen.[83]

Weil Jolles wie andere Emeriti in Leipzig nach 1945 zunächst kein Gehalt mehr erhält, zieht es ihn in die holländische Heimat zurück.[84]

Ernst Turowski

Neben Spengler, Kielpinski und Rössner wäre aus dieser Gruppe noch Ernst Turowski erwähnenswert. Germanistik war in seiner Ausbildung freilich nur ein Nebenfach. Auch stiess er erst später zu dieser Gruppe. In Sachen Wissenschaft ist er dann aber alsbald ebenso wichtig wie die anderen.

Ernst Turowski wurde am 7. Oktober 1906 als Sohn eines ostpreussischen Landwirts geboren.[85] Seine Schulzeit war geprägt durch die Grenzproblematik vor allem im 1. Weltkrieg und – wie er es nennt – den „*Russeneinfall*". Das Abitur bestand er 1929 in Ortelsburg (heute: Szczytno) östlich von Allenstein in Ostpreussen. Danach studierte er in Bonn, Königsberg und Berlin Geschichte und Staatswissenschaften. Nach einem ersten gescheiterten Anlauf im Dezember 1936 schafft er 1937 endlich die Promotion.[86] Seine zentra-

---

[83] GA. Gadamer 11.6.45, UA Lpz PA 20 Bl. 51 – Dass Jolles Mitarbeiter des ›Ahnenerbes‹ gewesen sei, dürfte auf Fehlinformationen beruhen. Weder in seiner PA im BDC noch im Bestand NS 21 im BA lässt sich eine Verbindung zwischen Jolles und dem ›Ahnenerbe‹ herstellen.
[84] Jolles an Rektor 30.9.45, UAL PA 20 Bl. 74–75.
[85] Für dies und das Folgende: RuS-FB, 20.4.39 insbesondere der Llf. Turowski, PA. T. BDC RuSHA sowie Llf. Turowski, 24.5.38, PA. T. BDC SSO.
[86] Prot. Fakultätssitzung 17.12.36, HUB.

len Themen waren über die Promotion hinaus die deutsche Verfassungsgeschichte seit der germanischen Zeit, Osteuropa und die deutsch-polnischen Grenzgebiete, insbesondere der sogenannte „Korridor".

Turowski trat am 1. Oktober 1933 in die SA ein[87] und wechselte nach dem „Röhm-Putsch" am 1. Januar 1935 in die SS über.[88] Ab dem 1. September 1937 war er hauptamtlich im Sicherheitsdienst tätig. Dort bearbeitet er zunächst den schon damals sehr voluminösen Bereich der ausseruniversitären Forschung in entsprechenden Wissenschaftsinstituten, Forschungsorganisationen und Akademien, den Austauschdienst und *„die gesamten Probleme des Probolschewismus"*, insbesondere die Ost- und Südostinstitute.[89] 1939 ist er ebenda stellvertretender Leiter der Abteilung II 211,[90] die nach der Neuordnung der SS im Rahmen des Reichssicherheitshauptamts zur Abteilung III A 1 (Wissenschaften)[91], später III C 1 wird. Die Aufnahme in die NSDAP beantragte Turowski 1937. Seit 1. Mai 1937 wird er als Parteianwärter geführt. Noch 1940 ist er offensichtlich kein Parteimitglied. Dass das keineswegs ungewöhnlich ist, zeigt etwa Schneiders Vorgesetzter Rauter, der in den Niederlanden unmittelbar unter Seyss-Inquart Generalkommissar für das Sicherheitswesen und nachweislich nie in der NSDAP Mitglied war.[92] Das muss immer wieder betont werden, obwohl Schneider seinen eigenen Eintritt in die Partei am 1. Mai 1937 (Mitgliedsnummer 4 923 958) noch in jüngster Zeit als Handlung eines Sehr-spät-Gekommenen darstellt.[93] Insbesondere SA- und manchmal auch SS-Führer empfanden die Parteizugehörigkeit offenkundig nicht als Notwendigkeit.

Otto Ohlendorf

Der Vorgesetzte der hier vorgestellten Gruppe war bis 1939 Franz Alfred Six, danach Otto Ohlendorf. Über Ohlendorf ist inzwischen sehr viel geschrieben

---

[87] Lt. Llf. tat er seit Juli 33 *„regelmässig SA-Dienst"*.
[88] Lt. Llf. wurde er schon 1934 *„in die SS überwiesen"*.
[89] Personal-Bericht Six 23.6.38, PA. T. BDC SSO.
[90] Personal-Bericht Six/Spengler o. D. (1939), PA. T. BDC SSO.
[91] Personal-Bericht Ohlendorf/Spengler o. D. (1940), PA. T. BDC SSO.
[92] Ministerie van onderwijs 1952, S. 11.
[93] Interview Alexander/Müller. Schwerte glaubt, dass er erst 1938 in die NSDAP eintrat. Er fühlt sich durch „andere Veröffentlichungen" darin bestätigt. Der 1.5.1937 ist aber auch durch die Partei nunmehr abgesichert. Es ist durchaus möglich, dass das Datum des Antrags weitaus später lag. Derartige Rückdatierungen waren an der Tagesordnung. Entscheidend ist

worden.[94] Wir fassen dieses zusammen und fokussieren es auf das, was wir durch eigene Einsichtnahme in die Akten bestätigen können.

Otto Ohlendorf wurde am 4. Februar 1907 als Sohn eines Landwirts geboren. Nach Eintritt in die ›Sturmabteilung Hitler‹ wird er am 28. Mai 1925 mit der Mitgliedsnummer 6.531 in die NSDAP aufgenommen.[95] Später erhält er wie alle Alt-Parteigenossen, die es jedenfalls ohne Unterbrechung waren, das Goldene Parteiabzeichen. Von 1925 bis 1927 ist er Ortsgruppenleiter in seinem Heimatort Hoheneggelsen. Er gehört zu den ersten SS-Angehörigen des Gaus Süd-Hannover-Braunschweig (SS-Nummer 880). Zusammen mit vier anderen wird er aus der SA heraus zur Aufstellung dieser ersten SS-Gruppe ausgewählt. Auch er studierte in Leipzig, allerdings nicht Germanistik: zu Ostern 1928 beginnt er das Studium der Rechts- und der Staatswissenschaft. Dort betätigt er sich in der Ortsgruppe der NSDAP und im NS-Studentenbund. In dieser Zeit ruht seine SS-Mitgliedschaft. 1929 setzt er – bevor Spengler, Rössner und Kielpinski in Leipzig mit dem Studium beginnen – sein Studium in Göttingen fort. Hier macht er sich um die organisatorische, rednerische und schulungsmäßige *„Erschliessung"* von Stadt und Kreis Northeim für die NSDAP verdient, gewinnt auf Kreisebene für die NSDAP erstmals bei Wahlen die absolute Mehrheit, und legt mit anderen den Grundstein für die SS in Edesheim. Im September 1931 geht er für ein Jahr nach Pavia in Italien *„zum Studium des Faschismus"*, den er auf Grund dieser Erfahrungen später entschieden ablehnt. Zurückgekehrt, übernimmt er die Leitung der juristischen Fachschaft des Landgerichtsbezirks Hildesheim. Zugleich ist er Kreisschulungsleiter der Beamtenschaft in Hildesheim. Ab Oktober 1933 ist er durch Vermittlung seines Lehrers Peter Jessen[96] Direktorial-Assistent am Weltwirtschaftsinstitut in Kiel und betätigt sich auch als Schulungsleiter der

---

freilich das Eintrittsdatum. Da die Parteinummer dieses Datum wiederspiegelt, sei darauf verwiesen, dass viele Nummern vom 1.5.1937 weitaus höher liegen (z. B. der Romanist Walter Mönch mit der Nr. 5 388 362 oder der deutsche Lektor in Bologna Horst Rüdiger Nr. 5 581 636) Gegenprobe: z. B. der Direktor des Goethe-Nationalmuseums in Weimar Hans Wahl, der am 28.10.1937 mit der Nr. 5 671 358, oder der Romanist – übrigens nicht ganz arischer Herkunft, Hitler hatt ihm das persönlich ermöglicht – Mario Wandruszka (von Wanstetten), der am 1.5.1938 mit der Nr. 6 150 020 in die Partei eintritt.

[94] Bayle 1953, S. 33f + 462f – Kempner 1964 – Höhne 1967 – Aronson 1971, S. 210ff – Smith 1972 – Stokes 1975 – Herbst 1982 – Sowade 1989.

[95] Wir folgen hier Ohlendorfs eigener Darstellung. Ohlendorf an Höhn, 18.5.1936, PA. O. BDC sowie den dort überlieferten Personalberichten und -nachweisen.

[96] Zu Jessen ist zu erwähnen, dass er später zum Widerstand gehört und nach dem 20. Juli 44 hingerichtet wird.

volkswirtschaftlichen Fachschaft. 1935 folgt Ohlendorf Jessen nach Berlin als Abteilungsleiter am Institut für angewandte Wirtschaftswissenschaften sowie als Lehrer und Redner der Reichsschule II der NSDAP. Parallel ist er dort Leiter von Arbeitsgemeinschaften der Studentenschaften der Universität und Handelshochschule. Ab 1. April 1936 ist er Referent der Parteiamtlichen Prüfungskommission und Leiter der Vorzensurstelle für die politische und weltanschauliche Prüfung des gesamten Adressbuch-, Anzeigenbuch- und Kalenderbuchwesens im Reichsverband des Adressbuchgewerbes. Ab 9. November 1936 – den Antrag stellt er bereits am 18. Mai – ist er als Führer im SD-Hauptamt tätig, wenn auch zeitweise nur ehrenamtlich. Kurz vor der Neuorganisation des Sicherheitsdienstes im Rahmen des Reichssicherheitshauptamts beruft ihn Heydrich zum Leiter der Abteilung III (Deutsche Lebensgebiete). Zuletzt ist er dort SS-Gruppenführer und Generalleutnant der Polizei. Daneben ist Ohlendorf seit Juni 1938 Geschäftsführer in der Reichsgruppe Handel, ab 1943 sogar Ministerialdirektor im Wirtschaftsministerium und zugleich Stellvertreter des Staatssekretärs. Seine verhängnisvollste ‚Nebentätigkeit' verrichtet er aber in Russland als Leiter der Einsatzgruppe D. Als solcher hat er die Ermordung von über 90 000 Juden, Zigeunern, Kommunisten und anderen Verfolgten allein in der Zeit vom 22. Juni 1941 bis zum März 1942 zu verantworten. Im Nürnberger Prozess wurde Ohlendorf am 10. April 1948 zum Tode verurteilt und am 7. Juni 1951 hingerichtet.

Franz Alfred Six

Zu den ältesten und überdies informiertesten SD-Führern ist Franz Alfred Six zu zählen. Innerhalb der Führungsriege des Sicherheitsdienstes gehörte er zu den wenigen Nicht-Juristen.[97] Six kam etwa zu der Zeit als Lehrbeauftragter an die Universität Königsberg, als Schneider dort promovierte. Schon Ende 1934 hatte er als Hauptamtsleiter der Reichsstudentenführung in Königsberg einen Fachkreis Presse an der Universität gegründet. Six war neben Spen-

---

[97] Zu Six s. PA. Six, BDC + IfZ Mchn MA 1300/3 – Die PA im Archiv der ehemaligen Reichsstudentenführung in Würzburg, im UA HD sowie im UA HUB haben wir nicht eingesehen. – IMT S. 521–6 – Bayle 1953, S. 102 ff. – Siebert 1966, S. 19–34 – Die wichtigsten Informationen über Six findet man ausser bei Urban/Herpolsheimer 1984 v. a. bei Hachmeister 1998 – Vgl. a. Döscher 1987, S. 193 – Wulf 1989a, S. 125–7 – Weyer 1985a – Weyer 1985b – Buchstein / Göbler 1986 – Lenk 1986 – Weyer 1986 – Hagemann 1948 – Barbian 1993, S. 111–2 – Klingemann 1990.

gler der wichtigste Kontaktmann des Sicherheitsdienstes zum ›Ahnenerbe‹. Schneider weiss noch heute, wer Six war, bestreitet aber, dass er insbesondere in seiner Königsberger Zeit mit ihm in Berührung gekommen ist.

Der von Six verfasste Lebenslauf in seiner Dissertation ist der kürzeste, den wir je zu Gesicht bekamen.[98] Er sei hier daher vollständig wiedergegeben:

> Ich wurde am 12. August 1909 in Mannheim geboren. Nach der Ablegung der Reifeprüfung studierte ich Allgemeine Staatslehre, Soziologie, Geschichte, Literaturgeschichte und Zeitungswissenschaft, um nach Ablauf von acht Semestern mit vorliegender Arbeit an der Philosophischen Fakultät der Universität Heidelberg am 6. Mai 1934 zu promovieren.[99]

Die Alliierten, die ihn nach dem 2. Weltkrieg steckbrieflich suchen lassen, betonen, dass Six wie Hitler und andere führende NS-Politiker aus ärmlichen Verhältnissen stammte.[100] Seine Karriere muss zu den steilsten im Bereich der philologisch-historischen Wissenschaften gerechnet werden, darin übertroffen vielleicht nur noch durch Walther Wüst: Die Alliierten sahen in Six „*something of a favorite*" Heydrichs.[101] In der Tat ist daran zu zweifeln, ob diese Karriere ohne Heydrich möglich gewesen wäre. Das gilt auch für seine Universitätskarriere.

Noch vor Beendigung seines Studiums wird Six im Mai 1933 Assistent am Heidelberger Institut für Zeitungswissenschaft. Im Juli 1935 verändert er sich auf Antrag des zeitungswissenschaftlichen Verbands als Lehrbeauftragter an die Universität Königsberg. Die Dissertation ist noch nicht erschienen, als sich Six am 3. Juni 1936 schon habilitiert: so kommt es, dass er am 12. Dezember 1936 endgültig zum Doktor der Philosophie promoviert und am 21. Dezember, also gerade neun Tage später, vorläufig zum Dr. phil. habil. ernannt wird.

Six' Doktorvater Arnold Bergsträsser in Heidelberg wird 1936 entpflichtet und emigriert 1937 in die USA.[102] Die Habilitation wurde betreut von Hans Hermann Adler. Im Oktober 1938 wird Six zum nichtbeamteten ausserordentlichen Professor ernannt. Im Januar 1939 diskutiert man bereits die Versetzung Six' von Königsberg nach Berlin. Als Six in diesem Zusammenhang im September 1939 die Beförderung zum ausserplanmässigen Professor be-

---

[98] Vielleicht ist bei dieser Gelegenheit darauf hinzuweisen, dass uns – nach unserer eher untertreibenden Schätzung – mehr als 2 000 Lebensläufe vorwiegend von Philologen und Historikern als Vergleichsbasis dienen.
[99] Six 1936, S. 76.
[100] Bruce L. Smith Bl. 312 u. ö.
[101] ebenda Bl. 299.
[102] Zum Fall Bergsträsser s. v. a. Klingemann, op. cit. S. 88–91.

antragt, macht ihn der Wissenschaftsminister im März 1940 gleich zum ordentlichen Professor für politische Geistes- und Zeitgeschichte und Dekan der neugeschaffenen Auslandswissenschaftlichen Fakultät.[103] Dekane – das kann nicht oft genug betont werden – waren damals die „Führer" der Fakultät, also mit diktatorischer Gewalt ausgerüstet. Nachfolger von Six in Königsberg wird Kurt Walz, zuvor dort Assistent, auch er SD-Mann und enger Vertrauter von Six.[104]

Während an Six' steilen Karrieresprüngen bis dahin nur ein Informierter oder mit der Materie Vertrauter erkennen konnte, dass das nicht einfach an seiner fachlichen Leistung und/oder politischen Angepasstheit lag, musste seine Ernennung zum Gesandten I. Klasse als Leiter der Kulturpolitischen Abteilung im Auswärtigen Amt am 1. April 1943 eigentlich jeden denkenden Kollegen mit der Nase drauf stossen, dass hier zumindest einflussreiche Kreise ihre Hände im Spiel hatten, wenn nicht – wie es ja wohl de facto auch war – die Geheimdienste.

Six war schon 1929 in den NS-Schülerbund eingetreten, wie wir heute wissen.[105] Noch als Schüler wird er im März 1930 NSDAP- und ab 1. November 1932 SA-Mitglied. Zugleich ist er Hauptschriftleiter des ›Heidelberger Student‹ und ab Mai 1933 Hauptamtsleiter des Amtes ›Aufklärung und Werbung‹ in der NS-Studentenschaft Heidelbergs sowie noch im Sommersemester 1933 Kreisamtsleiter V der Südwestdeutschen Studentenschaften (zuständig für Presseangelegenheiten). Im Februar 1934, also kurz vor seiner Promotion, beruft ihn die Reichsstudentenführung zum Leiter der Reichsfachabteilung Zeitungswissenschaft sowie im August als Hauptamtsleiter für Presse, Buch und Propaganda. Am 9. April 1935 tritt Six als Untersturmführer in die SS ein.[106]

---

[103] Zur Geschichte der auslandswissenschaftlichen Fakultät in Berlin s. BA 49.01 REM 1247 + 1249 + 1480. – Vgl. a. Bormann an ARo 13.12.39, BA NS 15/245 Bl. 93 (=0354406) – Stn. StF 9.1.40, BA NS 8/183 Bl. 80 – Berichte der Amerika-Abteilung sowie der Abteilung Grossbritannien (an der Auslandswissenschaftlichen Fak.), BA ZR 550/1 Bl. 430–522 – PA Pfeffer, BA R 21 A 10070 – Muchow an Biedermann 27.1.45, BA NS 8/262 Bl. 44 + Bericht Muchow 22.1.45, ibid. – Über Six handelt eine Fülle von Publikationen z. B. die vom DAWI herausgegebene ›Zeitschrift für Politik‹, 1940ff, ausserdem Pfeffer 1944 – N.N. 1940a – N.N. 1940b – N.N. 1940c – Seeliger 1964, Bl. 10–12.
[104] s. Urban/Herpolsheimer, op. cit., S. 180.
[105] Für dies und das Folgende v. a. Urban/Herpolsheimer, op. cit. S. 171 ff.
[106] Urbans und Herpolsheimers Vermutung war naheliegend, dass es sein ehemalige Kommilitone in Heidelberg Reinhard Höhn war, der Six in die SS einführte und ihm die dortige Karriere eröffnete.

Franz Alfred Six

Auf Anhieb macht ihn Heydrich zum Chef der Hauptabteilung ›Presse und Schrifttum‹ im SD-Hauptamt. Noch 1936 wird Six Leiter der Zentralabteilung ›Gegnerforschung‹. Nach dem „Anschluss" Österreichs im März 1938, dem Einmarsch in die Tschechoslowakei im März 1939 und dem Überfall auf Polen im September 1939 leitet Six jeweils die menschenrechtsverletzenden Aktivitäten des Sicherheitsdienstes in diesen Ländern ein. Im Rahmen der Operation „Seelöwe", der geplanten, aber nicht zustandegekommenen Eroberung Grossbritanniens, sollte er abermals als SD-Befehlshaber fungieren. Nach dem Überfall auf die Sowjetunion im Juni 1941 leitet er das ›Vorauskommando Moskau‹, eines der berüchtigten Sonderkommandos der SD-Einsatzgruppe B.[107] Zugleich ist er Leiter der Forschungsabteilung im Reichssicherheitshauptamt VII (›Weltanschauliche Forschung und Auswertung‹). Gegen Kriegsende hat er in der SS den Rang eines Brigadeführers.

Six Verbindung zum ›Ahnenerbe‹ lässt sich seit Januar 1938 nachweisen.[108] Auf ihn dürften zahlreiche Initiativen des ›Ahnenerbes‹ zurückgehen. Sogar die Pläne im ›Ahnenerbe‹, eine Forschungsstätte für Philosophie unter Übernahme der „Kant-Studien" ins Leben zu rufen, dürften direkt auf Six zurückgehen.[109]

In Nürnberg wird Six im April 1948 hauptsächlich wegen der Vorkommnisse während seiner Tätigkeit als Leiter des ›Vorauskommandos Moskau‹ zu 20 Jahren Haft verurteilt. 1951 wird das Strafmass auf 10 Jahre herabgesetzt. Am 30. September 1952 wird Six vorzeitig entlassen. Danach betätigt sich Six – wie Seeliger ermittelt hat[110] – in der Abteilung für Wirtschaftswerbung bei Porsche in Friedrichshafen. Er publiziert in der berüchtigten Bad Harzburger ›Akademie für Führungskräfte der Wirtschaft‹, die Heydrichs alter Kampfgefährte und Kommilitone von Six aus Heidelberger Tagen Reinhard Höhn leitet. Anschliessend findet man Six bei Hanomag in Hannover. Zeitweise betreibt er ein eigenes Industrieberatungsbüro. Laut Julius Mader soll Six auch für den bundesrepublikanischen Geheimdienst gearbeitet haben.[111] Urban und Herpolsheimer vermuten auch eine Kooperation mit dem CIA.

Six' Publikationen zeichnen sich – anders als die Rössners – durch einen

---

[107] Die Aktivitäten des ›Vorauskommandos Moskau‹ sind nur schlecht überliefert. s. Ereignismeldungen 34 vom 26.7.41, BA R 58/215 Bl. 58 f.
[108] Sievers an Six 31.1.38, BA NS 21/123 – vgl. a. den Bestand ›Ahnenerbe‹ in der PA. Six, BDC.
[109] s. dazu Leaman/Simon 1992 – Dies. 1994.
[110] Seeliger 1966, H. 5, S. 66.
[111] Mader 1961 – Vgl. Urban/Herpolsheimer, op. cit. S. 185.

fröhlichen Mangel an Bemühen um Wissenschaftlichkeit selbst da aus, wo es um den Nachweis der Wissenschaftlichkeit geht: in der Dissertation und der Habilitationsschrift. Ihnen fehlt es keineswegs an intellektuellem Niveau, aber sie sind durchgehend Missgriffe in die falsche Gattungskiste; oft winkt er bedrohlich mit dem Zaunpfahl seiner frühen Position im NS-Machtgefüge. Diese Kritik ist früh schon artikuliert worden. Das Habilitationsgutachten des Soziologen Ernst Schuster fällt ziemlich deutlich aus:

> Als eine ausgereifte wissenschaftliche Arbeit vermag ich die Arbeit nicht zu bezeichnen. Sie macht viel mehr den Eindruck einer Denkschrift als den einer wissenschaftlichen Untersuchung.[112]

In der Tat unterschied sich Six' Habilitationsschrift in nichts von Denkschriften und Entscheidungsgrundlagen, wie sie im Sicherheitsdienst entstanden. Vermutlich basiert sie auch auf Material, das im Sicherheitsdienst gesammelt und vorbeurteilt wurde. Inhaltlich behandelt sie die zumeist gegnerische oder ns-kritische Minderheitenpresse in Deutschland, fällt also in den Bereich der Gegnerforschung, den Six im Sicherheitsdienst leitete. Am 15.8.38, also kurz nach der Entscheidung, Six' Habilitationsschrift nicht zu veröffentlichen, gibt das Erziehungsministerium einen Erlass heraus, nach dem Dissertationen und andere wissenschaftliche Arbeiten nicht oder nur partiell veröffentlicht zu werden brauchen, wenn sie Informationen enthalten, die im Interesse der Landesverteidigung geheim gehalten werden müssen.[113]

Six' Dissertation („Die politische Propaganda der NSDAP im Kampf um die Macht") ist – wie seine Habilitationsschrift – eine wichtige zeitgeschichtliche Quelle, darüber hinaus *prima vista* eine frühe Beschreibung der Sprach- und Medienpolitik und -propaganda der NSDAP, faktisch aber kaum etwas anderes als ein Schulungsheft für werdende NS-Propagandisten. Zumindest wird die Grenze zwischen den Publikationsgattungen ‚Wissenschaft' und ‚Propagandaschulung' notorisch verwischt. Direkte Handlungsanweisungen werden

---

[112] GA Schuster 2.6.36, UA HD StaWi.Fak. Habil-Akte Six – zit. n. Urban/Herpolsheimer, op. cit., S. 177.
[113] Erlass REM 15.8.38, BA R 22/1710. Vor der Drucklegung mussten die Dissertationen u. a. wissenschaftliche Arbeiten auch dann der Parteiamtlichen Prüfungskommission (PPK) vorgelegt werden, wenn Informationen in ihnen die NS-Bewegung betrafen. AO REM 20.10. + 10.11.39, BA NS 8/209 Bl. 112–4. Am 20.2.40 wurde dieser Erlass auch auf den Bereich des Grenz- und Auslandsdeutschtums ausgedehnt. Erlass REM, BA R 21/331 Bl. 25 – vgl. a. Schuster 1943/44.

über weite Strecken sogar wissenschaftlich ‚ungetarnt' präsentiert und folgen überdies alles andere als logisch aus Ausagen, die man als wissenschaftliche Tatsachenbehauptungen werten könnte; obwohl auch diese in den seltensten Fällen empirisch belegt werden.

Die Quintessenz dieses Kapitels liegt in der Erkenntnis: Hans Ernst Schneider alias Hans Schwerte arbeitete beruflich und in einigen Fällen freundschaftlich mit einem Germanistennest zusammen, das im Vorzimmer von Kriegsverbrechern wirkte, und das über das Kriegsende hinaus. Natürlich plädieren wir hier nicht für eine Art Freundeskreis- oder auch Kollegenhaft als Variante der Sippenhaft. Wir werden aber kritisch zu prüfen haben, inwiefern hier der naheliegende Schritt in die Mittäterschaft vollzogen wurde.

X.

Das ›Ahnenerbe‹ der SS

Nach der Episode im ›Rasse- und Siedlungshauptamt‹ gerät Schneider hinfort bis zu seinem Namenswechsel 1945 in den Bann des ›Ahnenerbes‹ der SS. Genauer: Hier hat Schneider vom Oktober 1938 an seinen Arbeitsplatz.[1] Wir tun also gut, diese Wissenschaftsorganisation, später -institution der SS, in aller gebotenen Kürze, aber doch wieder anschaulich – und das heisst: empirisch und faktenreich – in einem Exkurs darzustellen.[2]

Die Entstehungsphase

1935 gründete Himmler zusammen mit dem Leiter des Rasse- und Siedlungshauptamts, dem Reichsbauernführer und Reichsernährungsminister Darré und dem holländischen Privatgelehrten Herman Wirth die Forschungsgemeinschaft ›Deutsches Ahnenerbe‹.[3] Den vermutlich letzten Anstoss zu dieser Initiative gab eine Podiumsdiskussion, die – obwohl aus noch darzulegenden

---

[1] Die Arbeit im ›Rassenamt‹ und die im ›Ahnenerbe‹ läuft eine Zeit lang parallel. Offiziell endet Schneiders Tätigkeit im RuSHA am 31.12.38 und die Tätigkeit im AE beginnt am 1.1.39. Sievers an Schneider 29.11.38, BA NS 21/577.

[2] Zum Ahnenerbe v. a. Lehmann-Haupt 1948 – Epstein 1960 – Pauwels/Bergier 1962, S. 367, 383 u. ö. – Kantorowicz 1964 [Für den Hinweis auf diese Publikation danken wir Ruth Römer] – Kater 1966 – Kater 1974 – Kinder 1977 – Simon 1985b – Schleiermacher 1988 – Auerbach 1992 – Lerchenmueller/Simon 1997, S. 62–65.

[3] s. Kater 1974, S. 24 ff. Zur Biographie Wirths vgl. ebd. S. 11 ff. sowie Ackermann 1970, 48 f. – Wirth war schon vor der Machtergreifung Gegenstand heftiger Diskussionen: Wiegers 1932 – Kutzleb 1932 – Baeumler/Fehrle 1932 – Als der Verlag Koehler und Amelang diese Verteidigungsschrift 1937 wieder auflegen will, erhebt das ›Ahnenerbe‹ übrigens Einspruch, weil es befürchtet, dass Herausgeber und einige Beiträger das zum Anlass nähmen, sich von diesem Sammelband öffentlich zu distanzieren. (Sievers an Koehler und Amelang 4.6.37, BA NS 21/736).

Gründen selbst unter Wissenschaftshistorikern nahezu vergessen – als öffentlichkeitswirksamste Veranstaltung in der Geschichte der Germanistik, wahrscheinlich sogar aller deutschen Philologien angesehen werden muss. Thema dieser Podiumsdiskussion war ein 1872 erstmals veröffentlichtes Werk in – wie es scheint – altfriesischer Sprache: die „Ura-Linda-Chronik". Was war an diesem Werk so aufregend, dass es nicht nur die germanistische Fachwelt, sondern auch die gesamte NSDAP aufwühlte und sogar in die Schlagzeilen der letzten Provinz-Gazette Deutschlands drang?

Die erwähnte Podiumsdiskussion fand am 4. Mai 1934 von 16 Uhr an bis über 20 Uhr hinaus im Audimax der Berliner Universität statt.[4] Organisiert worden war diese „*Aussprache*" durch die ›Gesellschaft für deutsche Bildung‹, vormals und nach dem 2. Weltkrieg wieder ›Germanistenverband‹, und vom ›Zentralinstitut für Erziehung und Unterricht‹, einer Einrichtung des Reichserziehungsministeriums.

Der Anlass für die Podiumsdiskussion war eine deutsche Übersetzung des grössten Teils eben jener Ura-Linda-Chronik, vor allem der merkwürdigerweise mit „*Einführung*" überschriebene, den Text um das Eineinhalbfache überragende Schlussteil.[5] Die Ura-Linda-Chronik hatte nach den Enthüllungsversuchen holländischer Gelehrter kurz nach ihrer Veröffentlichung vor damals 60 Jahren als eine der grössten Fälschungen der neuzeitlichen Geschichte gegolten. Der Herausgeber der neuerlichen Teilübersetzung, Herman Wirth, schon in den 20er Jahren als Verfasser mehrerer fantasievoller Werke bekannt, hatte nun diese Chronik nicht nur für echt befunden, sondern auch zur „*nordischen Bibel*" hochstilisiert. Das rief frühzeitig nicht nur den Protest der „*Zunft*" hervor, wie die Fachwissenschaftler im Jargon der NS-Wissenschaftler genannt wurden,[6] sondern auch den Protest der Leute um Rosenberg. Das Podium war entsprechend besetzt.

---

[4] s. dazu Kater 1974, S. 15f u. ö. – Ackermann, op. cit., S. 48 f.
[5] Herman Wirth: Die Ura Linda Chronik. Leipzig 1933.
[6] Schon vor der Veranstaltung erschienen folgende Beiträge zur Wirthschen Ausgabe:
  – Fritz H. Hewrmann: Herman Wirth`s Werk und die Wissenschaft. *Deutsche Rundschau* 59, 235, April 1933, S. 57–60,
  – J. Otto Plassmann: Die U-L-Chr. *Germanien* H. 11, 1933, S. 323–9,
  – Otto Bremer: (Rez.) *Hallesche Nachrichten*, 11.11.33,
  – Paul Merker/Friedrich Ranke/Theodor Siebs/Walther Steller: Zur U-L-Chr. Schlesische Zeitung 28.12.1933,
  – Walther Steller: Die Wirthsche Theorie im Lichte des Nationalsozialismus. ebd. 12.1.34,
  – Hans Seger: Tatsachenberichte der Chronik und die Vorgeschichte, ebd. 12.1.34,
  – Paul Merker / Friedrich Ranke / Th. Siebs / W. Steller: Um deutsche Wissenschaft und Sprache. Hermann (!) Wirth und die U-L-Chr. *Ethische* Kultur 42, 1, 15.1.1934, S. 9–12,

Diskussionsleiter war der Göttinger Germanistikprofessor, Universitätsrektor und Vorsitzende der ›Gesellschaft für deutsche Bildung‹, Friedrich Neumann, ein nach vielen Seiten hin verbindlicher Schönredner, später führend im NSD-Dozentenbund tätig, zumindest als Gutachter für die ganze Germanistik wichtig.[7] Auch sonst war das Podium mit Leuten besetzt, die in der Partei aktiv waren. Der erste Redner war zugleich der älteste. Gustav Neckel, emeritierter Ordinarius für Deutsche Philologie in Berlin, galt schon in der Weimarer Republik als der führende Nordist in Deutschland. Pikanterweise hatte er vor der Wirth'schen Herausgabe der Ura-Linda-Chronik für Herman Wirth Partei ergriffen, sich aber bereits in einer Rezension in der Berliner Zeitung ›Der Tag‹ vom 31.12.33 und in einer internen Sitzung der Berliner ›Gesellschaft für Deutsche Philologie‹ im Februar 1934 wegen dieses Buches entsetzt von ihm abgewandt. Als Votum eines Renegaten hatte Neckels Stellungnahme eine für die Echtheits-Befürworter verheerende Wirkung.[8]

Als zweiter sprach der *„Beauftragte für deutsche Sprache"* in Rosenbergs ›Kampfbund für deutsche Kultur‹, Theodor Steche.[9] Von Haus aus Chemiker, hatte er sich über das Studium von Terminologiefragen der Sprachwissen-

---

- Hermann (!) Wirth: Die U-L-Chr. *Die Westfäl. Heimat* 16, 1/2, Jan./Febr. 1934, S. 12 f.,
- Gustav Neckel: (Rez.) Der Tag 31.12.33,
- Ders.: Die U-L-Chr. *NS-Monatshefte* 5, 48, Mrz. 1934, S. 273–5,
- Ders.: Zur U-L-Chr. *Island* 20, 1, Apr-Juni 1934, S. 103–7.

[7] Neumann überführte die ›Gesellschaft für deutsche Bildung‹, vormals und nach 1945 wieder ›Germanistenverband‹, in den Nationalsozialistischen Lehrerbund. Für Details s. *Die Deutsche Höhere Schule* 2, 13, 1935, 465 – vgl. a. Simon 1990a.

[8] Neckels frühere Parteinahme für Wirth findet sich in: Baeumler/Fehrle 1932. An diesem Sammelband wirkten noch viele an Rosenberg orientierte Wissenschaftler mit. Rosenberg selbst scheint anfangs Wirth durchaus geschätzt zu haben, distanziert sich aber schon 1932 von ihm und unterbindet Wirths Mitarbeit an der nationalsozialistischen Zeitschrift ›Volk und Kultur‹. Rosenberg an Wirth 23.5.1932, PA. Wirth, BDC OPG – Grund: Wirth habe von Juden Geld angenommen, was dieser nicht leugnet und später sogar vor dem Obersten Parteigericht durch Himmler als keineswegs parteischädigend hinstellen lässt. (Darum geht es in der ganzen Akte PA. Wirth, BDC-OPG.) – Zu Neckel s. Kater 1974, S. 14 u. ö.; Hunger 1984; Lerchenmueller 1997.

[9] Zu Steche s. den von ihm selbst verfassten Lebenslauf vom 20.6.44 in der PA. St. im BDC – vgl. a. Simon 1986b, S. 92 sowie ders. 1989, S. 63 f. – ders. 1998e – Steche wusste vermutlich nicht, dass sein Vorredner Neckel ihn – wahrscheinlich in Unkenntnis seiner herausragenden Parteifunktionen – ein halbes Jahr zuvor der DFG gegenüber noch deutlich negativ beurteilt hatte. s. GA. Neckel 23.12.33, BA R 73/14901. Rosenberg persönlich hatte sich noch kurz zuvor für Steche eingesetzt. Rosenberg an Vahlen 7.12.33 ebd. R73/14902.

schaft zugewandt. Steche widmete sich der Theorie der Fachsprachenkonstruktion und lieferte nach Friedrich Kluge[10] und vor Eugen Wüster[11] dazu den wichtigsten Beitrag, der zugleich als Versuch zu verstehen ist, der Sprachpflege ein wissenschaftliches Fundament zu geben. Seine Arbeit fand in der Fachwelt durchweg positive Beachtung.[12] Steche ist Initiator des ersten der beiden (gescheiterten) Rechtschreibreformversuche im 3. Reich sowie Konstrukteur eines ›Reichsprachamts‹, dessen Leiter er werden sollte, das aber ebenfalls in dieser Form nicht zustande kam.[13] Mit Wüster verband Steche überdies sein Engagement für das Esperanto, dessen Verbot – genauer: „Zwangsselbstauflösung" – wohl auch seine parteiamtlichen Aktivitäten merklich bremste.[14] Zur gleichen Zeit habilitiert er sich in Greifswald.[15]

Steche hatte sich wohl für seine führende Tätigkeit im „Kampfbund für deutsche Kultur", dem er im Frühjahr 1932 beigetreten war, in die Stammesgeschichte der Germanen eingearbeitet;[16] mit den dabei erworbenen oberflächlichen Kenntnissen hatte er sich im „Völkischen Beobachter" negativ über Wirths Wiederbelebungsversuch der Ura-Linda-Chronik geäussert.[17]

Steche, zu der Zeit gerade Zensor in der Reichsstelle zur Förderung des

---

[10] vgl. Kluges zahlreiche themenspezifische Artikel u. a. in seiner *Zs. f. Wortforschung*, S. 1901 ff., ausserdem: Sprachreinheit und Sprachrichtigkeit – geschichtlich betrachtet. *Zs. d. Allg. Dt. Sprachvereins* 9, 10/11, Okt. 1894, S. 201–211.

[11] vgl. E. Wüster: Internationale Sprachnormung in der Technik. Berlin 1931, Bonn 1966² – Steche und Wüster kannten als Esperantisten sicher auch die Beiträge des Nobelpreisträgers und Weltsprachen-Promotors Wilhelm Ostwald zu Sprachnormfragen. vgl. Ostwald 1910 – ders. 1911 – Den Hinweis auf Ostwald verdanken wir Peter Michael Berger.

[12] Theodor Steche: Neue Wege zum reinen Deutsch. Breslau 1925 – St. dazu in seinem Lebenslauf: *„Diese und weitere Schriften wurden von den Germanisten so gut aufgenommen, dass ich zu diesem Fach überging."* St. leitet ab 1926 in Göttingen eine sprachpflegerische Beratungsstelle des DSV. (s. dazu die Archivalien im Stadtarchiv Göttingen II A 13 Nr. 138). 1931 ist er Obmann des Beirats des DSV (s. *Muttersprache* 46, 7/8, Juli 1931, S. 295).

[13] s. Simon 1998e.

[14] Steche war der Sohn Albert Steches, des langjährigen Präsidenten des ›Deutschen Esperantobundes‹ (DEB) und hielt noch Pfingsten 1931 die Festrede auf dem 20. Kongress des DEB in Hamburg. s. Steche 1931 – Zum Schicksal des Esperanto im 3. Reich s. Lins 1988 S. 64ff – vgl. a. die Rezension in ›Argument‹ 175, 1989, S. 453–455.

[15] Einen Teil der Habil.-Akten findet man im BA R73/14901-2, den anderen im UA Greifswald. Der Antrag der Uni Greifswald auf Ernennung zum ausserplanmässigen Professor wird am 29.9.44 *„auf ein Jahr zurückgestellt"*. PA. Steche BDC – Vgl.a. PA Steche UA Greifswald PA 267 sowie BA R 73/14901.

[16] s. Steche 1934a – Ders. 1936 – Ders. 1942 – Ders. 1944.

[17] Steche 1934b – vgl. a. ders. 1934c.

deutschen Schrifttums,[18] ist in der Auseinandersetzung mit politischen Gegnern normalerweise alles andere als zimperlich – manchmal ist er im Sinne Rosenbergs denunziatorisch tätig[19] und organisiert als Rosenbergs V-Mann sogar Gleichschaltungsversuche[20] –, doch an diesem Spätnachmittag argumentiert er auf dem Podium im Audimax eher defensiv: Zur Hauptsache dürfe man Wirth und sein Werk nicht mit dem Nationalsozialismus in Verbindung bringen.

Als Befürworter der Echtheit traten, neben Herman Wirth selbst, Walther Wüst und Otto Huth auf. Stärker noch als in der Einführung zu seiner Ausgabe betonte Wirth die Echtheit der Quellen der Chronik, nicht die der Chronik selbst. Die Frage der Echtheit der Quellen allerdings könne weder mit der Methodik der Linguistik – vermutlich meint er: Philologie –, noch mit der der Vorgeschichtsforschung entschieden werden. Diese scheint er sogar als „*Auswüchse des liberalistischen Zeitalters*" bezeichnet zu haben.[21] Die von Wirth vertretene und weitgehend begründete Geistesurgeschichts-, Symbol- und Urschriftforschung hätte jedenfalls ihre eigene Methode. Wüst und Huth stehen in den Zeitungsberichten nicht im Vordergrund. Über Wüst heisst es aber immerhin einmal:

> Als zweiter Verteidiger sprach als ein sehr wendiger Advokat für die Echtheit der Chronik der Münchner Indologe Professor Walter [!] Wüst. Statt sich nüchterner sauberer Sachlichkeit verpflichtet zu fühlen, war ihm vor allem daran gelegen, Erfolg und Gunst beim Publikum zu erhaschen. Die Rolle des Verführers lag ihm näher als diejenige eines ehrlichen Führers des Volkes. Er stellte es als das Ziel der weiteren Forschung über die Ura-Linda-Chronik hin, eine kritische Ausgabe der Chronik zu schaffen, um mit ihrer Hilfe den echten alten Kern herauszuschälen.[22]

Wüst hatte schon 1929 zu Wirths „Aufgang der Menschheit" – übrigens durchaus kritisch, d. h. als „*Fingerzeig [...], in welcher Richtung [...] sein*

---

[18] Er kehrt das mehrfach heraus bei seinen zahlreichen DFG-Anträgen. vgl. Steche an Stark 28.12.34, BA R 73/14902.
[19] Etwa in der Auseinandersetzung mit Georg Schmidt-Rohr: Steche an RMI, Promi, REM 1.11.33, ZStA Po RMI 27173 Bl. 69–71 – Steche an Buttmann, 2.11.33 ebd. Bl. 72 – St. an Promi et al. 9.11.33 ebd. Bl.76 – Zum Hintergrund der Auseinandersetzung s. Simon 1984 – Simon 1986a – Simon 1986c. In ähnlicher Weise wird Steche in Sachen Wilhelm Schwaner aktiv. St. an Reichsüberwachungsamt der NSDAP 2.11.35, IfZ Mchn. MA 116/16 – St. an Schaefer 30.11.35 ebd.
[20] s. Steche o. D. [nach Mai 1934]: Kurze Darstellung der Versuche, den DSV mit dem ›Kampfbund für deutsche Kultur‹ und der NSDAP in Verbindung zu bringen, BA NS 15/293 Bl. 0357735-6 – vgl. dazu Simon 1989 – Ders. 1992.
[21] So jedenfalls Wegener 1934 – Eine Abschrift dieses Artikels findet sich im BA NS 21/809.
[22] ibid.

Werk in einer der Wissenschaft dienlichen Weise umgearbeitet werden könnte" – Stellung genommen.[23] Huth trat als Vertreter des ›Reichsbundes für Volkstum und Heimat‹ auf. Sein Versuch, die Echtheit der Chronik durch das Vorkommen des Vestakultes, des Kultes des ewigen Feuers oder Lichts, das von jungfräulichen Priesterinnen bewacht wird, zu beweisen, wurde durch Zwischenrufe wie „*mehr Feuer*" oder „*Huth ab*" unterbrochen.[24]

Gegen die Echtheit der Ura-Linda-Chronik äusserte sich weiterhin der Prähistoriker Karl Hermann Jacob-Friesen. Er referiert zentral bisherige Kritiker,[25] die die Vermutung geäussert hatten, die Ura-Linda-Chronik sei über weite Passagen eine Satire des infrage kommenden Verfassers Cornelius Over de Linden. Er sah in der Chronik eine politische Gefahr, weil sie davon ausgeht, dass die Slawen schon vor den Germanen im heutigen Ostdeutschland gesessen hätten.

Als absoluten Höhepunkt der Veranstaltung wurde von der Presse einmütig der Schlussvortrag des Berliner Ordinarius Arthur Hübner gewertet. Hübner galt als eine der grössten Hoffnungen der Linguistik der damaligen Zeit. Ihm schreibt man das Verdienst zu, dass das Grimm'sche Wörterbuch seit den 30er Jahren so zügig vorangetrieben wurde, dass es in den 60er Jahren fertig wurde.[26] Zugleich leitete er den ›Atlas der Volkskunde‹. 1936 wird er designierter Leiter des frisch gegründeten Sprachpflegeamts, stirbt aber 52jährig, bevor er diese Funktion faktisch übernehmen kann.[27] Die Niederlage der Echtheits-Befürworter in dieser Podiumsveranstaltung wurde damals vor allem ihm zugeschrieben. In dem Bericht Max Wegeners klingt das so:

> In den meisterhaften Ausführungen des Berliner Universitäts-Professors Arthur Hübner fand die Aussprache ihren würdigen und dem Ernst der ganzen Fragestellung angemessenen Ausklang. Er vermochte selbst in dieser späten Stunde die Aufmerksamkeit der Zuhörer so sehr zu fesseln, dass keiner seiner wichtigen Einwände gegen die Echtheit dieses Machwerkes überhört werden konnte. Er wies nach, dass man in der Ura-Linda-Chronik nicht einen echten Kern und spätere Überschichtungen zu unterscheiden habe, sondern dass die

---

[23] Wüst 1929.
[24] Wegener l. c.
[25] Zu Jacob-Friesen s. PA im BDC. Danach gab es 1936 erhebliche Anstrengungen im ›Ahnenerbe‹, Jacob-Friesen beruflich „*auszuschalten*". AV. Weigel 10.2.36 Bl. 348 f. – Später freilich wird Jacob-Friesen auf Fürsprache ausgerechnet von Himmler, der sich als toleranter erweist als seine SS-Forscher, sogar zum teilnehmenden Mitglied des ›Ahnenerbes‹ ernannt. Reichsführer-SS an Kieckbusch, 31.7.39 ibid. Bl. 356 f.
[26] s. Schoof 1938 – Denecke 1971 – Kirkness 1990 – Schoof war übrigens einer der wenigen eindeutigen Rassisten unter den Linguisten des 3. Reichs. s. etwa W. Schoof: Ein Jude gegen Jacob Grimm. *DWD* 3, 1/2, 5.1.1942, S. 10f [Der Jude ist Daniel Sanders].
[27] s. dazu Simon 1992 und ders. 1989 – Lerchenmueller/Simon 1997, S. 29.

einheitliche und geschlossene Abfassung dieser Fälschung sich an den durchgehenden gleichbleibenden Bauprinzipien erkennen lasse. Er wies nach, dass die Einheit dieses Werks in der geistigen Welt des 19. Jahrhunderts begründet sei, dass es in der Gedankenwelt der französischen Revolution und der Aufklärung mit ihrer von Moral triefenden Tugendlehre, mit ihren Humanitätsideen, ihrer Vernunftreligion und ihrer Anschauung vom Naturrecht verwurzelt sei. Und endlich vermochte er es zur Wahrscheinlichkeit zu erheben, dass der Urheber dieser Fälschung der viel gebildete Cornelius Over de Linde [!] gewesen sei, in dessen Besitz die Handschrift zum Vorschein kam. Wir besitzen ein Verzeichnis seiner Bibliothek und finden in ihr alle diejenigen Bücher, deren Gedankengut durch die Chronik verarbeitet wurde. Zum Schluss deutete Hübner auf die Tragik hin, die darin liege, dass gerade das Werk, das ganz im aufklärerischen liberalistischen Geist des 19. Jahrhunderts verwurzelt sei, als die Offenbarung unseres Ahnenwerkes gelten solle.[28]

Der Volkskundler Fritz Böhm kommentierte Hübners sehr schnell veröffentlichte Rede folgendermassen:

> Wer der Aussprache, die am 4. Mai 1934 in der Berliner Universitätsaula für und gegen die Echtheit veranstaltet wurde, beigewohnt hat, wird den überwältigenden Eindruck, den seine Ausführungen in dieser Disputation machten, nicht vergessen [...] An jenem Abend wurde die ‚Urbibel der Germanen' für jeden Unbefangenen abgetan [...].[29]

Man sollte allerdings klar sehen, in welchem Masse Hübner, um in dieser Auseinandersetzung nicht in den Geruch eines Antifaschisten zu kommen, auf nationalsozialistische Idiologeme rekurrierte, wohlwissend, dass Herman Wirth sehr schnell mit Urteilen bei der Hand war, die im Kontext der damaligen Zeit als Diffamierungen angesehen werden mussten.[30] Überdies musste sich Hübner in dieser Hinsicht keineswegs sonderlich anstrengen. Es besteht kein Anlass, an der Aussage zu zweifeln, die sein begabtester Schüler und engster Mitarbeiter Ulrich Pretzel in seinem Nachruf fand:

> [...] der Mann, für den es keiner geräuschvollen Gleichschaltung bedurfte, begrüsste mit heissem Herzen jeden neuen Ruck unserer Volkwerdung; aber er hasste die Lüge und die Phrase, und bange Sorge beschlich ihn oft, wenn er das grosse Werk durch sie gefährdet sah. Er liebte die stille, umso energischere Tat, das männliche Eintreten für die reine Sache. Jener denkwürdige Tag, mit dem die Ura-Linda-Chronik Herman Wirths dank seinem Eingreifen ihren letzten Tag erlebte, wird wohl in die deutsche Geschichte eingehen
> – um tapfer zu sein, bedarf es nicht immer der Uniform.[31]

---

[28] Max Wegener op. cit.
[29] Rez. Fritz Böhm. *Zs. f. Volkskunde* NF. 6 = 44, 1934, S. 74.
[30] s. Wirth 1933, S. 139f, wo er die holländischen Kritiker der Ausgabe von Ottema 1872 pauschal als „*unter überwiegend jüdisch-geistiger Führung*" stehend bezeichnete.
[31] Ulrich Pretzel: Arthur Hübner – Worte des Gedenkens. Gesprochen in der Sitzung der Gesellschaft für deutsche Philologie am 5. Mai 1937. Berlin o. J., S. 12 – In der Nachschrift zu der von ihm zitierten Rede verwahrt Hübner sich überdies heftig gegen Wirths Vorwurf,

Hübner konnte dennoch froh sein, dass er trotz seiner deutlichen Distanzierungen auch von dieser Denkrichtung bei den SS-Forschern fortan immer nur als „*Liberaler*" galt – obwohl auch das ein Verdikt war.[32]

Wahrscheinlich lag in der Niederlage, die Himmlers Favoriten und spätere hauseigene Forscher auf dieser Podiumsdiskussion erlitten, auch der letzte Anstoss für die Idee, eine Gesellschaft zu gründen, die Himmlers Vorstellungen von Forschung aufgreifen und weiter verfolgen sollte. Ob Himmler damals schon an Herman Wirth als Präsident einer solchen Gesellschaft dachte, ist unklar.[33] Klar war aber von vornherein, dass Forschungsrichtungen wie die von Wirth, die sich nicht nur als alternativ zur universitär anerkannten präsentierten, sondern auch als pronazistisch, zunächst weitaus mehr Sympathien genossen.

Das ›Ahnenerbe‹ in seinen Selbstdarstellungen

Einen Überblick über das ganze Imperium des ›Ahnenerbes‹ liefert Abbildung 11 (siehe S. 183). Seine Entwicklung lässt sich am besten in aller Kürze anhand seiner Selbstdarstellungen skizzieren und in Ansätzen kritisch kommentieren. Einige – allerdings unbedeutende – Darstellungen des ›Ahnenerbes‹ wurden dabei durch Journalisten ausgelöst, die zum Teil reichlich missglückt waren.[34] Wir konzentrieren uns hier auf die autochthonen Selbstdarstellungen.

Herman Wirth, nach der Gründung des ›Ahnenerbes‹ am 1.7.1935 frisch gebackener Präsident dieses aus seiner ›Gesellschaft für Geistesurgeschichte‹ hervorgegangenen eingetragenen Vereins, erklärt einem – vermutlich holländischen – ›Bund völkischer Wandervögel‹ im August 1935 anlässlich ihres

---

er sei „*einer der gehässigsten Gegner der nationalsozialistischen Bewegung und Anhänger der Ära Braun-Severing*" gewesen (op. cit., S. 41). Er, Hübner, habe im Gegenteil „*in Front gegen das System Braun-Severing gestanden*" (ebd.). In vielen Reden habe er seit 1919 „*seine gegen das Weimarer System gerichtete politische Meinung vertreten*" (ebd.). Natürlich könne er nachweisen, dass er „*alles eher als*" ein Nazi-Gegner sei (ebd.).

[32] z. B. Sievers an Wüst 6.11.36, BA NS 21/624.

[33] Kater 1974, S. 16 u. ö. geht davon aus, dass Himmlers Entscheidung, Wirth zum Präsidenten des ›Ahnenerbe‹ zu machen, frühestens im Oktober 1934 bei einem Treffen bei Johann von Leers fiel, an dem ausser Himmler und Wirth auch Darré teilnahm.

[34] Ms. Heinz Ulrich, Pressekorrespondenz Prisma o. D. [vor 2.9.37], BA NS 21/368 – vgl. a. Sievers an Hagemeyer 2.9.37 + Neufassung Sievers, ibid.

geschlossenen Beitritts zum ›Ahnenerbe‹ [35] die Ziele des Vereins folgendermassen:

> Seine Aufgabe als erste geistesurgeschichtliche Schau der Vergangenheit unserer Rasse und unseres Volkes ist, unserem Volke und besonders unserer Jugend volle Klarheit zu geben über das, was unser gottgewollt-arteigenes Erbgut ist, was unser Wesen bedingt, was in der Geschichte unseres Volkes wie in unserem Einzelleben immer wieder zum Durchbruch gelangt trotz aller artfremden Überschichtung. Das ‚Deutsche Ahnenerbe' als Schau, Weihe- und Sammelstätte, als Forschungs-, Lehr- und Lernanstalt soll unserem Volke und seiner Jugend das als bewusst wissenden Gemeinbesitz wiedergeben, wohin einst unsere deutsche Jugend in unerschütterlichem Glauben erbahnend aufbrach.

Wie viele Politiker zu Beginn des 3. Reichs, wenn auch nur wenige im Rahmen des ›Ahnenerbe‹ forschende Gelehrte, spezifiziert Wirth diese Zielsetzung in Bezug auf das weibliche Geschlecht:

> Unsere weibliche Jugend soll wieder in diesem Geiste werden, dass unser Volk in [der] [36] Frau – etwas ‚Geweihtes und Vorahnendes' zurückerhält, die ‚Weise Frau' und Volksmutter, die Hüterin heiligster Güter im Herzen der Jugend, des Volkes, die uns sagen kann, ‚was sich ziemt'.

Die Frau ist Volksmutter, zuständig für die Überlieferung des Volkes, aber fern von der Machtausübung und daher überhöht zu etwas Heiligem, wie alles, was in diktatorischen Gesellschaften lediglich die Aufgabe der Vermittlung einer Gesinnung hat, die den eigentlich Mächtigen ins Konzept passt.[37] Klar, dass die Männer eine ganz andere Aufgabe haben:

> Unsere männliche Jugend soll in heldischem Geiste der Ahnen werden, im treuen Dienste von Volk und Staat, in Werk und Wehr stehen. Eine sieghafte Kraft soll wiedererstehen.

---

[35] Aus einem Brief Wirths an Himmler vom 17.7.1935 geht hervor, dass er vom 5.–8. August im Rahmen eines Schulungslagers für einen „*eigenen studentischen Arbeitskreis*" in Bakeveen einen Schulungskurs zu leiten gedenkt. Die folgenden vier Zitate aus einer anderen Archivalie lesen sich wie ein Redemanuskript für diese Gruppe. Beides ist überliefert im BA NS 21/703.

[36] Im Original: „*seiner Frau*", vermutlich verursacht durch die unübersichtliche Konstruktion des Satzes. „*Seine Frau*" würde aber zum definitorischen Ausschluss der Frau aus dem Volk führen, was allerdings im Nationalsozialismus und auch sonst bei Wirth zumindest ungewöhnlich wäre. Die Lesart könnte man auf mangelnde Beherrschung des Deutschen zurückführen, was bei dem Holländer Wirth in seinem umfangreichen Oeuvre andererseits ziemlich singulär wäre.

[37] Nichtöffentlich kann auch Wüst z. B. gegenüber der Reichsfrauenführerin ähnliche Töne anschlagen: Wüst an Scholtz-Klink 17.5.38, BA NS 21/601 und 730 – s. Scholtz-Klink 1968 – Zur Rolle der Frau in der ns-Gesellschaft s. von Gersdorf 1969 – Reese-Nübel 1988 (dort auch themenspezifische Artikel von Gabriele Czarnowski, Susanna Dammer u. a.) – von der Decken 1988 -Kater 1983 – Macciocchi 1976 – Stephenson 1975 – Klinksiek 1982 – Lück 1979 – Mason 1976a – Ders. 1976b – Arendt 1982 – Wiggerhaus 1986 – Hermand 1988, S. 245–253 – Kuhn/Rothe 1987.

Was das ›Ahnenerbe‹ dazu beitragen kann, das bringt Wirth auf folgende Formeln:

> Wir wollen unserem Volk sein göttliches Erbgut zurückgeben, das was unsere fernen Ahnen an Ewigkeitswerten vom Sinn des Lebens, der Art, der Geschlechter, des Volkes und der Heimat uns einst erschlossen. – Es gilt, ein neues Wissen um dieses unser weltanschauliches Vermächtnis aufzubauen, was die Wissenschaft eines hinter uns liegenden Zeitabschnittes uns nicht erschliessen konnte. Wir wissen, dass es uns angeboren ist, dass es immer in uns gelebt hat, und dass wir es erahnend suchten und suchen. Nun soll es unserem Volk wieder der Weg zur Selbstbesinnung und Selbstbestimmung werden, seine innere Bindung und über die eigene Volksgemeinschaft die kommende Bindung mit den stammverwandten Völkern.

Das ›Ahnenerbe‹ setzt also bei den Entfremdungserlebnissen der Menschen an, deutet sie als Ergebnis eines Überfremdungsprozesses des eigenen Erbes, der eigenen Rasse und des eigenen Volkes, verspricht, die Entfremdung durch Rückbesinnung auf diese „*Ewigkeitswerte*" aufzuheben, die Menschen durch Abwehr des Fremden zu sich selbst und einem Lebenssinne finden zu lassen.[38] Es bemüht sich, die in der Unzufriedenheit des Volkes liegende Hoffnung in Bahnen zu lenken, die das biologistische und rassistische Gedankengut der vergangenen Jahrzehnte vorzeichneten, das die Nazis lediglich eklektisch bündelten, sowie punktuell zuzuspitzen und – im Gefolge völkischer Propheten, der auch Wirth in der Weimarer Republik lediglich war – in der germanischen Vorzeit zu verankern suchten.

Wirths Mutterkult wird zumindest im ›Ahnenerbe‹ später stark heruntergefahren. Dafür ist gerade auch Hans Ernst Schneider ein Zeuge. Als der holländische Verleger und Geschäftsführer der ›Volkschen Werkgemeenschap‹ Hermann van Houton 1941 ihm einen Artikel von Wirth („Von Kinderstein und Gottesjahr") zur Begutachtung zuschickt, reagiert Schneider – völlig konform mit der inzwischen gewandelten ›Ahnenerbe‹-Einstellung zu Wirth und seinem Mutterkult:

> Wie ich Ihnen schon mehrfach mitteilte, ist der Inhalt dieses Manuskripts von uns aus, sowohl wegen seiner mangelnden wissenschaftlichen Stichhaltigkeit wie auch wegen seiner weltanschaulichen Folgerungen, grundsätzlich abzulehnen. Eine Drucklegung in Holland würde ich auf jede Weise zu verhindern versuchen, da ein solches Werk im augenblicklichen Aufbau unserer Arbeit in den Niederlanden nur grösste Verwirrung hervorrufen müsste. Herman[39] Wirths Verdienste sind anerkannt, jedoch ebenso deutlich bekannt sind seine weltanschaulichen Phantastereien. Es besteht kein Grund, diese in Holland zu wiederholen.

---

[38] Die Umdeutung von Entfremdungserlebnissen in Überfremdungsängste hat natürlich eine lange Tradition, die schon bei Fichte („*der geschlosse Handelsstaat*", 1800) in voller Blüte steht; vgl. Hermand, op. cit., S. 31.

[39] Schneider schreibt regelmässig fälschlicherweise „Herman*n* Wirth".

[…] Die Überbetonung der Mutter und Frau in einer angeblich urarischen Zeit [ist besonders ablehnenswert]. Wirth konstruiert einen Zustand, in dem die ‚Mutter' fast die gesamten kultischen und staatlichen Funktionen in der Hand gehabt haben soll. Demgegenüber stellt er den späteren germanischen Männerbund, der dieses goldene Zeitalter angeblich mit seinem einseitigen Tat- und Kampfwillen zerstört habe. Das germanische Kriegertum erscheint nach Wirth als Entartung des altarischen Mutterglaubens[…]⁴⁰

Klar, dass das ›Ahnenerbe‹, so sehr es vor 1939 noch vom Friedensfürst Hitler schwärmte, in Kriegszeiten nicht gegen germanisches Kriegertum votieren konnte.

Gut ein halbes Jahr später werden die Ziele des ›Ahnenerbes‹ einem gänzlich anderen Adressaten gegenüber, nämlich dem Reichserziehungsministerium, folgendermassen definiert:

Die Aufgaben des Deutschen Ahnenerbes sind im wesentlichen folgende:

a) Die zerstreuten und noch überkommenen Geistesdenkmäler unseres Stammes, seines Volks- und Brauchtums von frühester Vergangenheit bis zur Gegenwart erstmalig zu sammeln und sie zu einer Gesamtschau zu vereinigen und die erzielten Ergebnisse breitesten Volksschichten zugänglich [!] zu machen. Dadurch sollen die erbmässigen Eigenwerte der deutschen Seele geschützt, erhalten und vor Verkümmerung und Verfälschung bewahrt werden.

b) Die Heranziehung und Ausbildung von Kräften, die geeignet sind, die Sammlungen des Deutschen Ahnenerbes erzieherisch auszuwerten.

c) Die Durchführung der vom Vorsitzenden des Kuratoriums des Deutschen Ahnenerbes [d. h., Himmler] anlässlich der Ausstellung ‚Der Lebensbaum im germanischen Brauchtum' in seiner Eröffnungsrede gegebenen Richtlinien.⁴¹

Auch in dieser Selbstdarstellung klingt das Überfremdungsmotiv an, spielt aber nur eine untergeordnete Rolle. Im Vordergrund stehen Ausstellungen. Die Betonung der pädagogischen Aspekte muss vom Zweck der Ausführungen her verstanden werden: das Reichserziehungsministerium nämlich zur finanziellen Unterstützung – man erwartet 48 600 RM – zu bewegen.⁴² Am Anfang ist das ›Ahnenerbe‹ in der Tat vollauf mit der Planung und Durchführung von Ausstellungen befasst. Es kommt dann zwar nur zu der im Zitat erwähnten Ausstellung. Geplant war aber zumindest noch eine Ausstellung

---

⁴⁰ Schneider an van Houton 27.5.41, RIOD Amsterdam 16a.
⁴¹ Sievers an REM 4.3.36, BA NS 21/661. Auch sonst versucht man die Mächtigen des 3. Reiches für das ›Ahnenerbe‹ zu gewinnen. Die dabei artikulierten Selbstdarstellungen sind noch stärker auf die Interessen des jeweiligen Adressaten zugeschnitten. Bei Göring z. B. auf die Welteislehre. s. Himmler an Göring 19.3.37, BA NS 21/676 – vgl. dazu Ackermann 1970, S. 45 f. – Himmlers Rede vom 8.2.36, die im „Verzeichnis der Reden Himmlers" bei Smith/Peterson 1974, S. 268–277 nicht aufgeführt ist, findet sich im BA NS 21/674.
⁴² Sievers an REM 4.3.36, BA NS 21/661.

zum Thema „Odal". Der in der Edda vorkommende Begriff ‚odal' wurde im Umkreis von Darré und Himmler im allgemeinen mit ‚*Adelsbesitz*', ‚*Familieneigentum an Grund und Boden*' übersetzt,[43] als Dehnstufe zu Adel etymologisch in Beziehung gesehen und als Zentralbegriff der germanischen Volksgemeinschaft aufgefasst.[44] Darré und Himmler wollten ihn rekultivieren im Rahmen einer geplanten Wiederbelebung germanischer Religiosität. Sie sahen hier eine Möglichkeit, die nationalsozialistische Blut- und Boden-Ideologie im Germanentum zu verankern. Nach der Machtergreifung entspann sich um den Odals-Begriff in den Zeitungen und Zeitschriften ein ähnlicher Streit wie um die Ura-Linda-Chronik, in dem der Altmeister der damaligen Linguistik, Otto Behaghel, eine vergleichbare Rolle spielte wie Arthur Hübner im Ura-Linda-Streit.[45]

Dem Schreiben an das Reichserziehungsministerium fügt das ›Ahnenerbe‹ die erste Fassung einer Werbeschrift bei, in der die Aufgaben des ›Ahnenerbe‹ vornehmlich als Kritik an der universitären Forschung verpackt sind. Darin heisst es zum Beispiel:

> Mehr als einmal sind über das deutsche Volk im Laufe seiner Geschichte verheerende Gewitter hingegangen, die Volk und Land in den Wurzeln ihres Wachstums getroffen und für lange Zeit ihren Wuchs behindert haben. Mancherlei waren die Verheerungen, die damit an der Deutschen Volkheit angerichtet wurden: Einmal hat man dem Deutschen Volk das genommen, was es als Erbteil langer Reihen und Ahnen der Welt als seine Weltanschauung abgewonnen und was es als Sinnbilder seiner Lebensauffassung geprägt hat. Zum anderen Mal hat man ihm das Wissen um diese Welt und damit das Wissen von seinen eigenen Ursprüngen genommen, bis es, blind geworden für seine eigene Art, die besten Eigenwerte seiner Seele aus fremden Wurzeln ableitete oder aber, in unbewusstem inneren Zwiespalt befangen, im Kampf zwischen Eigenwerten und fremden Werten den inneren Halt überhaupt verlor. Das zweite hat sich aus dem ersten ergeben; ein von seinen Wurzeln abgeschnittener Baum muss ja mit Notwendigkeit verdorren und verfaulen oder zum Nährboden für wild wuchernde Parasiten werden, die ein fremder Wind aus Süden, Westen und Osten herbeigeweht hat. [46]

---

[43] So noch Pfeifer 1982, S. 15 f.
[44] s. Ackermann 1970, S. 201.
[45] Zum Thema „Odal" s. die gleichnamige Zeitschrift sowie Gauch 1934² − von Leers 1935 (s. dazu die Kritik in der *NS-Bibliographie* 4,5, 1939, S. 16: „*Die tatsächliche Bedeutung und Zuverlässigkeit der angeführten Quellen wird nicht immer kritisch genug gewertet."*) Zu Behaghel und dem Odals-Streit: Kluge/Maurer/Weigel 1982 – Olt/Ramge 1984 und die dort angegebene Literatur. Nach unseren Unterlagen ist Behaghel nicht anders einzuschätzen als Hübner. Zumindest halten wir es für völlig verfehlt, ihn zu einer Art Widerstandskämpfer aufzumotzen, wie das etwa Olt/Ramge tun.
[46] Heinrich Himmler: Was will das Deutsche Ahnenerbe? Jan. 36, BA NS 21/661 + 674 + 730.

Dieses Zitat ist der erste Abschnitt einer – von Himmler unterschriebenen – Vorfassung („Himmler-Fassung") des ersten Kapitels eines Werbesprospekts, für das dort Himmlers Stellvertreter Reischle verantwortlich zeichnete („Reischle-Fassung").[47] Wahrscheinlich noch 1937 wurde dieser Prospekt erneut überarbeitet. Unterzeichnet wurde diese dritte Version von jemandem, mit dem man im Januar 1936, als die zitierte Vorfassung entstand, überhaupt erst Kontakt aufgenommen hatte: Walther Wüst („Wüst-Fassung").[48] In dieser zuletzt erwähnten Fassung ist übrigens der letzte Satz weggelassen. Sie ist überhaupt stark gekürzt worden. Lediglich der Einleitung sind über eine Erweiterung der „Reischle-Fassung" hinaus weitere einführende Sätze vorangestellt worden. Schon die „Reischle-Fassung" war eine Kürzung. So fehlt dort bereits das ganze Kapitel *„Wie arbeitet das Deutsche Ahnenerbe?"*. Dass eine Person eine Fassung unterschrieb, bedeutet in diesem Fall noch weniger als in anderen, dass er sie auch verfasste. Der Name des vermutlichen Autors der ursprünglichen Fassung taucht sogar nirgends auf: Herman Wirth. Von allen an der Abfassung des Werbeprospekts Beteiligten, einschliesslich des Reichsgeschäftsführers Wolfram Sievers, verfügte keiner über einen derart metaphernreichen Stil.

Auf Himmlers Befehl entstand mit Datum vom 15. März 1937 auch noch eine Selbstdarstellung aus der Feder Walther Wüsts, in der wieder das Überfremdungsmotiv im Vordergrund steht, die aber in der Tradition der Selbstdarstellungen des ›Ahnenerbes‹ offenbar keine Spur hinterliess[49] (nicht zu verwechseln mit der oben erwähnten „Wüst-Fassung").

Waren in der „Wüst-Fassung" des Werbeprospekts die Ausführungen über den Zweck des ›Ahnenerbes‹ schon beträchtlich gekürzt, so beschränken sich die späteren – völlig namenlosen – Selbstdarstellungen in ihren Äusserungen zum Zweck des ›Ahnenerbe‹ auf das, was schon die „Reischle-Fassung" positiv dazu zu sagen wusste, den Zweckparagraphen der Satzung[50] aufnehmend:

---

[47] Hermann Reischle: Was will das Deutsche Ahnenerbe? *Germanien* H. 11, Nov. 1936, S. 337 ff. – Von dieser Fassung gab es auch ein Prospekt: BA NS 21/677.
[48] Walther Wüst: Die Arbeit des ›Ahnenerbes‹. Prospekt o. D. [1939], BA NS 21/163 + NSA Wolfenbüttel 12 A Neu 13 Nr. 18782 Bl. 13–17.
[49] Wüst: Deutsches Ahnenerbe – Das Ahnenerbe. 15.3.37, BA NS 21/729.
[50] z. B. BA NS 21/612 I u. ö. Zu den Satzungen s. Simon/Back: Mit Akribie und Bluff ins Zentrum der Macht [in Kürze]. Ab Februar 1936 wird ihnen eine Geschäftsordnung beigefügt. s. BA NS 21/755. Diese erhält am 10.10.36 eine *„Ergänzung"*. ibid. Beide dienen dazu, die Position des Reichsgeschäftsführers zu stärken.

Das ›Ahnenerbe‹ hat die Aufgabe:
1. Raum, Geist und Tat des nordischen[51] Indo-Germanentums zu erforschen.
2. Die Forschungsergebnisse lebendig zu gestalten und dem deutschen Volke zu vermitteln
3. Jeden Volksgenossen aufzurufen, hierbei mitzuwirken.[52]

Die Selbstdarstellungen, anfangs meist zu Werbezwecken geschaffen, kehren zunehmend nur das Repräsentative heraus. „Werbe"-Prospekt kann man das nur noch bedingt nennen. „Vorzeige"-Prospekt wäre angebrachter. Es handelt sich um Kurzinformationen, manchmal wie die vom April 1939 pompös aufgemacht, explizit *„für unsere Gönner und Förderer".*[53] Für den Sicherheitsdienst wird diese ergänzt durch ein Schreiben, *„wie das Ahnenerbe betrachtet werden soll."*[54] Die Auseinandersetzung mit gegnerischen Wissenschaftsauffassungen fehlt jedenfalls völlig, ebenso Versuche, den Leser für die Ziele des ›Ahnenerbe‹ zu gewinnen, wenn man von der blossen Absichtserklärung unter Punkt 3 absieht. Natürlich wurden auch die Metaphern gänzlich aus dem Text gefegt. Nach dem Wechsel an der Spitze der Deutschen Forschungsgemeinschaft gelingt es dem ›Ahnenerbe‹ im Dezember 1937 das Vertrauen des neuen DFG-Präsidenten mit folgender kurzer Selbstdarstellung zu gewinnen:

> […] exakte wissenschaftliche Leistung ohne dogmenhafte Enge, kameradschaftliches Zusammenwirken in wissenschaftlicher Gemeinschaftsarbeit, Ausrichtung auf nur sachliche Erfolge unter Ausschaltung persönlicher Sonderinteressen, Höchstleistung auch auf neuen Wegen trotz sparsamer Haushaltung.[55]

Die Darstellung trägt deutlich die Handschrift des frischgebackenen ›Ahnenerbe‹-Präsidenten Wüst, der sehr wohl wusste, wieviel Zustimmung er mit Forschungsidealen, wie sie ja auch heute noch allenthalben beschworen werden (Exaktheit, Teamwork, Sachlichkeit, Leistung, Sparsamkeit), nicht nur bei der Deutschen Forschungsgemeinschaft erhalten konnte. Mit seiner angedeuteten Kritik am Amt Rosenberg (*„dogmenhafte Enge"*) rannte er inzwischen auch bei der Deutschen Forschungsgemeinschaft offene Türen ein.

---

[51] Statt *„nordisch"* heisst es später wegen einer entsprechenden Satzungsänderung *„nordrassisch"*. Prospekt „Das Ahnenerbe" o. D., BA 21/163. Die späteren Pläne und Zwecksetzungen wurden entweder nichtssagend allgemein oder unter Verschluss gehalten, weil Himmler die Entwicklung des ›Ahnenerbe‹ nach allen Seiten offen gestalten wollte. Vgl. Sievers an Alfred Meyer 18.10.37, BA NS 21/597 – 1938 wird die Mitglieder-Werbung (ausser bei der SS) eingestellt. AB Wüst 1937/38, NS 21/669 Bl. 3
[52] o. v. „Das Ahnenerbe". o. D., BA NS 21/729.
[53] Sievers an Wolfram 18.10.38, BA NS 21/809 – ›Ahnenerbe‹ an Lehr- und Forschungsstätte für Schrift- und Sinnbildkunde 19.10.38, BA NS 21/604 u. ö.
[54] Lt. Sievers an Himmler 10.12.37, BA NS 21/734.
[55] ibid.

Unter Wüsts Präsidentschaft werden die Forschungspläne des ›Ahnenerbe‹ vom Führer gebilligt.[56] Sie werden erstmals im Hinblick auf die ›Ahnenerbe‹-Abteilungen spezifiziert.[57] So hat die altertumswissenschaftliche Abteilung unter Till die Aufgabe, die Frage zu beantworten: *„was ist denn wirklich an nordischem Einschlag bei Römern, Italienern, Griechen vorhanden?"*[58] Die germanenkundliche Abteilung soll nicht nur alles betreuen, was mit dem SS-Heiligtum *„Externsteine"* zusammenhängt, sondern auch grössere Aufgaben übernehmen, vor allem die Schaffung eines germanistischen Gegenstücks[59] zu Mammutunternehmen, wie sie der „Ebert"[60] im Bereich der Indogermanistik und vor allem der „Pauly"[61] in der klassischen Philologie darstellten. Dieses Gegenstück sollte jedenfalls sehr viel umfangreicher werden als der „Hoops".[62]

Wüst nennt als langfristige Aufgabe der von ihm selbst geleiteten Abteilung die Ermittlung des *„alt-indogermanischen Begriffsschatzes"* sowie: *„Aufzeigen, wie alle Weltanschauung mit wichtigen Nähten verbunden ist mit nationalsozialistischer Weltanschauung."*[63] Einige Abteilungen, von denen er nur sagt, dass sie *„der Beratung des Reichsführer-SS dienen"*, hätten überdies den Zweck, *„der Polizei ein sicheres Instrument anhand zu geben"*,[64] wenn es um wissenschaftliche Fragen ginge.

---

[56] ibid. – Göring hatte seine Unterstützung schon vorher bekannt gegeben. Wüst an Baeumler 28.3.38, PA Baeumler BDC.
[57] ibid.
[58] Walther Wüst: Die Forschungsgemeinschaft ›Das Ahnenerbe‹. [Rede auf Schloss Niedernfels], o. D. [Ende Juli 38] BA NS 21/792-56 [Entwurf eines Protokolls o.V.] – Rudolf Till ist in den späten fünfziger Jahren übrigens Kollege von Hans Schwerte an der Universität in Erlangen und damit ein potentieller Mitwisser des Namenswechsel seines ehemaligen Abteilungsleiter-Kollegen im ›Ahnenerbe‹ H. E. Schneider. s. Lerchenmueller 1996. Schwerte schreibt uns heute: *„Ich halte es für ausgeschlossen, dass Till mich persönlich gekannt hätte und gar um den Namenswechsel wusste. In Erlangen hatte ich m. W. keinerlei Kontakt zu ihm, auch vorher nicht."* Schwerte an Simon 14.12.98.
[59] Zu diesem und dem Folgenden s. Simon 1998c.
[60] Max Ebert: Reallexikon der Vorgeschichte. 15 Bde. Berlin 1924–32- vgl. a. Nehring/Schrader 1917–1929, wahrheinlich wegen der nichtarischen Herkunft Nehrings nicht genannt.
[61] Paulys Realencyclopädie der classischen Altertumswissenschaft. Hg. Georg Wissowa. Stuttgart 1893 ff.
[62] Johannes Hoops: Reallexikon der germanischen Altertumskunde. 4 Bde. Strassburg 1911–1919.
[63] Walther Wüst: Die Forschungsgemeinschaft ›Das Ahnenerbe‹. [Rede auf Schloss Niedernfels], o. D. [Ende Juli 38] BA NS 21/792-56 [Entwurf eines Protokolls o.V.].
[64] ibid.

Als Himmler 1938 als Schirmherr der Tibet-Expedition Ernst Schäfer die Einreise nach Tibet über Britisch Indien ermöglichen will, kann er den britischen Behörden gegenüber, die Schäfer für einen Spion halten, das ›Ahnenerbe‹ so harmlos darstellen wie einen Kaninchenzüchter-Verein:

> [...] Das ›Ahnenerbe‹ hat nichts, aber auch gar nichts mit Politik zu tun, sondern befasst sich mit Vorgeschichte, Geschichte, Volkskunde, Schriftkunde, biologischen Vorgängen, mit der Welteislehre und mit Naturwissenschaften.[65]

Damals konnte man freilich noch nicht wissen, dass bei der Vorbereitung einer weiteren Tibet-Expedition unter Schäfers Leitung, die 1942 mit 150 schwer bewaffneten SS-Männern, Panzern und schwerem Geschütz die Front Richtung Tibet durchbrechen sollte, von Himmler aber im letzten Moment gestoppt wurde, zahlreiche russische Kriegsgefangene zwecks anthropologischer Vorstudien zu Tode gebracht wurden. Ob solche „unpolitischen" Verbrechen schon 1938 geplant und / oder begangen wurden, ist nicht bekannt, wohl auch nicht wahrscheinlich, waren aber dem Reichsführer-SS und dem Abenteurer Ernst Schäfer durchaus von vornherein zuzutrauen.

Im Februar 1939 vereinbaren Wüst und Sievers mit Six eine ›Ahnenerbe‹-Darstellung, die auf die Bedürfnisse des Sicherheitsdienstes zugeschnitten sein sollte; diese ist entweder nie fertig geworden oder einfach nicht überliefert.[66] Im Frühjahr 1941, also noch vor Beginn des Russland-Feldzugs betonte Wüst – wenn auch in spezifisch veränderter Weise – den Friedensbezug des ›Ahnenerbes‹: In der indirekten, konjunktivisch distanzierten Wiedergabe des Leiters der Aussenstelle Südost, Rampf:

> Es würde die Gelegenheit wahrgenommen, im Gegensatz zu anderen kulturpolitischen Organisationen, schon jetzt den Einsatz des ›Ahnenerbe‹ für den Frieden vorzubereiten. Der Friede würde an Deutschland besondere Aufgaben stellen, die nicht mit dem Schwert allein [67] gelöst werden könnten. Es handle sich darum, dass Deutschland und die deutsche Wissenschaft, die deutsche Kultur nun ans Werk gehe, das Abendland zu befrieden, den Einfluss der deutschen Wissenschaft massgebend auszuüben. Keine Organisation habe so wie das ›Ahnenerbe‹ die Gelegenheit, an dieser Aufgabe mitzuarbeiten. Uns entstünde in allererster Linie die Verpflichtung, den Völkern die grosse Gemeinschaftsleistung auf allen Gebieten zu zeigen, ob es sich nun um Ausgrabungen, Sinnbilder, Sprache oder Volksbrauch handle, wir verfügen über das erforderliche Rüstzeug. Um es in einem Schlagwort zu sagen: unsere Tätigkeit sei in erster Linie die Gründung der indogermanischen Gemeinschaft.[68]

---

[65] Himmler an den britischen Admiral Banny Domvile 10.5.38, BA ZM 1457 A 5 Bl. 78.
[66] Besprechung Wüst – Six – Sievers 10.2.1939 lt. Prot. vom 16.3.39, BA NS 21/287.
[67] *allein* erst in 2. Fassung hsl. von Rampf hinzugefügt. Es findet sich auch in der Endfassung.
[68] Bericht Rampf 27.4.41, BA NS 21/800-242 – In der 2. ebenda und im BA NS 21/560 überlieferten Fassung war dieser Abschnitt mit der ganzen Wiedergabe der Rede Wüsts gestri-

X. Das ›Ahnenerbe‹ der SS

Im Stadium der umfangreichsten Ausdehnung des Reichs macht das ›Ahnenerbe‹ noch einen merkwürdigen Bogen um den Europagedanken und setzt frech auf eine noch grössere Ausdehnung im Namen der Indogermanen-Ideologie. Diese Ideologie hatte ja Wüst 1936 ins ›Ahnenerbe‹ gebracht. An ihr hielt er offensichtlich auch noch fest, als man ansonsten im ›Ahnenerbe‹ angesichts des drohenden Untergangs längst wie das ›Amt Rosenberg‹ oder auch der Sicherheitsdienst zum „kleiner" gebackenen Europagedanken übergegangen war.

In der Untergangsphase des 3. Reichs entsteht eine Selbstdarstellung, die die gesamte Entwicklung des ›Ahnenerbes‹ von den Anfängen bis etwa 1943 knapp zu rekonstruieren versucht.

Die Forschungs- und Lehrgemeinschaft „Das Ahnenerbe" wurde im Jahre 1935 gegründet. Sie wuchs aus der damaligen Situation der Geisteswissenschaften hervor, die dem Umbruch, der sich auf politischem Gebiet vollzogen hatte, nicht gefolgt waren, sondern teils im alten Weltbild stecken blieben, teils im krampfhaften Bemühen, den Anschluss an den Nationalsozialismus nicht zu versäumen, die Wissenschaft vergewaltigten. Freilich gab es Einzelgänger, die ehrlich neue Wege zu finden strebten. Diese galt es zu sammeln, einander nahe zu bringen.

Der Reichsführer-SS hatte erkannt, dass es nur einen Weg geben könne, um der entwurzelten und ihres völkischen Zusammenhangs entbehrenden Wissenschaft und damit der neuen „Welt-Anschauung" ihren festgegründeten Boden wiederzugeben. Das „Werde, der Du bist" – die Besinnung auf das eigene Sein und Wesen, d. h. die Besinnung auf die Ahnen, ihr Wesen und Wirken.

„Ein Volk lebt solange glücklich in Gegenwart und Zukunft, als es sich seiner Vergangenheit und der Grösse seiner Ahnen bewusst ist" – das ist der von Heinrich Himmler geprägte Leitsatz, der über der Arbeit des „Ahnenerbes" steht.

Im Anfang galt die Arbeit des „Ahnenerbes" vor allem der Erschliessung des germanischen Elementes unserer Kultur, dem Bemühen, aus der vielfachen Überfremdung durch konfessionelle und andere Einflüsse dem germanischen Wesen auf die Spur zu kommen. Als erste Forschungsstätten entstanden deshalb diejenigen für „Germanenkunde", für „Märchen und Sagen", für „Schrift- und Sinnbildkunde", für „Ausgrabungen", für „Hausmarken und Sippenzeichen". Die Zeitschrift ›Germanien‹ diente als „Zeitschrift aller Freunde germanischer Vorgeschichte" dazu, das wissenschaftliche Material weiteren Kreisen zugänglich zu machen. Gleichzeitig wurde die „Schriftenreihe Deutsches Ahnenerbe" gegründet mit ihren drei Reihen: Grundwerke, Fachwissenschaftliche Untersuchungen, Volkstümliche Schriften.

Aus der Arbeit heraus wuchs die Erkenntnis, dass wir auf der Suche nach dem Woher und Wohin unseres Daseins nicht bei den germanischen Quellen halt machen dürfen, sondern

---

chen, diese Streichung aber durch Querstreichungen wieder rückgängig gemacht worden. Die 3. und endgültige Fassung findet sich BA NS 21/229 und enthält entsprechend wieder diese Redewiedergabe.

weit zurückgreifen müssen auf den Urzusammenhang aller Völker nordischen Blutes im Indogermanentum. Der Reichsführer-SS rief deshalb an die Spitze des „Ahnenerbes" als seinen wissenschaftlichen Leiter (Kurator) den ordentlichen Professor für indogermanisch-arische Kultur- und Sprachwissenschaft an der Universität München, Dr. Walther Wüst. Das „Deutsche Ahnenerbe" erhielt im Ahnenerbe schlechthin seine endgültige Zielsetzung, die eine Menge neuer Aufgaben und damit neuer Forschungsstätten mit sich brachte.

Hand in Hand damit ging die Errichtung naturwissenschaftlicher Institute, da die Trennung in Geistes- und Naturwissenschaften, eine Folge der liberalistischen Denkweise, überwunden werden und die Einheit von Seele und Leib, Geist und Blut, Gott und Welt als Voraussetzung einer neuen indogermanisch-germanischen Weltanschauung gelten musste.

Die Tätigkeit des „Ahnenerbes" sollte auch nicht in der Forschung stecken bleiben, sondern ihr vornehmstes Ziel in der Heranbildung eines wissenschaftlichen Nachwuchses sehen, der die in der Arbeitsgemeinschaft des „Ahnenerbes" gewonnenen Erkenntnisse und Kenntnisse nun in die Universitäten und Schulen hinaustragen könne.

Am 1. Januar 1939 erhielt die „Forschungs- und Lehrgemeinschaft Das Ahnenerbe" ihre gültige gesetzliche Form in der ihr von ihrem Präsidenten, dem Reichsführer-SS Heinrich Himmler gegebenen Satzung [...] Der Reichsführer-SS hat sich mit der Forschungs- und Lehrgemeinschaft „Das Ahnenerbe" ein schlagkräftiges Instrument geschaffen, um, unabhängig von aller verwaltungsmässigen Schwerfälligkeit und mit mannigfachen Vorurteilen belasteter Stubengelehrsamkeit, weit die Tore aufzustossen, die auf das Feld hinausführen, aus dem die Früchte ausgehen zur Schaffung eines im neuen Europa führenden germanischen Reiches.

Gesinnung und Haltung, durch die alle Arbeit der Forschungs- und Lehrgemeinschaft „Das Ahnenerbe" bestimmt ist und bestimmt sein wird, tragen als Wehr und Wert auf ihrem Schild: Grosszügig wie es deutschen germanischen Menschen ziemt, niemals engherzig verhaftet in Dogmen und Doktrinen, wahrhaftig und streng in Forschung und Wissenschaft, nationalsozialistisch im Mut zum Bekenntnis.[69]

Auch diese späte Selbststilisierung des ›Ahnenerbes‹ sollte nicht über die Kontinuitäten hinwegtäuschen. So sehr auf den ersten Blick der Wechsel an der Spitze des ›Ahnenerbes‹ als Wechsel von den Träumern zu den Managern erscheinen mochte, so rasch die Professionalisierung bzw. Technokratisierung dieses parteiamtlichen Instituts auch bei herkömmlichen Wissenschaftlern auf Respekt stiess, so deutlich ist doch bei näherem Hinsehen, wie sehr die alten Ideologeme und Ziele erhalten geblieben sind:

– das Nordische selbst im Klassischen;
– die Verankerung des Nationalismus nicht nur im Germanischen, sondern sogar im Indogermanischen;
– die Indienstnahme von Forschung für Zwecke der exekutiven Gewalt.

---

[69] Die Forschungs- und Lehrgemeinschaft ›Das Ahnenerbe‹. Aufgaben und Aufbau. o. D., BA NS 21/798-182 – vgl. a. IfZ Mchn MA 294 Bl. 2955–61.

Waren die Bekenntnisse zu Exaktheit, Teamwork, etc. mehr als Lippenbekenntnisse im Rahmen einer langfristig angelegten Taktik, die Wissenschaften durch Anpassung in Richtung auf Himmlers Vorstellungen zu verwandeln, die wir mit den Stichworten ‚Magie' und ‚Menschenversuche' zu etikettieren versuchten?

Die Rüstungsphase

Die Ausstellungsthemen (Lebensbaum, Odal)[70], die zunächst im Vordergrund der Aktivitäten des ›Ahnenerbes‹ standen, waren in etwa die Schnittmenge der Interessen Himmlers und Darrés. Das erste Thema bleibt im Rahmen des DFG-geförderten Projekts „Wald und Baum in der arisch-germanischen Geistes- und Kulturgeschichte" auch bis 1945 ein Unternehmen des ›Ahnenerbes‹, wenn auch halbherzig und sehr bald nur noch am Rande, im Kriege mit Unterbrechungen betrieben. „Odal" ist schon 1937 lediglich eine Sache der Individualforschung.[71] Themen aus dem Agrarbereich werden überhaupt mehr und mehr zur Mangelware. Allein daran lässt sich der schnelle Schwund des Einflusses Darrés auf die Entwicklung im ›Ahnenerbe‹ ablesen. Die neue Satzung vom 11.3.37 reflektiert bereits klar die neuen Machtverhältnisse.[72] Noch schneller und dramatischer schwindet aber der Einfluss von Herman Wirth. Schon Ende 1935 betreibt Himmler offenkundig dessen Demontage. Wirth gab dazu Anlässe genug:

---

[70] Die Akten zu den Ausstellungen finden sich u. a. im BA NS 21/674 sowie NS 21/669, darin Himmlers Eröffnungsrede zur Ausstellung „Lebensbaum", die der Forschung bisher unbekannt geblieben ist.

[71] Wirth (s. Sievers an Wüst 18.1.38, BA NS 21/599 u. ö.) und Wüst (s. Sievers an Reichsführer-SS 21.3.38, BA NS 21/600 u. ö.) arbeiten an dem Thema durchaus weiter, ohne dass die geplanten Monographien das Licht der Öffentlichkeit erblicken. Dabei hatte zumindest Wirth – wie er betont – schon im September 1936 sein Odal-Buch druckfertig. Wirth an Himmler 4.9.36, BA NS 21/302 – Der Himmler- und Darré-Freund Johann von Leers hatte schon 1935 ein Buch zum Thema publiziert, s. von Leers 1935.

[72] Satzung des ›Ahnenerbe‹ 11.3.37, BA NS 21/950 u. ö. Darré sah in der Verleihung des Nationalpreises an Rosenberg ein Zeichen, sich diesem mehr anzunähern. AV. Sievers 27.9.37 über eine Besprechung mit dem Darré-Vertreter im ›Ahnenerbe‹, Kinkelin, am 22.9.37, BA NS 21/684 – Satzungsänderungen gab es im ›Ahnenerbe‹ vor dem Kriege relativ häufig. Sie wurden meistens von Himmler direkt verfügt. Z. B. Satzung vom 1.1.39, BA NS 21/9, NS 21/950 u. ö. – vgl. a. NSA Wolfenbüttel 12 A Neu 13 Nr. 18782 Bl. 44–46. Die wichtigste Satzungsänderung war aber zweifellos die vom 11.3.37.

Die Rüstungsphase 135

- Seine Neigung zu finanziellen Abenteuern, bzw. seine Unfähigkeit, überhaupt mit Geld umzugehen, waren schon vorher bekannt.[73]
- Seine Gesundheit ist angeschlagen.[74]
- Er erfährt neue Angriffe.[75]
- Er fühlt sich in der Grossstadt Berlin nicht wohl und äussert Wünsche, in die Marburger Idylle zurückzukehren.[76]

Wirths Demontage setzt vermutlich bereits mit Himmlers Auftrag an den Finanzfachmann Galke ein, die persönlichen und wirtschaftlichen Verhältnisse des frisch ernannten ›Ahnenerbe‹-Präsidenten zu überprüfen. Galkes Bericht vom 13. Dezember 1935 fällt jedenfalls so ungünstig aus,[77] dass er allein genügend Munition für Himmlers vermutlich schon zuvor gefasste Vorsätze geliefert haben dürfte.

Hauptanlass für die Demontage waren aber allem Anschein nach die neuerlichen Angriffe gegen Wirth. Der Umstand, dass Himmler die im ›Ahnenerbe‹ entstandenen heftigen Verteidigungsreden abmildern liess,[78] signalisierte zumindest den engeren ›Ahnenerbe‹-Mitarbeitern spätestens im April 1936 seine Tendenzen und Absichten. Nachdem Galke und Sievers offensichtlich auf Initiative Himmlers hin den alten Mitstreiter in Sachen Ura-Linda-

---

[73] Das geht aus Galkes Bericht hervor. Bericht Galke 13.12.35, BA NS 21/669 – vgl. a. Galke an Wolff 19.12.35, ibid.
[74] Sievers an Wüst 24.4.36, BA NS 21/661.
[75] Weist an Galke 7.4.36, BA NS 21/351 sowie weitere diesbezügliche Korrespondenz ebd. (Drei verschiedene Briefe mit gleichem Absender, Empfänger und Datum).
[76] Nach Himmler an Reischle 7.1.37, BA NS 21/703.
[77] Bericht Galke 13.12.35, BA NS 21/669.
[78] Otto Plassmann hatte bereits eine heftige Gegendarstellung unter dem Titel „Dunkelmänner und Denunzianten …" gegen einen Artikel in der Zeitschrift ›Der junge Osten‹ verfasst, der dann aber auf Himmlers persönlichen Eingriff hin abgemildert wurde. (Himmlers Titelvorschlag: „Mehr Kameradschaft in der Wissenschaft"). Vgl. a. ›Ahnenerbe‹ an Volksdt. Gemeinschaft Gö. 8.5.36, ebd. NS 21/557 – vgl. a. Plassmann an ›Ahnenerbe‹ 17.4.36, BA NS 21/351 – Sievers an Sörensen 8.5.36, BA NS 21/650 – Plassmanns Artikel erschien im ›Schwarzen Korps‹ 18, 30.4.36 – Kater 1974, S. 60 unterstellt Himmler auch inzwischen eingetretene Zweifel an der Echtheit der U-L-Chr. Das findet in der Überlieferung keinen Halt. Gerade Mausser, auf den Kater zu diesem Zweck verweist, glaubt – wie seine zahlreichen Arbeitsberichte zeigen – bis zu seinem Tode 1942 den Nachweis für die Echtheit der U-L-Chr. erbringen zu können. Noch am 18. Januar erhält Sievers zu dem Zweck den Auftrag, Mausser unter den veränderten Verhältnissen (Besetzung der Niederlande) ein Exemplar der Ura-Linda-Ausgabe von 1878 zu besorgen. Sievers an Schneider 18.1.41, BA NS 21/617. Zu Mausser in Kürze: Gerd Simon: Mausser, Otto in: Internationales Germanistenlexikon (Hg. v. Christoph König. u. a.).

Chronik, Walther Wüst, näher unter die Lupe nehmen,[79] und der Reichsführer selbst nach mehreren Anläufen am 31. August 1936 von diesem jungen Wissenschaftler gefesselt ist, dürfte es Himmler bedauert haben, Wirth als Präsidenten nicht umgehend abgesetzt zu haben. Denn schon zehn Tage später hält der Führer und Reichskanzler eine Rede, die erhöhte Aufmerksamkeit – auch Himmlers eigene Person betreffend – erforderte, wollte er nicht in den Strudel geraten, der Wirth längst erfasst hatte. In dieser Rede heisst es:

> Wir haben nichts zu tun mit den Elementen, die den Nationalsozialismus nur vom Hören und Sagen her kennen und ihn daher nur zu leicht verwechseln mit undefinierbaren nordischen Phrasen, und die nun in irgendeinem sagenhaften atlantischen Kulturkreis ihre Motivforschungen beginnen. Der Nationalsozialismus lehnt diese Art von Böttcher-Strassen-Kultur schärfstens ab.[80]

Die im 2. Weltkrieg zerstörte und später wieder aufgebaute Böttcher-Strasse ist wohl die berühmteste Strasse Bremens, erbaut im wesentlichen von dem Bildhauer und Architekten Bernhard Hoetger mit kräftiger Unterstützung des Kaffee-HAG-Fabrikanten Ludwig Roselius, der sich auch als Mäzen der Künstlerkolonie in Worpswede betätigte.[81] Wiewohl Hoetger wie sein Mäzen Roselius Mitglied der NSDAP war, wurde seine Kunst wenig später als „*entartet*" erklärt. Das ›Ahnenerbe‹ stand mit Roselius in Verbindung.[82] Nach Strohmeyer hat Roselius jahrelang Wirths Forschungen finanziert und beteiligte ihn an der „*symbolhaften Ausgestaltung des Hauses ›Atlantis‹ in der Böttcherstrasse.*"[83] Das war aber vermutlich nur wenigen bekannt. Bekannter war seine Atlantis-Forschung, die man vor allem mit dem Namen Herman

---

[79] Galke an Reichsführer-SS 12.6.36, PA. Wüst BDC 126 f.
[80] Hitlers Rede auf der Kulturtagung des Nürnberger Parteitags vom 9.9.36 ist vollständig abgedruckt im ›Völkischen Beobachter‹ 255, 11.9.36, S. 4–6 sowie in: „Der Parteitag der Ehre – vom 8. bis 14 September 1936" München 1936, S. 52–69 – Domarus 1962 erwähnt sie – wie so vieles nur „Kulturphilosophische" – lediglich mit wenigen Worten. Das Zitat findet sich im ›Ahnenerbe‹-Nachlass des BA so häufig wie sonst kaum ein Hitler-Zitat exzerpiert, z. B. NS 21/302, 661, 684 u. ö.
[81] Für dies und den folgenden Satz s. von Düring/Küster 1986 – Roselius kannte Hitler seit 1922 und begrüsste seine „Machtergreifung" 1933 als Erfüllung seiner Wünsche. s. Roselius 1933a, Vorwort – Vgl. a. Roselius 1933b – Zu Roselius s. a. Hermand 1988, S. 229.
[82] Wirth hatte sich zeitweise eine ganze Bibliothek von Roselius ausgeliehen. Bericht Galke 13.12.35, BA NS 21/669. 1937 wird sie zurückgegeben. Sievers an Roselius 5.3.37, BA NS 21/724 – Auch bei seinem Nachfolger Wüst brach der Kontakt nicht ab. So hatte Roselius die WORP-Chronik zu Vergleichszwecken dem ›Ahnenerbe‹ für ihre U-L-Chr.-Forschungen zur Verfügung gestellt. Wüst an Mausser 17.11.37, PA. Mausser BDC.
[83] Strohmeyer 1993 – Den Hinweis auf dieses Exposé zu einem Vortrag verdanken wir Horst Junginger.

Die Rüstungsphase 137

Wirth in Verbindung brachte. Noch im April 1936 plante Himmler, für Hitler eine Prachtausgabe der Ura-Linda-Chronik sonderanfertigen zu lassen.[84] Jetzt ist davon natürlich keine Rede mehr. Im Gegenteil: schon kurz nach Hitlers Böttcher-Strassen-Rede sieht sich das ›Ahnenerbe‹ genötigt klarzustellen:

> Die Behauptung seiner [Wirths] Gegner, er werde von Partei und Staat abgelehnt, ist eine niederträchtige Lüge.[85]

Den Hintergrund der Ausführungen Hitlers dürfte die bevorstehende Verabschiedung des Vierjahresplans gebildet haben. Im Vorfeld dieses Vorhabens, das auf die stärkere Ausrichtung der Wirtschaft auf die Rüstung zielte, wurde auch im Bereich der Forschung weniger Ideologie und mehr Exaktheit und kriegspraktische Verwertbarkeit gefordert. Die Rede markiert eine allgemeine Wende der nationalsozialistischen Forschungspolitik – überzeichnet formuliert: weg von den Ahnenbeschwörungen und Blut- und Boden-Bekenntnis-

---

[84] Galke an Ahnenerbe 8.4.36, BA NS 21/593.
[85] Plassmann an Fischer 15.9.36, BA NS 21/556 – Alsbald folgen öffentliche Angriffe auf Wirth, z. B. in den „Deutschen Briefen" vom 18.9.36, die sich explizit auf die Hitler-Rede beziehen und entsprechend im ›Ahnenerbe‹ für Aufregung sorgen. Plassmann an ›Ahnenerbe‹ 22.9.36, BA NS 21/351 – Sievers an Plassmann 23.9.36, BA NS 21/661 – Sievers an Himmler 29.9.36, BA NS 21/661 – Sievers an Wirth 7.10.36, BA NS 21/661 – Sievers an Cornelius 16.10.36, ibid. – Fast immer sind Abschriften des Artikels „Kultur aus nordischem Geist" aus „Deutsche Briefe", 18.9.36, 2, beigefügt, z. B. BA NS 21/661 + 684. Symptomatisch für die damalige Einschätzung des ›Ahnenerbe‹ durch andere Parteistellen ist eine Beurteilung, die die Zeitschriftenstelle des NS-Lehrerbundes an den Sicherheitsdienst übergab: „*Das Ahnenerbe – Zeitschrift ›Germanien‹ – untersteht dem Reichsführer-SS Himmler und vertritt die SS-Richtung – im Gegensatz zu den Forschungsbestrebungen Rosenbergs – Partei-Richtung – der das ›Germanenerbe‹ herausgibt. Letztere Zeitschrift wird hier für die besser angesehen (grösseres Format, besseres Papier, bessere Bebilderung), auch sei sie volkstümlicher gehalten, verfüge besonders über einen Stab hervorragender Wissenschaftler. – Das ›Ahnenerbe‹ stehe unter dem Einflusse Teudts, der als Mystiker bezeichnet werde und dessen Arbeiten angeblich vielfach zu Recht angegriffen wurden. Teudts Annahmen gingen zu weit; er sähe ‚in jedem Stein einen Opferstein'. Auch Wirth habe sich mehrmals Blössen gegeben, besonders hinsichtlich seiner Arbeiten über die U-L-Chr. Im grossen Ganzen müsse aber die Arbeit des ›Ahnenerbe‹ als wertvoll angesehen werden.*" (zit. n. AV. Sievers 12.4.37, BA NS 21/694).
– Die „*Verhinderung von mystischer und pseudoreligiöser Verfälschung der Weltanschauung durch gewaltsame Konstruktionen verschrobener Kulturapostel*" macht sich alsbald auch das Amt Kultur des Propagandaamts der NSDAP zur Aufgabe. Organisationsbuch der NSDAP. 5. Aufl. Mchn. 1938 – s. a. Schäfer 1957, S. 71 – Selbst Wüst nimmt schon bei der Eröffnung der Detmolder Pflegstätte für Germanenkunde am 6.10.1936 positiv Bezug auf Hitlers Rede. s. W. Wüst: Germanenkunde/Frage und Verpflichtung. in: Wüst 1941, S. 11 – vgl. a. „Pflegstätte für Germanenkunde" in Detmold. Frankfurter Zeitung, 7.10.1936.

sen, hin zu empirischen und praktisch verwertbaren Ergebnissen.[86] Die wichtigste Folge für den Wissenschaftsbericht war die Gründung des (ersten) Reichsforschungsrats, der am 13. März 1937 vom Wissenschaftsminister erlassen und am 25. Mai des gleichen Jahres mit einer Hitler-Rede feierlich eröffnet wurde.[87]

Die Hitler-Rede vom September 1936 dürfte in Bezug auf die Wirth-Demontage trotzdem eher aufschiebende Wirkung gehabt haben. Es wäre auf den Reichsführer zurückgefallen, wenn er sich den in dieser Rede hingestellten Schuh allzu bereitwillig angezogen hätte, wenn er nicht mit der Ablösung Wirths gewartet hätte, bis die unmittelbare Wirkung dieser Rede in der Öffentlichkeit verklungen war. Gänzlich verhindern freilich konnte sie Himmlers Pläne natürlich nicht. Im Gegenteil, langfristig erwies sie sich als eines der wichtigsten Werkzeuge der Demontage.

Intern schüttete Himmler stattdessen zunächst einmal seinen ganzen Zorn über Wirth aus. Sein Brief an Galke vom Oktober 1936 ist eine auch für Himmler ungewöhnlich rabiate Abkanzelung des ›Ahnenerbe‹-Präsidenten mit einem totalen Verbot für dessen Steckenpferd, die Freilichtschauen. Galke[88] und Sievers[89] stossen nach. Zwar findet Wirth im Präsidium auch Befürworter seitens der Darré-Fraktion,[90] die der Reichsführer später als „Meckerer" ebenfalls in die Schranken weist.[91] Wirths Entmachtung ist

---

[86] Spektakulär und demonstrativ war in diesem Zusammenhang eine Episode im Leben des Philosophen Martin Heidegger, der während seines Rektorats 1933 den späteren Chemie-Nobel-Preisträger Staudinger wegen seines Pazifismus und ähnlicher „Vergehen" denunziert hatte. Eben dieser Staudinger, der infolge der Denunziation Heideggers dazu gezwungen worden war, seine Entlassung einzureichen, die man dann nicht vollzog, bis „neuerliche Bedenken auftauchen" würden, wurde nämlich spätestens 1938, zu einem Zeitpunkt, als der technikfeindliche Heidegger selbst längst in die Schusslinie geraten war, im Rahmen des Vierjahresplans eingesetzt. s. dazu Ott 1988, S. 201–213 – Interessant sind auch die Versuche, die Rassenlehre auf das zu reduzieren, was auch vor exaktwissenschaftlichen Forscheraugen Bestand zu haben versprach, z. B. die Mendelschen Erbgesetze, s. etwa Astel 1935. – In einigen Fächern wie z. B. in der Mathematik scheint sich die Schwerpunktverlagerung vom Ideologischen zum Rüstungswichtigen deutlich verzögert vollzogen zu haben. s. Booss-Bavnbek/Pate 1990 – Leske 1990, S. 34f bringt als Beispiel die Rezeption des als Repräsentationswerks des Nationalsozialismus intendierten, rationalismuskritischen Werks von Franz Böhm („Anti-Cartesianismus"), das 1938 erschien und sich unerwartet massiver Kritik ausgesetzt sah.
[87] Pressestelle des REM (Hg.): Ein Ehrentag der deutschen Wissenschaft. o.O. o.J. [1937].
[88] Galke an Wirth 26.11.36, BA NS 21/703 – s. a. G. an W. Feb. 1937, BA NS 21/779.
[89] AV. Sievers 13.1.37, BA NS 21/669.
[90] Kinkelin und Metzner nach dem AV. Sievers vom 13.1.37, BA NS 21/669.
[91] Himmler an Reischle Okt. 1938, BA NS 19/1089 u. ö.

Die Rüstungsphase

jedenfalls nicht mehr aufzuhalten. Klar, dass der ›Ahnenerbe‹-Präsident schon einmal seine Fühler in Richtung Marburger Idylle ausstreckt. Klar aber auch, dass Himmler das Anfang Januar endgültig zum Anlass nimmt, um offen darüber nachzudenken, *„ob wir nicht besser Prof. Wüst in München etwas mehr einschalten sollten.“*[92] Ende Januar 1937 steht fest:[93]

- Wüst wird Präsident, Wirth Ehrenpräsident, Sievers' Stellung wird deutlich aufgewertet; alle Macht liegt aber beim Kurator Himmler.
- Das ›Ahnenerbe‹, das bis dahin offiziell ›Das Deutsche Ahnenerbe – Studiengesellschaft für Geistesurgeschichte‹ geheissen hatte, wurde jetzt schlicht ›Das Ahnenerbe‹ genannt. Sievers ›Generalsekretariat‹ erhält den Namen ›Reichsgeschäftsführung‹.
- Das ›Ahnenerbe‹ wird noch stärker als bisher im Sinne des Führerprinzips gestrafft.

Im Nachhinein hat die Vorgehensweise eine erstaunliche Ähnlichkeit mit dem, was Anka Oesterle die *„Anwurm-Taktik"* genannt hat,[94] was man noch plastischer die „Schlupfwespen-Taktik" nennen könnte: Eine vorhandene weltanschaulich nahestehende Organisation oder Institution, hier die ›Gesellschaft für Geistesurgeschichte‹, wird ohne besonderen Gleichschaltungsprozess übernommen, im Zweifelsfall mit Hilfe der SS unterwandert und majorisiert, insbesondere mit ihrem Kopf, hier Herman Wirth, zunächst weitgehend in der vorgefundenen Verfassung belassen, von innen her dann aber mehr und mehr im SS-Sinne verändert, und noch später – besonders, wenn die Finanzlage es gestattete – samt Kopf hinter sich gelassen. Diese Taktik lässt sich so häufig als Interpretationsmuster der faktischen Vorgehensweise der SS überwerfen, dass man vergessen könnte, wie schwer sie sich aus dem belegen lässt, was man in Archiven findet. Ist z. B. der Umstand, dass sich Himmler schon Anfang 1935, also vor Gründung des ›Ahnenerbes‹, von Wüst einen Lebenslauf zuschicken lässt,[95] ein Beleg dafür, dass er das, was später passierte, von vornherein geplant hat?

---

[92] Himmler an Reischle 7.1.37, BA NS 21/708.
[93] Zu diesem und dem Folgenden s. Galke an Pohl 19.2.37, BA NS 21/674.
[94] Österle 1988. vgl. a. dies. 1987. Die Schlupfwespentaktik wird gelegentlich zu den Gleichschaltungstechniken gerechnet. s. Schäfer 1957, S. 32–34.
[95] Wüst an Himmler 27.1.35, BA ZM 1582 A 4 Bl. 2139.

Walther Wüst

Walther Wüst war vermutlich der mächtigste Sprachwissenschaftler, den es je gab. Am 7.5.1901 in Kaiserslautern als Sohn eines bayerischen Staatsbeamten geboren,[96] machte Walther Wüst die steilste Karriere, die unseres Wissens überhaupt ein Sprachwissenschaftler machte. Die Reifeprüfung legte er 1920 am Humanistischen Gymnasium in Kaiserslautern mit der Note Eins ab. Während der letzten Schuljahre hatte er sich nach eigenen Aussagen aktiv bei der Abwehr des pfälzischen Separatismus beteiligt. Vom ersten Tag seines Studiums 1920 an war er an München gefesselt. Beruflich hat er nie eine Wirkungsstätte ausserhalb Münchens gehabt. Er studierte Germanische Philologie, deutsche und englische Geschichte, englische Philologie, indogermanische und baltische Sprachwissenschaft, allgemeine und vergleichende Religionsgeschichte, Völkerkunde Asiens, Anthropogeographie und Geopolitik sowie zentral arische (= indoiranische) Kultur- und Sprachwissenschaft. 1923 promoviert er mit summa cum laude zum Dr. phil. 1926 ist er bereits Privatdozent. 1931 und 1934 bekommt er jeweils den Hardy-Preis der Bayerischen Akademie der Wissenschaften. 1932 wird er nichtbeamteter ausserordentlicher Professor sowie 1935 ordentlicher Professor, wobei sein Tübinger Kollege Hauer energisch nachhalf, und – bevor er überhaupt die Ernennungsurkunde des Führers in Händen hielt – Dekan.[97]

Da der Wissenschaftsminister die Dekane erst kurz zuvor nach Einführung des Führerprinzips in die Universitäten mit fast diktatorischer Machtfülle ausgestattet hatte,[98] handelte es sich bei diesem Karrieresprung nicht nur um eine besondere, mit viel Verwaltungsarbeit garnierte Ehre, sondern um einen

---

[96] Für die nicht in Anmerkungen belegten Faktenaussagen dieses Kapitels s. den Personalbericht Wüst o. D. (nach 1.2.37), BA NS 20/114-49 S. 22 – s. a. Wüst: Kurzer Lebenslauf ... 16.11.36, PA. Wüst BDC, sowie Dossier Baumann über Wüst, 31. Jan. 1939 (im Original fälschlicherweise: „*1931*"), BA NS 20/114-49 Bl. 9 – vgl. a. Simon/Back: Mit Akribie und Bluff ins Zentrum der Macht [in Kürze].

[97] Hauer an Eckhardt 4.3.35, BA NL 131/141 Bl. 607 – vgl. a. Wüst an Hauer 5.5.35, ibid. Bl. 603 – Hauer an Spindler 14.5.35, ibid. Bl. 462 – Eckhardt an Hauer 17.5.35, ibid. Bl. 212 – Den Hinweis auf diese Schriftstücke verdanken wir Horst Junginger. Obwohl es sich hier um eine Hausberufung handelte, hatten immerhin Leute wie von Glasenapp und Kirfel, die sich um die Stelle ebenfalls beworben hatten, keine Chance. Sitzungsprotokoll Dekanat 12.3.35, UA Mchn O-N 1d – Zuvor hatte Wüst allerdings bereits eine Bewerbung auf eine Völkerkunde-Professur, obwohl seine Kollegen ihm auch da den Weg mehr als frei gemacht hatten, zurückgezogen: Sitzungsprotok. v. 22.11.34, ibid.

[98] Die von Rust erlassenen „Richtlinien zur Vereinheitlichung der Hochschulverwaltung" datieren vom 1.4.35. vgl. Lundgren 1985.

enormen Zuwachs an Einfluss an der Münchner Universität. Als dann der Münchner Rektor Leopold Kölbl zum Eingeständnis seiner Homosexualität gebracht wird und gehen muss, wird Wüst – allerdings mit kräftiger Hilfe der SS – 1940 dessen Nachfolger.[99] Einen Ruf an die Strassburger Universität lehnt er kurz vor seiner Einführung in das neue Amt 1941 ab.[100]

So sehr sich Wüst damit als Gebieter über die nach Berlin zweitgrösste Universität im Reiche fühlen konnte, so lernte er doch bald auch die negativen Seiten dieses Postens kennen. Als im Februar 1943 die Geschwister Scholl und Christoph Probst von der Widerstandsgruppe „Weisse Rose" in der Universität München beim Flugblattverteilen ertappt wurden, da war es Wüsts Aufgabe, die Ertappten der Gestapo und damit dem Volksgerichtshof und ihrer Hinrichtung zuzuführen.[101] Für sein Überleben nach 1945 wichtig war vor allem Wüsts erfolgreiche Demarche im Herbst 1944, als der Wissenschaftsminister auf Einwirken Rosenbergs wegen dieser für die Nationalsozialisten unangenehmen Vorgänge Teile der Münchener Universität schliessen wollte.[102]

Wüsts Universitätslaufbahn war zwar eine wichtige Voraussetzung seiner Macht, führte aber unmittelbar nur zu einem Bruchteil der Macht selbst, über die er verfügte. Die politische Laufbahn dieses Bilderbuchkarrieristen war anfangs stark mit der beruflichen verflochten. 1926 schliesst er sich der Gruppe um Karl Haushofer an,[103] einen Generalmajor des 1. Weltkrieges,

---

[99] Kölbl war schon 1936 unter Beschuss der SS-Zeitschrift ›Das Schwarze Korps‹ geraten. Damals hatte sich Wüst noch für ihn eingesetzt. Sievers an Herbert Grau 29.5.36, s. a. Sievers an Galke 29.6.36, BA NS 21/46 – Galke an ›Ahnenerbe‹ 16.7.36, ebd. NS 21/730 – Sievers an d'Alquen 30.7.36, ebd. – dto., 15.8.36, BDC PA. Wüst, Bestand AE Allg. – Galke an Wüst 18.8.36, BA NS 21/730 – Allerdings hatten in diesem Zusammenhang Galke und Sievers bereits Wüst als Nachfolger von Kölbl vorgeschlagen. Galke an Sievers 16.7.36, BA NS 21/46 und Sievers an d'Alquen 30.7.36, ebd. v. NS 21/730.
[100] Dirlmeier an Bayerisches Staatsministerium für Unterricht unf Kultur 10.4.41, UA Mchn. 15a O-N „Seminar für Arische Kultur- und Sprachwissenschaft".
[101] Wüsts Rolle in der Geschichte der „Weissen Rose" wird in der Regel herunter- und entsprechend die des Hausmeisters heraufgespielt. Wir können uns dieser der Logik von Machtverhältnissen widersprechenden Argumentation nicht anschliessen. Wüst hat auf juristischem Wege sich von der Schuld am Tode der Geschwister Scholl und ihrer Mitstreiter reinwaschen lassen. s. dazu Kater 1974, S. 275 und 433 – Das Urteil findet sich unter ZS/A – 25/5 Bl. 153–167 im IfZ München.
[102] AV Wüst Okt. 1944 sowie Wüst an Giesler 17.10.44, BA NS 20/114-49 mit Beilagen Bl. 31f + 50–55.
[103] Borchardt an Haushofer 30.7.26, IfZ Mchn. MA 1190/3 – Wüst an Haushofer 2.8.26 ebd. – Haushofer an Geheimrat 8.8.26, ebd.

Nestor der Geopolitik an der Universität, und Lehrer und Freund von Rudolf Hess, dem er in der Deutschen Akademie eine Lektorenstelle verschafft. Wüst ist frühzeitig in der Deutschen Akademie aktiv. Er gehört ab 1932 deren Indien-Ausschuss an und berät die Akademie bei der Gründung des Indien-Instituts.[104] Herman Wirths Bestrebungen unterstützt er seit 1929. Kein geringerer als der Wissenschaftstheoretiker und Einstein-Gegner Hugo Dingler macht Wüst erstmals mit Wirths Gedankengängen vertraut.[105] Erst spät aber tritt Wüst der NSDAP bei. Er gehört zu den – schon damals so genannten – „Maikäfern": Leute, die die letzte Chance wahrnahmen, relativ unkontrolliert „dazuzugehören", nämlich im Mai 1933 in die Partei einzutreten. Ein halbes Jahr später erfolgt der Eintritt in den ›Nationalsozialistischen Lehrerbund‹. Dem NSD-Dozentenbund gehört er seit dessen Gründung 1934 an. Wüst ist alsbald Gaureferent, Ortsgruppen- und Kreistagsredner und Lehrer des NS-Volksbildungswerks. 1935 gelingt es ihm, Vertrauensmann des Sicherheitsdienstes zu werden, nachdem er „*mittelbar*" schon 1934 für diesen gearbeitet hatte.

Wüsts Aufstieg im ›Ahnenerbe‹ begann – wie erwähnt – mit der Teilnahme am Streit um die Ura-Linda-Chronik 1934. Als Alternative zu Wirth wurde Wüst wahrscheinlich 1935 von Wolfram Sievers bei Himmler erneut ins Gespräch gebracht. Sievers kannte Wüst seit seiner Tätigkeit im Bruckmann Verlag in München, also vor Gründung des ›Ahnenerbes‹.[106] Anfang 1936 geht das ›Ahnenerbe‹ jedenfalls Wüst wegen einer Ausarbeitung zum Odals-Begriff an.[107] Sievers gewinnt Wüst wenig später als Abteilungsleiter im ›Ahnenerbe‹. Anfang Mai kommt es zu einer entsprechenden Vereinbarung, an der folgende Aspekte wichtig sind:[108]

---

[104] s. „Richtlinien für die Gründung eines ›Indien-Instituts‹ in München". o. D. [1932], IfZ Mchn. MA 1190/3 – s. a. „India Institute of the DA 1928–37", ibid. – Am 1. Febr. 1937 wird er Vorsitzender des Indischen Ausschusses der DA, Personalbericht Wüst, BA NS 20/114-49, S. 22.

[105] Laut Dingler an Untersturmführer 17.12.36, PA. Dingler, BDC Bl. 144.

[106] Wüst an Galke 23.10.37, PA. Sievers BDC AE Pers. Stab, Bl. 17 f.

[107] Das geht aus einem Brief von Sievers an Wüst vom 7.3.36 hervor, BA NS 21/661 – vgl. a. Wirth an ›Ahnenerbe‹ 9.7.36, BA NS 21/724 sowie Sievers an v. Hase 15.7.36, BA NS 21/661.

[108] Sievers an Wüst 11.5.36, BA NS 21/691 – Personalbericht Wüst o. D. (nach 1.2.37), PA. Wüst, BDC sowie BA NS 20/114-49, S. 22 – Vereinbarung Wüst – Sievers 11.5.36, PA. Wüst, BDC S. 117ff – vgl. a. Sievers an Himmler 8.6.36, ibid. Bl. 121–5. Zum Folgenden s. die soeben angegebenen Quellen, v. a. die Vereinbarung vom 11.5.36 – Kater 1974, S. 44 sieht Wüst irrigerweise noch im Juni 36 in Vertragsverhandlungen. In dieser Zeit geht es aber bereits um den vereinbarten Ausbau der Beziehungen.

- Wüst wird korrespondierendes Mitglied des ›Ahnenerbes‹. Seinetwegen wird diese Art von Mitgliedschaft überhaupt erst eingeführt.
- Wüst ist Himmler unmittelbar unterstellt; laut Sievers hatte Wüst es wegen der mangelnden Kooperationsbereitschaft Wirths[109] abgelehnt, unter diesem zu arbeiten.
- Wüst werden die Bereiche „indogermanisch-arische" und „germanisch-deutsche Sprachwissenschaft und Textgeschichte" übertragen.
- Ihm werden nicht nur zwei Assistentenstellen und eine Schreibkraft zusätzlich gewährt, sondern auch ein grosszügig ausgestattetes Gebäude mit Bücherei, Zeitschriften- und Veröffentlichungseinrichtungen, Ausstellungs- und Vortragsräumen.[110]

Möglicherweise wurde Wüst damals mündlich und geheim auch noch die ›Ahnenerbe‹-Präsidentschaft selbst in Aussicht gestellt. Darauf deutet jedenfalls auch eine handschriftlich von Wüst verfasste Planskizze hin, die leider nicht datiert ist, aber mit einiger Wahrscheinlichkeit zum Zeitpunkt dieser Vereinbarung entstand. Sie nennt nämlich die Namen Günther, Teudt, Wirth und neben seinem eigenen den von Grunsky.[111]

Mit Günther ist der berühmte, damals in Freiburg tätige Hans Friedrich Karl Günther, der sogenannte „Rassen-Günther" gemeint.[112] Da Günther dem Amt Rosenberg nahestand und einer der wenigen von Rosenberg über längere Zeit über den grünen Klee gelobten Wissenschaftler war, dürften Himmlers Berater hier allein schon deswegen ein Veto eingelegt haben.

Ähnlich lag die Sache vermutlich bei Grunsky, der neben Baeumler, Krieck, Heidegger und Gehlen einer der tonangebenden Philosophen im 3. Reich war. Er war im Amt Rosenberg als Hauptlektor tätig.[113] Das mag zum

---

[109] Nachtrag zu Sievers an Galke 8.6.36, BA NS 21/691 – vgl. a. Sievers an Wüst 13.4.37, BA NS 21/709.

[110] 1939 wird für Wüst „das bis dahin in jüdischem Besitz befindlich gewesene Anwesen Widenmayerstr. 35" erworben. Wüst an Förtsch 22.4.43, BA NS 21/795-113. Dieses Schreiben enthält zwei Anlagen mit einer Raumverteilung, aus der auch der ganze Umfang des Gebäudes (zusammen mit den Dienstwohnungen des Hausmeisters und Wüsts selbst 6 Etagen mit durchschnittlich je 6 Zimmern) erschlossen werden kann, und mit einer Liste der Mitarbeiter (zu dem Zeitpunkt mit SS-Wache und den Aufwartefrauen immerhin 51 an der Zahl).

[111] Planskizze Wüst o. D., BA NS 21/46.

[112] Zu Günther s. Lutzhöft 1971 passim – vgl. a. Kater 1974, S. 98 u. ö. – Römer 1985.

[113] Zu Grunsky s. PA Grunsky, BDC - v. a. GA Gauleitung München-Oberbayern der NSDAP-Personalamt/Polit. Beurteilungen, 19.7.37. Dort auch das abschliessende Urteil: „*G. ist Hochschullehrer wie ihn das Dritte Reich braucht, ein wissenschaftlicher Kopf und ein*

Veto des ›Ahnenerbes‹ zum damaligen Zeitpunkt geführt haben, war aber noch im April 1937 für Wüst kein Anlass, sein Lob für diesen kaum zu überbietenden Rassisten in irgendeiner Weise einzuschränken, dessen ominöses Buch „Der Einbruch des Judentums in die Philosophie" wenig später erschien.[114] Erst im März 1938 hat Wüst seine Meinung, dann aber gleich um 180°, geändert. Der Sicherheitsdienst hält Wüsts Neubewertung während einer Unterhaltung in Gegenwart von Sievers und Six fest:

> Ausgehend von der Tatsache, dass er im Stab Rosenberg als Mitarbeiter Baeumlers[115] und Mitarbeiter der Hauptabteilung Schrifttumsstelle verankert ist, wird festgestellt, dass Grunsky keineswegs Kriegsinvalide ist, sondern durch schlecht verheilte spinale Kinderlähmung Krüppel wurde. Seine ständigen Ausbrüche[116] gegen die SS zeigen deutlich das psychopathische[117] Verhalten des Krüppels gegen das Gesunde, Aufrechte und Schöne in der SS. Immer sich wiederholende Fälle beweisen die feindliche Haltung Grunskys zur SS und die Verbindung mit anderen Kreisen wie Walter Frank usw.[118]

1943 befürwortet Wüst Grunskys Versetzung,[119] wozu es wegen Grunskys Behinderung nicht kommt, weil die Uni München damals – natürlich zufällig bzw. ohne gezielte architektonische Intention – zu den wenigen Universitäten gehörte, die für Behinderte relativ gute Voraussetzungen mitbrachten.

Wilhelm Teudt war ein schon damals betagter völkischer Pseudowissenschaftler, der mit seiner Erhebung der Externsteine bei Detmold zum germanischen Nationalheiligtum schon in der Weimarer Republik einen nicht geringzuschätzenden Zulauf in der Bevölkerung zu verzeichnen hatte, am ehesten mit Wirth zu vergleichen. Das ›Ahnenerbe‹ bemächtigt sich seiner und der von ihm 1928 gegründeten ›Vereinigung der Freunde germanischer Ur- und Vorgeschichte‹ sowie deren Zeitschrift ›Germanien‹ 1936 mittels der „Schlupfwespenmethode".[120] Noch Ende 1935 hatte Teudt mit dem Amt

---

glühender Nationalsozialist." Letzteres ist nicht als Floskel zu nehmen. G. hatte schon 1933 mit Erfolg eine Bewerbung um eine Dozentur in München mit einer Denunziation der jüdischen bzw. jüdisch „versippten" Münchner Philosophen insbesondere seiner Lehrer Hönigswald und Hildebrand verknüpft. G. an Schemm 5.5.33, ibid. – Zu Grunsky s. Leske 1990, S. 281 A 124 – Leaman 1993, S. 44f – Schorcht 1990, S. 141 ff.

[114] Wüst an Gauleitung München-Oberbayern – Gaupersonalamt/Stelle für pol. Beurteilungen 12.4.37, PA. Grunsky BDC.
[115] i.O. Bäumler, cj. G.S.
[116] i.O. Aussprüche, cj. G.S.
[117] i.O. psychopatische, cj. G.S.
[118] Aktennotiz o. D. [5.3.38], BA ZM 1582 A 4 Bl. 21345.
[119] AV. Frey 24.9.43, loc. cit.
[120] Zu Teudt v. a. Kater 1974, S. 55ff u. ö. – vgl. Teudt 1929 – Dokumentiert wird die Schlupfwespen-Taktik vor allem in Galkes/Sievers' Sachstandsbericht vom 27.1.36, PA. Sievers

Rosenberg geliebäugelt.[121] 1937 ist er beim ›Ahnenerbe‹ bereits ausgebootet.[122]

Wüsts Planskizze verrät einerseits wenig Insider-Kenntnis, weil sie Rosenberg-Parteigänger wie Günther und Grunsky ins Gespräch bringt, andererseits ist sie aber als der radikalste Versuch einer Verankerung des ›Ahnenerbe‹-Aufbaus in der NS-Ideologie anzusehen, der je unternommen wurde. Dieser Versuch dürfte nicht nur an einigen vorgesehenen Abteilungsleitern, sondern auch an dem Umstand gescheitert sein, dass man alsbald daran ging, noch wesentlich mehr Personen als Abteilungsleiter zu gewinnen. Dass hier Symbol und Sprache als gleichberechtigte Grössen neben Blut und Boden behandelt werden, ist überdies im parteiamtlichen Bereich des Nationalsozialismus bis dahin singulär,[123] hätte mit Sicherheit auch Diskussionen ausgelöst, die Himmler und seinem ›Ahnenerbe‹ zum damaligen Zeitpunkt keineswegs ins Konzept gepasst hätten. Die Begriffe „Blut und Boden" werden hinfort in den Bezeichnungen der ›Ahnenerbe‹-Abteilungen gemieden, was natürlich nicht heisst, dass sie keine Rolle spielten – eher im Gegenteil: sie sollten in jeder Abteilung die Grundbegriffe sein.

Wenige Tage, nachdem Wüst mit dem ›Ahnenerbe‹ die oben erwähnte Vereinbarung getroffen hatte, streckte übrigens auch Rosenberg die Fühler nach ihm aus.[124] Himmler wird empfohlen, Wüst in die Waffen-SS aufzunehmen, um ihn stärker an sich zu binden.[125] Schon im Juli 1936 sollte Wüst einen

---

BDC-Tät. im ›Ahnenerbe‹, Rgf. sowie BA NS 21/669 – s. a. „Hauptversammlung der ‚Freunde Germanischer Vorgeschichte' in Detmold (6. bis 8. Okt. 1934)". *Die Dt. Höhere Schule* 1, 1, 1934, S. 25.

[121] ibid. sowie Sievers an Wüst 22.7.38, BA NS 21/661.

[122] AV. Sievers 12.11.37, BA NS 21/598 – Himmler an Gauleitung Münster 4.11.37, BA NS 21/809. Offiziell wird Teudt am 26.2.38 abberufen. Mit der Führung der Geschäfte komissarisch beauftragt wird der Dialektologe Bruno Schweizer. Ber. Rampf 4.4.38, BA NS 21/669 – Teudt scheint sich dann wieder dem ARo angenähert zu haben. Sievers an Himmler 3.2.41, BA NS 21/624.

[123] Im nichtamtlichen Bereich gab es allerdings Versuche, Sprache als dritte Grösse einzuführen, etwa im Sprachverein. s. dazu Simon 1987, S. 278–295. Sie scheiterte hauptsächlich am Widerstand Goebbels.

[124] Sievers an Himmler 8.6.36, PA. Wüst BDC AE Bl. 121–5.

[125] Wüsts Aufnahme in die SS wird schon am 11.11.36 eingeleitet. PA Wüst, BDC Bl. 80 – Davon dass sich Wüst mit Rosenberg überworfen hatte (s. Kater 1974, S. 45), ist in den Akten nichts Handfestes zu finden. Zwar steht Wüst seit dem U-L-Chr-Streit stets an Himmlers Seite. Aber noch in seiner Rektoratsrede von 1941 macht er seine Verbeugung vor Rosenberg. s. Wüst 1941, S. 5. 1940 wird zwischen Wüst und Rosenberg ein Gespräch geplant, zu dem es aber wahrscheinlich nicht kam. Wüst an Brandt 1.10.40, BA, NS 21/46.

Vortrag halten, der eigentlich Wirth zugedacht gewesen war.[126] Am 31.8.1936 trifft Wüst – wie erwähnt – in Anwesenheit von Galke und Sievers in Tegernsee zum ersten Mal mit Himmler und seiner Frau zusammen.[127] Wüst lässt sich über „*Sinn und notwendige Betreibung der Wortkunde*" und besonders ausführlich über den Odals-Begriff aus. Himmler fängt offenkundig Feuer, beauftragt Wüst mit der Leitung der Lehr- und Forschungsstätte für Wortkunde im ›Ahnenerbe‹ und ordnet an, dass Wüst die Odals-Forschungen „*schnellstens*" veröffentlichen solle. Gleichzeitig befiehlt er, dass Wirth seine – wie erwähnt – druckfertigen Odals-Forschungen bis zum Erscheinen der Wüst'schen zurückstellen und sich dann mit diesem besprechen solle. Ziel: „*das grosse Odal-Werk in Zusammenarbeit*". Letzteres ist nie erschienen. Weder Wirth noch Wüst haben dem Thema „Odal" je eine eigenständige Veröffentlichung gewidmet. Bei der Eröffnung der ›Pflegstätte für Germanenkunde‹ in Detmold Anfang Oktober 1936 tritt Wüst anstelle von Wirth für das ›Ahnenerbe‹ erstmals öffentlich in Erscheinung.[128] Nachdem Himmler seinem Stellvertreter im Kuratorium des ›Ahnenerbe‹, Reischle, gegenüber schon Anfang Januar 1937 den Präsidentenwechsel Wirth-Wüst signalisierte, bringt Wüst Ende Januar Dramatik in den Vorgang. Sievers setzt Wüst vertraulich in Kenntnis von einer Einschätzung seiner Person durch den Darré-Vertreter im ›Ahnenerbe‹, Kinkelin, und fühlt sich unterschätzt:

---

[126] Zu der am 21.8.36 im Zirkus Krone in München geplanten Veranstaltung des ›Ahnenerbe‹ kam es nicht, weil der Polizeiarzt Wüsts Familie wegen der Infektionskrankheit eines ihrer Glieder unter Quarantäne stellte. Sievers an Galke 30.7.36, BA NS 21/730 – Auch die Teilnahme am Kopenhagener Linguistenkongress muss Wüst aus diesem Grund absagen. Sievers an Galke 5.9.36, BA NS 21/691, Galke an Wolff 22.9.36 ibid.

[127] Zu diesem und Folgendem s. Erinnerungsprotokoll Galke/Wüst/Sievers 1.9.1936, BA NS 21/669. Dies ist das Protokoll, von dem Kater 1974, S. 44 irrtümlicherweise fest behauptet, dass es nicht gibt. Uns bestätigt das im nachhinein in unserer Vorgehensweise, uns – wenn irgend möglich – an die Originale und nicht an Mikrofilme u. ä. zu halten – s. a. den kurzgefassten Bericht in: Sievers an Merck 4.9.36, BA NS 21/661. Mathilde Merck war die Frau des Chemie- und Pharma-Industriellen Merck. Sie stiftete dem ›Ahnenerbe‹ regelmässig beträchtliche Summen.

[128] Der Vortrag ist erstmals erschienen in der Zeitschrift ›Odal‹ 5, 1936, S. 366–373 sowie in ›Germanien‹ 1936, S. 321–7 und wurde später aufgenommen in den Sammelband mit Wüstschen Reden: Wüst 1941, S. 1–12 – Vgl. a. Hermand 1988, S. 232 f. – Eine unmittelbare kritische Reaktion auf den Vortrag findet sich in der Pariser Tageszeitung Nr. 135 vom 24.10.36: „*Prof. Wüst, Dekan der philosophischen Fakultät und ordentlicher Professor für arische Kultur- und Sprachwissenschaft an der Universität München, rief in seiner Rede ‚die Mannschaft, die völkisch sein in der Haltung, stolz auf die edle Abkunft mit voller wissenschftlicher Verantwortung sich in Art und Taten der Ahnen vertieft'. Zu dieser Mahnung zur wissenschaftlichen Verantwortung ist Prof. Wüst ganz berufen: Im Jahre 1934, als in der*

[...] aber ich muss trotzdem [...] sagen, dass Herr Kinkelin anscheinend nicht meine Stellung im Kuratorium genügend bedenkt. Sonst könnte er mich nicht mit einer lässigen Handbewegung als ‚Referenten' über die Tischplatte fegen. [...] Im übrigen können Sie ihm gegenüber und bei allen anderen Verhandlungen als meine feststehende Absicht kundtun, dass ich bei einer Personalzusammensetzung, wie sie am Schluss Ihrer Aktennotiz geplant ist, [...] zu dem vertraglich ehesten Zeitpunkt – das ist der 1.6.1937 – meine Mitarbeit im ›Ahnenerbe‹ gerne zur Verfügung stelle. Herman Wirth ist als übergeordnete Instanz für mich untragbar.[129]

Bedauerlicherweise sind die Quellen in Bezug auf die Hintergründe dieses Protestes lückenhaft bzw. dunkel, so dass nicht klar ist, ob Wüst zu dem Zeitpunkt schon wusste, dass der Präsidentenwechsel unmittelbar bevorstand, und also lediglich die neue Macht demonstrieren wollte, oder aber mit den zitierten Sätzen tatsächlich eine Beschleunigung seiner Karriere bewirkt hat. Mit Wirkung vom 30. Januar 1937 jedenfalls wird Wüst – wie erwähnt – zum Präsidenten des ›Ahnenerbe‹ ernannt.[130]

Wüst verhält sich taktisch geschickt, wenn er auf der ersten Mitarbeiterversammlung unter seiner Präsidentschaft Wirth zunächst einmal gegenüber einem anderen ›Ahnenerbe‹-Sinnbildforscher, der sich gerade zu einer Art Leichenfledderei anschickte, den Rücken stärkt.[131] Auch kommt es keineswegs zur Ausführung von Plänen, Wirth überhaupt aus dem ›Ahnenerbe‹ herauszudrängen. Den später so geschätzten Göttinger Runenkundler Wolfgang Krause[132] will er sogar in der ›Zeitschrift für Deutschkunde‹ durch eine Gegendarstellung zurechtgestutzt wissen; Krause hatte in einem For-

---

deutschen Öffentlichkeit die einmütigen Proteste der Wissenschaftler gegen die Theorien Hermann (!) Wirths laut wurden, der aus den Germanen die Väter der Geschichte gemacht hatte, war Wüst der einzige, der Wirths Behauptungen mit zurechtgemachten Argumenten aus seinem Fachgebiet, der Indologie, zu stützen unternahm. Für seine Anstrengungen ist er mit dem Dekanat der philosophischen Fakultät an der Universität in der ‚Hauptstadt der Bewegung' belohnt worden. Die protestierenden Wissenschaftler aber verstummten." – Eine Abschrift dieses Artikels findet sich im Bestand BA NS 21/710. Die ›Pariser Tageszeitung‹ war bis zum Beginn der Besetzung durch die Deutschen 1940 eine deutschsprachige Emigrantenzeitung. Vgl. dagegen Sievers an Kaiser 11.6.37, BA NS 21/596 – Ende Herbst plante das ›Ahnenerbe‹ eine Odal-Ausstellung in den Räumen des Zentralinstituts für Erziehung und Unterricht, zu der es aber nicht kam. Sievers an Zentralinstitut 28.5.36, BA NS 21/661.

[129] Zit. in Sievers an Galke 23.1.37, BA NS 21/383 und 691.

[130] Himmler an Wüst 26.1.37, BA NS 21/691, dto. 1.2.37, BA NS 21/709 – vgl. a. Personalbericht Wüst o. D., BA NS 20/114-49, S. 22 – Wüst an Himmler 6.2.37, BA NS 21/691 – Galke an Pohl 19.2.37, BA NS 21/691.

[131] Bericht Sievers/Wüst 25.10.37, BA NS 21/669 + NS 21/46.

[132] Zu W.K. s. Hunger 1984.

schunsbericht Herman Wirth mit keinem Wort erwähnt.[133] Manchmal kommt das Lob ziemlich doppelbödig daher.[134] Zu Wirths „Die Rune der Heimaterde" lässt Wüst seinem Vorgänger z. B. ausrichten:

> Ich bitte, Prof. Wirth zu verständigen, dass dies seine erste Arbeit, zu der ich vorbehaltlos Ja zu sagen vermag, ist. Text und Bildanordnung sind vorzüglich.[135]

Zwischendurch kommt es freilich zu krassen Ausrutschern. Wüst hatte schon 1929 Wirths Hauptwerk durchaus kritisch, wenn auch konstruktiv rezensiert.[136] Jetzt fällt seine Kritik aber gelegentlich so negativ aus, dass selbst Himmler ihn eindringlich ermahnen muss, derartiges wenigstens nicht schriftlich von sich zu geben.[137]

Wüst hatte dem ›Ahnenerbe‹ schon kurz nach der Übernahme der Wortkunde-Abteilung den Münchner Namenforscher Joseph Schnetz und seine renomierte ›Zeitschrift für Ortsnamenforschung‹ zugeführt, die hinfort ›Zeitschrift für Namensforschung‹ genannt wurde.[138] Schnetz war Verbindungsbruder von Himmler gewesen.[139] Da bedurfte es wahrscheinlich schon deswegen keiner besonderen Überredungskunst. Namhafte Kollegen, vor allem aus München, folgten. Für die Bearbeitung der Ura-Linda-Chronik wurde der Germanist Otto Mausser gewonnen, dem Himmlers SS nicht nur eine durch Krankheit bedingte Schuldenlast nimmt, sondern dem sie auch nach mehreren Anläufen in Königsberg einen Lehrstuhl verschafft.[140] Dem

---

[133] Sievers an Plassmann 6.7.38, BA NS 21/301.
[134] Vermutlich müssen deshalb auch Bemerkungen wie *„wissenschaftsgeschichtlich ist es reizvoll, dass die Lehre H. Wirths sich schon in ein paar Nebenzügen angedeutet findet bei Hermann Schneider ..."* eher als Beitrag zur Demontage gelesen werden. s. Wüst 1934 – Mitte 1936 wird Wüst deutlicher. Nach einer Notiz von Sievers habe Wirth ihn zunächst *„als seinen Retter"* bezeichnet, um dann fortzufahren: *„Er* (Wirth) *trug ihm* (Wüst) *dann die Herausgeberschaft bei einer geplanten Zeitschrift an, liess aber dann bei der Verwirklichung derselben in dem Verlagsvertrag Wüst unberücksichtigt. Ähnliche Beispiele führte Prof. Wüst noch mehrere an."* (Sievers an Galke 8.6.1936, BA NS 21/691).
[135] zit. n. Sievers an Wirth 30.6.38, BA NS 21/302.
[136] Wüst 1929.
[137] Himmler an Wüst 17.11.38, BA NS 19/1089 – Himmler wird auf einen Protest seines Stellvertreters im ›Ahnenerbe‹ hin aktiv. Reischle an Himmler 13.10.38, ibid. Natürlich hatte Reischle vor, letzterem gegenüber Wüsts Verhalten zu verteidigen. Briefentwurf Himmler an Reischle Okt. 1938, ibid.
[138] Sievers an Wüst 17.11.36, BA NS 21/661 – vgl. a. Wüst an Wirth 22.1.37, BA NS 21/599.
[139] Laut Wüst an Sievers 9.1.38, BA NS 21/46.
[140] Hierbei spielte eine Rolle, dass der zuständige Bearbeiter im REM, Harmjanz, ein Schüler von Mausser war. Wüst an Himmler 24.5.37, BA NS 21/691. Zu Mausser in Kürze:

Wüst-Assistenten Karl Hoffmann verhilft das ›Ahnenerbe‹ zu einer Verkürzung der Wehrdienstzeit,[141] zu einer Entlastung vom SA-Dienst[142] und zu einer Anerkennung seines „*Wissenschaftsdienst(es) als SS-Dienst*".[143] Durch Wüsts Vermittlung geht das ›Ahnenerbe‹ auch an die Verwirklichung einer Reihe von Plänen des Germanisten Erich Gierach.[144] Dem Kieler Ordinarius für Nordistik, Otto Höfler, ermöglicht Wüst die Berufung an die Universität München.[145] Der aus Wien stammende Höfler liefert dem ›Ahnenerbe‹ nach dem „Anschluss" Österreichs umgekehrt geheime Erstinformationen über Wiener Wissenschaftler,[146] Grundlage für die alsbald danach gestarteten Aktivitäten in der ‚Ostmark'. Höfler ist einer der wichtigsten Problemlöser im Sicherheitsdienst, er öffnet der SS zum Beispiel Möglichkeiten, die für sie zunächst ganz unverständliche Ablehnung der von den Nazis 1940 überfallenen und von der NS-Ideologie zum Prototyp des „*nordischen Menschen*" überhöhten Norweger verständlich zu machen.[147]

Viele auch umfangreiche Verlagsvorhaben verdankt das ›Ahnenerbe‹ Wüst. Auf der Dozentenakademie in Tännich lernt Wüst zum Beispiel Ulrich Pretzel kennen, für den er ein Gutachten schreibt, das im übrigen typisch für die Beurteilungen ist, die Habilitierte in diesen Erziehungslagern erhielten. Obwohl Pretzel als „*unpolitisch, jedenfalls nicht nationalsozialistisch, bestenfalls national*" eingeschätzt wird,[148] kann das ›Ahnenerbe‹ diesen Bruder des NS-Forschers und Emigranten Raimund Pretzel – besser bekannt unter dem

---

Gerd Simon: Mausser, Otto in: Internationales Germanistenlexikon (Hg. v. Christoph König u. a.).

[141] Karl Hoffmann an Wehrbezirks-Kommando München I, 23.4.37, PA. H. BDC + BA NS 21/709 – Briefentwurf Reichsführer-SS an Wehrbezirks-Kommando Mchn. I, Mai 1937, ibid. – Sievers an Galke 8.5.37, ibid. – Galke an ›Ahnenerbe‹ 20.5.37, ibid. – Sievers an Galke 26.5.37, BA NS 21/596 – dto., 29.5.37, BA NS 21/709.

[142] Bestätigung Wüst 26.8.37, UA Mchn. O-N 15a (Seminar für arische Kultur- und Sprachwissenschaft).

[143] Wüst an ›Ahnenerbe‹ 5.12.38, PA. Hoffmann BDC Bl. 430.

[144] s. Simon 1998c.

[145] Wüst an Bayerisches Staatsministerium 28.12.37, UA Mchn. O-N 15a (Seminar f. dt. Philologie); maschinenschriftlicher Entwurf dieses Schreibens mit handschriftlichen Ergänzungen Wüsts, 21.12.37, ibid. – Wüst an Himmler 15.10.37, PA. Höfler, BDC Bl. 217 – AV. Sievers 29.6.37, BA NS 21/727 u. ö.

[146] Höfler an Sievers 23.4.38, BA NS 21/43.

[147] Vortragsms. Höfler o. D. (nach 23.11.42) „Die Entwicklung der geistigen Lage in Skandinavien". BDC Höfler Bl. 240–274 – s. a. Höfler an Himmler 24.3.43, ibid. Bl. 231f sowie Ohlendorf an Reichsführer-SS 23.11.42, ibid. Bl. 3 f.

[148] GA. Wüst BA R 31/634 + PA. Pretzel BDC.

Pseudonym Sebastian Haffner – sehr gut für seine Pläne gebrauchen, die Schriften des Germanisten und Volkskundlers Weinhold neu herauszugeben.[149]

In atemberaubendem Tempo vereinigt Wüst unglaublich viele gewichtige Ämter und Posten auf sich. 1938 hat er bereits folgende inne:

1. Lehrstuhl für arische Kultur- und Sprachwissenschaft
2. Dekan der Philosophischen Fakultät
3. Leiter der Abteilung ›Wortkunde‹ im ›Ahnenerbe‹
4. Präsident des ›Ahnenerbe‹ und der SS
5. Leiter der Dozentenakademie auf Schloss Tännich [150]
6. Vorsitzender des Indien-Ausschusses der Deutschen Akademie [151]
7. Leitung des Forschungswerks ›Wald und Baum‹
8. Stellvertretender Präsident der Deutschen Akademie. 1938 war er sogar im Gespräch für das Präsidentenamt
9. Seine Tätigkeiten beim Sicherheitsdienst, beim NSD-Dozentenbund und anderen NS-Organisationen lassen sich aus dem mir verfügbaren Material weder nach Art noch nach Umfang präzisieren. Mit dem NSD-Dozentenbund lebt Wüst 1940 zeitweise in offener Feindschaft.[152]

---

[149] Pretzel an Wüst 2.11.37, PA. Pretzel, BDC – dto. 16.1.38, BA NS 21/376 – P. an Sievers 16.3.38, BA NS 21/376 – Wüst an Pretzel 8.11.37, ibid. u. ö. – Die Weinhold-Ausgabe ist nie erschienen. P. war nach Hübners Tod faktisch der wichtigste Mann am Grimmschen Wörterbuch, zugleich Initiator und Leiter des Mittelhochdeutschen Wörterbuchs. Zschintzsch an Kummer 31.8.37, PA. Pretzel BDC Bl. 7167 – Erklärung Pretzel 14.7.41, ibid. Bl. 7149 – GA Scheeweis o. D.. ibid. Bl. 7193 – Eignungsbericht Erich Hofmann 6.7.44, ibid. Bl. 7194 .

[150] Wüst an Galke 8.9.37, BA NS 21/691 – Sievers an Wüst 13.9.37, BA NS 21/597 – Sievers an Müller 16.9.37, ibid. – AV. Sievers 26.9.37, BA NS 21/165 – Prot. Wüst/Sieves 29.9.37, BA NS 21/669 – AV. o. V. o. D., BA NS 21/678 sowie ›Berliner Börsenzeitung‹, 2.10.37, BA NS 21/46.

[151] Personalbericht Wüst o. D., PA. Wüst, BDC u. BA NS 20/114-49, S. 22.

[152] s. den Angriff in den ›Mitteilungen des NSDDB‹ 3, 5, Juli 1940 – Ein Exzerpt findet sich im IfZ Mchn. MA 116/18 – Im September 1940 sucht Reichsdozentenführer Schultze schon wieder Wüsts Unterstützung gegen Rosenberg. Wüst an Brandt 1.10.40, BA NS 21/46 – Schon kurz vor Kriegsausbruch hatten ›Ahnenerbe‹ und NSDDB Besprechungen über die Zusammenarbeit geführt. AV. Sievers 7.8.39, BA NS 21/349. Sievers an Wolff ibid. Auch Wüsts Rektoratsrede wird in den Mitteilungen des NSDDB 4, Folge 8, Aug. 1941, S. 2f, durchaus positiv aufgenommen. Im Februar 1943 äussert Wüst nichtsdestoweniger eine Kritik an Schultze. Wüst an Klopfer 17.2.43, IFZ Mchn. ZS/A-25/5 Bl. 126f – Das wechselvolle Verhältnis zum Reichsdozentenführer zeigt exemplarisch, wieviel von den zahlreichen Zeugenaussagen im Nürnberger Prozess zu Wüsts Gunsten zu halten ist, z. B. von der Bescheinigung Rühles vom Kohlhammer-Verlag: *„Wir bestätigen, dass die Leitung des*

Im Kriege kommen dann noch – wie erwähnt – das Rektorat an der Uni München und die Leitung der Abteilungen ›Orientalistik‹ und ›Indogermanistik‹ im ›Kriegseinsatz der Geisteswissenschaften‹ hinzu. Multifunktionalität zeigt manchmal eigentümliche Blüten, zum Beispiel Briefe, die man an sich selbst zu schreiben hat. Wenn man so will, haben wir es im Fall Wüst mit einem nicht nur sukzessiven, sondern fast simultanen Maskenwechsler zu tun.

Auf Wüsts ausgeprägte Begabung für die akribische Variante des Bluffs haben wir schon in einem anderen Zusammenhang am Beispiel seines Wörterbuchs hingewiesen.[153] Wüst wurde öffentlich von Fachkollegen im 3. Reich sehr bald nur noch wohlwollend kritisiert. Nichtöffentlich kursierte freilich die Formel von „*Wüst und seinen Wüstlingen*", um die in seinem Bereich vor allem durch das ›Ahnenerbe‹ weitgehend bewerkstelligte Uniformierung des Fachurteils zu etikettieren. Sie findet sich zum Beispiel in einem Versuch des Indogermanisten Krahe, seinen Gesinnungs- und Fachgenossen Deeters über die entscheidenden Ursachen seiner Nichtbeteiligung an dem von Wüst geleiteten und Wissmann gemanagten ›Kriegseinsatz der Indogermanisten‹ hinwegzutäuschen:[154]

> Dass ich trotz Ihres freundlichen Hinweises an Wüst nicht eingeladen wurde [...] hat seinen einfachen Grund darin, dass ich eine östliche Herkunft der Indogermanen vertrete. Da es aber für Wüst und Wüstlinge keine Indogermanen aus dem Osten gibt, gibt es auch nicht die Vertreter einer entsprechenden These. Das ist nicht weiter aufregend, nur sehr bezeichnend und sehr schade um unseren Wissenschaftsbetrieb.[155]

NSDDB seinerzeit den Mitgliedern des NSDDB verboten hat, an der von Prof. Dr. W. Wüst in München u. a. herausgegebenen Korrespondenz ‚Deutschen Wissenschaftlichen Dienst' mitzuarbeiten" (IfZ Mchn. ZS/A-25/5 Bl. 150). Zu Wüsts Tätigkeit im SD wäre anzumerken, dass die gesamte Zusammenarbeit zwischen dem SD – Oberabschnitt Süd – und dem SSHA schon 1937 über Wüst und dem späteren Geschäftsführer der ›Ahnenerbe‹-Aussenstelle Südost, Rampf, zumindest geplant und vermutlich auch gelaufen zu sein scheint. Sievers an Wüst 5.5.37, BA NS 21/691.

[153] Simon 1985b.

[154] Gewichtiger war mit Sicherheit der Umstand, dass Krahe eine nichtarische Urgrossmutter hatte.

[155] Krahe an Deeters 26.5.42, UA Tü 267/30. Dass Krahe mit „*Wüstling*" insbesondere auch Wissmann im Auge hatte, geht aus dem Umstand hervor, dass sich Krahe nach 1945 stets weigerte, über Wissmann positive Urteile abzugeben, obwohl er dessen wissenschaftliche Arbeiten durchaus schätzte, z. B. als dieser als Nachfolger für den indogermanischen Lehrstuhl in Heidelberg avisiert wurde, den Krahe gerade freigemacht hatte. Krahe an Kienast 2.8.48, UA Tü 267/52 – Vgl. a. Krahe an Vasmer 2.8.48, UA Tü 267/35 – Wissmann will von der nichtarischen Urgrossmutter nichts gewusst haben. Wissmann an Kienast 15.5.50, UA

152 X. Das ›Ahnenerbe‹ der SS

Zur Erläuterung: Für „*Wüst und Wüstlinge*" durfte der Ursprung der Indogermanen nur in Deutschland, vielleicht auch noch nördlich davon, keineswegs aber östlich vom Kaspischen Meer im Lande der heutigen Kirgisen oder Mongolen liegen.

Wüst und Wüstlinge – das lässt sich zusammenfassend sagen – lebten wie Hitler und seine Gefolgsleute von einem psychosozialen Mechanismus, einem durch keine Zweifel gefilterten und durch keinerlei Kritik kontrollierten Vertrauen, von einer mehr als fahrlässigen Bereitschaft zu Blanko-Unterschriften und von an Kadavergehorsam grenzender Unterwerfungssucht. So wie Hitler über beachtliche Qualitäten verfügte, zumindest was Herrschaftstechnik und Fleiss anging, so kann man vor Wüsts punktueller Akribie und seiner Emsigkeit nur bewundernd *den Hut ziehen*. Das sollte uns aber nicht hindern, vor der Kehrseite dieser Qualitäten *auf der Hut zu sein*: perfektionistische Unduldsamkeit gegenüber Andersdenkenden und Andersartigen bis hin zu ihrer Knebelung und – wie wir sehen werden – physischen Vernichtung, die Wüst zwar nach Auskunft der Quellen nie befahl oder gar selbst praktizierte, aber doch tatenlos mitzuverantworten hatte, ja von der er sogar zu profitieren trachtete. Darüber später mehr.

Tü. 267/52 – Übrigens kündigte Krahe 1944 an, seine Ursprungstheorie zu revidieren, wovon nach dem Kriege natürlich nicht mehr die Rede war. Krahe an Menghin 1.3.44, UA Tü 267/33 – Krahe hatte vor, wegen der Nichtbeteiligung am ›Kriegseinsatz der Indogermanisten‹ Wiedergutmachung zu beantragen. ibid.

XI.

SCHNEIDERS TÄTIGKEIT IN DER ›LEHR- UND FORSCHUNGSSTÄTTE FÜR GERMANISCHE VOLKSKUNDE‹ IN SALZBURG

Nach dem „Anschluss" Österreichs im März 1938 fiel der SS, insbesondere dem Sicherheitsdienst, wie fortan nach allen Besetzungen fremder Länder, die Aufgabe zu, die rückwärtigen Gebiete zu sichern und die Fundamente für eine ns-orientierte Umwandlung der Gesellschaft, also auch der Kultur zu legen.

Anfang Mai 1938 treffen sich der zuständige Abteilungsleiter im SD-Hauptamt, Wilhelm Spengler, sowie der neue Leiter des SD-Oberabschnitts Österreich, Polte, mit den Chefs des ›Ahnenerbes‹, Walther Wüst und Wolfram Sievers, um ein Papier zu diskutieren, das umfassende Werbeaktionen in den wichtigsten Orten Österreichs empfiehlt. Ziel ist es, *„im Einvernehmen mit den örtlichen SS-Stellen sowie anderen Parteigliederungen und den Turnvereinen"* Stützpunkte zu errichten.[1] Mit sippen- und volkskundlichen Vereinen sollten laut diesem Papier Abkommen getroffen werden; Deutschlehrer und Schulungsleiter sollten angesprochen werden; ein Prospekt zur Erstinformation über das ›Ahnenerbe‹ sollte bei den Werbeaktionen verteilt werden; Schriften zur Volks- und Sippenkunde insbesondere Österreichs, selbst zur Namenkunde sollten hergestellt und vertrieben werden. Bei diesem Treffen dürfte auch die Idee entstanden sein, eine eigene ›Ahnenerbe‹-Zentrale zu gründen, die Aussenstelle Südost.[2] Eine der ersten Gründungen dieser Aussenstelle war die ›Lehr- und Forschungsstätte für germanische Volkskunde‹ in Salzburg.

---

[1] AV. Sp[engler] 4.5.38, BA ZM 1582 A. 4 Aufnahme 12. Vgl. a. AV. o.V. [Sievers?] betr.: Österreich o. D. [vor 1.5.38] PA. Sievers BDC [Bestand: Tätigkt im ›Ahnenerbe‹, Reichsgeschäftsführg.], S. 161–3 + BA NS 21/600.

[2] Am 24.5.38 steht jedenfalls fest, dass die ›Ahnenerbe‹-Abteilung Salzburg gegründet wird. Man hat nur noch keinen Abteilungsleiter. An der Arbeit beteiligt werden soll der Königsberger Germanist Otto Mausser. Habersetzer an Mausser 24.5.38, BA NS 21/82 – Zu dieser Aussenstelle ausser Kater s. a. Bockhorn 1994a.

XI. ›Lehr- und Forschungsstätte für Germanische Volkskunde‹

Das ›Ahnenerbe‹ hatte das Salzburger ›Institut für religiöse Volkskunde‹ im Herbst 1938 mit Unterstützung des Sicherheitsdienstes in seine Gewalt gebracht.[3] Schon im Juli 1938 war klar, dass der Wiener Volkstanzexperte Richard Wolfram es hinfort leiten würde.[4] Unter der neuen Bezeichnung hatte es zwei Fragen zu bearbeiten:

> I. Wie weit ist die Ostmark in den Grundlagen ihres Volkstums germanisch bestimmt?
> II. Welche germanisch-deutsche Ausstrahlung lässt sich im nahen Südosten nachweisen?[5]

Das ›Ahnenerbe‹ wollte – wie auch sonst – nicht einfach durch die Auflösung einer Institution oder Organisation ein Vakuum hinterlassen, sondern unter Einverleibung der Bausubstanz und Bibliothek bewusst kontrafaktisch eine Gegeneinrichtung oder einen Gegenverband schaffen.

Schneider wird im Oktober 1938, zusammen mit einer Reihe von Wissenschaftlern aus dem ›Rassenamt‹ ins ›Ahnenerbe‹ der SS übernommen. Formal endet seine Tätigkeit am ›Rasse- und Siedlungshauptamt‹ am 31. Dezember.[6] Entsprechend beginnt seine Tätigkeit im ›Ahnenerbe‹ offiziell am 1. Januar 1939. Er tritt die neue Stelle aber offenbar erst am 21.1.39 nach einem Intermezzo als Kanonier beim I. Flak-Regiment 12, 14. Bataillon (S) an.[7] An einem ersten Treffen der Wissenschaftler der Aussenstelle Südost des ›Ahnenerbes‹ Anfang Februar 1939 in ihren neu eingerichteten Räumen in Salzburg nimmt auch Schneider teil.[8] Er hat sich dem Ziele der Feiergestaltung zu widmen. Von dem Leiter der Aussenstelle, dem Wiener Volkskundler Richard Wolfram, erhält er überdies den Sonderauftrag, sich mit dem damals sehr bekannten Wiener Volkskundler Karl von Spiess zu beschäftigen. Nach Wüsts Darstellung nach dem Kriege hatte das ›Ahnenerbe‹ Wolfram den Wiener Lehrstuhl für Volkskunde verschafft, *„weil sonst der Kandidat Rosenbergs, Karl v. Spiess, dort ernannt worden wäre."*[9]

Karl von Spiess, am 20. April 1880 geboren, wird von der Wissenschafts-

---

[3] Zu diesem und dem Rest des Absatzes s. Bericht Menz o. D. (nach 27.4.38), BA NS 21/762 – sowie Eberhart 1994a sowie ders. 1994b und die dort angegebenen Quellen.
[4] Zu Wolfram s. Bockhorn 1994b.
[5] Arbeitsplan der ›Lehr- und Forschungsstelle für germanische Volkskunde‹ o.V. o. D., BA NS 21/79 – vgl. a. Eberhart 1994b, S. 551.
[6] Sievers an Schneider 29.11.38, BA NS 21/577.
[7] Müller an Friederich (SS-HA) 7.12.38, BA NS 21/577.
[8] Für dies und den Rest des Absatzes s. AV. Rampf 13.2.39, PA. Höfler BDC.
[9] Interview Wüst (durch Kater) 4.4.63, IfZ München ZS/A-25/3 Bl. 731.

forschung zum „*Verworrensten und Unwissenschaftlichsten*" gerechnet, was die faschistische Wissenschaft hervorgebracht hat.[10] Er war Lehrer an höheren Schulen in Wien und nach seinem krankheitsbedingten Ausscheiden aus dem Schuldienst bis zum Tode am 1. Juli 1957 vorwiegend als Privatgelehrter tätig. 1934 lernt er Matthes Ziegler und etwas später Hans Reinerth kennen, Hauptfiguren im gerade gegründeten Amt Rosenberg. Diese fangen Feuer und versuchen – wenn auch vergeblich –, ihm zu einer volkskundlichen Professur an einer deutschen Universität zu verhelfen. Die Wiener Kollegen und insbesondere der Ex-Wiener Otto Höfler (damals in Kiel) – alle werden von der SS gefördert – machen ihm einen kräftigen Strich durch die Rechnung. Die Zahl der Publikationen von Spiess wächst ins Unübersichtliche an. Das dürfte den Kontrahenten Wolfram veranlasst haben, seine Lektüre-Arbeit zu entlasten und Schneider diese Aufgabe aufzubürden. Spiess gehörte zu jenen Forschern, die in vieler Hinsicht Anstrengungen machten, die Nationalsozialisten rechts zu überholen. Spiess geht es um die dreifache Verankerung der Volkskunde in „*Rasse, Sprache und Überlieferungswelt*".[11] Spiess krass rassistische Theorie mündet in rassenpflegerischen (eugenischen) Forderungen, die als direkte Anregungen zu den Morden an Kranken und Behinderten (sog. „lebensunwertem Leben") in Grafeneck, Hadamar und anderen Anstalten angesehen werden müssen.

Schneider wird, sollte er überhaupt dazu gekommen sein, irgendeine Zeile von Spiess zu lesen, keinen Ergebnisbericht abgeliefert haben: Am 1. September 1939 brach Hitler bekanntlich den 2. Weltkrieg los, und Schneider stand plötzlich vor ganz anderen Problemen.

Im Auftrag des ›Ahnenerbes‹ hatte Schneider zahlreiche Reisen unternommen, hauptsächlich zu Volkstanzkongressen, unter anderem auch nach England.[12] Was aber in unserem Zusammenhang besondere Aufmerksamkeit verdient, sind seine Reisen nach Holland.[13] Nach eigenen Aussagen war

---

[10] So Jacobeit und Mohrmann sowie diesen zustimmend Bockhorn. s. Bockhorn 1994b, S. 499 – Zum Nachlass s. Acker-Sutter 1986, S. 65 ff.
[11] Karl von Spiess: Deutsche Volkskunde als Erschliesserin deutscher Kultur. Berlin 1934 zit. n. Bockhorn, 1994b, S. 500.
[12] Eine dieser Reisen zum Jahreslehrgang der ›English Folk Dance and Song Society‹ untersagt Himmler kurz vor Ausbruch des 2. Weltkrieges. Brandt an Sievers 17.8.39, BA NS 21/577.
[13] Für dies und den Rest des Absatzes s. Schneider an Sievers 16.6.39, PA. Schneider BDC – vgl. a. Mischke an Devisenstelle 31.3.39, BA NS 21/608.

Schneider damals „*fast der einzige Deutsche* [...], *der aus persönlicher und arbeitsmässiger Fühlungnahme zu jenen Kreisen* [im Ausland] *gute Beziehungen hat.*" Über einen der von ihm besuchten Kongresse ist ein Bericht erhalten, den man zweifelsohne Schneider selbst zuschreiben kann. Darin heisst es:

> Teilnehmer: etwa 60 Holländer und Holländerinnen, 40 Engländer und Engländerinnen, 15 Flamen und Flaminnen, 1 Amerikanerin und ich als einziger Deutscher.
> Die Lehrkräfte waren ausschliesslich Engländer und Engländerinnen, die zu diesem Zweck von der „English Folk-dance and Song-Society" aus London herübergeschickt waren und die ich schon von meinem vorjährigen Aufenthalt in England kannte.
> Gelehrt wurden ausschliesslich englische Country-, Morris- und Schwerttänze. Die eigenen holländischen Volkstänze werden im „Niederländischen Volkstanzbüro" nicht geschützt und fast gar nicht gepflegt. Sie wären zu einfach, oder zu plump, jedenfalls nicht gefällig genug für die Gesellschaft, wurde mir gesagt. In den englischen Tänzen sieht man weniger die national-englische Eigenart, sondern den Ausdruck allgemein nordischen Empfindens (Figurentanz!), was zum Teil zweifellos richtig erkannt ist, in dieser Ausschliesslichkeit aber zu Fehldeutungen führen muss.
> Vielmehr muss in dieser einseitigen Bevorzugung rein englischen Tanzgutes das Ergebnis einer zehnjährigen geschickten, sehr wenig aufdringlichen, sehr entgegenkommenden englischen Kulturpropaganda in Holland gesehen werden. Diese Einstellung hat dazu geführt, dass die offizielle holländische Volkstanzzentrale ihre nationale Eigenart fast aufgegeben hat, was bis in Einzelheiten hin zu beobachten war, z. B. hinsichtlich der geübten Tanzhaltung, des Tanzschrittes usw., die gänzlich englisch nationaleigentümlich genannt werden müssen und was innerhalb der holländischen Gruppen auch nur durch Nachahmung zu erzielen war, nicht aber als ein Ausdruck eigener volksgemässer Haltung. Weiter hat diese Einstellung bewirkt, dass man unter „nordisch" eben ausschliesslich die englischen Figurentänze versteht – man nicht aber auch den deutschen, schwedischen, norwegischen, dänischen und flämischen und auch den eigenen holländischen Tänzen dieselbe Beachtung schenkt, was für die Begriffserkenntnisse des „Nordischen" zweifellos notwendig wäre. Es ist darin aber kein zufälliges Ergebnis zu sehen, sondern, wie gesagt, die Leistung einer geschickten und tatkräftigen englischen Kultur-Propaganda. Auf die Verbundenheit holländischen und englischen Volkstums wurde immer wieder, mit und ohne Worte, hingewiesen. Von der an sich viel engeren Verbundenheit des Holländischen mit dem Niederdeutschen, auch gerade auf dem Gebiet des Volkstanzes und des Volksliedes, wurde nichts erwähnt.[14]

Der Bericht arbeitet aber nicht nur den „deutschen Standpunkt" heraus, er lenkt die Kritik nicht nur auf die Interessen der Engländer, sondern – ganz im Sinne der SS – hat der Verfasser den Kongress auch unter einem antisemitischen Blickwinkel verfolgt:

---

[14] Bericht über die Teilnahme am 7. Internationalen Osterferien-Lehrgang von ›Het Nederlandsch Central Bureau voor Volksdansen‹ vom 10.–15. April 1939 in Oosterbeek (Holland). – Vollständig abgedruckt im Anhang, Dokument 6

XI. ›Lehr- und Forschungsstätte für Germanische Volkskunde‹

Das Volksliedsingen wurde von einem Herrn Harry van Cos geleitet, der auch einen öffentlichen Liederabend gab. Dieser Harry van Cos ist nach meinen Informationen mit grösster Wahrscheinlichkeit als ein Volljude anzusprechen. Es ist dies wieder bezeichnend für die innere Instinktlosigkeit, mit der in vielem Herr und Frau van der Ven [*die Leiter bzw. Organisatoren des Kongresses. G.S.*][15] ihre Volkskunde und Volkstumsarbeit betreiben, trotzdem sie gerade Deutschen gegenüber immer ihr volles Einverständnis mit den nationalsozialistischen Grundsätzen der Volkstumspflege zu betonen wissen.[16]
[...] Aufschlussreich war der öffentliche Liederabend des Herrn van Cos („Volkslieder verschiedener Nationen"). Neben schottischen, irischen, englischen, holländischen, französischen und deutschen Liedern wurden auch drei jiddische, zwei kreolische Lieder und zwei Negro-Spirituals gesungen, die bezeichnender Weise alle nicht nur mit höchstem Pathos und Mitgefühl vorgetragen, sondern auch mit grösstem Beifall aufgenommen wurden. Die deutschen standen übrigens als einzige der europäischen Liedgruppe zwischen den jiddischen und negroiden Liedern! Ich hielt diese Anordnung für eine bewusste Geste.
[...] Wobei hinzugefügt werden muss, dass auch in der „English Folk-Dance and Song Society" das jiddische Element eine bestimmte Rolle spielt.[17]

Der Bericht mündet – wie auch sonst nicht selten – in konkrete Empfehlungen:

[...] Es muss sicher unsere Aufgabe sein, in sehr vorsichtiger Weise uns dort eine Art „kulturelles Vorfeld" vor unserer Staatsgrenze zu schaffen, Kenntnis des deutschen Volksgutes auch in diese dafür durchaus zu interessierende Kreise zu tragen und zu versuchen, dem eindeutigen englischen Vordringen ein Gegengewicht von uns aus zu setzen.

Ich brauche nicht zu betonen, dass dieses Vorhaben ohne jede nationalsozialistische Propaganda vor sich gehen muss, dass nur aus der gesagten Haltung der deutschen Lehrenden, einiges vom Wollen der deutschen Volkstumspflege deutlich werden darf. Alles [sollte][18] „unpolitisch" sein, wie die Holländer es ausdrücken, da sie kein Empfinden dafür haben, dass jedes sich Beschäftigen mit Volkstum schon eine politische Handlung darstellt, was eindeutig durch die englischen Erfolge klar wird. Weiterhin möchte ich von mir aus anregen [...], dass bei Gelegenheit zu deutschen volkstumspflegerischen Lehrgängen oder Veranstaltungen dafür ausgewählte geeignete Holländer und Flamen eingeladen werden. Es ist dies ein Weg, auf dem diese artverwandten Volkstümer unsere Eigenart kennen lernen könnten, wozu in einem Teil der Jugend durchaus der Wille vorhanden ist, wozu aber bis jetzt kaum Gelegenheit war. Ebenso könnte man auch dadurch wieder dem dort sonst vielgeübten Reisen nach England ein wenig entgegenzutreten versuchen. Natürlich kann eine solche

---

[15] Auch nach der Besetzung der Niederlande beurteilt Schneider Frau van der Ven sehr kritisch. Schneider an van Houten 12.3.41, RIOD Amst 16a – vgl. auch der Verriss des Buches van der Vens und ten Bensels (De Volksdans in Nederland) unter dem Titel „Parasieten op de volkskultuur" in der von Schneider „betreuten" Zeitschrift ›Storm‹ 10, 11.6.1943, S. 4 (ohne Verfasserangabe, vermutlich aber verfasst vom Chefredakteur H.W. van Etten): „[...] een joodsch product."
[16] ibid.
[17] ibid.
[18] Lesung unsicher. G.S.

Einladung nicht zu ausgesprochen parteipropagandistischen Veranstaltungen ergehen. Es müsste dies für jeden Einzelfall genau erwogen werden. Diese Anregung will ich mit entsprechenden Ausführungen vor allem an die Reichsjugendführung und die Reichsstudentenführung weitergeben, die mir für ihre mögliche Verwirklichung am ehesten in Betracht zu kommen scheinen.[19]

Mit der Empfehlung zur Zurückhaltung in Sachen NS-Propaganda bewegt sich der Verfasser voll im Rahmen der Richtlinien des Auswärtigen Amtes.[20]

Das Jahr 1939 ist auch im Wissenschaftsbereich ein Jahr der Kongresse. Das ›Ahnenerbe‹ veranstaltet in Kiel eine aufsehenerregende Tagung.[21] Im Mittelpunkt steht die Vorgeschichtsforschung. Insbesondere die Haithabu-Ausgrabungen des SS-Sturmbannführers Herbert Jankuhn werden – wenn auch sicher mit entsprechender Nachhilfe – in der Presse gefeiert. Unausgesprochen bleibt auf dieser Tagung, dass sie als Angriff auf den Prioritätsanspruch des Amtes Rosenberg in Sachen Vorgeschichtsforschung intendiert war.

Das gleiche sollte die Salzburger Tagung leisten, die Ende August 1939 begann, dann aber wegen des Ausbruchs des 2. Weltkrieges abgebrochen werden musste.[22] Im Mittelpunkt dieser Tagung sollte eine andere Domäne des ›Amtes Rosenberg‹, die Volkskunde, stehen, also der Themenbereich, der bisher in Schneiders beruflicher Tätigkeit im Vordergrund stand. Der Name Schneider konnte von uns in den verstreuten Akten der ›Salzburger Wissenschaftswochen‹ nicht ermittelt werden. Es ist aber trotzdem davon auszugehen, dass Schneider an der Vorbereitung und Gestaltung der Tagung aktiv mitgewirkt hat, zumal er sich schon bei der Kieler Tagung aus Krankheits-

---

[19] Bericht über die Teilnahme am 7. Internationalen Osterferien-Lehrgang von ›Het Nederlandsch Central Bureau voor Volksdansen‹ vom 10.–15. April 1939 in Oosterbeek (Holland) – s. Anhang, Dokument 6.
[20] Das wurde bereits 1938 jedem Auslandsreisenden eingeschärft. s. Protokoll Fakultätssitzung 12.5.38, UA HUB Phil. Fak. 42 Bl. 23 – vgl. a. UA HUB Phil. Fak. 1483, BA ZB II 1443 A 43.
[21] Für dies und den Rest des Absatzes s. N.N. 1939a – N.N. 1939b – Kaiser 1939 und Jankuhn 1939 sowie ders. 1944. Vgl. a. Kater 1974, S. 113 ff u. ö.
[22] Zu den Salzburger Wissenschaftswochen s. NSK-Nachrichten 149, 1, 28.6.39, S. 1 – Illustrierte Zeitung Leipzig 2, 1939, S. 140 – Kieler Blätter H.4, 1939, S. 352 – Vierteljahresbericht „an die teilnehmenden Mitglieder …" o. D.[Sep. 1939], BDC O.8262 (AE Allgemeines) Bl. 283–8 + BA NS 21/799-214 u. ö. sowie die Rezeption im Amt Rosenberg 4.8.39, BA NS 8/240 Bl. 87-94 – AV. Rosenberg 8.8.39, BA NS 8/182 Bl 161 – AV. E[rxleben] 11.8.39, BA NS 8/240 Bl 96 – R[osenberg] an Bormann 16.8.39, BA NS 8/182 Bl. 153-5.

gründen hatte entschuldigen lassen,[23] also in Kompensationspflicht stand. Eine „Ehren-Einladung" zu diesem Kongress erhält übrigens Sigmund Rascher, von dem noch die Rede sein wird.[24]

Langfristig geplant war, dass man dem Amt Rosenberg auch den 3. Schwerpunkt seiner Arbeit streitig machen wollte: die Philosophie. Letzteres scheiterte freilich, weil Kurt Schilling, der das organisieren sollte, Energie und Fähigkeiten zum Organisieren fehlten.[25]

---

[23] Schneider an Sievers 16.6.39, PA. Schneider BDC.
[24] s. Kater 1974, S. 101.
[25] s. dazu Leaman/Simon 1992, S. 273ff sowie dies. 1994, S. 443–469.

XII.

Die ›Weltliteratur‹

Schneider hatte längst ganze Hefte der ›Weltliteratur‹ gestaltet, als Sievers sich entschloss, Himmler und die SS in einer Denkschrift zur Übernahme dieser Zeitschrift durch das ›Ahnenerbe‹ zu bewegen.[1] Da Literatur und Literaturwissenschaft schon früh aus der Arbeit des ›Ahnenerbe‹ ausgeklammert waren,[2] mussten besondere Argumente gefunden werden: Die Gemeinsamkeit der germanischen Völker, die Wiederbelebung des Reichsbewusstseins, die neuerwachte Bindung zwischen dem deutschen Volk und anderen Menschen „germanischen Blutes", wissenschaftlich zu begründen.

Kaum hatte das Ahnenerbe den Schwerter-Verlag übernommen, nimmt eine hohe SS-Stelle – die Quelle (Himmlers Pressechef Radke) vermutet sogar Heydrich persönlich dahinter – eine in der ›Weltliteratur‹ erschienene heftige Kritik des SD-Manns Hans W. Hagen an dem Schriftsteller Eberhard Wolfgang Möller zum Anlass, um vom Reichspressechef (Dietrich) Möllers Ablösung zu verlangen.[3] Radke fährt wörtlich fort:

> Eine Woche später höre ich, dass der RFSS mit sofortiger Wirkung das AE angewiesen hat, den Schwerter-Verlag wieder zu verkaufen, und dass er mit der öffentlichen Austragung dieses Vorfalls in der ›Weltliteratur‹ nicht einverstanden gewesen sei. Ich habe den Eindruck, dass die Polemik gegen Möller sich auch gegen Gunter d'Alquen [Herausgeber der SS-Zeit-

---

[1] Für dieses und den Rest des Absatzes s. die Denkschrift vom 24.1.41 in der Zusammenfassung von Kater 1966, S. 145 – Die Denkschrift selbst haben wir nicht eingesehen.

[2] Sievers an Christian 23.5.42, BA NS 21/357. Dieses Votum war freilich schon vorher mehrfach durchlöchert worden. So plante man zusammen mit Gerhard Fricke eine Klopstock-Ausgabe und 1939 erschien noch eine Löns-Ausgabe s. Kater 1974, S. 199 – AV Sievers 29.11.37, PA Fricke, BDC AE + dto. 11.1.38 l. c.

[3] Für dies und das Folgende s. Diensttagebuch SS-Obersturmbannführer Radke unter dem Datum 13.10.41, BA ZM 232 A 4 S. 31–32 – Zum Presseamt im ›Persönl. Stab‹ RFSS s. Kinder 1977, S. 387.

XII. Die ›Weltliteratur‹

schrift ›Das Schwarze Korps‹ und Förderer von Radke. G. S.] als den zuständigen Kompaniechef von Möller gerichtet hat.

Als Radke sich später Vorwürfe von Gottlob Berger wegen anderer Geschichten anhören muss, verweist er abermals, wenn auch distanzierter, auf seine Demarche für Möller:

> Es freut mich, dass Sie, Gruppenführer, niemals daran gedacht und geglaubt haben, dass ich mich dazu hergeben würde, in dem von Ihnen erwähnten Kreise ausgerechnet gegen Sie, der Sie mich in jeder Weise mit Rat und Tat unterstützen, zu intrigieren. Im Gegenteil, ich habe der erwähnten Klique durch eine mir befohlene Berichterstattung an den Reichsführer-SS einmal das Handwerk legen müssen, als der SS-Kriegsberichter Eberhard Wolfgang Möller wegen eines zweifellos entgleisten Gedichtes, das in der HJ-Zeitschrift „Wille und Macht" erschien, durch die Zeitschrift „Weltliteratur" in der Öffentlichkeit hinterhältig angegriffen wurde. Diese Zeitschrift „Weltliteratur" erscheint im Schwerter-Verlag, und hinter ihr stand der von Ihnen erwähnte Kreis. Der Reichsführer-SS hat im Zuge meiner Berichterstattung den sofortigen Verkauf des Schwerter-Verlages, der bis dahin der SS über Ahnenerbe angeschlossen war, angeordnet. Ich musste dies aus sachlichen und kameradschaftlichen Gründen tun, da dieser Schuss sich in Wirklichkeit gegen meinen Freund Gunter d'Alquen richtete und die SS-Kriegsberichter-Abteilung damit getroffen werden sollte.[4]

Möller war im 3. Reich durch das „Frankenburger Würfelspiel" bekannt geworden, das berühmteste der nationalsozialistischen Thingspiele.[5] Interessant an Radkes Darstellung ist vor allem, dass er Schneider namentlich gar nicht nennt. Er „weiss", dass die ›Weltliteratur‹ von literarisch interessierten SD-Männern herausgegeben werde und erwähnt explizit allein von Kielpinski vom SD-Hauptamt, Gerhard Krüger von der ›Parteiamtlichen Prüfungskommission‹, Hagemeyer vom ›Amt Rosenberg‹ und den in diesem Zusammenhang von Himmler kritisierten SD-Mann Hagen.[6] Später macht er darüber hinaus „*eine journalistische Klique*" um den SS-Sturmbannführer Peterseim für diese Sabotageakte gegen Gunter d'Alquen und das Schulungsamt des SS-Hauptamtes verantwortlich. Berger drohte laut Radke dieser Klique von SS-Kriegsberichtern wegen „*grober Irreführung und Täuschung des Reichsführers-SS*" mit Verfrachtung ins Konzentrationslager.[7]

---

[4] Diensttagebuch Radke unter dem Datum 21.4.42, BA ZM 232 A.4, S. 97.
[5] Zur Geschichte der Thingspiele s.v. a. Eichberg 1977. – Obwohl die Thingspiele 1938 in der NS-Kulturpolitik schon deutlich aus dem Spiel waren, erfährt Möllers ›Frankenburger Würfelspiel‹ noch am 20.2.38 die ehrenvolle Aufnahme in das ›Verzeichnis der zur Beschaffung für Schulbüchereien ... geeigneten Bücher und Schriften‹. *Deutsche Wissenschaft, Erziehung und Volksbildung* 4, 4, 20.2.38, S. 88.
[6] Diensttagebuch Radke unter dem Datum 18.10.41, BA ZM 232 A 4 S. 32.
[7] ibid. S. 98.

XII. Die ›Weltliteratur‹

Dass der Sicherheitsdienst diese Zeitschrift steuerte, erhellt auch aus dem Umstand, dass Wüst über einen Vorabdruck seiner Rektoratsrede („Indogermanisches Bekenntnis") in der ›Weltliteratur‹ mit Spengler verhandelt und nicht mit Schneider.[8]

Die ›Weltliteratur‹ erhielt also wie der Leipziger Schwerter-Verlag ziemlich plötzlich seine äussere Selbständigkeit zurück. Radke führt das später auf seine eigene Initiative zurück:

> Der Reichsführer-SS hat im Zuge meiner Berichterstattung den sofortigen Verkauf des Schwerter-Verlages […] angeordnet.[9]

Vermutlich spielte dabei aber nicht nur der erwähnte Vorfall oder gar Radke eine Rolle. Unter Umständen war neben dem Grundsatzbeschluss gegen Literatur und Literaturwissenschaft sogar entscheidend, dass ein getarntes Satelliten-Unternehmen der SS insbesondere im Ausland mehr Wirkung verhiess als ein offenes.

Schneider übernahm die ›Weltliteratur‹, lange Zeit immer noch „*in Vertretung*" zeichnend, um die Jahreswende 1940/41 von Friedhelm Kaiser.[10] Kaiser hatte sich durch positive Berichte über die Kieler ›Ahnenerbe‹-Tagung bei Sievers so beliebt gemacht,[11] dass dieser ihm die Position des Leiters des ›Ahnenerbe-Stiftungs-Verlags‹ übertrug. Als Kaiser, der inzwischen auch „stellvertretender Reichsgeschäftsführer" war, erfuhr, dass Schneider unbedingt von Salzburg weg wollte und um eine neue Verwendung gebeten hatte, fasste er diesen fähigen jungen Mann sofort für das frisch zu schaffende Lektorat ins Auge. Aufgabe dieses Lektorats sollte sein:

> 1. Steuerung der Zeitschriften des Ahnenerbe-Stiftungs-Verlages, wie auch aller sonstigen Zeitschriften, die durch Herausgeberschaft usw. der Führung des Ahnenerbes zur Verfügung stehen.
> 2. Überwachung der Schrifttumsarbeit:
>   a) In Besprechungsteilen der obengenannten Zeitschriften.
>   b) in allen übrigen Veröffentlichungen, die sich mit dem Ahnenerbe befassen
> 3. Verbindungsarbeit zur Parteiamtlichen Prüfungs-Kommission und Direktion der für die PPK durch das Ahnenerbe zu stellende Lektoratsarbeit.[12]

---

[8] Sievers an Boehm 19.12.1941, BA NS 21/382 – Die Anregung zu diesem Vorabdruck kam freilich von Kielpinski. Boehm an Wüst 22.9.41, ibid. Zu diesem Vorabdruck kommt es nicht. Auszugsweise erscheint die Rede später in der SS-Zeitschrift ›Germanien‹.
[9] ebda. unter dem Datum 21.4.42, BA ZM 232 A 4 S. 97.
[10] Zu Kaiser s. Seeliger 1966, S. 33f – Kater 1974, S. 389 u. ö.
[11] s. Kaiser 1939 – Diese Broschüre verarbeitet Kaisers Berichte in der ›Westdeutschen Zeitung‹ (Rote Erde).
[12] AV. Kaiser 30.1.40, PA. Schneider BDC.

Für die Folgezeit wichtig ist, dass die neue Tätigkeit bedeutete, dass Schneider aus dem (Wüst unmittelbar unterstellten) wissenschaftlichen Apparat ausscheidet und in die von Sievers geleitete Reichsgeschäftsführung übernommen wird, das den ›Ahnenerbe-Stiftungs-Verlag‹ direkt zu kontrollieren hatte. Als Schneider im Juli 1940 nach Den Haag für die „*Durchführung einer Sonderaufgabe*"[13] abkommandiert wurde, die dann 1943 in die Gründung des ›Germanischen Wissenschaftseinsatzes‹ mündete, stand daher offenbar nicht einmal mehr zur Debatte, ob diese Tätigkeit von ihren Aufgaben her nicht eher vom Kurator Wüst direkt zu beaufsichtigen wäre.

Nach der Abkommandierung nach Holland – bis dahin dürfte sich Schneider in den neuen Wirkungskreis kaum mehr als eingearbeitet haben – blieb Schneider von seiner Lektoratstätigkeit allein die Schriftleitung der ›Weltliteratur‹, die er auch bis zur Einstellung der Zeitschrift 1944 beibehielt. Nachdem sich Kaiser und Sievers auseinandergelebt hatten und Kaiser sich aus dem ›Ahnenerbe‹ zurückzog, war Schneider, obwohl immer noch „*in Vertretung*" zeichnend, dem Reichsgeschäftsführer Sievers gegenüber allein verantwortlich. Ehrenbezeugungen und Titel hat Schwerte-Schneider viele erhalten; dass er das sonderlich wichtig genommen hätte, kann man ihm nicht nachsagen – sonst hätte er schon 1941 darauf drängen müssen, dass auch offiziell als „*Herausgeber*" der ›Weltliteratur‹ erscheint, der er faktisch war.

Die ›Weltliteratur‹ war in der Landschaft der NS-Zeitschriften keine auffällige Erscheinung, nicht einmal unter den ›Ahnenerbe‹-Zeitschriften. Im Wesentlichen bestand sie aus Rezensionen bzw. Sammelrezensionen von Neuerscheinungen zum Thema der jeweiligen Hefte. Es wäre nicht verwunderlich, wenn selbst literaturbegeisterte Leser sie bieder und langweilig gefunden hätten.

Erst wenn man wusste, wer genau die Verfasser der einzelnen Artikel waren – was aus mehreren Gründen damals nur wenige Leser für sich beanspruchen konnten –, erschloss sich einem das Besondere an dem von Schneider verantworteten Blatt: Die Autoren waren nämlich überzufällig häufig an ziemlich hoher Stelle in Parteiinstitutionen als Literaturspezialisten tätig.

Im Vordergrund stand dabei ein Kreis von hauptamtlich im Sicherheitsdienst tätigen Personen, jenes „Nest von Germanisten im SD", von dem bereits die Rede gewesen ist: Karl Justus Obenauer, Hans Rössner, Wilhelm Spengler, Walther von Kielpinski. Zu den Personen im Einflussbereich

---

[13] Komanns an Schneider 20.8.40, PA. Schneider BDC.

Himmlers zu rechnen sind ausser dem ›Ahnenerbe‹-Kurator Wüst auch noch andere Autoren, zumeist SD-Männer wie zum Beispiel Franz Alfred Six, Karl Heinz Pfeffer, Fritz Prinzhorn, Otto Höfler, Hermann Löffler, Rudolf Till, Max Ittenbach, Richard Wolfram, Herbert Jankuhn, Jan de Vries und Hans W. Hagen. Wir können hier leider auf diese zum Teil hochkarätigen Leute nur in den seltensten Fällen ausführlich eingehen.[14]

Erstaunlich auch der Anteil der Wissenschaftler aus dem Umkreis von Rosenberg: Hans Hagemeyer, Bernhard Payr, Heinz Kindermann, Bernhard Martin, Thilo Scheller. Im Gegensatz zu seinem Chef Sievers hatte Schneider auch sonst kaum Berührungsänste mit den Rosenberg-Leuten. Darüber hinaus machen NS-Grössen wie der Präsident der Reichsschrifttumskammer Hanns Johst mit. Unter den Autoren, die durch ihr Wirken nach 1945 noch heute in der Literaturwissenschaft einen Namen haben, gehören Wilhelm (Willi) Flemming und Wilhelm Emrich.

Schneider selbst ist mit zahlreichen Artikeln vertreten. Wir gehen im Folgenden nur auf einige repräsentative Beiträge ausführlicher ein. Das Novemberheft 1940, das erste Heft, das Schneider unter Mitwirkung der niederländischen ›Volkschen Werkgemeenschap‹ gestaltet, ist mit einer Einleitung aus seiner Feder versehen. Darin heisst es unter anderem:

> Die Verfasser unserer Beiträge, durchweg junge kämpferische Menschen, auch dort wo sie den Jahren nach ‚alt' sind, gehören dem völkischen Stosstrupp in diesen Staaten ‚Holland' und ‚Belgien' an, sie sind selbst ein völkischer Kampftrupp, der, zäh und langsam an Boden gewinnend, die Idee völkischer Weltanschauung und grossgermanischer Gemeinsamkeit in einem kommenden neugeordneten Europa unter seinen Landsleuten durchsetzt. Dabei darf jedoch nicht übersehen werden (und wovon auch in diesen Aufsätzen gesprochen wird), dass die Gegenkräfte sich noch keineswegs geschlagen geben, sondern, wenn auch innerlich längst morsch und ohne Blutschlag, auf ‚politische Wendungen' tatenlos hoffen, die sie wieder an die Oberfläche einer sogenannten demokratischen Staatsführung bringen könnten. Zunächst unterschätzen sie dabei, wie immer in diesem Krieg, den deutschen Soldaten. Und sodann ahnen sie nichts von der Kraft und der Macht und der Gewalt jener vom Führer ausstrahlenden Idee, die ihre ‚Staaten' bereits durch und durch aufgelöst hat und der sich, wenn auch bisher nur ein kleiner Teil, so doch der beste Teil ihrer Jugend und ihrer Männer und Frauen leidenschaftlich und kämpferisch einsatzbereit verschrieben hat.[15]

Schneiders Aufgabe in den damals von den Nationalsozialisten so genannten „germanischen Randländern" klingt in dieser Einleitung gleich mehrfach an: Betonung der Gemeinsamkeit dieser Länder mit Deutschland, Neuordnung

---

[14] Zu Hermann Löffler s. Lerchenmueller, Joachim: Geschichtswissenschaft in den Planspielen des Sicherheitsdienstes der SS (in Arbeit).
[15] Schneider 1940b.

XII. Die ›Weltliteratur‹

Europas, Förderung der antidemokratischen Kräfte, Lähmung des Widerstandes, Rekrutierung von Jugendlichen für die Ideen des Führers – faktisch für den Krieg. Auch eines der schneiderschen Lieblingsworte, übrigens bis in die 50er Jahre hinein, kommt hier in einem Kompositum bereits vor: Blut.

Die meisten Beiträge in der ›Weltliteratur‹ sind der Heimatdichtung gewidmet. Am häufigsten, zumeist in Themenheften gebündelt, steht Ostpreussen im Mittelpunkt. Im Märzheft 1941 – noch ist der Hitler-Stalin-Pakt nicht durch den Überfall der deutschen Wehrmacht auf die Sowjetunion obsolet geworden – stellt Schneider in dem Artikel „Tat und Trug" im Wesentlichen Ernst Wiechert und Agnes Miegel gegenüber. Schneider kannte beide persönlich. Wiechert war einer seiner Lehrer in der Schule gewesen.[16] Agnes Miegel hat er wahrscheinlich erst während seines Studiums in Königsberg kennengelernt.[17] Wie viele Autoren in der ›Weltliteratur‹ pirscht er sich über eine umständliche Einleitung an das eigentliche Thema heran:

> Wer aus den westlichen deutschen Gauen kommend zum erstenmal die Weichsel überquert, kann unmittelbar in den entscheidenden Erlebnissen ostpreussischen Menschentums stehen, aus denen auch das ostpreussische Schrifttum lebt: die helle östliche Ebene mit dem fremden Atem ungewohnter und scheinbar unbegrenzter Weite und hochragend darin die deutsche Burg. Aus der Spannung dieser beiden Grunderlebnisse – die saugende Weite der osteuropäischen, völker- und rassendurchmischten Landschaft und das deutsche, grenzsetzende Werk darin – lebt das ostpreussische Geistesleben seit den ersten Ordenstagen. Mag den meisten Inwohnern und auch vielen Schaffenden Ostpreussens dieses Spannungserleben unbewusst bleiben, so zeugt das nur von der schon elementarischen, fast biologischen Kraft dieser inneren Auseinandersetzung, in der jeder Entscheidung nehmen muss oder kraft seiner Art in Entscheidung genommen worden ist. Blut und Art lassen sich in diesen Räumen nicht verwischen, so sehr man es immer wieder behauptet hat – den einen zieht es, früh kraftlos geworden, in die ‚unendlichen Wälder', darin seiner Seele zwischen quälendem Gottesanruf und Fleischeslust lebend, der andere bleibt Schwertträger und bleibt wach vor Traum und Trug und ist der Herr, wo immer er steht. Nicht umsonst ist die Marienburg seit Jahrhunderten jenes ostpreussisch-ostdeutsche Sinnbild, an dem die Geister sich geschieden haben – ob nun im Streit der Deutschherren und Pruszen, im Streit der Ordensüberlieferung gegen den protestantischen Herzogsstaat, im Kampf preussisch-deutschen Staatsbewusstseins gegen slavische Auflösung, im Kampf deutschen Volkstums gegen polnische Willkür – es bleibt sich gleich: diese Burg als Sinnbild deutschen Werkes zwang zur Entscheidung. Tat und lockender Trug des Ostens liegen so dicht beieinander, dass eines nicht ohne das andere gesehen werden kann und darf, jedoch trotz dieser Notwendigkeit des gemeinsamen Umfassens von jedermann Entscheidung verlangt und Richtung für sein Leben und sein Denken und Handeln.
> Hinter der Weichsel fängt Asien an, schreibt irgendwo Ernst Wiechert. ‚Mutter Ostpreussen! Einsame, am Brückenkopf Deutschlands …' schreibt Agnes Miegel. Beides liegt in diesem

---

[16] s. Leggewie 1998, S. 107.
[17] Schwerte an Simon 20.8.95, GIFT-Archiv MW-Korr.

Wort Ost-Preussen: der Osten und Preussen. Es klingt nur richtig, begreift man es zusammen.[18]

Schneider leugnet die Spannung im Osten nicht, nimmt aber eindeutig Partei für das, was er Tat nennt. Er plaziert inmitten dieses Aufsatzes, umrandet und durch einen anderen Schrifttyp hervorgehoben, ein Zitat Himmlers:

> Die Burgen von Allenstein, Heilsberg, Marienwerder und Neidenburg waren durch sieben Jahrhunderte hindurch für alle Generationen des alten Ordenslandes Ostpreussen – dieser Keimzelle des preussisch-deutschen Staates – ebenso sehr die Zeugen wehrhafter Eroberung und zähester Verteidigung als auch die Sinnbilder hoher deutscher Kultur. Eine dieser Burgen, die Marienburg, erwuchs über eine landschaftlich begrenzte Bedeutung hinaus zum Mahnmal des Lebensrechtes und Behauptungswillens der gesamten deutschen Nation im Osten.[19]

Im Sinne dieses Zitats ergreift Schneider nicht nur eindeutig Partei zugunsten der Tat, er wird zum Befürworter der sogenannten „Umsiedlung", eines in der Geschichte bis dahin beispiellosen Vorgangs:

> Dieses ‚östliche Menschtenum' gibt es nicht. In unseren ostdeutschen Gauen gab es Deutsche oder Slaven oder Litauer und es gab eine Misch-Zwischenzone. Heute wird dort eine endgültige saubere Trennung angebahnt.[20]

Schneider findet in Agnes Miegel, die er in der ›Weltliteratur‹ mehrfach zu Wort kommen lässt, eine Fürsprecherin für seine Ostpreussen-Sicht:

> Über der Weichsel drüben, Vaterland höre uns an!
> Wir sinken, wie Pferd und Wagen in Dünensand.
> Recke aus deine Hand.
> Dass sie uns hält, die allein uns halten kann
> Deutschland, heiliges Land, Vaterland.[21]

Während Schneider geneigt ist, Wiechert zu dem zu rechnen, was er „Wildostliteratur" nennt, kennt seine Begeisterung bei Miegel keine Grenzen:

> Denn Agnes Miegel flieht nicht – nicht vor irgendeiner Vergangenheit des Landes, nicht vor Rand und Mitte, nicht vor Burg und Stadt, nicht vor sich und Mitmensch. Sie trägt alles dies in ihrer Verantwortung und in unsere Zukunft. Sie, die Frau, die alle leisen und zarten Töne des weiblichen Herzens kennt und zu sagen weiss, sie nimmt, gleichsam als pochendes Blut ihrer Ahnen, die Gesamtgeschichte dieses Raumes in sich auf und lässt sie Gestalt werden –

---

[18] Schneider 1941a.
[19] ibid. S. 64.
[20] ibid. S. 64.
[21] zit. n. Schneider ibid. S. 66.

XII. Die ›Weltliteratur‹

Menschengestalt, gehärtet in Pflicht und Tat, aus Wille und Notwendigkeit, ohne dabei die fast zauberische Hülle der urwüchsigen ostpreussischen Landschaft aufzugeben.
Was sie in ihren Gedichten, Balladen und Erzählungen aus dem ‚altpreussischen Raum' geleistet hat, ist eine einmalige Tat, die in immer noch einsamer Höhe und Gültigkeit ein Halt und Vorbild für das gesamte ostdeutsche und deutsche Menschentum bedeutet. Sie ist in jedem Wort Dichterin und ist in jedem Wort ebenso ostdeutsche Dichterin, die in sich nicht nur Rausch und Lust kennt, sondern auch Verantwortung und Gehorsam, und die in sich das Antlitz germanisch-deutschen Menschentums unverlierbar weiss, mag dieses in Aufgaben und Landschaften gestellt worden sein, wo immer es notwendig ist.[22]

Über Ernst Wiechert, der 1938 einige Zeit im Konzentrationslager Buchenwald zubrachte,[23] wird nach 1945 in Schwertes Beitrag zu Burgers „Annalen" nicht ein Wort verloren. Agnes Miegel wird demgegenüber immer noch über den grünen Klee gelobt. Noch 1944 plant Schneider einen Sammelband mit Dichtungen von Agnes Miegel in niederländischer Übersetzung.[24]

Dass Schwerte sein Urteil über das Kriegsende hinaus durchhält, ist aber nicht immer der Fall. In der Sammelrezension „*Missdeutungen. Zum Verhältnis von Dichter und Gemeinschaft*"[25] kritisiert er 1942 Fritz Klatt, weil dieser in Rilke den „*einzigen Führer durch unser Zeitalter*" sieht. Führer zu sein, das konnte im 3. Reich natürlich nur einer beanspruchen …

Die Einstellung der Nationalsozialisten zu nicht mehr lebenden Dichtergrössen wie Rilke war im Wesentlichen durchaus die des Respekts, verbunden mit Hinweisen auf deren Zeitgebundenheit, allerdings auch mit einer heftigen Kritik an Verehrern dieses vermeintlich Zeitgebundenen. Inbezug auf Rilke hatte Hans Rössner, der in mancher Hinsicht eine Art Wegweiser für Schneider war, diese Einstellung in einem Artikel über Rilkes „Stundenbuch" konkretisiert.[26] Rössner arbeitet an Rilke das Religiöse heraus, das er weder in Richtung Katholizität noch in Richtung Mystik verstanden wissen will: d. h. so sehr seiner Interpretation bewusst ist, dass das Wort für Rilke ein „*Umweg*" ist, „*letztlich Unsagbares sagbar zu machen*", im Kerne also „*Me-*

---

[22] ibid. S. 66.
[23] In Romanform verarbeitet u. a. in „Der Totenwald".
[24] Schneider an Hamer-Verlag 27.4.44, BA NS 21/794-106 – Ob dieser Band jemals erschien, konnte wegen des Mangels tauglicher Bibliographien für die Ende des 2. Weltkriegs erschienene Literatur nicht restlos nachgewiesen werden.
[25] WL 17, 6, Juni 42, S. 115–9 – Zu Fritz Klatt s. Hesse 1995, S.424–6 und die dort angegebene Literatur. – Vgl. a. Klatt 1940 (mit Bekenntnis zu Führertum und Nationalsozialismus. Schneiders Kritik trifft also keineswegs einen NS-Gegner!).
[26] Für dies und das Folgende s. Rössner 1935.

tapher", *„Maske"* ist, so wörtlich nimmt er den Dichter da, wo die Dreiheit *„Gott und Ich und Ding"* Thema ist. Die Nationalsozialisten wollten bekanntlich keine Atheisten oder Gottlosen sein. Darum schrieben sie auf die Frage nach der Religionszugehörigkeit in den Fragebögen regelmässig *„gottgläubig"*. Himmlers Anstrengungen richteten sich ja zu einem erheblichen Teil gerade auf die Rekonstruktion und Wiederbelebung einer germanischen Religion. Rilkes direkte Rede von Gott ohne eine Vermittlungsinstanz wie Christus oder die Madonna kam den Nationalsozialisten also entgegen, waren diese daher geneigt als nichtmetaphorisch zu deuten. Zeitgebunden war an ihr alles Agnostizistische, Relativistische, Artistische, Intellektualistische und Individualistische. Rössner wörtlich:

> Das Stundenbuch bedeutet einen Durchstoss zu Gott – aus individualistisch subjektivem Erleiden und Erfahren einer in ihren Untergründen fragwürdig, in innerer Mittelpunktlosigkeit relativistisch, in überreifer Zivilisation faul und krank gewordenen Zeit; subjektiv und individualistisch erlitten als eigne persönliche Not, durchsetzt und verquickt mit der besonderen Problematik eines tief mit der Zeit verbundenen, dennoch persönlichen, neuromantisch-impressionistischen, ästhetisch verfeinerten und gestalterisch ungeheuer differenzierten Künstlertums.

Rössner sieht *„weder die nicht-ethische Haltung, noch den Individualismus"* wirklich überwunden und findet *„ästhetizistische Reste in dieser kontemplativen, die Wirklichkeit nie wahrhaft ganz als Tatbereich begreifenden Haltung":*

> Diese Bindung der Kunst an Gott, als harte Arbeit an seiner Verwirklichung bleibt im Stundenbuch eine einsame, ohne die realen Beziehungen zum Jetzt und Hier, ohne letzte Verantwortung aus menschlicher Gemeinschaft.

Obwohl Schneider wie Rössner Rilke nur vorsichtig anpackt, offensichtlich keine Auseinandersetzung über Rilke lostreten will, fallen doch eindeutige Vorwürfe gegen ihn: *„Übersteigerungen"*, *„Krankhaftigkeiten"*, *„Enderscheinung"*, *„Zeitbegrenztheit"*; er bleibe *„am Individuum, bei der Selbstaussage also, haften ..."* und habe *„nie den Weg zur Not und Formungsnotwendigkeit der Gemeinschaft gefunden"*.

> Heute aber Rilke als den einzigen Wahrheitsgrund und als Anfang und Ziel unseres Zeitalters hinzustellen, bedeutet nicht nur ein gerüttelt Mass von Gestrigkeit, sondern auch die Absicht, jede gegenwärtige Formfindung zwischen Dichtung und Gemeinschaft zu verhindern. [...]
> Mit Hilfe einer solchen Deutung Rilkes als dem Weiser zu reiner, geschichtsabgewandter Innerlichkeit vollzieht Klatt die Wendung gegen den notwendig zu leistenden Geschichtsvollzug und damit gegen die Wirklichkeiten von Volk und Rasse. [...]
> Eine Dichtung ohne den innerlich tragenden Grund von Volk und Reich, ohne die politische

XII. Die ›Weltliteratur‹

Leidenschaft als ihrem pulsendem Blut muss in unverpflichtendem Intellektualismus abdorren, der bei Talent zwar einigen Genuss oder Ablenkung zu geben, nirgends aber Bewährung zu bringen und Gestalt zu erringen vermag.[27]

Nach Kriegsende erteilt Schwerte Rilke dann – wie wir noch sehen werden – freilich so panegyrische Bewertungen wie sonst kaum einem anderen Dichter dieses Jahrhunderts.

Schneiders Votum für Agnes Miegel zeigt, dass er nicht grundsätzlich gegen Frauen eingestellt ist. Dichterinnen, die freilich von dem äusserst männerorientierten Frauenbild Miegels abweichen, die es wagen, das alltägliche Schicksal der meisten Frauen zu thematisieren, werden gnadenlos abgeschmettert.

Zugestanden sei, dass ein solcher Einzelfall, wie ihn Irma Loos beschreibt, möglich war oder ist, – zugestanden kann deshalb nicht werden, dass solcher Lebenslauf im Stile naturalistischen Lebensekels auch nur irgendwie gestalthaft und damit dichterisch notwendig für das Sein der Frau in unserer Zeit ist.[28]

Schneider verrät sehr viel über sich selbst gerade in dieser Kritik an Irma Loos' Buch „*Das Leben der Frauen*":

Ist es das, was uns eine deutsche Frau über das Sein der Frau zu sagen hat, über Liebe, Mutterschaft, Kind und Mann? Solchen literarischen Aufguss abgestandener Redensarten aus dem hilflosesten 19. Jahrhundert? Gibt es für die Frau wirklich nichts Höheres als solchen dummen Zwang, vom Leben ‚geködert' und missbraucht zu werden? Alles wäre so hässlich und entwertet, wie uns Irma Loos es uns einreden will?
Aber auf eine weitere Diskussion sei verzichtet. Solche Bücher übersteigen in der Tat fast unser ‚männliches' Verständnis, wobei wir uns allerdings mit allen gesund fühlenden Frauen einig zu wissen glauben. Es wäre hoffnungslose Arbeit, hier auf Werte hinweisen zu wollen, wo anscheinend das elementarste Verständnis für jedes Frauentum verlorengegangen ist. Seien wir grosszügig: solche Bücher können heute auch nichts mehr schaden. Unsere Frauen und Mädchen leben wirklich schon ‚ihr' Leben, nicht das einer vergessenen Ibsen-Komödiantin.
Warum allerdings bei einem solchen Buch (besonders vom Verleger aus) wieder mit dem Wort ‚Ostpreussen' besondere Reklame gemacht wird, bleibt gänzlich verwunderlich. Wie lange will man eigentlich diese lächerliche Schablone vom ostpreussischen Menschen noch im deutschen Verlagswesen und Schrifttum aufrechterhalten? Sucht euch gefälligst eine andere passende Landschaft aus, um euer eigenes und oftmals recht trübes Missvergnügen am Leben abzureagieren – aber lasst uns den deutschen Osten in Ruhe, der heute wahrhaft andere Aufgaben hat als die, literarische Nervenkulisse zu sein! – [29]

---

[27] Schneider 1942, S. 118.
[28] Schneider 1941b, S. 324 f.
[29] ibid., S. 324.

Als Irma Loos, unbeirrt durch eine solche Kritik, die Frechheit besitzt, sogleich noch eine Erzählung zu publizieren („Das Wiedersehen"), schlägt Schneider einen insbesondere für Zensurstellen unüberhörbaren Ton an:

> Wiederum ist die Ehe ein hoffnungsloses Schattental weiblichen Martyriums. Welch ein Trottel von Ehemann wird hier bis zu den peinlichsten Schlafzimmerszenen geschildert! Aber nicht nur weil dieser Ehemann so fast schon ekelhaft mechanisch lebend und handelnd dargestellt ist, wird die Ehe in ihrem Sinn geleugnet, sondern mehr noch von einer grundsätzlichen Einstellung her. ‚Sicherheit', heisst es an einer bezeichnenden Stelle (– und damit ist die Ehe gemeint), ‚Sicherheit ist etwas für Wiederkäuer'. […]
> Gerade sie, die Verfasserin schon eines unerfreulichen Werkes, war wohl am wenigsten dafür vorbestimmt und aufgerufen, ein so behutsam und vornehm zu gestaltenden Thema wie die (angebliche) Liebe eines Schwerverwundeten zu einer glücklosen, aber durch Kinder gebundenen Ehefrau zur Darstellung zu bringen. Ihr fehlt dazu jede Zucht und Strenge und jedes Mass, ihr fehlt dazu die Achtung vor Frauentum und Mutterschaft, und ihr fehlt vor allem – was im Rahmen dieser Handlung am abstossendsten wirkt – jeder innere Zugang zum Soldatischen, zum soldatischen Verschweigen-Können, zum Nicht-Ausschwätzen jeder Gefühlsregung. […]
> Über die Ablehnung auch dieses Werkes hinaus müssen wir daher feststellen, dass Irma Loos uns nicht mehr berechtigt erscheint, sich weiterhin öffentlich über Probleme der Ehe und des Zusammenlebens von Mann und Frau zu äussern, nachdem auch ihr zweites Buch im Sinnlosen und Quälerischen verbleibt und zu keinen Werten findet.[30]

Auf der gleichen Seite, auf der Schneider diese Rezension abgedruckt hat, finden wir ein weiteres Zeugnis dafür, dass in der ›Weltliteratur‹ der Geist der Bücherverbrennungen auch vor Nobelpreisträgern keinen Halt machte. Der stellvertretende Leiter der Kulturabteilung des Sicherheitsdienstes Walter von Kielpinski, der mit Schneider persönlich und amtlich bekannt war, zog es vor, diesem Geist im Falle der norwegischen Nobelpreisträgerin Sigrid Undset folgende eher ironisierende Gestalt zu geben:

> Mit der Freude, die wir selbst an vielen norwegischen Büchern gehabt haben, und dem inneren Gewinn, den wir aus der langdauernden engen Bekanntschaft ziehen, verbindet sich das Bewusstsein, dass über die deutsche Übersetzung nicht zuletzt der Ruhm vieler norwegischer Autoren in der übrigen Welt erst eigentlich begründet worden ist. Es ist nicht immer gelohnt worden. Wir erinnern an Sigrid Undset, bei der uns viel mehr der Mangel an allgemein-menschlichem Takt als politisch-weltanschauliche Momente erschüttert haben. Es verdient bekanntgemacht zu werden, in welchem Ausmass Sigrid Undset lange Zeit deutsche Gastfreundschaft in Anspruch genommen hat und sich eine ausgedehnte Fürsorge um ihr Werk gefallen liess. Nach ihrem Verhalten war es ein selbstverständliches Gebot nationaler Ehre, dass für sie im deutschen Buchhandel kein Raum mehr ist.[31]

---

[30] Schneider 1943, S. 126 f.
[31] v. Kielpinski 1943, S. 206 f. – In einem nichtsignierten Artikel, für den also Schneider die Verantwortung hatte, wird Undset für antikommunistische Propaganda missbraucht. – „Späne". WL 19, 1/2, 1944, S. 24.

XII. Die ›Weltliteratur‹

Ein Artikel ragt thematisch und quantitativ aus der ›Weltliteratur‹ heraus. Er stammt aus der Feder des zweifellos begabtesten Mitglieds des „Germanistennestes" im Sicherheitsdienst, dem Leiter der Unterabteilung ›Kunst und Volkskultur‹ im Sicherheitsdienst, Hans Rössner. Der Artikel ist dem ›Kriegseinsatz der Geisteswissenschaften‹ gewidmet.[32] Schneider selbst legt ein Jahr später ein Konzept vor, das zu dem Rössnerschen Artikel vom Oktober 1943 zumindest in einem Anregungsverhältnis steht.

Es muss einer eigenen Publikation überlassen bleiben, die vielen „Kriegseinsätze" der Wissenschaft zu skizzieren, die es im 2. Weltkrieg gab.[33] Rössners Artikel setzt Kenntnisse über den vom Wissenschaftsministerium initiierten ›Kriegseinsatz der Geisteswissenschaften‹ voraus. Darum dazu einige Worte vorweg.

1940 wurde dieser ›Kriegseinsatz der Geisteswissenschaften‹ dem Kieler Unirektor und Völkerrechtler Paul Ritterbusch unterstellt, der für diese Aufgabe ins Wissenschaftsminiserium berufen wurde. Der ›Kriegseinsatz der Germanisten‹ war eine der ersten Subinstitutionen innerhalb dieser Einrichtung, die gebildet wurden. Geleitet wurde sie von Franz Koch und Gerhard Fricke. In unglaublich kurzer Zeit und mit Unterstützung fast aller Ordinarien stampften sie 5 Bände wie aus dem Nichts aus dem Boden. Als einziger Nicht-Habilitierter war Hans Rössner an dieser Subinstitution beteiligt. Es hing mit den Sonderaufgaben dieses jungen Germanisten im Sicherheitsdienst zusammen, dass er seinen Beitrag nach einer Weile zurückzog.[34] Rössners spätere Kritik an diesem Projekt ist dennoch als aus der Innenansicht gewonnen zu werten. Hier kann nur das Wichtigste aus dem ›Weltliteratur‹-Artikel zitiert werden. Auch muss auf andere Publikationen verwiesen werden, die diesen Text in das Gesamtwerk dieses Ideenlieferanten einbetten.[35] Rössners wichtigste Kritik am ›Kriegseinsatz der Geisteswissenschaften‹ findet sich in folgenden Sätzen:

> In einer Reihe von Veröffentlichungen – so z. B. auch in denen der Germanistik – werden, wenn auch unter einem Gesamtthema, doch oft nur Beiträge zum gegenwärtigen Stand der Einzelforschung gegeben, von denen aus der unmittelbare Kriegseinsatz solcher Wissenschaftsarbeit nicht überzeugend darzulegen ist. Es entsteht die Frage, ob ein Teil des bisherigen geisteswissenschaftlichen Einsatzes nicht allzu stark aus der Defensive heraus

---

[32] Rössner 1943.
[33] s. Simon: Der Krieg als Krönung der Wissenschaft (in Arbeit). Für einen dieser „Kriegseinsätze" sei verwiesen auf Schönwälder 1992. Siehe dazu jetzt v. a. Hausmann, 1998.
[34] s. dazu Kapitel IX.
[35] s. Simon 1998a.

geschrieben wurde, als habe die Geisteswissenschaft ihr Bedürfnis, mitzusprechen und mitzukämpfen, allzusehr hinter blossen Beweisen ihrer Existenzberechtigung und Selbstverteidigung versteckt.[36]

Aus dieser Kritik heraus entwickelt Rössner neue Aufgaben für die Geisteswissenschaften:

> Als vornehmste und schärfste Waffe der geistigen Kriegsführung steht die deutsche Geisteswissenschaft heute vor drei grossen Aufgaben. Die erste heisst Erhaltung und Stärkung der geistigen und seelischen Widerstandskraft des deutschen Volkes. Das ist, wenn militärische Begriffe hier erlaubt sind, eine defensive und offensive Aufgabe zugleich. Die Geisteswissenschaft hat die Verpflichtung, aus den ungeheuren aufgespeicherten Schätzen des deutschen Geisteserbes heute die Kräfte und Mächte zum Sprechen zu bringen, aus denen das deutsche Volk in seiner Breite, vor allem aber auch seine führenden Schichten, ihr Selbstbewusstsein, ihren Glauben, ihr Geschichtsbild, ihre sittliche Haltung, ihr völkisches und politisches Ethos und das heisst schliesslich die tragenden Elemente ihrer Lebensbewältigung immer wieder stärken, ausrichten und erneut einsetzen können. Hierbei wird es angesichts der Vielfalt und Tiefe des deutschen Wesens und der Verschiedenheit des heutigen Lebenseinsatzes freilich nicht um Normen und Dogmen bestimmter Wissenschaftsauffassungen oder um für einen Tag formulierte Propagandaparolen gehen, sondern darum, dem deutschen Menschen wieder ein organisch gebundenes Selbstbewusstsein und mit diesem eine ebenso organisch wie sittlich gebundene Lebenshaltung in der grösseren Gemeinschaft seines Volkes und dessen politischer Ordnung zu geben.
>
> Der zweite grosse Aufgabenkreis heisst geistige Auseinandersetzung und Abwehr der Denkformen und Weltbilder unserer Gegner. Er heisst Auseinandersetzung mit den Denksystemen und daraus sich ergebenden Bewusstseinsinhalten des Westens zugunsten der organischen Lebensgesetze, um derentwillen der deutsche Soldat heute zum Hüter des europäischen Erbes wie der europäischen Zukunft geworden ist.
>
> Aus dieser Aufgabe ergibt sich unmittelbar und zwangsläufig der dritte grosse Aufgabenkreis der Geisteswissenschaft: Bewahrung, Neuordnung und Gestaltung des europäischen Raumes und seiner kulturellen Inhalte aus den organischen Lebensgesetzen heraus, zunächst noch im Vollzug der militärischen Entwicklung, gleichzeitig aber als erster Ansatz zu einer künftigen friedensmässigen Ordnung. Um hier nur ein konkretes Beispiel von wirklich fundamentaler Bedeutung zu nennen: die Ostprobleme, ein Aufgabenbereich der Wissenschaft, dessen Bedeutung, Möglichkeiten und Lebenswichtigkeit überhaupt nicht zu überschätzen sind.[37]

Rössner plädiert dann energisch für „*eine einheitliche Planung und Lenkung*" und zu dem Zweck für einen Führungsstab aus Militärs und Forschern. Das Ziel dieser Planung und Lenkung versucht er dann nochmals auf der Folie der Ziele des ›Kriegseinsatzes der Geisteswissenschaften‹ herauszuarbeiten:

> Geistige Kriegsführung heisst nicht Wissensbestand dokumentieren, auch nicht allgemeine geistige Leistungsfähigkeit vor Augen stellen, noch viel weniger aber propagandistische

---
[36] Rössner 1943, S. 139 f.
[37] ibid. S. 140 f.

XII. Die ›Weltliteratur‹

Tagesgefechte führen. Geistige Kriegführung heisst: weltanschauliche Entscheidungen vorbereiten und erzwingen, aus denen heraus der innere Sinn des Krieges, Haltung und Einsatz des Soldaten, politische und sittliche Verantwortung des kriegführenden Gesamtvolkes und seiner Führung vor der zukünftigen Gestaltung ihres Lebensraums innerlich in Übereinstimmung kommen. Geistige Kriegführung heisst Mobilisierung der seelischen und geistigen Kräfte des Volkes. In ihr geht es nicht um intellektuelle Spiegelfechtereien, sondern letzten Endes um Lebensordnungen und daraus sich ergebende Glaubensfundamente.[38]

In mehreren Anläufen versucht Rössner, die Aufgabe zu präzisieren, zu der die Geisteswissenschaften beitragen sollen, das Volk dazu zu bringen, sich einerseits der Wirklichkeit zu stellen, andererseits in den Vorgängen einen Sinn zu sehen:

Materielle Zerstörungen und Opfer sind – auf die Dauer gesehen – weniger gefährlich als seelische und geistige Hohlräume oder als ein innerer Zwiespalt der geistigen Haltung und der Glaubensfundamente. Dies zu vermeiden, muss die geistige Kriegsführung ein dauerhaftes und fundiertes Wirklichkeitsbewusstsein und schliesslich sittliche und religiöse Werte einer überpersönlichen Lebensordnung ansprechen, damit Seele und Geist eines Volkes im Kriege nicht ihre lebensgesetzlichen Bindungen und das Vertrauen zu sich selbst verlieren. Vornehmste Aufgabe der geistigen Kriegsführung ist heute, die unmittelbare Wirklichkeit des geschichtlichen Geschehens als Schicksal, Auftrag und Bestimmung glaubhaft und verpflichtend zu machen, ohne dass Geist und Seele ‚hintersinnige Auswege' suchen aus der geschichtlichen Einmaligkeit unseres völkischen Schicksals. Und hierzu hat die Geisteswissenschaft ihr zugemessenes Teil zu leisten. Sie hat diese geschichtliche Wirklichkeit in ihrer ganzen Breite und Tiefe als lebensgesetzliche Notwendigkeit und Verpflichtung, damit aber mitten in äusserster Zerstörung als einen Prozess des Werdens und der Gestaltung letzter völkischer Möglichkeiten und Bewährungen ihrem Volke und darüber hinaus denen, die in Europa sehen wollen, vor Augen zu führen.[39]

Von der Rückwirkung, die diese Aufgaben auf die Geisteswissenschaften haben, verspricht sich Rössner auch eine „*Neuordnung der Wissenschaft*". „*Wirklichkeit*" und „*Sinn*" sind die Begriffe, die auch Schneider in seinen Rezensionen als zentrale Massstäbe handhabt. Noch in den 50er Jahren lobt Schneider Werke, die durch das Maskenhafte, die Oberfläche, den Schein zur Wirklichkeit vorzudringen trachten, insbesondere wenn das dann auch noch mit Sinnstiftung verbunden ist. Rössners etwas weitschweifig geratenes Konzept eines neuen ›Kriegseinsatzes der Geisteswissenschaften‹ liefert offenkundig die Grundgedanken für Schneiders ›Totalen Kriegseinsatz der Wissenschaft‹, den er ein Jahr später präsentiert, und auf den wir noch ausführlich eingehen werden.

---

[38] ibid. S. 141.
[39] ibid. S. 143.

XIII.

Auf der Suche nach neuen Wirkungsfeldern

Schneider fühlt sich Ende 1939 in Salzburg ins Abseits gestellt, will auch nicht zu Wolfram nach Wien, am liebsten in seine Heimat Ostpreussen. Er wiederholt dazu seinen Vorschlag, im ›Ahnenerbe‹ eine „*Dienststelle Ostdeutschland*" einzurichten.[1] Klar, dass in Zeiten, da alles an Stillegung und Streichung denkt, ein solcher Vorschlag keine Chance hatte. Die Arbeit an dem Thema „Tanz und Baum", die er in dem ›Ahnenerbe‹-Grossprojekt „Wald und Baum" übernommen hatte,[2] möchte er nebenbei zuende bringen. Er will daraus sogar eine Habilitationsschrift machen. Wüst hatte ihn entsprechend am 18. März 1939 verpflichtet, die Habilitationsschrift zu Beginn des Wintersemesters 1940 einzureichen.[3] Als Schneider zu Kriegsbeginn nicht sogleich einberufen wird, sieht er eine Chance, die Arbeit an dieser Aufgabe zu forcieren. Er weiss noch nicht, dass Sievers das Projekt „Wald und Baum" zu Kriegsbeginn auch wegen einiger Schwierigkeiten mit Darrés und Görings Leuten, mit denen er das aufgezogen hatte, als eine Art Bauernopfer stillgelegt hatte.[4] Als das Projekt im Rahmen des ›Kriegseinsatzes der Geisteswissenschaften‹ DFG-finanziert 1942 wiederbelebt wird, gehört Schneider nicht zu den Leuten, die ihr Thema weiter verfolgen wollen. Er könne die Arbeit daran erst fortsetzen, wenn ihm „*regelmässig eine grössere wissenschaftliche Bibliothek zur Verfügung*" stehe.[5]

---

[1] Schneider an Wüst 10.11.39, PA. Schneider BDC.
[2] „Aufstellung der Bearbeiter der Themen des Forschungswerkes Wald und Baum in der arisch-germanischen Geistes- und Kulturgeschichte" o. D. [vor 1.9.39], BA NS 21/336 u. ö. – Schneider erhält für diese Tätigkeit 100.– RM monatlich vom 1.4.–31.10.39. Deutschmann: Forschungsbeihilfen für das Forschungswerk WuB 29.3.43, BA NS 21/8. Für den Hinweis auf dieses uns entgangene Schriftstück danken wir Horst Junginger.
[3] Wüst an Schneider o. D., BA NS 21/577.
[4] s. AV. Sievers 4.2.42, BA NS 21/959. Rdbr. Sievers 27.3.42 ibid. u. ö. – s.o. Kapitel V.
[5] Schneider an Rgf. 20.4.42, BA NS 21/341.

XIII. Auf der Suche nach neuen Wirkungsfeldern

Schneider wird statt dessen kurz im ›Ahnenerbe‹-Stiftungsverlag als Lektor eingesetzt.[6] Einer Anordnung Himmlers, sich zusammen mit der Salzburger Forschungsstelle nach Wien zu begeben, folgt er jedenfalls nicht.[7] Er strebt eine Aufgabe im Rahmen des Langemark-Studiums an. In dieser Dritte-Reich-Variante des zweiten Bildungsweges will er das Lehrfach „*Deutsch (deutsche Literaturgeschichte, Sprachgeschichte, Grammatik und Stilistik, Kunstgeschichte)*" übernehmen.[8] Im Dezember 1939 ist er wenige Tage – genauer einschliesslich An- und Abreise vom 8. bis 17. Dezember[9] – in Riga im Rahmen der Umsiedlung von Baltendeutschen durch den ›Reichskommissar für die Festigung des Deutschtums‹ tätig,[10] nach eigenen Aussagen auch in der Reichsstudentenführung.[11] Er hält dort Vorlesungen im Rahmen des Langemarck-Studiums im Lehrfach Deutsch mit Themen aus den angegebenen Bereichen ab.[12] Allerdings fallen die Vorlesungen kurze Zeit später aus.[13] Im Juli 1940 ist klar, dass er nach Holland geht, um den später so genannten ›Germanischen Wissenschaftseinsatz‹ aufzubauen und zu leiten.[14]

---

[6] AV. Kaiser 30.1.40, PA. Schneider BDC.
[7] AO Präsident AE 20.10.39 lt. Sievers an Schneider 25.10.39, BA NS 21/10 + 577.
[8] Schneider an Sievers 30.1.40, BA NS 21/577.
[9] Reisekosten-Abrechnung Schneider 20.12.39, BA NS 21/577.
[10] dazu unten mehr. Llf. Schn. im RuS-FB 10.9.41, PA. Schn. BDC Das ›Ahnenerbe‹ war am 1.12.39 durch die Haupttreuhandstelle Ost mit der Verwaltung der in den besetzten Ostgebieten beschlagnahmten Kulturgüter beauftragt. Eilrund-Erlass Himmler 16.12.39, BA ZR 535 A 6 Bl. 1088–9. Worum es in Lettland ging, lässt sich dem Sammelordner BA Research 8262 AE Allg. Kulturschätze A-N v. a. Bl. 16 ff, 60 ff, 160 ff entnehmen. Die 83 Aktenbände zur ›Deutschen Archivkommission für Estland und Lettland‹ sind überliefert im Bestand BA R 153. Wir haben sie nicht eingesehen. Für die beschlagnahmten Kulturgüter wollte man in Posen eine Sammelstelle einrichten. AV. Sievers 8.4.40, BA Research 8262 (AE Allg., Kulturschätze A-N, Bl. 16.) Der Umstand, dass das alles von Polen aus organisiert wurde, dürfte für die Entstehung der irrigen Auffassung verantwortlich sein, Schneider wäre in Polen gewesen. Zum politikgeschichtlichen Zusammenhang s. Loeber 1972.
[11] Llf. Schneider im Fb. RuSHA 10.9.41, PA. Schneider BDC – vgl. a. Reisekostenabrechnung Schneider 20.12.39, BA NS 21/577. Diese Reisekostenabrechnung nennt als Schneiders begleiter Mai. Schwerte schreibt uns heute, dass er die Tage in Riga nicht mit Mai, sondern mit Schwalm verbracht hätte. Schwerte an Simon 14.12.98 und dito 21.12.98. In letzterem Schreiben heisst es wörtlich: „*Eindeutig! Ich war mit Schwalm, nicht mit Mai in Riga. Ob Mai anderswohin ins Baltikum hat reisen müssen, ist bei damaliger Geschäftsführung immerhin möglich. Ich habe Schwalm erst bei dieser Gelegenheit kennengelernt, im dunkelen Zug auf dem Stettiner Bahnhof/Berlin, der uns nach Swinemünde brachte, auf das dort auf uns noch wartende Schiff. Vorher kannte ich ihn nicht [...]."*
[12] Schneider an Sievers 30.1.40, BA NS 21/577.
[13] Schneider an Rgf. 15.7.40, BA NS 21/577.
[14] AV. Schneider 15.7.40, PA. Schneider BDC.

Verbindung zu nationalsozialistisch orientierten Kreisen in Holland hatte das ›Ahnenerbe‹ schon 1937 geknüpft; Plassmann ist dabei bereits der Verbindungsmann, insbesondere zu Farwerck und van Houton.[15]

Im Baltikum hat auch Schneiders späterer Mitarbeiter Hans Schwalm zu tun, insbesondere in Estland, aber auch im lettischen Riga, und zwar als Vertreter einer von Harmjanz geleiteten Kommission *„zur Sicherung und Aufnahme der Kunst- und Kulturgüter, Archivalien und Kirchenbücher in Estland."*[16] Ihm untersteht dort der Bereich ‚Büchereien'.[17] Erstmals im 2. Weltkrieg wird er als Kirchenbuch-Spezialist aktiv. Da die Originale *„wohl kaum zur Ausfuhr gelangt wären"*, stellt seine Unterkommission *„heimlich"* Abschriften her.[18]

---

[15] AV Sievers 3.2.37, BA NS 21/629.
[16] Sievers an Deutsche Umsiedlungs-Treuhand-Gesellschaft 18.5.40, BA Research 8262 AE Allg., Kulturschätze A-N Bl. 49 u. ä.
[17] Bericht v. Holst 8.6.40, ibid. Bl. 157–9 – Bericht Schwalm („Tätigkeit der Bücherei-Unterkommission") o. D. [nach 12.6., vor 19.6.40], ibid. Bl. 46.
[18] Bericht Eckert 27.6.41, ibid. S. 21 – Zur zeitgeschichtlichen Situation s. Myllyniemi 1979.

XIV.

Plassmanns Holland-Plan

Nach Kriegsausbruch gerät der Reichsgeschäftsführer des ›Ahnenerbes‹ Wolfram Sievers in eine gewisse Panik.[1] Es war zu befürchten, dass das ganze ›Ahnenerbe‹ mit seinen damals schon über 30 Abteilungen Opfer von kriegsbedingten Stillegungsaktionen würde. Zahlreiche Abteilungsleiter und Mitarbeiter wurden vom Militär eingezogen. Das traf auch Plassmann, den wohl bis dahin wichtigsten Mitarbeiter von Sievers. Diesen verschlägt es nach Holland. Dort hat er alsbald Zeit, einen „*Arbeitsplan für die Mitarbeit des Ahnenerbes in dem Sektor Holland des Reichsministeriums für Volksaufklärung und Propaganda*" zu entwerfen.[2] Darin enthalten sind manche Vorschläge, die dann Schneider und der ›Germanische Wissenschaftseinsatz‹ in die Tat umzusetzen versuchen. Darum hier die Wiedergabe der wichtigsten Partien des Plans:

Die Arbeit gliedert sich in zwei Hauptgebiete:
1. Ständige Beobachtung der holländischen Presse, besonders der Zeitschriften, hinsichtlich ihrer Einstellung zu Deutschland. Es werden an Hand von Übersetzungen einzelner Abschnitte und von Gesamtschilderungen der Tendenzen regelmässige Stimmungsbilder über

---

[1] Vierteljahresbrief an die Mitglieder des ›Ahnenerbes‹ 1,1940, 2, BA NS 21/653 u. ö.
[2] Plassmann: Arbeitsplan ... 3.10.39, PA. Plassmann BDC – Der SD hatte schon im April 39 einen „Geheimbericht über die deutsche Propaganda im Nordwestraum" erhalten. Anlage zu SD-UA Aachen an SD-Führer des SS-OA West, 19.4.39, HStA Düss. RW 134/19. Der Verfasser Wolfgang Ispert (* 1898) ist später wie Schneider als NS-Forschungspolitiker in Holland tätig, und zwar als Leiter der ›Forschungsstelle Volk und Raum‹ bzw. der Abteilung ›Politische Auswertung‹ am ›Germanischen Institut in den Niederlanden‹, das Reichskommissar Seyss-Inquart direkt unterstellt ist, ab September 1942 aber den Anschluss an das ›Ahnenerbe‹ sucht. AV. Sievers 7.9.42, BA NS 21/969. Schneider hat von Anfang seiner Tätigkeit in den Niederlanden an mit Ispert zu tun. AV. Schneider 15.8.40, BA NS 21/325 u. ö. – vgl.a. Ispert 1944.

die Einstellung der Presse zu Deutschland, insbesondere zur deutschen Wissenschaft und Kultur hergestellt.
2. Beeinflussung bestimmter Zeitungen, Zeitschriften und Kreise in Holland im deutschen Sinne. Hierbei wird vor allem Gebrauch gemacht von den Organisationen, die bisher schon kulturelle Beziehungen zu Holland pflegten. Vonseiten des ›Ahnenerbes‹ kommt hier vor allem die holländische Parallelorganisation ›Der Vaderen Erfdeel‹ in Frage, die eindeutig germanisch-völkisch ausgerichtet ist. Sie wird die Aufgabe haben, ohne politischen Akzent die Gemeinsamkeit der germanisch-niederländischen mit der deutschen Kultur hervortreten zu lassen. Sie wird diese Aufgabe nicht nur in ihrer eigenen Zeitschrift ›De Wolfsangel‹ weiter erfüllen, sondern auch durch Beiträge, eingesandt usw. auf die übrige holländische Presse in diesem Sinne Einfluss zu gewinnen suchen. Umgekehrt wird die auch in Holland viel gelesene Zeitschrift ›Germanien‹ durch Beiträge aus dem holländischen Kulturkreis die Gemeinsamkeit der germanischen Kultur unterstreichen. Es ist ausserdem eine Verstärkung der gegenseitigen Beziehungen vorgesehen, indem Mitarbeiter des ›Ahnenerbes‹ durch Vermittlung von ›Der Vaderen Erfdeel‹ in Holland durch Vorträge usw. in diesem Sinne mit wissenschaftlichen Mitteln Einfluss ausüben. Es besteht begründete Aussicht, dass bei dieser Gelegenheit der in dieser Zeitschrift bisher sehr aktive englische wissenschaftliche Einfluss zurückgedrängt wird, wie es auf dem Gebiete von Musik und Theater bereits geschieht. Die Arbeit wird in Verbindung mit dem S.D. durchgeführt, der bei Beschaffung des Zeitschriftenmaterials und bei der Durchführung der Reisen helfen wird. Vonseiten des ›Ahnenerbes‹ liegt die Arbeit in der Hand von Dr. Plassmann und seiner Mitarbeiter. Die Arbeit kann auch auf das flämische Belgien ausgedehnt werden. Mit der entsprechenden Dienststelle des Auswärtigen Amtes wird Fühlung aufgenommen.[3]

Plassmann hatte über seine Beziehungen zum Propagandaministerium in Erfahrung gebracht, dass in letzterem Planungen in dieser Richtung gemacht wurden, und er sah hier wohl eine Chance, Propagandaministium und ›Ahnenerbe‹ zusammenzubringen. Das ›Ahnenerbe‹ freilich zog es vor, sich auf die vertrauten SS-Füsse zu stellen. Schwerte, der sich als Schneider schon kurz nach seinem Antritt beim ›Germanischen Wissenschaftseinsatz‹ mit Plassmann trifft,[4] bestreitet heute übrigens, den hier zitierten Plan überhaupt jemals gekannt zu haben.[5] Ähnliche Hinweise auf Möglichkeiten der Angliederung Flanderns an den grossgermanischen Kulturraum gibt wenig später der Plassmann-Mitarbeiter Bruno Schweizer.[6]

Plassmann, den es ja schon im 1. Weltkrieg in die später so genannten ›germanischen Randländer‹ verschlagen hatte, wirkte von 1937 an als Berater des ›Ahnenerbes‹ gerade auch in Fragen, die diese Region betrafen, zu der damals noch England zählte. So greift er z. B. Einschätzungen des späteren Ura-

---
[3] Arbeitsplan Plassmann 3.10.1939, PA. PL BDC AE.
[4] Schneider an de Haas 5.11.40, BA NS 21/325.
[5] s. Schwerte an Simon, 20.8.95.
[6] Schweizer an Plassmann 29.5.40, BA NS 21/138.

Linda-Chronik-Mitarbeiters, des Weimarer Ministerialdirektors Max Robert Gerstenhauer auf und entwickelt sie unter Bezug auf einen bisher nicht aufgefundenen anderen Plan aus seiner Feder weiter:

> [...] richtig ist [...] die Bemerkung, dass die kleineren germanischen Länder eine Betonung der Zugehörigkeit zum Germanentum leicht als eine mögliche Bedrohung ihrer Selbständigkeit auffassen. Es muss jetzt nach den einzelnen Staaten darum sorgfältig in der Wahl der Mittel unterschieden werden. Wenn zum Beispiel für Holland und Flandern eine unmittelbare Fühlungnahme mit den völkisch gesinnten Nationalsozialisten angebracht ist, so würde dies für England nicht zutreffen, da der englische Faschismus nicht nur als wenig zukunftsreich erscheint, sondern auch nach italienischem Vorbild ausgerichtet, d. h. imperial und nicht völkisch ist. Hier würde eine allmähliche Beeinflussung der jüngeren Generation überhaupt aussichtsreicher sein, wie ich es bei der Entwicklung des Planes schon ausführte, nach welchem den Engländern ihre anglisch-sächsische Urheimat nahegebracht werden sollte.[7]

---

[7] Plassmann an Sievers 3.5.38, PA. Gerstenhauer, BDC AE Bl. 153. G. hatte sich an das ›AE‹ um Unterstützung gewandt. G. war Bundesgrossmeister des ›Deutschbunds‹ und später ›Beauftragter der Reichsregierung für die Übernahme von Verwaltungs-Schriftgut‹ im Protektorat Böhmen und Mähren.

XV.

Das ›Ahnenerbe‹ in der Blitzkriegsphase

Bis zum Kriege war das ›Ahnenerbe‹ explosionsartig zur grössten nichtregierungsamtlichen Forschungsstätte im Reich angewachsen.[1] Zu Kriegsbeginn sah es – wie bereits angedeutet – allerdings ganz danach aus, als müsste man überhaupt an einer Weiterarbeit zweifeln. Wüst und Sievers senden aus dieser Sorge heraus am 4.10.39 einen Rundbrief an alle Lehr- und Forschungsstätten des ›Ahnenerbes‹ mit folgenden Fragen:

1. Wer wirkt noch in Ihrer Abteilung?
   a) Abteilungsleiter
   b) Mitarbeiter
2. Welche Aufgaben können von dem verbleibenden Personenstand Ihrer Abteilung weitergeführt werden?
3. Bieten sich Ihrer Abteilung neue, gegebenenfalls kriegswichtige Aufgaben?[2]

Von der Beantwortung dieser Fragen wird die Weiterzahlung der Gehälter und Forschungsbeihilfen abhängig gemacht. In einem weiteren nur von Sievers unterschriebenen Rundbrief wurde zuvor ausdrücklich darauf hingewiesen,

> [...] dass zunächst die Arbeit und der Gesamtbetrieb der Forschungs- und Lehrgemeinschaft Das Ahnenerbe noch nicht eingestellt wird [...]. Dort wo Einberufungen zum Heeresdienst erfolgt sind, geht die Arbeit behelfsmässig weiter. Abteilungen, die nur noch über so wenig Mitarbeiter verfügen, dass sich eine Durchführung der Arbeit nicht lohnt, melden dies sofort [...]. Da weitere Einberufungen sicher zu erwarten sind und ausserdem mit Einsatz des Ahnenerbes für Sonderaufgaben zu rechnen ist, sind alle laufenden Arbeiten zu einem vorläufigen Abschluss zu bringen, und zwar so, dass die Arbeiten jederzeit auch weitergeführt bzw. wieder aufgenommen werden können [...].[3]

---

[1] s. die zahlreichen Übersichtsdiagramme über die Abteilungen, Projekte und Organe des ›Ahnenerbe‹ im BA. Danach sind die wichtigsten nichtgeheimen Abteilungen schon 1939 zumindest embryonal vorhanden. Sie werden nur später anders gegliedert. s. a. Kater 1974, Anhang.

[2] Rdbr. Sievers/Wüst 4.10.39, BA NS 21/796-118.

[3] Rdbr. Sievers 6.9.39, BA NS 21/560.

Wüst und eine Reihe von ›Ahnenerbe‹-Wissenschaftlern haben nach dem Kriege aus diesem Erlass die Verfügung eines „*totalen Arbeitsstops*"[4] herausgelesen. Wir kennen keinen anderen Erlass als den zuletzt zitierten, auf den sich diese Personen in ihren Erinnerungen beziehen könnten, die sie erst zehn und mehr Jahre danach zu Protokoll gegeben haben. Kater, der deren Erinnerungsprotokolle referiert, kennt nicht einmal diesen. Es ist unwahrscheinlich, dass dieser Erlass noch einen Vorläufer hatte, der den „*totalen Arbeitsstop*" tatsächlich verfügte. Aus diesem Erlass kann aber nur so viel herausgelesen werden, dass Sievers andeutete, dass es zu einem solchen Arbeitsstop kommen könnte *(„noch nicht")*. Das mag die ›Ahnenerbe‹-Wissenschaftler so erschrocken haben, dass das wie eine Arbeitsstop-Verfügung auf sie wirkte. Das mag auch eine Rolle gespielt haben, als Wüst sich wenig später darüber beschwert, die Reichgeschäftsführung übergehe ihn in so gewichtigen Fragen.[5] Von „*Arbeitsstop*" allerdings ist auch in dieser Beschwerde nicht die Rede. Man mag Sievers' „*noch nicht*"-Bemerkung für unklug und überflüssig halten. Man mag einräumen, dass der Reichsgeschäftsführer gut getan hätte, sich in dieser Sache mit Wüst zumindest telefonisch abzustimmen – obwohl gerade Verwaltungs- und Organisationsfragen, wie sie der Erlass berührte, voll in seinen Zuständigkeitsbereich fielen. Ob der Erlass aber selbst dann in seinen Kernaussagen wesentlich anders ausgefallen wäre, darf mit Fug und Recht bezweifelt werden. Der erstgenannte, von Wüst und Sievers gemeinsam signierte Erlass vom 4. Oktober 1939 setzt den inkriminierten ja keineswegs ausser Kraft. Er hat im Gegenteil eine ganz andere, eher ergänzende Aufgabe, nämlich nach den ersten Einberufungen zur Wehrmacht eine Bestandsaufnahme als Grundlage für weitere Planungen erhalten zu können. Faktisch kam es jedenfalls, von wenigen Ausnahmen abgesehen, keineswegs zu einem Arbeitsstop.[6] Im Gegenteil, das ›Ahnenerbe‹ wuchert weiter. Fast könnte man von einem weiteren Expansionsschub reden, bedingt durch die zusätzlichen Aufgaben, die Himmler dem ›Ahnenerbe‹ zunächst in Südtirol, dann aber auch in vielen anderen Gebieten nach ihrer Besetzung übertrug.

---

[4] Nach Kater 1974, S. 191+309 sowie den dazugehörigen Anmerkungen.
[5] Wüst an Rgf. 14.9.39, BA NS 21/46 – Wüst beruft sich dabei auf § 7 der Satzung: „*Der Kurator hat die wissenschaftliche Leitung der Gemeinschaft im Rahmen der ihm vom Präsidenten erteilten Weisungen.*" Sievers überzeugte das – wie auch seine Randbemerkung zeigt – keineswegs. s. Satzung ›Ahnenerbe‹ Jan. 1939, BA NS 21/950, NS 21/794.87, NS 21/799-209 u. ö. – s. a. NSA Wolfenbüttel 12 A Neu 13 Nr. 18782 Bl. 44–46.
[6] Einzige Ausnahme ist das Projekt „Wald und Baum".

Sievers hat im Kriege mehrfach Aufträge an Graphiker vergeben, Organogramme vom ›Ahnenerbe‹ anzufertigen. Kater hat einige dieser Organogramme im Anhang seiner Arbeit abgedruckt. Wir geben hier eine verkürzte Version, in die auch Geheimaufträge eingearbeitet sind, zugeschnitten auf die philologisch orientierten Abteilungen (siehe Abb. 11). Das Schaubild gibt etwa den Stand von 1943/44 wieder.

Selbst diese verkürzte Fassung des Überblicks über die ›Ahnenerbe‹-Abteilungen dürfte noch zu viel vorspiegeln. Es gibt sogar Mitarbeiter, die das damals auf den Punkt brachten. Als Himmler dem ›Ahnenerbe‹ im Juli 1944 den Auftrag erteilt, dem Reichsschatzmeister einen Gliederungsplan dieser SS-Institution zuzuschicken, tauchen Zweifel auf, ob es sinnvoll sei, dass man ihm Gliederungspläne wie den, auf dem der obige beruht, unkommentiert zu Gesicht bringt:

> Ich habe bisher ohne besondere Überlegungen die Beschaffung des Organisationsplans betrieben. Wie ich ihn mir jetzt ansehe, frage ich mich aber, ob
> 1. wegen der inzwischen verstrichenen Zeit der Reichsführer SS noch einmal daran erinnert werden sollte.
> 2. ob es nicht überhaupt besser ist, grundsätzlich davon abzusehen, dem Reichsschatzmeister diesen Organisationsplan zugänglich zu machen.
>
> Der Plan macht einen ungeheuren Eindruck, wenn man ihn auf dem Schema betrachtet, mit welchen Arbeitsgebieten sich das ›Ahnenerbe‹ befasst. Wir wissen ja aber, wie sehr manches dabei im Argen liegt, und ich frage mich deshalb, ob wir mithelfen sollen, der ehrwürdigen Persönlichkeit des Reichsschatzmeisters ein Bild zu vermitteln, das sich sofort als blosses Organisationsschema herausstellen muss, wenn man sich bemüht, im einzelnen in die Arbeit Einblick zu erhalten. Wenn der Reichsschatzmeister unterrichtet werden soll, würde es meines Erachtens besser durch einen persönlichen Vortrag geschehen, in dem vielleicht beiläufig einmal dieser Plan gezeigt wird, in dem aber im übrigen alle Vorbehalte zum Ausdruck kommen, die notwendig gemacht werden müssen [...][7]

Ob die Selbstdarstellung in solchen Graphiken nur darum so potemkinisch ausfiel, weil – wie der ›Ahnenerbe‹-Geschäftsführer in Rundbriefen mehrfach suggeriert – so viele Mitarbeiter vom Militär eingezogen waren,[8] trifft sicher auch nur zu einem Teil zu. Zu viele „Abteilungen" waren auch Jahre nach ihrer Gründung noch „Ein-Mann-Betriebe", vielleicht noch mit einer Sekretärin, weniger weil für mehr kein Geld da gewesen wäre, als weil es keiner so recht gewollt hat. Kontrollen, wie das Geld ausgegeben wurde, das die

---
[7] Meine an Brandt 30.12.44, BA NS 19/1850 – vgl. a. Meine an Sievers 20.7.44, BA NS 21/368.
[8] z. B. Rdbr. Sievers März 1943, NSA Wolfenbüttel 12A Neu 13 Nr. 18782 Bl. 49 u. ö.

XV. Das ›Ahnenerbe‹ in der Blitzkriegphase

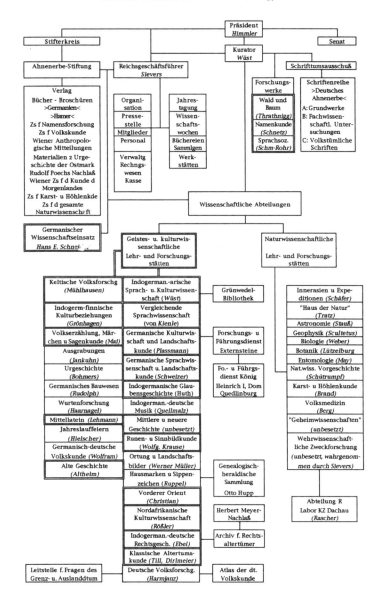

Abb. 11: Das ›Ahnenerbe‹ der SS (1943/44)

Abteilungsleiter regelmässig für ihre angebliche Tätigkeit bezogen, scheint es nur sporadisch gegeben zu haben. Berichte solcher Abteilungsleiter nach 1945, dass sich manchmal in solchen Abteilungen überhaupt nichts tat, scheinen nicht ganz aus der Luft gegriffen zu sein. Heinrich Harmjanz, Leiter der Wissenschaftsabteilung im Ministerium für Wissenschaft, Erziehung und Volksbildung und der ›Lehr- und Forschungsstelle für Volkskunde‹ im SS-›Ahnenerbe‹, bekennt 1963 in einem Brief an den Wissenschaftshistoriker Michael Kater:

> Was meine ‚Forschungsstätte' betraf, so bestand sie nur auf dem Papier; es gab sie weder in Berlin-Dahlem, noch in F[rank]f[urt] M[ain], d. h. sie lebte nur in der Personalunion mit mir selbst, und auch auf diese Art ist nichts von mir in Hinsicht auf das ›Ahnenerbe‹ geforscht worden. Wie Sie ja wissen, sind alle diesbezügl[ichen] Forschungsstätten des ›Ahnenerbes‹ mit Beginn des Krieges Sept[ember] 39 geschlossen worden.[9]

Wir wissen freilich auch, dass letztere Bemerkung so absolut nicht stimmt. Aber damit stimmt das Gegenteil noch lange nicht. Vieles sieht wie das Besetzen von Startlöchern aus, die das ›Ahnenerbe‹ bei sich bietender Gelegenheit als Brückenkopf benutzen konnte für entsprechende Aktivitäten. Von zentraler Bedeutung dürfte dabei die „Strategie der An-Institution" gewesen sein, die von der SS sicher nicht erfundene, aber überzufällig häufig praktizierte Methode, einem Universitätsinstitut durch Personalunion ein ausseruniversitäres, von den Universitätsgremien also nicht kontrolliertes Institut anzugliedern, um so nicht nur Forschungsinstrumente der Hochschulen mitzunutzen, sondern auch Studenten oder gar Dozenten billig auf etwas ansetzen zu können, was für die SS aktuell von Interesse war. Das ›Ahnenerbe‹ konnte seine aktuellen Interessen unauffälliger durchsetzen, wenn es dazu nicht erst ein An-Institut als ihre Abteilung gründen musste. Manchmal freilich – wie im Fall Harmjanz – war eine solche ›Ahnenerbe‹-Abteilung sicher auch nichts anderes als ein „very-important-person" oder „public-relations"-Präsent, um einflussreiche Repräsentanten vor allem aus den wichtigsten Entscheidungsgremien für das ›Ahnenerbe‹ geneigt zu machen. Von Harmjanz ist sogar bekannt, dass er erst in Richtung SS umgedreht werden musste.

---

[9] Harmjanz an Kater 8.11.63, IfZ München ZS/A 25 F 51 Bl. 89.

Exkurs: Das Problem der An-Institutionen

Das Problem der An-Institutionen wurde von den Zeitgenossen durchaus gesehen. Dabei war nicht einmal die SS, die das lange vorher praktizierte, sondern der NSD-Dozentenbund mit seinen Plänen, nach dem Krieg An-Institute besonders zu fördern oder neu zu schaffen, der Anlass zu entsprechenden Diskussionen. Der Prager Pathologe Hamperl, der das Thema zuvor schon mit dem Leiter des Wissenschaftsamtes im Reichsministerium für Wissenschaft, Erziehung und Volksbildung Mentzel in Anwesenheit des Prager Rektors Saure besprochen hatte, bringt das Problem auf den Punkt:

> Meiner Ansicht nach besteht die Gefahr, dass ausserhalb der Hochschulen stehende Stellen sich über den Umweg der Geldgebung massgeblich in den Wissenschaftsbetrieb einschalten, für den eigentlich einzig und allein das Ministerium zuständig ist.[10]

Hamperl referiert dazu Ausführungen seines Fachkollegen, des Reichsdozentenführers Walther Schultze:

> Als hauptsächlicher Träger des wissenschaftlichen Lebens der Nation kommen die Hochschulen in Frage. In den jüngst verflossenen Jahrzehnten hat sich allerdings eine steigende Wegverlagerung des wissenschaftlichen Schwergewichts von den Hochschulen bemerkbar gemacht. Die eigenen Forschungslaboratorien der Industrie, die ausserhalb der Hochschulen stehenden reinen Forschungsinstitute usw. waren imstande, die fähigsten und besten Männer aus dem Hochschulbetrieb herauszuziehen und ihnen durch grosszügige materielle Unterstützung Arbeitsmöglichkeiten zu verschaffen, mit denen allein in einem weltweiten Wettbewerb grosse Ergebnisse zu erzielen sind und auch erzielt wurden. Es darf aber nicht darüber hinwegtäuschen, dass die Voraussetzung sowohl für die Entwicklung der in solchen Sonderinstituten tätigen Persönlichkeiten, wie besonders fruchtbringender Ideen immer die grosse, in die Breite gehende Arbeit der Hochschulen war. Sie bildet den Boden, auf dem die besonderen Talente und Begabungen ausgebildet und ausgelesen werden, die dann, in andere, günstigere Umgebung verpflanzt, Grosses erreichen.
> [...] Es ist eigentlich ein Wunder, dass die deutschen Hochschulen, die vielfach personell und ausrüstungsmässig auf dem Zustand der Zeit vor dem Weltkriege stehen geblieben sind, heute noch diese Aufgabe erfüllen können. Umso mehr wird es notwendig sein, die Ausrüstung und die Arbeit der Hochschulinstitute und Kliniken nach dem Kriege so zu fördern, dass sie wieder tonangebend für das wissenschaftliche Leben sind und einen möglichst grossen Kreis von jungen Wissenschaftlern heranziehen können. Mit dieser Stellung der Hochschulen steht es durchaus nicht im Widerspruch, wenn für manche Forschungsrichtungen besondere Institute mit einer Ausstattung gefordert werden müssen, die schon aus materiellen Gründen nicht an jeder Hochschule vorhanden sein können. Man muss sich nur klar darüber sein, dass gerade der Nachwuchs für solche Sonderinstitute immer wieder von der

---

[10] Hamperl an Mentzel 19.11.41, BA R 21/338 Bl. 26.

Hochschule geliefert wird. Ohne auf dieses Nachwuchsreservoir zurückgreifen zu können, würden auch die besten derartigen Sondereinrichtungen eines schönen Tages in der Luft hängen.[11]

Schultze macht dann konkrete Vorschläge, welche bestehenden Einrichtungen und Fächer, sogar Forscher besonders gefördert werden sollten, nennt exemplarisch solche seines Fachs, der Medizin, u. a. Krebsforschung, Virusforschung, Genetik, Tierzucht und Pathologie und skizziert auch den finanziellen Rahmen. Zum Schluss kommt er auf das Verfahren zu sprechen, wie diese Institute am besten aufzubauen sind:

> Ich bin mir [...] im Klaren, dass nach dem Kriege die schönsten derartigen Pläne nicht verwirklicht werden können oder versanden müssen, wenn nicht die Köpfe zur Verfügung stehen, welche die Möglichkeiten neu gebauter oder erneuerter Institute kraft ihrer Ideen auch nützen können. Wahrscheinlich wird sich hier nach dem Kriege ein besonderer Mangel empfindlich fühlbar machen. Daher wird wohl der einzuschlagende Weg der sein, dass man nicht zunächst Forschungsmöglichkeiten und Einrichtungen schafft und dann den Mann sucht, der sie ausnützen könnte, sondern umgekehrt nach strenger fachlicher Prüfung die besten heranzieht und ihnen diejenigen Möglichkeiten gibt, die sie zu ihrer Entfaltung nötig haben.[12]

Zumindest durch die kritischen Anmerkungen Hamperls war also das Wissenschaftsministerium mit der Nase auf das Problem der An-Institutionen gestossen worden. Es ist klar, dass diese damals noch nicht so genannt wurden. Aber die Beschreibung lässt keinen Zweifel daran, dass man genau das im Auge hatte, was heute allgemein so bezeichnet wird.

Die meisten ›Ahnenerbe‹-Abteilungen verraten ihren an-institutionellen Charakter bereits im Namen. Sie hiessen nach 1937 in der Regel ›Lehr- und Forschungsstätte für…‹. Sie hiessen nur dann einfach ›Forschungsstätte für …‹, wenn ihr Leiter nicht zugleich als Dozent, am liebsten Lehrstuhlinhaber an einer Hochschule tätig war.

Mitwirkung am Kunstraub?

Es würde den Rahmen dieser Arbeit sprengen, auf alle Unternehmen des ›Ahnenerbes‹ im Krieg ausführlich einzugehen. Kater liefert ein angemesse-

---
[11] Protokoll Hamperl o. D. [vor 19.11.41], BA R 21/338 Bl. 27–29.
[12] ibid.

nes Bild von diesen Projekten. Wir gehen hier nur auf solche ein, die in irgendeinem Zusammenhang mit Schneider stehen, die als repräsentativ gelten können oder bei Kater nicht oder unserer Meinung nach nicht ausreichend zur Geltung kommen.

Das ›Ahnenerbe‹ hatte schon vor Kriegsbeginn im Rahmen der Bozener Kulturkommission Erfahrungen bei der Umsiedlung von Volksgruppen sammeln können.[13] Dass das Südtirol-Projekt noch im Gange war und insbesondere den Geschäftsführer Sievers bis weit über den offiziellen Abschluss 1942 hinaus beschäftigte, hinderte das inzwischen zum ›Amt A‹ im ›Persönlichen Stab des Reichführers-SS‹ mutierte ›Ahnenerbe‹ nicht, sich auch noch in die anderen von Himmler geleiteten Umsiedlungsaktionen einzuklinken. Während es dabei in Polen schlicht um Raub – vor allem Kunstraub und „Sicherstellungen" wissenschaftlicher Institute [14] – ging, war die Situation im Baltikum vor dem Überfall auf die Sowjetunion komplizierter. Hier mussten Verhandlungen im Rahmen paritätisch besetzter Kommissionen geführt werden, deren Ergebnis vom Ansatz her völkerrechtlichen Status beanspruchen konnten.[15] Schneiders Einsatz im Baltikum im Februar 1940 ist also zunächst einmal nicht mit dem Kulturraub in Polen zu vergleichen, obwohl in beiden Fällen das ›Ahnenerbe‹ und der von ihm eingesetzte Referent im Wissenschaftsministerium, Harmjanz, die Oberleitung inne hatten. Während der eigentlichen Verhandlungen durften – so das Ergebnis von Vorverhandlungen – bereits viele Kulturgüter gefilmt werden. Die deutsche Seite in dieser Kommission rühmt sich dabei vor allem die „*im Besitz der Estländischen Literarischen Gesellschaft befindlichen Kulturwerte*" vor den Russen „*gerettet*" zu haben.[16] Am 9. Mai 1941 wird die Tätigkeit der deutschen Delegation unter Leitung von Konsul Eckert aber „*ohne Ergebnis*" abgebrochen.[17] In den einenviertel Jahren Verhandlungszeit schaffen es die ›Ahnenerbe‹-Wissen-

---

[13] Österle 1991 – Österle 1993 – Schwinn 1989 – Schwinn 1991.
[14] Dass dabei auch Institute beschlagnahmt und ausgebeutet wurden, kommt in den Publikationen zu diesem Punkt immer wieder zu kurz. s. Knochen an Müller 4.10.39 + Anlage, BA ZB I 1335 Bl. 398–405.
[15] Eine Sammlung mit Kopien der wichtigsten Dokumente über diese Operation findet sich im BA Research 8262 (AE, Allg., Kulturschätze).
[16] Aufzeichnung über die Handhabung der Ausfuhrkontrolle ... o. D. [vor 18.6.40], BA Research 8262, Bl. 33–35 – Bericht Papritz 17.9.41, ibid. S. 50–52 u. ö.
[17] Bericht Papritz 28.5.41, BA Research 8262 Bl. 53–59.

schaftler freilich, erhebliche Mengen von Kulturgütern nach Posen zu schaffen, wo man sie im Rahmen eines neu zu gründenden ›Baltischen Instituts‹ im ›Baltenarchiv‹ unterbringen will.[18] Bevor diese Pläne aber realisiert werden, kommt es zum Überfall auf die Sowjetunion. Das Baltikum fällt in deutsche Hände und es entsteht eine neue Situation, mit der das ›Ahnenerbe‹ nichts mehr zu tun zu haben scheint.

Wenn man von den erwähnten wenigen Tagen vor Riga absieht, scheint Schneider nach Ausweis der Akten weder mit den Operationen in Südtirol noch mit denen im Baltikum und in Polen zu tun gehabt zu haben. Er erhält zwar eine Anweisung, im Rahmen der Harmjanz-Operation „*grau eingekleidet und mit Gestapo-Ausweis versehen*"[19] nach Krakau zu fahren. Es lässt sich aber nachweisen, dass Schneider dieser Anweisung nicht gefolgt ist. Einfacher Grund: Krankheit.[20] Schneider scheint in den ersten ›Ahnenerbe‹-Jahren für den Reichsgeschäftsführer Sievers vor allem die Funktion eines Jokers gehabt zu haben. Innerhalb kürzester Zeit versucht Sievers ihn an den unterschiedlichsten Stellen einzusetzen. Erst nach dem Westfeldzug zeichnet sich für Schneider in Holland eine konkrete Aufgabe ab, die ihn bis Kriegsende beschäftigen wird.

---

[18] ibid.
[19] Sievers an Schneider 23.10.39, BA NS 21/577 unter Hinweis auf eine Mitteilung vom SD-Hauptamt.
[20] Sievers an Personal-Abteilung 24.10.39, BA NS 21/577 – Zum Auskurieren dieser langwierigen, aber nicht lebensbedrohenden Krankheit hatte Schneider schon im Juni 39 einen sechswöchigen Krankenurlaub beantragt. Schneider an Sievers 16.6.39, BA NS 21/577.

XVI.

Das ›Ahnenerbe‹ in der Untergangsphase

Der Präsident, ab 1939 Kurator und damit wissenschaftlicher Leiter des ›Ahnenerbes‹, Walther Wüst, hatte zu Beginn seiner Aktivitäten in diesem von Anfang an von der SS dominierten, eingetragenen Verein und später, d. h. im Krieg, sogar SS-Institution, Hitler als Friedensfürst dem aus seiner Sicht kriegerischen Napoléon gegenübergestellt.[1] Als der 2. Weltkrieg ausbrach, verrät Wüst auch in seinen schriftlichen Äusserungen deutliche Nervosität, die sich zur Hauptsache in Aggressionen gegen den Reichsgeschäftsführer Wolfram Sievers entlud. Ab Stalingrad friert er seine Aktivitäten auf Routine-Arbeit ein; jedenfalls ist er nur selten zu einem Einsatz über diese hinaus zu bewegen. Diese Reserve war dem Reichsgeschäftsführer ziemlich bald spürbar. Vor allem traf sie Schneider und den von diesem geleiteten ›Germanischen Wissenschaftseinsatz‹, von dem noch ausführlich die Rede sein wird. Das hat seine Ursache nicht nur in dem übervollen Terminplan und der „Überlastung"[2] des Multifunktionärs, sondern sicher auch darin, dass Schneiders Aufgabengebiet ihm – wie erwähnt – nicht direkt unterstellt war.

Bereits 1940 war Wüsts ältester und wichtigster Mitarbeiter in München, Otto Paul, aus seinem Wirkungskreis ausgeschieden[3] und hatte sich Rosenberg, und damit der innerparteilichen Konkurrenz angeschlossen.[4] Noch im Januar 1940 hatte Wüst sich redlich bemüht, Paul zu halten.[5] Zu Beginn scheinen Pauls Veränderungswünsche nur finanzielle Gründe gehabt zu haben.

---

[1] Auf diesen Mythos referierte Hitler sogar noch im Krieg. s. Pätzold 1986.
[2] Komanns an Wüst 4.10.40, BA NS 21/80 u. ö.
[3] Zusatz Wüst zu Paul an Kaiser 9.11.39, PA Paul BDC – Sievers an Paul 24.10.40, BA NS 21/376 + 616 u. ö. – AV Sievers 21.11.41, BA NS 21/363.
[4] Sekretariat an Paul 12.10.40, BA NS 8/264 Bl. 150 u. ö.
[5] Für dies und den folgenden Satz Zusatz Wüst zu Paul an Kaiser, loc. cit. – Zusatz Wüst zu Sievers an Wüst 19.1.40, PA Paul BDC.

Seine Publikationsvorhaben wurden im ›Ahnenerbe-Stiftungs-Verlag‹ – vermutlich ursprünglich nur kriegsbedingt – verschleppt. Als dann sein an sich fertiges Kalender-Vorhaben, weil der Graphiker an die Front gerufen wird, abermals verschoben wird, und ihm zu Ohren kommt, dass Plassmann ebenfalls an einem Kalender arbeitet, kommt es im August 1940 zum offenen Krach.[6] Wüst kündigt ihm zum 1. Oktober.[7]

Hinfort ist Paul unter Wilhelm Grau stellvertretender Leiter der ›Bibliothek zur Erforschung der Judenfrage‹ in Frankfurt am Main[8] und wirkt am antisemitischen Hetzblatt ›Der Weltkampf‹ mit.[9] Hier glaubt er sich vor „*Irrtümern*" sicher, wie sie ihm überzufällig häufig im ›Ahnenerbe‹ begegneten.[10] Paul wurde als intimer Kenner zumindest des von Wüst betreuten Teils des ›Ahnenerbes‹ von den Rosenberg-Leuten vermutlich als hochwillkommener Informant und also als „Schnäppchen" angesehen. Nur so ist dieser problemlose Frontwechsel in eine ausserdem damals angesehenere und besser dotierte, vor allem aber „*feste*"[11] Stellung zu verstehen. Wieviel Insider-Wissen Paul aber preisgab, ist heute nicht mehr zu ermitteln. Da zur gleichen Zeit Gerüchte auftauchen, das ›Amt Rosenberg‹ werde das ›Ahnenerbe‹ übernehmen und da ein wegen dieser Gerüchte geplatztes Treffen zwischen Wüst und Rosenberg auf einen ernsthaften Hintergrund verweist,[12] lässt sich denken, dass bei Paul eine von Wüst selbst vermutlich ungern zugegebene Ursache solcher Gerüchte[13] zu suchen ist.

Der Dissens mit Sievers bei Kriegsausbruch und der Krach mit Paul ein Jahr später waren nach unserer Einschätzung aber nur kleine Steinchen im Mosaik, das dann 1942 nach dem Fall von Stalingrad jenes Bild vom „eingefrorenen" Wüst ergab.

Ein weiterer Mosaikstein waren sicher verdeckte, mit den genannten Problemen verknüpfte Auseinandersetzungen zwischen Wüst und dem Tibet-Abenteurer Ernst Schäfer. Schäfer arbeitete in München mit Wüst unter einem Dach. Schon Anfang 1941 hatte er den Wunsch geäussert, aus der Widenmayerstrasse 35 auszuziehen.[14] Als Grund gibt er die Spannungen zwischen

---

[6] Paul an Wüst 21.4.40 sowie Wüst an Paul 27.8.40, PA Paul BDC.
[7] Wüst an Paul 27.8.40, loc. cit.
[8] Besondere Dienstanweisung Nr. 3, 1.4.42 mit beigefügter Übersicht o. D., BA NS 15/339.
[9] Paul schreibt dort zur Hauptsache Rezensionen.
[10] Paul an Rgf 28.12.40, PA Paul BDC.
[11] Paul an Rgf 26.10.40, PA Paul BDC.
[12] Wüst an Brandt 1.10.40, BA NS 21/46.
[13] Wüst selbst sieht den Ursprung des Gerüchts in Wien. Wüst an Brandt 1.10.40, loc. cit.
[14] Für diesen und die folgenden Sätze s. AV Rampf 5.1.41, BA NS 21/179.

Wüst und Sievers an. Den Geschäftsführer der Aussenstelle Südost des ›Ahnenerbes‹, Adolf Rampf, habe Wüst Schäfer gegenüber als Sievers Spion bezeichnet. „Miserable Verhältnisse" attestierte Schäfer dem ganzen Haus. Rampf spricht später von einem „Narrenhaus".[15]

Schäfer hatte schon vor dem 2. Weltkrieg durch abenteuerliche Tibet-Expeditionen auf sich aufmerksam gemacht. Schon 1938 hatte er unter Himmlers Schirmherrschaft mit kräftiger Unterstützung des Korvettenkapitäns Fritz Otto Busch sowie des englischen Admirals Barry Domvile, der sogar an Himmler wohlwollende Briefe schreibt (eingeleitet mit „My dear Reichsführer"), eine Tibet-Expedition von Kalkutta aus mit – wenn man Schäfers Berichten glauben will – schier unglaublichen Abenteuern unternommen.[16] Kurz vor Beginn des Krieges von der neuen Tibet-Expedition zurückgekehrt,[17] entsteht ein noch irrwitzigerer Plan einer Tibet-Expedition, eingebunden in eine aussenpolitische Operation, in deren Rahmen die afghanische Regierung gestürzt und die englische in Indien so destabilisiert werden sollte, dass London sich zu einem Ausgleich mit Berlin gezwungen sehen würde. Mit Hilfe der damals mit den Nazis kooperierenden Sowjets sollte eine Spezialeinheit unter Schäfer nach Tibet vorstossen und die Tibeter gegen die britisch-indischen Truppen aufwiegeln. Rosenberg, der in Bezug auf Afghanistan eine andere Politik verfolgte, bewegt Hitler dazu, die Aktion abzublasen. Damit war sie freilich noch nicht völlig gestorben. Der Plan wurde zum Unternehmen K abgewandelt. Es sollte im Kaukasus Ähnliches leisten wie in Tibet. Erst nach dem Debakel von Stalingrad waren diese Pläne endgültig Makulatur. Nicht unerwähnt bleiben sollte, dass bei den Schäferschen Vorhaben immer auch Sprachwissenschaftler wie Bruno Schweizer, Gerhard Deeters und Helmut Hoffmann mitmachen sollten.

Wie in ähnlichen Fällen auch sonst, ist das der Anlass, dass die Position des derart Geschädigten sich ins Wundersame wandelt. Schäfer wird Leiter des später sogenannten ›Sven-Hedin-Instituts für Innerasienforschung‹, das sich sehr bald zu einem der grössten Subinstitute des ›Ahnenerbes‹ entwickelt, und schliesslich 1943 zum Oberleiter der naturwissenschaftlichen ›Ahnenerbe‹-Abteilungen und damit zu einer Art Nebenregierung neben Wüst. Neben Schäfers aufgehendem Stern begann der von Wüst entsprechend allmählich zu verblassen.

Natürlich gibt es auch zahlreiche Mini-Symptome, die diesen Eindruck

---
[15] Tb. Rampf 24.10.44, BA NS 21/828.
[16] Davon handelt der grösste Teil der Akte BA ZM 1457 A. 5.
[17] Für dies und das Folgende s. Kater 1974, S. 79f + 211 ff.

massiert verstärken. Zum Beispiel kritisiert eine untere Instanz des Propagandaministeriums Wüsts „Indogermanisches Bekenntnis"; es sei in mancher Hinsicht „*nicht mehr ganz zeitgemäss*".[18] In Himmlers ›Persönlichen Stab‹ kursieren abfällige Bemerkungen über das ›Ahnenerbe‹, so kolportiert jedenfalls die Gestapo, die davon aber nichts mehr wissen will, als das ›Ahnenerbe‹ genauere Informationen verlangt.[19]

Auch in der ›Deutschen Akademie‹ musste Wüst unerwartet kämpfen. Der Präsident der ›Deutschen Akademie‹, der bayerische Ministerpräsident Luwig Siebert, hatte Verhandlungen mit Rosenberg aufgenommen, um seiner halbamtlichen, bisher vom Stellvertreter des Führers betreuten Institution eine stärkere politische Stütze zu geben.[20] Himmler drängt Wüst daraufhin, Siebert den Rücktritt von der Position als sein Vizepräsident anzubieten. Natürlich nimmt Siebert Wüsts Gesuch nicht an. Rosenberg beklagt sich daraufhin bitter bei Göring, der als Leiter des Reichsforschungsrats wohl ein Machtwort hätte sprechen können, es aber nicht tat,[21] sowie bei Bormann, der sich aber ebenfalls nicht gerührt zu haben scheint.[22]

Es bestand also schon vor Stalingrad reichlich Grund, einigen Missmut zu pflegen und die Zukunftsaussichten nicht allzu hoffnungsfroh zu zeichnen. Dabei wächst das ›Ahnenerbe‹ erst nach Stalingrad so richtig wie ein Krebsgeschwür. Die Wehrmacht hatte mit Unterstützung Himmlers, Rosenbergs und der ›Deutschen Akademie‹ an sich in der sogenannten ›Aktion Unruh‹[23] eine Institution ins Leben gerufen, deren einzige Aufgabe es war, dem Wildwuchs Einhalt zu gebieten, damit in Partei und Staat diese Forschungseinrichtungen also nicht noch weiter expandierten. Das ›Ahnenerbe‹ kriegt auch Schwierigkeiten, als das ›Amt Rosenberg‹ dahinter kommt, dass z. B. für den Sprachwissenschaftler Georg Schmidt-Rohr 1943 eine eigene ›Ahnenerbe‹-Abteilung neu eingerichtet wurde.[24] Der auch sonst sehr versierte Reichsgeschäftsführer Sievers redet sich aber – derart angegriffen – damit heraus, dass es sich hier um eine Zuliefer-Abteilung für Himmlers ›Reichs-

---

[18] Lt. Boehm an Wüst 18.7.42, BA NS 21/382.
[19] AV Wolff 5.8.42, BA NS 21/967.
[20] Für diesen und die nächsten beiden Sätze s. Brandt an Wüst 7.1.41, BA NS 21/46 mit Zusatz Sievers 10.3.41.
[21] Rosenberg an Göring 17.6.41, BA NS 15/297 Bl. 174 – vgl. a. AV Amt Wiss. 2.4.41, ebda S. 242.
[22] Rosenberg an Bormann 23.12.41, IfZ Mchn MA 545.
[23] s. dazu die Akten im BA NS 19/3787 sowie RW 42 – vgl. a. IfZ Mchn Fd-44; Rosenberg an Bormann Dez. 42, BA NS 15/243 Bl. 168 [= 54193-4] + BA NS 15/112.
[24] Für diesen und den nächsten Satz s. Simon 1985a, S. 375–396.

kommissariat für die Festigung des deutschen Volkstums‹[25] handele, dessen Hauptaufgabe im europäischen Osten lag, für die jedenfalls die ›Aktion Unruh‹ nicht zuständig war.

Von Wüst ging jedenfalls spätestens ab 1942 keine nennenswerte Initiative mehr aus. Es ist jedenfalls keineswegs ausgeschlossen, was Wüst 1963 seinem Interview-Partner Kater gegenüber äusserte, er habe – angeblich am 12.11.1943 – zu Himmler gesagt, für ihn (Wüst) sei es „*am besten, aus sämtlichen Ämtern und Verbänden, auch vom Ahnenerbe zurückzutreten.*"[26] Himmler sei „*schwer verstimmt*" gewesen. Er sei dann aber durch die Vertretung des verstorbenen Ludwig Siebert in der Leitung der ›Deutschen Akademie‹ so in Anspruch genommen gewesen, dass er seine Absicht nicht in die Tat umsetzen konnte.

Wüst wurde in manche Aktivitäten, sogar abenteuerliche, verstrickt. Aber man hat den Eindruck, er schwimmt nur noch mit. Am meisten mit ihm zu tun haben noch die Indien betreffenden Projekte. Einer der heute eher aberwitzig klingenden Nach-Barbarossa-Pläne[27] wird mit ihm in Verbindung gebracht.[28] Aber wenn diese Initiative überhaupt von ihm ausging und nicht von seinem Assistenten Ernst Schneider – nicht zu verwechseln mit Hans Ernst Schneider, von dem in diesem Opus sonst die Rede ist, wenn wir einfachheitshalber Schneider schreiben –, dann lagen ihre Anfänge eindeutig vor dem endgültigen Debakel von Stalingrad.

1943 verschärft sich der Bombenterror der Alliierten. Die wichtigsten Einrichtungen des ›Ahnenerbes‹ suchen nach Ausweichstellen auf dem Lande.

---

[25] Zum RKF s. Koehl 1957. Dem RKF eingegliedert wurden die ›Volksdeutsche Mittelstelle‹, die ›Grenzämter‹ und die ›Einwandererzentrale‹. Im Mittelpunkt stand die ‚Umsiedlung'. Begleitet wurden diese Unternehmen literarisch (Engelhardt-Kyffhäuser 1940), wissenschaftlich (Boehm 1940 – Runge 1940 – Leibbrandt 1941) und journalistisch (Richter 1942 – Beumelburg, Werner: Die Goten auf der Krim. Besichtigung der gotischen Bergstadt Mangup Kale am 14.7.42, BA NS 19/221). Wenig bekannt sind die Zusammenfassungen in Berichten mit Statistiken und Karten (z. B. „Die Umsiedlung. Stand 1. Juni 1942", BA NS 19/2743) – Vgl. a. die vom Institut für Zeitgeschichte in München herausgegebene „Denkschrift Himmlers über die Behandlung der Fremdvölkischen im Osten (Mai 1940)" *Vjh. f. Ztgesch.* 5, 1957, S. 194–8.

[26] Für dies und den folgenden Satz s. Interview Wüst (durch Kater) 22.4.63, IfZ München ZS/A-25/3 Bl. 747.

[27] „Barbarossa" nannte sich der Plan, der ursprünglich nach dem Sieg über Grossbritannien, später dann als Substitut für dieses gescheiterte Ziel dem Russland-Feldzug zugrunde lag. Die „Nach-Barbarossa-Pläne" setzen alle den Sieg über die Sowjetunion voraus.

[28] Darüber ausführlich in Simon / Back: Mit Akribie und Bluff ins Zentrum der Macht (in Kürze).

XVI. Das ›Ahnenerbe‹ in der Untergangsphase

Die Zentrale findet nach einem Dachschaden[29] eine solche in Waischenfeld in Oberfranken.[30] In Berlin lässt sich das ›Ahnenerbe‹ durch Schneider vertreten. Die Aussenstelle Südost sucht einen solchen Ausweichort zunächst in Salzburg,[31] wo von Anfang an bereits mehrere Abteilungen untergebracht waren, wird dort aber nicht fündig. Im März 1944 treibt Wüst den Geschäftsführer der Aussenstelle Südost Rampf an, die Suche zu beschleunigen.[32] Am 25. April kommt es in München zu einem schweren Bombenangriff.[33] Wüst macht jetzt erst recht Dampf. Zumindest das Material soll nach Waischenfeld.[34] Die Bücherei soll in die Höhlen von Pottenstein, die in der Nähe von Waischenfeld liegen.[35] Himmler befiehlt die sofortige Evakuierung der Aussenstelle Südost nach Pottenstein.[36] An den Wochenenden hilft Wüst eigenhändig beim Verpacken seiner Bücher.[37] Zwischen Wüst und Rampf kommt es zum Streit wegen der Umzugsmodalitäten.[38] Beim Angriff vom 9. Juni kommt es in der Aussenstelle lediglich zu Glasschäden.[39] Noch am 10. Juli kriegen sich Wüst und Rampf erneut in die Haare über die Frage, ob ein Bahntransport nach Pottenstein sinnvoll ist oder nicht.[40] Am 13. Juli wird die Dienststelle in der Widemayerstrasse durch Volltreffer zerstört und brennt aus.[41] Wüst ist voller Vorwürfe.[42] Sievers befiehlt Rampf nach Pottenstein.[43] Bei dieser Fahrt kommt Rampf um.

Obwohl das ›Ahnenerbe‹, allerdings zumeist unter dem Mantel bestehender Subinstitutionen, wie ein Krebsgeschwür wuchs, obwohl es in den naturwissenschaftlichen Abteilungen, insbesondere in der ›Abteilung für wehrwissenschaftliche Zweckforschung‹ zu einer im Forschungsbereich bis dahin nicht für möglich gehaltenen neuen Qualität der Unmoral kam, es gab in

---
[29] Wolff an Plassmann 1.9.43, BA NS 21/363.
[30] Rdschr. Sievers 10.9.43, BA NS 21/796-146.
[31] AV Rampf 6.8.43, BA NS 21/795-113.
[32] Tb. Rampf 20.3.44, BA NS 21/828.
[33] Tb. Rampf 25.4.44., loc. cit.
[34] Tb. Rampf 28.4.44., loc. cit.
[35] ibid.
[36] Tb. Rampf 2.5.44, loc. cit.
[37] Tb. Rampf 16.5.44, loc. cit.
[38] Tb. Rampf 23.5.44, loc. cit. u. ö.
[39] Tb. Rampf 9.6.44, loc. cit.
[40] Tb. Rampf 10.7.44, loc. cit.
[41] Tb. Rampf 13.7.44, loc. cit. – AV Wüst 13.7.44, PA Wüst, BDC – AV Rampf o. D., BA NS 21/798-185.
[42] Tb. Rampf 13.7.44, loc. cit. + 4.8.44, loc. cit.
[43] Sievers an Rampf 21.12.44, BA NS 21/828.

dieser SS-Institution eigentlich nur eine wirkliche Neuerung, nämlich den ›Germanischen Wissenschaftseinsatz‹, den Schneider leitete. Bei näherem Hinsehen war freilich auch dieser jahrelang vorbereitet und im übrigen in einer anderen SS-Institution, der ›Germanischen Leitstelle‹, einer Einrichtung des SS-Hauptamts, versteckt worden. Ausserdem war – worauf Wüst, wenn auch erst nach dem Kriege, hingewiesen hat – die Anbindung dieser Neuerung direkt an den Reichsgeschäftsführer „*satzungswidrig*".[44]

---

[44] Interview Wüst (durch Kater) 10.4.63, IfZ München ZS/A-25/3 Bl. 737+739.

XVII.

DER ›GERMANISCHE WISSENSCHAFTSEINSATZ‹

1940 erhält Hans Ernst Schneider von Wolfram Sievers den Auftrag, die Wissenschaftspolitik in Holland, später auch in Flandern und Norwegen und Wallonien – in Dänemark und in Frankreich kam man aus den Startlöchern nie heraus –, im Sinne des ›Ahnenerbes‹ zu beeinflussen. 1943 geht aus diesen Aktivitäten der ›Germanische Wissenschaftseinsatz‹ hervor, dessen Leitung Hans Ernst Schneider übernimmt. Worum geht es bei diesem „Wissenschaftseinsatz"? Eine der letzten Selbstdarstellungen des ›Ahnenerbes‹ geht auch auf den Germanischen Wissenschaftseinsatz ausführlich ein:

Die neue Gemeinschaft des europäischen Germanentums wird aus dem grossen gemeinsamen Kampferlebnis erwachsen. Das Sichwiederfinden in neuer vereinter Leistung aus geschichtlichem Führungsauftrag muss durch Aufzeigung und Bewusstmachung der gemeinsamen Wurzeln, aus welchen das europäische Germanentum lebt, ergänzt werden. Es gilt, lebendige germanische Kontinuität im geschichtlichen Geschehen ebenso wie die wirkliche germanische Ganzheit im räumlichen Bereich, wie sie sich z. B. in Rasse und Familie, Geist und Staat, Recht, Sprache, Volkstum, Volksglaube und Volksbrauch, in Mythe, Sage und Lied lebendig zeigen oder sich in Haus und Hof und in den schöpferischen künstlerischen Zeugnissen des Volksgeistes verdichtet haben und sich als lebende Überlieferungen der einzelnen Glieder der germanischen Völkerfamilie immer wieder verwirklichen, aufzuzeigen und die aus dieser Einsicht erwachsenen Kräfte des Willens mit einzusetzen in dem Kampf um die Erneuerung der germanischen Gemeinschaft.

Diese Forderung umschliesst zunächst einen hohen Auftrag an die deutsche Wissenschaft und die der anderen germanischen Länder, der nur in gemeinsamer Arbeit erfüllt werden kann. Zu seiner Verwirklichung und Organisation wurde der ›Germanische Wissenschaftseinsatz‹ ins Leben gerufen. Seine Arbeit in den germanischen Ländern wird vorläufig durch die Aussenstellen in Den Haag, Brüssel und Oslo wahrgenommen, die den Germanischen Leitstellen angegliedert sind.

Der ›Germanische Wissenschaftseinsatz‹ hat also die Aufgabe, die deutschen wissenschaftlichen Kräfte auf dem Gebiet der Vorgeschichte, Germanenkunde und germanischen Volksforschung zu sammeln und über seine Aussenstellen mit den zur Mitarbeit in Betracht kommenden und zur Mitarbeit bereiten Kräften in den germanischen Ländern zusammenzuführen und ihnen allen im Sinne des oben umrissenen Zieles gemeinsame und Einzelaufgaben zu stellen. Er sorgt für die zwecksentsprechenden Veröffentlichung der Arbeitsergebnisse in wissenschaftlichen und volkstümlichen Büchern, in wissenschaftlichen Zeitschriften oder auch in solchen für einen allgemeinen Leserkreis, wie z. B. in dem grossen illustrierten Monatsblatt ›Hamer‹, das seit Jahren in einer niederländischen und flämischen und jetzt auch in einer deutschen Ausgabe (›Hammer‹) erscheint. Hierbei gilt seine Sorge vor allen Dingen der Verlebendigung der Ergebnisse der wissenschaftlichen Germanenkunde in jenen germanischen Ländern, in denen die Forschung bisher noch weiter zurück ist oder in ihrer Fragestellung noch nicht überall die gemeinsame germanische Grundlage gefunden hat. In den Niederlanden und in Flandern hat die Arbeit des ›Ahnenerbes‹ in der ›Germaansche Werkgemeenschap Nederland‹, bezw. der ›Germaansche Werkgemeenschap Vlaanderrn‹, die ihm korporativ angeschlossen sind, bereits festen Fuss gefasst und ihre organisatorische Form gefunden.[1]

Die ›Germanische Leitstelle‹ in Den Haag

Diese Beschreibung ist etwas abgehoben. Sie vergisst zu erwähnen, in welchem konkreten Rahmen sich der Germanische Wissenschaftseinsatz bewegte. Dieser steht nämlich binnen kurzem und im Laufe der Zeit immer enger im Zusammenhang mit der sog. ›Germanischen Freiwilligen-Leitstelle‹, einer Einrichtung der Waffen-SS, konkret der Abteilung VI im SS-Hauptamt, die für Schulung und Forschung im Rahmen der Waffen-SS zuständig war, und später auch ›Ergängzungsamt‹ oder ›Germanische Leitstelle‹ genannt wird.[2] Errichtet wurde sie auf Grund von Richtlinien, die Himmler schon im Juni 1940 erlassen hatte. Hier der vollständige Wortlaut:

Richtlinien zur Gewinnung holländischer Freiwilliger.

Die Gewinnung holländischer Freiwilliger für die Waffen-SS kann auf dreierlei Art erfolgen:

1. durch Männer der Mussertbewegung, die die Mussertbewegung für uns wirbt und die sich freiwillig melden.
2. durch freiwillige Meldung holländischer Berufssoldaten oder junger Holländer von 17, 18, 19 Jahren, die noch nicht gedient haben und uns durch holländische Vertrauensleute ausserhalb der Mussertbewegung sowie durch Reichsdeutsche, die in Holland wohnen, gewonnen und namhaft gemacht werden,
3. durch Holländer, die nach Deutschland in Arbeit vermittelt werden und dort für die Waffen-SS gewonnen werden.

---

[1] „Die Forschungs- und Lehrgemeinschaft Das Ahnenerbe". Aufgaben und Aufbau. o. D., BA NS 21/798-182.
[2] lt. Berger an Rauter 4.6.42, BA NS 19/1564 Bl. 10.

Die erste Möglichkeit möchte ich zunächst am wenigsten ausgenutzt wissen, da durch die Abstellung wirklich guter Angehöriger der Mussert-Bewegung die Bewegung selbst geschwächt würde. Die Abstellung solcher Freiwilligen soll nicht ganz unterbunden werden, hat sich aber auf qualifizierte Einzelfälle zu begrenzen.
Die zweite Möglichkeit halte ich für die wichtigste. Von ihr ist ohne jeden Vorzug und auf Dauer Gebrauch zu machen. Hiermit wird nämlich ein weiter Teil des holländischen Volkes an den deutschen Reichsgedanken gewöhnt und damit verknüpft. Es ist ganz selbstverständlich, dass die Familien, deren Söhne (wenn sie Berufssoldaten gewesen sind) bei uns Existenz und Lebensinhalt gefunden haben oder deren Söhne freiwillig aus Idealismus bei uns Soldaten werden, früher oder später sich mit uns verbunden fühlen, sowohl die Eltern und Geschwister im Stolz auf ihren Sohn oder Bruder als auch die Bräute und Frauen, weil sie dorthin gehen, wo der Mann ist.
Die Möglichkeit der Gewinnung von Freiwilligen aus den Leuten, die in Deutschland in Arbeit vermittelt wurden, will ich nicht ausschliessen; sie dauert mir aber zu lange. Ausserdem ist damit im Grossen gesehen schon eine weitere Möglichkeit gegeben, um einen Teil des holländischen Volkes mit Deutschland zu verknüpfen, nämlich auf der Arbeitsbasis. Wenn diese Basis vorwiegend dazu gebraucht wird, um Leute nach Deutschland zu ködern und dann unter die Waffen zu bringen, so würde uns Deutschen das mit Recht einen sehr schlechten, geradezu mittelalterlichen Ruf bringen und raschestens grosses Misstrauen wachrufen. Wie ich in meinem letzten Brief schrieb, halte ich es aber für wichtig, diese Männer für die allgemeine SS in Deutschland zu gewinnen und sie dort zu bewussten Germanen und Deutschen zu machen.
Die SS-Dienststellen in den Niederlanden ersuche ich, der Gewinnung von Freiwilligen auf dem zweiten Weg allen Eifer und alle Kraft zu widmen und nicht den Standpunkt einzunehmen, dass das was heute nicht geht, in 4 Wochen oder in einem viertel Jahr geschieht. Ich wünsche die Standarte „Westland" in rund 4 Wochen voll aufgefüllt mit den besten ausgelesenen niederländischen Freiwilligen zu sehen, sodass dann an die Aufstellung einer weiteren Standarte aus diesem Land reinblütiger Germanen herangegangen werden kann.
Dies gilt für den Chef des Ergänzungsamtes und für den Höheren SS- und Polizeiführer und seine Dienststellen. Es geschieht weder auf dem 1. noch auf dem 3. Weg und geschieht auch nicht durch langsames Abwarten und Heranwachsenlassen, sondern durch eifrigstes und dabei taktvolles und kluges Arbeiten.[3]

Es dauert dennoch ein Jahr, bis die ›Germanische Freiwilligen-Leitstelle‹ gebildet wird. Ihr Ziel ist die Rekrutierung von Freiwilligen aus den sog. „germanischen Ländern" für die Waffen-SS. Gymnasiasten ködert man mit dem „Kriegsabitur". Auf Grund der momentanen Leistung erhalten sie Zeugnisse, die als vollgültige Genehmigung zum Studium an jeder Hochschule dem Abitur gleichgestellt werden, wenn eine Meldung zur Waffen-SS erfolgt.

Die Germanische Freiwilligen-Leitstelle soll eng mit dem ›Ahnenerbe‹ zusammenarbeiten. Hintergrund dieser Weisung ist die Indirektheit, um nicht zu sagen: Getarntheit der Rekrutierungsmethode:

---

[3] RL. Reichsführer-SS 24.6.40, IMT Dok. NO-5617 – Die Weichen dazu waren für Dänemark und Norwegen von Hitler schon im April gestellt. Himmler an Ribbentrop 23.4.40, BA Film 3346 – vgl. Petrick 1992, S. 81.

Es soll keine unmittelbare politische Beeinflussung im engeren Sinne stattfinden, vielmehr sollen die grossen Gedanken der gemeinsamen germanischen Kultur (Vorgeschichte, Volkskunde und verwandte Zweige) gefördert und gepflegt werden.[4]

Im August 1942 gelingt es Himmler endlich für diese Aktivitäten in den „germanisch-völkischen" Ländern von Hitler volle Rückendeckung zu erhalten.[5] Hitlers Erlass vom 12.8.42 ist in der Forschung durch Clifton Child in seiner Bedeutung früh erkannt worden.[6] Er autorisierte Himmler, in Norwegen, Dänemark, Niederlande und Belgien alle parteiamtlichen Verhandlungen zu führen. Alsbald wird er von der SS so ausgelegt und als solcher festgeklopft, dass den Repräsentanten des Reichs in diesen Ländern keine Aktivitäten gestattet würden, ohne zuvor Himmler kontaktiert zu haben.[7] Konflikte vor allem mit den Reichskommissariaten waren dadurch programmiert, konnten aber nicht darüber hinwegtäuschen, wer der heimliche Herr in den alsbald offiziell so genannten „germanischen Randländern" war. Himmler gehörte nicht zu den Menschen, denen es wichtig war, als mächtig zu gelten. Er wollte „lediglich" die Macht selbst. Obwohl Seyss-Inquart, Best und Terboven nach Ausweis der Akten deutlich mehr Schwierigkeiten machten als die Militärverwaltung in Brüssel, hatten sie keine nennenswerte Macht an Himmler vorbei, zumal sie SS-Männer waren und ohne Himmler kaum in ihre Position gekommen wären. Das ist methodisch bei jeder Institutions- und Textanalyse zu berücksichtigen.[8] Das hat auch Auswirkungen auf die Einschätzung der Rolle Schneiders für diese Länder. Man tut offenbar gut daran, der Versuchung zu widerstehen, Schneiders Bedeutung wegen seiner ziemlich eingegrenzten Aufgabe zu gering zu bewerten, und genau hinzusehen, was er faktisch tat.

---

[4] AV. Komanns 3.4.41, PA. Plassmann BDC.
[5] AO. PK 54/42, 12.8.42, BA NS 19/3565 u. ö. – Vgl. Heiber 1983, Nr. 16054 S. 724.
[6] Child 1954, S. 75.
[7] Prot. SS-Ausschuss der AG für den german. Raum 12.1.43. IMT 1946–1949, Bd. XXVI, S. 262–6 (265) = PS-705.
[8] Insbesondere bei Nicht-Historikern begegnen diesbezüglich methodische Fehleinschätzungen, so z. B. bei der medienwissenschaftlichen Studie von Hoffmann 1972, sogar bei der ansonsten, vor allem textlinguistisch hochkompetenten Studie von Sauer 1990, die die vom Reichskommissariat herausgegebene ›deutsche Zeitung in den Niederlanden‹ in den Mittelpunkt stellt und über die SS-Zeitschriften ›Hamer‹ und ›Storm‹ – wenn wir recht sehen – nicht einmal ein Wort verliert. Wer in den Niederlanden wissen wollte, wohin die Entwicklung tendierte, las am besten ›Hamer‹ und ›Storm‹ und erst danach ›Die deutsche Zeitung in den Niederlanden‹.

XVII. Der ›Germanische Wissenschaftseinsatz‹

Abb. 12: Wege zur germanischen Schicksalsgemeinschaft
Die von der ›Germanischen Leitstelle‹ in Den Haag geworbenen holländischen Freiwilligen wurden unter anderem in der SS-Schule Sennheim (Elsass) ausgebildet.
Die von Schneider „betreute" Zeitschrift ›Storm‹ unterstützte diese Werbung in Wort und Bild (vgl. Abb. 13 rechts). Schneider sollte in Sennheim Vorträge halten, sagte aber kurzfristig ab.

Schneider wird in die Arbeit der ›Germanischen Leitstelle‹ manchmal direkt eingebaut. So ist er sogar als Vortragender im Rahmen der Ausbildung der von dieser Stelle geworbenen Rekruten im Elsass im Schulungslager Sennheim vorgesehen, sagt aber im letzten Moment ab[9] (s. Abb. 12 und 13).

In diese Schule werden später die aufmüpfigen Osloer Dozenten und Studenten gebracht, wo sie durch Walther Wüst, Hans Schwalm[10] und andere ›Ahnenerbe‹-Wissenschaftler – Schneider war allerdings nicht mit von der Partie – zum Nationalsozialismus bekehrt werden sollen, ein aufwendig aufgezogener Versuch, der natürlich kläglich scheiterte, für die norwegischen

---

[9] Schneider an SS-Schule Sennheim 23.6.42, BA NS 21/76 – Schon 1941 hatte Schneider redaktionell an einer „Sennheim-Broschüre" mitgewirkt. Schneider an Keitel 22.9.41, BA NS 21/76.

[10] Hans Schwalm hatte zuvor mehrfach davor gewarnt, die norwegischen Studenten und Dozenten zu dem Zweck ausser Landes (d. h. aus Norwegen) zu bringen. Schwalm an Sievers 17.2.44, BA NS 21/43 u. ö.

Abb. 13: Vrijwilligers in Sennheim

Studenten und Dozenten aber zur Folge hatte, dass sie zu Schanzarbeiten herangezogen und/oder ins KZ gebracht wurden.[11]

Auf Drängen von Sievers und Schneider hatte Himmler schon im Sommer 1942 das ›Ahnenerbe‹ endlich „*mit der Durchführung sämtlicher wissenschaftlich-forschenden Aufgaben und Arbeiten im Rahmen der grossen Gesamtaufgaben der Schutzstaffel*" betraut. Der Chef des SS-Hauptamtes Gottlob Berger erteilt daraufhin einen Stabsbefehl, in dem es unter anderem heisst:

> Die gesamte, im Rahmen der grossgermanischen Arbeit auftretende Wissenschaftsarbeit, ist deshalb in engster Fühlungnahme mit meinem Amt VI ausschliesslich durch das Amt ›Ahnenerbe‹ im Persönlichen Stab RF-SS durchzuführen. Die Durchführung dieser Wissenschaftsarbeit in den germanischen Randländern schliesst die geeigneten Massnahmen zur Verbreitung der dabei gewonnenen Arbeitsergebnisse ein.
> Das Amt ›Ahnenerbe‹ richtet zu diesem Zweck eine eigene Abteilung mit dem Dienstsitz in der Reichshauptstelle des ›Ahnenerbes‹, Berlin-Dahlem, Pücklerstr. 16, ein, deren Leitung der Abteilungsleiter SS-Obersturmführer Dr. H.E. Schneider inne hat. Bei den Aussenstellen des Amtes VI des SS-Hauptamtes werden Vertreter des Amtes ›Ahnenerbe‹ eingesetzt.[12]

Für Schneider stehen dabei die Niederlande im Zentrum seiner Arbeit:

> Ich werde gerade die niederländische Arbeit immer als Rückgrat der gesamten Wissenschaftsarbeit in den germanischen Randländern betrachten [...][13]

Zwei Mitarbeiter

In Norwegen steht Schneider der Geographieprofessor Hans Schwalm zur Seite, mit dem er hinfort eng und – wie es scheint – freundschaftlich zusammenarbeitet[14] (vgl. Abbildung 19 g).

---

[11] s. dazu ausführlich Kater 1974.
[12] Stabsbefehl Berger 14/42, 14.8.42, BA NS 21/935 + Research 8262 AE, allg., Kulturschätze A-N – Bergers Stabsbefehl voran gingen Gespräche, die sein Mitarbeiter Riedweg mit Sievers geführt hatte. Riedweg an Sievers 29.5.42, BA NS 21/938 – Berger ist hinfort ein entschiedener Verfechter der Zusammenarbeit mit dem ›Ahnenerbe‹. Berger an Reichsführer-SS 22.9.42, BA NS 19/101 – Er kann sich bei Himmler aber nicht immer durchsetzen. – Brandt an Berger 29.9.42, ibid.
[13] Schneider an Rauter 3.6.42, BA NS 21/76.
[14] Die Schwalm betreffenden Archivalien dürften allein im Bundesarchiv mehrere Meter umfassen. vgl. PA. Schwalm BDC, NS 19/101, NS 21/36, 43, 162, 286, 322, 323, 790, 805, 806, 809, 814, 938, 956 und öfter sowie Z 42 IV 6461 (Entnazifizierungsakte), s. a. IfZ Mchn ZS/A – 25/2 Bl. 412–430 (Interview durch Kater) – Kater 1974, S. 186ff u. ö.

Hans Schwalm (geboren 16.8.1900) kam aus der Wandervogelbewegung, studierte zunächst Schiffbau an der TH Berlin-Charlottenburg, dann Geographie, Geologie, Physik und Mathematik an der Universität Berlin und ab 1923 Geschichte, Vorgeschichte, Kunstgeschichte, Volkswirtschaftslehre und Philosophie in Heidelberg. Am 25.5.1923 promovierte er bei Alfred Hettner. Er baute die Selbsthilfeorganisationen in Deutschland von Heidelberg aus massgeblich auf, war dann Assistent bei Hettner. 1926 war er der erste wissenschaftliche Sekretär der Leipziger ›Stiftung für deutsche Volks- und Kulturbodenforschung‹, ab 1932 Mitherausgeber und Hauptredakteur des ›Handwörterbuchs des Grenz- und Auslandsdeutschtums‹. Er trat am 1. Mai 1933 in die NSDAP ein und gehörte vom Oktober 1933 bis 1936 dem Dozentensturm der SA in Kiel an. 1935 bis 1938 war er führend in der Hitlerjugend tätig. Im Februar 1941 wird er ausserordentlicher Professor an der neugegründeten Universität Posen. 1940 hat er im Auftrag des ›Ahnenerbes‹ mit der Erfassung und Sicherung des Kulturguts im Baltikum, 1941 in der Gottschee zu tun. Ab 1942 ist er alsbald im Rahmen des ›Germanischen Wissenschaftseinsatzes‹ in Norwegen aktiv und wird dazu in die SS aufgenommen. Nach 1945 arbeitet er für die niedersächsische Akademie für Raumforschung und das Bundesinstitut für Raumforschung in Bonn. Danach lebte Schwalm als (zwangs)emeritierter Professor in Tübingen.

In Belgien machte Schneider mehrere Anläufe, bevor er in Alarich Augustin einen Mitarbeiter fand, der bereits seit 1936 Kontakt zum ›Ahnenerbe‹ hatte (s. Abb. 19 h).

Alarich Augustin (geboren am 2.3.1912) hatte sich früh der „Bewegung" verschrieben. Am 1. September 1931 war er in die NSDAP eingetreten, 1932 in den NSD-Studentenbund und in die SA und am 1. April 1933 in die SS.[15] Er studiert von 1930 an in Marburg und Rostock Sport, Geschichte, Deutsch, Volkskunde, Völkerkunde und Philosophie. 1937 schliesst er das Studium mit Staatsexamen und Promotion ab. Anschliessend ist er in Rostock Assistent und Studienreferendar. 1935 wird er Fachgruppenleiter, 1936 stellvertretender Gaustudentenführer in Mecklenburg und anschliessend Studentenführer, bevor er ab 7.11.39 sich freiwillig zur Waffen-SS meldet, wo er z. T. als Ausbilder wirkt. Das ›Ahnenerbe‹ wird schon 1936 auf ihn aufmerksam.[16] Am 15. Juni 1943 stellt es ihn bei gleichzeitiger Beförderung zum SS-Untersturm-

---

[15] Für dies und das Folgende s. NSDAP-Mitgliedskarte, NSDStB-Mitgliedskarte, RuS-FB 14.11.43, alles BDC PA. Augustin. – vgl. a. BA NS 21/371, 455, 614, 930.
[16] Sievers an Plassmann 22.6.36, BA NS 21/351.

führer im Rahmen des ›Germanischen Wissenschaftseinsatzes‹ in Flandern ein. Von ihm sind mehrere Tätigkeitsberichte überliefert.[17] Augustin war nach 1945 Studienrat in Wuppertal, überdies zusammen mit Herman Wirth Mitglied des Kuratoriums für die Errichtung eines Europäischen Museums für Urgemeinschaftskunde.[18]

Zu dem dritten im Bunde, der Schneider in Holland vertritt, Friedrich Wilhelm Mai, kann generell verwiesen werden auf die Publikationen von Peter Schwinn.[19]

Das ›Germanische Institut‹ in Holland

Schneider und das ›Ahnenerbe‹ nutzen die durch diese Dekrete gewonnenen Einflussmöglichkeiten, um auch im Wissenschaftsbereich stärker Fuss zu fassen. So wird das vom Reichskommissar in den Niederlanden gegründete ›Germanische Institut‹, in dem der Germanist Ispert und der Prähistoriker Walter von Stokar-Neuforn eine Rolle spielen[20], vom ›Ahnenerbe‹ in Schlepptau genommen.[21] Schon im Februar 1942 hatte Schneider dem ›Ahnenerbe‹ gegenüber die Strategie entwickelt, wie man dieses Institut in dessen Abhängigkeit und in Relation zur ›Volkschen Werkgemeenschap‹ bringt:

Bei einer Unterredung mit Herrn Dr. Plutzar[22] machte er mir heute offiziell davon Mitteilung, dass der Herr Reichskommissar beabsichtigt, ein ›Germanisches Institut‹ in den

---

[17] Jahresbericht A. 17.11.44, PA. Augustin BDC + BA NS 21/930 – Arbeitsbericht 10.9.–10.12.44, PA. Augustin BDC – vgl. a. AV. A. 16.6.44, IfZ Mchn MA-366, Bl. 43.
[18] Flugblatt o. D., IfZ Mchn ZS/A-25/2 Bl. 509.
[19] Kritisch zu vermerken ist hier lediglich, dass dieser – wie so mancher zeitgenössische Wissenschaftsforscher – notorisch vergisst darauf hinzuweisen, dass er eine Reihe von Informationen von Gerd Simon hat.
[20] AV. Sievers 7.9.42, BA NS 21/969.
[21] Für dies und das Folgende (einschliesslich Zitat) s. AV Schneider 6.2.42, PA v. Stokar BDC u. ö. – vgl. a. Lehmann-Haupt 1948, S. 145 – Veld I, 1976, S. 640 – SS-Sturmbannführer Wolfgang Ispert (* 1898) war SD-Mann und Pressereferent beim Generalkommissar z.b.V. sowie Leiter der Forschungsstelle ›Volk und Raum‹, die dann in das ›Germanische Institut‹ aufging (s. Prel /Janke 1941, S. XIV). Er hatte sich schon vor Kriegsbeginn mit einem „Geheimbericht über die deutsche Propaganda im Nordwestraum" für eine Tätigkeit in den Niederlanden empfohlen. Bericht mit Schenk (Aachen) an SD-Führer Düsseldorf 19.4.39, HStA Düss. RW 134/19.
[22] Friedrich Plutzar (*6.5.1893) war Kunsthistoriker und in Holland Leiter der Hauptabteilung Wissenschaft, Volksbildung und Kulturpflege. 1942 wird er zum SS-Sturmbannführer befördert. s. Veld I, 1976, S. 640.

Das ›Germanische Institut‹ in Holland 205

Niederlanden zu gründen. Es handelt sich dabei um ein Forschungsinstitut, das als Grundaufgabe die Beziehungen der Niederlande zum Reich zu untersuchen hätte, weiterhin aber auch sich allgemein germanischen Forschungen zuwenden würde, soweit sie sich aus diesem Raum ergeben. Es ist dabei vor allem an Geschichte, Kunstgeschichte, Philologie, Literaturwissenschaft, aber auch Vorgeschichte, Volkskunde und ähnliches gedacht. Neben der reinen Forschung ist beabsichtigt, die Forschungsergebnisse einer allgemeineren Öffentlichkeit nicht nur bekanntzumachen, sondern wenn möglich auch in politische Führungswerte umzusetzen – im Grunde also dieselbe Methode, die heute die Volksche Werkgemeenschap in ihrem Rahmen und auf ihren Arbeitsgebieten zu erfüllen versucht.

Mit den Vorarbeiten ist Generalkommissar SS-Oberführer Dr. Wimmer beauftragt, der wiederum seinen Sachbearbeiter Dr. Plutzar damit beauftragt hat.

Dr. Plutzar wollte in dieser ersten Unterredung vor allem jede Überschneidung mit den Arbeiten und Zielen der Forschungs- und Lehrgemeinschaft ›Das Ahnenerbe‹ zu verhindern wünschen. Er möchte im Gegenteil von vornherein die gemeinsame Klärung beider Forschungsinstitute und möglichst auch auf einigen Gebieten eine Zusammenarbeit.

Er erwähnte im Laufe des Gesprächs, dass der Herr Reichskommissar anscheinend schon einmal mit Reichsleiter Rosenberg gesprochen habe.

Ich habe Dr. Plutzar grundsätzlich darauf aufmerksam gemacht, dass es vor jeder weiteren Planung notwendig sein wird, dass der Herr Reichskommissar darüber grundsätzlich einmal mit dem Reichsführer-SS spricht, da der Reichsführer-SS auf allen Gebieten der germanischen Führung und der germanischen Forschung mit der Durchführung bestimmter Aufgaben beauftragt worden ist und demnach auf diesen Gebieten als vorrangig zu gelten hat. So könnte auch nur eindeutig eine Abgrenzung zwischen einem solchen Institut und der Forschungs- und Lehrgemeinschaft ›Das Ahnenerbe‹ geschehen. Ebenso wies ich Dr. Plutzar auf die Arbeiten des Amtes VI im SS-Hauptamt hin, das ebenfalls bei der Errichtung eines solchen Instituts massgeblich eingeschaltet werden müsste, besonders dort, wo die führungsmässige Auswertung der Forschungsergebnisse beabsichtigt ist. Dr. Plutzar sagte mir zu, dass er im entsprechenden Sinne SS-Oberführer Dr. Wimmer unterrichten will, mit der Bitte, auf diesem Wege den Herrn Reichskommissar zu der grundsätzlichen Besprechung mit dem Reichsführer-SS anzuregen.

Dr. Plutzar meinte, dass später vielleicht einmal die Volksche Werkgemeenschap als eine Abteilung in diesem Institut arbeiten könnte. Ich bin nicht näher darauf eingegangen, bin jedoch der Meinung, dass eine solche Entwicklung nicht in unserem Sinne liegt. Dieses Institut wird zunächst unter dem Vorsitz des Herrn Reichskommissars und eines niederländischen Vizepräsidenten geleitet werden. Niederländische und deutsche Forscher sollen darin beratend und arbeitend zusammengefasst werden. Es lässt sich heute nicht übersehen, in welcher Weise später dieses Institut geleitet und mit welchen Aufgaben es betreut werden wird. Die Volksche Werkgemeenschap muss meiner Meinung nach viel eindeutiger den von der SS erstrebten Standpunkt vertreten, als ein solches Institut es jemals könnte. Es scheint mir darum nur umso dringlicher, dass die Volksche Werkgemeenschap bald auch finanziell an eine deutsche SS-Dienststelle gebunden wird, wozu bei der augenblicklichen Lage vor allem wohl das Amt VI im SS-Hauptamt in Frage kommt, während sie fachlich auch weiterhin eng vom ›Ahnenerbe‹ zu betreuen wäre. Jedenfalls beweist schon diese Vorbesprechung, dass in diesem ›Germanischen Institut‹ das Bestreben bestehen wird, möglichst die Gesamtheit der germanischen Forschungen in den Niederlanden an sich zu bringen. Dieses wäre meiner Meinung nach aber nur dann tragbar, wenn eine eindeutige SS-Führung gewährleistet werden kann. Das wird jedoch, jedenfalls nach dem augenblicklichen Stand der Vorbereitungen, nicht eindeutig der Fall sein. Allerdings müssten sich die Forschungs- und Lehrgemeinschaft ›Das Ahnenerbe‹ von der wissenschaftlichen Seite und das SS-Hauptamt VI von der führungsmässigen Seite her eng an dieses Institut zu binden versuchen, damit sein Einsatz im Sinne der SS gewährleistet werden kann. Umgekehrt scheint es mir daher aber nur umso wichtiger, auch in den Niederlanden eine wissenschaftliche Gemeinschaft sich heranzubilden, die parallel zur Forschungs- und Lehrgemeinschaft ›Das Ahnenerbe‹ aufgebaut wird und die in viel deutlicherem Sinne in der Lage ist, auch einen führungspolitischen Einsatz zu erfüllen. Es wäre daher besser, die Volksche Werkgemeenschap bald in ihrer inneren und äusseren Struktur zu festigen.

Während der Reichsgeschäftsführer des ›Ahnenerbes‹ dieses ›Germanische Institut‹ zunächst noch neben der ›Volksen Werkgemeenschap‹ für überflüssig hält, weil die Gefahr zu gross sei, dass sich dort „*zweitrangige und unerwünschte Leute*"[23] einnisten, erfolgt aber bereits die Gründung des Instituts.[24] Der Reichskommissar hatte dem Reichsführer-SS die Zweifel zerstreut, aus ihm könne Rosenberg eine „*Filiale der Hohen Schule*" machen.[25] Sehr begeistert klingt es nicht, als Schneider erkennt, dass er sich damit abermals eine neue Aufgabe aufgehalst hat:

> Was das germanische Institut anbetrifft, so werde ich mich also bemühen, durch Einholung von Vertretern des Ahnenerbes und Volksen Werkgemeenschap zu gewährleisten, dass dieses Institut im Sinne unserer Arbeit aufgebaut wird.[26]

Schon im September 1942 sind folgende Arbeiten in Angriff genommen:

1. Die Sachsenfrage
2. Die Friesenfrage […]
3. Die Hanse in den Niederlanden
4. Die Kirchenmusik in den Niederlanden
5. Rassenuntersuchung[27]

Im Januar 1943 kommt es zu einer ersten Arbeitsbesprechung, die Seyss-Inquart persönlich leitet.[28] Unter den 12 Teilnemern ist auch Schneider. Es werden eine Fülle von Forschungsaufträgen verteilt und Richtlinien für die Forschung und Auswertung entwickelt. Diese Richtlinien sind so allgemein

---

[23] AV Sievers 17.2.42, PA v. Stokar BDC.
[24] Zusatz 3.5.42 zu AV Sievers 17.2.42, ibid.
[25] Rauter an Schneider 23.5.42, ibid. – vgl. a. Brandt an Sievers 4.6.42, ibid.
[26] Schneider an Rauter 29.5.42, ibid.
[27] AV Sievers 7.9.42, ibid.
[28] Für dies und das Folgende Prot. o.V. 27.1.43, RIOD Amst 15d.

gehalten, dass sie ohne weiteres auch auf Deutschland oder die anderen „germanischen Randländer" bezogen werden können:

1. Nachweis der germanischen Verbundenheit nach Herkunft, Wesen und Leistung, sowie Nachweis der gemeinsamen Lebenswerte und Lebensformen als Grundlage für die Zusammenarbeit. So Nachweis der Verbundenheit nach Rasse, Weltanschauung, Lebensführung, Sprache, Kunst, nach den räumlichen und geschichtlichen Beziehungen. Germanische Leistungen in Führung, Ordnung und Recht, in Erziehung und Wissenschaft, in Kultur, in Siedlung, Wirtschaft und Technik. Germanische Lebenswerte, die aus der Einstellung des germanischen Menschen zur eigenen Persönlichkeit, zur Sippe, zum Volk, zu anderen Völkern, zur Natur und zum Unerforschlichen hervorgehen.

2. Germanische Geschichte in ihren Wegen und Irrwegen zur germanischen Einigung. Germanische Vorgeschichte und Geschichte, Auseinandersetzung mit den Völkern der Antike, mit den Romanen, Slaven, den Juden und anderen Völkern. Wegbereiter der germanischen Einigung. Das Reich und die germanischen Völker.

3. Die gemeinsamen Aufgaben im gemeinsamen Lebensraum. Ordnung und Sicherung des germanischen Raumes, der Ordnung des Ostens, der Mitordnung des europäischen Grossraumes und der Welt. Die sozialen Aufgaben, kulturellen Aufgaben, die wirtschaftlichen Aufgaben, die kolonialen Aufgaben. Anteil und Eignung der einzelnen germanischen Völker an dem gemeinsamen Aufbau.[29]

Erst in der aus diesen Richtlinien abgeleiteten Planung wird ein Bezug zu den Niederlanden hergestellt:

Die grossen Themen müssen in Teilarbeiten zerlegt werden, bei der Fragestellung ist vom niederländischen Raum auszugehen, daher jene Fragen in den Vordergrund [!] schieben, die sich von hier aus gut behandeln lassen, z. B. das Verhältnis von Germanentum zum Calvinismus. Nach den oben angeführten Richtlinien sind die einzelnen Forschungsgebiete nach der aufgestellten allgemeinen Einteilung der Hauptabteilung Forschung mit zuständigen Fachleuten durchzugehen, Themen aufzustellen und die notwendigen Mitarbeiter dafür zu finden. Als Beispiel ein Entwurf für das Gebiet Erziehung:
Nachweis gemeinsamer Art und verwandter Leistungen: Geschichte der germanischen Erziehung – Vergleich germanischer Erziehungseinrichtungen, wie dänische Volkshochschule, Arbeitsdienst, College, Napola – Vergleichende Würdigung grosser germanischer Erzieher – Herausarbeitung der rassenpsychologischen Grundlagen. Sportsausübungen bei den alten Germanen (Prof. Mehl).
Erziehungswerte: Germanische Erziehungswerte im Vergleich zu Erziehungswerten der Antike, des Christentums, des Judentums. Wichtig ein Werk, das gegen die Erziehungspsychologie und Methodik von Freud und Adler geschrieben wird. Würdigung von Pestalozzi, Fröbel im Gegensatz zu Montessori.
Erziehungsaufgaben: Führerauslese und Führerbildung im germanischen Raum. Erziehung zur Wehrhaftigkeit. – Soldat und Bürger. – Familie, Schule, Volk und Staat.[30]

---

[29] Richtlinien Plutzar o. D. [vor 27.1.43], RIOD Amst. 15d.
[30] ibid.

208   XVII. Der ›Germanische Wissenschaftseinsatz‹

Der Leiter der wissenschaftlichen Abteilung des ›Germanischen Instituts‹ von Stokar, der zugleich ›Ahnenerbe‹-Mitarbeiter und Mitstreiter Schneiders in den Niederlanden ist,[31] erhält im Herbst 1942 den Auftrag, an dem Aufbau der ›Frontuniversität Leiden‹ mitzuwirken; er soll den Lehrkörper zusammenstellen.[32] Protestaktionen hatten 1940 zur Schliessung mehrerer niederländischer Universitäten geführt, unter anderem auch zu der Universität Leiden.[33] Der Generalkommissar für Verwaltung und Justiz Friedrich Wimmer entwickelte dann im Gegenzug den Plan der ›Frontuniversität Leiden‹. Von Stokar will dazu das ›Ahnenerbe‹ einbeziehen:

> Leiden wird einmal eine grosse Rolle spielen. Wir müssen nur alles in der Hand behalten. Ich frage daher bei Ihnen an, ob die Universität Leiden nicht der geeignete Boden für das Ahnenerbe und seine Pläne wäre [...][34]

Natürlich erscheint von Stokars Plan dem Reichsgeschäftsführer Sievers *„sehr verlockend";*[35] er fügt aber etwas hinzu, was auch die Position Schneiders ziemlich grell beleuchtet:

> Meine Bedenken andererseits habe ich dem Kameraden Schneider mitgeteilt. Er wird sie Ihnen übermitteln. Eine Einschaltung unsererseits, so wie Sie sich das denken, kann ja nicht ohne Zustimmung des Reichsführers-SS erfolgen. Dabei werden die Gesichtspunkte, über die Schneider mit Ihnen sprechen wird, eine wichtige Rolle spielen [...][36]

Welche Gesichtspunkte das waren, die so geheim waren, dass man sie nicht für geeignet hielt, sie einem – wie auch immer geheimen – Papier anzuver-

---

[31] Schneider schreibt über von Stokar: *„Prof. von Stokar ist mir seit vielen Jahren bekannt. Er hat sich als zuverlässiger Mitarbeiter, guter Kamerad und fähiger Wissenschaftler von klarer nationalsozialistischer Weltanschauung bewährt und sich für die wissenschaftlichen Arbeiten der SS immer bereitwilligst eingesetzt [...]"* Schneider an Jacobsen 30.4.43, PA v. Stokar, BDC.

[32] von Stokar an Sievers 12.10.42, PA v. Stokar BDC – Zum Folgenden vgl. a. die Akten im BA NS 21/409 – Kater 1966, S. 186 u. ö.

[33] Zur Geschichte der Universität Leiden s. Ms. „Humanistisches Jugendleben" o.V. o. D., BA NS 21/325 – Meldungen aus den Niederlanden unter den Daten 23.9.40 + 19.11.40 + 3.12.40 + 5.3.41 + 5.8.41 + 9.12.41 sowie den Jahresbericht 1942, S. 49 (IfZ München MA 9/1 + 9/2) – vgl. a. van der Leeuw 1948, S. 317ff – Cohen 1948, S. 17f, 26–28 – Holk/Schoeffer 1983, S. 12ff – Warmbrunn 1963, S. 148f u. ö. – Idenburg 1978, S. 198 – Hirschfeld 1978, S. 63ff – Cleveringa o.J. – Groeneveld 1977, S. 361f – Jong 1989, S. 133ff – Siess 1989, S. 154f – Zee 1992, S. 125ff – Bosmans 1993 – Hirschfeld 1997, S. 80 ff.

[34] Stokar an Sievers 12.10.42, PA v. Stokar BDC – vgl. a. Sievers an Brandt 20.10.42, PA v. Stokar BDC.

[35] Sievers an von Stokar 20.10.42, PA v. Stokar BDC.

[36] ibid. – vgl. a. Sievers an Brandt 20.10.42, ibid., abgedruckt bei Veld I, 1976, S. 852.

trauen, ist bis heute unbekannt. Fest steht nur, dass Himmler den Plan zunächst ablehnte mit der Begründung, das ›Ahnenerbe‹ übernehme sich.[37] 1944 ist aber von irgendwelchen Bedenken des Reichsführers-SS hinsichtlich seiner Einschaltung in den Plan ›Frontuniversität Leiden‹ keine Rede mehr.[38] Es ist das Wissenschaftsministerium, das das Projekt wegen der militärischen Lage zurückstellt.[39] Der Plan scheiterte offenbar auch daran, dass zu wenige Professoren bereit waren, nach Leiden zu gehen, bzw. die Universitäten im Altreich sich selbst wegen Personalmangel in eine Notsituation geraten und ausserstande sahen, Dozenten abzugeben.

Der ›Germanische Wissenschaftseinsatz‹ wird 1943 endlich gegründet. Zur Übernahme der Leitung des ›Germanischen Wissenschaftseinsatzes‹ geht Schneider wieder nach Berlin; er will freilich ehrenamtlicher Sachbearbeiter im Stabe Rauters bleiben.[40] Schneiders Tätigkeit in Holland lässt sich problemlos auch als Vorbereitungstätigkeit für den Aufbau dieser neuen Institution einschätzen. Ihre Vorbereitung wird früh sogar im Ausland verfolgt.[41] Ende Dezember 1940 beschäftigt sich zum Beispiel der Londoner Rundfunk eingehend mit Schneiders Arbeit, mit der ›Volksche Werkgemeenschap‹, über die Schneider seine Aufgaben hauptsächlich zu realisieren sucht, und mit einer der faktisch vom ›Ahnenerbe‹ dominierten Illustrierten: ›Hamer‹. Schneider erfährt das über den Generalkommissar für das Sicherheitswesen in Holland und das SD-Hauptamt:

> Ich erfahre sowohl durch SS-Brigadeführer Rauter wie auch brieflich durch SS-Hauptsturmführer von Kielpinski, dass der Londoner Rundfunk etwa um den 10.–11. Dezember sich eingehend mit der Arbeit der ›Volksche Werkgemeenschap‹, dem ›Hamer‹ und angeblich auch mit meiner Person beschäftigt haben soll.
> Es könnte dabei sogar der Name ›Ahnenerbe‹ gefallen sein. Es soll weiter gesagt worden sein, dass die Holländer sich durch meine Arbeit hier nicht beeindrucken lassen sollen. Leider liegen mir nähere Einzelheiten noch nicht vor. Hstuf. von Kielpinski wollte versuchen, mir den genauen Abhörbericht des SD zu beschaffen.[42]

---

[37] Brandt an Sievers 15.12.42, abgedruckt bei Veld I, 1976, S. 901.
[38] Tb. Sievers unter 10.1.44 u. ö., BA NS 21/11.
[39] Für dies und den Rest des Absatzes s. Cohen 1948.
[40] Briefentwurf Sievers o. D. [23.6.42], BA NS 21/76.
[41] Für dies und den Rest des Absatzes, das Zitat und den folgenden Absatz s. AV. Schneider 8.1.41, PA. Schneider BDC.
[42] AV Schneider 8.1.41, PA Schneider BDC.

Unerwähnt blieb hier ein weiterer, sehr wichtiger Einsatzbereich, dem Schneider erhebliche Anstrengungen widmet: dem Friesland, und hier besonders dem Verband ›Ostfriesische Landschaft‹, den das ›Ahnenerbe‹ vor dem sicheren Untergang bewahrt.[43] Das ›Ahnenerbe‹ plant sogar eine Forschungsstätte für Friesenkunde, als die Gelder 1942 wieder lockerer fliessen.[44] Schneider hatte eine solche Forschungsstätte schon ganz zu Anfang seiner Tätigkeit in Holland thematisiert.[45] Inwiefern er einen entsprechenden Antrag des holländischen Prähistorikers Bohmers kannte,[46] ist unklar.

Das Interesse der SS an der ›Volkschen Werkgemeenschap‹ hat Schneider frühzeitig in einem Aktenvermerk auf den Begriff gebracht:

> Ich trete nach aussen grundsätzlich nur „beratend" auf; es muss den Anschein haben, als ob die Holländer alles „aus sich selbst" in Angriff nehmen. In Wirklichkeit soll ich jedoch andauernd der eigentliche „Anreger" sein. So ist der Wunsch von SS-Brigadeführer Rauter; in selber Weise arbeitet auch SS-Standartenführer Jungclaus beim Aufbau der niederländischen SS. SS-Brif. Rauter äusserte sogar, dass das ›Ahnenerbe‹ in Wirklichkeit eines Tages die eigentliche Leitung der ›Volkssche Werkgemeenschap‹ haben sollte.
> Mein besonderes Bestreben wird es dabei sein, die Männer des engeren Arbeitskreises der Werkgemeenschap aus ihrer oftmals rein ‚idealistischen' Begeisterung zur tätigen und organisatorischen Verwirklichung zu drängen. Ich will versuchen, alle Planungen abzuwehren, die im Augenblick keinerlei Aussicht auf Verwirklichung haben.
> Wegen der besonderen holländischen völkischen und politischen Situation wird es notwendig sein, dass unmittelbar aus der volkskundlichen Aufzeichnung und Forschung Erziehungswerte und -möglichkeiten geprägt werden, als eine Art ‚Propagierung' von Volkstums- und Brauchtumswerten zum Zwecke völkischer, artgemässer Selbstbestimmung, die hier in einem unbegreiflichen Masse nicht vorhanden ist. Hierbei könnte ich aus meinen Erfahrungen manche Mithilfe leisten.
> Die politische Aufgabe ist dabei: das Auslöschen der niederländischen Ostgrenze durch das Erlebnis gemeinsamen Volkstums, Brauchtums und Art. Da Erlebniswerte geschaffen werden müssen, genügt die wissenschaftliche Erforschung allein für die breitere Arbeit nicht.

---

[43] Vgl. Rauter an Reichsführer-SS 23.10.40, BA NS 21/296 – Schneider an Sievers 17.4.41, ibid. – Arend Lang: Friesische, flämische und holländische Gedanken zur deutschen Kulturpolitik o. D. [vor 17.4.41], ibid. – o.V. [Artsma?]: Die ›Ostfriesische Landschaft‹. Geschichtliche Entwicklung, jetziger Zustand, Zukunftsaufgaben. o. D. [vor 17.4.41] und viele weitere Schriftstücke in den Akten BA NS 21/99 + 296 + 816 + 961 + 970 + 972–4 + 978. Zur Rolle des ›Ahnenerbes‹ in der Geschichte der Friesenbewegung s. Zondergeld 1978, S. 292 u. ö.
[44] Planung Sievers o. D. [März 42?], BA NS 21/296.
[45] AV Schneider 10.9.40, BA NS 21/296 – Es ist durchaus denkbar, dass Rauters Vorschlag an Himmler, Arend Lang mit der Friesenforschung zu beauftragen, letztlich auf Schneider zurückgeht. Rauter an Himmler 23.10.40, ibid.
[46] Bohmers an AE 20.3.40, BA NS 21/614.

Eine weitere Aufgabe ist für mich, die Werkgemeenschap zu veranlassen, genau alle Verbände, Vereine, Gruppen usw. kennenzulernen, die sich mit volkskundlicher oder volkstumspolitischer Arbeit beschäftigen. Dieses ist bis jetzt in nur sehr geringem Masse geschehen, soll aber jetzt nachgeholt werden. Die Arbeit dieser Verbände, Gruppen usw. muss genauestens beobachtet werden. Wo wertvolle Kräfte vorhanden sind, müssen sie sofort von uns gestützt werden, zumindest muss genauestens um ihr Treiben gewusst werden. Es muss das Ziel der Werkgemeenschap sein, alle positiven Kräfte auf dem Gebiet volkskundlicher und volkstumspolitischer[47] Arbeit um sich zu sammeln und sie in unserem Sinne zu beeinflussen.

Ferner wird es zu meinem Aufgabenkreis gehören, über das ›Ahnenerbe‹[48] Verbindung zur wissenschaftlichen Forschung in Deutschland aufzunehmen und aufrecht zu erhalten. Solche gemeinsame Arbeit könnte vielleicht auch in weiten Kreisen der holländischen Intelligenz das Gefühl des „Eigenseins" gegenüber Deutschland in einigem aufheben. [...][49]

Die Herrschaftsverhältnisse in Holland

Die Herrschaftsverhältnisse, in deren Rahmen sich Schneider in Holland bewegte, waren für die Bewohner der besetzten Gebiete nicht leicht durchschaubar, im übrigen auch für manche heutigen Spezialforscher. Abbildung 14 (siehe S. 212) versucht, nominelle und faktische Herrschaftsbeziehungen zwischen den verschiedenen militärischen, staatlichen und parteiamtlichen Institutionen der Besatzungsmacht transparent zu machen.

In seiner Position als Leiter des ›Germanischen Wissenschaftseinsatzes‹, dessen Dienstsitz Berlin ist, schafft es Schneider nicht immer, vor allem in den „germanischen Randländern" an den vielen wichtigen Veranstaltungen persönlich teilzunehmen. Otto Huth fungiert dann gelegentlich als sein Vertreter. Huth ist seit seiner Studentenzeit eine Art „Mädchen für alles" im ›Ahnenerbe‹, und 1943 inzwischen Professor für Religionswissenschaft an der Universität Strassburg.[50]

---

[47] *volkstumspolitischer* ‹ *volkskunstpolitischer,* hsl. Schneider.
[48] *über das ›Ahnenerbe‹,* hsl. unterstrichen. Am Rande: *ja einverstanden,* hsl. Sievers.
[49] AV. Schneider 17.8.40, PA. Schneider BDC AE.
[50] Huth an Sievers 29.12.43, BA NS 21/51 sowie Verwaltung ›Ahnenerbe‹ an Huth 28.3.44 ibid. Huth wird für diese Einsätze zur Stabsabteilung der Waffen-SS beim Persönlichen Stab einberufen und zum ›Ahnenerbe‹ für den GWE abkommandiert. Wolff an Schneider 5.11.43, ibid. – Für den Hinweis auf diese Schriftstücke, die uns entgangen waren, danken wir Horst Junginger.

XVII. Der ›Germanische Wissenschaftseinsatz‹

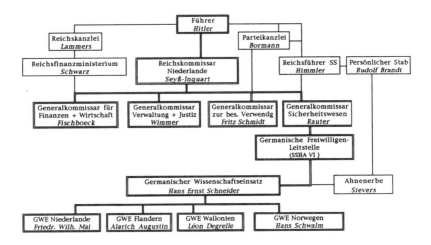

Abb. 14: Herrschaftsverhältnisse in den besetzten Niederlanden (1943)
(Zugeschnitten auf den GWE = Germanistischen Wissenschaftseinsatz;
Doppellinie = nominell und faktisch, einfache Linie = faktisch, aber für Besetzte
schwer durchschaubar.)

XVIII.

Schneider und der Sicherheitsdienst

Schneiders Tätigkeit erfährt allgemeine Anerkennung. Nur so ist zu erklären, dass man schon im Jahre 1941 an Schneider herantritt und ihm das Angebot macht:

> a) hauptamtlich in das SS-Hauptamt einzutreten und die Aufgaben der Germanischen Freiwilligen-Leitstelle im niederländischen Raum zu übernehmen
> b) in das SD-Hauptamt einzutreten, um dort die wissenschaftliche Abteilung zu übernehmen.[1]

Auf unsere Darstellung in ›Sprache und Literatur‹[2] hin, betont Schwerte, dass er nicht für den SD tätig war, dass er zwar mit SD-Leuten wie Spengler und Kielpinski und „mit Abstand" Rössner befreundet war, dass aber die amtlichen Beziehungen zu diesen durch Bergers „Stabsbefehl" bedingt waren.[3] Diese Beziehungen werden durch seinen Aktenvermerk vom 16. Oktober 1942 erhärtet:

> Betr.: Besprechung mit SS-Obersturmbannführer Dr. Spengler am 15.10.1942
>
> Ich habe SS-Obersturmbannführer Dr. Spengler in Kürze über die vom ›Ahnenerbe‹ bisher geleistete Arbeit in den germanischen Randländern unterrichtet und ihn von dem jetzigen organisatorischen Aufbau und den Abmachungen mit dem SS-Hauptamt Amt VI in Kenntnis gesetzt. Er unterrichtete mich insbesondere von dem grundsätzlichen Befehl des Reichsführer-SS, dass alle politisch wichtigen Entscheidungen in den besetzten Gebieten zunächst mit dem Reichssicherheitshauptamt zu besprechen wären.

---

[1] AV. Sievers 29.10.41, PA. Schneider BDC – In Bezug auf das SS-HA wurde das Angebot offenbar am 31.3.43 erneuert. Tb. Sievers unter 31.3.43, BA NS 21/791-3 Bl. 98 – Vgl. a. Sievers an Plassmann 16.6.43, BA NS 21/245. Für den Hinweis auf das letztgenannte Schriftstück, das uns entgangen war, danken wir Horst Junginger.
[2] Simon 1996.
[3] Schwerte an Simon, 21.12.98, GIFT-Archiv MW-Korr.

XVIII. Schneider und der Sicherheitsdienst

Ich konnte auf die schon immer enge Zusammenarbeit mit dem SD hinweisen, was SS-Obersturmbannführer Spengler bekannt war.
Ich sollte sobald wie möglich seinen Sachbearbeiter für die besetzten Gebiete, SS-Hauptsturmführer Dr. Makowski [4] kennenlernen und mit ihm Einzelheiten besprechen. Für unsere wissenschaftliche Arbeit ist SS-Hauptsturmführer Dr. Makowski zunächst der zuständige Mann. Es wurde ferner abgesprochen, dass ich mich etwa alle 6 bis 8 Wochen einmal eingehender mit SS-Obersturmbannführer Dr. Spengler zusammensetzen sollte, um gemeinsame Arbeitsaufgaben zu besprechen.
Trotzdem SS-Obersturmbannführer Dr. Spengler die selbständige Abteilung III C (Kultur) leitet, ist dennoch der Leiter der Abtlg. III B, SS-Standartenführer Ehlich, der Gesamtvertreter für die besetzten Gebiete. Abmachungen grundsätzlicher Art hinsichtlich dieser Räume sind also mit SS-Standartenführer Ehlich zu klären, währenddessen die wissenschaftlichen und kulturellen Dinge selbständig von SS-Obersturmbannführer Dr. Spengler bearbeitet werden.[5]

In Schneiders Flandern-Bericht und in einer Reihe von anderen Archivalien (mit ähnlichem Wortlaut) heisst es wenig später:

Eine genaue Absprache mit dem SD, insbesondere hinsichtlich der personellen Besetzung, ist vorangegangen.[6]

Wie immer die Beziehungen Schneiders zu dem erwähnten „Germanistennest" im SD zu sehen sind, ob freundschaftlich oder amtlich: Mancher, der heute als IM der Stasi enttarnt wird, hat mit seinem Führungsoffizier kaum mehr als drei Gespräche geführt. Spengler war – wie oben ausgeführt – Chef der Abteilung III C im Reichssicherheitshauptamt unter Otto Ohlendorf; Kielpinski war Stellvertreter Spenglers.[7] Rössner war in der gleichen Abteilung eine Ebene darunter Chef einer Unterabteilung. Wir behaupten keineswegs, dass Schneider im SD-Hauptamt tätig war. Wir halten es nur nach wie vor für

---

[4] Makowski ‹ Mackowski, cj. – In der SD-Zentrale gab es nur einen Hans Makowski, der am 2. Nov. 1940 zum SS-Hauptsturmführer und am 20. April 1943 zum SS-Sturmbannführer befördert wurde. Er war Hilfsreferent in Rössners Abteilung III C 3. Geboren am 30. Mai 1909 in Rüsselsheim, legte er 1936 nach einer kaufmännischen Tätigkeit in Kreuznach und einem anschliessenden Studium an der Hochschule für Lehrerbildung in Bonn das Staatsexamen und am 3. Juli 1940 an der Universität Frankfurt das Doktorexamen ab. Er tritt kurz nach Gründung der NSDAP-Ortsgruppe Kreuznach (9. Dez. 1930) in die Partei ein, ist dort Sektions-, Ortsgruppen- und Kreispressewart sowie anschliessend in Bonn Schulungsleiter und Studentenführer und überdies schon vor seinem Eintritt in die SS (Mai 1933) in der Kreuznacher Zeit Kreisnachrichtenführer, bevor er über den SD in Frankfurt, in dem er seit 1936 wirkte, 1940 ans SD-Hauptamt abgeordnet und zum 1. Oktober 1944 endgültig versetzt wird. Sämtliche Angaben auf Grund der PA Makowski im BA Berlin (SSO).
[5] AV. Schneider 16.10.42, PA. Spengler BDC AE.
[6] Tätigkeitsbericht Schneider 28.10.1942, BA NS 21/930.
[7] Für diesen und den nächsten Satz s. Simon 1998a.

XVIII. Schneider und der Sicherheitsdienst

wahrscheinlich, dass er – wenn auch durch diesen Befehl gezwungen – für den Sicherheitsdienst gearbeitet hat – wie so viele in seiner Umgebung, die das irgendwo auch zugaben: Sievers, Plassmann, Wüst, Schwalm, Rampf, um nur einige zu nennen. Die vorgesetzte Institution des ›Germanischen Wissenschaftseinsatzes‹ hatte schon früher betont, dass zwischen dem SS-Hauptamt und dem Sicherheitsdienst „*die allerengste Verbindung und über die einzuschlagenden Wege immer volles Einverständnis besteht.*"[8] Deutlicher kann man das ja wohl nicht beschreiben.

Sievers verhindert, dass Schneider die Stelle im SS-Hautpamt bzw. im SD-Hauptamt erhält.[9] Er kann glaubhaft machen, dass die Arbeit im ›Germanischen Wissenschaftseinsatz‹ von zentraler Bedeutung für die germanischen Länder ist und setzt voraus, dass Schneider dafür unersetzlich ist. Schneider verschafft er zugleich eine Gehaltserhöhung. Stattdessen scheint Schneiders Mitarbeiter Hans Schwalm – wenn auch deutlich später – sowohl im SS- als auch im SD-Hauptamt einige ehrenamtliche Funktionen übernommen zu haben[10]. Die Stelle im Sicherheitsdienst erhält Ernst Turowski, der ebenfalls – wie wir sahen – aus Königsberg stammt[11] (s. das Diagramm Abb. 10). Mit diesen Informationen konfrontiert, argumentiert Schwerte in einem späteren Schreiben, dass er von der Abwerbung des Sicherheitsdienstes nichts gewusst habe.

Zur Zeit, da der oben zitierte Vermerk abgefasst wird, kommt es zwischen Sievers und Hans Ehlich, unter Ohlendorf Chef der Abteilung III B im Reichssicherheitshauptamt, zu einer Besprechung, deren Ergebnis Ohlendorf in einem Brief an Gottlob Berger festzuklopfen versucht:

1. Das Reichssicherheitshauptamt ist bei der Auswahl der Personen, die vom ›Ahnenerbe‹ in die germanisch-wissenschaftliche Arbeit eingeschaltet werden sollen, durch Einholung von politischen Beurteilungen zu beteiligen.
2. Alle geplanten wissenschaftlichen Arbeiten auf dem germanischen Sektor sind mit dem Reichssicherheitshauptamt daraufhin durchzusprechen, ob politische Bedenken gegen Inangriffnahme der Arbeiten bestehen.
3. Vor Veröffentlichung von fertiggestellten wissenschaftlichen Arbeiten auf dem germanischen Sektor ist das Reichssicherheitshauptamt zu befragen, ob politische Bedenken gegen die Veröffentlichung der Arbeit bestehen.[12]

---

[8] Berger an RFSS 27.1.42, BA NS 19/1564 Bl. 2.
[9] Für dies und den Rest des Absatzes AV. Sievers 29.10.41, PA. Schneider BDC.
[10] AV Schwalm 14.2.45, PA Schwalm BDC.
[11] s. PA. Turowski BDC.
[12] Ohlendorf an Berger 17.10.42, BA NS 21/935.

Schneider war also von Amts wegen verpflichtet, mit dem Sicherheitsdienst zusammenzuarbeiten. Schwertes Versuche, diesen Umstand zu entkräften, verdanken sich möglicherweise einem Missverständnis, das auch sonst begegnet. Wüst behauptete in den 60er Jahren auch, er sei nicht Mitglied des Sicherheitsdienstes gewesen,[13] gab aber zu, dass er „Vertrauensmann" des örtlichen Sicherheitsdienstes war, dass er Auskünfte erteilt, aber nicht eingeholt habe. In der Zeit der Spruchkammer- und Entnazifizierungsverfahren argumentierte er noch umgekehrt, weil für SD-Leute kurz nach Nürnberg ziemliche Schlupflöcher geschaffen worden waren.[14]

---

[13] Für dies und den Rest des Absatzes s. Interview Wüst (durch Kater) 4.4.63, IfZ München ZS/A-25/3 Bl. 734.

[14] Backofen an Hauer 28.10.48, BA NL. Hauer 209.4 – Für den Hinweis auf diese Archivalie danken wir Horst Junginger.

XIX.

Die Hannoversche Tagung der ›Germanischen Arbeitsgemeinschaft‹

Vorgeschichte

Im Mai 1943 findet in Hannover die Gründungstagung der ›Germanischen Arbeitsgemeinschaft‹ statt.[1] Diese Tagung steht in einem hochkomplexen Bedingungsgeflecht, das hier kurz skizziert werden soll. 1941 griff das Reichswissenschaftsministerium eine noch aus dem Jahre 1937 stammende Initiative des ehemaligen Geschäftsführers der ›Deutschen Akademie‹ in München, Franz Thierfelder, auf: die Gründung eines ›Internationalen Germanistenverbandes‹, die auch von namhaften Germanisten wie Hermann Schneider – nicht verwandt mit Hans Ernst Schneider – getragen wurde.[2] Diese erste Initiative aus dem Jahre 1937 war prima vista gescheitert, weil die politische Beurteilung der Person seines Initiators nicht günstig ausgefallen war: Thierfelder hatte wesentlich dazu beigetragen, dass der Lehrer und Freund von Rudolf Hess, Karl Haushofer, als Präsident der ›Deutschen Akademie‹ gehen musste – was zur Folge gehabt hatte, dass auch Thierfelder selbst gehen musste.[3]

Die Grundidee des ›Internationalen Germanisten-Verbandes‹ war gewesen,

---

[1] Die diese Tagung betreffenden Archivalien sind mehrfach überliefert, nahezu vollständig in BA NS 21/794-101 – vgl. a. BA Research AE Allg. Satzungen – vgl. Loock 1960.
[2] s. dazu v. a. die Akten BA 49.01 REM 2835 +3087.
[3] s. Dahnke an Scurla 11.9.42. BA 49.01 REM 2835 Bl. 185 u. ö. – Zum Widerstand der Partei gegen Thierfelder s. v. a. die Archivalien im NL. Zwiedineck-Südenhorst – IfZ M – vgl. a. BA R 51/8 + 9 u. ö. – Vgl. a. Norton 1958 – Schlicker 1975 – Jacobsen 1979 – ders. 1981 – Harvolk 1990 – Michels 1993 – Thierfelder hatte die Initiative schon 1937 gestartet. Dass das Wissenschaftsministerium diese erst 1941 ernsthaft aufgriff, kann damit zusammenhängen, dass man seit Hess' Abflug nach England und der damit verbundenen Distanzierung von Haushofer inzwischen auch über dessen Gegner Thierfelder positiver dachte.

ausländische Germanisten in ihrem Lande als Brückenkopf für die Werbung für Nazi-Deutschland einzusetzen.

Als auch das Projekt des Wissenschaftsministeriums 1942 scheitert, greift der NSD-Dozentenbund diese Idee in dem Vorschlag auf, einen ›Europäischen Dozentenverband‹ zu gründen.[4] Das Auswärtige Amt meldet jedoch Protest an,[5] woraufhin der NSD-Dozentenbund diesen Vorschlag zurückzieht.[6] Reichsdozentenführer Schultze konsultiert den Sicherheitsdienst und kommt mit diesem überein, den Namen der „Dozentenschaft" wieder aufleben zu lassen und gleichsam als neutrale Maske zu benutzen, hinter der das alte Ziel umso effektiver zu realisieren sei.

Eine Dozentenschaft hatte es als Einrichtung des Wissenschaftsministerium schon in den 30er Jahren gegeben.[7] Da aber alsbald an den Hochschulen eine Personalunion zwischen Dozentenschaftsführer und Dozentenbundsführer vorgeschrieben war,[8] fiel die Dozentenschaft im Laufe der Zeit in die Bedeutungslosigkeit ab.

Eine relative Bedeutung erhielt nach Kriegsausbruch allein das Auslandsamt der Dozentenschaft.[9] Leiter des Auslandsamts der Dozentenschaft war der Krebsforscher und Gynäkologe Hans Baatz, der nicht nur mit dem Sicherheitsdienst, mit der Gestapo und der Abwehr zusammenarbeitete und das

---

[4] Baatz: Nachtrag zum Memorandum über den Europäischen Dozentenverband o. D. [10.6.42], BA NS 15/330.
[5] lt. Härtle (HA Wisenschaft im ARo) an Krüger (Partei-Kanzlei) 18.9.42, BA NS 15/330. Das Amt Rosenberg (FS. Härtle an Krüger 23.6.42 ibid.) und das Propagandaministerium hatten zuvor grundsätzlich zugestimmt (Gutterer an Schultze 29.7.42 ibid.). Der NSDDB behauptete sogar, dass es der Führer selbst war, der mit dem Europäischen Dozentenverband nicht einverstanden war. NSDDB an Gutterer 31.10.42, BA R 55/1218 Bl. 7.
[6] Zu dieser und dem Rest des Absatzes s. Schultze an Ritterbusch 12.6.44, IfZ M MA-366 Bl. 2698910–1.
[7] Vgl. Richtlinien zu Vereinheitlichung der Hochschulverwaltung 1.4.35, BA R 21/23 Bl. 14 – Vgl. a. Kelly 1980 – Losemann 1980.
[8] Rdbr. REM 24.4.36, UA TÜ 117C/50.
[9] Über dieses Amt gibt es nur eine Restüberlieferung. s. Programm „Reichstagung des Auslandsamtes der Dozentenschaft der deutschen Universitäten vom 19. bis 22. Sep 1940 in Wien." BA NS 8/199 Bl. 41–42. Vereinbarung AO der NSDAP und Auslandsamt der Dozentenschaft. Mittlgen des NSDDB 3,8, Nov. 1940. AV. Härtle 27.8.41, BA NS 8/240 Bl. 201 – Auslandsamt der Dozentenschaft: Reichstätigkeitsbericht 1.4.–30.9.41, BA NS 15/330 – AV. Schneider 5.3.43 + 10.3.43, BA NS 21/979. FS. Schneider 12.3.43, PA. Ittenbach BDC Bl. 330 – AV. Schneider 25.3.43 ibid. Noch weitere weniger bedeutende Quellen in den angegebenen Akten. Auslandsamt der Dozentenschaft: Jahresarbeitsbericht 1.10.41–30.9.42, BA R 18/5445 Bl. 409–19. Vgl. a. die ›Jahrbücher des Auslandsamtes der Dt. Dozsch‹, Heft 1, 1942 ff.

Vertrauen des Reichsdozentenführers genoss, sondern sich auch im besetzten Ausland unter den Professoren beliebt gemacht hatte.[10] Er baute in allen besetzten Ländern systematisch ›Auslandsämter‹ auf.

Beim Aufbau der Auslandsämter in den „germanischen Randländern" arbeiten Baatz und Schneider – vermittelt durch das SS-Hauptamt (Riedweg) und die ›Germanische Freiwilligen-Leitstelle‹[11] – zusammen. Auf Schneiders Vorschlag hin wird z. B. der Bonner Germanenkundler und ›Ahnenerbe‹-Wissenschaftler Ittenbach Leiter des Genter Auslandsamtes.[12] Finanziert wird dieses Auslandamt von der ›Germanischen Leitstelle‹. Es ist wiederum Schneider, der diese Finanzierung vermittelt:

> Besonders möchte ich Sie noch einmal darum bitten, die Finanzierung für die Aussenstelle Gent der Deutschen Dozentenschaft zu genehmigen. Wie aus dem Schreiben des Reichsdozentenführers an SS-Obergruppenführer Berger deutlich wird, sind alle Schwierigkeiten hinsichtlich der Arbeit des Auslandsamtes behoben worden. Auch SS-Gruppenführer Jungclaus betont jederzeit die wirklich ausserordentlich hervorragende Leistung dieser Aussenstelle für seine eigene Arbeit. Ich möchte daher bitten, dass dieser wirklich kleine Betrag wieder von Ihnen genehmigt wird, damit die Arbeit dort keine Unterbrechung zu leiden braucht.[13]

Mitte 1942 lädt Reichsdozentenführer Schultze mehrere parteiamtliche Kulturpolitiker, darunter Heinrich Härtle (Amt Rosenberg), Gerhard Klopfer (Parteikanzlei), Karl Cerff (Hauptkulturamt der Reichspropagandaleitung), Joachim Kirchner (Auslandsorganisation der NSDAP) und Ernst Turowski (SD-Hauptamt) zu einer Aussprache unter anderem über das Auslandsamt der Dozentenschaft ein.[14] Ende 1942/Anfang 1943 setzt sich Baatz in mehreren Besprechungen in Berlin mit einer Hand voll hauptamtlicher SD-Leute zusammen, darunter Ernst Turowski und Hans Schick, um in Deutschland eine Tagung für ausländische Wissenschaftler vorzubereiten.[15] In dieser Runde

---

[10] AV. 13.2.43 IfZ M MA-366 Bl. 2698954–5.
[11] Riedweg an GFL 8.2.43, BA NS 21/931.
[12] AV. Schneider 12.3.43, PA. Ittenbach BDC. AV. Schneider 27.3.43 ibid. Schneider an Jungclaus 27.3.43, BA NS 21/980. Schneider an Baatz 3.4.43, BA NS 21/981. Schultze an Ritterbusch 12.6.44, IfZ M MA-366 Bl. 2698910.
[13] Schneider an Diederichsen [Germ. Leitst.] 15.1.44, BA NS 21/325.
[14] Walther Schultze an Härtle 10. Juni 42, BA NS 15/330.
[15] Für dies und den Rest des Absatzes sowie die beiden nachfolgenden Zitate und den dann folgenden Absatz AV. Schneider 28.11.42, BA NS 21/974. Protokoll Rössler 1.12.42 BA NS 21/794-101.

taucht nicht nur ein Vertreter des SS-Hauptamts Abteilung VI, sondern auch Schneider auf. Die Ausländer sollen auf dieser Tagung „*durch kulturwissenschaftliche Einzelvorträge an ein gemeingermanisches Weltbild herangeführt werden.*" Nicht der politische, sondern der geistig-kulturelle Führungsanspruch Deutschlands solle im germanischen Raum stärker in Erscheinung treten. Ernst Turowski wird im Protokoll so zitiert:

> Der eigentliche kulturpolitische Zweck der Tagung soll durch möglichst wissenschaftliche Themengebung getarnt werden.

Als einen solchen Zweck führt Schneider aus:

> Indirekt müsste diese Tagung Stellung nehmen gegen die immer mehr aufwachenden nationalistischen Tendenzen der germanischen Randräume […] wie auch gegen die universalistischen Ideen des Mittelmeerraums.

Als Ergebnis der Besprechung wird die Bildung einer germanischen Gemeinschaft ins Auge gefasst. Für die Themen der Tagung will man namhafte Referenten gewinnen. Aus dem Bereich der Literaturwissenschaft wird zum Beispiel Gerhard Fricke erwähnt. Der Sicherheitsdienst soll die Einzuladenden überprüfen. Als Tagungsort denkt man an Danzig, Mecklenburg, Doberan oder Heiligendamm. Später einigt man sich auf Hannover, um dem dortigen Gauleiter und Oberpräsidenten Lauterbacher entgegenzukommen.[16] Für spätere Besprechungen will man auch das Propagandaministerium, das Auswärtige Amt und die Parteikanzlei heranziehen.[17]

Es folgen Anfang 1943 mehrere Vorbereitungssitzungen, auf denen die SD- und die ›Ahnenerbe‹-Wissenschaftler die Vorgehensweise absprechen.[18] Auf einer dieser Vortagungen in Salzburg hält Schneider ein Referat über das Thema: „*Politische Aufgaben der deutschen Wissenschaft, insbesondere der Volkskunde in den westlichen und nördlichen germanischen Randgebieten.*"[19] In dem Sitzungsprotokoll wird Schneider u. a. so wiedergegeben:

> Es geht nicht um Einzelprobleme, nicht nur um wissenschaftliche Werte, sondern es gilt, bei den westgermanischen Völkern das alte Reichsbewusstsein wieder zu wecken. Das ist das

---

[16] Tb. Sievers unter 15.3.43, BA NS 21/791-3 Bl. 80. Schneider an Schwalm 6.4.43 + Schneider an Höfler 9.4.43 + Schneider an Krause, BA NS 21/981.
[17] Protokoll Rö[ssler]. 1.12.42, BA NS 21/794-101.
[18] Von der Tagung am 7.1.43 gibt es ein Protokoll im AV. Schneider 13.1.43, PA. Plassmann BDC – Auf der Tagung des SS-Ausschusses der AG für den germanischen Raum ist – wenn überhaupt – nur kurz davon die Rede. Prot. 12.1.43, IMT 1946–1949, S. 266 (= PS-705).
[19] Für dies und das Folgende Vortrag Schneider auf der Tagung der Lehr- und Forschungsstäte für germanische Volkskunde in Salzburg 27.2.43 – s. Anhang, Dokument 8.

wissenschaftlich-politische Problem, eine Umwertung von Germanenkunde zum Erziehungswerk, ein sinnvoller Kriegseinsatz der deutschen Geisteswissenschaften. Praktische Ergebnisse dieser Arbeit: Es gelang in der breiteren Masse der Völker die Wissenschaft einzuschalten. Man muss aufmerksam werden, wie sehr diese germanischen Völker ihren Ursprung vergessen haben und wie sehr sie jeglicher Geschichte entwöhnt sind. Man kann z. B. in Holland nicht über Mischlingsgesetze sprechen, da fehlt vollkommen jedes Verständnis. So hat sich der Führer der NSB darüber beklagt, dass man die Juden aus ihrer Bewegung ausgeschlossen hat.[20]

Tagungsverlauf

Die Hannoversche Gründungstagung der ›Germanischen Arbeitsgemeinschaft‹ findet vom 13.–15. Mai 1943 unter Ausschluss der Öffentlichkeit statt.[21] Es nimmt eine erlesene Schar von etwa 50 Wissenschaftlern vorwiegend aus den sog. germanischen Randländern teil.[22]

Nach der Eröffnung durch den Leiter der ›Germanischen Freiwilligen-Leitstelle‹ Riedweg und den ›Ahnenerbe‹-Geschäftsführer Sievers übernimmt Schneider die Leitung der weiteren Besprechung. Er spricht sich für eine Auseinandersetzung mit dem Bolschewismus und den Amerikanismus sowie gegen eine Verzettelung der eigenen Kräfte aus. Nur die germanische Idee helfe auch den Wissenschaftlern weiter. Wörtlich fährt er fort:

> Sollen wir heute als deutsche Wissenschafter im neutralen Sinne oder als Deutsche, als Stosstrupp Wissenschaft treiben, die letzten Endes politisch ist?

Den zweiten Tag eröffnet Riedweg mit der Zielvorgabe: Es gehe um das *„germanische Reich europäischer Nation"*, dessen Kern das Deutsche Reich sei – eine etwas verwirrende Formulierung, die wir bisher nur bei ihm gefunden haben. Dann folgen fachwissenschaftliche Referate mit Diskussion. In der Folgezeit konzentriert sich die vom ›Ahnenerbe‹ dominierte und vom Sicherheitsdienst in Zügeln gehaltene ›Germanische Arbeitsgemeinschaft‹ auf einige Einzelprojekte, darunter vor allem das „Germanische Geschichtsbuch".[23]

---

[20] Bericht Prodinger loc. cit.
[21] Für dies und die folgenden vier Absätze s. Protokoll o. D., BA NS 21/794-101. Vgl. a. BA Research AE Allg. Satzungen, Bl. 176 ff. Vgl. a. Tb. Sievers unter 13.–15.5.43, BA NS 21/791-3 Bl. 150–2. Die Tagung ziemlich überzeugend beschrieben hat Kater 1974.
[22] Mehrere Listen mit ins Auge gefassten Teilnehmern – z. T. mit Kurzbeurteilungen des SD – finden sich im BA NS 21/794-101.
[23] Bericht über die Besprechung des „Germanischen Geschichtsbuch" [auf der Salzburger Tagung 9.–11.1.44] 12.2.44, BA NS 21/794-101. Gollwitzer an Schneider 6.4.44 ibid.

Im Juli 1943 wird auch im parteiamtlichen Bereich der Vorschein des Untergangs spürbar. Bormann verordnet dem NSD-Dozentenbund ehrenamtliche Tätigkeit.[24] Das trifft auch Baatz' Auslandsamt der Dozentenschaft. In der Folge kommt es zu vorher nicht für möglich gehaltenen Kooperationen, manchmal zu Zusammenlegungen. Auch der Sicherheitsdienst erwägt im März 1944 die Zusammenlegung von Abteilung III C2 und III C3.[25] Als Vertreter des Leiters Rössner fasst man wieder Schneider ins Auge. Wieder verhindert Sievers seinen Weggang.

Weitere medienpolitische Aktivitäten

Nach Lage der Akten standen in Den Haag, aber auch nach der Gründung der GWE-Zentrale in Berlin 1943 vor allem Zeitschriften-Projekte im Mittelpunkt von Schneiders Aktivitäten.[26] Schneider gibt nicht nur die deutsche Zeitschrift ›Weltliteratur‹ heraus, sondern baut auch die holländischen Zeitschriften ›Hamer‹ und ›Storm‹ mit auf, die nach dem expliziten Vorbild der deutschen SS-Zeitschriften ›FM-Illustrierte‹ und ›Germanien‹ bzw. ›Das Schwarze Korps‹ unter dem Mantel gefälliger und keineswegs anspruchsloser Informationen ganz unprätentiös NS-Ideologie transportieren sollen; die eine mehr als Werbe-Zeitschrift nach aussen, die andere mehr als Argumentationshilfe zur Befestigung der NS-Weltanschauung bei denen, die schon in die SS eingetreten sind.[27] Das Konzept der „Bildzeitschrift" ›Hamer‹ folgt dabei dem der Rössnerschen Denkschrift ›Lage der Germanistik und Literaturwissenschaft‹.[28] Schneider bringt es in der Einleitung zum ersten Heft der deutschen Ausgabe selbst auf den Begriff „*mit den Mitteln der illustrierten Zeitungen*" Wissen allgemein verständlich zu machen:

> Entscheidend war und ist [...], um welche Wissensgebiete und um welche Forschungsgebiete es sich dabei handelt, die hier dargestellt und verbreitet werden. Es sind dies nämlich jene Forschungsgebiete, die im allgemeinen etwa bezeichnet werden mit: Vor- und Frühgeschichte, Volkskunde, Brauchtumskunde, Religionswissenschaft, Rassenkunde, mit den

---

[24] AO. Bormann A 45/43 26.7.43, IfZ M MA-366 Bl. 2698946.
[25] Für dies und den Rest des Absatz s. Tb. Sievers unter 17.3.44, BA NS 21/794-100 S. 32.
[26] Für dies und den Rest des Absatzes s. die gesamte Akte BA NS 21/325.
[27] Zwei Drittel der Akte BA NS 21/325 handelt davon, z. B. Rauter an Pohl 10.3.41, Schneider an Sievers 2.6.41 u. ö. ›Storm‹ erreicht 1944 eine Auflagenhöhe von 42.000 Exemplaren. s. Hirschfeld 1983, S. 150.
[28] abgedruckt in Simon 1998a.

dazugehörenden Ausblicken in die Sprach- und Literaturwissenschaft, Kunstgeschichte und allgemeine Geschichte hinein.[29]

Das war exakt das Konzept des Sicherheitsdienstes, wie es sich in der Rössnerschen Denkschrift niederschlug, dort nur noch durch Musik angereichert, die natürlich in einer „Bildzeitschrift" schlecht zu realisieren war.

Himmler äusserte sich über die Zeitschrift ›Hamer‹ z. B. in den höchsten Tönen:

> Ich halte diese Zeitschrift für die Beste auf diesem Gebiet. Sie wendet sich an keinen wissenschaftlichen engen Lebenskreis, sondern ist volkstümlich und wäre geeignet für unsere SS-Familien. – Ich glaube, dass wir ausserdem in jedem Fall wirklich die Grösse aufbringen müssen, Leistungen, die ein germanischer Stamm ausserhalb des grossdeutschen Reiches gezeigt hat, im gesamten germanischen Volk und Reich anzuerkennen und geistig auf solchen Teilgebieten den Angehörigen dieses germanischen Stammes hier ruhig Anerkennung zollen dürfen. Damit erst wird eine lebendigere Verbundenheit im geistigen Leben und in freier germanischer Art zwischen uns und den übrigen germanischen Stämmen vor sich gehen.[30]

Schneider hatte die Monatsschrift schon zuvor in diese Richtung charakterisiert:

> Diese Zeitschrift könnte mit ihrer eindeutigen germanischen Grundhaltung im öffentlichen Leben ungefähr das darstellen, was im internen SS-Bereich die germanischen Leithefte darstellen.[31]

In einem anderen Bericht Schneiders heisst es: Im Sinne des

> [...] eigentlichen Kampfgedankens der SS als des eindeutig germanisch ausgerichteten Vortrupps in den Niederlanden wurde die SS-Zeitung ›Storm‹ gegründet und der dazu gehörige ›Storm-Verlag‹. Die Zeitung ›Storm‹ erscheint heute in einer Auflage von 15 000 Stück und wird weitgehendst in der öffentlichen Diskussion der Niederlande beachtet [...][32]

Aus einem Jahresbericht der ›Germanischen Leitstelle‹ 1943 wird auch deutlich, dass sich die Zielsetzung des ›Storm‹ im Laufe der Zeit änderte:

> Die Fragen der Führung der Wochenzeitschrift der Germanischen SS wurden für so bedeutungsvoll erachtet, dass sie in einem Sonderreferat ausserhalb der Abteilung Presse-Propaganda bearbeitet wurden. Die reine Redaktionsarbeit konnte dem Hauptschriftleiter, SS-Untersturmführer van Etten, weitgehendst selbständig überlassen werden. Die Einflussnahme der Dienststelle beschränkte sich auf wöchentliche Besprechungen über Ziel und Weg der geplanten Arbeit. Wurde zu Anfang des Jahres noch versucht, in scharfen, eindeutigen Artikeln die Grundideen des Nationalsozialismus herauszustellen, in der Hoffnung, dass

---
[29] Schneider 1944, S. 2.
[30] Himmler an Wüst + Sievers 26.3.43, BA NS 21/577.
[31] Schneider an Riedweg 28.5.42, BA NS 21/325.
[32] Bericht Schneider 2.6.42, RIOD Amst 15c.

es hierdurch gelingen möge, die NSB zu einer klaren Ausrichtung im grossgermanischen, nationalsozialistischen Sinne zu bringen, so erfuhr diese Taktik eine Änderung mit dem Zeitpunkt des Besuches des Leiders beim Reichsführer-SS im Juli. Die schon mit der Übernahme der Hauptschriftleitung durch SS-*Untersturmführer* van Etten abgeschwächte Kampfesstellung der katholischen Kirche gegenüber wurde ganz aufgehoben und als neuer Weg der des absolut sauberen Zusammentragens der Grundvoraussetzungen für die spätere Errichtung des grossgermanischen Reiches in diesem Raum eingeschlagen. Spitzen gegen jedermann wurden soweit irgend möglich vermieden. Es ist bis zum Jahresschluss in gewissem Umfange gelungen, den Leserkreis von der Realität dieser Gedanken und der Aufrichtigkeit und Redlichkeit der Bemühungen zu überzeugen, mit der diese politische Wochenzeitschrift um eine neue Zukunft der Niederlande ringt. Die Nachfrage ist denn auch trotz heftiger, sehr unterschiedlicher Anfeindungen ständig gestiegen und zwar nicht nur durch die von der n*iederländischen* Arbeitsfront durchgeführte Grossaktion der Belieferung der in Deutschland eingesetzten n*iederländischen* Arbeiter mit 10 000 Exemplaren, sondern auch um 13 000 Stück in den Niederlanden selbst [...]. An diesen nunmehr auf fast 40 000 Personen erweiterten Leserkreis ist es nunmehr möglich, Gedanken einer neuen Stellungnahme z. B. Amerika gegenüber heranzutragen, für die bisher bei der tiefgehenden Bewunderung des Niederländers für alles, was aus dem Westen kam, kaum eine Infiltrationsmöglichkeit bestand. Auch der gefährlichen Geringschätzung der Gefahr aus dem Osten kann jetzt in weiteren Kreisen entgegengewirkt werden. Dieses ist besonders wichtig, da die Tagespresse hier so gut wie kein Gegengewicht gegen die Einflüsterungen des Oranjezenders abzugeben vermag. Storm-SS versieht mit dieser Arbeit somit eine äusserst wichtige Funktion, die weit über den Rahmen der Ger*manischen* SS hinaus geht und ständig an Bedeutung gewinnt.[33]

Abbildung 15 ist ein Faksimile einer handschriftlichen Notiz Schneiders, aus der hervorgeht, wie sehr sich der Leiter des ›Germanischen Wissenschaftseinsatzes‹ nicht nur in Sachen ›Hamer‹, sondern auch in Sachen ›Storm‹ engagierte (vgl. auch Abbildung 16).

Das ›Ahnenerbe‹ ‚betreut' inoffiziell, d. h. nach aussen hin nicht erkennbar, die meisten der noch zugelassenen Verlage in den besetzten germanischen Ländern. Schneider schickt der ›Ahnenerbe‹-Zentrale zu dem Zweck die Übersetzungen ins Deutsche, vermittelt insbesondere den holländischen Verlagen Hamer und Storm aber auch umgekehrt zahlreiche Manuskripte. Ausserdem wirkt Schneider an der „*Neugestaltung der SS-Leithefte*" mit.[34] Königsberger Autoren wie sein dialektologischer Lehrer Walther Ziesemer[35] dürften dabei auf Vermittlung Schneiders zurückgehen. Im Sommer 1944 will

---

[33] Jahresbericht der ›Germanischen Leitstelle‹ (Hinrichs) 1943, RIOD Amst. 15A.
[34] Schneider an Rauter 31.7.41, BA NS 21/76 – AV. Sievers 25.6.42, BA NS 21/568.
[35] Storm 2, 15, 16.7.43, S. 8.

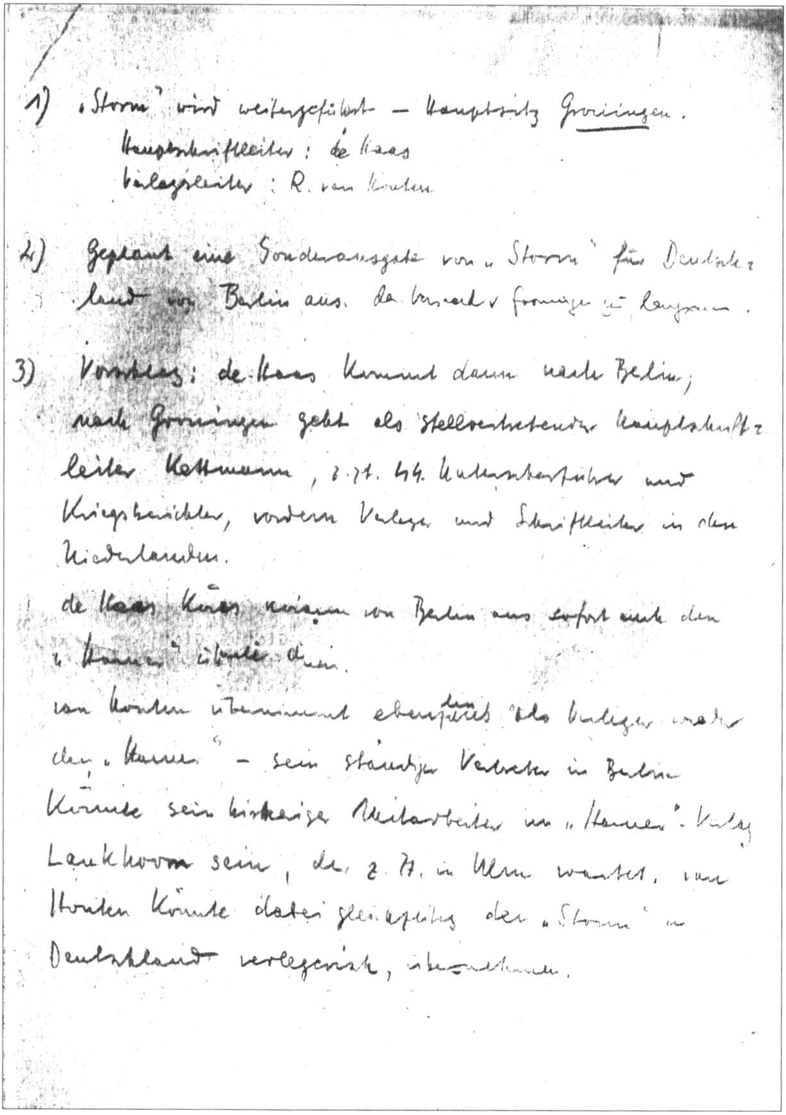

Abb. 15: Handschriftliche Aktennotiz Schneiders mit Personalvorschlägen zu den Zeitschriften ›Storm‹ und ›Hamer‹.

das ›Ahnenerbe‹ Kontakt zur UFA und Bavaria aufnehmen.[36] Schneider sucht für einen ›Ahnenerbe‹-Film einen Filmregisseur.[37]

Am Rande der Denunziation

Zugleich berichtet Schneider fortlaufend – wie ein SD-Mann – über Vorkommnisse, aber auch – und das hart am Rande der Denunziation – über Personen, die aus der Sicht des Nationalsozialismus eine Gefahr darstellen können. Gegnerforschung nannte so etwas der Sicherheitsdienst:

– Besonders scharfsichtig beobachtet er den Katholizismus. So heisst es in einem seiner zahlreichen Aktenvermerke am 25.10.40:

> Durch ein Gespräch zwischen Herrn van Houten, Herrn van Heemskerk-Duiker und Prof. Jan de Vries erfahren wir, dass die katholische Universität Nijmegen beabsichten soll, als erste holländische Universität Volkskunde als vollwertiges Prüfungsfach einzuführen.
> Da an anderen holländischen Universitäten Volkskunde weder als Lehrfach noch als Prüfungsfach besteht, würde durch eine solche Massnahme sich die katholische Kirche einen bedeutenden Vorsprung in der Behandlung volkskundlicher Fragen sichern, dessen Auswirkungen auch für die politische Lage in den Niederlanden überaus gefährlich werden können. Ebenso würde die Volkskunde als Wissenschaft damit in den Niederlanden in eine Richtung gebracht werden, die durchaus abgelehnt und schon in den ersten Anfängen zurückgewiesen werden muss.
> Es könnte im übrigen daraus ein Parallelfall zu dem bekannten katholischen Volkskunde-Institut des Prälaten Schreiber in Münster entstehen.[38]

– Auch im NS-Sinn einwandfreie Organisationen wie der ›Volksbund [zuvor und nach 1945 bis heute wieder: Verein] für das Deutschtum im Ausland‹

---

[36] Tb. Sievers unter dem 3.5.44, BA NS 21/11.
[37] Av. Schneider 12.6.44, BA NS 21/287.
[38] AV. Schneider 25.10.40, BA NS 21/325. Zu Georg Schreibers Rolle im Nationalsozialismus s. Schreiber 1949 [Auch diese Darstellung muss sicher gegen den Strich gelesen werden!]. Georg Schreibers Institut für Auslandskunde wurde auf Einwirkung des Amtes Rosenberg hin von der Gestapo 1938 geschlossen. – Bormann an Rosenberg 4.2.39 BA NS 8/181 Bl. 172 – AV. o.V. 30.1.41 BA NS 15/263 Bl. 45591. Auch das ›Ahnenerbe‹ hatte sich durch einen Verriss beteiligt: Huth, Otto: [Besprechung von Gg. Schreiber: Sakrallandschaft des Abendlandes. Mitteilungen des Dt. Inst. f. Vkde 4. Düss. 1937]. Germanien 10, 1938, S. 174 – Schreiber war als Prälat und führender Kopf in der DFG der „Systemzeit" aus NS-Sicht doppelt belastet. – Siebert 1971 – Freckmann 1987 – Vgl. H. Lixfeldt 1994, S. 287 f. – Andere vergleichbare Vorschläge Schneiders gelten katholischen Heimatvereinen. AV. Schneider 17.12.40, BA NS 21/325.

Abb. 16: Die niederländische SS-Zeitschrift ›Storm‹.
Ausriss aus der Ausgabe vom 11. Juni 1943.

werden zunächst als lästige Konkurrenz behandelt,[39] bis der VDA ans ›Ahnenerbe‹ Unterstützungsgelder u. a. für die Tagung in Hannover in nicht unerheblicher Höhe fliessen lässt,[40] so viel, dass sich Schneider schliesslich damit einverstanden erklärt, dass zumindest der Zuschuss für Stipendien von Wissenschaftlern aus den germanischen Ländern um zwei Fünftel zusammengestrichen wird.[41]

Mit Hilfe des Sicherheitsdienstes (Turowski und Six, der allerdings inzwischen hauptamtlich im Auswärtigen Amt tätig ist) betreibt Schneider – wenn auch vergeblich (wie Jäger gezeigt hat)[42] – die Abberufung des

---

[39] AV. Schneider 17.10.40, BA NS 21/82. Vgl. Sievers an Walter, RKF 28.11.40 ibid.
[40] Abrechnung Deutschmann Beleg 2630 o. D. [nach 27.3.44], BA NS 21/516. Dabei ist zu berücksichtigen, dass der VDA vermögensrechtlich vom Reichsschatzmeister betreut wurde. Schwarz an Himmler 30.6.43, PA. Damson BDC Pk [Für diesen Hinweis danken wir George Leaman].
[41] AV. Schneider betr. Unterredung mit SS-Sturmbannführer Dr. Puls am 3.6.44 vom 6.6.44, BA NS 21/810.
[42] Jäger 1998, S. 239. Jäger ist im Recht, wenn er in diesem Zusammenhang die Darstellung bei Simon 1996 kritisiert, aus der man herauslesen konnte, dass die Demarche Erfolg hatte. Mönch verlässt Brüssel erst Anfang Oktober '44. Korr.bl. REM unter 10.10.44, PA. Mönch BDC. Ein Ruf an die Uni Breslau lehnt er im Jan. 45 ab. AV. Hofmann 25.1.45, ibid.

Heidelberger, später Tübinger Romanisten Mönch als Professor des Deutschen Instituts in Brüssel.[43]
- Im Rahmen einer Beschwerde über eine von der Junker-Schule Tölz veranstalteten Konkurrenztagung zur Hannoverschen Tagung zieht Schneider über den dort auftretenden Bonner Germanisten Naumann her:

> [...] Es soll keineswegs bezweifelt werden, dass Prof. Naumann etwa nicht in der Lage wäre, einen gehaltvollen und geistreichen Vortrag über bestimmte Probleme germanischer oder mittelalterlicher Weltanschauung zu halten.
> Es kann jedoch ebenso wenig ein Zweifel darüber bestehen, dass Prof. Naumann aus seiner ganzen Haltung heraus, wie sie in seinen wissenschaftlichen Veröffentlichungen niedergelegt ist, so gut wie gar nichts mit unserer Einstellung der Germanenkunde gegenüber zu tun hat. Ich weiss, dass diese Meinung auch bei den zuständigen Stellen des SD vertreten wird.[44]

- Katholische Zeitschriften forstet Schneider auf positiv bewertete Schriftsteller durch.[45] Inwiefern die Schliessungen katholischer Verlage[46] mit entsprechenden Aktenvermerken zu tun hatten, konnten wir – wie in ähnlich gelagerten Fällen auch – nicht ermitteln.

Schneider hatte schon am 13. April 1940, also in seiner Salzburger Zeit, *„auf dringliche Anforderung des Reichsführers SS"* eine Denkschrift über den *„Aufbau und die volkspolitische Bedeutung der Einrichtung eines Dorfgemeinschaftshauses" in den Ostgebieten"* verfasst, deren Hauptstossrichtung gegen eine befürchtete Widerstandsbewegung des Katholizismus in Polen gerichtet war.[47] Wie sehr der Nationalsozialismus wähnte, die Antithese zum Katholizismus darzustellen – manchmal aber nur eine *one-feature-difference* anstrebte und bewirkte, sich dabei aber häufig genug nahezu ununterscheidbar auf dem gleichen Boden bewegte wie der von ihm bekämpfte Gegner –, lässt sich gerade an Schneiders Vorschlägen studieren. Das Kirchen-Substitut „Dorfgemeinschaftshaus" sollte zugleich Aufbewahrungsstätte für Gedenktafeln, Sinnzeichen, Fahnen usw. sein. In ihm sollten Jahres- und Sippenfeiern (zum Beispiel Sonnwendfeiern), Helden- und Totengedenkfeiern (zum Beispiel Führergeburtstagsfeiern) den *„Weg zu echtem Gottesdienst"* bahnen.

Schneiders Propaganda gegen den Katholizismus in Holland muss auf dem

---

[43] AV. Schneider 26.6.43, BA NS 21/820. AV. Schneider 1.8.44, PA. Ittenbach BDC AE Bl. 334
[44] Schneider an Wüst 8.12.43, BA NS 21/285. Vgl. Schmook/Assion 1994, S. 39ff und die dort angegebene Literatur.
[45] AV. Schneider 11.1.41, BA NS 21/325.
[46] Schneider an Riedweg 3.5.42, BA NS 21/325.
[47] DS. Schneider 13.4.40, BA NS 21/819 – Auf diese Denkschrift ging bereits Schwinn 1991, S. 91–104 (93 f.) ausführlich ein.

Hintergrund dieser Vorschläge gesehen werden. Auch die Denunziationen sind nur die Kehrseite dieser Vorschläge. Das politische Ziel der Nationalsozialisten gegenüber der katholischen Kirche lässt sich ohnehin weitgehend auf den Nenner bringen: ‚Ideologischer Machtwechsel, ohne inhaltlich viel zu ändern.'

XX.

Pläne für die kollaborierenden Wissenschaftler und der ›Totale Kriegseinsatz der Wissenschaft‹

Im September 1944 entwickelt Schneider angesichts der nahenden Alliierten den Plan, die aus den germanischen Ländern geflüchteten Wissenschaftler – allein in Hannover und Lüneburg halten sich ca. 40 000 Flamen auf[1] – durch das ›Ahnenerbe‹ auf (durch die Ereignisse des 20. Juli beschlagnahmten) Gutshäusern in der Nähe einer Universitätsstadt – er denkt zunächst an Erlangen, später auch an Göttingen – zusammenzufassen:

> [...] Es muss vermieden werden, dass eine Verzettelung dieser zum Teil sehr wertvollen Kräfte in Deutschland dadurch eintritt, dass die verschiedensten Dienststellen sich die einzelnen Wissenschaftler zu ihren besonderen Zwecken heranziehen.[2]

Er will diese Kollaborateure in der Arbeit an der niederländischen und deutschen Ausgabe des ›Hamer‹ eingesetzt sehen. Auch dieser Plan wird mit dem Sicherheitsdienst (von Kielpinski, Rössner) abgesprochen, bevor er an Himmler geht.[3]

Alexander Dolezalek vom SS-Hauptamt (Amtsgruppe DI/6) plant die Zusammenlegung zweier Abteilungen zu einer Abteilung mit der Bezeichnung ›Schrifttum und Forschung‹.[4] Für die Leitung schlägt er zunächst wiederum Schneider vor.[5] Der scheint ihn aber davon überzeugt zu haben, für diese Aufgabe besser den Leiter des ›Germanischen Wissenschaftseinsatzes‹

---

[1] Sievers an Wüst 2.10.44, PA. Sievers BDC AE Rgf. Bl. 193.
[2] AV. Schneider 27.9.44, BA NS 21/791. Der AV. wird mehrfach überarbeitet: AV. Schneider 2.10.44 ibid. Endfassung: 3.10.44.
[3] Das ist einem handschriftlichen Zusatz ibid. zu entnehmen.
[4] Nach Schneiders Darstellung stammt der Vorschlag von ihm. AV. Schneider 2.10.44, PA. Schneider BDC + BA NS 21/791.
[5] Briefentwurf Dolezalek an Spaarmann 30.9.44, BA NS 21/791.

in Norwegen, Hans Schwalm, vorzusehen.⁶ Freilich auch Schwalm lässt sich nicht zu einer Mitarbeit bewegen.⁷

Gegen Kriegsende entwickelt Schneider eine Fülle von Ideen. Der spektakulärste Einfall ist sicher der des ›Totalen Kriegseinsatzes der Wissenschaft‹:

1. Der totale Krieg in seinem gegenwärtigen Höhepunkt erfordert die Zusammenfassung aller Volkskräfte zum Zweck der militärischen und politischen Kriegführung. Dieser Forderung, dass nur noch Kriegsgesetze und Kriegsnotwendigkeit gelten, haben sich auch alle Wissenschaften zu unterwerfen. Wo diese Forderung nicht erfüllt wird, ist die Arbeit einzustellen.
Nachdem die Naturwissenschaften, die technischen und medizinischen Wissenschaften fast durchweg heute im Dienst unserer Kriegführung stehen, sind nunmehr endlich auch die Geisteswissenschaften auf allen ihren Arbeitsgebieten dahin zu führen, sich forschend, lehrend und in Materialsammlungen restlos den unmittelbaren Aufgaben unserer politischen Kriegführung mit ihren aussenpolitischen, innenpolitischen, propagandistischen und führungsmässigen Aufgaben und Problemen zur Verfügung zu stellen.
Der bisherige sogenannte Kriegseinsatz der deutschen Geisteswissenschaften ist endlich aus dem Stadium eines grösstenteils nur rhetorischen und ästhetischen Vorhandenseins zu lösen und muss ohne jede weitere Diskussion über mögliche oder eingeschränkte Freiheit der Wissenschaften unmittelbar den praktischen Erfordernissen der Stunde vordringlich vor jeder anderen Aufgabe zur Verfügung gestellt werden.
Der Forschungsbetrieb der Institute und der Lehrbetrieb der Universitäten, soweit z.Zt. noch gestattet und weitergeführt, verstehen sich dabei von selbst. Kriegseinsatz ist Zusatzeinsatz bis zur jeweils schnellsten exakten Lösung der gestellten Aufgaben ohne Rücksicht auf Personen oder Gewohnheit.
Man wende nicht ein: Wissenschaft (insbesondere Geisteswissenschaft) liesse sich nicht organisieren. Gilt diese Behauptung selbst schon in Friedenszeiten nicht durchweg, denn jede Grossleistung der Wissenschaft baut auf Wissenschaftsorganisation auf, so hat diese Behauptung in Kriegszeiten jede Berechtigung verloren. Denn bei den augenblicklich sehr beschränkten Kräften und bei der immer schwieriger werdenden Material- und Literaturbeschaffung ist wissenschaftlich befriedigende Leistung im Sinne einer Kriegshilfe überhaupt nur noch durch gründliche und umfassende Organisation möglich.
Auch auf diesem wie auf allen anderen Lebens- und Leistungsgebieten unseres Volkes hat die SS heute nicht nur beispielhaft selbst voranzugehen, sondern muss leitend und führend diesen Kriegseinsatz auch über ihren eigenen Bereich hinaus organisieren, nachdem ein grosser Teil der bisherigen derartigen Versuche mehr oder minder gescheitert ist.
Für den eigenen Bereich der SS wird daher vorgeschlagen, durch den RF-SS sofort eine straff zusammengefasste Arbeitsgemeinschaft aller noch in den einzelnen SS-Hauptämter tätigen oder von diesen SS-Hauptämtern angesetzten oder beauftragten Wissenschaftler

---

⁶ Jedenfalls schlägt Dolezalek auf Vorschlag Schneiders im abgesandten Brief Schwalm vor. Do. an Sp. 30.9.44 ibid.
⁷ AV. Schwalm 14.2.45, PA. Schwalm BDC.

anzuordnen (SS-Arbeitsgemeinschaft Wissenschaft). Zweck und Sinn dieser Arbeitsgemeinschaft ist alleinig wissenschaftliche Unterstützung der der SS innerhalb der militärischen und politischen Kriegführung gestellten Aufgaben, und zwar dort, wo diese ohne wissenschaftliche Erkenntnis und Forschungszusammenstellung nicht vollgültig durchführbar ist, wie dieses auf vielen wichtigen Gebieten innerhalb der Kriegsaufgaben der SS der Fall ist. Die Federführung dieser Arbeitsgemeinschaft übernimmt dabei das Amt ›Ahnenerbe‹ (Amt für kulturelle und wissenschaftliche Aufgaben) beim Persönlichen Stab RF-SS, das durch seinen Kriegseinsatz bewiesen hat, einer solchen Aufgabe nach jeder Seite hin gewachsen zu sein und auch die entsprechenden organisatorischen Erfahrungen und Übersicht besitzt. Je ein Vertreter des Reichssicherheitshauptamtes und des SS-Hauptamtes treten in die Führung dieser SS-Arbeitsgemeinschaft ein und nehmen bestimmend an ihr Anteil. In dieser Arbeitsgemeinschaft laufen alle die durch die Kriegslage bedingten wissenschaftlichen Anforderungen an die SS zusammen und werden von ihr unter Einsatz aller in der SS noch vorhandenen wissenschaftlichen Kräfte und unter Hinzunahme aller geeigneten sonstigen Wissenschaftler verteilt, bearbeitet und jeweils sachgemässester und schnellster Lösung oder Klärung zugeführt.

Es darf nicht mehr vorkommen, dass über ein bestimmtes dringliches, aktuelles Problem von den einzelnen daran interessierten SS-Hauptämtern verschiedenen wissenschaftliche Sachbearbeiter ohne Fühlungsnahme, ja ohne Wissen von einander angesetzt werden. Kräfte- und Zeitersparnis muss auch eine Forderung an diese Arbeitsgemeinschaft sein.

Zukünftig gesehen, könnte diese SS-Arbeitsgemeinschaft Wissenschaft der wirklich umfassende Ansatz für ein zentrales Amt Wissenschaft der SS sein, das bisher durch Zersplitterung der Aufgaben und Wissenschaftler innerhalb der einzelnen SS-Hauptämter nicht durchzuführen möglich gewesen ist.

2. Über diese SS-interne Zusammenfassung der eigenen Kräfte muss aber erstrebt werden, durch nachdrückliche Bildung und Zusammenrufung eines entsprechenden Kriegskuratoriums unter Führung dieser SS-Arbeitsgemeinschaft den gesamten Kriegseinsatz der deutschen Geisteswissenschaften sofortig neu aufzubauen und an die insbesondere der politischen Kriegführung gestellten dringlichsten Aufgaben heranzuführen.

Die Verbindung vieler verantwortungsvoller Kräfte der deutschen Geisteswissenschaften zu diesen vordringlichen und vertraulichen Aufgaben der politischen Kriegführung ist längst nicht in dem notwendigen Masse hergestellt, wie es das harte Gebot der Stunde im äussersten Einsatz aller Kräfte unseres Volkes erfordert.

Es ist dabei zu bedenken, dass es sich bei dem Kriegseinsatz der Geisteswissenschaften nicht darum handeln darf, irgendwelche vorgefassten Meinungen, gleichgültig bei welchen Dienst- oder Führungsstellen, zu ‚beweisen', sondern – da Politik sich trotz aller taktischen Manövrierung im letzten immer in Anerkennung und Befolgung der organischen Gesetze der Wirklichkeit bewegen muss – um klare Herausstellung und Zusammenfassung dieser Gesetze vordringlich hinsichtlich jener Völker, Räume und Probleme, um deren Ordnung und Lösung wir in diesem Kriege ringen.

Das erste Ziel eines so aufgefassten Wissenschaftseinsatzes kann daher in der augenblicklichen Kriegslage nicht mehr die Veröffentlichung von Büchern, Buchreihen oder auch nur Aufsätzen sein, was leider allzu oft nur der Befriedigung bestimmter Amts- und Dienststellen-Ehrgeize gedient hat, sondern muss zunächst ausschliesslich die interne exakte Bearbeitung bestimmter Problemlagen sein, deren wissenschaftliche Klärung unsere politische Kriegführung auf irgendeinem ihrer Teilgebiete benötigt und sie dadurch zu unterstützen, voranzubringen und zu sichern in der Lage ist.

XX. Der ›Totale Kriegseinsatz der Wissenschaft‹

In das vorgeschlagene, unter SS-Führung stehende Kriegskuratorium der deutschen Geisteswissenschaften sind etwa einzuladen: das Reichserziehungsministerium, der Reichsdozentenführer, das Ostministerium, die Parteikanzlei, das Amt Rosenberg, die wichtigsten Reichsinstitute, Archive usw. Das Gebot der Stunde erfordert auch hier das Hintenanstellen jeder in Friedenszeiten wohl gebotenen Rücksichtnahme auf Personen oder Institute. Das einzige kann nur die schlagkräftigste und zweckmässigste Arbeitsleistung sein.

Sollte es sich etwa dabei herausstellen, dass einige der bisher in der Wissenschaftsarbeit der SS leitenden Persönlichkeiten ein Hinderungsgrund zu jenem Kriegszusammenschluss sowohl innerhalb der SS wie auch innerhalb des Kriegseinsatzes der deutschen Geisteswissenschaften sein sollten, so wäre hier zu erwägen, die betreffenden Persönlichkeiten vorübergehend abzulösen und andere an deren Stelle zu setzen, die allgemeines Vertrauen insbesondere hinsichtlich der praktischen Durchführung solcher politisch bestimmten Kriegsaufgaben geniessen, selbst wenn dabei im Einzelfall sogar eine Abberufung von der Front notwendig sein sollte.

3. Ein Ziel der Wissenschaftsarbeit der SS wird zukünftig zweifellos die Gründung und Führung des ‚Germanischen Reichsinstitutes' sein. Neben den eigentlichen germanischen Aufgaben werden hier die gesamteuropäischen Probleme an der germanischen Gemeinschaftsleistung zu messen sein, wie auch von hier aus erst der geschlossene Kampf wissenschaftlich gegen alle uns entgegenstehenden Weltanschauungsmächte zu führen möglich sein wird.

Eine solche Kriegsarbeitsgemeinschaft der deutschen Geisteswissenschaften könnte daher möglicherweise ein erster Schritt zu jenem notwendigen Reichsinstitut sein, dessen angedeutete Aufgaben bisher völlig zersplittert von der deutschen Wissenschaft behandelt wurden.[8]

Der ›Kriegseinsatz der Geisteswissenschaften‹ war – wie oben ausgeführt – unmittelbar nach Kriegsausbruch vom Wissenschaftsministerium in die Welt gerufen worden.[9] Die Einschätzung dieses Vorzeigeprojektes des Reichsministeriums für Wissenschaft, Erziehung und Volksbildung durch die parteiamtliche Forschungsinstitutionen war durchweg negativ, obwohl sein Erfolg andererseits nicht zu übersehen war, viele Kritiker zwang mitzumachen, die SS sogar zur allmählichen Übernahme animierte und zahlreiche Imitate vor allem in der Umgebung von Rosenberg und Schultze zeitigte.[10] Später war es dann Rössner, der – wie ausgeführt – in Schneiders ›Weltliteratur‹ eine erneute Kritik an diesem in vielen Fächern immer noch laufenden und von der DFG

---

[8] AV. Schneider, 19.10.44, BA NS 21/791.
[9] zu diesem und dem folgenden Satz s. o. Kap. IX.
[10] Der NSDDB startet sogar noch parallel zum TKW eine entsprechende Initiative, die allerdings darunter leidet, dass der Initiator Fritz Kubach im Osten vermisst ist. AV. Schwalm 23.2.45, BA NS 21/943. Kubachs Initiative scheint in der Schneiders aufgegangen zu sein, jedenfalls nach einem nachträglich durchgestrichenen AV. Schwalm vom 24.2.45, BA NS 21/795-111.

grosszügig finanzierten Unternehmen einleitete. Was Rössner als Muster vorgab, erfährt bei Schneider angesichts des sich abzeichnenden Kriegsausganges eine eher noch radikalere Ausdifferenzierung. Die Wissenschaftsforschung wünschte sich natürlich heute deutlich Konkreteres. Vieles wird leider nur angedeutet. Der Plan des ›Germanischen Reichsinstituts‹ erinnert an ähnliche Pläne zum Beispiel des Leiters der ›Sprachsoziologischen Abteilung‹ im ›Ahnenerbe‹, Georg Schmidt-Rohr.[11] Aber um hier ein Anregungsverhältnis ermitteln zu können, bedürfte es wirklich mehr Details. Wir wissen nur, dass sich Sievers um eine Zusammenarbeit zwischen Schneider und Schmidt-Rohr bemühte.[12]

---

[11] Vgl. dazu Simon 1979 – Ders. 1985a – Ders. 1990b. – s. a. in Kürze Gerd Simon: Schmid-Rohr, Georg in: Internationales Germanistenlexikon (Hg. Christoph König u. a.).
[12] Tb. Sievers unter dem 12.12.44, BA NS 21/11.

XXI.

Pläne zur Umwandlung der Göttinger Universität in eine SS-Kaderschmiede

Gegen Kriegsende kommt es zu heftigen Auseinandersetzungen gerade auch innerhalb der SS. In diese wird auch Schneider verwickelt. Ausgerechnet mit dem schon erwähnten SS-Hauptamt Abteilung VI gibt es zwei Wochen, nachdem klar ist, dass Schneider und Schwalm weiter allein für das ›Ahnenerbe‹ arbeiten, ein mittleres Kompetenzgerangel.[1] Auslöser dürfte sogar Schneiders Vorschlag für eine klare Aufgabenabgrenzung zwischen dem ›Ahnenerbe‹ und dem vom SS-Hauptamt eingerichteten ›Politischen Seminar‹ in Hildesheim gewesen sein.

Der Prähistoriker Peter Paulsen und sein Adlatus Alexander Dolezalek kommen Ende 1944 – vermutlich sogar durch Schneiders TKW-Vorschläge animiert – auf die Idee, die ganze Universität Göttingen zu einer „*germanischen Hochschule*", also faktisch zu einer SS-Kaderschmiede umzufunktionieren:

> In der Rücksprache mit dem Rektor der Universität Göttingen, dem Reichserziehungsministerium und dem Regierungspräsidenten ist vorgesehen, die Universität Göttingen systematisch zu einer germanischen Universität auszubauen und an ihr auch den wichtigsten Teil der aus den germanischen Ländern geflüchteten Gelehrten zusammenzuziehen.
> Die Lehrer der Universität Göttingen sollen Gastvorlesungen im Haus Germanien und die hierzu befähigten Lehrer des Hauses Germanien später Dozenturen von der Universität Göttingen erhalten.
> Für die Dauer des Krieges werden damit auch die für die Planungsarbeiten notwendigen wissenschaftlichen Gutachten grösstenteils in der Universität Göttingen erstellt, sodass diese Hochschule sodann nicht nur nach der Zusammensetzung ihres Lehrkörpers, sondern auch nach ihrer Aufgabensetzung und Ausrichtung eine germanische Hochschule im besten Sinne des Wortes wird.[2]

---

[1] Für diesen und den nächsten Satz AV. Schneider 19.10.44, BA NS 21/791.
[2] AV. Dolezalek an Spaarmann 15.11.44, BA NS 21/794-100.

Schneider und Sievers bremsen das Unternehmen so geschickt, dass das SS-Hauptamt nicht das Gefühl haben muss, sein Gesicht verloren zu haben.[3] Dabei dürfte eine Rolle gespielt haben, dass der Leiter des Amtes Wissenschaft im Wissenschaftsministerium, der Indogermanist Erich Hofmann, diese Pläne für „*fantastisch*" erklärt.[4] Die Göttinger Uni bescheidet sich hinfort mit der Betreuung der aus den „germanischen Randländern" geflohenen Wissenschaftlern. Den historischen (Selbst-)Darstellungen der Göttinger Universität im 3. Reich sind diese Vorgänge, obwohl der damalige Rektor Drexler von ihnen wusste, sie vermutlich sogar billigte, merkwürdigerweise unbekannt.

Die Pläne, Universitäten in SS-Universitäten zu verwandeln, haben eine lange Vorgeschichte, die hier nicht ausgebreitet werden kann.[5] Hier sei nur angedeutet, dass das ›Ahnenerbe‹ sich durchaus an solchen Überlegungen beteiligte. Sievers bespricht zum Beispiel im Sommer 1941 die Möglichkeit mit Rudolf Mentzel, dem mit ihm befreundeten, für solche Fragen zuständigen Abteilungsleiter im Wissenschaftsministerium.[6] Es waren also keine prinzipiellen Einwände, die das ›Ahnenerbe‹ veranlassten, die Pläne zur „Germanischen Hochschule" Göttingen zu stoppen.

Sievers hatte – wie oben bereits angedeutet – 1943 mit der Gründung von Schmidt-Rohrs Abteilung gegen die „Aktion Unruh" verstossen, in der sich unter anderem Rosenbergs ›Hohe Schule‹, Himmlers ›Ahnenerbe‹ und die inzwischen unter Goebbels Einfluss geratene ›Deutsche Akademie‹ verpflichtet hatten, ihre Aktivitäten auf Kriegswichtiges zu beschränken.[7] So sah es jedenfalls Rosenberg, der trotz Sievers Geheimhaltungsanstrengungen von dieser Abteilung „für angewandte Sprachsoziologie" Wind bekommen hatte. Sievers redet sich dabei unter anderem damit heraus, diese Abteilung würde der ›Germanischen Leitstelle‹, im übrigen auch der Abteilung für „Wehrwissenschaftliche Zweckforschung" zuarbeiten. Daraus zu schliessen, dass Schmidt-Rohr z. B. Schneider oder gar Rascher oder Hirt zuarbeitete, wäre mehr als voreilig. In den Akten der „Wehrwissenschaftlichen Zweckfor-

---

[3] Dafür wird Sievers vom Himmler-Adlatus Rudolf Brandt ausdrücklich belobigt. Brandt an Sievers 22.12.44, BA NS 21/943.
[4] Lt. Tb. Sievers unter dem 15.12.44, BA NS 21/11.
[5] Ausführlich in Simon 1998d.
[6] Tb. Sievers unter dem 12.6. und 5.7.1941, BA NS 21/127.
[7] Zu diesem und dem Folgenden s. Simon 1985a, S. 381.

XXI. Pläne zur Umwandlung der Göttinger Universität

schung‹ haben wir den Namen Schmidt-Rohr nicht gefunden und in denen aus Schneiders Wirkungskreisen begegnet auch nur der oben erwähnte Hinweis auf Sievers Plan, Schneider mit Schmidt-Rohr zusammenzubringen.

XXII.

Das ›Ahnenerbe‹ und der Europagedanke

Wie schwer sich das ›Ahnenerbe‹ mit dem Europagedanken tat, ist noch der Eröffnungsrede von Sievers auf der Mitarbeiter-Tagung des GWE in Salzburg vom 9.–11. Januar 1944 zu entnehmen:

> Es ist heute zu viel von Europa die Rede, und die germanische Idee kommt dabei etwas zu kurz.[1]

Schneider spricht auf dieser Tagung über „*Wesen und Ziel der germanischen Wissenschaftsarbeit*". Ansonsten werden hauptsächlich die laufenden Projekte besprochen. Statt des ursprünglich vorgesehenen Plassmann leitet inzwischen ein uns sonst unbekannter Dr. Anderle das Unternehmen „Germanisches Geschichtsbuch". Als dieser den germanozentrischen Europa-Begriff des ›Ahnenerbes‹ zu problematisieren wagt, wird er von Plassmann, Wüst und anderen förmlich in der Luft zerrissen. Wüst zum Beispiel besteht darauf: „*Das Buch muss das Buch des germanischen Menschen werden.*" Das Germanische müsse zwar ergänzt werden durch das Indogermanentum. Die romanischen Völker zum Beispiel aber kommen ihm vor

> [...] wie wunderbare Vasen, die unverkennbar für den normalen Menschen einen Sprung haben, der geschickt verkittet ist.

Offenkundig tendiert Wüst dazu, sie als Negativfolie zu benutzen. Anderle wirft wenig später das Handtuch.[2]

---

[1] Für dieses Zitat und die folgenden drei Absätze s. Protokoll der Mitarbeiterbesprechung GWE 9.–11.1.44, BA NS 21/794-101 + PA. Sievers BDC AE Rgf. Bl. 232 ff.
[2] Gollwitzer an Schneider 6.4.44, BA NS 21/794-101.

XXII. Das ›Ahnenerbe‹ und der Europagedanke

Zusammen mit seinem wichtigsten Mitarbeiter Hans Schwalm forciert Schneider, angesichts der Konzentration im Wissenschaftsbereich Ende 1944 den ›Totalen Kriegseinsatz der Wissenschaft‹ und findet die volle Unterstützung Rössners und Ehlichs vom SD.[3] „*Die Gesamtheit der noch vorhandenen deutschen Wissenschaftler*" sollen dazu herangezogen werden, soweit die politischen und charakterlichen Voraussetzungen vorlägen.

Im Rahmen dieser Kontakte beginnen sich auch ›Ahnenerbe‹-Forschungspolitiker wie Sievers für den Europagedanken zu erwärmen:

Die Führungsaufgaben, die die SS innerhalb der germanischen Räume übernommen hat, machen es notwendig, auch die wissenschaftlichen Unterlagen dafür bereitzustellen. Fehlentscheidungen der letzten Jahre hinsichtlich der politischen Führung der europäischen Völker haben ihre Ursache nicht zuletzt darin, dass die von der deutschen Wissenschaft erarbeiteten Erkenntnisse über die europäischen Räume und die Lebensformen ihrer Völker nicht genügend beachtet worden sind.

Dieses ist in den Führungsstellen der SS durchaus auch eingesehen worden, und man hat deshalb verschiedene Wissenschaftler mit der Klärung bestimmter Teilfragen beauftragt, allerdings ohne eine zentrale Ausrichtung und Lenkung dieser Aufgaben. Dieses ist aber notwendiger denn je, vor allem auf dem germanischen Gebiet. Denn trotz der augenblicklich notwendigen politische Betonung des Europagedankens wird die Zusammenfassung dieses Europas um einen germanischen Führungskern nach wie vor das eigentliche Problem bleiben.

Deshalb wird für lange Zeit hin die wissenschaftliche Erarbeitung und Klärung der germanischen Geschichte, der germanischen Leistung und der germanischen Lebenswerte die vordringliche Forderung an die Wissenschaft mindestens in der SS bleiben.

Eine solche geistige und weltanschauliche Durchdringung der Forschung ist zur Formung eines germanisch bestimmten Europabildes um so mehr notwendig, als sich heute in diesem Europa bereits wieder ernstlich geistige und politische Kräfte regen, die unter deutlich antigermanischen Vorzeichen sich unter die Idee einer neuen katholischen Latinität und Romanität sammeln. Das deutsche Geistes- und Wissenschaftsleben zeigt dagegen nirgends den Willen zu einem geschlossenen geistigen Einsatz. Deshalb gehört es zu den vordringlichsten Pflichten der Wissenschaftsarbeit in der SS, gerade im jetzigen Augenblick bei allen ihren Arbeiten den germanischen Führungsgedanken im europäischen Raum herauszustellen und wirksam werden zu lassen.

Das ›Ahnenerbe‹ war im Rahmen seines bisherigen Germanischen Wissenschaftseinsatzes mit Hilfe deutscher und nichtdeutscher germanischer Wissenschaftler bemüht, Grundfragen der völkischen Lebensprobleme des germanischen Raumes und der germanischen Führungsleistung im gesamten Europa zu klären und die Ergebnisse dieser wissenschaftlichen Erarbeitung den damit beauftragten politischen Führungsstellen zugänglich zu machen.

Die wachsende Dringlichkeit, diese Arbeit im Hinblick auf die notwendige Erarbeitung der

---

[3] AV. Schneider 13.11.44, BA NS 21/791 + 943. Vgl. a. Sievers an Brandt 7.11.44, BA NS 21/791 + 794-100. AV. Schneider 9.11.44, BA NS 21/943.

politischen Richtlinien für den Wiederaufbau in den germanischen Ländern zu intensivieren und alle hier in Deutschland noch zur Verfügung stehenden wissenschaftlichen Kräfte zusammenzufassen, erfordert es, dass zunächst vordringlich die innerhalb der Hauptämter der SS volkswissenschaftlich arbeitenden Wissenschaftler zu gemeinsamer Arbeit zusammengeführt werden. Das ›Ahnenerbe‹ als Amt des Reichsführers-SS für wissenschaftliche Aufgaben muss deshalb in die Lage versetzt werden, alle diese in der SS tätigen Wissenschaftler zur Mitarbeit heranzuziehen.

Wissenschaftliche Einrichtungen und Institute, die auf diesem Gebiet bereits innerhalb der SS tätig sind, sollen deshalb keineswegs aufgelöst oder stillgelegt werden. Es ist uns nur um die Zusammenfassung zum Zwecke der Lösung bestimmter wissenschaftlicher Fragen zu tun. Bis jetzt herrscht gerade auf dem Gebiet der germanischen Fragen innerhalb der SS eine Fülle von Nebeneinander-, z. T. auch Gegeneinanderarbeit, die der Sache nur abträglich sein kann. Lassen Sie mich dafür nur einige Beispiele anführen.

Germanische Wissenschaftsaufgaben werden in Anspruch genommen vom SS-Hauptamt Amtsgruppe D, SS-Hauptamt Amtsgruppe C, vom Reichssicherheitshauptamt, sogar vom SS-Wirtschaftsverwaltungshauptamt und vom Hauptamt SS- und Polizeigericht. In den Niederlanden besteht neben der von uns ins Leben gerufenen Germanischen Werkgemeinschaft Niederlande das Germanische Forschungsinstut und die Forschungsstelle ‚Volk im Raum'. Obwohl die letztgenannten drei Forschungsstätten auf demselben Gebiet tätig sind, alle drei unter SS-Leitung stehen und ungefähr die gleichen Fragen bearbeiten, besteht keine engere Zusammenarbeit. Es würde zu weit führen, auch noch über das Politische Seminar im Haus Germanien in Hildesheim und die Arbeiten des Schulungsamtes zu sprechen. Das führt zu einer Zersplitterung der Kräfte, die wir uns jetzt weniger denn je leisten können. […]

Für die geistige Betreuung und Lenkung der zehntausende niederländischer und flämischer Flüchtlinge im Reich und der germanischen Freiwilligen der Waffen-SS ist nach Ansicht der verschiedenen Führungsstellen (SS-Hauptamt D, Reichssicherheitshauptamt, Auslandsamt der deutschen Dozentenschaft u. a.) unsere Zeitschrift ›Hammer‹ das gegebene Mittel. Bisher stehen zur geistigen Betreuung dieser Flüchtlinge nur einige Tageszeitungen zur Verfügung, die durch ihre mehr tagespolitische Einstellung in keiner Weise die besonders vom ›Hammer‹ betonte Pflege und Darstellung der germanischen Gemeinsamkeit auf Grund der germanenkundlichen Forschung erreichen.

Gerade auch bei der Zeitschrift ›Hammer‹ könnten die sich jetzt in Deutschland aufhaltenden germanischen Wissenschaftler ganz besonders sinnvoll eingesetzt werden. dadurch könnte bei ihnen das Gefühl einer eigenständigen Leistung für ihren eigenen Volkstumsbereich lebendig erhalten werden. Ausser dem ›Hammer‹ erscheinen auch die niederländische SS-Zeitschrift ›Storm‹, sowie ein bis zwei wallonische Wochenblätter weiter. Selbstverständlich erscheint die Zeitschrift nur intern für die angedeuteten Zwecke der Waffen-SS- und Flüchtlingsbetreuung. Auf allgemeinen Wunsch, den insbesondere auch SS-Standartenführer Ehlich unterstützte, wurden deshalb Vorbereitungen für die Herstellung der Zeitschrift ›Hammer‹ in einer niederländischen und einer deutschen Ausgabe (aus Sparsamkeitsgründen einfarbig) im Reich getroffen, nachdem sie in den Niederlanden nicht mehr möglich war.

Die Arbeit des Germanischen Wissenschaftseinsatzes besteht also
1. aus der Erarbeitung und Bereitstellung wissenschaftlicher Unterlagen, die im Augenblick des Friedensschlusses bzw. bei der Wiedergewinnung der germanischen Räume notwendig gebraucht werden,

XXII. Das ›Ahnenerbe‹ und der Europagedanke

2. aus der Betreuung und Lenkung der Wissenschaftler aus den germanischen Ländern zu wissenschaftlichen Gemeinschaftsaufgaben,
3. aus der Weiterführung der Zeitschrift ›Hammer‹.

Obwohl in mündlichen Verhandlungen mit den in Frage kommenden Dienststellen immer wieder die Notwendigkeit einer Konzentrierung der wissenschaftlichen Kräfte besprochen wurde und auch die Notwendigkeit einer zentralen Lenkung der Wissenschaftsaufgaben durch das ›Ahnenerbe‹ eingesehen wurde, würde eine entsprechende Anordnung des Reichsführers-SS von grossem Nutzen sein. Denn erfahrungsgemäss (siehe Schulungsamt) finden sich immer wieder Leute, die zum Teil nur aus Eigenbrödelei oder persönlichem Ehrgeiz aus der vereinbarten Linie hinausdrängen.

SS-Standartenführer Ehlich erklärte, als wir diese Fragen jetzt mit ihm besprachen, er hätte eine solche Anordnung schon selbst vom Reichsführer-SS erbitten wollen, da sie unbedingtes Erfordernis für die germanische Arbeit sei und begrüsste, dass wir diesen Schritt in Übereinstimmung der Auffassung in eigener Zuständigkeit unmittelbar tun wollten.[4]

Sievers übernimmt hier unverkennbar Schneidersche Argumente. Über weite Strecken liest sich das wie von Schneider und seinem Adlatus Schwalm vorverfasst. Erst Überlegungen zu Gepflogenheiten der Kommunikation zwischen dem ›Ahnenerbe‹ und dem ihm übergeordneten ›Persönlichen Stab‹ haben uns darauf geführt, dass dieses ohne Unterschrift überlieferte Schriftstück im Original von Sievers unterschrieben sein muss.

Da die zitierten Erlasse Himmlers dem ›Ahnenerbe‹ längst die Priorität in der SS-Forschung zudiktiert hatten, verrät Sievers' Eingabe, wie undurchsichtig die Machtverhältnisse zumindest im letzten Kriegsjahr in der SS faktisch waren. Da auch diese Eingabe offenbar ohne Wirkung blieb, scheint das zumindest Schneider und Schwalm auf die Idee gebracht zu haben, ihre Aktivitäten stärker an Machtfaktoren anzulehnen, die ihrer Meinung nach stärker waren als das ›Ahnenerbe‹.

Das Ganze wirkt wie die Mobilmachung der letzten Reserven. Schneiders und Schwalms Initiativen laufen dabei seitdem gleichsam auf eigene Faust. Sie entschuldigen das Sievers gegenüber mit dem Verhalten von Amtschef Wüst, den diese von ihm negativ bewertete Favorisierung des Europagedankens offenbar in die Obstruktion treibt.[5] Wüst hatte eine Vortragsreise nach Oslo, die Schwalm und Schneider für die Kulturpolitik des ›Ahnenerbes‹ für unabdingbar erklärten, trotz forcierten Drängens kurzerhand abgesagt, ziem-

---
[4] o.V.[Sievers] an Brandt 7.11.44, BA NS 21/794-100.
[5] Schneider an Sievers 17.3.45, BA NS 21/943.

lich gleichzeitig aber einen Vortrag in der Käsmark in der Slowakei zugesagt.[6] Das scheint Schneider und Schwalm das Desinteresse des Kurators am ›Ahnenerbe‹ demonstriert und sie auf die Idee von Extratouren gebracht zu haben.[7] Träger der Europa-Aktivitäten Schneiders und Schwalms ist jedenfalls unversehens der Sicherheitsdienst. Zumindest bei dem im Folgenden zu skizzierenden Projekt hat sich Schneider also nicht nur einfach mit dem Sicherheitsdienst abgestimmt, sondern eindeutig unter dessen Ägide gearbeitet. Inwiefern es dabei sogar dazu gekommen ist, dass Schneider als „*Vertreter des Leiters von RSHA III C2 und III C3*" zum Einsatz kam, wie ein Eintrag in Sievers Tagebuch am 17.3.1945 andeutet,[8] muss dahingestellt bleiben.

Nach aussen sieht es so aus, als wenn sich Schneider, Schwalm und inzwischen auch Sievers endlich zu einer positiven Einstellung zum Europagedanken durchringen. Das ist aber nur sehr eingeschränkt der Fall. Das gilt auch für Schneiders Themenvorschlag für den vom Sicherheitsdienst geplanten „*Grosseinsatz in Presse und Rundfunk*"[9]:

Themenstellung für Einsatz der Geisteswissenschaft.

Die Volksführung bedarf übersichtlich gefasster wissenschaftlicher Unterlagen und Darstellungen, die ihr Einblick in die europäische Wirklichkeit in ihren bestimmenden Kräften und Leitbildern ermöglichen.
Besonders vordringlich erscheinen aus dieser Gesamtfragestellung folgende Themengruppen:
1. Die Rassenidee in der deutschen Volksordnung und in der europäischen Neuordnung. U. a. gehört hierzu:
Die Problematik und Bedeutung des deutschen Rassegedankens und seine Auswirkungen im europäischen Gespräch über alle Fragen der Neuordnung des Erdteils verlangen eine Klärung und Darstellung des wissenschaftlichen Rassebegriffes.
Die Frage des Verhältnisses von Rasse und Volk ist darzustellen.
Wie haben die europäischen Führungsschichten auf den deutschen Rassegedanken tatsächlich reagiert?
2. Begriff und Wirklichkeit des europäischen Lebensraumes. Die deutsche Anschauung in Idee und Politik.
Gedankliche und politische Ansätze bei den übrigen europäischen Völkern (besonders Frankreich, Italien, England).

---

[6] Sievers an Wüst 21.4.44, PA. Wüst BDC – Schwalm an Schneider 2.8.44, BA NS 21/795-111.
[7] s. Schneider an Sievers 29.11.43, BA NS 21/51 – Schneider an Sievers 17.3.45. Abdruck im Anhang, Dokument 11.
[8] Tb. Sievers unter dem 17.3.45, BA NS 21/794-100.
[9] So die Formulierung von Schwalm. AV. Schwalm 7.3.45, BA NS 21/943.

XXII. Das ›Ahnenerbe‹ und der Europagedanke 243

Die tatsächliche Wirkung der deutschen Ordnungsvorstellungen auf die europäischen Völker und ihre Führungsschichten.
3. Die geistige Lage in den europäischen Ländern. Die für die Führungsschichten der europäischen Völker tatsächlich bestimmenden ideologischen Leitbilder nach Wesen und Herkommen und die Strukturen ihrer politischen Vorstellungswelt.
4. Wesen, Anteil und tatsächliche Bedeutung des germanischen Einflusses in der europäischen Völkergemeinschaft.
Was heisst germanischer Einfluss? Handelt es sich lediglich um ein historisches Faktum oder um eine konkrete Wirkungsmacht in Leben und Bewusstsein der europäischen Völker?
Wie ist dieser Einfluss wissenschaftlich und methodisch einwandfrei fassbar und darstellbar?
Die germanischen Grundwerte (etwa Treue, Ehre, Freiheit usw) in Bewusstsein und Wirken des deutschen Volkes und der anderen europäischen Völker. Wie weit sind diese Grundwerte heute ansprechbar?
5. Deutsche Ordnungsleistungen und Führungsfehler in den besetzten Gebieten während des Krieges (s. besonderer Vermerk von SS-Hauptsturmführer Prof. Franz.)
6. Sonderleistungen Europas gegenüber Asien u[nd] Amerika.[10]

Nach wie vor werden die Themen nicht nur rassistisch formuliert – man hat den Eindruck, der Rassegedanke erdrückt den Europagedanken –, sondern auch aus germanozentrischem Blickwinkel gestellt. Ausserdem geht es Schneider zur Hauptsache um die Führungsschichten. Die Kontakte mit dem Sicherheitsdienst – dessen Vordenker Franz Alfred Six ja schon 1940 weiter war – sowie mit dem SS-Hauptamt – dessen Mitarbieter Alexander Dolezalek sogar wagte, die vor allem von Werner Daitz vom Amt Rosenberg frühzeitig propagierte These vom Europa der gleichberechtigten Länder modifiziert zu übernehmen[11] – scheinen dennoch nicht ohne Wirkung geblieben zu sein.

Schneiders Aktenvermerk findet Eingang in eine Themenliste, die von dem SD-Mann Leonhard Franz als Ergebnis einer Besprechung zwischen ›Ahnenerbe‹- und SD-Vertretern und in Abstimmung mit dem SS-Hauptamt und dem Berliner Dekan der Auslandswissenschaftlichen Fakultät Karl-Heinz Pfeffer festgehalten wird.[12] Pfeffer hatte die Planungsgruppe zuvor über seine europabezogenen Vorhaben am Deutschen Auslandswissenschaftlichen Institut informiert, das der Auslandswissenschaftlichen Fakultät der Berliner Universität angegliedert war. Die Berliner Auslandswissenschaftliche Fakultät galt

---

[10] Punkt 6 handschriftlich. Es folgt eine durchgestriche 7.) ohne Text. AV. [Schneider] 7. Mrz. 1945, BA NS 31/416 Bl. 83 + NS 21/943 – Schneiders Verfasserschaft ergibt sich aus dem Briefkopf „Dr. Schn./Kg." „Kg." steht für seine Sekretärin.
[11] Zur Geschichte des Europagedankens im 3. Reich s. Simon 1997 sowie die dort angegebene Literatur.
[12] Für diesen und den nächsten Satz s. AV Schwalm 8.3.45, BA NS 21/943.

schon damals als Filiale des Reichssicherheitshauptamts. Hier der Wortlaut des von Leonhard Franz unterzeichneten Endprodukts, in dem Schneiders Vorschläge nach „*voller Zustimmung*"[13] in Richtung auf mögliche Beiträger konkretisiert und durch weitere Themen erweitert werden:

> Betr.: Geistige Kriegführung
>
> In einer Besprechung am 12.3.45, an der die SS-Sturmbannführer Marschelke, Dr. Narr, Dr. Löffler, SS-Hauptsturmführer Prof. Franz und Prof. Anrich teilnahmen, wurden die in Vereinbarung mit dem ›Ahnenerbe‹ festgelegten Arbeitsthemen wie folgt aufgegliedert:
>
> I. Die Rassenidee in der deutschen Volksordnung usw.:
> Es wird vorgeschlagen, Prof. Giessler[14], Tübingen, die Leitung dieser Arbeit zu übergeben. Er soll in Fühlungnahme mit uns die Mitarbeiter auswählen.
>
> II. Der europäische Lebensraum:
> 1. Die deutsche Anschauung in Idee und Politik:
>   a) Geopolitik: Prof. Schrepfer, Würzburg (SD-Mitarbeiter)
>   b) bisherige Versuche der deutschen Reichsordnung bis 1933: Prof. Botzenhardt,[15] Göttingen
>   c) die rechtliche Grundlage der deutschen Reichsordnung im Mittelalter: Prof. Mitteis, Rostock
>   d) die rechtlichen Grundlagen einer europäischen Ordnung in der Gegenwart: Prof. Walz, Agram oder Prof. Grewe, Berlin
>   e) unser Europa-Programm 1933–1944: Prof. Frauendienst, Halle, Berlin
> 2. Gedankliche und politische Ansätze bei den übrigen europäischen Völkern:
>   a) Frankreich: Prof. Göhring
>   b) England: Prof. Galinsky, Strassburg
> 3. Die tatsächliche Wirkung der deutschen Reichsordnung auf die europäischen Völker:
>   a) Frankreich: Prof. Göhring
>   b) England: Prof. Wolfgang Schmidt, Bonn
>   c) Skandinavien: Prof. Höfler, Wien
>   d) Niederlande: Hans de Vries[16]
>   e) Schweiz: N.H.
>   f) Südosten: Prof. Valjevic,[17] Berlin. oder Prof. M. Braun, Göttingen
>   g) Italien: Mittelalter: Prof. Bock, Hamburg
>   Neuzeit: Prof. Prinzing, Venedig oder Dozent Dr. Berger

---

[13] AV Schwalm 7.3.45, BA NS 21/943.
[14] Gemeint ist wahrscheinlich der Tübinger Anthropologe Wilhelm Gieseler.
[15] Botzenhardt ‹ Botzenhard, cj.
[16] Gjalt Zondergeld weist uns darauf hin, dass es sich hier um den Sohn von Jan de Vries handeln könnte.
[17] Vermutlich identisch mit Fritz Valjavec.

XXII. Das ›Ahnenerbe‹ und der Europagedanke   245

III. Die geistige Lage in den europäischen Ländern.
Diese Beiträge sind möglichst von Ausländern zu schreiben. Sie müssen unbedingt ehrlich sein. Die Verfasser brauchen uns dabei nicht einmal freundlich gegenüberzustehen.
a) Frankreich: Prof. Brazier, Rouen, jetzt Marburg
b) England: Prof. Macintosh, Auswärtiges Amt
c) Italien: Prof. Toscano, Mailand
d) Ungarn: Prof. Petöfi oder Prof. Scekfu
e) Niederlande: Hans de Vries [18]
f) Ukraine: Prof. Krupinskij, Berlin, Ukrainisches Institut
Mitarbeiter für Russland, Schweiz, Spanien, Skandinavien, Polen, Litauen stehen noch nicht fest. Sie sind in Übereinstimmung mit Prof. Scurla festzulegen. Für Polen ist Prof. Maschke, Leipzig, vorgesehen.

IV. Wesen, Anteil und Bedeutung des germanischen Einflusses:
  1. Der germanische Einfluss in Europa
    a) Frankreich: Frühzeit: Prof. Petri, Köln
       Neuzeit: vielleicht Prof. Neubert, Berlin
    b) Spanien: Prof. Wohlhaupter, Kiel
    c) Italien: Frühzeit: Prof. Fuchs, früher Rom
       Neuzeit: unbestimmt
    d) Südosteuropa: Prof. Valjevic, [19] Berlin
    e) Russland: Prof. Ernst Seraphim sen., Greifswald
    f) Skandinavien: Prof. Koppe
    g) England: Prof. Meissner, Berlin
    h) Tschechei: Prof. Beyer, Prag
    i) der Osten: Stab Prof. Brackmann
    Es besteht Übereinstimmung, dass für die Neuzeit an die Stelle des germanischen der deutsche Einfluss in der Untersuchung zu treten hat.
  2. Die germanischen Grundwerte: Prof. Mohr, Kiel, Prof. Fricke, Tübingen, Prof. Jan de Vries, Leipzig, Prof. Hans Naumann, Bonn, Prof. Höfler, München.
  3. Was heisst germanischer und deutscher Einfluss?
    Diese Frage ist erst nach Abschluss der vorangehenden Untersuchung von dem Gesamt-Redaktor zu beantworten.

V. Sonderleistungen Europas gegenüber Asien und Amerika.
  a) Einleitung: Was ist Europa? Prof. Haering, Tübingen
  b) Philosophie: Prof. Haering, Tübingen
  c) Dichtung: Prof. Nagler [20], Wien
  d) Kunst: Prof. Pinder, Berlin
  e) Theater: Prof. Kindermann, Wien
  f) Musik: zu fragen SS-O'scharf. Prof. Gofferje, z. Zt. Dresden
  g) Geschichte: vielleicht Geheimrat Brandenburg, Leipzig

---

[18] s. vorhergehende Fussnote.
[19] Vermutlich identisch mit Fritz Valjavec.
[20] Vermutlich identisch mit Josef Nadler.

VI. Was wollen wir als Nationalsozialisten?
Wirtschaft: Gruppenführer Ohlendorf
Bauerntum: Reichsminister Backe
Rasse: Prof. Giessler, Tübingen
Recht: Prof. Dahm od. Prof. Siebert, Berlin
Technik: Reichsminister Speer oder Prof. Osenberg
Weitere Beiträge sind noch festzulegen

VII. Deutsche Ordnungsleistungen und Führungsfelder in den besetzten Gebieten: Vgl. besonderen Vermerk.[21]

Schneider, inzwischen unter dem Namen Schwerte, greift nach dem Kriege – das sei schon an dieser Stelle vorweggenommen – zusammen mit dem ehemaligen Leiter der Abteilung III C im SD-Hauptamt, Wilhelm Spengler, den Europagedanken auf und publiziert eine Reihe „Gestalter unserer Zeit" und darin je zwei Bände unter dem Titel „Denker und Deuter im heutigen Europa" sowie „Forscher und Wissenschaftler im heutigen Europa".[22] Das Reihen-Konzept folgt einer Devise, die Schneider schon auf der Hannoverschen Tagung 1943 ausgegeben hatte:

> Die Durchsetzung der wissenschaftlichen und erzieherischen Aufgaben ist eine Frage der führenden Persönlichkeit.

Nunmehr formulieren Schwerte und Spengler als Selbstanspruch eines ihrer Sammelbände, die Erkenntnisse und Entdeckungen *„als geistige Tat grosser Menschen zu begreifen"*. Nicht weniger erstaunlich ist, dass immer noch von „*Blut*" und „*Rasse*" die Rede ist – wenn auch nicht im alten Sinne. Ansonsten enthalten die Bände wichtige Beiträge, im übrigen auch von Juden und Emigranten, die ziemlich sicher nicht wussten, mit wem sie es hier zu tun hatten, erstaunlicherweise auch von ehedem führenden Rasseforschern wie Eugen Fischer und Otmar von Verschuer. Aber darüber später mehr.

Die Reihe erschien im Oldenburger Stalling Verlag. Lektor in diesem Verlag war neben dem Koautor Spengler bis ein Jahr vor Erscheinen des ersten Bandes ein anderer SD-Mann, den wir kennen: Hans Rössner, später Verlagsleiter bei Piper. Schwerte weiss noch heute, dass Spengler und Rössner in dem Verlag Lektor waren, in dem seine Reihe erschien.

---

[21] AV. F[ran]z, 14. März 45, BA NS 31/416 Bl. 81–82.
[22] Auch sonst übt der Europagedanke eine gewisse Faszination auf SS-Wissenschaftler nach dem Kriege aus: Alexander Dolezalek z. B. gründet in Vlotho ein ›Gesamteuropäisches Studienwerk‹. Die Bibliothek sammelt v. a. rechtsnationale Literatur.

XXIII.

Eine dritte Identität?

Hans Ernst Schneider ist ein Beispiel dafür, wie ein begabter junger Wissenschaftler – aus dem Streben heraus, in einer als geschichtsmachend empfundenen nationalsozialen Bewegung zentral dazu zu gehören – unversehens als Ideenlieferant inmitten von Sicherheitsdienstlern landet. Ein Kinderspiel für diese, ihn abzuschöpfen. Da Schneider von der zentralen Funktion seiner Vorgesetzten (zum Beispiel Sievers), seiner Verhandlungspartner (zum Beispiel Spengler, Kielpinski, Rössner) und Mitarbeiter (zum Beispiel Schwalm) im Sicherheitsdienst wusste – was aus zahlreichen Archivalien hervorgeht – und in den letzten Tagen des Krieges seine Aktivitäten sogar formell aus der Oberhoheit des SS-›Ahnenerbes‹ herausnahm und der des Sicherheitsdienstes direkt unterstellte, ist umgekehrt zu fragen, warum Schwerte diese aus zumeist von ihm selbst signierten Quellen stammenden Informationen in einer ersten Reaktion heute als *„absurde Erfindungen"* bzw. *„Phantasieprodukt"* bezeichnet.

Der Sicherheitsdienst ist in Nürnberg wie die ganze SS – die zahllosen Verbrechen liessen keine andere Entscheidung zu – zur kriminellen Vereinigung erklärt worden. Der Sicherheitsdienst unterscheidet sich von anderen kriminellen Vereinigungen – wie etwa der RAF – durch den vom Staat legitimierten Massenmord vor allem an Juden. Es sei hier nur am Rande nochmals erwähnt, dass sich auch Germanisten wie Manfred Pechau sogar als Leiter eines solchen Mordkommandos betätigten.[1] Insofern Angehörigen dieser Vereinigung freilich – wie im Falle Schneider – keine unmittelbare Beteiligung an diesen Verbrechen nachgewiesen werden kann, ist dieser Umstand strafrechtlich als verjährt zu behandeln. Warum streitet Schwerte heute trotz

---

[1] s. dazu Gerd Simon: Manfred Pechau, Linguist zwischen Saalschlachten und Massenmord (in Arbeit).

dieser Verjährung jegliches Wirken im Umkreis und unter der Führung des Sicherheitsdienstes so energisch ab? Hängt dieses Weit-von-sich-Weisen alles dessen, was mit dem Sicherheitsdienst zu tun hatte, möglicherweise damit zusammen, dass die Zugehörigkeit zu NS-Geheimdiensten nach 1945 wegen des damit verbundenen Wissens nicht einfach mit Bestrafung abgetan werden konnte, nicht selten sogar entsprechende geheimdienstliche Betätigungen in der Nachkriegszeit zur Folge hatte? Und da Geheimdienstler bekanntlich auch Decknamen tragen, drängt sich die Frage auf: Gab es im Leben Schwerte-Schneider noch eine dritte, bislang öffentlich nicht bekannte, Identität? Schwerte weist entsprechende Vermutungen – freilich erst beim Nachfassen – weit von sich. Da solche Fragen heute zwar in bezug auf die DDR, nicht aber in Bezug auf die BRD erforschbar sind, können sie vorläufig nur hypothetischer Natur bleiben.

Diese Passagen wurden bereits in ›Sprache und Literatur‹ veröffentlicht. Leggewie kommentiert solche Fragen mit der Gegenfrage:

> [...] welche Geheimnisse hätte der Professor an den Universitäten Erlangen und Aachen wohl ausspionieren sollen?[2]

Wir wissen aus naheliegenden Gründen relativ wenig über Geheimdienste, am meisten noch über die Stasi. Aber unser Kapitel über „das Germanistennest im SD", das Leggewie in einer ausführlicheren Fassung zumindest lesen konnte,[3] dürfte bereits einen Eindruck davon gegeben haben, wie naiv es ist, die Tätigkeit von Geheimdiensten auf Spionage zu beschränken. Bei etwas weniger Naivität müssten sich eigentlich sehr bald die Fragen einstellen, warum so viele Akademiker unter den Geheimdienstlern zu finden sind und wo man diese besser rekrutieren kann als in ihrer zentralen Ausbildungsstätte, den Hochschulen.

„Der 3. Mann der SS"?

Der niederländische Wissenschaftler Gjalt Zondergeld hat, um einem nicht sachkundigen Publikum Schneiders Position in der SS zu verdeutlichen, 1995 die Formel vom „3. Mann der SS" gebraucht.[4] Gemeint ist, dass Schneider als Untergebener von Sievers, der wiederum Untergebener von Himmler war,

---

[2] Leggewie 1998, S. 302.
[3] Simon 1998d, S. XXII-XLVII wird jedenfalls in Leggewies Literaturverzeichnis angeführt.
[4] Zondergeld o. D. – Nach Zondergeld wurde dieser Abdruck nicht von ihm autorisiert. Z. an Simon 26.1.96.

zwei Stufen hinter dem Reichsführer anzusiedeln sei. Inzwischen sieht Zondergeld selbst, dass diese Formel mehr als irreführend ist.[5]

Die Bezeichnung ›Persönlicher Stab‹ hat in der Öffentlichkeit zu der irrigen Auffassung geführt, dass es sich hier um einen engen Kreis bzw. um eine kleine Gruppe von Mitarbeitern um Himmler gehandelt habe. Dabei wurde die Umwandlung der ›Chefadjutantur‹ am 9. November 1936 in den ›Persönlichen Stab‹ umgekehrt gerade *„in Anbetracht ihrer Grösse"* vorgenommen.[6] Im Rahmen des ›Persönlichen Stabs‹ wurde sogar zum gleichen Zeitpunkt eine neue Adjutantur errichtet.[7] In einem Verzeichnis, das nach dem 12. Juni 1943 zu datieren ist,[8] werden insgesamt 698 SS-Angehörige dem Persönlichen Stab des Reichführers-SS zugerechnet.[9] Davon sind allein im ›Ahnenerbe‹ 109 beschäftigt.[10] Von diesen 698 SS-Angehörigen waren 75 ranghöher als Schneiders höchste Einstufung, die er ab 30.1.43 innehatte: Hauptsturmführer,[11] was im militärischen Bereich etwa einem Hauptmann entsprach. Diesen Rang (Hauptsturmführer) hatten damals im Persönlichen Stab insgesamt 52 und im ›Ahnenerbe‹ 19 Mitarbeiter inne. Darüber rangierten im ›Ahnenerbe‹ 11 Sturmbannführer, 4 Obersturmbannführer, 2 Standartenführer (davon war einer Sievers) und 1 Oberführer (Wüst).

Der ›Persönliche Stab‹ des Reichsführers-SS hatte im Kriege eine „interne" Abteilung, die allein 277 SS-Angehörige aufwies. Davon waren 40 ranghöher als Schneider. Es ist klar, dass selbst diese vierzig Mitarbeiter in dieser „internen" Abteilung nur in wenigen Fällen (zum Beispiel Oberstgruppenführer Karl Wolff) wirklich täglichen und engen Kontakt mit Himmler haben konnten.

Natürlich nahm sich Himmler immer wieder die Freiheit auf Grund seiner niedrigen Motivationsschwelle auch ausserhalb und ohne Wissen der SS-Hierarchie direkt an der Arbeit auch rangniederer SS-Angehöriger lebhaften Anteil zu nehmen und/oder in sie einzugreifen. Auch von Sievers ist bekannt,

---

[5] Zondergeld an Simon 26.1.96 – vgl. a. Zondergeld 1997.
[6] zit. n. Kinder 1977, S. 383.
[7] ibid.
[8] Amerikanische Ermittler datierten das Schriftstück auf *„about 1. May 1943"*. In ihm selbst kommen aber zahlreiche Daten vor, die später liegen. Das jüngste Datum ist 12.6.43 (zugleich Beförderungs- und Hochzeitsdatum eines als Nr. 2 auf S. 26 genannten Oberscharführers).
[9] Namensliste (65 Seiten), o. D., BA NS 19/1630.
[10] Nicht gerechnet sind hier die zahlreichen Mitarbeiter, auch Abteilungsleiter, die keine SS-Angehörige waren und im ›Ahnenerbe‹ die Mehrheit gebildet haben dürften.
[11] ibid. S. 50 Nr. 34.

dass er sich mehrfach hinter dem Rücken von Wüst und anderen ranghöheren SS-Angehörigen mit Himmler vor allem in forschungspolitischen Fragen absprach.[12] Wenn man daraus schliesst, dass jemand durch Himmlers Interesse an seiner Arbeit sofort innerhalb des Herrschaftsgefüges aufsteigt, unterschätzt man gewaltig den Respekt, den man damals den höheren SS-Rängen entgegenbrachte und überschätzt die Bedeutung solcher ad-hoc-Einlassungen mit rangniederen Untergebenen.

Bei Schneider kommt hinzu, dass keine einzige Quelle überliefert ist, nach der Himmler sich überhaupt direkt mit ihm getroffen hat. Die Rede vom „*3. Mann der SS*" bauscht Schneiders Rolle im SS-Gefüge in extrem unhistorischer Weise auf. Sie löst ungewollt und unwillkürlich Zweifel an den sonstigen Ergebnissen der Zondergeld'schen Forschungen aus, obwohl sie eine derartige pauschale Verurteilung nicht verdient haben. Soweit wir sie kontrollieren konnten, sind sie wertvoller, als auf Grund dieser einen Bemerkung (über den 3. Mann der SS) zu vermuten wäre.

Organisator von Menschenversuchen?

Schliesslich wird mancher schon eine Weile sich fragen: Und was ist mit den Menschenversuchen? Es ist sicher bekannt, dass der Staatsanwalt gegen Schwerte ermittelt hat, weil er angeblich von Raschers Menschenversuchen im Rahmen des ›Ahnenerbes‹ wusste und mitgeholfen habe, dass sie möglich wurden.

Wir haben die Schneider betreffenden angeblich belastenden Archivalien vor mehr als 12 Jahren erstmals in der Hand gehabt. Wir wussten sofort, worum es ging.[13] Der einzige Anhaltspunkt war freilich der Name Rascher. Die auf Veranlassung von Sievers durch Schneider in Holland zu besorgenden Geräte allein hätten auch bei uns nicht die Vermutung aufkommen lassen, dass sie den Unterkühlungsexperimenten in Dachau dienen sollten (s. Abbildungen 17 und 18).

Bei den Unterkühlungsversuchen ging es zentral um die Bestimmung der Körpertemperatur, bis zu der menschliche Körper abgekühlt werden können, aber auch der wirksamsten Aufwärmmethode. Zahlreiche KZ-Häftlinge kamen bei diesen Menschenversuchen ums Leben. Man versprach sich von

---

[12] s. dazu Kater 1974.
[13] Die Dokumente sind überliefert in den PA. Schneider + Stokar + Rascher BDC.

Organisator von Menschenversuchen?

```
Dr.S.Rascher                    München,14.1.43
Ahnenerbe.

Liste der vorläufig benötigten medizinisch - physiologischen Apparate.
                                             und Laboratoriums -
1 Matthes'scher Blutsauerstoffsättigungsschreiber
1 Krein'scher Atemvolumenschreiber
1 Multiflexgalvanometer (Firma Lange Berlin)
1 Binokulares Forschungsmikroskop mit drehbarem Kreuztisch,Dunkelfeld-
  einrichtung,Ansatz für Mikrofotografie.
1 Spektroskop zur klinischen Blutuntersuchung(mit Fotokamera).
1 Mikroskopierlampe
1 Spektro Lampe für Kolorimeter (Hellingexatolog Nr. 1672 )
1 Hellige Mischfarben Kolorimeter mit sämtlichem Zubehör und allen
  Standardküroplatten.
1 Kolorimeter nach Autenrieth oder Leitz mit Keilen und Kurven für:
  Bilirubin,Calcium,Cholesterin,Eisen,Hemoglobin,Harnsäure,Harnstoff
  Kreatin,Kreatinin,Magnesium,Milchsäure,Phosphor,Rest-N aus dem Blut.
  Doppelkeil zur pH - Bestimmung.
  Keile zur Harnanalyse:Acetessigsäure,Aceton
    1 Pipette 2:200 zur Hb Bestimmung
    2 Vorsatztröge,5 leere Keile
1 Eintauchrefraktometer nach Zulfrich
1 Universal - Polarisationsapparat nach Landolt - Lippich.
1 Jonometer mit Wasserstoffelektrode zur pH Bestimmung
1 Dreifachschreiber Elektrocardiograph von Siemens oder Hellige.
1 Grundumsatzbestimmungsapparat
1 Spirometer nach Krogh
1 Blutgasanalyseapparat nach Haldane
1 Stckstoffbestimmungsapparat nach Kjeldahl
2 Mikrostickstoffapparate nach Kowarski
1 Van - Slyke Apparat zur CO2 Bestimmung
1 Ammoniakbestimmungsapparat nach Folin - Denis
1 Milchsäurebestimmungsapparat nach Fürth - Charnass
1 Apparat zur Mikrobestimmung des Acetons im Blut,nach Ljungdahl
2 Extractionsapparate nach Zunz oder Heide.
1 Analytische Waage.
1 elektrisches Wasserbad mit 3 Einsätzen.
1 elektrische Zentrifuge mit 5000 Touren/Minute;mit grossen Einsätzen
  und dazugehörigen Trögen.
1 elektrische Vacuumpumpe,nach Dr. Gaede.
1 Microtom für Gefrierschnitte,mit entsprechendem Zubehör.
1 Microtom für Paraffinschnitte,mit entsprechendem Zubehör.
1 Verbrennungsofen nach Dennstedt,mit 3 schwerschmelzbaren Glasröhren.
1 elektrischer Schmelzofen zur Glühen von Porzellantiegeln.
1 mittlerer Instrumentensterilisator.
1 Turbine mit Wassermotor nach Rabe.
1 kleine Ultraviolettlampe für chem.Zwecke.
1 Vacuumtrockenapparat nach Abderhalden.
1 Handventilator, 400m Ø
1 elektrischer Kühlschrank.
1 Viskosimeter.
```

Abb. 17: Liste mit den über Schneider für Sigmund Rascher besorgten Unterkühlungsgeräten

XXIII. Eine dritte Identität?

diesen Versuchen wichtige Erkenntnisse für die Wiederbelebung von Piloten, die beim Fallschirmabsprung in z. T. eiskaltem Meereswasser gelandet waren. Für die Aufwärmung benutzte Rascher auf Vorschlag Himmlers Frauen aus dem Konzentrationslager Ravensbrück. Wie Rascher und seine Leute bei der Selektion vorgingen, erhellt schlagartig aus einem Aktenvermerk dieses Menschenexperimentators:

> Zu den vom Reichsführer-SS mit animalischer Wärme befohlenen Aufwärmungsversuchen nach erfolgter Unterkühlung wurden mir aus dem Frauen-K[onzentrations]L[ager] Ravensbrück 4 Frauen zugewiesen. Eine der zugewiesenen Frauen zeigt einwandfrei nordische Rassenmerkmale: blondes Haar, blaue Augen, entsprechende Kopfform und Körperbau, 21 3/4 Jahre. Ich stellte an dieses Mädchen die Frage, wieso es sich ins Bordell gemeldet habe. Ich bekam zur Antwort: ‚Um aus dem K[onzentrations]L[ager] herauszukommen, denn es wurde versprochen, dass alle diejenigen, die sich für 1/2 Jahr Bordell verpflichten, dafür aus dem K[onzentrations]L[ager] entlassen werden.' Auf meine Einwendung, dass es doch eine ungeheure Schmach sei, sich freiwillig als Bordellmädchen zu melden, wurde mir mitgeteilt: Immer noch besser 1/2 Jahr Bordell als 1/2 Jahr K[onzentrations]L[ager]. Es folgte dann die Aufzählung einer Reihe seltsamster Zustände aus dem Lager Ravensbrück. [...] Es widerstrebt meinem rassischen Empfinden, ein Mädchen, das dem Äusseren nach rein nordisch ist, und durch einen entsprechenden Arbeitseinsatz vielleicht auf den rechten Weg geführt werden könnte, als Bordellmädchen rassisch minderwertigen K[onzentrations]-L[ager]-Elementen zu überlassen.- Aus dem Grunde lehnte ich die Verwendung dieses Mädchens für meine Versuchszwecke ab und machte entsprechende Meldung an den Kommandanten des Lagers und an den Adjutanten des Reichsführer-SS.[14]

Die Rascherschen Unterkühlungsexperimente waren wie seine Unterdruckkammerexperimente zunächst vom Luftfahrtministerium zusammen mit dem ›Ahnenerbe‹ gefördert worden. Ab Ende 1942 betreibt das ›Ahnenerbe‹ aber verstärkt auf Anraten des Leiters des Hygiene-Instituts der Waffen-SS Mrugowski die Lösung von der Luftwaffe, wie Sievers in einem Vermerk festhält:

> Kamerad Mrugowski war sehr dafür, dass wir unsere Versuche selbständig machen, weil wir [sonst] nie den Zeitpunkt in der Hand haben, zu dem die anderen abspringen.[15]

Über diese Experimente sicher informiert waren ausser Sievers und Himmler sowie natürlich die unmittelbaren Mitarbeiter vor allem der Chef des Hygienischen Instituts der Universität Marburg Pfannenstiel, bei dem Rascher sich mit seinen Menschenversuchen habilitieren wollte,[16] Generalfeldmarschall der Luftwaffe Erhard Milch sowie Generaloberstabsarzt Hippke.[17]

---

[14] AV. Rascher 5.11.42, BA ZB II 4184 A 1 Bl. 148.
[15] AV. Sievers 23.11.42, BA ZB II 4184 A 1 Bl. 144.
[16] Rascher an Pfannenstiel 5.11.42, BA ZB II 4184 A 1 Bl. 145–6.
[17] Rascher an Sievers 23.8.42, BA ZB II 4184 A 1 Bl. 151.

Organisator von Menschenversuchen?

```
Dr.S.Rascher                    München 27, den 14.I.43
                                Trogerstrasse 56

An den                          000516  * 25 JAN 19..
Reichsgeschäftsführer des "Ahnenerbe"
oder Vertreter im Amt,          Akt.Z.: 5/2/1

                Berlin - Dahlem
                Pücklerstrasse 16

Betr.: med. - physiol. Apparaturen
Bezug: Unterredung am 12.I.43
Anlagen: 2 Listen,

        Anbei folgt die nunmehr geordnete,und von nichtdazu
gehörigem befreite,Liste über vorläufig benötigte Apparaturen.
Darf ich bitten,Obersturmführer Dr.Schneider die Liste nachzusenden.
Ich habe aus Versehen seine ursprüngliche Liste nach München mit-
genommen.
        Die 2.beiliegende Liste bitte ich,wie mit Herrn Ingenieur
Wolter besprochen, an das SS W.V.H.A. ,Chef des Amtes C III
Sturmbannführer Schminke zusenden zu wollen. Herr Wolter bat,dass
die Übersendung der Liste von Amt zu Amt gehe.Gleichzeitig ,oder
besser erst nachdem Dr.Schneider mitteilte was er beschaffen konnte,
kann um Entsendung des Herrn Wolter zur Beschaffung der Apparaturen
nach Ungarn oder der Schweiz gebeten werden,wenn Sie einverstanden
sind.
        Die Liste der Glaswaren und Chemikalien sende ich erst
nachdem ich Gelegenheit hatte Standartenführer Sievers über meine
Unterredung bei Reichsarzt SS,Gruppenführer Grawitz, zu berichten.

                        Heil Hitler !

                        Dr. S. Rascher

                        SS Hauptsturmführer


Nachschrift: um Begleichung beigelegter,sachlich richtig
             gezeichneter Rechnung wird gebeten.
```

Abb. 18: Begleitbrief zu Raschers Liste

Ob aber Schneider von diesen Experimenten wusste, lässt sich aus den Akten nicht sicher ermitteln. Und selbst wenn Schneider gewusst hat, dass diese Geräte zur Unterkühlung geeignet waren, muss das nicht heissen, dass er von den Menschenversuchen wusste, die mit diesen Geräten durchgeführt wurden. Bekanntlich können solche Geräte auch zu harmloseren diagnostischen und sogar therapeutischen Zwecken eingesetzt werden.

Der räumliche und organisatorische Abstand war überdies zu gross. Das ›Ahnenerbe‹ war das grösste der nicht-universitären Forschungseinrichtungen im 3. Reich. Man kann es vom Umfang her mit einer Universität vergleichen, die auch noch dezentral auf das Reich bzw. die besetzten Gebiete verteilt war. Zur Illustration: In einem Schreiben an den ›Ahnenerbe‹-Geschäftsführer Sievers bemerkt zum Beispiel der „*Vorsteher der Lehr- und Forschungsstätte für Schrift- und Sinnbildkunde*" Karl Theodor Weigel, also gewissermassen ein Kollege Schneiders, zu einem im Hamer-Verlag erschienenen Buch:

> Ich hatte durch einen Hinweis des Kurators überhaupt erst von dem Buche gehört und mir seit zirka 10 Wochen die grösste Mühe gegeben, das Buch durch den Buchhandel zu bekommen. Eine Bestellung auf das Buch habe ich über das ›Ahnenerbe‹ nicht eingereicht, da ich nicht wusste, dass unser eigener Verlag in Holland das Buch herausgebracht hat. Ich liege hier [in Detmold-Horn] etwas weit ab von der Zentrale [in Berlin] ... [18]

Der Hamer-Verlag gehörte dem ›Ahnenerbe‹ keineswegs, sondern wurde nur von diesem „betreut". Das Beispiel zeigt aber, wie unterentwickelt die horizontale Kommunikation zwischen den Abteilungen des ›Ahnenerbes‹ faktisch war. Bei Schneider kommt hinzu, dass man ihm nicht nachweisen kann, dass er jemals an einer Mitarbeitersitzung des ›Ahnenerbes‹ teilgenommen hat, also vermutlich nur schlecht über die Dinge unterrichtet gewesen sein dürfte, die dort verhandelt wurden. Raschers Menschenversuche dürften dort ohnehin höchstens im Pausenklatsch Thema geworden sein; in den uns bekannten Sitzungsprotokollen werden sie jedenfalls nicht erwähnt.

Rascher hat zwar einige Forschungsergebnisse im Oktober 1942 auf einer Medizinertagung in Nürnberg publiziert.[19] Aber an dieser Tagung nahm Schneider sicher nicht teil. Auch scheint Rascher dort keineswegs herausgestellt zu haben, dass seine Forschungsergebnisse auf Menschenversuchen

---

[18] Weigel an Sievers 5.5.41, BA NS 21/325.
[19] s. Bericht Alexander 10.7.45, IMT 1946–1949, 400-PS, S. 536 ff. – Vgl. a. Kater 1974, S. 262.

basierten.[20] Zwar propagierte Himmler Menschenversuche allgemein als methodischen Forschungsdurchbruch, ohne Namen zu nennen.[21] Aber allein der Umstand, dass sogar die Rechercheure der Anklage bei den Nürnberger Prozessen sich erst allmählich ein Bild über die Menschenversuche verschaffen konnten, demonstriert die Mühen, die es erfordert hätte, sich selbst bei einem konkreten Verdacht zuverlässige Informationen über diese Projekte zu verschaffen. In eben diesen Prozessen zeigte man für Walther Wüst, obwohl er offiziell die Verantwortung für die Menschenversuche im ›Ahnenerbe‹ trug, unglaubliches Verständnis und bestrafte ihn ausgesprochen milde. Man liess sich offenbar beeindrucken von der Fülle positiver Stellungnahmen von Wissenschaftlern, die sich Wüst verpflichtet fühlten, in der Mehrheit aber selbst belastet waren, wenn auch meistens weitaus geringer. Man nahm dem Indoiranisten, der Wüst war, ab, dass er gar nicht beurteilen konnte, was in der ›Ahnenerbe‹-Abteilung für wehrwissenschaftliche Zweckforschung betrieben wurde. Dabei hatte Wüst im Gegensatz zu Schneider reichlich Gelegenheit, sich bei seinen Begegnungen mit Rascher ausgiebig zu informieren, zumindest bei ihrer gemeinsamen Reise von München zum Führerhauptquartier im Schwarzwald im Juli 1942[22], und das zu einem Zeitpunkt, als es dem ›Ahnenerbe‹ darum ging, Rascher zur ungestörten Durchführung seiner Unterkühlungsversuche aus dem Herrschaftsbereich des Luftfahrtministeriums endgültig in das der SS zu überführen.

Wüst strengte 1954 einen Prozess gegen den ›Ahnenerbe‹-Abteilungsleiter Friedrich Hielscher an, der offenbar einer allerdings wenig aktiven Widerstandsgruppe angehörte. Hielscher hatte im Rowohlt-Verlag ein Buch veröffentlicht („50 Jahre unter Deutschen"). In diesem Prozess wurde Hielscher unter anderem verboten, folgende Behauptungen aufzustellen:

– Der Verfügungskläger [= Wüst, G. S.] trage die Schuld an dem Tod Sievers, er habe die Befehle wegen der Menschenversuche erteilt und habe von der Ausführung solcher Befehle einen Durchschlag erhalten. Der Verfügungskläger habe Hirt, dem Hauptantreiber der

---

[20] s. Holzlöhner 1943 und Raschers Votum ebenda in der anschliessenden Aussprache. s. dagegen die Darstellung bei Kater 1974, S. 262 ff.
[21] Für diesen und den nächsten Satz s. v. a. Bericht Alexander loc. cit.
[22] (Reise-)Beleg 347 Deutschmann unter dem 13.7.42, BA NS 21/500 – Ausserdem fuhr Hans Wolfgang Romberg mit, Abteilungsleiter an der Deutschen Versuchsanstalt für Luftfahrt und Mitarbeiter Raschers. Nach eigenen Aussagen im Interview Katers 10.4.63 hat Wüst Rascher 5–6mal, Hirt 3- oder 4mal getroffen. IfZ München ZS/A-25/3 Bl. 734.

Versuche, mit Himmler zusammengebracht und habe für dessen und Raschers Aufstieg gesorgt.
– Der Mordstrom [!] [23] sei von dem Verfügungskläger ausgegangen und er [!] habe deshalb in der Person Sievers einen Unschuldigen hinrichten lassen.[24]

Wüsts Anwalt in diesem Prozess war der Verteidiger von Rudolf Hess im Nürnberger Prozess und der spätere bayrische Innenminister Alfred Seidl. Er konnte die Interessen seines Mandanten offenbar mühelos durchsetzen. Wir sahen, dass die Behauptung, dass Sievers unschuldig war, selbst in Bezug auf die Menschenversuche kaum aufrecht erhalten werden kann. Dass der Befehl für die Humanversuche von Wüst ausging, ist ausserdem in der Tat nachweislich ebenso falsch, wie wenn man behaupten würde, sie gingen von Sievers aus. Natürlich ging er von Himmler aus, der Raschers Vorschläge begeistert aufgriff. Sievers dürfte den Befehl weitergegeben haben. Dass Wüst aber von ihm nichts wusste, hat er überzeugend vertreten. Es kann auch nicht davon die Rede sein, Wüst habe die Geschwister Scholl an den Galgen gebracht, so abwegig es auch ist, einem *„parteifanatischen Hilfspedell"* [25] die Schuld in die Schuhe zu schieben. Kater hat überdies Recht, wenn er Hielscher als *„Meister der Anekdote"* darstellt.[26] Die überlieferten Archivalien und Hielschers Publikationen sprechen jedenfalls nicht gegen Katers Einschätzung. Man muss aber nicht Hielschers Eifer teilen, Sievers zum Widerstandskämpfer à la Arthur Nebe zu machen, wenn man es zumindest verwunderlich findet, dass sich damals kein Wissenschafter oder Publizist fand, der sich der Mühe unterzog, Wüsts Rolle in der Geschichte der Menschenversuche genauer zu durchleuchten.

Viereinhalb Jahre nach diesem Prozess hat sich nochmals Alfred Kantorowicz für die Hielscher-Version des Sieverschen Widerstands stark gemacht.[27] Dabei geht er auf Wüst aber nicht mit einem Wort ein. Achteinhalb

---

[23] In Hielschers Buch hiess es wörtlich: *„Das Sekretariat* [i.e. von Sievers, G.S.] *war nur die Durchlaufstelle seiner Befehle, nicht weniger und nicht mehr. Und bei diesem Hindurchlaufen des Mordstromes suchte Sievers zu stauen und abzulenken, soviel er vermochte. Der aber, von welchem der Strom ausging, hatte die Pflicht, sich zu stellen und für seine Taten geradezustehen und nicht einen Unschuldigen statt seiner hinrichten zu lasssen. [...]"*

[24] Urteil Landgericht München 17.12.54, IfZ München ZS/A-25/5 Bl. 153 ff.

[25] So der Münchener Rektor Wiberg am 22.2.1958 auf einer Gedenkfeier für die Geschwister Scholl, ohne ein Wort über seinen Vorgänger Wüst zu verlieren. Jahrbuch der Ludwig-Maximilians-Universität München 1957/1958 (Hg. v. der Gesellschaft von Freunden und Förderern der Universität München). München o.J. [1958], S. 160.

[26] Kater 1974, S. 320.

[27] Kantorowicz 1959.

Jahre nach diesem Prozess interviewt der junge Heidelberger Doktorand Kater Wüst. Er fasste dieses ungewöhnlich gründlich geführte, über mehrere Tage laufende Interview auf 25 Seiten zusammen. Die Ergebnisse der Dissertation waren zunächst nur wenigen in maschinenschriftlicher Form ab 1965 zugänglich. Erst 1974, zwanzig Jahre nach dem Prozess gegen Hielscher, erschienen sie in stark umgearbeiteter gedruckter Form. Ein Aufschrei wie 1995 im Fall Schwerte-Schneider war auch nicht in Ansätzen vernehmbar. Wüsts Tod lag 1995 noch nicht lange zurück. Noch 1994 hatte er in Wilfried Kürschners „Linguisten-Handbuch" seine Vita mit Schriftenverzeichnis publiziert. Man hatte 20 Jahre nach Katers Publikation und 40 Jahre nach dem Hielscher-Prozess Zeit für diesen Aufschrei. Bis heute ist Wüst weder der Wissenschaft noch der Öffentlichkeit der Rede wert. Dabei ist auf jeden Fall klar, dass wir es hier mit einem Kaliber zu tun haben, demgegenüber Schwerte-Schneider lediglich als der weitaus häufigere Normalfall zu skizzieren wäre. Wenn aber im Fall Wüst kein Grund zum Aufschrei vorlag, warum dann bei Schwerte-Schneider? Oder besser: Wenn wir uns über einen Normalfall so aufregen, warum explodiert dann unsere Emotionalität nicht bei dem weitaus eklatanteren Fall Wüst?

Zu der Einschätzung, dass die vorliegenden Erkenntnisse nicht für den Nachweis ausreichen, dass Schwerte sich als Schneider mehr zuschulden kommen liess, als inzwischen verjährt ist, ist mittlerweile auch die Staatsanwaltschaft beim Landgericht München I gelangt: sie hat das Ermittlungsverfahren gegen „*Dr. Hans Ernst Schneider wegen Beihilfe zum Mord*" im Oktober 1996 eingestellt.[28]

Das öffentliche Interesse an dem Fall Schwerte-Schneider mag zentral mit den Menschenversuchen zu tun haben. Es lenkt aber dadurch ab von dem, was uns an diesem Fall besonders erforschenswert erscheint. Schwerte betont noch heute sein zentripetales – oder besser: marginifugales Lebensprinzip –, sich möglichst in der Nähe des Zentrums der Macht zu bewegen, nie in eine Randlage zu geraten, da die Wirkungsmöglichkeiten aus dem Zentrum heraus wesentlich grösser seien. Dieses Lebensprinzip muss nicht das eines ‚Konjunkturritters' sein – dann müsste man das auch manchen grossen Dichtern oder Wissenschaftlern nachsagen, die man stattdessen als typische oder gar prägende Zeugen ihrer Zeit feiert. Umso wichtiger scheint uns das Studium

---

[28] Verfügung, gez. Reich (Staatsanwalt als Gruppenleiter), Staatsanwaltschaft bei dem Landgericht München I, 10.10.96, Geschäftsnummer 320 Js 16306/95, Abschrift [Eine Kopie der Verfügung wurde Joachim Lerchenmueller von Hans Schwerte zur Verfügung gestellt].

eines Wechsels vom SS-Hauptsturmführer zum Hochschulrektor, vom Kriegsverdienstkreuzträger zum Bundesverdienstkreuzträger und vom Wissenschaftler im Dunstkreis von Kriegsverbrechern wie Sievers und Himmler zu einem im Dunstkreis führender SPD-Politiker des Landes Nordrhein-Westfalens, unter anderem des Ministerpräsidenten Johannes Rau.

Alles in allem gilt im Vergleich zu Tausenden anderer Wissenschaftler, deren Viten wir studieren konnten: Schneider gehörte zweifellos zu den Tätern, unter diesen aber nach Ausweis der überlieferten Archivalien eher zu den „Normaltätern". So muss man das jedenfalls formulieren, wenn man angesichts der Texte und Fakten im Vergleich zu dem, was man über andere weiss, nicht Grundprinzipien empirischer Wissenschaft ausser Kraft setzen will.

XXIV.
Weitere Fälle von Maskenwechsel

Der Fall Schwerte-Schneider war – wie angedeutet – nicht der einzige Fall von Maskenwechsel in der Geschichte der Wissenschaften des 20. Jahrhunderts. Alle anderen hier präsentierten Fälle – die natürlich auch nur eine Auswahl darstellen – sind sogar grotesker und extremer als dieser Fall. Sie unterscheiden sich freilich von Schneider-Schwerte dadurch, dass sie nicht von einem Namenswechsel begleitet waren – und dass ihre Hauptfiguren nicht mehr leben.

Während die Zugehörigkeit Schwerte-Schneiders zum Sicherheitsdienst der SS nicht hundertprozentig aus den Akten erwiesen werden kann, besteht darüber im Fall Heinrich Junker kein Zweifel, obwohl seine Personalakte am Ende des 2. Weltkriegs aus mysteriösen Gründen verbrannt wurde. Junker wurde überdies nicht einfach Hochschulrektor wie Schwerte-Schneider, sondern gleich Referent im Staatssekretariat für Hochschulwesen der DDR, im Ministerium eines Staatsgebildes also, das zu seinen weltanschaulichen Grundlagen den Antifaschismus zählte und nicht müde wurde, ähnliche Fälle zum Anlass zu nehmen, um vor allem die Bundesrepublik Deutschland als faschistisches System zu brandmarken.

Von mehrfachem Maskenwechsel mit ungewöhnlicher Bandbreite muss im Fall Zwirner gesprochen werden.[1] Schüler unter anderem des jüdischen Philosophen Hönigswald, in der Weimarer Republik im Kreise des langjährigen Kultusministers Carl Heinrich Becker verkehrend, Mitarbeiter des Neurologen Oskar Vogt, den die Sowjetunion allein für würdig fand, „Lenins Hirn"[2]

---

[1] Zu Zwirner s. Simon/Zahn op. cit.
[2] so der Titel eines biographischen Romans über Vogt von Tilmann Spengler, Reinbek 1991.

Abb. 19a und 19b: Hans Ernst Schneider vor seinem Eintritt in die SS (1937) und nach Antritt seiner Tätigkeit in Holland (1941)

in Scheibchen zu zerlegen und auf ihre Geniekomponente hin zu erforschen, sowie des Genetikers Timofeeff-Ressowski, eines frühen Taufliegen-Experten,[3] wandelte sich Zwirner nach der Machtergreifung zum Denunzianten jüdischer Kollegen, zu einem krass rassistisch argumentierenden Neurolinguisten im Vorfeld von Raschers Menschenversuchen und zum Günstling des Braunschweiger Ministerpräsidenten Klagges. Zugleich hatte er Beziehungen zum Widerstand, insbesondere zu dem im Oktober 1944 hingerichteten Adolf Reichwein. Nach dem 2. Weltkrieg bekennt er sich sogar in Fachveröffentlichungen zum Herrn Jesus. Im Gegensatz zu den anderen Fällen erhält er erst relativ spät einen Lehrstuhl.

Gegen Schwerte-Schneider leitete die Staatsanwaltschaft nach seiner Identifizierung ein Verfahren wegen Beihilfe zum Mord ein. Nicht so im Fall Christian, obschon die Indizien mehr als einen gut begründeten Anfangsverdacht in Richtung Beihilfe zum Mord nahelegen.[4] Christian war österreichischer Altnazi, der nach der Ermordung des austrofaschistischen Diktators Dollfuss 1934 an einem Freudengelage teilnahm und deshalb seine Stelle quittieren musste, alsbald aber nach seinem Eintritt in die ›Vaterländische

---

[3] auch über T-R gibt es einen biographischen Roman (Granin 1988).
[4] Zu Christian s. Simon: Tödlicher Bücherwahn. in: Ders.: Buchfieber (in Kürze).

Front‹ wieder in die alte Position eingesetzt wurde. Nach dem „Anschluss" 1938 wurde Christian Dekan der Philosophischen Fakultät und Abteilungsleiter im ›Ahnenerbe‹ der SS. Nachdem Christian den jüdischen Kollegen Jokl den Schergen des Sicherheitsdienstes und damit einem tödlichen Schicksal im Konzentrationslager überantwortet hatte, wurde er mehrfach im In- und Ausland ausgezeichnet. Zuletzt wurde er zum Rektor der Universität Wien ernannt. Nach dem 2. Weltkrieg interniert – an der Lageruniversität Ludwigsburg durfte er sich als Dozent betätigen –, wird er zunächst dienstenthoben, dann unter Weiterzahlung der Bezüge in den Ruhestand versetzt; ab 1952 werden auch noch die Jahre von 1938 bis 1945 auf die Dienstzeit angerechnet. Christians Maskenwechsel lassen sich beschreiben als die eines Mitläufers. Sie zeigen zugleich, wie wenig harmlos Mitläufertum ausfallen kann.

Als Meister der Maske im Forschungsbereich muss indes – wie wir sahen – der Indo-Iranist Walther Wüst angesehen werden.[5] Wir haben ihn schon zur Genüge kennengelernt. Hier soll das nur auf das Thema ‚Maskenwechsel' zugespitzt werden. Er ist vor allem ein Meister der simultanen Masken. Simultane Maskenbeziehungen führen im Schriftverkehr manchmal zu den skurrilsten Produkten. So schreibt der *„mächtigste Sprachwissenschaftler, den es je gab"*, in seiner Eigenschaft als Präsident des ›Ahnenerbes‹ z. B. an

---

[5] Zu Wüst s. Simon/Back, op. cit.

Abb. 19c und 19d: Zwei der wichtigsten akademischen Lehrer:
Josef Nadler und Heinz-Otto Burger

Abb. 19e und 19f: Zwei der wichtigsten Chefs:
Alfred Zastrau und Wolfram Sievers

sich selbst in seiner Eigenschaft als Leiter der ›Ahnenerbe‹-Abteilung für Wortkunde, siezt sich und behandelt sich, als enthalte der Brief eine ihm neue Information. Natürlich hat der Brief nur die Funktion einer reinen Formalität. Es muss an irgendeiner Stelle performativ schriftlich werden, dass Wüst nicht nur vom Reichsführer-SS Heinrich Himmler in sein Amt als Präsident eingesetzt wurde, sondern in Ausführung der Pflichten eines Präsidenten auch die Leiter der Abteilungen eingesetzt hat, also auch sich selbst. Wenn man bedenkt, dass Wüst überdies Stellvertreter des Präsidenten der Deutschen Akademie in München und Rektor der Universität München war – um nur einige seiner bedeutendsten Funktionen zu nennen – und dort auch Herren wie zum Beispiel Goebbels dienen musste, deren Verhältnis zu Himmler als eher gespannt bezeichnet werden muss, dann lässt sich erraten, welche Anforderungen in Sachen Maskenwechsel manche derartige Multifunktionäre zu erfüllen hatten.

Wüst hatte während seines Studiums früh gelernt, wie effektiv man mit partieller Akribie bluffen kann, und ist in dieser Technik alsbald so perfekt, dass selbst seine Gegner sie nicht mehr als Bluff durchschauen. Wüsts schier unglaubliche Akribie wurde 1983 ohne Widerspruch des damals noch ganz vitalen Indoiranisten als Maske über einem Riesenbluff ausgewiesen.[6] Auf der Höhe seiner Macht, die er übrigens nicht zu persönlichem Vorteil ausgenutzt

---

[6] s. Simon 1985b.

XXIV. Weitere Fälle von Maskenwechsel 263

zu haben scheint, erkennt er früh die Bedeutung der Niederlage von Stalingrad und friert seine Aktivitäten – wenn auch nur für Untergebene wie Schneider sichtbar – ein. Schneider hatte auf Bitten Schwalms Wüst zu einem Vortrag nach Oslo eingeladen.[7] Wüsts Präsenz in Oslo sollte die Geltung des ›Ahnenerbes‹ unter den miteinander konkurrierenden NS-Kulturinstitutionen in Norwegen aufbessern. Schwalm hatte dazu in Absprache mit Schneider gegenüber der dortigen SS-Führung die Sache „*so dargestellt, als ob der Wunsch von SS-Oberführer Prof. Wüst selbst ausginge*". Thema: „*Die Wissenschaftsarbeit des Reichsführers-SS*". Wüst, ohnehin offenkundig nicht gerade der Mobilitätsfreudigste, kam nie nach Oslo. Vermutlich einer der Gründe, weswegen Schwalm und Schneider später sogar keine Bedenken trugen, unter der Ägide des Sicherheitsdienstes zu wirken.

In Nürnberg ging es wegen der Menschenversuche im ›Ahnenerbe‹ um Wüsts Kopf. Wüst war nach aussen hin für alles verantwortlich, was das ›Ahnenerbe‹ anstellte. Es gelang ihm aber mit Unterstützung zahlreicher ihm zu Dank verpflichteter Wissenschaftler, das Gericht zu überzeugen, dass ihm als Geisteswissenschaftler nicht klar war, was Rascher und Hirt in Dachau und Natzweiler-Struthoff trieben. An seiner Stelle wird sein Geschäftsführer Wolfram Sievers hingerichtet, dessen einziger Fehler darin bestand, dass er

---

[7] Für dies und den Rest des Absatzes s. Schneider an Sievers 29.11.43, BA NS 21/51. Für den Hinweis auf dieses Schriftstück, das uns entgangen war, danken wir Horst Junginger.

Abb. 19g und 19h: Zwei der wichtigsten Mitarbeiter beim ›Germanischen Wissenschaftseinsatz‹: Hans Schwalm und Alarich Augustin

die unbesetzte Stelle des Leiters der Lehr- und Forschungsstätte für Zweckforschung zeitweise vertrat, in der die Menschenversuche stattfanden. Die Bedeutung dessen, was Hirt und Rascher faktisch trieben, erkannte Sievers sicher weniger als Wüst.

Wüst hatte im 3. Reich so viele Masken, da brauchte er sich nach 1945 keine neue mehr zuzulegen. Dennoch schreibt er in einer von ihm herausgegebenen Zeitschrift einen Artikel, der schon thematisch zu keiner bis dahin bekannten Maske passt. Der Artikel handelt über die Gretchenfrage.[8]

---

[8] Wüst 1961.

XXV.
Bedingungen des
(Über-) Lebens in der Nach-Kriegszeit

```
1944        1945
Krieg       Krieg
Krieg       Krieg
Krieg       Krieg
Krieg       Krieg
Krieg       Mai
Krieg
Krieg
Krieg
Krieg
Krieg
Krieg
Krieg
```

Ernst Jandl

Bedingungen des Lebens, des Überlebens in der *Nach-Kriegszeit*. Das Wort mit Bindestrich zu schreiben, empfiehlt sich. Der Krieg war das Mass nicht mehr aller, aber noch immer vieler Dinge, und obschon ‚vergangen', so prägte er doch den Alltag nicht minder als zuvor, nur anders: Nach fünf vollen Kriegsjahren folgte auf den vierten Monat des sechsten Kriegsjahres – ein Mai. Zum ersten Mal seit Jahren konnte man, vielleicht, in Ruhe wieder wahrnehmen, was den Nachgeborenen so selbstverständlich ist, die Attribute des Frühlings: warme Sonne, blauer Himmel, blühende Blumen, Sträucher, Bäume.

Mai 1945. Deutschland: Ein Land in Trümmern, physisch und moralisch. Wer überlebt hat, sorgt sich um Verwandte, Freunde, Bekannte, von denen man seit Tagen, Wochen nichts mehr gehört hat. Beinahe jede dritte Wohnung ist zerstört. Rund sieben Millionen Menschen sind obdachlos. Weitere sieben Millionen sind tot oder vermisst. Die Versorgung mit Strom, Gas und Wasser ist vielerorts zusammengebrochen. Bis in kleinste Gemeinden und Dörfer sind Brücken zerstört, nicht durch alliierte Bomben, sondern von örtlichen deutschen Sprengkommandos, die so das Vorrücken des Feindes verlangsamen wollten.

Ungewissheit und Angst sind weit verbreitet; was werden die Alliierten – damals war das Wort noch synonym mit „Feind" – mit uns machen? Rache nehmen für die letzten sechs, die letzten zwölf Jahre? Goebbels' Propaganda war auch in dieser Hinsicht recht wirkungsvoll gewesen. Und schliesslich: Wer es nicht schon wusste, erfährt jetzt das ganze abscheuliche Ausmass der vom eigenen Volk verübten Verbrechen – der „im deutschen Namen" verübten Verbrechen, um den heute offiziell gebrauchten Euphemismus zu bemühen.

In den Wochen und Monaten nach der bedingungslosen Kapitulation erhalten zahlreiche Namen einen Klang, der sie aus der Bedeutungslosigkeit hebt, die sie bis dahin für die grosse Mehrheit der Menschen hatten; einen Klang, den diese Namen nicht mehr verlieren werden, solange Geschichtswissenschaft und kollektives Erinnern ernsthaft und verantwortungsvoll betrieben werden: Auschwitz, Treblinka, Sobibor, Maidanek, Dachau, Buchenwald, Natzweiler-Struthoff, Babi-Jar, um nur die geläufigsten Orte des Grauens zu nennen.

Die Besatzungsmächte haben das Grauen in den Lagern, die von ihnen befreit wurden, zum Teil auf Film festgehalten. Sie haben auch festgehalten, wie Deutsche aus nahegelegenen Städten gezwungen wurden, dieses Grauen mit eigenen Augen zu besichtigen und für die Toten Gräber zu schaufeln. Wer diese Filme ansieht, erkennt Frauen und Männer, deren Gesichtsausdruck Fassungslosigkeit und Scham vermittelt. Zu sehen sind aber auch Frauen und Männer, die sich scheinbar unberührt und kalt zwischen Leichenbergen bewegen und deren Gesichtsausdrücke keine Irritation erkennen lassen, sondern trotzige Überzeugung und Überheblichkeit: für sie stellte sich die Frage einer Schuld offensichtlich nicht. Sie waren nicht Überzeugungs*täter*, nicht ‚willige Vollstrecker' gewesen, aber man gewinnt den Eindruck, sie teilten die Überzeugungen der Täter, und akzeptierten damit auch deren ‚konsequentes' Handeln oder sahen sich ungerechtfertigt als Opfer von Taten, die andere begangen hatten.

Und es gab natürlich die Täter. Täter vor Ort – wie zum Beispiel Lagerleiter, Angehörige der Wachkommandos, Mitglieder der Einsatzgruppen, Soldaten der Wehrmacht, der Waffen-SS, der Polizeibataillone, Ärzte und Krankenschwestern in Konzentrationslagern, Vertreter der Industrie, die Zwangsarbeiter „durch Arbeit vernichteten", Juristen, die politische Urteile

DIE NACHKRIEGSZEIT
wird schwer sein — wie schwer, hängt von Dir selbst ab!

In den besetzten Gebieten Westdeutschlands ist der Krieg vorbei. Das Terror-Regime der SS und Gestapo ist verschwunden. Die von Nationalsozialisten gesäuberten Stellen werden allmählich von verantwortungsvollen Deutschen übernommen. Der Bombenkrieg ist vorüber, das Leben geht weiter — es ist kein leichtes Leben, denn es gibt viel zu tun: Zunächst werden Schutt und Trümmer, die durch Bomben und nutzlosen Widerstand verursacht worden waren, aus dem Weg geschafft. Allmählich und nach schwerer Arbeit werden normale Verhältnisse wiederhergestellt: Selbsthilfe bringt das Gemeinschaftsleben wieder in Schwung — heute im besetzten Westgebiet, morgen in ganz Deutschland. S e l b s t h i l f e — d a s h e i s s t :

> Es geht auf DEINE Kosten, wenn Fanatiker die Gas-, Wasser- und Elektrizitätswerke in die Luft sprengen wollen. Das hält die Alliierten nicht auf. Aber es bedeutet mehr Elend für DICH im kommenden Winter und grössere Schwierigkeiten für den Wiederaufbau DEINES Landes.
>
> DEINE Familie wird kargen müssen, wenn Fanatiker die Lebensmittelbestände fortschleppen wollen. Die alliierten Heere bringen ihre eigene Verpflegung. Bei der Lebensmitteleinfuhr werden unbedingten Vorzug aber die Länder haben, die auf Grund der deutschen Besetzung jetzt Hunger leiden.

Selbsthilfe ist das Gebot der Stunde!

- Selbsthilfe heute — zur Rettung DEINER Familie
- Selbsthilfe später — zum Wiederaufbau DEINER Heimat

WG 19

Abb. 20: Alliiertes Flugblatt, das in den letzten Kriegswochen und -tagen über Deutschland abgeworfen wurde.

gefällt, Wissenschaftler, die Kollegen denunziert – und Täter weitab des konkreten Tatorts, die vom Schreibtisch aus agiert hatten, ohne eines ihrer Opfer jemals auch nur gesehen, geschweige denn gekannt zu haben.

Die Frage, wie mit Deutschland und den Deutschen nach einem Sieg umzugehen sei, beschäftigte die Alliierten früh. Konkret und drängend stellte sich die Frage nach dem Umgang mit der deutschen Bevölkerung vor allem ab dem Moment, da Teile des Reichsgebiets unter alliierte Kontrolle fielen, im Herbst 1944.[1] Mit der Entscheidung zu ‚entnazifizieren' war ursprünglich beabsichtigt, Nationalsozialisten aus allen Führungs- und Entscheidungspositionen in Politik, Wirtschaft und Gesellschaft zu entfernen. Die Schwierigkeiten und Probleme bei der Durchführung dieser Politik wurden bald offenbar. Der amerikanische Historiker Leon W. Fuller, der seit 1943 als Berater für das State Department arbeitete, fasste die *„Probleme der Entnazifizierung in der US-Zone"* in einer Geheimstudie im September 1945 zusammen:

> Von Oktober 1944 bis März 1945 bestimmte die amerikanische Politik weitgehend die Entnazifizierungsmassnahmen im Westen und Süden, da der grösste Teil dieser Gebiete zuerst von amerikanischen Truppen besetzt wurde. Die Politik war anfangs durch JCS 1067 festgelegt (danach mussten sämtliche Mitglieder der NSDAP aus leitenden Positionen entfernt werden), wurde jedoch revidiert (Memorandum des Präsidenten vom 24. März und IPCOG 1 vom 26. April 1945) und fortan unterschied man zwischen aktiven Nazis und Sympathisanten einerseits und nominellen Parteimitgliedern andererseits. Diese Politik fand ihren Niederschlag in den Direktiven, die von SHAEF und von Armee-Gruppen erlassen wurden. Häufig waren diese jedoch mehrdeutig, wurden nicht immer sofort an die ausführenden Offiziere übermittelt, verschieden interpretiert und manchmal sogar angewandt, wenn sie schon gar nicht mehr gültig waren. [...]
>
> Die ersten Direktiven enthielten ungenaue und vage Angaben zu der Frage, welche Nazis entfernt werden sollten, und bezogen sich ausschliesslich auf die Verwaltung und den politischen Bereich. Oft gewannen deutsche Nazi-Gegner den Eindruck, die Alliierten hätten nicht ernsthaft vor, Nazis aus dem öffentlichen Leben Deutschlands zu entfernen. Das Verbot der politischen Betätigung und der Fraternisierung stand einer Zusammenarbeit von M[ilitär] R[egierung] und überzeugten Nazi-Gegnern, die die Entnazifizierung evtl. von Anfang an effektiver gemacht hätten (ein in den russisch kontrollierten Gebieten übliches Verfahren) im Wege. Es gab keine einheitliche Auffassung oder einheitliche Interpretation von solchen Begriffen wie ‚aktiver Nazi', ‚fanatischer Nazi-Sympathisant' und ‚nomineller Nazi'. Die Kategorien wurden mechanisch angewandt, so dass häufig wirkliche Nazis, die nicht unter die festgelegten Gruppen fielen, im Amt belassen wurden, während relativ unschuldige und sogar nützliche Personen entlassen oder festgenommen wurden. Die

---

[1] Offiziell befasst mit dieser Frage war auch ein Erlanger Sprachwissenschaftler, Alfons Nehring, der 1933 in die USA emigriert war. s. Sammlung Kurt Glaser, IfZ Mchn Ed 202-2.

XXV. Bedingungen des (Über-)Lebens in der Nach-Kriegszeit

Personen, deren Beziehungen zu den Nazis weniger offenkundig und eher indirekt waren, oder die mit anit-demokratischen Kräften zusammengearbeitet hatten, wurden häufig gar nicht erfasst. Managerpositionen in der Industrie und Schlüsselstellungen im Bankwesen wurden weiterhin von Nazis oder ihren Sympathisanten kontrolliert. Auch nach der deutschen Kapitulation wurde die Entnazifizierungspolitik lange Zeit kaum koordiniert. Sie wurde häufig von den unteren Stellen durchgeführt, die sich an einfache ‚Faust-Regeln' hielten.[2]

Fuller macht das Fehlen einer konstruktiven Deutschland-Politik für die geschilderten Probleme bei der Entnazifizierung verantwortlich. Die Vier-Mächte-Kontrolle über Deutschland verhindere die Formulierung positiver und konkreter politischer Zielsetzungen. Dadurch drohe die Gefahr einer Art ‚negativer Selektion' bei der Besetzung politischer und administrativer Ämter, da die ‚antifaschistische Gesinnung' als einzige Bedingung genannt werde. Im übrigen entscheide die blosse Verfügbarkeit der Person, nicht ihre Qualifikation.

Die Entnazifizierung – soweit damit nicht strukturelle Massnahmen gemeint sind, wie zum Beispiel: die Enteignung und Zerschlagung von Industrien oder die Bodenreform – wurde bald nach der Konstituierung der alliierten Regierungsgewalt in Deutschland durch die Ausgabe von Fragebogen der ›Military Government of Germany‹ systematisiert.[3] Auf etlichen Seiten waren detaillierte Angaben zur Person, zum schulischen und beruflichen sowie zum militärischen, politischen und gesellschaftlichen Werdegang zu machen. Dabei wollten die Besatzer unter vielem anderem wissen, *„welchen deutschen Universitäts-Studentenburschenschaften"* man je angehört habe (Frage 25) und welchen anderen Organisationen – wobei nicht weniger als 55 namentlich aufgelistet wurden und hinter jeden dieser Einträge ein „*ja*" oder „*nein*" zu setzen war. Diese Sektion des Fragebogens illustriert zugleich die totale Erfassung und ‚Organisierung' der deutschen Bevölkerung im Dritten Reich: die Aufzählung reicht von der NSDAP über die Allgemeine SS und die Waffen-SS bis zum Sicherheitsdienst, von den NS-Berufsverbänden über die Reichskulturkammer und ihren Abteilungen bis zum NS-Altherrenbund, der Nationalsozialistischen Volkswohlfahrt und dem Deutschen Frauenwerk. Im übrigen finden sich in der Liste auch das Amerika-Institut, die Deutsche Akademie, das Deutsche Ausland-Institut und andere

---

[2] Leon Webber Fuller, Geheimstudie „Probleme der Entnazifizierung in der US-Zone (4.9.1945)" – National Archives, Washington D.C. – 740.0019 Control (Germany)/19-445. Zitiert in deutscher Übersetzung von Franz Brüggemeier nach: Borsdorf / Niethammer 1995, S. 173 f.
[3] Siehe Abb. 20.

wissenschaftliche und kulturelle Einrichtungen, die zum Teil schon in der Weimarer Republik politisch eine eindeutig anti-demokratische Richtung verfochten hatten.

Die Militärregierung wollte auch wissen, welche Partei man bei der Novemberwahl 1932 und im März 1933 gewählt habe – etwas, woran sich wohl viele besten Wissens und Gewissens nach den Erfahrungen der dazwischen liegenden zwölf Jahre nicht mehr erinnert haben dürften. Die letzten Fragen (Nr. 110 bis 115) bezogen sich auf die Mitgliedschaft in Parteien, Verbänden und Organisationen, die im Dritten Reich verboten waren oder zum NS-Regime in Opposition standen. Unter Nr. 116 stand zu lesen:

> Ist die Antwort auf eine der Fragen 110 bis 115 bejahend, so sind Einzelheiten sowie Namen und Anschrift von zwei Personen, welche dies wahrheitsgemäss bezeugen können, anzuführen.

Es ist evident, dass mit diesem Fragebogen – bestenfalls – nur zwei Personengruppen eindeutig identifiziert werden konnten: Funktionsträger in relevanten Institutionen und Organisationen des Dritten Reichs einerseits, Verfolgte und Diskriminierte des Regimes anderseits. Beide Personengruppen zusammen repräsentierten jedoch nur eine Minderheit der Deutschen. Zudem besass der Fragebogen keinerlei Aussagekraft über das konkrete Verhalten einzelner Personen in den von ihnen jeweils ausgeübten Funktionen. Die Mehrheit der Deutschen blieb auch nach dieser Fragebogenaktion, was und wie sie zuvor gewesen war: mehr oder minder anonyme Masse hinsichtlich ihrer wirklichen politischen Einstellung und Motivation. Zur Illustration: Die Auswertung einer dreiviertel Million Fragebogen aus Bayern ergab, dass 19 % dieser Personen aus ihren Positionen *zu entlassen* seien, bei 7 % wurde die *Entlassung empfohlen*, bei weiteren 25 % wurde *Entlassung anheimgestellt*. Bei 49 % dieser Personen lag *kein Anzeichen für NS-Aktivität* vor.[4] Mit anderen Worten: Nur bei einem Fünftel dieser Leute war die Militärregierung ganz sicher, dass sie für entsprechende Positionen nicht mehr in Frage kommen würden.

Die angedeuteten systematischen Probleme der Entnazifizierung wurden nicht eben leichter gemacht durch den Einfluss menschlicher Faktoren. Es verwundert nicht, dass die Bewertungen des alliierten Personals unmittelbar nach Kriegsende sehr scharf waren; ebensowenig, dass im Laufe der Monate und Jahre pragmatischer, routinierter, auch nachlässiger geprüft und bewertet

---

[4] Zitiert nach Klessmann 1986, S. 87.

XXV. Bedingungen des (Über-)Lebens in der Nach-Kriegszeit

MILITARY GOVERNMENT OF GERMANY
Fragebogen

WARNING: Read the entire Fragebogen carefully before you start to fill it out. The English language will prevail if discrepancies exist between it and the German translation. Answers must be typewritten or printed clearly in block letters. Every question must be answered precisely and conscientiously and no space is to be left blank. If a question is to be answered by either "yes" or "no", print the word "yes" or "no" in the appropriate space. If the question is inapplicable, so indicate by some appropriate word or phrase such as "none" or "not applicable". Add supplementary sheets if there is not enough space to fill the questionnaire. Omissions or false or incomplete statements are offenses against Military Government and will result in prosecution and punishment.

WARNUNG: Vor Beantwortung ist der gesamte Fragebogen sorgfältig durchzulesen. In Zweifelsfällen ist die englische Fassung maßgebend. Die Antworten müssen mit der Schreibmaschine oder in klaren Blockbuchstaben geschrieben werden. Jede Frage ist genau und gewissenhaft zu beantworten, und keine Frage darf unbeantwortet gelassen werden. Das Wort „ja" oder „nein" ist an der jeweilig vorgesehenen Stelle unbedingt einzusetzen. Falls die Frage durch „ja" oder „nein" nicht zu beantworten ist, so ist eine entsprechende Antwort, wie z. B. „keine" oder „nicht betreffend" zu geben. In Ermanglung von ausreichendem Platz in dem Fragebogen können Bogen angeheftet werden. Auslassungen sowie falsche oder unvollständige Angaben stellen Vergehen gegen die Verordnungen der Militärregierung dar und werden dementsprechend geahndet.

A. PERSONAL / A. Persönliche Angaben

1. List position for which you are under consideration (include agency or firm). — 2. Name (Surname) (Fore Names). — 3. Other names which you have used or by which you have been known — 4. Date of birth. — 5. Place of birth. — 6. Height. — 7. Weight. — 8. Color of hair. — 9. Color of eyes. — 10. Scars, marks or deformities — 11. Present address (City, street and house number). — 13. Identity card type and Number. — 14. Wehrpass No. — 15. Passport No. — 16. Citizenship. — 17. If a naturalized citizen, give date and place of naturalization. — 18. List any titles of nobility ever held by you or your wife or by the parents or grandparents of either of you. — 19. Religion. — 20. With what church are you affiliated? — 21. Have you ever severed your connection with any church, officially or unofficially? — 22. If so, give particulars and reason. — 23. What religious preference did you give to the census of 1939? — 24. List any crimes of which you have been convicted, giving dates, locations and nature of the crimes. —

1. Für Sie in Frage kommende Stellung: _Universitätsprofessor_
2. Name _Hertz_ _Rudolf_ 3. Andere von Ihnen benutzte Namen
    Zu-(Familien-)name   Vor-(Tauf-)name
oder solche, unter welchen Sie bekannt sind.
4. Geburtsdatum _3.4.97_ 5. Geburtsort _Düsseldorf_
6. Größe _176_ 7. Gewicht _58-60_ 8. Haarfarbe _blond_ 9. Farbe der Augen _blaugrün_
10. Narben, Geburtsmale oder Entstellungen _____
11. Gegenwärtige Anschrift } _Bonn_ (Stadt, Straße und Hausnummer) _Richters Str 37_
12. Ständiger Wohnsitz
13. Art der Ausweiskarte _Kennkarte_ N: _AKa 17234_ 14. Wehrpaß-Nr. ___ 15. Reisepaß-Nr. _○_
16. Staatsangehörigkeit _deutsch_ 17. Falls naturalisierter Bürger, geben Sie Datum und Einbürgerungsort
an. _○_
18. Aufzählung aller Ihrerseits oder seitens Ihrer Ehefrau oder Ihrer beiden Großeltern innegehabten Adelstitel. _____
19. Religion _ev_ 20. Welcher Kirche gehören Sie an? _ev_ 21. Haben Sie je offiziell oder inoffiziell
Ihre Verbindung mit einer Kirche aufgelöst? _○_ 22. Falls ja, geben Sie Einzelheiten und Gründe an _____
23. Welche Religionsangehörigkeit
haben Sie bei der Volkszählung 1939 angegeben? _ev_ 24. Führen Sie alle Vergehen, Uebertretungen oder Verbrechen
an, für welche Sie je verurteilt worden sind, mit Angaben des Datums, des Orts und der Art. _○_

B. SECONDARY AND HIGHER EDUCATION / B. Grundschul- und höhere Bildung

Name & Type of School (If a special Nazi school or military academy, so specify) Name und Art der Schule (Im Falle einer besonderen NS oder Militärakademie geben Sie dies an)	Location Ort	Dates of Attendance Wann besucht?	Certificate Diploma or Degree Zeugnis, Diplom o. akademischer Grad	Did Abitur permit University matriculation? Berechtigt Abitur ad. Reifezeugnis zur Universitätsimmatrikulation?	Date Datum
Staatl. Vorschule	_Bonn_	_1903-06_			
Gymnasium	_"_	_1906-14_	_Abitur_	_ja_	_1914_
Universität	{ _Bonn_ _München_ }	_1919-30_	_Dr. phil._		_1924_

25. List any German University Student Corps to which you have ever belonged — 26. List (giving location and dates) any Napola Adolph Hitler School, Nazi Leaders College or military academy to which you have ever been a teacher. — 27. Have your children ever attended any of such schools? Which ones, where and when? — 28. (giving location and dates) any school to which you have ever been a Vertrauenslehrer (formerly Jugendwalter).
25. Welchen deutschen Universitäts-Studentenburschenschaften haben Sie je angehört? _○_
26. In welchen Napola, Adolf-Hitler-, NS Führerschulen oder Militärakademien waren Sie Lehrer? Anzugeben mit genauer Orts- und Zeitbestimmung.
27. Haben Ihre Kinder eine der obengenannten Schulen besucht? _○_ Welche, wo und wann? _○_
28. Führen Sie (mit Orts- und Zeitbestimmung) alle Schulen an, in welchen Sie je Vertrauenslehrer (vormalig Jugendwalter) waren. _○_

C. PROFESSIONAL OR TRADE EXAMINATIONS / C. Berufs- oder Handwerksprüfungen

Name of Examination Name der Prüfung	Place Taken Ort	Result Resultat	Date Datum
Habilitation	_Bonn_	_bestanden_	_1930_

Abb. 21: Military Government of Germany, Fragebogen MG/PS/G/9a (Rev. 15 May 1945)

wurde. Und natürlich änderten sich auch die politischen Prioritäten und Vorgaben. In dem Masse, in dem sich das Verhältnis der westlichen Besatzungsmächte mit der sowjetischen verschlechterte, änderten sich auch die Interessen vor allem der US-amerikanischen und britischen Militärbehörden: für die Besetzung freier Stellen war nicht mehr vor allem Anti-Faschismus, sondern Anti-Kommunismus Voraussetzung. Letzteres war eine Bedingung, die gerade ehemalige NS-Aktivisten und NS-Sympathisanten nicht selten leichter erfüllten als ‚Unpolitische' oder ‚Unauffällige'.

Die sechsundsechzig Millionen Deutschen, die 1945 in den vier Besatzungszonen und Grossberlin lebten, sahen die mit der Entnazifizierung verbundenen Probleme zum Teil ganz ähnlich wie der amerikanische Historiker und Geheimdienstler Fuller. Die Ungereimtheiten bei der Durchführung der Fragebogenaktion und die zum Teil nur als ungerecht empfundenen, zum Teil objektiv ungerechten Urteile in zahlreichen Einzelfällen führten dazu, dass die Kritik an dem gesamten Verfahren von deutscher Seite immer lauter wurde. Was lag da näher, als diese Aufgabe an die wieder eingerichteten deutschen Instanzen weiterzugeben, zumal vor allem die amerikanische Besatzungsmacht alle eigenen Kräfte auf den wirtschaftlichen Wiederaufbau ihrer Zone konzentrieren wollte? Am 5. März 1946 wurde das zwischen dem deutschen Länderrat und dem Office of Military Government for Germany, United States (OMGUS), vereinbarte „*Gesetz zur Befreiung vom Nationalsozialismus und Militarismus in der amerikanischen Zone*" erlassen, das die Zuständigkeit für die weitere politische Überprüfung den Deutschen übertrug. Alle Deutschen über 18 Jahren mussten einen ‚Meldebogen' ausfüllen, von dessen Abgabe die Aushändigung von Lebensmittelkarten abhängig gemacht wurde. In den sogenannten „*Spruchkammern*", die von den Kommunalbehörden einzurichten waren, wurden all jene Fälle verhandelt, die aufgrund ihrer politischen Funktionen oder aufgrund der Auswertung ihres Fragebogens als ‚Betroffene' galten – in der US-Zone waren das nach Auswertung von rund 13 Millionen Meldebogen ca. 3,5 Millionen Fälle.[5]

Da nicht wenige Deutsche die ‚Entnazifizierung' grundsätzlich ablehnten und als ‚Siegerjustiz' verurteilten, gestalteten sich die Spruchkammerverfahren alles andere als einfach: wer findig war, präsentierte bestellte Gutachten und abgesprochene Zeugenaussagen, Auf- und Abrechnungen persönlicher

---

[5] Klessmann 1986, S. 89. Zu den Spruchkammern siehe auch oben, S. 124.

Art führten die Spruchkammern auf Terrain, das überhaupt nicht Gegenstand der eigentlichen Untersuchung war, vor allem aber erwies es sich als schwierig, Deutsche zu finden, die überhaupt bereit waren, als Mitglied der Spruchkammer über andere Deutsche zu befinden und damit über deren weiteres persönliches und berufliches Schicksal zu entscheiden. Wie umstritten die Spruchkammerurteile waren, auch und gerade, wo es um Germanisten ging, macht ein Beitrag deutlich, der im Oktober 1948 unter dem Titel „Die letzte Instanz" in den „Frankfurter Heften" erschien. Zu den Urteilen der Spruchkammern hiess es damals unter anderem:

So etwa würde man drakonische Härte gegen Leute verstehen, die Gefangene und Wehrlose misshandelt oder aus sogenannten militärischen Notwendigkeiten in den letzten Tagen des Krieges mutwillige Zerstörungen vorgenommen haben. (Keine Sorge, lieber Leser, man ist hierzulande weit davon entfernt, solche Leute streng, geschweige denn drakonisch zu behandeln!) Schon weniger Verständnis wird man aufbringen, wenn anstelle revolutionärer Strenge ressentiment- und angstbedingte Milde tritt. Das geringste, wenn gewandte und einflussreiche Angeklagte, mögen sie noch tief im Sumpf des Dritten Reiches gesteckt haben, mit Samthandschuhen angefasst werden und der kleine Mann, mag er auch wirklich nur ein „Mitläufer" gewesen sein, mit der ganzen Schwere des Gesetzes bedacht wird. [...]
Da hat man Herrn Erich Dwinger,[6] weiland Verfasser blutrünstiger Hintertreppenweltliteratur, zum Mitläufer erklärt und mit einer Geldbusse von DM 1.500.– belegt. Da ist ein angesehenes Blatt für eine Revision des Urteils gegen Herrn Ernst Bertram, weiland Georgianer hohen Grades und Vertreter eines Nietzschemythos, der ohne Zweifel dazu beigetragen hat, Nietzsche zum Standartenführer honoris causa des Dritten Reiches zu degradieren, also für Herrn Bertram eingetreten, und das Urteil soll tatsächlich suspendiert worden sein.[7] Da wurde der Renommierbildhauer dieses selben Teufelsreiches, Josef Thorak, ebenso entlastet wie sein Erzschatzmeister Hjalmar Schacht.
Es ist schade, dass das Gedächtnis oft so kurz ist. Diese Leute gehören zu der kleinen Gruppe begabter deutscher Intellektueller, die sich mit vollem Bewusstsein dessen, was sie taten, an die damals neue Macht verkauften. Wir haben nicht Ernst Bertrams Reden von 1933 vergessen, die nicht mehr und nicht weniger alss ein Verrat des deutschen Geistes waren. Und war er nicht auch der „Dichter" gewisser übler Verse zur Bücherverbrennung, die eigentlich den augenblicklichen literarischen Tod des Barden hätten zur Folge haben sollen? [...]
Soll man solche Prozesse wieder aufrollen? Etwa aufgrund von Revisionsanträgen des Staatsanwaltes? Es wäre wohl zwecklos; die Voraussetzungen der neuen Prozesse wären

---

6   Edwin Erich Dwingers bekanntestes Werk ist seine Romantrilogie „Die deutsche Passion" (1929–32), in der er eigene Weltkriegs- und Kriegsgefangenschaftserlebnisse verarbeitete. Im Zweiten Weltkrieg auch als Kriegsberichterstatter tätig, war Dwinger einer jener völkischen Autoren, deren Bücher im Dritten Reich grosse Auflagen hatten. In Himmlers Auftrag und in engem Kontakt mit dem SD berichtete er als SS-Obersturmführer über die Tätigkeit der Einsatzgruppen und wurde mit einem „Ostkriegsfilm" betraut. s. Dwinger an Himmler 5.10.41 – abgedruckt in: Wulf 1989b, S. 426 f. Dwinger starb 1981.
7   Zu Bertram s. Lerchenmueller/Simon 1997, S. 7.

nicht besser als die der alten. Statt dessen sollte die Sache an jene letzte Instanz verwiesen werden, an das deutsche Volk:
Mögen also die Herrschenden in Frieden leben. Mögen sie ihr Brot reichlich verdienen. Aber weder durch Schreiben, ausser im Büro, noch durch andere Arbeiten in Marmor oder Gips als im Stundenlohn, noch durch ein noch so geschickt verwaltetes Amt! Das deutsche Volk – und das heisst auch: die deutsche Presse! – hat eine letzte Gelegenheit, alte Schulden abzutragen und eine erste, sich als souveräne Demokratie zu erweisen, indem es ohne Verfahren jene und alle ähnlichen traurigen Spruchkammerurteile kassiert und den Angeklagten die Rehabilitierung verweigert. Und wenn aus keinem andern Grunde als aus dem, mit dem Unrecht jener Urteile nicht auch die Zehntausende von Mitläufer- und Minderbelastetenbescheide zu Unrecht und vergeblichen Quälereien zu machen. Zu schweigen von denen, die in den Lagern verkamen, als jene anderen in Blüte standen.[8]

‚Das deutsche Volk' ergriff damals weder jene letzte, noch diese erste Gelegenheit. So berechtigt die Kritik und verständlich die moralische Empörung des Autors dieses Beitrages ist, seine Hoffnung, die er auf die ‚letzte Instanz' setzt, gründete auf einer Differenzierung zwischen ‚Volk' und ‚Angeklagten', die weder den konkreten historisch-politischen Bedingungen des Dritten Reiches entsprach, noch die Stimmung reflektierte, die in weiten Kreisen der Bevölkerung zum Thema ‚Entnazifizierung' herrschte. Wenn überhaupt, dann hätte ‚das deutsche Volk' wohl lieber das ganze Entnazifierungverfahren kassiert als einzelne Urteile, über die sich einzelne Intellektuelle echauffierten.

Die Verantwortlichkeit für die Verfolgung mutmasslicher Kriegsverbrecher verblieb zunächst in den Händen der Alliierten. Der Prozess gegen die Hauptkriegsverbrecher in Nürnberg begann im Herbst 1945 und endete ein Jahr später mit zwölf Todesurteilen, sieben Verurteilungen zu langen, teils lebenslangen Haftstrafen und drei Freisprüchen.[9] Das Führerkorps der NSDAP, Gestapo, SS und Sicherheitsdienst wurden zu ‚verbrecherischen Organisationen' erklärt. Darauf folgten bis 1950 Prozesse gegen Angehörige bestimmter Berufsgruppen: Ärzte, Juristen, Generäle, Industrielle und hohe Beamte des ehemaligen Regimes. Diese „Nürnberger Prozesse" hatten zweifellos kathartische Wirkung insofern, als sie das Ausmass der Verbrechen und die Verantwortlichkeiten öffentlich machten und den bislang leider nicht

---

[8] C. M. 1948, S. 957 f.
[9] Freigesprochen wurden Franz von Papen, Hjalmar Schacht (ehem. Reichsbankpräsident und Wirtschaftsminister) und Hans Fritzsche (ehem. Ministerialdirektor im Propagandaministerium). Robert Ley hatte vor Prozessbeginn Selbstmord verübt, Hermann Göring vor der Urteilsvollstreckung.

ernsthaft wiederholten Versuch darstellten, nicht nur die Ausführenden, sondern die Initiatoren von Menschheitsverbrechen zur Rechenschaft zu ziehen. Politische Kompromisse auf alliierter Seite und politische Propaganda auf deutscher Seite trugen mit dazu bei, dass in weiten Teilen der deutschen Bevölkerung eine konstruktive Auseinandersetzung mit der moralischen und menschlichen Katastrophe nicht stattfand. In dem Masse, in dem das Gefühl entstand, es werde in Nürnberg über ‚die Deutschen' oder ‚das deutsche Wesen' zu Gericht gesessen, in dem Masse fand eine Solidarisierung mit den Tätern statt, rückte die ‚Volksgemeinschaft' wieder näher zu ihren Führern. Der Diskurs, der diese Re-Solidarisierung beförderte, wurde nicht nur von sogenannten ‚ehemaligen Nazis' geführt; der Auswärtige Ausschuss des Deutschen Bundestages äusserte sich im Januar 1951 in einer *einstimmig* verabschiedeten Resolution folgendermassen zum Thema der von alliierten Gerichten zum Tode verurteilten, in Landsberg einsitzenden und auf Vollstreckung des Urteils wartenden deutschen Kriegsverbrecher:

> Die Betroffenen sind wegen Handlungen zum Tode verurteilt worden, die mit Kriegsereignissen im Zusammenhang stehen. Eine jetzt erfolgende Hinrichtung würde in Deutschland auch die Erinnerung an Leiden wieder aufwecken, die der Krieg von Stadt zu Stadt im Gefolge gehabt hat. Das Recht, das in Nürnberg und Dachau gesprochen worden ist, hat sich nur gegen Deutsche gewandt. Diese Tatsache hat das Rechtsgefühl des deutschen Volkes tief verletzt und ist von ihm nie und nirgends gebilligt worden [...].[10]

Genau genommen hatte sich das Recht, das in Nürnberg und Dachau gesprochen wurde, gegen deutsche *Kriegsverbrecher* gewandt. Diesen Personenkreis nicht beim Namen zu nennen sondern nur als „Deutsche" zu bezeichnen – treffender hätten die Abgeordneten vielleicht formulieren sollen: als „Volksgenossen" –, dürfte durchaus kein Flüchtigkeitsfehler der Ausschussmitglieder gewesen sein. In der Bevölkerung wurde ähnlich gedacht. Eine Inhaltsanalyse von Briefen, die Deutsche in diesem Zusammenhang an den amerikanischen Hochkommissar geschrieben hatten, ergab unter anderem, dass die Gefangenen *„in erster Linie als Deutsche betrachtet* [werden], *nur in zweiter Linie – wenn überhaupt – als Kriminelle."*[11]

Aus diesen Stellungnahmen spricht auch die Ablehnung einer ‚Kollektivschuld' – die man ironischerweise gerade dadurch konterkarierte, dass man

---

[10] Aufzeichnung über eine Sitzung des Auswärtigen Ausschusses vom 5.1.1951, PA II 515-01b. Zitiert nach Ulrich Brochhagen 1994, S. 40.
[11] Shute, Director of Intelligence, US-Hochkommission, an State Dept. 19.3.51, NA RG 59 Lot 59 D 609 Box 18. In deutscher Übersetzung zitiert nach Brochhagen 1994, S. 48.

auch die individuelle Strafverfolgung der politisch und militärisch Verantwortlichen ablehnte. Diese Kritik an den Kriegsverbrecherprozessen konnte nun wiederum auf alliierter Seite als ‚Beweis' für die Richtigkeit der Kollektivschuldthese angesehen werden. Für die Mehrheit der Deutschen handelte es sich klar um ‚Siegerjustiz'. In den Worten des Historikers Ulrich Herbert:

> Nicht die exzeptionellen Massenverbrechen, sondern die militärische Niederlage der Deutschen gebe die Grundlage für die Strafverfahren ab, lautete die zunehmend schärfer formulierte Kritik. Zugleich galten in der westdeutschen Öffentlichkeit Entnazifizierung, Internierungslager, Spruchgerichte und Kriegsverbrecherprozesse als Ausweis bereits empfangener Strafe und Sühne, wobei die offensichtlichen Ungerechtigkeiten vor allem des Entnazifizierungsverfahrens als Beleg für die Verfehltheit des gesamten Unterfangens dienten und das dabei begangene „Unrecht" mit den Verbrechen des Nationalsozialismus gewissermassen verrechnet werden konnte.[12]

Eine gesamtgesellschaftliche Debatte über individuelle und kollektive Schuld und Sühne konnte unter diesen Umständen nicht offen und konsequent geführt werden: Alles blieb im Halbherzigen, im Inkonsequenten und, letztlich, im moralisch Zweifelhaften stecken.

Die Unfähigkeit der Deutschen nach dem Krieg, über die gerade erst begangenen Verbrechen zu sprechen und einen Weg zu finden, den Grad der Verantwortlichkeit einzelner und des gesamten Volkes zu bestimmen, sagt mindestens so viel über den Charakter des Dritten Reiches wie über den der frühen Bundesrepublik.[13] Man muss dabei nicht so weit gehen wie Goldhagen, der die Propagierung und Durchführung der Menschheitsverbrechen als ‚nationales Programm' der Deutschen bezeichnet; Hitlers politischer Erfolg in der Weimarer Republik sei, so Goldhagen, nicht zuletzt dadurch zu erklären, dass er es verstanden habe, sich und seine Bewegung gegenüber den Deutschen als ‚Vollstrecker' dieser ‚Jahrhundertaufgabe' zu verkaufen. Die Frage der Verantwortung wendet der amerikanische Soziologe jedenfalls ins Überpersonale:

---

[12] Herbert 1997, S. 437 f.
[13] Grundsätzlich gilt das auch hinsichtlich der Deutschen Demokratischen Republik; der plakative, allzeit propagierte und zum Wesensprinzip der Republik erklärte Antifaschismus des Regimes hatte nicht zuletzt die Funktion, der breiten Masse der Bevölkerung eine konsequente Auseinandersetzung mit ihrem Verhalten im Dritten Reich zu ersparen – und sich auf dem Wege der Integration in die sozialistische Volksgemeinschaft den Persilschein des ‚neuen Menschen' zu erschleichen.

The perpetrators killed and made their other genocidal contributions under the auspices of many institutions other than the SS. Their chief common denominator was that they were all Germans pursuing German national goals – in this case, the genocidal killing of Jews. [...] Germans' antisemitic beliefs about Jews were the central causal agent of the Holocaust. They were the central causal agent not only of Hitler's decision to annihilate European Jewry (which is accepted by many) but also of the perpetrator's willingness to kill and to brutalize Jews. [...]
The essence of the eliminationist program and its development can be encapsulated by a simple statement of four causally interrelated aspects of Hitler's, and therefore Germany's, anti-Jewish policy:
1. Hitler expressed his obsessive eliminationist racial antisemitism from his earliest days in public life. Indeed, his first published political writing was devoted to antisemitism, as was his final testament to the German people. Eliminationist antisemitism was the linchpin of his worldview, as stated in Mein Kampf and repeatedly elsewhere. It was the single most consistent and passionately held aspect of Hitler's political thought and expression.
2. Upon assuming office, Hitler and his regime, in keeping with Hitler's prior pronouncements, turned eliminationist antisemitism into unprecedented radical measures and pursued them with unceasing vigor.[14]

Die Kritik an Goldhagens Thesen ist hier nicht das Thema. Die Tatsache, dass Goldhagen in Deutschland so kontrovers diskutiert wird, macht aber deutlich, dass auch fünfzig Jahre nach der ‚Entnazifizierung'[15] die Frage der Verantwortung für die Verbrechen in gesellschaftlich-politischer Hinsicht als ungeklärt angesehen wird. Der Streit darüber, welche Konsequenzen aus den Erfahrungen des Dritten Reiches zu ziehen sind bzw. gewesen wären, wird heute nicht weniger heftig, kontrovers und verstockt geführt als in der unmittelbaren Nach-Kriegszeit. Die Unfähigkeit – damals wie heute –, die Frage der Verantwortung für die Menschheitsverbrechen offen zu diskutieren, deutet darauf hin, dass der von Marx Horkheimer konstatierte Verdrängungsprozess im kollektiven Bewusstsein der Deutschen bis heute wirksam ist. Für diesen Prozess machte Horkheimer im Frühjahr 1947 unter anderem auch die fragwürdig gewordene Trennung zwischen ‚Individuum' und ‚Kollektiv' verantwortlich:

Es ist historisch offenbar, dass die Periode brutalster individualistischer Willkür den Gemeinnutz und das völkische Ganze als die ewige Wahrheit verklärt haben. [...] andererseits ist der Prozess der Kollektivierung in den Formen des privaten und staatlichen Monopols bislang von einer Glorifizierung des Individuums begleitet gewesen. Eine gründliche

---

[14] Goldhagen 1996, S. 6f, 9, 162.
[15] Und, notabene, selbst nachdem die Mehrzahl der Menschen gestorben ist, die im Dritten Reich erwachsen waren: Alle bei Kriegsausbruch Zwanzigjährigen haben die statistische Lebenserwartung schon überschritten.

278   XXV. Bedingungen des (Über-)Lebens in der Nach-Kriegszeit

Analyse dieser Begriffe würde dazu führen, im Kollektiv die Gewalttat des Individuums und im Individuum die des Kollektivs zu erkennen – die schlechte Identität, die erst aufgehoben wird, wenn der Gegensatz nicht mehr festgehalten, sondern überwunden wird.[16]

In einem Brief an Paul Tillich schrieb Horkheimer weniger Monate später:

> Deep down in their hearts they [the Germans] have never kidded themselves about what was going on. Since they were the most highly developed nation in the world they were more sensitive about injustice and vulgarity than others are today. Therefore during the last fifteen years they had to achieve a more thorough job of psychological repression than any people in history. [...] the inner shame is so great that they have lost the sense of shame. [...]
> If we are unyielding in view of the evils and dangers in other parts of the world without letting up in our denunciation of Germany's actually committed deeds, if, in other words, we express our insight into the plight of both the victors and the vanquished without using the ones in order to excuse the others, we shall help the Germans to accept consciously the indictment which they are now opposing. To make them conscious of the repression which is at the base of their actual attitude would contribute a great deal to strengthen the forces of resistance against post-war Nazist trends.[17]

Wenn man sich auf diese Sichtweise Horkheimers einlässt – und man kann das tun, ohne die oben zitierten, an Kulturchauvinismus grenzende Äusserung über den ‚höchsten Entwicklungsgrad' der deutschen im Vergleich zu jeder anderen Kultur zu teilen –, dann ist eine historische Untersuchung der individuellen wie gesellschaftlichen Versuche zur „Bewältigung" der NS-Vergangenheit ohne Rekurs auf psychologische und psychoanalytische Erklärungsmodelle – und klinische Erfahrungen – nicht möglich. Das ist an und für sich nichts Neues. Angesichts mancher Reaktionen und Urteile im Zusammenhang mit dem Fall Schwerte/Schneider scheint dieser Hinweis jedoch durchaus notwendig.

„Ihr Mann ist tot und lässt Sie grüssen"

Vor Standesbeamten in München beteuert Annemarie Schneider nach Kriegsende, ihr Mann sei beim Endkampf seiner SS-Einheit in Berlin ums Leben gekommen. Der angeblich Gefallene wartet währenddessen unten auf der Strasse. 1947 heiratet sie ihn als Schwerte ein zweites Mal.[18]

---

[16] Horkheimer an Paul Lassing, 24.5.47. in: Horkheimer: Gesammelte Schriften, Bd. 16, Frankfurt 1995, S. 814 f., zit. nach Schmid Noerr 1997, S. 240.

[17] Horkheimer an Tillich, 29.8.47. in: Horkheimer: Gesammelte Schriften, Bd. 16, Frankfurt 1995, S. 885, zit. nach Schmid Noerr 1997, S. 241.

[18] vgl. „Ich bin doch immun". Spiegel-Reporter Walter Mayr über das zweite Leben des SS-Mannes Hans Schneider. in: Der Spiegel 19/1995, S. 94–96, 94.

Das ist der Stoff, aus dem nicht nur der ›Spiegel‹ gern Geschichten macht. Die Story vom SS-Mann, der aus dem Schneider ist, indem er sich für tot erklären lässt, seine Frau noch einmal heiratet und – hier kippt der Bericht um in eine Erzählung – sein eigenes Kind adoptiert:[19] Sie ist einfach so gut, dass sie sich fast von selbst erzählt. Seit *dpa* am 27. April 1995 die erste Meldung über den Ticker jagte, kann jeder an der Komposition dieses modernen Märchens erzählend und weitererzählend mitarbeiten.

In Wirklichkeit war alles prosaischer, dafür sorgten schon die Umstände. Als Dr. Hans Ernst Schneider das umkämpfte Berlin verlässt, unmittelbar bevor die Rote Armee die Hauptstadt völlig einschliesst, liegt die Zukunft im ungewissen und die Gegenwart in Asche: Der letzte Auftrag, den der SS-Hauptsturmführer auszuführen hatte, war das Verbrennen von Akten. Schneiders Frau und seine Tochter sind längst aus Berlin evakuiert. In den letzten Kriegstagen oder -wochen müssen sie sich aus den Augen verloren haben, der aktuelle Aufenthaltsort des anderen ist unbekannt, und auch, wie es dem anderen geht. Frau und Kind begeben sich zu Fuss von Leipzig nach Neuendettelsau. Vom Schicksal Ihres Mannes erfährt Frau Schneider, so Ihre eigene Schilderung 1995, durch den Hinweis eines hilfsbereiten, aber stillen Bekannten:

> Durch eine Postkarte, von unbekannter Hand. Und da stand drauf: Wenn Sie mal in die Gegend soundso kommen, dann fragen Sie mal nach einem Verwandten von Ihnen, der Schwerte heisst. Das war alles.[20]

Hans Schwerte sagt dazu:

> Ich hatte keine Ahnung, wo sie war. Keine Ahnung. Und sie hat mich später aufgefunden durch irgendwelche merkwürdigen Zufälle. Es gab ja damals einen Nachrichtendienst, der von Person zu Person eigentlich funktionierte. Meine Frau hat es ein Jahr später [erfahren], [...].[21]

Welche ‚Merkwürdigkeiten' bei der Familienzusammenführung im Spätsommer 1946 auftraten, darüber hat das Ehepaar Schwerte dem Interviewer Claus Leggewie einiges mitgeteilt, doch bleiben viele Fragen offen. Ebensowenig wissen wir über Struktur und Infrastruktur dieses ‚Nachrichtendienstes' von Person zu Person; auf jeden Fall ein gefundenes Fressen für die

---

[19] So, fälschlich, Manfred Kutsch: Neue Enthüllungen im Fall Schwerte. in: Aachener Volkszeitung 29.4.95.
[20] So die Aussage von Frau Schwerte. in: Transkript WDR-Interview mit Prof. Dr. Schwerte, S. 17.
[21] WDR-Interview mit Schwerte, S. 15 f.

Netzwerk-Theorie.[22] In einem Leserbrief an die FAZ vom 13. November 1996 teilte Schwerte mit, er habe seine Familie im Sommer 1946 in einem Dorf bei Ansbach wiedergefunden.[23] Den falschen Pass habe er sich auf dem Schwarzmarkt besorgt, sagt Hans Schwerte. *„Keine Aufregung"* sei das gewesen, aber innerhalb von zehn Minuten habe er sich damals entscheiden müssen: *„Aber im übrigen, weg, aus, und ich habe mir die Papiere besorgt. Mehr kann ich dazu nicht sagen."* [24] Wenn man als Historiker keine Fakten in der Hand hat, dann wiegt die Aussage eines Zeitzeugen natürlich sehr viel – auch und vor allem dann, wenn er in eigener Sache spricht. Prima facie gibt es keinen Grund, dieser Schilderung Hans Schwertes nicht zu glauben. Leggewies Wiedergabe dieser Schilderung macht sogar vieles plausibel.

Trotzdem sind dazu zwei Gedanken vorzutragen: Um über den von Schwerte dahingesagten Satz: *„Mehr kann ich dazu nicht sagen."* nicht zu stolpern, müsste man einen schon ungehörigen Mangel an Sprachgefühl haben. Das Modalverb *„können"* lässt sich hier zwar so interpretieren, dass Schwerte keine Erinnerung an Einzelheiten mehr habe. Das erschiene uns jedoch eher ungewöhnlich. Zwar wären wir die letzten zu bestreiten, dass es bisweilen unmöglich ist, sich an Vorgänge zu erinnern, die Jahre oder gar Jahrzehnte zurückliegen. Im Falle aussergewöhnlicher Ereignisse – und die Annahme eines anderen Namen unter durchaus dramatischen Umständen ist sicherlich keine Routinehandlung – ist die Erinnerungsleistung meist aber eher gut. Im vorliegenden Fall kann Hans Schwerte auch noch sagen, wo und unter welchem Zeitdruck er sich die falschen Papiere besorgte. Sollte man den Satz also dahingehend interpretieren, dass Hans Schwerte auch nach mehr als fünfzig Jahren noch nichts Näheres sagen *will* – oder glaubt, nichts sagen zu *dürfen*? Unseres Erachtens spricht einiges dafür, seine Aussage über die Herkunft der falschen Papiere in Zweifel zu ziehen. Wir halten die These zumindest für erwägenswert, dass Schneider mit Hilfe des Sicherheitsdiensts zu einer neuen Identität kam und nach Frau und Kind suchen liess. Schliesslich hatte Schneider – wie wir sahen – auf privater und auf beruflicher Ebene mit dem Sicherheitsdienst zu tun.[25] Es wäre sicherlich ebenso einfach, ver-

---

[22] Leggewie 1998, S. 176 schreibt, Frau Schneider *„spürte ihren Mann im Spätsommer 1946 in Lübeck auf, nachdem ihn eine aus Berlin bekannte SD-Mitarbeiterin dort ‚freundschaftlich' erkannt hatte."* Die Frage, ob es sich hierbei um ein „zufälliges" Zusammentreffen mit der SD-Mitarbeiterin handelte, bleibt ungestellt und unbeantwortet.
[23] Leserbrief Hans Schwerte: In 50 Lebens- und Arbeitsjahren gewandelt. in: FAZ, 13.11.96.
[24] WDR-Interview mit Schwerte, S. 15.
[25] Siehe oben, Kap. XVI – XVIII.

mutlich billiger und sehr wahrscheinlich auch sicherer gewesen, sich im Untergangsstrudel 1945 von einem Kollegen aus dem Sicherheitsdienst des RFSS falsche Papiere ausstellen zu lassen – die zum Teil ja durchaus Erfahrung damit hatten –, als sie bei ‚irgendjemandem' auf dem Schwarzen Markt zu besorgen. SPIEGEL-Reporter Walter Mayr referierte Schwertes Ausführungen zu dieser Frage im übrigen so:

> Noch ehe „Reichsführer-SS" Heinrich Himmler, sein oberster Dienstherr, am 23. Mai eine Zyankali-Kapsel zerbeisst, ist Kamerad Schneider bereits eine Karteileiche der Schutzstaffel. Er hat sich ein bisschen umgehört in Lübeck, bei diesem und jenem Bekannten. Ein Entlassungspapier aus englischer Kriegsgefangenschaft mit echtem Fingerabdruck ist schnell besorgt, dazu ein vorläufiger Ausweis.[26]

Genau genommen war es der 2. Mai 1945, als sich ein gewisser Hans Werner Schwerte bei den Meldebehörden der Stadt Lübeck registrieren liess. Die Beschaffung der falschen Papiere müsste also spätestens an diesem Tag geschehen sein – und damit noch *im* Krieg.[27] Im Gespräch mit Leggewie gab Schwerte mittlerweile auch zu, dass der Namenswechsel mit Hilfe des SD erfolgte:

> In Lübeck lebte die Familie einer Sekretärin von Kielpinskis, die mir ohne lange Fragen eine winzige Dachkammer zum Schlafen überliess. Wahrscheinlich am nächsten Morgen begab ich mich in die Lübecker Aussenstelle des SD und verlangte ein Anmeldeformular, um meinen Namen zu ändern. Gewundert hat das niemanden dort – ich war, wie man heute weiss, ja nicht der einzige. Passanträge waren bereits keine mehr da.[28]

Mehr als fünfzig Jahre später scheint uns die Suche nach den Motiven für den Namenswechsel jedoch interessanter als die Frage, woher Schneider die Papiere letztlich hatte. Auch hier sollte zunächst Hans Schwerte Gelegenheit haben, sich zu äussern. Seine Antwort auf die Frage der WDR-Redakteurin Barbara Alexander-Thieme, weshalb er seinen Namen nicht behalten habe, wenn es stimme, dass er keine höhere Position in der SS innegehabt habe:

---

[26] Mayr 1995, S. 94.
[27] Zur Anmeldung in Lübeck siehe Rusinek 1996a, S. 113. Rusinek schliesst aus der Tatsache, dass H. E. Schneider seine Initialen nicht beibehielt, auf „*geringe Professionalität*" der Fälschung und scheint daraus wiederum zu folgern: „*Ausgeschlossen ist, dass Schneider/Schwerte perfekte, vom SD zur Verfügung gestellte Papiere auf seinen neuen Namen bei sich trug.*" (ibid.). Dann müsste Six bei seiner Namensänderung (in Georg Becker) noch weniger professionell vorgegangen sein (s. Hachmeister 1998, S. 277).
[28] Schwerte, zitiert nach Leggewie 1998, S. 149.

> Den Namen habe ich deshalb nicht behalten, weil ich wusste, dass es dann wahrscheinlich zehn Jahre dauern würde, bis ich überhaupt wieder gehört werden würde. Das ist klar. Man hätte mich vielleicht überhaupt nie gehört mehr. Weil man eben dasselbe sagen [lies: *gesagt hätte* – die Verf.] wie Sie, ich sei ja an hoher Stelle gewesen, ich hätte ja auch das und das getan. Wer, glauben Sie, hätte einem, der die SS-Uniform angehabt hätte, hat, irgendwie Mitrederecht gegeben? Ganz selten wäre das der Fall gewesen. Wir wussten doch, wie wir eingeschätzt waren, mit Recht, mit Recht.[29]

Diese Aussage verrät einen bestimmenden Charakterzug Hans Ernst Schneiders, eine Eigenschaft, die nicht nur auch Hans Schwerte ‚eigen' ist, sondern die vielmehr seine ‚Existenz' überhaupt erst begründete: Geltungsdrang. Schneider/Schwerte ist ein ‚Macher', immer gewesen, voller Ambitionen, reich an Ideen, intelligent, ausgestattet mit Organisationstalent, flexibel einsetzbar, und ehrgeizig: Man kennt das Vokabular aus Stellenanzeigen in der FAZ. Schneider, so könnte man Schwertes Antwort paraphrasieren, wollte auch nach dem Ende des Krieges gestalten können, wollte die Chance wahren, in verantwortlicher Position über die gesellschaftliche Zukunft mitentscheiden zu können. Und es ist spätestens an diesem Punkt, dass sich die Geister derjenigen scheiden, die über den ‚Fall' Schwerte intensiver gearbeitet haben. Für die einen ist damit nämlich erwiesen, dass Schneider/Schwerte ein Anpasser ist, dem es immer nur darauf ankommt, im Dunstkreis der Mächtigen zu leben und zu arbeiten, welcher Ideologie oder welchem politischen System er dabei diene, sei ihm letztlich gleichgültig gewesen: „*der Opportunist Schneider* [hat] *lediglich die den jeweiligen Zeitumständen entsprechende Form einer Karriere gewählt*",[30] urteilen zum Beispiel die Fachschaftler an der RWTH Aachen. Schwertes Nachfolger auf dem Aachener Lehrstuhl Theo Buck tendiert ebenfalls in diese Richtung:

> Als mit der bedingungslosen Kapitulation Hitlerdeutschlands das Ende der Nazidiktatur gekommen war, dürfte es dem inzwischen 36jährigen Schneider, der sich ab jetzt für ein halbes Jahrhundert hinter dem Namen Schwerte verbarg, klar gewesen sein, dass nunmehr eine radikale Umorientierung angezeigt war. Langsam, aber sicher vollzog er die fällige geistige Wende um 180 Grad. Intelligent genug war er, unter dem falschen Namen das genaue Gegenteil von dem zu verlautbaren, was er als Hans Ernst Schneider geschrieben hatte. So wurde im vereinfachten Verfahren der Selbstentnazifizierung und der Selbstamnestie aus dem mehr als linientreuen SS-Offizier ein vorgeblich überzeugter Musterdemokrat, der das Zeug zu haben schien, am Aufbau eines demokratischen Deutschlands mitzuwirken. Das ‚Leben mit Maske' konnte beginnen.[31]

---

[29] WDR-Interview mit Schwerte, S. 3.
[30] N.N. 1995a, S. 212.
[31] Buck 1996, S. 57.

Diese Argumentation changiert zwischen dem Vorwurf des ewigen Opportunisten und dem, erst seit Kriegsende ein Betrüger zu sein. Denn dass Schneider ein überzeugter, ein ‚mehr als linientreuer' Nationalsozialist gewesen ist, steht, soweit wir feststellen konnten, für alle Kritiker fest. Ebenso steht für viele aber fest, dass alles, was ‚Schneider' unter dem Namen ‚Schwerte' gesagt und getan hat, Betrug gewesen ist: Schwerte sei nur *„vorgeblich"* ein überzeugter Musterdemokrat gewesen, er *„schien"* nur das Zeug zu haben, am demokratischen Aufbau mitzuarbeiten. Theo Bucks Fazit: Schwerte ist ‚Maske', Schneider ist seine ‚wahre Identität'. Diese Argumentation beruht im wesentlichen auf zwei Thesen: Erstens, der ‚Namensbetrug' und das damit verbundene Verschweigen seiner Vergangenheit als SS-Offizier stempelt eo ipso alle danach begangenen Handlungen Schneider/Schwertes zum Betrug: *„Es gibt kein richtiges Leben im falschen."*[32] Zweitens, ein überzeugter Nationalsozialist kann sich unter diesen Bedingungen nicht zum überzeugten Demokraten wandeln. Beide Thesen halten wir für problematisch.[33]

Um auf Hans Schwertes Begründung für den Namenswechsel zurückzukommen: ‚Wer hätte einem, der die SS-Uniform angehabt hat, denn schon irgendwie Mitrederecht gegeben'. Das wäre in der Tat wohl nur ganz selten der Fall gewesen, jedenfalls in der unmittelbaren Nach-Kriegszeit. Interessant an dieser Passage ist aber auch, dass Schwerte in dem darauffolgenden Satz in den Plural verfällt: *„Wir wussten doch, wie wir eingeschätzt waren, mit Recht, mit Recht."*[34] Möglich, dass sich dieses *„wir"* nur auf das Kollektiv der SS-Uniformträger beziehen soll; es könnte aber auch ein Hinweis darauf sein, dass in jenen späten Apriltagen 1945 nicht nur der SS-Hautpsturmführer Dr. Hans Ernst Schneider Gedanken darüber anstellte, ob er nach dem Krieg wohl noch irgendwo werde mitreden können. Mit anderen Worten: es könnte ein Indiz dafür sein, dass neben Schneider noch andere Kollegen und Bekannte einen Namenswechsel erwogen und vollzogen. Dafür spricht vor allem auch die folgende Aussage Schwertes, seine Antwort auf die Frage, wann und warum er seinen Namen gewechselt habe:

---

[32] So ein Zitat von Theodor W. Adorno, das Buck als Motto seinem Aufsatz in Sprache und Literatur voranstellt, und dem zwei weitere Zitate folgen: *„... das inferno ist vorwand für lehrstühle! ..."* (Hans Magnus Enzensberger) und *„Opportunismus, die Grundkrankheit unseres Jahrhunderts."* (Alexander Kluge). Buck 1996, S. 48.
[33] Siehe dazu im Kap. XXX.
[34] WDR-Interview mit Schwerte, S. 3.

Das war Ende April oder Anfang Mai, so genau weiss ich das nicht mehr. Also, vor Kriegsende eigentlich schon. Gewechselt, weil, das habe ich heute ja schon mehrfach am Telefon gesagt, ich wage das gar nicht mehr zu sagen, weil das so pathetisch klingt, weil wir mit einigen anderen Leuten der Meinung waren, dass im deutschen Volk, deutschen Staat, eine grundsätzlich andere ?Aufbau? [unverständlich] gemacht werden müsse. Ob wir das Wort „demokratisch" damals schon verwendet haben, das kann ich Ihnen nicht so genau sagen. Aber wir haben bestimmt das Wort, es muss wieder in die Humanität der Welt zurückgelangen. Das war nicht ich alleine, sondern das waren auch andere. Wir haben uns die Hand drauf gegeben, [...]. Das Ende dieses Grössenwahns, das lag ja auf der Hand, April '45, dass es halt zuende sein müsse, und wir, gerade wir, die wir aus den scheinbar radikalsten Ecken kamen, wir die Verpflichtung hatten, hier am ehesten für das einzustehen, was wir uns da vorgestellt haben, dass das unbedingt in diese Bahn, so wie wir dann ja langsam in die Demokratie hineingekommen sind.[35]

Es sprechen also einige Indizien, die zudem auf Schwertes eigenen Aussagen beruhen, dafür, dass der Namenswechsel des Leiters des Germanischen Wissenschaftseinsatzes Teil einer ‚Aktion' war, die von einer Gruppe verschiedener Leute aus demselben oder aus benachbarten Arbeitsgebieten beschlossen wurde – wie der ‚Spiegel' 1950 lakonisch schrieb: den Namen zu wechseln, das „*wurde allgemeiner SD-Brauch.*"[36] Wenn man den Ausführungen Schwertes über die Motive dieser Gruppe glaubt – an einem ‚demokratischen Neuanfang' mitarbeiten zu wollen –, dann kann wohl ausgeschlossen werden, dass es hierzu einen Befehl von oben gab, obschon die Geschichte der DDR-Oppositionsbewegungen Ende der achtziger Jahre den Historiker dafür sensibilisieren sollte, auch das scheinbar „Absurde" in Erwägung zu ziehen. Sofern Schneider und andere also aus eigenem Antrieb, aus eigener Einsicht handelten, muss diese Erkenntnis, dass es ‚halt zuende sein müsse' mit dem ‚Grössenwahn', in einem relativ kurzen Zeitraum gereift sein: im März oder im April 1945. Noch am 17. März schrieb Schneider „*gleichsam persönlich*" – und, was hier entscheidend ist, aus eigenem Antrieb – an seinen Vorgesetzten Sievers einen Brief, in dem er dem Ahnenerbe-Geschäftsführer „*einen grundsätzlichen Einblick*" in das gewährte, was ihn und seinen Kollegen Hans Schwalm „*im Rahmen unserer Arbeit hier sehr beschäftigt und uns auch Sorgen macht*". Die Lektüre des mehr als drei Seiten umfassenden Schreibens lässt jedenfalls von dieser neuen Erkenntnis noch nichts ahnen:

---

[35] WDR-Interview mit Schwerte, S. 1 f.
[36] N.N. 1950, S. 12. – Schwerte betont demgegenüber, dass er keiner „Gruppe" angehörte. Schwerte an Simon 29.12.98.

"Ihr Mann ist tot und lässt Sie grüssen" 285

Schon unsere [i.e. Schneiders und Schwalms] Mitarbeit und unser Einschalten bei der Amtsgruppe D hat ja im Grunde sowohl den bisherigen Arbeitsrahmen des „Ahnenerbe" wie auch den der eigenen Abteilung „Germanischer Wissenschaftseinsatz" zum Teil weit überschritten. Eine grössere Verbreiterung der Basis dieser Arbeit ergab sich dann zwangsläufig dadurch, dass die von der Amtsgruppe gestellten Themen und Themenkreise eine Einordnung in einen allgemeineren grösseren Rahmen erforderlich machten. Schon unsere seinerzeitigen Gespräche in Waischenfeld und die daraus entstandenen Vorschläge an den Reichsführer-SS weisen in eine Richtung, die im Grunde auf einen allgemein heute noch möglichen Einsatz der gesamten deutschen Geisteswissenschaften unter Führung durch die SS zielte. Durch die sich durch Weiterführung unserer hiesigen Besprechungen ergebenen engen Zusammenarbeit[37] mit dem Reichssicherheitshauptamt, das seinerseits wieder aufs engste mit dem Reichsdozentenführer zusammenarbeitet, wurde diese Basis noch mehr verbreitert und wir sind in diese Gesamtarbeit auch vollgültig eingespannt. [...] Das einzige, was wir können, ist, immer wieder darauf hinzuweisen, dass sowohl ich wie SS-Hauptsturmführer Prof. Schwalm Angehörige des „Ahnenerbe" sind und uns als solche nicht nur an diesen Führungsaufgaben beteiligen, sondern dazu geradezu aufgefordert worden sind. So ergibt sich fast von selbst die Notwendigkeit, [...] immer wieder auf das Reichssicherheitshauptamt als den Träger dieses Kriegseinsatzes zu verweisen, insbesondere dann, wenn, was fast immer der Fall ist, die Frage auch bei unseren persönlichen Verhandlungen auftaucht, von wem wir eigentlich zu dieser umfassenden Arbeit legitimiert wären.[38]

Schwerte teilte an anderer Stelle mit, die *„Erfahrung einer ‚Konversion'"*, gar einer *„Schockkonversion"*,[39] erst im Mai/Juni 1945 in Lübeck gemacht zu haben.[40] Immer wieder rekurriert Schwerte auch auf ein Motiv, das er schon vor und im 2. Weltkrieg als Hauptmotiv von Veränderungswünschen äusserte: „Ich wollte Lehrer werden, welcher Art immer."[41] Das lässt, alles zusammengenommen, die These am plausibelsten erscheinen, dass die von Schwerte seit 1995 gemachten Aussagen das wenig zuverlässige und aussagekräftige Ergebnis retrospektiven Wunschdenkens und objektiver Erinnerungsschwierigkeiten sind.

Als weiteres Motiv für den Namenswechsel, wenn nicht als das Motiv überhaupt, wird Schwertes Äusserung im Interview mit dem WDR genommen, er

---

[37] Vermutlich ist damit gemeint: *Die enge Zusammenarbeit mit dem RSHA, die sich aus der Weiterführung unserer hiesigen Besprechungen ergab, ...* Diese Lesung ist aber unsicher.
[38] Schneider an Sievers 17.3.45 – s. Anhang (Dokument 11).
[39] So Schwerte im Gespräch mit Leggewie 1998, S. 154 f. Dort auch die wörtliche Wiedergabe der Schilderung Schwertes eines zufälligen Zusammentreffens mit einem ihm unbekannten Angehörigen eines KZ-Wachpersonals, der ihm eingestand „*dabei gewesen zu sein"* – eine Formulierung, die bei Schwerte die *„Schockkonversion"* ausgelöst habe.
[40] Schwerte 1996.
[41] Schwerte an Simon 29.12.98, GIFT-Archiv MW-Korr.

‚wäre sonst ja aufgehängt worden'. Die Mutmassung, Schneider sei unmittelbar an Verbrechen beteiligt gewesen, liegt auch für den Aachener Germanisten Ludwig Jäger nahe:

> Warum Schneider glaubte, seine Identität wechseln zu müssen, während die höherrangigen SS-Führer wie z. B. Spengler und Rössner dies nicht taten, ist unerfindlich und mag mit Handlungen zu tun haben, die nur ihm bekannt sind. Dass er fürchtete, für seine Taten aufgehängt zu werden, muss immerhin nachdenklich stimmen.[42]

Tatsächlich äusserte Schwerte in besagtem Interview, man ‚hätte ihn aufgehängt'. Die entsprechende Passage lautet:

[Frage:]	Ja, haben Sie sich denn nicht damit beschäftigt, ich sage jetzt mal, 1945. Das erste, was die Amerikaner gemacht haben war ein Tribunal in Nürnberg mit vielen, vielen [Kriegsverbrecher-] Prozessen. Haben Sie sich damals nicht damit beschäftigt, was die Organisation ...?
[Antwort:]	Aber sicherlich. Ich habe mich nicht erst damals, sondern ich habe mich schon am Tag im Mai '45 damit beschäftigt. Sollte ich nun auf die Strasse gehen und sagen, ich war auch einer, verhaftet mich und hängt mich auf? Das wäre die andere Möglichkeit gewesen. Das wäre nach Meinung vieler, auch Ihrer vielleicht, die tapfere Lösung gewesen. Da hätte ich gesagt, ich bin's, hängt mich auf. Wenn ich in der Ostzone, also in der russisch besetzten Zone gewesen wäre, wäre das in einer halben Stunde passiert.
[Frage:]	Hätte man Sie aufgehängt?
[Antwort:]	In der russischen Zone: ja.
[Frage:]	Und die Amerikaner?
[Antwort:]	Alle. Die Amerikaner vielleicht nicht, aber die hätten mir einen langen Prozess vielleicht gemacht, was weiss ich. Ich nehme an.
[Frage:]	Was hätten sie Ihnen denn vorwerfen können? Dass Sie theoretisch etwas untermauert haben, was praktiziert wurde, oder was?
[Antwort:]	Praktiziert wurde, wir hatten ja die grauen Uniform an. Wahrscheinlich ja, wahrscheinlich.[43]

Der Kontext dieser Äusserung, ‚man hätte mich aufgehängt', spricht weniger für eine Art individuelles Schuldeingeständnis aus heutiger Sicht als dafür, dass viele Mitglieder der SS in den letzten Kriegswochen und -tagen die Befürchtung hatten, sie würden von den Alliierten summarisch zur Rechenschaft gezogen und hingerichtet werden. Uns scheint, dass die Äusserung Schwertes eher seine *damalige* Gefühlslage ausdrückt, was wohl mit ihm geschehen wäre, hätten ihn die Alliierten im Mai 1945 unter dem Namen Schneider aufgegriffen. Die Ungewissheit über das weitere Schicksal war ja

---
[42] Jäger 1996, S. 47.
[43] WDR-Interview mit Schwerte, 27 f.

in der Tat auch in der gewöhnlichen Bevölkerung sehr gross; die hohe Zahl an Selbstmorden unter Deutschen – und nicht nur unter Grössen der Partei oder ihrer Gliederungen und angeschlossenen Verbände – ist ein deutlicher Hinweis dafür.

Zusammenfassend ist festzustellen, dass über die ‚technischen Details' des Namenswechsels wenig mit Bestimmtheit gesagt werden kann. Die von Hans Schwerte in verschiedenen Interviews dargelegten Motive gehen nicht immer zusammen mit den angeblichen Umständen, unter denen der Namenswechsel erfolgte. Am wahrscheinlichsten und plausibelsten erscheint uns daher die Annahme, dass es sich entweder um eine mit anderen SD-Mitarbeitern abgesprochene und gemeinschaftlich durchgeführte ‚Aktion' handelte, die möglicherweise dem Zweck diente, an einem Neuaufbau Deutschlands mitwirken zu können, oder dass der Namenswechsel das Ergebnis einer mehr oder weniger spontanen, aus dem Gefühl existentieller Angst getroffenen Entscheidung ist, deren Realisierung sich einer gesuchten, letztlich aber eher zufällig gefundenen Gelegenheit auf dem Schwarzmarkt verdankt.

„Auftauchen ist Dummheit und vielleicht sogar Selbstmord" – Von Illegalen, U-Booten und Braunschweigern

Schwarzbürger Hans Söhnlein, früher Gestapo-Beamter, heute Chauffeur in Hamburg, biss, wie die meisten seinesgleichen, nicht auf den Amnestie-Köder der Bundesregierung. „Auftauchen ist Dummheit und vielleicht sogar Selbstmord", warnte er alle illegalen Bekannten, die bis zum Amnestie-Stichtag (31. März [1950]) schwankten, ob sie sich beim nächsten Polizeirevier melden sollten, um dann ungestraft wieder ihren alten Namen annehmen zu können.[44]

Als Mensch mit neuem Namen, unsicherer Zukunft und zweifelhafter Vergangenheit stand Hans Schwerte in der Nach-Kriegszeit nicht allein. Er war beileibe auch nicht der einzige, der 1950 das erste ‚Angebot' der Bundesregierung ablehnte, in seine ‚wahre' Biographie zurückzukehren. Wie der ‚Spiegel' in seinem Beitrag weiter berichtete, hätten sich die meisten Illegalen bereits so sehr in ihre neue Rolle hineingelebt,

---

[44] N. N. 1950, S. 12.

[...] dass ihnen über ihr gespaltenes Dasein keine Skrupel mehr wachsen. Mancher fing in jeder Beziehung neu an – auch mit der Liebe, Ehe und Familie. Er kann jetzt nicht mehr zum alten Namen zurück, ohne robuste Zusammenstösse mit den Gesetzen.

Das Phänomen der „Illegalen" ist der interessierten Öffentlichkeit nicht zuletzt durch den „Fall" Schwerte – und durch andere seither zur Kenntnis gelangten Fälle – bekannt geworden. Das Thema ist somit eines jener Aspekte bundesrepublikanischer Geschichte, die erst jetzt in das Bewusstsein der Öffentlichkeit dringen. Die Existenz der sog. ‚Braunschweiger' war zwar durchaus nicht wenigen Zeit- bzw. ‚Ex-Volksgenossen' der Nach-Kriegszeit bekannt gewesen, doch zumindest für die Presse war sie damals kein grosses Thema.[45] Lediglich im Rahmen des Amnestiegesetzes wurden die Illegalen in der politischen Debatte ins Spiel gebracht. Ihre Zahl wurde jedoch in der Diskussion offenbar übertrieben: von bis zu 80 000 Illegalen war die Rede,[46] was rund 0,16 % der westdeutschen Bevölkerung entsprochen hätte.

Der ‚mangels Beteiligung' geringe Erfolg der Amnestie – soweit es Paragraph 10 betrifft, der sich auf Illegale bezog – dürfte nicht nur damit zu erklären sein, dass sich viele „Braunschweiger" durchaus erfolgreich in die neue Biographie eingelebt hatten. Die Zurückhaltung der ‚U-Boote', aufzutauchen, wird zum Teil auch darin begründet gewesen sein, dass das Gesetz lediglich die Namensfälschung und die daraus resultierenden Vergehen amnestierte; etwaige Verbrechen und Straftaten aus der Kriegszeit blieben unberührt. Das Hamburger Polizeipräsidium konnte beispielsweise bis zum Stichtag lediglich zwanzig Personen neue Ausweispapiere unter dem alten Namen aushändigen, obwohl man davon ausging, dass allein in Hamburg rund 4 000 ehemalige Angehörige der SS, des SD, der HJ-Führung und der Sicherheitspolizei illegal lebten.[47] Bundesweit hatten sich bis zum 31. März 1950, dem Stichtag, nur 241 Personen bei der Polizei gemeldet.[48] Vor dem Hintergrund dieser Tatsache könnte man argumentieren, die unterbliebene Wahrnehmung des Amnestie-Angebots sei ein deutliches Indiz dafür, dass die betroffenen Personen an justiziablen Handlungen während des Krieges beteiligt waren. Zwingend oder gar beweiskräftig ist dieser Schluss nicht.

---

[45] Frei 1996, S. 51.
[46] N. N. 1950, S. 12.
[47] ibid.
[48] Frei 1996, S. 51.

Im Juni 1949 schrieb Karl Wilhelm Böttcher einen Beitrag in den „Frankfurter Heften", in dem er sich auf der Grundlage eigener umfangreicher Recherchen mit der *„Frage nach der Existenz jener höheren und mittleren Führer der NSDAP, des nationalsozialistischen Staates und der Wehrmacht"* beschäftigte, die im Untergangsstrudel unter- und bald darauf mit falschem Namen wieder aufgetaucht waren.[49] Möglicherweise gehörte Böttcher selbst zu dieser Gruppe.[50] Falls Böttcher selbst ein Illegaler war, könnte dies die auffallende ‚Umsicht' erklären, mit der der Autor seinen Beitrag einführte. Von der Illegalität als ‚persönlichem und sozialem Schicksal' ist da die Rede, *„nicht aber als eine[r] politische[n] Entscheidung"*: kein ‚Werwolf', keine ‚verschworene Gemeinschaft', keine ‚Untergrundbewegung' sei die Gruppe der Illegalen. Von ihr gehe keine Gefahr für die Demokratie aus – im Gegenteil:

> Die missratene Denazifizierung der in der Legalität lebenden Massen ist in diesem Zusammenhang gewiss gefährlicher als die Illegalität.[51]

Böttcher nannte keine Zahlen, er gab lediglich zu verstehen, dass es mehr Illegale gebe, *„als man auf den ersten Blick anzunehmen geneigt sein könnte"*. Diese *„qualifizierte Minderheit"*, wie Böttcher sie nannte, habe zum Teil bei alliierten Nachrichtendiensten Unterschlupf gefunden. Mit anderen Worten: sie hatten schon wieder einen Maskenwechsel vollzogen und lebten nur noch scheinbar in der Illegalität. Der andere, grössere Teil lebe auf sich allein gestellt, ohne Rückhalt bei den Besatzungsbehörden. Wenn man Böttchers Angaben glauben schenken darf, dann rekrutierte sich die Gruppe der Illegalen einerseits aus Personen, die aus alliierten Internierungslagern entwichen waren, anderseits – und mehrheitlich – handelte es sich um Einzelne, die sich aus welchen Gründen auch immer bei Kriegsende aus „ihren alten Bindungen" gelöst hatten. Böttcher weiter:

> Durch Zufall oder über gemeinsame Bekannte fanden sie im Laufe der Jahre zusammen und sind heute, nicht nur soziologisch gesehen, eine Gruppe. Ohne dass sie organisiert sind, bilden sie offenbar ein lockeres *Netz*, das aus vielen Kreisen und aus Verbindungen untereinander und zu alten Freunden besteht, die oft formal wenig oder gar nicht „belastet" sind. Von dieser Gruppe her spannen sich weitere *Verbindungen*, die über einzelne persönliche Beziehungen tief in das öffentliche Leben reichen. [...]

---

[49] Böttcher 1949, S. 492.
[50] In welchem Falle seine Ausführungen den Charakter von Zeitzeugen-Aussagen hätten, aber auch mit entsprechend zusätzlicher Vorsicht zu behandeln wären. Es gibt Hinweise darauf, dass Böttcher selbst einen falschen Namen führte, so Wolfram Köhler von der Universität Düsseldorf (vgl. Rusinek 1996a, S. 116, Fussnote 321).
[51] Böttcher 1949, S. 493.

XXV. Bedingungen des (Über-)Lebens in der Nach-Kriegszeit

Man kann sie etwa als eine Art von lose gefügter Selbsthilfe betrachten, die sich aber auf Dauer darauf nicht beschränken muss. Sie kann der Eigenart, dem Temperament, der Veranlagung und der Vergangenheit nach, unter Umständen *politische Reaktionen* auslösen.[52]

Der eher düster klingende Hinweis auf mögliche ‚politische Reaktionen' lässt offen, welcher Natur diese Reaktionen sein könnten. Dass ‚der Untergrund' als Ganzes hätte politisch aktiv werden können, scheint eine recht naive Annahme; realistischer erscheint da schon die Spekulation, dass einzelne über Informationen verfügt haben könnten, deren Bekanntwerden politisch Wellen geschlagen hätte. Böttcher schilderte zehn Schicksale Illegaler „als Beispiel". Nach welchen Kriterien er seine Auswahl traf, darüber äusserte er sich nicht. Hier die wesentlichen biographischen Daten dieser Personen:

Eins: Jahrgang 1909; aus mittelständischer Familie; Studium der Kunstgeschichte und der Malerei; seit 1929 Mitglied der NSDAP und der SA; in hohen Partei- und politischen Funktionen eingesetzt; Zugang zum Führer. Erhielt seine neuen Papiere durch *Zwei*; zunächst als Buchillustrator, dann als Musiker tätig.

Zwei: Jahrgang 1908; aus angesehener Juristenfamilie; Studium, farbentragender Verbindungsstudent; seit 1933 in der SS; bekannte Erscheinung im ns. Führerkorps; Angehöriger der Leibstandarte Adolf Hitler; enger Mitarbeiter eines Gauleiters. Beschaffte für sich und für *Eins* Papiere über eine Bekannte bei einer kleinen Gemeindeverwaltung; als „Handlungsreisender" mit dem Auto unterwegs, um Verbindungen zu knüpfen und aufrechtzuerhalten.

Drei: Jahrgang 1913; aus Beamtenfamilie; Studium an der Hochschule für Politik in Berlin; Mitglied der SA; ab 1940/41 in der Reichsleitung der Partei. Erhielt von einem befreundeten Hamburger Polizeibeamten unmittelbar vor Kriegsende eine Notkennkarte mit falschem Namen; zunächst als Landarbeiter, dann als Büroangestellter, dann in höherer Stellung in einem grossen Industriebetrieb tätig.

Vier: Geboren ca. 1909; aus preussischer Offiziersfamilie; Studium der Rechtswissenschaft; Mitglied der NSDAP seit Studententagen; zunächst im Rundfunk tätig, dann politisches Amt im Staatsdienst. Bei Kriegsende in Gefangenschaft, beschaffte er sich nach seiner Entlassung durch Vermittlung eines alliierten Offiziers einen

---

[52] ibid., S. 495 f.

Blanko-Entlassungsschein; einige Zeit für einen Nachrichtendienst tätig; gründete Handelsfirma und knüpfte auf Reisen alte Verbindungen neu; nach der Währungsunion arbeitete er als einfacher Arbeiter in einer Maschinenfabrik.

Fünf: Geboren ca. 1907; ursprünglich Beamter; Mitglied der NSDAP seit 1930; in einem westdeutschen Gau „in Amt und Würden"; angeblich während des Krieges in einem der besetzten Gebiete eine „Figur von gewichtigem Einfluss". Änderte erst Mitte 1947 mit Hilfe eines gefälschten Registrierscheines seinen Namen; schuf sich einen kleinen Besitz, auf dem er Kohl anbaut.

Sechs: Jahrgang 1914; aus Arbeiterfamilie stammend; Ausbildung als Dreher; ehemaliger hoher Führer der HJ. Reiste nach dem Krieg viel durch alle Besatzungszonen, um alte Verbindungen wieder anzuknüpfen; arbeitet seit dem Krieg unter anderem als Maurer und Montage-Arbeiter.

Sieben: Jahrgang 1904; Ausbildung im Handel; frühzeitig Mitglied der NSDAP; Kreisleiter, später in den höheren Regionen der Parteiführung: „Sein Einfluss war ebenso bedeutend wie unheilvoll". Ist bestrebt, noch einmal eine politische Rolle zu spielen und knüpft deshalb alte Kontakte wieder an; hat eine unbedeutende Stellung in der Organisation einer demokratischen Partei.

Acht: Jahrgang 1917; aus Handwerkerfamilie stammend; Ausbildung zum Kaufmann; mit Achtzehn in die SS eingetreten; zuletzt Obersturmführer. Aus russischer Kriegsgefangenschaft entwichen; siedelte mit Familie und falschem Namen nach Bayern; wurde erkannt; ging durch zwei Flüchtlingslager, die er beide mit neuem Namen verliess; als Beamter in einer Stadtverwaltung tätig.

Neun: Jahrgang 1921; HJ-Mitglied seit 1933; dort als höherer Führer tätig; im Krieg Offizier. Gründete nach dem Zusammenbruch eine politische Untergrundorganisation, die mit Terror gegen die Entnazifizierung kämpfen wollte: „Aus Einsicht in die möglichen Folgen wurde der Plan bald verworfen"; beobachtete seit 1948 ohne Auftrag „die kommunistische Infiltration aus dem Osten".

Zehn: Jahrgang 1913; aus Arbeiterfamilie stammend; als Volksschullehrer tätig; Kreisleiter in einem ostdeutschen Gau; als Führer einer Volkssturm-Abteilung in russische Gefangenschaft geraten. Schlug sich von Rostow bis Graz durch; ging unter falschem Namen in englische Kriegsgefangenschaft; seit 1947 in Westdeutschland, wo er eigenes Unternehmen gründete; besitzt zahlreiche persönliche Verbindungen zu allen Parteilagern.

Die Mehrheit dieser Zehn teilt mit dem Illegalen Hans Schwerte einige biographische Gemeinsamkeiten: sie sind späte Vertreter der ‚überflüssigen' Generation der nach 1900 Geborenen,[53] deren Kindheit und Jugend von den Entbehrungen des Weltkrieges und den darauf folgenden politischen und ökonomischen Wirren geprägt war. Sie entstammen Familien, die der Arbeiterklasse oder dem Mittelstand angehören, jenen Schichten also, die von Inflation und Massenarbeitslosigkeit der zwanziger und frühen dreissiger Jahre am meisten betroffen waren. Sie hatten weder am ‚Fronterlebnis' teil, jenem *„legitimierenden Mythos"* der Generation Adolf Hitlers,[54] noch waren sie alt genug, um zu Lebzeiten des Dritten Reiches in hohe führende Positionen zu gelangen: dort sassen in der Regel Angehörige derselben Generation, die zwischen fünf und zehn Jahre älter waren als sie. Am Beispiel von Hans Ernst Schneider: seine unmittelbaren Dienstvorgesetzten im Ahnenerbe waren Walther Wüst, Jahrgang 1901, und Wolfram Sievers, Jahrgang 1905. Der oberste Chef, Reichsführer-SS Heinrich Himmler, wurde 1900 geboren. Womit nicht gesagt sein sollte, dass diese ‚Überflüssigen' aufgrund ihrer subalternen Stellung unbedeutend gewesen wären. Im Gegenteil, sie repräsentierten die ‚Führungsreserve', die Nachwuchselite des nationalsozialistischen Regimes. Als Kreisleiter, Mitarbeiter in der Gau- oder Reichsleitung, hoher Funktionär bei der HJ, als SS-Obersturmfüher oder – im Falle Schneiders – als SS-Hauptsturmführer und Abteilungsleiter im Amt A des Persönlichen Stabes RFSS gehörten die oben genannten Illegalen zum Führerkorps der NSDAP oder ihrer Gliederungen, das vom Internationalen Militärtribunal in Nürnberg am 1. Oktober 1946 zur „verbrecherischen Organisation" erklärt wurde. Das ‚Befreiungsgesetz' vom 5. März 1946 erklärte unabhängig davon jede Person für „hauptschuldig", die

> [...] sich in einer führenden Stellung der NSDAP, einer ihrer Gliederungen oder eines angeschlossenen Verbandes oder einer anderen nationalsozialistischen oder militaristischen Einrichtung betätigt hat.[55]

Das Gesetz sah ein Strafmass von mindestens zwei, höchstens zehn Jahren Arbeitslager vor. Billiger wäre keiner der oben Genannten erst einmal davon-

---

[53] Siehe Peukert 1987, S. 25 ff.
[54] ibid., S. 30.
[55] Gesetz zur Befreiung von Nationalsozialismus und Militarismus, Art. 5, Nr. 4.

gekommen, Schneider inklusive. Dass viele dann doch billiger davonkamen, war noch 1950 nicht unbedingt vorherzusehen.

Aus welchem Grunde und auf welchem Wege auch immer sich ehemalige Nationalsozialisten und andere Personen bei Kriegsende eine falsche Biographie zulegten, viele haben das Amnestie-Angebot 1950 und 1956 nicht angenommen, lebten unter ihrem neuen Namen fort. Private oder familiäre Umstände mögen eine Rolle gespielt haben: manche werden, anders als Schwerte, neue Lebenspartner gefunden haben, die vom Namenswechsel keine Ahnung hatten. In jedem Fall aber brauchte es Mut und Willen, neugewonnenen Freunden, Bekannten, den Arbeitskollegen und Vorgesetzten zu gestehen, dass man sie jahrelang über die eigene Vergangenheit getäuscht habe.

Dass das eigentliche Problem aber nicht die falschen Biographien seien, sondern vor allem die Existenz von Nazis, darauf wies in Böttchers Beitrag Alexander Mitscherlich hin. In seiner Stellungnahme zur Frage der Illegalen schrieb der Psychoanalytiker:

> Der Zusammenschluss der Nationalsozialisten war mächtig genug, um frevntlich die Welt herauszufordern, aber auch um diese Welt nicht nur politisch und militärisch, sondern bis zur Erweckung tiefer Hassgefühle mobilisieren zu können. So entsteht die merkwürdige Lage, dass Nazis zwar nicht als politisch organisierte Gruppe überleben, dass sie aber nach den Erwartungen und dem Gefühlsdiktat ihrer ehemaligen Gegner nicht existieren dürfen. Wo sie also wieder öffentlich werden, können sie nur beitragen, den noch lange nicht vergessenen Hass gegen Deutschland und die Unmenschlichkeiten der Nazizeit zu mobilisieren. Durch dieses „nicht sein kann, was nicht sein darf" lässt sich aber das brennende innenpolitische Problem nicht zum Verschwinden bringen. Die Nazis haben im grössten Stil von der Proskription Gebrauch gemacht ... Einen moralischen Anspruch auf mildere politische Beurteilung besitzt insbesondere auch die „qualifizierte Minderheit" unter ihrem Führercorps keineswegs. Aber die politische Klugheit zwingt aus dem historischen Memento von Proskriptionen zu lernen. [...]
> Es ist ein unentschuldbarer Selbstbetrug – und ein schwerer faktischer politischer Irrtum dazu, wenn ein Staatswesen grössere oder kleinere Gruppen seiner Mitglieder in die Illegalität drängt. Dann sind nämlich nicht nur diese Staatsgegner, sondern der Staat selbst ist antisozial. Natürlich wäre es leichter, mit der Vergangenheit des Nationalsozialismus fertig zu werden, wenn ihn eine echte politische Revolution und nicht nur eine administrative Papierbewegung vernichtend getroffen hätte. Die Folge ist, dass sich die Affekte nicht neutralisiert und für neue Bindungen befreit haben, sondern, dass sich Nazis und Nichtnazis nach wie vor so fremd und feindlich sind wie vorher.

Eine politische Umerziehung ist ein moralisch erfreulicher, aber politisch wirkungsloser Wunschtraum. Eine neue Lebensform, um die das deutsche Volk im Augenblick als um eine letzte Chance seines politischen Fortlebens ringt, kann nur durch die Anteilnahme *aller* erstritten werden. Wenn es noch Nazis unter uns gibt – und nur Heuchler können dies abstreiten wollen – dann also auch unter Mitwirkung von ihnen. Wir sind uns der Gefahr bewusst; aber es hat gar keinen Sinn, diese Gefahr von vornherein als Schreckgespenst auszumalen. Wer das tut, glaubt nicht an die Kraft einer neuen toleranten Lebensform unter den Deutschen. *Wir müssen also durch eine Amnestierung (die sich selbstverständlich nicht auf Verbrechen gegen die Menschlichkeit beziehen wird) den ehemaligen Nazis mit der Konsolidierung der deutschen Verhältnisse die Möglichkeit geben, in einem politischen fair play mitzumachen.*

Zum Schluss: Ich glaube nicht, dass die Figuren des untergetauchten nationalsozialistischen Führerkreises die eigentliche politische Gefahr in Deutschland darstellen, sondern jener Bürger, der sich – während ich diese Zeilen schreibe – am Nebentisch beim fünften Bier zu seinem Nachbarn hinüberbeugt und ihm etwas ins Ohr flüstert, was er für eine politische Neuigkeit hält, was aber nur eine Mischung aus ältestem Ressentiment, politischer Einsichtslosigkeit und Geschäftserwartungen ist.[56]

Es ist eine der zahllosen Ironien jener Jahre – man könnte auch sagen: eine Laune ausgleichender Gerechtigkeit – dass der vermeintliche Vorteil der falschen Biographie sich in vielen Fällen offenbar nicht materialisierte: Keiner der vorgestellten zehn Illegalen scheint das ‚grosse Los' gezogen zu haben. Im Vergleich mit den Nachkriegskarrieren anderer Angehöriger des NS-Führerkorps, die ihren Namen *nicht* wechselten, drängt sich der Schluss beinahe auf, dass die Flucht in die Illegalität ein wenig lohnenswertes Unterfangen war. Zur Illustration das Beispiel zweier hoher SS-Funktionäre, von denen der erste nur für einige Zeit einen falschen Namen trug, der zweite nie:

– *Bernhard Baatz,*[57] geboren 19.11.1910. Jurist, Oberregierungsrat; SS-Obersturmbannführer im Reichssicherheitshauptamt, Amt IV (Gegnerforschung und -bekämpfung), dort zuständig für die besetzten Gebiete im Westen und Norden; Kommandeur des Sicherheitsdienstes in Estland; dann Kommandeur der Sicherheitspolizei für den Reichsgau Sudetenland. Zuvor für Polen und den Zwangsarbeitereinsatz zuständig und Führer eines Einsatzkommandos in Russland. Nach dem Krieg nahm Baatz zunächst einen anderen Namen an und arbeitete als Gutsverwalter und Lagerarbeiter. 1953 bis 1967 Geschäftsführer der Mannesmann-Wohnungsbaugesellschaft in

---

[56] Alexander Mitscherlich. in: Böttcher 1949, S. 508 f.
[57] Nicht zu verwechseln mit Rudolf Baatz. s.o. Kap. XIX.

Duisburg. Ein Strafverfahren gegen ihn wegen Ermordung ausländischer Zivilarbeiter wurde 1971 eingestellt. Baatz starb Ende der achtziger Jahre.[58]
– *Werner Best*, geboren 10.7.1903 haben wir oben schon in Kapitel VIII vorgestellt. Ausserdem liegt jetzt die vorbildliche Studie von Ulrich Herbert vor. Hier darum nur das Wichtigste. Wie Baatz Jurist war er als Leiter des Amtes I im Reichssicherheitshauptamt tätig, dessen geistiger Vater dieser zeitweilige Stellvertreter von Heydrich war. 1940–42 beim Militärbefehlshaber in Frankreich unter anderem für die Bekämpfung des Widerstandes zuständig, danach bis Kriegsende als Reichsbevollmächtigter in Dänemark. Dort wurde Best 1948 wegen Kriegsverbrechen zum Tode verurteilt, man revidierte das Urteil jedoch und wandelte es in zwölf Jahre Haft um. 1951 freigelassen, kehrte Best nach Deutschland zurück, wo er bis zu seiner Pensionierung beim Stinnes-Konzern als Justitiar arbeitete. Kaum in Freiheit, wurde Best aktiv, auch andere Kriegsverbrecher aus dem Gefängnis zu holen, wobei ihm ein Freund aus Pariser Besatzungszeiten half: Ernst Achenbach, ehemaliger Leiter der Politischen Abteilung der Deutschen Botschaft in Frankreich und nunmehr Landtagsabgeordneter und Vorsitzender des Aussenpolitischen Ausschusses der FDP. Achenbach propagierte öffentlich und parteiintern eine umfassende Generalamnestie. Die argumentative Grundlage dafür lieferte Best in einer Denkschrift mit dem sprechenden Titel: „*Gesichtspunkte zur Liquidation der politischen Strafsachen einer abgeschlossenen Epoche.*"[59] Mehrere Ermittlungsverfahren, die seit Mitte der sechziger Jahre gegen ihn liefen, mündeten 1972 in einer Anklageschrift wegen Mordes an mindestens 8 700 Juden. Bis 1982 wurde aber aus verwaltungstechnischen und anderen Gründen keine Anklage erhoben; im Herbst 1983 entschied das Oberlandesgericht Düsseldorf, dass das Verfahren gegen Best aus gesundheitlichen Gründen nicht mehr eröffnet werden könne. Best starb 1989.[60]

Weder Baatz noch Best hatten also von Seiten der bundesdeutschen Justizbehörden ernsthafte Konsequenzen für ihr Tun im Dritten Reich gedroht. Das war keine aussergewöhnliche Behandlung. Den Umgang der Deutschen mit mutmasslichen oder tatsächlichen Kriegsverbrecher beurteilte der damalige

---

[58] SS-Nr. 46414, NSDAP Nr. 941790 (Liste der SS-Führer vom SDHA BAD ZR 920 A.145 Bl. 185–271, Bl. 186 – Herbert 1997).
[59] vgl. hierzu Frei 1996, S. 106 f.
[60] vgl. Liste der SS-Führer vom SDHA BA ZR 920 A.145 Bl. 185–271, Bl. 186 – Vorschlag zur Ernennung 2.8.40, BA ZR 2 Bl. 201ff – N.N. 1983 – Werner 1993, S. 13 – Herbert 1997.

Oberkommandierende der US-Streitkräfte in Deutschland, Thomas T. Handy, schon zu Beginn der fünfziger Jahre eindeutig und wenig schmeichelhaft. Handy hatte laut Besatzungsstatut die Zuständigkeit für deutsche Häftlinge, die nach dem Krieg vor amerikanischen Militärtribunalen verurteilt worden waren. In einem Schreiben an das Department of the Army äusserte sich Handy am 30. Januar 1952 ablehnend zu der Frage der Übergabe der Kriegsverbrecher in den deutschen Strafvollzug:

> Die Bundesregierung und das deutsche Volk betrachten viele der Kriegsverbrecher nicht als Verbrecher, sondern eher als politische und militärische Märtyrer; Erfahrungen mit der deutschen Regierung im Hinblick auf ähnliche Typen von Verbrechen nach dem Ersten Weltkrieg zeigten mangelndes deutsches Verantwortungsbewusstsein bei der Ausführung der Verpflichtungen. Kürzlich gewonnene Erfahrungen mit deutschen Justizbehörden, denen Gefangene überantwortet worden waren, zeigten exzessive Nachlässigkeit und Günstlingswirtschaft [...].[61]

1995 wiesen wir auf die Möglichkeit hin, dass Schwerte-Schneider wie Six vielleicht sogar unter einem dritten Namen für Geheimdienste gearbeitet haben könnte.[62] Das löste bei mehreren Wissenschaftsforschern eine Reihe von z. T. fantasievollen Überlegungen über alternative Lebensläufe aus. An sich sind solche Konstruktionen kaum mehr als einige Fragen wert. Dennoch sei hier auf eine solche Konstruktion näher eingegangen.

Mitte Juli 1996 hielt der Zürcher Germanist Klaus Weimar an der RWTH Aachen einen Vortrag über den ‚Germanisten Hans Schwerte', in dem er sich mit der *Kritik* an Schwerte-Schneiders Maskenwechsel auseinandersetzte.[63] Weimar fragte sich und seine Zuhörerinnen und Zuhörer, wie ein Nachkriegslebenslauf, der unsere Billigung fände, denn hätte aussehen müssen? Der Redner bot einen *alternativen* Lebenslauf an:

Schneider wird 1945 in der britischen Besatzungszone festgenommen, wird in Neuengamme bei Hamburg interniert, 1947 vom zuständigen Spruchgericht als SS-Angehöriger zu zwölf Monaten Haft verurteilt. Die Haftzeit wird mit der Internierungszeit verrechnet: der gerade Verurteilte wird freigelassen. Von einem Entnazifizierungsausschuss wird Schneider in die Kate-

---

[61] Handy an Dept. of the Army 30.1.52, NA RG 466 Dec. 321.6 CGR Box 28. Zitiert nach Brochhagen 1994, S. 71.
[62] s. Simon 1996.
[63] Für dies und das Folgende s. Weimar 1997, S. 46 f.

gorie III (Minderbelastete) eingereiht; die Eintragung der Strafe ins Strafregister wird verfügt.

Diese Annahmen Weimars sind, im historischen Vergleich, durchaus realistisch. Wären Schneiders Nach-Kriegsjahre so verlaufen, wäre die Schuld des ehemaligen SS-Hauptsturmführers dann gesühnt gewesen? Die einzig mögliche Antwort darauf scheint: Nicht mehr und nicht weniger als die Schuld so vieler anderer, die Verantwortung im und für das Dritten Reich und seine Verbrechen trugen.

Weimar strickte diesen *fiktiven* Lebenslauf Schneiders weiter: im Herbst 1947 Fortsetzung des Studiums, Promotion, Assistenz, Habilitation – und irgendwann in den frühen sechziger Jahren kann diese fiktive Biographie dann in den *realen* Lebenslauf Schwertes einbiegen: Berufung nach Aachen, Rektorat, Bundesverdienstkreuz. Einzige Ausnahmen: er nimmt die Honorarprofessur[64] der Universität Salzburg nicht an (sie wäre *Schneider* wohl auch kaum angeboten worden) und er wird nicht mit der Pflege der Wissenschafts- und Kulturbeziehungen zwischen NRW und den Niederlanden beauftragt. Weimar weiter:

> Wenn wir mit diesem Alternativlebenslauf doch noch nicht so ganz zufrieden sind, weil wir grundsätzlich keine Leute mit SS-Vergangenheit zu einem öffentlichen Lehramt zulassen wollen, dann verbietet sich die Ankoppelung an den Lebenslauf Schwerte. Schneider, so will ich nunmehr sagen, kommt im Herbst 1947 nach der Entlassung aus dem Internierungslager als Hilfsarbeiter im Lager einer Spedition unter, in der er sich in den Jahren des Wirtschaftswunders bis zum Geschäftsleiter und Mitinhaber hocharbeitet, um im Herbst 1978 allseits geachtet in den Ruhestand zu treten. War es also so gemeint? Nehmen wir an, dass dieser Lebenslauf in Ordnung ist.[65]

Die gesamte Tendenz des Weimar-Vortrages fand man in Aachen nicht in Ordnung. Dem Redner wurde unter anderem vorgeworfen, er lasse eher den Tätern Gerechtigkeit wiederfahren als ihren Opfern; dass es jenseits des Namens keine Identität geben könne, dass Identität und Glaubwürdigkeit auf der Anerkennung des eigenen Namens beruhten; dass zwischen Schwerte-Schneider und anderen ‚belasteten' Professoren ein kategorialer Unterschied bestehe, weil Schneider auch hauptberuflich Denunziant der Nazis gewesen

---

[64] Schwerte weist darauf hin, dasses sich hier nicht – wie mehrfach behauptet wurde – um eine Ehrendoktorwürde, sondern um eine Honorarprofessur handelte. Schwerte an Simon 29.12.98, GIFT-Archiv MW-Korr.
[65] Weimar 1997, S. 48.

sei.⁶⁶ Die Kritik an Weimar kann detaillierter als hier in der Aachener Lokalpresse nachgelesen werden.⁶⁷ Dass wir sie für nicht stichhaltig halten, dürfte aus unserer Darstellung deutlich werden. Interessant ist, dass die Kritiker Weimars die Frage nicht beantwortet haben, welches Nachkriegsleben sie Hans Ernst Schneider denn zugestanden hätten.

Vom Leben mit und ohne Persilschein

„Man will allgemein wieder alte soziale Rangstufen erreichen." So fasste Karl Wilhelm Böttcher in seinem Beitrag in den „Frankfurter Heften" die gesellschaftlichen Ambitionen der Illegalen zusammen,⁶⁸ die sich zumindest in dieser Hinsicht nicht von den Wünschen und Hoffnungen aller anderen Deutschen unterschieden haben dürften. Für grosse Politik, gar Weltentwürfe, war in den meisten Fällen weder Zeit noch Wille, vorläufig jedenfalls. Dort wo Anläufe unternommen wurden, sich politisch zu reorganisieren, liess man es sehr bald wieder bleiben. Es galt zumeist, sich einzurichten in diesem neuen Leben, in dieser neuen Gesellschaftsform, die sich da langsam etablierte – mit dem alten Personal, aber unter neuer Führung.

Leben und beruflicher Werdegang von Schwerte alias Schneider lassen sich historisch und gesellschaftlich eher einordnen, wenn man zum Vergleich die Nachkriegsbiographien ehemaliger Kollegen und anderer, in etwa gleichrangiger oder darüber einzuordnender SS-Funktionäre heranzieht. Vielleicht lässt sich dann auch einigermassen realistisch ermessen, was andernfalls wilde Spekulation bleibt: die Antwort auf die Frage, wie funktional der Wechsel in eine falsche Biographie in Schneiders konkretem Fall überhaupt gewesen ist?

Auf die Nachkriegsbiographien von Alfred Zastrau und Hans Rössner, die Schwerte-Schneider persönlich kannte, wurde bereits ausführlich eingegangen.⁶⁹

Rudolf Till war wie Schneider Abteilungsleiter im Ahnenerbe, er hatte die „Lehr- und Forschungsstätte für klassische Philologie und Altertumskunde" unter sich. Den Forschungsauftrag erhielt Till von Himmler persönlich:

---

⁶⁶ vgl. „Zitiert". in: Aachener Zeitung 12.7.96.
⁶⁷ Schuld und Sühne im Fall Schwerte. in: Aachener Zeitung 12.7.96 – Schwertes ‚selbsttragende Karriere'. in: Aachener Zeitung 13.7.96 – Kein wörtliches Zitat. in: Aachener Zeitung 27.7.96.
⁶⁸ Böttcher 1949, S. 506.
⁶⁹ s. Kap. V und IX.

„*Italien und Griechenland nach seinen indogermanisch-arischen Zusammenhängen zu studieren*".[70] Seine Berufung 1938 an die Münchner Universität – er war zuvor Universitätsdozent in Berlin – verdankte er wahrscheinlich der Intervention des Reichsführers-SS beim zuständigen Wissenschaftsminister Bernhard Rust.[71] Wie Till bei der Entnazifizierung eingestuft wurde, ist unbekannt. Nach den Kriterien des „Befreiungsgesetzes" hätte er als „Hauptschuldiger" gelten müssen, was mindestens zwei Jahre Arbeitslager bedeutete und ihm eine weitere Hochschultätigkeit unmöglich gemacht hätte. Tatsächlich war Till von 1949 an für zehn Jahre als „Unterrichtsleiter im Landerziehungsheim Birklehof" im Schwarzwald tätig.[72] Erst 1958 erhielt er wieder einen Ruf als ordentlicher Professor an eine deutsche Universität – wie der Zufall so spielt, handelte es sich dabei um die Friedrich-Alexander-Universität Erlangen-Nürnberg, wo auch Hans Schwerte tätig war. Ob Till seinen ehemaligen Abteilungsleiter-Kollegen als solchen erkannte?[73]

Wie Hans Ernst Schneider war auch Hermann Conring im Krieg für einige Zeit in den Niederlanden eingesetzt, als Beauftragter des Reichskommissars für die Provinz Groningen.[74] Geboren 1894 im ostfriesischen Aurich, war Conring in der Weimarer Republik als Regierungsrat im Preußischen Finanz- und im Staatsministerium tätig, ab 1927 und bis Kriegsende als Landrat von Northeim und Leer. Nach dem Krieg wurde er 1952 erneut Landrat in Leer. Im Jahr darauf, 1953, kandidierte er für die CDU zum niedersächsischen Landtag und zum Bundestag, dem er mehrere Legislaturperioden angehörte.[75] Als Bundespräsident Lübke Conring im Sommer 1965 das Bundesverdienstkreuz verlieh, erhob die niederländische Regierung offiziellen Protest: Conring sei mitverantwortlich für die Deportation von fünf- bis sechstausend Juden. Der Abgeordnete bestritt das keineswegs, machte aber geltend, von der Existenz der Vernichtungslager nicht gewusst zu haben. Als Reaktion auf die niederländischen Proteste gab Conring das Verdienstkreuz zurück. Einige

---

[70] Himmler an Wüst 10.12.37, zit. nach Kater 1974, S. 71 f. [Falsches Possessivpronomen im Original].
[71] vgl. ibid., S. 138.
[72] vgl. Kürschner's Gelehrtenkalender 1961, s.u. Till, Rudolf.
[73] Informationen, auch Gerüchte, scheint es darüber in Erlangen keine zu geben, wie auf dem Erlanger Symposium 1996 zu erfahren war. Till starb im Juni 1979 in Buckenhof bei Erlangen (Kürschner's Gelehrtenkalender 1983, Nekrolog).
[74] Für diese und die folgenden Informationen über Conring, soweit nicht anders angegeben, siehe Deutschkron 1995, S. 141 f.
[75] vgl. Datenbank Bundestagsabgeordnete seit 1949. Haus der Geschichte der Bundesrepublik Deutschland, Bonn.

Monate später wurde er von der CDU erneut zum Kandidaten seines Wahlkreises für den Bundestag nominiert.

Conring und Schneider waren nicht nur beide in den Niederlanden tätig, sie hatten auch seit dem Frühjahr 1941 miteinander zu tun.[76] Spätestens im Juli 1942 lernten sie sich auch persönlich kennen, als Schneider anlässlich eines Besuches in Groningen beim „Provinzialbeauftragten Dr. Conring" vorsprach. Die beiden unterhielten sich über die Zukunft der von Conring geleiteten Vereinigung ›Ostfriesische Landschaft‹, konkret: deren Kontrolle durch das Ahnenerbe.[77] Bei dieser Vereinigung handelte es sich um einen Verein, der seine Geschichte bis ins frühe Mittelalter zurückverfolgte. Die ›Landschaft‹ setzte sich aus Vertretern des ostfriesischen Adels, der ostfriesischen Städte und Landgemeinden zusammen.[78] Sie war im Innenministerium auf die Abschussliste geraten.[79] Auch die SS hatte anfangs Bedenken.[80] Conring zeigte sich entsprechend bei dieser Unterhaltung „weitgehendst" entgegenkommend und wollte die ›Landschaft‹ auf eine neue institutionelle Grundlage stellen.[81] Die Kontakte und Verbindungen zwischen der von Conring geführten ›Landschaft‹ und den SS-Wissenschaftlern wurden schliesslich auf Vorschlag von Arend Lang[82] im Juni 1943 durch den korporativen Beitritt zum Ahnenerbe formalisiert.[83]

Eine publizistische Nachkriegskarriere verfolgte der SS-Hauptsturmführer *Horst Mahnke*, Jahrgang 1913, der kurz vor Kriegsende ‚untertauchte'. Er tat dies nicht allein, sondern gemeinsam mit seinem Vorgesetzten, dem SS-Brigadeführer Franz Alfred Six, der im Dritten Reich unter anderem Dekan

---

[76] Im Zusammenhang mit Besetzungsfragen an der Universität Groningen. s. hierzu Jäger 1998, S. 176 ff.
[77] Schneider an Sievers 6.7.42, BA NS 21/296.
[78] vgl. o.V. [Arend Lang], Die „Ostfriesische Landschaft". Geschichtliche Entwicklung, jetziger Zustand, Zukunftsaufgaben. o. D. [vor 17.4.41], BA NS 21/296. Zur ›Ostfriesischen Landschaft‹ s. Zondergeld 1978, Reeken 1993 und Jäger 1998, S. 306–311. Überdies danken wir Bernhard Daenekas für weitere Informationen zur ›Ostfriesischen Landschaft‹.
[79] Schneider an Sievers 6.7.42, BA NS 21/296 – vgl. a. Sievers an RMI 10.8.42, ibid. – AV. Wolff 16.9.42 ibid. + NS 21/970 – RMI an Sievers 18.11.42, BA NS 21/296 – Schneider an Lang 25.11.42, BA NS 21/974 – Conring an ›Ahnenerbe‹ 11.2.43, BA NS 21/296.
[80] AV. Schneider 13.1.42, BA NS 21/99.
[81] Der Vorschlag, im ›Ahnenerbe‹ eine ›Forschungsstätte für friesische Kultur, Volks- und Sippenkunde‹ mit Sitz in Aurich zu gründen, geht auf den holländischen Prähistoriker Bohmers zurück, angeblich schon am 7.12.38 mit Himmler besprochen. Bohmers an Wüst 20.3.40, BA NS 21/614.
[82] s. AV. Schneider 16.2.43, BA NS 21/978.
[83] vgl. Sievers an Conring 25.6.43, BA NS 21/296.

der auslandswissenschaftlichen Fakultät der Uni Berlin, Chef des Amtes VII des Reichssicherheitshauptamtes und Leiter der kulturpolitischen Abteilung im Auswärtigen Amt gewesen war. Six nahm – wie erwähnt – Ende April 1945 den Namen Georg Becker an, sein persönlicher Referent Horst Mahnke wurde Georg Groke. Mahnke hatte (wie H. E. Schneider) in Königsberg studiert, und zwar an Sixens Zeitungswissenschaftlichem Institut. Er schloss sich damals auch dem Sicherheitsdienst an, für den er „Berichte und Dossiers über universitäre Vorgänge" schrieb.[84] Im Oktober 1939 promovierte Mahnke bei Six über die Freimaurer-Presse in Deutschland. In dem von Six geleiteteten Amt VII des RSHA, „Weltanschauliche Forschung und Auswertung", war Mahnke für das Referat B 3 zuständig: Marxismus. Parallel dazu arbeitete er als Assistent an der Auslandswissenschaftlichen Fakultät der Berliner Universität – auch diese ein „Kind" des Sicherheitsdienstes, das von seinem Doktorvater geleitet wurde. Der Schüler folgte dem Meister auch in den Krieg im Osten: in dem von Six befehligten „Vorauskommando Moskau". Diese enge Beziehung zwischen Chef und Assistent überdauerte auch den Zusammenbruch 1945: als Six 1948 in Nürnberg der Prozess gemacht wurde – der amerikanische Geheimdienst hatte nach Kriegsende monatelang intensiv nach ihm gefahndet –, sagte Mahnke als Zeuge für seinen Doktorvater aus, was dazu beitrug, dessen Kopf zu retten: Six wurde mangels eindeutiger Beweise für seine Beteiligung an der Erschiessung von Juden nicht hingerichtet, sondern zu zwanzig Jahren Haft verurteilt. An Mahnke und dessen Rolle bei den Liquidationen hatten die amerikanischen Ankläger kein Interesse. Mahnke, alias Georg Groke, war Mitte Januar 1946 ebenfalls vom amerikanischen CIC geschnappt worden, kurze Zeit nach Six. Solcherart wieder zu seinem eigentlichen Namen gekommen, wurde Mahnke 1952 Ressortleiter „Internationales" beim SPIEGEL, der im übrigen über die Umstände der Verhaftung von Six und Mahnke 1948 „en detail" berichtet hatte, wie Lutz Hachmeister 1996 recherchierte:

> Der Artikel über die Verhaftung der Six-Gruppe und den Tod der Schwester [von Six] Marianne war ein Musterstück für viele frühe Spiegel-Texte über den NS-Staat. Sie enthielten Insider-Kenntnisse, die nur von unmittelbar Eingeweihten stammen konnten (und zwar über die normale Recherche hinaus), sie waren zumeist als dunkel raunende Crime-Stories

---

[84] Diesen und zwei weitere Fälle von ehemaligen Nazis in der Redaktion des ›Spiegel‹ deckte der Kölner Publizist und Medienwissenschaftler Lutz Hachmeister in der taz auf. Für die genannten und die folgenden Informationen zu Mahnke siehe Hachmeister 1996 – Hachmeister 1997 – Rürup 1987, S. 80 – Liste der SS-Führer vom SD-Hauptamt, BA ZR 920 A.145, Bl. 185–271 – Niederschrift Dittel 11.4.42, BA ZR 540 A.21, Bl. 161–169.

konstruiert, sie zeigten deutliche Antipathien gegen die „Besatzer" und gaben Hinweise auf neue Wohnorte und Netzwerke der NS-Elite. In diesem Sinne diente das Nachrichtenmagazin den SD-Leuten als Relaisstation für neue Orientierungen im demokratischen Staat. Der Spiegel entwickelte sich zu einer SD-Mailbox, in der kräftig für die eigene Sache geworben werden konnte.[85]

Mahnke blieb, so Hachmeister, bis 1959 beim SPIEGEL, wo Six offenbar des öfteren auftauchte, um Mahnke zu besuchen. Danach arbeitete er für den Springer-Verlag, unter anderem als Leiter des „politischen Büros". Zuletzt war er beim Verband Deutscher Zeitschriftenverleger als Geschäftsführer tätig. Er starb 1985.

Wir nennen diese Beispiele von Nachkriegskarrieren nicht mit der Absicht, durch die Methode des Vergleichs den Fall Schwerte/Schneider zu verharmlosen oder Schwerte-Schneiders Verhalten zu entschuldigen. Es geht hier nur darum, herauszufinden, wie funktional der Maskenwechsel des Hans Ernst Schneiders eigentlich gewesen ist. Die geschilderten Beispiele lassen erkennen, dass weder das Verweilen in der ursprünglichen Biographie, noch das Bekanntwerden – und damit *Scheitern* – einer falschen Biographie in den Nach-Kriegsjahren und in der frühen Bundesrepublik zu wesentlichen Nachteilen in sozialer, ökonomischer oder juristischer Hinsicht geführt haben. Das galt auch für in Nürnberg Verurteilte vom Kaliber eines F. A. Six. Sieben Jahre nach der Kapitulation war er ein freier Bundesbürger. Zwar wäre die Wiederaufnahme seiner Hochschulkarriere undenkbar gewesen, falls er das gewollt hätte, und dasselbe dürfte wohl für das Auswärtige Amt gegolten haben. Doch niemand hinderte Six daran, schon ein Jahr nach der Haftentlassung als persönlich haftender Gesellschafter die Geschäfte des C. W. Leske-Verlags in Darmstadt zu führen und somit erneut im Mediensektor tätig zu werden.

Zahlreiche weitere Beispiele liessen sich hier anführen, auch im Hochschulbereich. Hier sei nur auf einige wenige, in unterschiedlicher Hinsicht extreme Beispiele hingewiesen. Ein ideologischer Zuträger des Nationalsozialismus wie der Sprachwissenschaftler Leo Weisgerber, der als „Zensuroffizier" und auch im Auftrag des RSHA in der besetzten Bretagne Propaganda trieb und Kollaborateure betreute und dem in der Bretagne eine ähnliche Rolle zugedacht war wie Schneider in Holland, musste seinen Lehrstuhl

---
[85] Lutz Hachmeister 1996, S. 12.

in Bonn nach 1945 keineswegs räumen. Er durfte sich „zu den ersten Bonner Professoren" rechnen,

> die im September 1945 in ihrem Amt durch die britische Militärregierung bestätigt wurden, und ausserdem durch die amerikanischen Spruchkammern als von dem Gesetz zur Befreiung vom Nationalsozialismus nicht betroffen erklärt ... [86]

Der Indogermanist Heinrich Junker, der als SD-Mitarbeiter Studenten und Kollegen denunzierte und im „Kriegseinsatz der Indogermanisten" aktiv war, wurde Anfang der fünfziger Jahre in einen wissenschaftlichen Beirat des DDR-Staatssekretariats für Hochschulwesen berufen und erhielt eine Professur an der Humboldt-Universität, obwohl er 1945 in Leipzig entlassen worden war und die dortigen (ehemaligen) Kollegen sich hartnäckig und erfolgreich weigerten, ihn in seine alte Professur wieder einzusetzen.[87]

Der Assistent des Strassburger Anatomen August Hirt, Anton Kiesselbach, war an den Menschenversuchen seines Chefs im Konzentrationslager Natzweiler beteiligt, was seiner Ernennung zum Ordinarius an der Medizinischen Akademie in Düsseldorf nach 1945 keineswegs im Wege stand.[88] Nicht wenige der im Zuge der Entnazifizierung aus dem Lehrbetrieb entfernte Hochschullehrer wurden nach 1951 wieder zugelassen: das vom Bundestag verabschiedete sog. „131er-Gesetz", das unter anderem die Wiederverwendung NS-belasteter Beamter regelte, machte es möglich.[89]

---

[86] Weisgerber an Krahe 26.9.49, UA TÜ 267/35.
[87] Für eine detailliertere Darstellung beider Fälle siehe Lerchenmueller/Simon 1997, S. 109–114 – Lerchenmueller 1997, S. 383–434 – Simon 1982.
[88] So Klee 1997.
[89] Zu diesem Gesetz siehe unter anderem Frei 1996, S. 69–100.

XXVI.
Erlanger Schreibübungen

Im Sommer 1946 findet Schwerte-Schneider seine Familie wieder, die in der Nähe von Ansbach lebt. Er selbst ist bis zu diesem Zeitpunkt als Student an der Universität Hamburg immatrikuliert. Er wechselt ins Fränkische und setzt das Studium in Erlangen bis zum Sommer 1947 fort.

Die Tatsache, dass Schwerte in Erlangen Assistent von Heinz Otto Burger wurde, der seine eigene, wenig rühmliche Vergangenheit als Germanist im Dritten Reich nicht mit einem neuen Namen maskierte, sondern unbekümmert weiterforschte und -lehrte, bis ihn in den frühen sechziger Jahren seine damaligen Publikationen ein- und damit vom noch nicht bezogenen Rektorenstuhl der Uni Frankfurt herunterholten,[1] diese Tatsache also war *ein* Ausgangspunkt der Theorie, dass Schwertes Karriere das Ergebnis ‚nationalsozialistischer Netzwerke' oder ‚brauner Seilschaften' gewesen sei, gewesen sein müsse. Der Theorie, dass die Beziehung Schwertes zu Burger mit diesem Netzwerk zu tun hatte, widerspricht aber das zeitliche Nacheinander von Schwertes und Burgers (Wieder-) Eintreten in ein Dienstverhältnis an der Universität: Schwerte war seit 1.6.47 als Assistent am Erlanger Deutschen Seminar angestellt, Burger nahm seine Tätigkeit als Ordinarius für neuere deutsche Literatur erst zum Wintersemester '47/48 wieder auf.[2]

Das sagt natürlich nichts darüber aus, ob und was Burger über die Vergangenheit Schwertes wusste. Dass die beiden sich im Dritten Reich kennen gelernt bzw. miteinander zu tun hatten, ist bislang nicht nachgewiesen.[3] Jäger

---
[1] vgl. N. N. 1963.
[2] vgl. Lebenslauf Schwerte. in: Schwerte 1948a, S. 61 – Jasper 1996, S. 11.
[3] Was im übrigen auch Buck konzediert: „*Alles spricht dafür, dass die beiden Nazi-Germanisten sich schon seit dieser Zeit kannten, Burger also – wie viele andere – Kenntnis vom Vorleben seines Assitenten und für dessen ‚Tat und Trug' mithin grösstes Verständnis gehabt haben dürfte.*" (Buck 1996, S. 58. Unterstreichungen nicht im Original).

hält es für „nicht ganz unwahrscheinlich", dass sich Schneider und Burger in Danzig auf einer von Schneider im Juni 1942 organisierten „Ostlandausstellung" begegnet sind.[4] Aus der von ihm angegeben Quelle geht aber nur hervor, „dass im Juni einige Herren der Volkschen Werkgemeenschap nach Berlin und Danzig reisen müssen, um dort die hier [= Den Haag, G. S.] geplante Ostlandausstellung vorzubereiten."[5] Weder sagt die Quelle also, dass im Juni 1942 in Danzig eine Ostlandausstellung stattfand, noch dass Schneider auch nur zur Vorbereitung der Ausstellung nach Danzig, dem Wirkungsort Burgers, gehen wollte, geschweige denn, anwesend war. Auf ähnliche Weise sind bisher alle Spekulationen über ein Mitwissen Burgers über Schwertes Vergangenheit in sich zusammengebrochen.

Als Mitwisser des Maskenwechsels von Schneider zu Schwerte müsste man dann auch Hans Joachim Schoeps in Betracht ziehen, der 1938 als Jude nach Schweden emigrierte. Immerhin ist hier aktenkundig geworden, dass Schoeps eine „gemeinsame bündische Vergangenheit" mit Zastrau hatte.[6] Schoeps war nach 1945 in Erlangen Professor sowie Begründer und Herausgeber der ›Zeitschrift für Religions- und Geistesgeschichte‹, die seit 1947 in Leiden und Köln erschien. 1958 gründete er mit Professoren, Lehrern, Verlegern und Publizisten – zumeist Beiträgern der genannten Zeitschrift – die ›Gesellschaft für Geistesgeschichte‹, der auch Schwerte angehörte.[7] 1967 brachte er in der von ihm herausgegebenen Reihe des Klett-Verlags den Sammelband „Das Wilhelminische Zeitalter" heraus, in dem auch einer der wichtigsten Beiträge Schwertes zur Literaturgeschichte („Deutsche Literatur im Wilhelminischen Zeitalter") wieder abgedruckt wurde. Damit ist natürlich alles andere als erwiesen, dass Schoeps tatsächlich Mitwisser war. Schneider war schliesslich nicht Zastraus ständiger Begleiter.

Schwerte promovierte Ende 1948 mit einer Studie über den Zeitbegriff bei Rilke. Als Berichterstatter fungierten Helmut Prang und Heinz Otto Burger; Hans Joachim Schoeps war Mitberichterstatter. Schwerte legte nur eine „Teilabschrift" der Dissertation vor, die Genehmigung dazu hatte ihm Rudolf Kömstedt erteilt, der damalige Dekan der Philosophischen Fakultät. „Die

---

[4] Jäger 1998, 275.
[5] Schneider an Wolff, 15.5.42, BA NS 21/76. Diese Überprüfung wurde ausgelöst durch einen Hinweis von Schwerte an Simon, 29.12.98.
[6] Zastrau an Schoeps, 7.7.1951, DLA marbach NL Zastrau, Korr. Schoeps – Eine Antwort Schoeps' findet sich in diesem Nachlass leider nicht.
[7] Zu diesem und dem Rest des Absatzes s. Schoeps 1967.

ganze Arbeit erscheint im Druck", heisst es auf Seite Zwei des eingereichten Exemplars. Dazu ist es nie gekommen: „Schwierigkeiten bei der Währungsreform, so wird Schwerte neun Jahre später im Habilitationsgesuch schreiben, machten eine Drucklegung dann aber unmöglich", wie der Erlanger Germanist Ulrich Wyss aus den Akten zitiert.[8] Die Teilabschrift umfasst 31 Seiten Text, ausschliesslich der Fussnoten, die den Umfang der Dissertation allerdings verdoppeln. Ein vollständiges Exemplar der Rilke-Arbeit ist mittlerweile von Schwerte bei der Erlanger Universitätsbibliothek hinterlegt worden. Schwerte legt wert auf die Feststellung, dass diese „Schuldigkeit" eingelöst worden war, *„bevor Jäger seinen Aufsatz drucken liess"*.[9] Damit ist der Aachener Germanist Ludwig Jäger gemeint, dessen Aufsatz „Germanistik – eine deutsche Wissenschaft" in einem Heft der von ihm mitherausgegebenen Zeitschrift „Sprache und Literatur" 1996 erschien. Jäger äusserte darin Zweifel an der Rechtmässigkeit der Führung eines Doktortitels durch Hans Ernst Schneider; in bezug auf die oben geschilderten Umstände des Erlanger Promotionsverfahrens sprach er von „Merkwürdigkeiten".[10]

Als wissenschaftlicher Assistent am Erlanger Deutschen Seminar hielt Hans Schwerte seit dem Wintersemester 1949/50 literaturwissenschaftliche Einführungsübungen und Unterseminare ab, bei denen – so wird erzählt – sein sechs Jahre älterer ‚Chef' Burger den „frischgebackenen Doktor Schwerte zu visitieren" pflegte und diesen dabei „den Abgrund fühlen" liess, der zwischen einem Assistenten und einem Lehrstuhlinhaber klafft.[11]

In diese Zeit fallen auch die ersten Publikationen unter dem Namen Hans Schwerte. Sie erschienen sowohl in germanistischen Fachzeitschriften, als auch in der Zeitschrift „Die Erlanger Universität". Es ist ein merkwürdiger, ein nicht leicht zu entziffernder Hans Schwerte, der einem bei der Lektüre dieser Texte in der „Erlanger Universität" entgegentritt – wenn man um seinen Maskenwechsel weiss. *Ohne* dieses Wissen fallen seine Beiträge keineswegs aus dem Rahmen, bewegen sie sich zumeist innerhalb des germanistischen und politischen *mainstream* der anderen Beiträge dieses Periodikums. Sie alle

---
[8] Wyss 1996, S. 84. Hier auch eine inhaltliche Kritik der Dissertation.
[9] Schwerte 1996.
[10] Jäger 1996, S. 16, Fussnote 60. – s. dazu oben Kap. II.
[11] Wyss 1996, S. 83.

sind vor dem Hintergrund jenes entwaffnenden Offenbarungseides zu lesen, den die bundesrepublikanischen Germanisten auf ihrem ersten Nachkriegs-Germanistentag 1950 in München geleistet hatten:

> Im Rahmen der Vorträge kam die Frage noch nicht zur Geltung, wie wir heute nach erschütternden Erfahrungen unsere Dichtungsgeschichte sehen.[12]

Wollte man Gemeinsamkeiten suchen und benennen, dann wären da als unsicheres, nicht gesetztes Füllmaterial des gemeinsamen Grundes, auf dem die Autoren standen, zu nennen: unsicher-ambivalenter Umgang mit den Exilanten, problematische Annäherungen an die literarische Moderne, und strenger Antikommunismus. Ein Lesebeispiel, nicht von Schwerte:

> Ist es nun so schwer zu erkennen, dass die Propaganda für diese [kommunistische] Ideologie den einzigen Zweck auch der ostzonalen ‚historischen Filme' darstellt, mögen sie noch so vorzügliche literarische Ahnen haben? Muss man ein ‚engstirniger Bürokrat' sein, um auf den Gedanken zu verfallen, dass es wenig vernünftig ist, eine politische Partei zu verbieten, wenn man gleichzeitig ihrer wirksamsten, weil an der Stirne gar nicht kommunistischen Propaganda alle Tore öffnet?

Nein, man musste kein ‚engstirniger Bürokrat' sein, um der Zensur das Wort zu reden, man war Lehrer an einer bundesdeutschen Universität, anno 1957.[13] Auch Schwerte stand auf solch unsicherem Grund. Als einzig sichere Basis machen wir bei der Lektüre seiner Beiträge in der „Erlanger Universität" die Ablehnung jeder Form von Ideologie, von totalem Anspruch auf Weltverständnis und Welterklärung aus. Das heisst nicht, Schwerte habe damals *ideologiefrei* geschrieben, auch nicht, dass in seinen Texte nicht Ideologeme, Vorurteile und Reflexe nationalsozialistischer Provenienz zu finden wären. Aber heisst das, dass da ein Hans Ernst Schneider sich verrät, der hinter der Maske Hans Schwerte unverändert sein Dasein fristet?

Erlanger und Aachener Germanisten haben auf ein „besonders starkes Stück" hingewiesen, das Schwerte sich 1951 in einem dieser Beiträge geleistet habe:[14] Ein Angriff auf den Exilanten Thomas Mann, den Schwerte unter Verwendung eines Werfel-Zitats als „Vorheizer der Hölle" bezeichnete.[15] Buck stellt im Zusammenhang seiner Ausführungen über diesen Beitrag unter anderem auch fest:

---

[12] Arends/Brinkmann 1950, S. 60 – zu Hennig Brinkmann s. Lerchenmueller/Simon 1997, S. 21 f. – Hutton 1999, 242 ff.
[13] Kamlah 1957.
[14] Buck 1996, S. 61 f. Der Erlanger Professor Theodor Verweyen machte auf dem Erlanger Symposium zum Fall Schneider/Schwerte am 15.2.96 auf den Artikel aufmerksam.

Das Vorgehen des so selbstsicher aburteilenden Erlanger Germanisten (zu dessen Wortschatz, nebenbei bemerkt, immer noch Begriffe wie „führendes Schrifttum" oder „weltweiter Raum christlich-geistiger Ordnung und höfisch-imperialer Gestaltung" für das Europa des Mittelalters gehören) steht indes völlig im Einklang mit den peinlichsten Tendenzen jener Jahre. Man denke nur an die Verirrungen des Ungeistes, den tonangebenden Kräften der Restaurationsphase gegenüber Frauen und Männern des Exils – etwa gegenüber Alfred Döblin, Heinrich Mann oder Willy Brandt und eben auch gegenüber Thomas Mann – an den Tag legten. Insofern wirkten Schneider/Schwertes Anschuldigungen keineswegs störend im damaligen gesellschaftlichen Bewusstsein. Sie gingen im Gegenteil konform mit dem Klischeedenken der Mehrheit. Das demokratische Mäntelchen wollte eben zu den meisten Nachkriegsdeutschen nicht so recht passen.[16]

In dieser letzten Aussage ist Buck zuzustimmen. Wir fragen uns aber, weshalb man aus dieser Aussage keine weiteren Schlussfolgerungen zieht? Zielt sie doch auf die grundsätzliche Problematik, *wie* die Deutschen – nicht nur ein Hans E. Schneider alias Schwerte – nach Auschwitz und totalem Krieg überhaupt weiterleben sollten und konnten. Es geht hier ja nicht nur um einen individuellen Lernprozess, sondern um die Frage des staatlichen, gesellschaftlichen und nicht zuletzt moralischen Neubeginns der Deutschen. Schwertes Unfähigkeit zu Trauern – im Sinne einer öffentlichen Auseinandersetzung mit dem eigenen Verschulden und dem Bekennen seiner Schuld – ist exemplarisch für den Grossteil der deutsche Nation. Damit ist Schneider-Schwerte natürlich nicht exkulpiert, aber es scheint uns kein zulässiges Verfahren, Bewertungsmassstäbe nur an Einzelne anzulegen und mit Schweigen darüber hinwegzugehen, dass das kritisierte Verhalten im Kontext der damaligen Zeit (leider) als „normal" bezeichnet werden muss.

Was Schwerte Thomas Mann 1951 zum Vorwurf machte, war angeblicher *„Mithelferdienst und Mithelferverantwortung"* bei der *„allgemeinen Glaubens- und Wertzerstörung der ‚Neuzeit'"*.[17] Ein grotesker Vorwurf in der Tat. *„Das war ein böser Angriff"*, gibt auch Hans Schwerte heute zu, und ergänzt erklärend: *„Meine Gründe lagen auf theologischer Seite. Ich stand damals kurz in dieser ‚Seite', sozusagen lutherisch."*[18] Dahinter scheint das Missverständnis zu stehen, die Mann'sche *Auflösung* abendländischer Traditionen in seinem Werk sei ursächlich mitverantwortlich für ihre reale *Destruktion* und ‚Entwertung'. Nicht nur bei Thomas Mann sieht Schwerte übrigens *„mensch-*

---

[15] Schwerte 1951.
[16] Buck 1996, S. 62.
[17] Schwerte 1951.
[18] Schwerte an Lerchenmueller, 1.4.97.

liche Wirklichkeit" durch *„Worte-Macher"* und deren *„Wort-Spiel"* gefährdet.[19] Diese Kritik an Mann und an der Moderne überhaupt nimmt nicht explizit Rekurs auf nationalsozialistische Positionen der Literaturwissenschaft und Literaturpolitik, auch wenn der Beitrag als ganzes durchaus in dieser Tradition steht: er hätte in ähnlicher Form auch im Dritten Reich erscheinen können. Schwertes Hinweis auf die „theologische Seite" ist interessant, weil nicht wenige Nationalsozialisten 1945 von der Hitler- zur Jesus-Verehrung (zurück) gefunden haben. In psychologischer Hinsicht verweist das auf die Kontinuität der Bewusstseinsstrukturen; abgesehen davon kam eine solche Konversion der bequemen Abkürzung zur Erlangung der „Vergebung der Schuld und der Schuldigen" gleich.

Allerdings könnte das, was Schwerte später in seiner Habilitation als die *„Entideologisierung, die Entmythologisierung gewisser angeblicher Grundvorstellungen"*[20] bezeichnet, auch rückbezogen werden auf jenes Unbehagen am „*Wort-Spiel*", von dem in den fünfziger Jahren so viel die Rede bei ihm ist, ohne dass man damit die Entgleisungen Schwertes in seinem „Annalen"-Beitrag oder in dem zitierten Thomas-Mann-Aufsatz entschuldigen wollte oder könnte. Dieses Unbehagen könnte auch als früher, tastender und nicht selten in die Irre führender Versuch interpretiert werden, Tendenzen zu identifizieren, die zu politischer Verblendung führen können, die nirgends und vor niemandem mehr Halt machen, die die *„fundamentale ‚Realität' des Menschen"*[21] ausser Acht lassen. Dieser Versuch ging definitiv in die Irre dort, wo Schwerte vermeintliche ‚Vorheizer' angriff, die gar keine waren. Nichtsdestoweniger findet sich 1955 – vier Jahre nach dem Beitrag über Thomas Mann – in derselben Zeitschrift ein Text, in dem Schwerte einen konstruktiven, nachhaltigen Versuch unternimmt, gefährliche Tendenzen in der Sprache zu identifizieren. Dieser Text trägt den Titel *„Menschenleer"* und erschien im Juni 1955 in der „Erlanger Universität":

> In einer grossen und geachteten deutschen Tageszeitung stand vor einiger Zeit in einem Bericht über amerikanische Manöver in Süddeutschland folgender Satz zu lesen: „Es wird angenommen, dass ein Angreifer aus östlicher Richtung kommend auf dem westlichen Ufer des Mainbogens bei Würzburg durch Beschuss von Atomkanonen einen menschenleeren Raum geschaffen hat, in dem ein Brückenkopf gebildet werden soll."

---

[19] Vgl. den Tenor einer weiteren Thomas Mann-Rezension: Schwerte 1955b.
[20] Schwerte 1962a, S. 241.
[21] Schwerte 1953a.

Es sei dahingestellt, ob diese Formulierung aus der Lageerklärung amerikanischer Stabsoffiziere stammt oder ob sie der deutsche Manöver-Berichterstatter „spontan" erfunden hat.
„Einen menschenleeren Raum schaffen" – so sachlich, unpersönlich und unmenschlich, so unberührt beschreibt man, scheint es, in den „zuständigen" Kreisen heute schon eine vorauszusehende militärische Tatsache, mit der dort als feste Grösse gerechnet wird – und welche in der noch kaum vorstellbaren Wirklichkeit eine blutige Summe grausam zerstörter Menschenschicksale darstellt, ein tödliches Inferno unterschiedsloser Vernichtung von Soldaten, Zivilbevölkerung und jedem Lebewesen.
Den menschenleeren Raum schaffen, das klingt sauber und steril wie ein Operationsbesteck. Die findige und flächige Sprache unserer Zeit, vorgeprägt in den technischen Befehlszentralen aller Art, in denen des künftigen Krieges schon, versteht es mit schmerzloser Sachlichkeit, die unwürdigste menschliche Zerstörung – durch künstlich aus ihren Fugen gebrachte Materie – zu umgehen, fast harmlos zu umschreiben und dadurch, scheinbar, in ihrer blutigen Realität auszulöschen. Über den Einzelmenschen, ja selbst über die Masse Mensch ist man in dieser Kommandosprache längst zur Tages-, besser zur Vernichtungs-"ordnung" übergegangen. „Menschenleer" – tausende und aber tausende Menschen mit tödlichen Blitzschlägen verbrannt und erstickt oder aufs grausamste verwundet, Frauen, Kinder, Greise miteingeschlossen –, das ist der technische genaue Ausdruck für die Verwüstungen unserer eigenen Zukunft, den man schon, wie beiläufig, in die „Manöver"-Lagen einschwärzt, knapp, eindeutig, bedenkenlos, als geschähe hier das Selbstverständliche.
Tatsachen kann man nicht aus der Welt bringen, lautet ja wohl einer dieser Manöver-Sätze moderner Klugheit – im Gegenteil, man muss mit ihnen rechnen, rechtzeitig und vorsorglich. Hier rechnet man schon sehr präzise mit ihnen. Und fast könnte es scheinen, dass in solchem menschenleeren Raum („geschaffen" wie irgend ein Stück Schöpfung) die Operationen einfacher und zügiger vonstatten gehen als in einem durch den Menschen lästig behinderten.
Entseelung und Entgeistung des „Raumes", dieser selbst operativ zur Kampffläche eingeebnet, der Mensch in ihr bestenfalls noch Funktion oder Opfer gegeneinander rasender Materie, die von dem selben Menschen aus ihrer „geschaffenen" Ordnung tödlich gelöst wurde, – diesen willkürlichen Prozess radikaler Entleerung und „Erledigung" des Menschen also kann man dann fernab aller Berührung und allen Schauders, auch gelassen lesen als den „menschenleeren Raum", geschaffen durch den Beschuss von Atomkanonen.
Man verstehe uns nicht falsch: wir sind leider „realistisch" genug, die Existenz dieser Kanonen weder zu übersehen, noch zu glauben, wir könnten ihre Wirkung allein durch beschwörende Worte aufheben. Wir sind, nach allem, sogar so „realistisch", befürchten zu müssen, ihren Einsatz, ebenso beiläufig, auf einem der kleinen Probe-Kriegs- und Schiessplätze, demnächst zu erleben – mit Fernseh-Übertragung, versteht sich (aber wird man diese Leere je sehen können?). Auch wir rechnen mit Tatsachen. Aber dass unsere eigene Sprache diese grauenvollste Tatsache derart barbarisch elegant und darum „unwirklich" ausdrücken dürfte, dass hier, und wenn nur in vorbereitenden Manöverspielen, mit der Sprache zugedeckt, statt eröffnet, verschleiert, statt ausgesagt wird, das fordert Protest heraus. Wo vernichtet und getötet wird (oder werden soll), bar jeden Restes menschlicher Rücksicht und Mitempfindens, spreche man nicht diskret von „menschenleere Räume schaffen", sondern von Blut und Qual und Tod. Auch das kann man ebenso vorsorglich wie kurz ausdrücken. Aber wir wollen dies beim Namen nennen. Vielleicht dringt, durch genauere Sprache, das Wissen darum auch bis in die Befehlszentralen vor, welche die – heutigen und künftigen – Manöver schon dirigieren. Töten und Verbrennen tut man dort, vielleicht, auch weniger gern als menschenleere Räume „schaffen". Jedenfalls wollen wir es ihnen durch leichtsinnige

XXVI. Erlanger Schreibübungen

und entmenschte Sprache nicht noch bequemer machen, sich vor der Verantwortung hinter saubere technische Formulierungen zurückzuziehen. Sonst wird unsere Sprache selbst eine blutige Brücke zur Lüge. Wir haben es erlebt.
Denn ich kann mir nicht helfen: dieses Schaffen von menschenleeren Räumen klingt in seinem erbarmungslosen Dienststellen-Berichtston nach „sauberen" Gaskammern und hygienisch einwandfreien Verbrennungsöfen. Wo Menschen hekatombenweise zu Ehren höherer (genannt globaler) Strategie getötet werden sollen, wollen wir es auch genau so aussprechen und berichten. Solange es noch an der Zeit ist.[22]

Denn ich kann mir nicht helfen ... In dieser Aussage steckt sehr viel Hilflosigkeit, einerseits. Anderseits formuliert hier endlich ein Wissenschaftler seine Hilflosigkeit und artikuliert seine Bedenken gegenüber Tendenzen, die er für gefährlich erachtet. Ob hier Hans Ernst Schneider oder Hans Schwerte spricht? Wichtig ist wohl, dass ohne den anderen keiner der beiden das so hätte schreiben können. Den „Dienststellen-Berichtston" kannte und praktizierte der ehemalige Leiter einer SS-Dienststelle sehr genau, und auch dessen ideologisierte schwülstige Variante: eine Literaturwissenschaft, die das vollkommen sinnlose Verheizen in Stalingrad mit den Worten „entmenschen" konnte:

Die tragische Vernichtung, der Untergang des Menschen in solcher Bewährung und in solchem Nicht-Ausweichen [...] ist in Wahrheit nur jenes äusserste, fraglose Bestehen vor sich selbst, das das Wesen des Seins enthüllt.[23]

Hätte ein „Wolf im Schafspelz",[24] ein Nationalsozialist also, der nur den Demokraten mimte, Mitte der fünfziger Jahre einen solchen Beitrag publiziert – kurz nach der Wiederbewaffnung und keine vier Wochen nach dem Beitritt der BRD zur NATO? Welche Funktion hätte das haben sollen? Ist es ein erstes Beispiel für den „*wohlkalkulierte[n], karrierebedingte[n] Vorausvollzug der Forderungen des Zeitgeistes*"?[25] Von *Gaskammern* und *Verbrennungsöfen* überhaupt zu sprechen, noch dazu in einer akademischen Zeitschrift, war zu dieser Zeit ein Tabubruch: Wie weiter oben angedeutet, bestand die „zweite Schuld" der ‚frühen' Bundesdeutschen nicht eigentlich darin, das 3. Reich und seine Folgen überhaupt nicht thematisiert zu haben, sondern vielmehr darin, sich über die verurteilten Täter selbst zu rehabilitieren. Es scheint uns, dass Schwerte in dem Text „Menschenleer" etwas zum ersten Mal thematisiert, das er später als das „soziale Wächteramt der Philologie" bezeichnen

---
[22] Schwerte 1955a [In toto zitiert].
[23] Schneider: Das Tragische. in: Das Reich. 7.2.43, zit. nach: Jäger 1996, S. 34.
[24] Buck 1996, S. 61.
[25] Buck 1996, S. 71.

sollte. Der Beitrag – mag er heute auch noch so hilflos wirken – scheint der Versuch zu sein, unternommen auf dem Gebiet der eigenen Spezialisierung, *einen* der vielfältigen inneren Mechanismen zu verstehen und aufzuzeigen, die halfen, den Massenmord zu ermöglichen – und vor Wiederholungen, vor einem erneuten Abirren auf diesen Weg zu warnen: „*Sonst wird unsere Sprache selbst eine blutige Brücke zur Lüge. Wir haben es erlebt.*" *Wir*: der Autor schliesst sich mit ein. Hier steht kein Bekenntnis zur eigenen personalen Verantwortung des ehemaligen SS-Hauptsturmführers. Und man könnte Schwerte vorwerfen, dass er selbst sich ‚bequem vor der Verantwortung zurückzog' – nicht hinter „*saubere technische Formulierungen*", aber hinter einen *sauberen Namen*. Dann allerdings würden *wir* uns nicht mit einschliessen, würden *wir* den individuellen Namenswechsel kritisieren, ohne den kollektiven Maskenwechsel der Deutschen zu problematisieren: den Ausstieg aus ihrer wenig rühmlichen Rolle als „Volksgenossen" und den Einstieg in die neue Rolle des „Bundesbürgers", unter Beibehaltung der nationalsozialistischen Definition der „Volksgemeinschaft".

Dennoch bliebe kritisch zu fragen, ob ein Hans Schwerte nicht den Bock zum Gärtner macht, wenn er für sich die Rolle des „Wächters" reklamierte? Schliesslich hatte er eben dieses „Wächteramt" auch schon im Dritten Reich ausgeübt. Die Frage ist berechtigt, und eine Antwort darauf zu geben, scheint nicht einfach – es sei denn, man versteifte sich auf ein kategorisches „Nein". Zu bedenken ist, dass Schwerte diese Funktion nicht für sich als Person exklusiv beanspruchte, dass er mit dem „sozialen Wächteramt" vielmehr eine Konsequenz aus der Erfahrung des Dritten Reiches zog und diese als Forderung an seine Wissenschaft formulierte. In dieser Forderung steckt dezidierte Kritik an dem Versagen der Philologie: diese Kritik allerdings ist wie jede Kritik immer berechtigt, wenn sie in der Sache richtig liegt, unabhängig davon, wer sie tätigt.

Der Hans Schwerte der Erlanger Jahre widersetzt sich einfacher, eindeutiger Zuordnung zu irgendwelchen ‚politischen' Lagern. Auch die erwähnten Seitenhiebe auf Thomas Mann – vier Jahre später in einer Rezension des „Felix Krull" zwar nicht zurückgenommen, aber doch stark abgeschwächt [26] – lassen eine solche nicht zu. Gedankliche Linien sind erkennbar, die seine

---

[26] Schwerte 1955b.

frühen Veröffentlichungen durchziehen und miteinander verbinden. Alte Denkschemata und ideologische Fixierungen kommen immer wieder deutlich zum Ausdruck, für die allerdings das damalige Vokabular nicht mehr zu Verfügung steht, was bei der Lektüre dieser Texte bisweilen auffällt: man kann des Ringens des Autors um das „Wirkliche", das „Ganze", den „Wort-Grund", die zu beschreiben ihm selbst die rechten Worte zu fehlen scheinen, schnell überdrüssig werden – wäre es nicht ein so gefährliches Wort, wäre man fast geneigt zu sagen, es handele sich dabei um eine ‚gesunde' Abwehrreaktion nachgeborener Leser. Der Beitrag „*Menschenleer*" ist mit seiner eindeutigen Sprache insofern die Ausnahme (wohl gerade deshalb, weil der Text nicht den Anspruch erhebt, literaturwissenschaftlich zu sein), und er scheint zugleich der Schlüssel zum Verständnis der anderen Texte: Zählte für Schneider nur das Kollektive, das Völkische, das abstrakte „Wesen des Seins", ist Schwertes Bezugs- und Ausgangspunkt der konkrete einzelne Mensch – mit seinen Ängsten und Hoffnungen, seinen Stärken und Schwächen, seinem Tun und seinem Leiden. Seine Kritik an Aspekten der „Moderne", auch die an Thomas Mann, sind vor diesem Hintergrund zu verstehen. Schwerte wittert Gefahr, wo immer er glaubt, der Mensch werde aus dem Zentrum der Betrachtung gerückt oder nicht in seiner „Ganzheit" gesehen, wo immer eine Tradition, eine Werteordnung aufgelöst wird – wenn es auch „liebevoll ironisch" geschieht – und der Mensch vereinsamt, unverortet, haltlos, orientierungslos zurückgelassen wird. Ob hier Schwertes eigene Biographie mit hineinspielt? Sicher die Erfahrungen aus den Krisenjahren der Moderne, deren radikaler soziökonomischer und kultureller Wandel in grossen Teilen der Gesellschaft ein Gefühl der Desorientierung und Fragmentierung hervorrief, und demgegenüber sich das völkische Prinzip des Nationalsozialismus als einer „*autoritär-kollektivistischen Lebensform*" [27] als unwiderstehlich erwies. Nach dem katastrophalen Scheitern dieses Versuchs zieht Schwerte die Konsequenz, den Einzelnen wieder in den Mittelpunkt zu stellen *und* ihn in einer „verbindlichen abendländischen Kultur" zu verorten: Konzentration nicht auf das monologisierende „Ich", nicht auf das kollektivierte „Wir", sondern auf das kommunikative „Du" – das ist seine Forderung an die Kunst, das sein Massstab für deren Bewertung in diesen frühen fünfziger Jahren, das seine Definition von Nicht-Moderne. So heisst es in den ›Blättern für den Deutschlehrer‹ 1957 über Hermann Hesse und sein Verhältnis zur Moderne:

---

[27] Horkheimer 1939/40.

Hermann Hesse ist ein unmoderner Dichter, weil er, unbeirrt, den Menschen in die Mitte seiner Dichtung stellte. Allzu vorschnell und allzu bereitwillig hat man, im Schock eines „Weltraumzeitalters", im Zeitalter kollektivistischer und konformistischer Einebnung, den Menschen aus dem Zentrum der Verantwortung gerückt und ihn in funktionelle Beziehungen aufgelöst. Der Mensch scheint aus Sinn und Wert entlassen, aus der unersetzbaren Verantwortung für sich selbst und seinen Mitmenschen; bestenfalls wird er in ein „Sein" zurückgenommen, wo er nur noch ein Element neben anderen ist, nicht mehr der einzigartige Träger und Verantworter des Geistes. Der einzelne Mensch gilt als kosmisch und geschichtlich entmachtet; es lohnt nicht mehr, ihm die Bildungs- und Formkräfte des „Abend- und Morgenlandes" zu überliefern, zu bewahren und sie ihm zuzubereiten. Das artistische Wort zieht sich in sich selbst und seine Zubereitung zurück [...].[28]

Und in einem Beitrag über Hugo von Hofmannsthal aus dem Jahre 1954 schreibt Schwerte:

„Ich bin allein und sehne mich verbunden zu sein" – in diesem ebenso schlichten wie erschütternden Satz liesse sich, zusammengezogen in überscharfer Linse, das gesamte Schaffen Hugo von Hofmannsthals auffangen und in einem erhellenden Blickpunkt vereinigen, – insofern auch, als dieses ‚Verbunden-sein' die Wendung zu einer verbindlichen abendländischen Kultur einschliesst.[29]

Das ist ein konservatives, keinesfalls ein modernes Programm, und es tritt in seinen Veröffentlichungen immer wieder hervor. Die Schnittmenge mit alten Kategorien ist nicht unbeträchtlich. Im Frühjahr 1953 mischt sich Schwerte in eine Diskussion zwischen Eberhard Schulz und Margret Boveri in der FAZ über das Wesen der modernen Kunst ein.[30] Ausgangspunkt dieser Diskussion war Picassos Gemälde „*Guernica*". Schwertes Ausführungen über diese Schreckensvision zeigen, in welchen grösseren geistigen Zusammenhang seine Fixierung auf das ‚Ganze' der menschlichen Existenz gestellt werden kann. Sie zeigen auch, zu welchen absonderlichen Aussagen diese Argumentation führt:

Aber bleiben wir noch bei dem genannten Picasso-Bild von 1937. „Sah" der Maler denn wirklich „alles" in dieser zweifellos fürchterlichen Vision? War seine Voraussicht umfassend und damit gültig? Gab er ein „Ganzes" in seinem Gemälde wieder? Kurz: hat er jene „Wirklichkeit" erfahren, die fundamental und radikal jeden Naturalismus übergreift und ihn, künstlerisch, ad absurdum führt? Ich meine, er hat (in diesem und ähnlichen Bildern) diese Erfahrung des Ganzen nicht gehabt, sie vielleicht nicht einmal gesucht. Er hat zwar die furchtbaren menschlichen Zerstörungen der „Bombe" gesehen. Er hat aber – und hier setzt die „Sünde" wider die Kunst ein – nicht auch die menschliche Selbstbehauptung wider dieser Bombe gesehen (Selbstbehauptung als Achthabe auf den tragenden Grund des menschlichen Daseins) – also etwa jene kleine helfende Geste eines Mit-Leidenden während des

---

[28] Schwerte 1956/57, S. 103.
[29] Schwerte 1954b.
[30] Weihnachtsbeilage der FAZ 1952 – Schwerte 1953a.

"Angriffes", die wir alle irgendwann erfahren haben, die Hand, das Herz, die Träne, das Gedächtnis des Menschen, sein Trösten, sein Helfen, sein Heilen, sein Lieben, sein Vergeben, sein Gebet. Die „Bombe" vermag zwar vieles, und sie wird dieses Können ins Masslose steigern; darin hat Picasso recht. Sie kann aber den Menschen, selbst dort wo sie ihn zerreisst, nicht von seinem „existentiellen" Zusammenhang mit Gott ablösen. Das ist weder dogmatisch noch konfessionell gemeint. Damit ist nur eine fundamentale „Realität" des Menschen ausgesprochen – die Picasso in seinem Naturalismus weder entdeckt noch gesehen hat. Er hat vielmehr den Menschen genau so nur als „Material" genommen, wie es viele „Bomber"-Politiker heute tun. Er hat nicht gesehen und daher auch nicht gemalt, dass noch in tiefsten Höllen menschlicher Möglichkeiten der, wenn auch letzte, Glanz des „Himmels" hineinreicht, und wei es in dem furchtbarsten aller Gebete: Vater, du hast mich verlassen.
Kurz: Picasso hat hier Mensch und Welt „einseitig" gesehen und wiedergegeben, ein Vorgang, den kein Kunstwerk verträgt, der es vielmehr ungenau, d. h. unkünstlerisch macht. Kunst kann immer nur aus dem „Ganzen" gedeihen. […]
Hinzu kommt jene moderne Lust, ja Wollust des „Abgrundes", die lieber in ihn hineinstarrt, ja sich in ihn stürzt, als den Versuch zu wagen, ihn zu überschreiten, oder doch wenigstens Brückenfundamente zu legen. Diese letzten Fundamente vielmehr „surrealistisch" auch noch in die fahlen, entleerten Himmel ihrer Lemurenlandschaften zu sprengen, gibt jener Abgrund-Wollust, scheint es, den letzten und pikantesten Reiz. Der also immer nur deformiert vorgeführte Mensch wird auch deformiert handeln. Die fortwährende Anarchisten-Predigt solcher Kunst wird auch Anarchisten ausbilden. Und das ist – neben dem künstlerischen „Versehen" – die zweite „Sünde" dieser Kunst: ihr politisches, ihr kommunikatives Versagen – d. h. sie gibt sich genau so barbarisch wie die Barbarismen moderner Staats-„kunst", ja, sie verstärkt diese Barbarismen noch, indem sie sich unfähig erweist, gegen die moderne Deformation (wer wollte sie leugnen!) das heile oder geheilte Menschenbild zu setzen, das in keinem Zeitalter „naturalistisch" zu erreichen möglich war – immer nur durch Entschluss, Anstrengung und Wagnis. Diese Kunst wagt nichts mehr, trotz aller ihrer surrealen Ausflüge und Ausflüchte. Mit dem bleibt sie nur auf den Schutthaufen der Zivilisation sitzen. […]

Viel zu kurz griffe, wer hier den Nazi Schneider gegen den Kommunisten Picasso am Werk glaubte. Hier wird kein politisches Nachhutgefecht des spanischen Bürgerkriegs ausgefochten. Hier geht es um eine letztlich religiöse Verklärung der Kunst. Schwerte fordert ‚positive' Impulse, fordert Orientierungshilfen, Wegweisungen: *„bewusstes Eintreten für die tragenden Werte"* – und seien es, wie im Falle Kolbenheyers, die Werte von *„Volkstum und Deutschtum"*.[31] Die ‚blosse' Darstellung der Schrecken der Zeit mit künstlerischen Mitteln – ‚politisches Versagen', Handlangerdienst des ‚Barbarismus' moderner Zeiten. *„Wer das Gründende sucht, kann niemals ‚modern' sein"*.[32] Die Schnittmenge ist nicht unbeträchtlich, wie gesagt. Aber Schwertes Ausführungen – und seine Ausfälle – *gründen* eben nicht mehr in arischem

---

[31] Schwerte 1952a, S. 781.
[32] Schwerte 1957a.

Blut und deutschem Boden, sondern in einer abendländisch-christlichen Transzendenz, in der Forderung nach Berücksichtigung der *"unersetzbaren Verantwortung für sich selbst und seinen Mitmenschen"*.[33]

,Im heutigen Europa': Zusammenarbeit alter Bekannter

Diese *Entwicklung* hin zur abendländisch-christlichen Tradition führte auch zu einer Neuformulierung des Europagedankens. Anstelle der konfrontativen völkischen Fixierung auf ein ‚germanisches' Wesen tritt die Besinnung auf das gemeinsame europäischen Erbe, die Annäherung an eine nicht-völkische, übernationale Perspektive. Dieser Weg ist nach dem Zusammenbruch des Nationalsozialismus nicht nur von Schwerte-Schneider begangen worden, nicht nur von zahlreichen anderen Wissenschaftlern und Funktionären der SS (denen die ‚europäische Perspektive' ja durchaus vertraut war), er war überhaupt ein Substitut für den vollkommen diskreditierten Nationalismus, nach dem gerade grosse Teile der jüngeren Generation in (West-) Deutschland begierig griffen: *„Europa war eine zeitlang wie ein Rausch über sie gekommen"*.[34]

Es überrascht also nicht, Schwerte als Herausgeber einer Europa-Reihe zu finden, die den Titel *„Gestalter unserer Zeit"* trägt. Vier Bände erschienen ab 1954, über *„Denker und Deuter im heutigen Europa"* und *„Forscher und Wissenschaftler im heutigen Europa"*. Überraschend und ‚verdächtig', auf den ersten Blick, sind die Partner Schwertes in diesem Unternehmen: Mitherausgeber der Reihe ist Wilhelm Spengler, ehedem – wie wir sahen – Leiter der Gruppe III C im RSHA (Deutsche Lebensgebiete: Kultur) und jetzt Lektor in dem Verlag, in dem die vier Bände erschienen.[35] Lektor im Stalling Verlag, in dem die Reihe erscheint, war ausserdem bis 1953 Hans Rössner, ehemaliger Mitarbeiter Spenglers und Leiter des Referats III C 3 (Volkskultur und Kunst). Eine Seilschaft? Das dürfte davon abhängen, wie man den Begriff definiert. Sicher ist, dass wir hier zwei Personen identifizieren können, die definitiv vom Namenswechsel Schneiders wussten – und schwiegen. Wilhelm Spengler war in der unmittelbaren Nach-Kriegszeit einer der Köpfe der „Stillen Hilfe" gewesen, einer Hilfsorganisation, die zur Verantwortung gezo-

---

[33] Schwerte 1956/57, S. 103.
[34] Endres 1983, S. 150, zit. nach: Rusinek 1996a, S. 135.
[35] Hachmeister 1998, S. 300.

genen Nationalsozialisten juristische und materielle Hilfe gewährte.[36] Lutz Hachmeister hat Spenglers Nachkriegskontakte zu Six und Achenbach herausgearbeitet und damit indirekt der Netzwerk-Theorie auch in Bezug auf Schwerte eine empirische Stütze verschafft. Allerdings mehr als eine Randfigur dürfte Schwerte in diesem Netzwerk nicht gewesen sein. Schwerte erinnert den Mitherausgeber so:

> Auch Spengler war damals längst nicht mehr der ehemalige SD-Führer; sondern hatte eine ähnliche (radikale) Konversion erlebt wie ich. Wir wollten an einem „anderen Deutschland" mitarbeiten. Er starb zu früh.[37]

Die Zusammenarbeit zwischen Spengler, Rössner und Schwerte ist vor allem deshalb interessant, weil sie ja schon im Kriege gemeinsam am Europagedanken gearbeitet hatten.[38] Richtung und Geschwindigkeit der geistigen Entwicklung weg von nationalsozialistischen Überzeugungen lassen sich am Beispiel dieser (wenn auch kleinen) Gruppe ehemaliger SS-Wissenschaftler und nicht zuletzt an der Reihe „Gestalter unserer Zeit" relativ exemplarisch untersuchen. In der Einleitung zum ersten Band schreiben die Herausgeber unter anderem:

> Für das künftige Schicksal der europäischen Völker und seiner Menschen wird es entscheidend sein, ob Europa ein Konglomerat mehr oder weniger widerstreitender Nationalstaaten bleibt oder ob es zu einem Organismus höherer Einheit zusammenwächst. [...] Angesichts der Tatsache, dass unser Kontinent seine alte Zentralstellung [...] verloren hat, wird es eine nüchterne Frage zukünftigen Bestehens sein, ob wir uns [...] zu einer geschichtlich wirksam werdenden höheren Einheit zusammenfinden oder nicht.[39]

Tatsächlich geht es Schwerte und Spengler hier um politisch-strategische Fragen, so wie im letzten Kriegsjahr Fragen der *„politischen Führung der europäischen Völker"*[40] in den Vordergrund des Forschungsinteresses der SS gerückt waren. Das sollte aber nicht über den wesentlichen Unterschied hinwegtäuschen, dass Schwerte und Spengler 1954 weder einem *„germanisch bestimmten"*[41] Europa das Wort redeten noch die Verwendung militärischer Mittel zu dessen Errichtung propagierten. Vorschnelle Gleichsetzungen mit nationalsozialistischen Europaplanungen laufen Gefahr, den (Nachkriegs-)

---

[36] Rusinek 1996a, S. 121.
[37] Schwerte an Lerchenmueller, 29.2.96.
[38] Siehe oben, Kapitel XXII.
[39] Schwerte/Spengler 1954 Bd.I, S. 9.
[40] [Sievers] an Brandt 7.11.44, BA NS 21/794-100.
[41] [Sievers] an Brandt 7.11.44, BA NS 21/794-100.

Europagedanken schlechthin in die Tradition strategischer deutscher Planungen – sei es das Mitteleuropakonzept, das Internationale Syndikat oder das germanozentrische Europa der Nazis – zu stellen. Nicht wenige *Tories* würden solche Thesen mit Begeisterung aufnehmen.

Das alles heisst nicht, dass diese von Spengler und Schwerte herausgegebene Reihe „Gestalter unserer Zeit" nicht ihre problematischen Seiten hätte. Diese finden sich schon im Vorwort und, vor allem, in der Auswahl der Beiträger. Im Editorial wird zum Beispiel die Bedeutung von Funktionseliten betont, ganz in der Tradition der Strategie des Germanischen Wissenschaftseinsatzes, und dass im ‚einfachen' Volk das nötige Bewusstsein geweckt werden müsse:

> Den Bemühungen der um Europa echt besorgten Staatsmänner muss vielmehr ein breiter Wachstumsprozess von unten entgegenkommen, aus den Menschen und Völkern selbst heraus. [...] Dieser Prozess bedarf der Geduld, weil er einen geistigen Wachstumsprozess umschliesst. Viele Wege werden für diese Vewandlung gebahnt und gegangen werden müssen. Einer von ihnen soll durch die Buchreihe „Gestalter unserer Zeit" beschritten werden.[42]

Wir haben hier nicht vor, auf die zahlreichen Beiträger und Subeditoren der Reihe ›Gestalter unserer Zeit‹ in extenso einzugehen. Die Bände dieser Reihe sind ein Gemisch aus noch heute wichtigen und zum Teil sehr bedenkenswerten, aber auch sehr bedenklichen Beiträgen: Es schreiben Emigranten (darunter auch Juden), *Nobodies*, Konservative (darunter vor allem Nationalkonservative), aber auch Belastete und Schwerbelastete aus dem 3. Reich. Auf den „Fall" Hans Zehrer hat bereits Bernd-A. Rusinek hingewiesen.[43] Den Nationalsozialismus auf ein im europäischen Kontext ‚normales' – und somit wohl ‚legitimes' – ‚nationales' Programm reduzieren zu wollen, ist pure Apologetik. Das „*Unsagbare*",[44] das die Deutschen den Juden angetan haben, spricht Zehrer nicht ein einziges Mal wirklich aus. Stattdessen werden Täter und Opfer unter der Rubrik der ‚*Historisch Zu-kurz-Gekommenen*' subsumiert – und der eliminatorische Antisemitismus wird zum gegenseitigen Hassgefühl, dessen sehr reale Ursachen und *Verursacher* aus dieser Welt hinauserklärt werden:

> *Nur* Volk und *nicht* Nation zu sein, das verbindet das deutsche Volk mit dem jüdischen Volk, begründet ihre Dauer und ist vielleicht mit ein Teil jenes geheimnisvollen, sonst unerklärli-

---

[42] Schwerte/Spengler 1954 Bd. I, S. 9.
[43] Rusinek 1996a, S. 139–145.
[44] Zehrer in: Schwerte/Spengler 1954 Bd. I, S. 33.

chen Hasses, der *zwischen beiden Völkern* zum Ausdruck gekommen ist und dessen Ursachen im Metaphysischen zu suchen sind.[45]

Wir befürworten an sich eine demokratische und dialogorientierte Auffassung der Herausgeber-Funktion. In unserer Sicht kann ein Herausgeber durchaus sogar von ihm abgelehnte Beiträge in Sammelbände aufnehmen. Der diktatorisch auf Uniformierung der Ansichten bedachte Editor sollte unserer Meinung nach der Vergangenheit angehören. Stattdessen sollte sich der Herausgeber zumindest in seiner Einleitung mit den von ihm edierten Beiträgen kritisch auseinandersetzen, immer vorausgesetzt, es handelt sich um Beiträge, die den Anspruch erheben und in der jeweiligen Zeit auch universell erheben konnten, ernsthafte und forschungsethisch reflektierte Beiträge zur Diskussion eines wissenschaftlichen Themas zu sein. Ein derartig demokratisches Verständnis der Herausgeber-Funktion finden wir freilich in den 50er Jahren in Deutschland wenig verbreitet, und nie explizit gemacht. Man kann davon ausgehen, dass es Schwerte und Spengler fremd war, und dass sie selbst eine Verantwortung für die von ihnen publizierten Beiträge bereit waren zu übernehmen. Auch waren Spengler und Schwerte sicher nicht durch Kongress-Zwänge bzw. -Beschlüsse in der Auswahl der Beiträger oder gar Subeditoren gebunden.

Vor diesem Hintergrund wäre heute wie damals als ausgesprochener Missgriff vor allem zu bewerten, dass man als Subeditor für den Abschnitt ›Die Wissenschaft vom Menschen‹ im 4. Band der Reihe ausgerechnet den führenden akademischen Rassenkundler in der NS-Zeit Eugen Fischer heranzog, der dann seinerseits ausnahmslos auf andere ehemalige Rassisten zurückgegriffen zu haben scheint.[46]

Eugen Fischer hatte schon lange vor der Machtergreifung von der Rassentheorie bis hin zur Eugenik die Grundlagen für den Nationalsozialismus und seine Praxis in Euthanasie, Zwangssterilisierung, Umsiedlungen und tödlichen Rampenselektionen in Auschwitz gelegt. Geboren am 5. Juni 1874 als Sohn eines Karlsruher Grosskaufmanns, studierte Fischer in Freiburg, Mün-

---

[45] So Zehrer in: Schwerte/Spengler 1954 Bd. I, S. 31 f. [Hervorhebungen nicht im Original].
[46] Die folgenden Aussagen über Fischer und die von ihm herangezogenen Beiträger Verschuer und Keiter beruhen auf solchen der zitierten Sekundärliteratur, sind also nicht autoptisch abgesichert, da Naturwissenschaftler bisher nicht systematischer Gegenstand unserer Archivstudien waren. Lediglich Heberer kann davon ausgenommen werden, da er in den Akten des SS-Ahnenerbes häufig vorkommt.

chen und Berlin Medizin, Volkskunde (unter anderem bei Friedrich Kluge) und Vorgeschichte, promovierte 1898 und habilitierte sich 1900 in Freiburg.[47] 1904 ebenda ausserordentlicher Professor wird er 1912 Professor und Prorektor in Würzburg und 1913 wieder in Freiburg, ab 1918 als Ordinarius.[48] In Freiburg baut er das Anatomische Institut neu auf.[49]

In dem von Schwerte und Spengler herausgegebenen Sammelband beschreibt er sein eigenes Verdienst mit den bis in die Konversationslexika eingedrungenen Worten: „*Einführung der Erblehre in die Anthropologie*" (1908), die er als „*grossen Schritt von der beschreibenden und vergleichenden Anthropologie zur biologischen*" feiert.[50] Er ist Mitherausgeber des „*ersten grösseren Lehrbuchs ›Menschliche Erblichkeitslehre‹ (von Baur – Fischer – Lenz)*"[51], eines „*Stützpfeilers der reaktionären und faschistischen Rassenhygiene*".[52] Hitler arbeitet 1923 wesentliche Gedankengänge dieses Buchs in ›Mein Kampf‹ ein.[53] Fischer wirkt an der Einführung des „*erbbiologischen Vaterschaftsnachweises*" mit.[54] 1927 wird er auf den anthropologischen Lehrstuhl in Berlin und zugleich als Direktor des Kaiser-Wilhelms-Instituts für Anthropologie, menschliche Erblehre und Eugenik berufen.[55] Das Institut, „*eines der Hauptverbreitungszentren rassenhygienischen Ungeistes*",[56] wurde eigens für ihn geschaffen.[57] Er ist der erste nach der Machtergreifung berufene Rektor der Universität Berlin.[58] Ab 1935 bildet er SS-

---

[47] Wistrich/Weiss 1989, S. 89 f.
[48] K. O.: Rasseeigenschaften sind Erbeigenschaften. Dem bahnbrechenden Forscher Eugen Fischer zum 65. Jahre. *Völkischer Beobachter* 4.6.39 – Zentner/Bedürftig 1985, S. 178.
[49] Informationsdienst Rassenpolitisches Amt 20.10.38, IfZ München MA 141/3, Bl. 07 (= 344927).
[50] E. Fischer 1955.
[51] ibid., S. 278.
[52] Wess 1989, S. 27.
[53] Müller-Hill 1984, S. 12 + 123 – s. a. Weingart et al. 1992, S. 373.
[54] Schwerte/Spengler 1955, S. 279.
[55] Informationsdienst RPA 20.10.38 loc. cit. – Weingart et al. 1992, S. 239–246 – vgl. a. Aly/Heim 1991, S. 424.
[56] Wistrich/Weiss 1989, S. 89 f.
[57] Heiber 1994, S. 425–434.
[58] K. O.: Rasseeigenschaften sind Erbeigenschaften. Dem bahnbrechenden Forscher Eugen Fischer zum 65. Jahre. *Völkischer Beobachter* 4.6.39 – Lediglich Bretschneider (an NSD 8.6.37, BA NS 15/36 Bl. 80) stutzt, dass Fischers Nachfolger Krüger im V.B. 7.4.37 „*der erste nationalsozialistische Rektor der Universität Berlin*" genannt wird, und nimmt das als Anlass zu einer Nachfrage.

‚Im heutigen Europa': Zusammenarbeit alter Bekannter

Ärzte an seinem Kaiser-Wilhelm-Institut aus.[59] Er leitet mehrmals die deutsche Delegation auf internationalen wissenschaftlichen Kongressen.[60] Ausgedehnte Forschungsreisen in entfernteste Länder münden zumeist in rassenkundliche Publikationen. Zu seinem 65. Geburtstag 1939 stellt der ›Völkische Beobachter‹ seine *„praktische Gutachtertätigkeit am Erbgesundheitsobergericht"* und seine *„beratende Mitwirkung bei den staatlichen Aufgaben in Rassen- und Bevölkerungspolitik einschliesslich der Gesetzgebung"* heraus.[61] Sein Freund seit den Freiburger Tagen, der badische Dichter Hermann Eris Busse sieht in derartigen Aktivitäten schon in seiner Laudatio zu Fischers 60. Geburtstag sogar *„Verantwortungsbewusstsein":*

> Hinter den neuen, für unser Volk so lebenswichtigen Gesetzen zur Verhütung erbkranken Nachwuchses, steht mit nicht geringer Kraft und hohem Verantwortungsbewusstsein die unbeugsame Erkenntnis Eugen Fischers.[62]

In der gleichen Laudatio feiert Busse Fischer als *„Heger und Pfleger des völkischen Erbguts".*[63]

Fischer war in rassistischen Kreisen vor 1933 durchaus nicht unumstritten, allerdings nur, weil er katholisch[64] war; Hermann Muckermann, einer seiner leitenden Mitarbeiter im KWI und Schriftführer in der von Fischer geleiteten ›Deutschen Gesellschaft für Rassenhygiene (Eugenik) in Berlin‹ war sogar Jesuitenpater, was dem Reichssicherheitshauptamt bekannt war.[65]

Fischer trat in der Weimarer Republik der antisemitischen, nationalkonservativen Deutschnationalen Volkspartei bei,[66] der Partei des Medienzaren Hugenberg. Der ab Mai 1933 geltende Aufnahmestop (bis 1937) in die NSDAP dürfte erklären, weshalb Fischer erst relativ spät, nach Kriegsausbruch (28.12.39), einen Antrag auf Eintritt in die NSDAP stellte.[67] Selbst

---

[59] Müller-Hill 1984, S. 14.
[60] ibid.
[61] K.O.: Rasseeigenschaften sind Erbeigenschaften. Dem bahnbrechenden Forscher Eugen Fischer zum 65. Jahre. *Völkischer Beobachter* 4.6.39 – vgl. a. Deichmann 1995, S. 316 – Heiber 1994, S. 429.
[62] Busse 1934, S. 145.
[63] ibid., S. 148.
[64] Später trat er aus der Kirche aus, so seine Tochter – s. Müller-Hill 1984, S. 120.
[65] Rdschr. Hildebrand – Volksring 5. Juni („Brachet") 1932, BA ZB I 1099 Bl. 77 mit Stempel des RSHA III 2 – Der Volksring ist eine wenig bekannte Gruppe im Umkreis des Leiters des ›Rasse- und Siedlungshauptamts‹ in der SS und späteren Reichsbauernführers Walther Darré – vgl. a. Weingart et al. 1992, S. 386 f.
[66] Heiber 1994, II, 2, S. 426.
[67] ibid.

an Professorenaufrufen für Hitler hatte er sich erst nach der Machtergreifung beteiligt, dann freilich an exponierter Stelle.[68] Fischer war der erste Redner auf einem „Forum" am Vortage der von Hitler angesetzten „Reichstagswahl" am 12. November 1933.[69] Zu dem „Forum" aufgerufen hatten sechs Koryphäen, darunter vier Universitätsrektoren, unter ihnen der Philosoph Martin Heidegger, der Romanist Walther von Wartburg und der Germanist Theodor Frings. Eugen Fischer auf dem Forum wörtlich:

> Ein ganz grosser hat in das Rad der Geschichte seine Hand getan und im letzten Augenblick das Steuer herumgerissen [...] Vor unseren Augen entstand das Neue, das dieser eine Mann hingestellt hat wie zwei ragende Irminsäulen: national und sozial [...] Wir spüren wieder den grossen Führer.[70]

Wilhelm Röpkes Kommentar im türkischen Exil über dieses „Forum" und solche Anbiederungen führender deutscher Wissenschaftler: *„Schandfleck auf der ehrenvollen Geschichte deutscher Bildung"* und *„Akt der Prostitution".*[71]

Nur wenige Tage zuvor hatte Fischer, um seine Wahl zum Rektor der Universität Berlin beim Wissenschaftsminister vor Überraschungen zu bewahren, versichert:

> [...] in rückhaltlosem Einsatz für die nationalsozialistische Sache und im Willen, darin mitzuarbeiten und die Universitäten einbauen zu helfen, halte ich mich jedem für ebenbürdig.[72]

Natürlich hatte Fischer auch sehr viele Neider. Vor allem in der Konsolidierungsphase des 3. Reichs 1933–1935, in der Denunziationen an der Tagesordnung waren, trafen bei den politisch Mächtigen auch manche negativen Dossiers über Fischer ein, darunter einige, die ehemalige Mitarbeiter verfasst hatten.[73] Es ist auch nicht zu leugnen, dass Fischer bei den Juden im Unterschied zu den „Negern" und im Gegensatz zur offiziellen Lehre manches „Positive" entdecken konnte. Das spricht aber nicht gegen seinen grundsätzlichen theoretischen und praktischen Antisemitismus. Auf einer Arbeitstagung des berüchtigten Frankfurter ›Instituts zur Erforschung der Judenfrage‹ im

---

[68] ibid. + II, 1, S. 24 + 29.
[69] Für dies und den Rest des Absatzes (einschliesslich Zitat) s. ibid. II, 1, S. 28 ff. – vgl. a. ibid. I, S. 348.
[70] ibid. – Zum Begriff der Irminsäule s. o. Kap. XXII.
[71] ibid. II, 1, S. 28f – Heiber hat herausgearbeitet, dass die mit dieser Veranstaltung eingeleitete Unterschriftenaktion zumindest an manchen Universitäten wie der Fischers in Berlin ein ausgesprochener Reinfall war. ibid. II, 1, S. 31.
[72] ibid. II, 1, S. 290.
[73] Müller-Hill 1984, S. 78.

März 1941 lässt er sich denn auch zusammen mit seinem Schüler und Mitarbeiter Günther als „*Ehrengast*" feiern.[74] Noch im März 1944 nimmt er die Einladung an, die Rolle eines von mehreren Präsidenten auf einem ›Antijüdischen Kongress‹ zu spielen, den Rosenberg und seine Leute organisierten. Der Kongress sollte in Krakau stattfinden, wurde dann aber wegen der Kriegsereignisse abgeblasen.[75] Ausserdem lässt sich sein Antisemitismus aus einer Fülle von Zitaten aus seinen Werken belegen. Er siedelte lediglich die Schwarzen, die sein bevorzugter Forschungsgegenstand waren, noch niedriger an als die Juden.

Obwohl Fischer aktive und bedeutende Beiträge zur nationalsozialistischen Rassepolitik und ihrer praktischen Umsetzung leistete, betonte Walther Gross vom ›Rassepolitischen Amt‹ der NSDAP 1936,

> dass Prof. Fischer, gegen dessen wissenschaftliche Vorträge vor einem allgemein interessierten Publikum nichts einzuwenden ist, bei Veranstaltungen der Partei nicht eingesetzt werden soll [...].

Diese Einschätzung machte sich das Amt Rosenberg zu eigen.[76] Der Vorgang ist mehrfach interpretierbar. Fest steht, dass Gross seit 1937 Fischers einstigem Mitarbeiter Verschuer kritisch gegenüberstand, weil ihm einige Forschungsergebnisse nicht passten.[77] Gross und das Amt Rosenberg orientierten sich in Sachen Rassenkunde an Hans F. K. Günther, dem sog. Rassen-Günther. Dieser war von Fischer noch in seiner Freiburger Zeit ausgebildet worden und entwickelte sich rasch zum Popularisator der von Fischer geprägten, bis dahin veröffentlichten akademischen Rasseforschung. Gross und das Amt Rosenberg folgten Günther auch in dessen Polemik gegen das Akademische an der bisherigen Rasseforschung – und d. h. natürlich auch: seiner Lehrer. Fischer blickte umgekehrt auf Günther als „*Dilettanten*" herab.[78] Vielleicht wollte Gross die Partei einfach nicht damit belasten, dass Fischer in Kleinigkeiten[79] von Günther abwich und so – ohne explizit zu werden – den Eindruck der Uneinheitlichkeit der NS-Rasseforschung hinterliess. Aktive Parteimitglieder rechneten nicht nur Hitlers ›Mein Kampf‹ und Rosenbergs

---

[74] Müller, Hill 1984, S. 19 u. ö.
[75] ibid., S. 24. u. ö.
[76] Laut Gerigk an Veranstaltungsdienst 19.6.36, BA NS 15/81 a Bl. 11.
[77] Müller-Hill 1984, S. 40.
[78] Nichtsdestoweniger brachten sie sogar in Zusammenarbeit einen Fotoband heraus: Deutsche Köpfe nordischer Rasse. München 1930.
[79] Fischer war z. B. nicht der Überzeugung, dass Mischlinge automatisch minderwertiger geraten würden. Müller-Hill 1984, S. 78.

›Mythus des 20. Jahrhunderts‹, sondern auch Günthers ›Rassenkunde des Deutschen Volkes‹ (1922) zu den unantastbaren Schriften. Fischers Abweichungen – vor der Partei ausgebreitet – hätten womöglich auch zu dem Missverständnis geführt, dass sie die Weihe der Partei hätten.

Vielleicht ging es hier auch nur um persönliche Rivalitäten: den nichtparteilichen Bereich konnte Gross der im akademischen Bereich strahlenden Autorität Fischer überlassen. Im Parteibereich war ihm vermutlich schon der Fuss in der Tür zu viel. Vielleicht wirkten hier auch nur die Denunziationen der Konsolidierungsphase 1933–1935 nach.

Fischer war Mitglied der Berliner ›Mittwochsgesellschaft‹, die man nach 1945 gerne als Widerstandsgruppe skizziert hat, weil eines ihrer Mitglieder (Popitz) mit dem Attentat auf Hitler am 20. Juli 1944 zu tun hatte und deswegen zum Tode verurteilt worden war. Fischers Mitgliedschaft wird aber heute eher als Beleg dafür gewertet, dass diese Gesellschaft *„keine organisierte Widerstandsgruppe, kein Verschwörerzirkel"* war.[80]

Es sei anderseits auch darauf hingewiesen, dass Fischer standhaft blieb, als kein geringerer als Bormann ihn zur Rede stellte, nachdem er ein von ihm erbetenes Gefälligkeitsgutachten abgelehnt hatte.[81]

Nachdem Fischer und sein Koautor und zeitweiliger Mitarbeiter Fritz Lenz bei Kriegsausbruch einen Antrag auf Aufnahme in die Partei gestellt hatten, hatte Gross abermals seine Bedenken geäussert. Himmler, der in solchen Sachen eher praktisch, zumindest weniger dogmatisch dachte als die Rosenberg-Leute, zu denen Walther Gross eindeutig zu rechnen ist, kam den beiden Anthropologen zu Hilfe:

> Was die Aufnahme der Professoren Dr. Fischer und Lenz anbelangt, so bin ich sowohl nach Durchlesen der mir übersandten Stellungnahmen des Rassenpolitischen Amtes der NSDAP und ihres Briefes als auch nach meiner eigenen Kenntnis der Überzeugung, dass beide in den letzten Jahren durch ihre wissenschaftlichen Arbeiten erheblich zur Untermauerung und wissenschaftlichen Anerkennung des rassischen Teiles der nationalsozialistischen Weltanschauung beigetragen haben. Ich bin der Überzeugung, dass sowohl Fischer als auch Lenz trotz einiger sicherlich noch vorhandener Bedenken in die Partei aufgenommen werden können. Ich glaube sogar, dass die Aufnahme eine gewisse politische Notwendigkeit ist, da wir nicht einesteils die Kraft dieser beiden Männer zur wissenschaftlichen Untermauerung für die Partei benutzen können und sie andererseits aber als Parteigenossen ablehnen.

Unmittelbar nach der Wannsee-Konferenz im Januar 1942 nimmt Fischer *„als Fachmann für Gefahrenabwehr bei drohender Rassenvermischung"* an

---

[80] Heiber 1991 I, S. 197 – vgl. a. Scholder 1982.
[81] Für dies und die folgenden zwei Absätze s. Müller-Hill 1984, S. 79.

‚Im heutigen Europa': Zusammenarbeit alter Bekannter

Sitzungen des Rosenbergschen Ostministeriums teil[82] und wird im Rahmen des ›Generalplans Ost‹ als Gutachter für Siedlungsfragen herangezogen.[83] Im Streit um die Frage Umsiedlung der Russen nach Sibirien oder ›Verschrottung durch Arbeit‹ tritt er für die Umsiedlung ein.[84]

Der Stolz, mit dem Fischer seine Bedeutung für die politische Praxis der Nazis (Stichworte ›Zwangssterilisierung‹, ›Euthanasie‹) genoss, kennt keine Brechungen:

> Es ist ein besonderes und seltenes Glück für eine an sich theoretische Forschung, wenn sie in eine Zeit fällt, wo die allgemeine Weltanschauung ihr anerkennend entgegenkommt, ja, wo sogar ihre praktischen Ergebnisse sofort als Unterlage staatlicher Massnahmen willkommen sind. Als vor Jahren der Nationalsozialismus nicht nur den Staat, sondern unsere Weltanschauung umformte, war die menschliche Erblehre gerade reif genug, Unterlagen zu bieten. Nicht als ob etwa jener eine ›wissenschaftliche‹ Unterbauung nötig gehabt hätte als Beweis für seine Richtigkeit – Weltanschauungen werden erlebt und erkämpft, nicht mühsam unterbaut –, aber für wichtige Gesetze und Massregeln waren Ergebnisse der menschlichen Erblehre als Unterlagen im neuen Staat gar nicht zu entbehren.[85]

Fischer griff auch mit Gutachten in die nationalsozialistische Praxis ein, mit der Folge menschenrechtsverletzender Zwangssterilisationen.[86] 1937, als die Nazis dafür noch gar nicht die gesetzlichen Grundlagen geschaffen hatten, war er auf diese Weise in die Zwangssterilisation farbiger Kinder verwickelt.

Nach 1945 reihte sich Fischer in die Gemeinschaft der „Wusstenixe" ein:

> [...] ich ahnte bis zuletzt nichts von dem Ungeheuerlichen, was geschah.[87]

Seine „Erinnerungen" (*„Begegnungen mit Toten"*) nennt man besser „Verdrängungen" oder „Seiltänzereien über Verschwiegenem". Immerhin beging Fischer nicht die Geschmacklosigkeit zu behaupten, er hätte zur Bekennenden Kirche gehört, wie das seine Mitarbeiter Lenz und Verschuer taten.[88]

---

[82] Götz/Heim 1991, S. 424 – Müller-Hill 1984, S. 52 f.
[83] Müller-Hill 1984, S. 53.
[84] ibid.
[85] So Fischer laut Müller-Hill 1984, S. 22f + 64 – Ähnlich ibid., S. 37 – s. a. Weingart et al. 1992, S. 391.
[86] Für diesen und den folgenden Satz s. Müller-Hill 1984, S. 34 + 138.
[87] zit. n. Müller-Hill 1984, S. 83.
[88] s. dazu Müller-Hill 1984, S. 120 + 122 + 127.

Fischer, der 1967 starb, ist bis heute keine direkte Beteiligung an den Tötungsdelikten im Rahmen der Euthanasie und der Verbrechen in den KZ der von ihm oder seinen Mitarbeitern ausgebildeten „furchtbaren" Ärzte nachzuweisen gewesen. Es trifft auch offenbar nicht die Sache, ihn einfach einen Schreibtischtäter zu nennen. Genauer wäre: Orientierungsfigur, Ausbilder und theoretischer „Beschützer" der Schreibtischtäter und deren Exekutoren. Man könnte auch sagen: *„Theoretiker und Priester des Vernichtungskults"*, wie Müller-Hill Forscher seinesgleichen nennt,[89] Pate einer Mafia von Mördern und Menschenquälern und daher aus unserer Sicht gefährlicher und verabscheuungswürdiger als einfache Schergen seiner Theorie wie Mengele. Hitler hat schliesslich auch bis kurz vor seinem eigenen Tod keinen Menschen mit eigener Hand umgebracht. Zumindest ist Fischer von einem weitaus fundamentalerem Kaliber als etwa Schwerte-Schneider, um den es hier geht.

Wir sind keine Anthropologen, nicht einmal Biologen, sind also von den Wissensvoraussetzungen in einer ähnlichen Situation wie die Herausgeber der Reihe „Gestalter unserer Zeit" Schwerte und Spengler. Wir können daher nur Urteile referieren, die kompetentere Wissenschaftshistoriker auf Grund eingehenderer Analysen fällten. Die Bielefelder Gruppe[90] kommt z. B. zu folgendem Schluss: Die Ergebnisse der Eugen Fischerschen Forschungen an Mischlingen (Bastarden) in Namibia, die seinen Ruhm begründeten, waren in ihren vertretbaren Aspekten in empirischen Untersuchungen an anderen Populationen schon Jahre zuvor von dem US-Amerikaner Charles B. Davenport vorweggenommen und besser begründet worden.[91] Schon in der Weimarer Republik musste Fischers Ansatz endgültig als überholt gelten. Selbst im Dritten Reich wirkte eine junge Generation von Humangenetikern vor allem am Hirnforschungsinstitut in Berlin-Buch, die im Kontakt mit der internationalen Diskussion (vor allem in den USA und in Russland) blieb, zum Teil noch nach der Machtergreifung von führenden ausländischen Fachvertretern wie Herman J. Muller konsultiert wurden[92] und deren Ergebnisse erst im 2. Welt-

---

[89] Müller-Hill 1984, S. 92 – Müller-Hill bezieht dieses Urteil auf alle Anthropologen des 3. Reichs.
[90] Für dies und das Folgende s. Weingart et al. 1992, S. 535 ff.
[91] Davenport 1911.
[92] Muller wurde dabei von den Nazis observiert. – s. Schottländer 1988, S. 68.

krieg Fischers Mitarbeiter Verschuer in eine Veröffentlichung einarbeitete, ohne sie jedoch voll zur Geltung zu bringen.

Andere Namen kommen in dem von Schwerte und Spengler herausgegebenen Sammelband nicht oder nur ganz am Rande vor, obwohl sie in ihrer Bedeutung für die Geschichte der Anthropologie zumindest von nicht geringem Gewicht waren: so zum Beispiel der Russe Nikolai W. Timofeeff-Ressowski, der auf Veranlassung von Oskar Vogt 1925 nach Berlin berufen wurde und über den inzwischen sogar ein Roman von Daniil Granin handelt,[93] oder Max Delbrück, der 1937 emigrierte, oder Fritz von Wettstein. Damit soll nicht gesagt werden, dass diese Namen völlig frei waren von faschistischen Anwandlungen,[94] auch nicht, dass es sich hier um eine ausgesprochene Gegenrichtung zur Fischer-Anthropologie handelte. Wir propagieren auch nicht die Auffassung, dass die Rassenhygiene in Deutschland nur deswegen so verheerende Wirkung haben konnte, weil sie die internationalen Fortschritte v. a. auf dem Gebiet der Genetik nicht rezipierte. Der Hinweis auf diese Gruppe sollte nur andeuten, wie sehr Schwerte und Spengler durch die Wahl Eugen Fischers als Subeditor einem Richtungs- und Gruppenegoismus Vorschub leisteten. Fischer wird heute wohl niemand mehr zu den „Grossen" der Anthropologie rechnen. Er ist eigentlich nur noch bekannt als der Bezugspunkt, an dem sich die Wissenschaftler orientierten, die die Euthanasie möglich machten. „*Gestalter unserer Zeit*" war Schwertes und Spenglers Reihentitel: „Missgestalter" wäre im Falle Fischers naheliegender. Schwerte, der diese Ausführungen über Fischer als „*zu abschweifend*" findet, „*wusste damals* […] *diese Zusammenhänge nicht*" und vermutet, „*auch Spengler nicht.*"[95] Dass sich der Name Eugen Fischers nicht zu Schwerte oder gar zu Spengler herumgesprochen haben könnte, dass den Herausgebern die herausragende Bedeutung dieses Rassisten unbekannt geblieben sein sollte, ist kaum zu glauben. Welche Motive aber führten dazu, diese belastete Persönlichkeit als Subeditor zu gewinnen?

Eugen Fischer kommt in beiderlei Gestalt vor: als Autor und als Präsentationsgegenstand. Er fand offenbar nichts dabei, als Subeditor in der Einleitung zum anthropologischen Teil in Band 4 der Reihe von sich selbst in der dritten Person zu schreiben:

---

[93] Granin 1988.
[94] Granins Verherrlichung Timofeeff-Ressowskis wird den Tatsachen nicht gerecht. – s. dazu: Simon, Gerd: Deutscher Strukturalismus 1933–1945 (in Arbeit).
[95] Schwerte an Simon, 29.12.98.

Eugen Fischer forderte bewusst schon in seinem die genannte Rassenkreuzung analysierenden Bastard-Werk, dass man nunmehr grundsätzlich von ›Anthropobiologie‹ spräche und nunmehr die Naturgeschichte des Menschen nur noch mit diesem Namen bezeichnete [...].[96]

Vor allem aber liess er seine Leistung durch seinen engsten Mitarbeiter Verschuer in einem eigenen Artikel herauskehren.[97] Schwerte und Spengler sprechen das in der Einleitung sogar verallgemeinert an, finden aber nichts Peinliches an dieser nur schlecht getarnten Selbstbeweihräucherung:

Sie [die Autoren dieser Biographien. G. S.] haben zum Teil selbst als ›Gestalter‹ Darstellung gefunden, waren ihre Nachfolger auf den Lehrstühlen oder sind ihre Brüder und Söhne. Insgesamt darf gesagt werden, dass ihre Darstellungen nicht nur Aufsätze im üblichen Sinne sind, sondern Aussagen von Zeugen geistiger Art über das Schaffen dieser Grossen gleichkommen.[98]

Über den Verfasser des Artikels über Fischer, Otmar [häufig: Othmar] Freiherr von Verschuer wäre ähnlich Braungeschecktes, sogar Untat-Näheres zu berichten wie über seinen „Altmeister". Wir beschränken uns auf Ergänzendes.[99]

Wir gehören nicht zu den Leuten, die Lehrer für die Taten ihrer Schüler haftbar machen oder umgekehrt. Dass der KZ-Arzt Mengele der Assistent Verschuers war, „Lieblingsschüler" sogar,[100] wäre an sich also hier nicht Thema geworden, wenn der Chef nicht von seinem Schüler Sezierberichte und Präparate bezogen hätte, die der mörderischen Tätigkeit dieses „furchtbaren" Arztes entstammten. Verschuer sah seinen zentralen Beitrag zur Wissenschaft in der Zwillingsforschung. Also war für Mengele ein wichtiges Selektionskriterium an der Rampe: Zwilling. Die Zwillingspaare wurden vermessen, nicht selten durch Injektionen mit Typhusbakterien getötet, seziert und ihre Organe nach Berlin an Verschuers Institut verschickt. Das ›Kaiser-

---

[96] E. Fischer: Die Wissenschaft vom Menschen. Anthropobiologie im XX. Jahrhundert. in: Schwerte/Spengler (Hg.): Forscher und Wissenschaftler im heutigen Europa. Erforscher des Lebens. Mediziner, Biologen, Anthropologen. (= Gestalter unserer Zeit 4). Oldenburg 1955, S. 277.

[97] Verschuer, Otmar von: Eugen Fischer. Der Altmeister der Anthropologie, der Pionier der Humangenetik, der Begründer der Anthropobiologie. in: Schwerte/Spengler 4, 1955, S. 308–16.

[98] Schwerte, Hans/Spengler, Wilhelm: Europa und die Naturwissenschaften. Eine Einführung der Herausgeber. in: Schwerte/Spengler 4, 1955, S. 14.

[99] Zu Verschuer s. den Personalbogen im UA HUB UK 1069 Bl. 65 – Danach betätigte er sich schon 1920 als „*Adjutant des Marburger Studentenkorps*" an der Niederwerfung eines Kommunistenaufstands. – vgl. a. Peiffer 1992, bes. S. 224.

[100] Müller-Hill 1984, S. 158.

,Im heutigen Europa': Zusammenarbeit alter Bekannter

Wilhelm-Institut‹, das Verschuer leitete, bedankte sich mit präzisen wissenschaftlichen Analysen und Instruktionen.[101]

Offensichtlich machte es Verschuer nichts aus, dass Fischer nicht ihn, sondern einen anderen Schüler als „Grossen" zum Gegenstand eines Beitrags in Schwertes/Spenglers Sammelband machte: Egon von Eickstedt, der zumindest im 3. Reich ganz klar der weniger Bedeutende war.

Die übrigen Beiträger, die Fischer in die ›Gestalter unserer Zeit‹ einbrachte, sind zwar deutlich weniger belastet als der Subeditor selbst und sein Lobredner Verschuer; sie beteiligen sich aber durchaus am rassistischen Diskurs. Es kann hier nicht unsere Aufgabe sein, auf alle Beiträger kurzbiographisch einzugehen. Hier nur einige Worte zu Heberer und Keiter.

Gerhard Heberer, am 20. März 1901 in Halle geboren, war als Sechzehnjähriger im Kriegshilfsdienst im 1. Weltkrieg tätig und erhielt dabei das ›Eiserne Jungmannen-Abzeichen‹.[102] 1919 trat er in das ›Freikorps Maercker‹ ein, das bei der Niederwerfung des Spartakus-Aufstands vor allem in Mittel- und Norddeutschland eine zentrale Rolle spielte. Von 1920 bis 1924 studierte er vorwiegend Biologie, aber auch Anthropologie und Vorgeschichte in Halle. 1924 promovierte er ebenda mit einer vererbungswissenschaftlichen Arbeit. Heberer war Mitbegründer der ›Deutschen Akademischen Gildenschaft‹ und Führer im ›Wandervogel e.V.‹, dem grössten Verband innerhalb der Jugendbewegung. Von 1924 bis 1927 war er wissenschaftlicher Hilfsarbeiter für Rassenkunde an der Landesanstalt für Vorgeschichte in Halle. 1927 nahm er unter Rensch an einer Expedition zu den Sunda-Inseln teil. Danach wirkte er kurz in einem zoologischen Laboratorium auf Java. Nach einer weiteren Studienreise nach den Mentawei-Inseln und durch Sumatra übernahm er in der Tübinger Zoologie eine Assistentenstelle. 1932 habilitierte er sich in Tübingen für Zoologie und vergleichende Anatomie. Im Wintersemester 1935/36 vertrat er eine zoologische Professur in Frankfurt am Main. Danach kehrte er als Assistent ›in gehobener Stellung‹ nach Tübingen zurück. In den Ferien arbeitete er weiterhin in der genannten Landesanstalt in Halle. 1938 erhielt er dann durch

---
[101] ibid. S. 73.
[102] Für diese und die folgenden biographischen Daten s. Llf. Heberer Mai 1937, PA Heberer BDC – s. a. ZA. ohne Überschrift über H. in der ›Deutschen Allgemeinen Zeitung‹ 26.1.39, BA NS 15/244 – vgl. a. Deichmann 1992, S. 319 ff.

Einwirkung von Himmler eine beamtete ausserordentliche Professur in Jena. Bemühungen um einen Lehrstuhl scheiterten. Da auch das Amt Rosenberg keine Bedenken gegen ihn hatte,[103] ist unklar, warum seinen zahlreichen Bewerbungen kein Erfolg beschieden war. 1949 leitet er die Anthropologische Forschungsstelle in Göttingen.

Schwerte bestreitet heute, dass er Heberer kannte. 1937 nimmt Himmler den immerhin schon 36jährigen in die SS auf. Heberer ist dort, wie einige Monate später Schneider, im Stabe des Rasse- und Siedlungshauptamts tätig, zugleich als Mitarbeiter des ›Ahnenerbes‹.[104] Insbesondere der Reichsgeschäftsführer des ›Ahnenerbes‹ setzt sich für seine Karriere an der Universität ein.[105] Seit 1933 gehörte er der SA an. In der SS war er seit 1943 Hauptsturmführer.

Unter den Kollegen galt Heberer nicht nur als entschiedener Deszendenztheoretiker, sondern auch als strammer Nazi. In seinen Publikationen versuchte er, den Rassismus Hans F. K. Günthersscher Prägung mit biologischen Argumenten zu untermauern. 1943 erschien sein Sammelband „Die Evolution der Organismen" mit Beiträgen z. B. von Timofeeff-Ressowski, Konrad Lorenz und Bernhard Rensch. 1968 erlebte das Buch die 3. Auflage. Eine Beteiligung an Menschheitsverbrechen, selbst einfaches Mitwissen, war Heberer nicht nachzuweisen. Die Subinstitutionen, in denen er arbeitete, hatten in der Zeit seiner dortigen Tätigkeit auch keinen direkten Bezug zu verbrecherischen Forschungszwecken. Heberers Rassismus wirkte durch seine Publikationen, schlimmstenfalls durch eher harmlose Denunziationen, deren Opfer z. B. der Giessener Runenkundler Helmut Arntz wurde.[106] Immerhin befürwortete er die Erfassung des „Menschenmaterials" in den KZ für anthropologische Forschungen.[107]

Heberers Parteinahme für Herman Wirth und die Ura-Linda-Chronik[108] lässt sich angesichts der noch von dem führenden in den USA wirkenden Biologen Ernst Mayr gelobten Qualitäten seiner Veröffentlichungen[109] nur

---

[103] Sachse an Volksbildungswerk 4.11.43, BA NS 15/34 – s. a. KPA an Amt Wiss. im ARo 26.11.43, BA NS 15/158b Bl. 297 bezüglich Strassburg.
[104] Für dies und das Folgende ibid.
[105] Sievers an RuSHA 24.6.37, BA NS 21/808 und etwa 20 Schriftstücke ebenda mit dem Versuch, Heberer z. B. in Erlangen unterzubringen.
[106] Heberer an Sievers 29.6.1936, BA NS 21/345. Zu Arntz s. Hunger 1984.
[107] Heberer an Sievers 26.11.38, PA. H. BDC AE. Vgl. a. Weingart et al. 1992, S. 450.
[108] z. B. Heberer an Sievers 20.8.36, BA NS 21/345 – Heberer: „Zum Kampf gegen die Abstammungslehre" 15.4.37, BA NS 21/723 – Sievers erteilt Heberer 7.5.37 ibid. eine Antwort, die zeigt, dass er nicht zum engeren Vertrautenkreis um Sievers gehörte.
[109] Mayr 1984, S. 456 u. ö.

als Ausrutscher skizzieren, vermutlich mit dem karrierebewussten Ziel der Befestigung seiner Stellung im ›Ahnenerbe‹. Auch dass er die Urheimat der Indogermanen, die er mit den Schnurkeramikern gleichsetzt, ausgerechnet in seine eigene Heimat, nämlich das Saaletal, verlegt,[110] lässt Zweifel an seinen wissenschaftlichen Qualitäten aufkommen.

In Schwertes und Spenglers Reihe übernimmt Heberer gleich zwei Artikel: den ersten über den französischen Anthropologen Pierre Marcellin Boule, den zweiten über die deutschen Abstammungstheoretiker Gustav Schwalbe, Hermann Klaatsch und Theodor Mollison. Natürlich erfährt man von Heberer nicht, dass z. B. Mollison Doktorvater von Mengele war oder Gutachten in Rassenschandeprozessen anfertigte oder zum Beispiel den Vorschlag machte, den Betroffenen die Kosten für den Arier-Nachweis aufzuhalsen.[111]

Friedrich Keiter war Österreicher und kam zu einer Zeit nach Deutschland, als Nationalsozialisten und ihnen nahestehende Kreise in der Alpenrepublik verfolgt wurden.[112] Als Assistent des Anthropologen Walter Scheidt entfaltete er in Hamburg eine rege Publikationstätigkeit. Beide galten, obwohl sich die von ihnen herausgebrachten Texte von linientreuen nicht eindeutig unterscheiden, als ausgesprochene Aussenseiter im Fach, übertroffen nur noch von Ilse und Georg Schwidetzky, deren Veröffentlichungen sogar der ›Ahnenerbe‹-Präsident Walther Wüst als *„völligen Unsinn"* abqualifizierte.[113]

Scheidt publizierte unter dem Pseudonym Gierer auch Romane wie ›Die Geige‹, ›Geschlechter am See‹ und ›Spiegel der Welt‹. Übrigens wollte Hans Ernst Schneider im August 1944 solche Romane besprechen, weshalb er auch beim SD rückfragte, wer Gierer sei: er erhielt von Spengler den Hinweis auf Scheidt. Spengler führte weiter aus, dass diese Texte zwar nicht der obligaten Geschichtsauffassung entsprächen, aber sehr originell seien, und dass Schneider Gierer/Scheidt daher keinen Strick daraus drehen solle.[114]

Keiter und Scheidt scheinen sich nicht verstanden zu haben. Am 31. März 1939 muss Keiter in Hamburg gehen, ist dann offenbar sogar arbeitslos, bis er

---

[110] Pressemeldung „Die Urheimat der Indogermanen ist das Saaletal. Deutscher Forscher widerlegt das Märchen vom asiatischen Ursprung." Schlesische Tageszeitung 18.2.39, BA NS 15/244 Bl. 54 – vgl. ähnlich lautend: Der oberschlesische Wanderer 18.2.39, ibid.
[111] Müller-Hill 1984, S. 39.
[112] Die Ausführungen über Keiter beruhen im Wesentlichen auf Hünemörder 1991.
[113] Hsl. Zusatz Wüst auf RuSHA an AE 14.12.39, BA NS 21/365.
[114] Spengler an Schneider 15.8.44, BA NS 21/945 S. 1.

XXVI. Erlanger Schreibübungen

1941 in Würzburg eine ausserplanmässige Professur erhält. Er bekommt diese Stelle, obwohl Scheidt, der um ein Gutachten gebeten wurde, ein „*letztlich vernichtendes Urteil*" fällt.[115]

In dem Sammelwerk von Schwerte und Spengler schreibt Keiter über den italienischen Geographen und Rassekundler Renato Biasutti, dessen auf vier Bände angelegtes Hauptwerk „Le Razze e i Populi della Terra" (Rassen und Völker der Erde) 1940 zu erscheinen begann. Keiter gibt zu, dass Biasutti „*noch nicht in seiner ganzen Bedeutung entsprechend bekannt*" sei und dass insofern sein Artikel „*eine besondere Aufgabe*" habe.[116] Ob der Artikel diese Aufgabe erfüllte, darf bezweifelt werden.

In der stetig anwachsenden Literatur zu dem Fall Schwerte-Schneider ist inzwischen mindestens ein Kuriosum entstanden: In dem an sich verdienstvollen Sammelband von König/Kuhlmann/Schwabe, der auf einer Vortragsreihe an der RWTH Aachen beruht, findet sich ein ansonsten auch nicht sonderlich zu beanstandender Beitrag von Kurt Nowak („Rassenanthropologie – Rassenhygiene – Humangenetik"). Offensichtlich haben weder informierte Zuhörer der Vorlesung noch das Herausgeberteam noch andere Kurt Nowak darauf aufmerksam gemacht, dass die Forscher, von denen sein Beitrag handelt, Beiträger zu Schwertes/Spenglers Reihe „Gestalter unserer Zeit" sind. Reflektierte Wissenschaftler wissen natürlich um die Crux, trotz der Informationsflut, der sie ausgesetzt sind, in Wahrheit uninformiert zu sein und diesen Umstand kaschieren zu müssen.[117] Schwertes Oeuvre ist aber so angenehm übersichtlich, dass es einen schon verwundert, wieviele Schwerte-Philologen in manche seiner Opera nur einen flüchtigen Blick geworfen zu haben scheinen. Wir erwarten keinesfalls, dass Beiträger immer eine Verbindung zum Reihenthema herstellen. Sogar in dem gleichen Sammelband bringt ein solches Bemühen denn auch manche ziemlich verkrampfte Blüte hervor. Aber im Falle Anthropologie hätte sich das geradezu angeboten; Nowak hätte sogar alles, was er vorgetragen hat, festmachen können an den anthropologischen Beiträgen des von Schwerte mitherausgegebenen Sammelbands.

---

[115] Hünemörder 1991, S. 1180 – Das GA ist dort abgedruckt.
[116] Keiter 1955.
[117] s. dazu Simon, Gerd: Buchfieber (in Arbeit).

Gleichwohl sollte herausgeberische Verantwortung nicht mit Sippenhaft gleichgesetzt werden. Die Reihe „Gestalter unserer Zeit" sehen wir als Versuch, über nationale Grenzen hinausreichende Gemeinsamkeiten auf der Grundlage abendländisch-christlicher Tradition in Erinnerung zu rufen – durchaus in der politisch-strategischen Absicht, Europa wieder in den Stand eines *global player* zu setzen.

Annalen der deutschen Literatur

Wie wenig religiöse Verklärung der Kunst, das Bestehen auf einem Rückverweisen und Sich-Beziehen auf abendländisch-christliche Tradition imstande war, einen *verantwortlichen* Weg ins zwanzigste Jahrhundert zu weisen, dafür ist Schwertes bis dahin umfangreichste Veröffentlichung ein Beispiel: sein Beitrag zu Heinz Otto Burgers „Annalen der deutschen Literatur". Auf über hundert Seiten argumentiert Schwerte offensichtlich vor dem Hintergrund einer nach dem totalen Zusammenbruch neu gefundenen Religiosität, in deren Mittelpunkt der einzelne Mensch in seiner ‚heiligen' Ganzheit und Unantastbarkeit steht, und die biographisch durchaus mit seiner Verstrickung in „völkisch" motivierte Menschheitsverbrechen zu erklären sein dürfte. Das Interessante an dieser Umorientierung ist, dass sie im Ergebnis nur zu einer Wiederholung *„jener Thesen völkischer Literaturbetrachtung* [führte], *die während der Zeit des Nationalsozialismus als kanonisch galten"*, wie es Walter Jens in seiner pointierten Kritik des Schwerte'schen Beitrags 1962 formulierte.[118] Tatsächlich sind die Einschätzungen, zu denen Schwerte in seinem Beitrag gelangt, in ihrer Tendenz in vielen Fällen identisch mit ‚völkischen' Einschätzungen dieser Autoren. Der wesentliche Unterschied besteht lediglich darin, als Ordnungs- und Bewertungskriterium nicht mehr die ‚Verwurzelung' oder ‚Bindung' oder ‚Orientierung' im ‚Völkischen', im ‚Rassischen', im ‚Blut' zu wählen, sondern den erkennbaren „*Wille[n] zur Rettung des Menschen in eine Geborgenheit"*.[119] Auf diesem Boden stehen alle Äusserungen Schwertes:

> Den Zusammenbruch der bürgerlichen Welt, d. h. des überkommenen Menschenbildes und seiner Verantwortlichkeit spürten wohl alle, die in dieser Zeit schreiben. Aber ob es bei dieser Feststellung, ihrer Beobachtung und Analyse, schliesslich einer Hassposition blieb oder

---
[118] Jens 1962, S. 344.
[119] Schwerte 1952a, S. 812.

ob darüber sich jener Aufbruch und jene Suche nach „neuer Lebensform" vollzog, war die entscheidende und trennende Frage, die auch über das entschied, was denn Sprach-Kunst sei. [...] Kein Zweifel: die sprachliche Fertigkeit und Wendigkeit, der interessante Reiz der Moderne lag bei Th. Mann. Seiner Sprache gegenüber erscheinen Frenssen und Ernst schwerfällig, „kleinbürgerlich", „schmal". Aber die Kraft des Zuspruchs, die schlichte Herzlichkeit der Hilfe, die ja auch ein dichterisches Vermögen sind, lagen bei den anderen. Wo es nicht nur um die Sprache als Kunst-Handwerk, sondern um die Sprache als Kunst-Wahrheit geht, die mitmenschlich mitteilt, sind die Frenssen und Ernst in einer Geschichte der deutschen Literatur genau so zu beachten wie Th. Mann und seine Weggefährten.[120]

Dieser Versuch, die deutsche Literatur seit den 1890er Jahren auf eine Weise zu umfassen und zu ordnen, konnte nicht erfolgreich sein. Die völkische Kunst *unter dieser Perspektive* vor dem totalen Vergessen retten zu wollen, ihr auch nach 1945 einen Platz in der Literaturgeschichtsschreibung (und in der Erinnerung der Deutschen) zu sichern, verwies letztlich nur zurück auf ideologisch, nicht wissenschaftlich, begründete Kategorien und Kampfbegriffe: *Zivilisation* versus *Kultur, Heimat* versus *Grossstadt,* moderne *Zersetzung* versus traditionale *Verantwortung.* Er konnte nicht weiter führen, weil er, ‚unpolitisch', nicht wahrnahm oder wahrnehmen wollte, *welche* politische Rolle diese völkische Kunst gespielt hatte, *welche* politisch-gesellschaftlichen Ziele sie verfolgte.

Dass Schwerte dort nicht stehenblieb, ist bekannt, obschon die völkische Kunst als Thema weder aufgegeben wurde, noch in seinen literaturgeschichtlichen Stellungnahmen an Relevanz einbüsste: „*Die Geschichte der sogenannten Hochliteratur allein reicht für die Erfahrung der ›deutschen Realität‹ keineswegs aus.*"[121] Der entscheidende Schritt in seinen Überlegungen war – der Schritt hinaus aus den Denk- und Wertkategorien, die eben dieser völkischen Kunst eigen waren: Verweigerung der Wirklichkeit und irrationales Beharren auf der Perspektive einer idyllisch-ländlichen, ‚heilen', ‚ganzen' Welt. Politisch-historisch gesehen ging damit bei Schwerte die Erkenntnis einer, welche Mitverantwortung diese völkische Kunst für den Nationalsozialismus trug:

> Die ‚Heimatkunst', um 1900 erfunden und propagiert im Wilhelminischen Zeitalter, war vor Hitler eine der grossen und letzten literarischen deutschtümlichen Sammelbewegungen, in der die Austreibung der angeblich westlichen, der angeblich grossstädtischen und intellektuell zersetzenden Vernunft mit System und als Programm im Namen eines deutschen (‚tieferen') Irrationalismus, einer sogenannten Deutschen Bewegung, einer deutschen Gegenrevolution, betrieben wurde. [...]

---

[120] Schwerte 1952a, S. 748 f.
[121] Schwerte 1966c, S. 183.

Die ‚Heimatkunst' wollte die Moderne als Sozialrealität einer Nation, die Moderne als technisches Zeitalter, die Moderne als Stil- und Kunstbegriff mit Hilfe gegengeschichtlicher Sprache, Formen und Inhalte übersehen – eine Literatur der geschlossenen Augen, der romantisierenden und mythisierenden Scheuklappen.[122]

Tatsächlich, da waren jemandem die Augen aufgegangen. Hier werden Heimatkunst und Moderne nicht mehr in einem moralisch-politisch (bestenfalls) gleichberechtigten Verhältnis des Nebeneinander wahrgenommen, sondern des Gegeneinander: Heimatkunst als bewusste geistige Bürgerkriegserklärung gegen die gesellschaftliche Realität. Die von Schwerte seit Beginn der sechziger Jahre vertretene These, die Moderne sei „*von Anfang an nicht denkbar und darstellbar ohne ihre ›Gegengeschichte‹*"[123] erwies sich bald

[...] als tragfähig für das Verständnis und die Darstellung vieler Grundprobleme, die sich aus der Situation und der Entwicklung von Kunst und Literatur in der Schlussphase der deutschen Monarchie ergaben. Damit ist auch für die Literaturgeschichtsschreibung etwas Entscheidendes gewonnen: die mögliche Konvergenz von politischen und kulturgeschichtlichen Daten als Grundlage eines Epochenverständnisses wurde unter Beweis gestellt.[124]

Der Beitrag zu den ‚Annalen' befand sich, da sind sich zeitgenössische und heutige Kritiker Schwertes einig, im *mainstream* der bundesdeutschen Germanistik der fünfziger, ja selbst noch der sechziger Jahre.[125] Der Vorwurf des ‚*noch nicht genügend gewandelten Konvertiten*'[126] ist insofern schon deshalb abwegig, weil er anachronistische Massstäbe anlegt. Der Umstand, dass in Schwertes Ausführungen über Heimatkunst und Moderne Anknüpfungen „*an die eingelebte traurige Vergangenheit*"[127] festzustellen sind, spricht gerade *für* die These eines *Maskenwechsels*, der den Dialog mit der anderen persona erst ermöglichte, was Vorbedingung für die *Entwicklung* dieser neuen Rolle war. Dass der Autor des ‚Annalen'-Beitrages einem Hans Ernst Schneider in manchem geistig näher ist als dem Hans Schwerte späterer Jahre, ist nicht „verräterisch" in dem Sinne, dass es ein „Doppelspiel" bewiese: es ist Beleg für eine geistige Ablösung vom Nationalsozialismus, die sich im Dialog mit alten Positionen vollzog – es gab keine Stunde Null, auch nicht für die persona Hans Schwerte.

---

[122] Schwerte 1966c, S. 188.
[123] Bayerdörfer/Conrady/Schanze 1978, S. XIII.
[124] ibid., S. XII.
[125] vgl. Jens 1962, S. 349 – Loewy 1966, S. 311 – Barner 1996, S. 140.
[126] So Buck 1996, S. 65.
[127] ibid.

Das Thema Maske und Identität

Hat Hans Schwerte ein „Doppelleben" geführt? Hat er uns „*arglistig getäuscht*"? Was hiesse das? In der Öffentlichkeit Hans Schwerte *spielen* und zuhause, privatim, der alte Hans Ernst Schneider *sein*? Zweimal im Jahr Geburtstag feiern? Am 15. Dezember *richtig* und am 3. Oktober nur *zum Schein*? Und entwickelten sich *beide*? Sind Lern- und Erkenntnisprozesse, die im veröffentlichten Werk „Hans Schwertes" evident sind, der einen oder der anderen Person zuzurechnen? Was ist Identität?

> […] ich hatte ja, um mit diesem modernen Wort zu spielen, ich hatte ja meine Identität langsam aufgebaut. Eine neue, wenn Sie so wollen, die die alte mitgenommen hatte natürlich.[128]

Die Erkenntnis der Maskenhaftigkeit des eigenen Ich, unseres Tuns, und unseres Denkens, steht hinter dieser Aussage – und auch das nur als Maske, könnte man hinzufügen. Auf die Begriffe ‚Identität' und ‚Maske' stösst man in Schwertes literaturwissenschaftlichen Veröffentlichungen immer wieder. „*Doppelsinn ist die Grundstruktur solcher Existenz*" schreibt er Mitte der fünfziger Jahre in einem Beitrag über Gottfried Benn und dessen Autobiographie „*Doppelleben*".[129] Die Verstrickung in den Nationalsozialismus war in unterschiedlichem Ausmass beiden gemein.

> Sind Sie bereit, unter Anerkennung der veränderten geschichtlichen Lage weiter Ihre Person der Preussischen Akademie der Künste zur Verfügung zu stellen? Eine Bejahung dieser Frage schliesst die öffentliche politische Betätigung gegen die Regierung aus und verpflichtet Sie zu einer loyalen Mitarbeit an den satzungsgemäss der Akademie zufallenden nationalen kulturellen Aufgaben im Sinne der veränderten geschichtlichen Lage.[130]

So Gottfried Benn im März 1933. „*Veränderte geschichtliche Lage*" – „*loyale Mitarbeit*" – „*nationale kulturelle Aufgaben*": „*Ich habe also Sprache sozusagen als Wortmasken lernen müssen*", sagt Schwerte rückblickend über seinen Einstieg in die SS-Karriere.[131]

Dass „Maske" und „Identität" in Schwertes Vokabular immer wieder zu finden sind, dürfte nicht zuletzt mit seinem Forschungsgebiet zu tun haben: der

---
[128] Transkript WDR-Interview mit Schwerte, S. 18.
[129] Schwerte 1954c, S. 126.
[130] So Gottfried Benn in einer von ihm verfassten Erklärung, die im März 1933 an alle Mitglieder der AdW gesandt wurde. Zit. nach Kesten 1973, S. 30.
[131] Transkript WDR-Interview mit Schwerte, S. 26.

Das Thema Maske und Identität 337

modernen Literatur. Hat, wer sich wissenschaftlich mit einer Epoche beschäftigt, in der das Selbst-Verständliche fragwürdig wurde, ein Persönlichkeitsproblem? Der Versuch, aus Schwertes literaturwissenschaftlichen Arbeiten die – salopp formuliert – unausgesprochenen Bekenntnisse eines Hochstaplers herauszulesen, dürfte scheitern, weil es zum einen nicht gegeben hat, was er voraussetzt: ein „*Doppelleben*".

> Doppelleben? Das ist wohl ein bisschen übertrieben. Ich habe ein Leben und dann ein neues Leben geführt. Ich habe mich nicht verdoppelt.[132]

Er scheitert aber auch daran, dass hinter dem Gebrauch des Wortes „Maske" keine klare Definition dieses Begriffes steht. Schwertes Texte führen kein Doppelleben, jedenfalls nicht mehr oder anders als Texte das grundsätzlich tun. Die Vorstellung, Schwerte thematisiere in seinen Veröffentlichungen vorwiegend seinen eigenen Maskenwechsel, ist reizvoll, aber nicht beweisbar. Man findet bei Schwerte sehr unterschiedliche Bezugnahmen auf das Verhältnis von Maske und Identität. Negativ konnotierte Belege des Wortes „Maske" finden sich zum Beispiel in seinem Aufsatz über das Wilhelminische Zeitalter:

> [...] das eigentümlich Maskierte des Wilhelminischen, maskiert gegen die Signatur der eigenen Zeit: die Maske des Vorindustriellen, die Maske des Höfisch-Ständischen, die Maske des Agrarischen, die Maske mittelalterlichen Reichsgehabes, und dies alles in einem längst hochindustriellen Zeitalter mit seinen noch unbewältigten sozialen Spannungen und Umwälzungen.[133]

Und ganz ähnlich in einem Beitrag Schwertes über Carl Sternheims ästhetisches und soziales Programm:

> Kampf der Metapher bedeutet für Sternheim somit zugleich Kampf der Marionette, der Maske, Kampf der sozialen Mechanik, aller gesellschaftlichen Verklemmung und Verbiegung.[134]

Ganz anders liest sich dagegen ein Aufsatz Schwertes, der ein paar Jahre früher entstanden ist und sich mit dem Werk Ernst Barlachs befasst. Schwerte zitiert dort unter anderem aus Briefen von Barlach:

> In demselben Brief vom Juni 1899, in dem der 29jährige [Ernst Barlach] davon spricht, dass ihm Plastik und Zeichnung als künstlerischer Ausdruck nicht genügen und er darum

---
[132] Interview mit Hans Schwerte. in: Aachener Volkszeitung 28.4.95.
[133] Schwerte 1964a, S. 255.
[134] Schwerte 1963, S. 422.

schreibe, findet sich auch die folgende Bemerkung, allerdings hier vom plastischen Schaffen gesagt (und diese Briefstelle möge zugleich noch eine weitere Erläuterung für das über Vision und Expression Gesagte sein) – sie lautet: „Ich gebe wieder, nicht was ich für meinen Teil sehe oder wie ich es von hier oder da sehe, sondern das, was es ist, das Wirkliche und Wahrhaftige, das ich erst aus dem, was ich vor mir sehe, heraussuchen muss." Und zwölf Jahre später, im August 1911, schreibt er in einem anderen Brief: „Ich sah am Menschen das Verdammte, gleichsam Verhexte, aber auch das Ur-Wesenhafte, wie sollte ich das mit dem landläufigen Naturalismus darstellen! Ich fühlte etwas wie Maske in der Erscheinung und bin versucht, hinter die Maske zu sehen ..." „Aber", fährt Barlach fort und erklärt damit selbst sein organisches Ineinanderbeziehen von Konkretion und Abstraktion, „aber natürlich weiss ich, dass die Maske organisch auf dem *Wesentlichen* gewachsen ist, und so bin ich doch auf sie verwiesen. ... kurz", schliesst er, „das Sichtbare wurde mir zur *Vision.*" Und vier Jahre später, im September 1915, drückt er seine Verfahrensweise so aus: „... so halte ich mich mit meiner Dankbarkeit ans Geschöpf [d. h. an die reale Erscheinung, an jene physiognomische Maske], in dem mir ein sichtbares Zeichen, wie es zum *Sakrament* gehört, gegeben ist."

So bringt Barlach seine Dramen-,Helden' ins „rechte Wesen", in die „rechte Geltung", indem er sie die Scheinoberfläche der Worte durchstossen lässt bis zu ihrem Geborgenheitsgrund, indem er eine Welt des falschen Anscheins, der falschen Wortgeltung, zerbricht und das „rechte Sein", die richtige Wortgeltung, aufleuchten lässt.[135]

Wer überzeugt ist, aus der Beschäftigung Schwertes mit diesen Barlach-Briefen ein Identitäts- oder Persönlichkeitsproblem herauslesen zu können, muss konsequenterweise auch Ernst Barlach ein solches unterstellen. Womit dann auch nachgewiesen wäre, dass ein solches Problem nicht zwangsläufig aus der Annahme eines falschen Namens resultieren muss.

---

[135] Schwerte 1954a, S. 222 f.

XXVII.

Karriere mit Mephistopheles

„Faust und das Faustische"

Hans Schwertes Habilitationsschrift, 1962 unter dem Titel „Faust und das Faustische" erschienen, hat den programmatischen Untertitel: „Ein Kapitel deutscher Ideologie". In bewusster Provokation setzt Schwerte an den Beginn seiner Untersuchung über das *Faust*-Motiv nicht nur ein *Mephistopheles*-Zitat, sondern auch eine Äusserung des Chefpropagandisten der Nationalsozialisten, Joseph Goebbels:

> Doch werden sich Poeten finden,
> Der Nachwelt deinen Glanz zu künden,
> Durch Torheit Torheit zu entzünden.
> *Mephisto;* ,*Faust*‹ *II, 4.*
>
> ... nein, wir Deutsche ... interessieren
> uns nur für das Schicksal!
> *Joseph Goebbels zu Graf Guy de Pourtalès.*

Die beiden Zitate enthalten in Kurzform, was Schwerte auf den darauf folgenden 350 Seiten minutiös ausbreitet: die verfälschende, ideologisierende – und zunächst sehr kontroverse – Umdeutung der *Tragödie* des Dr. Faustus in etwas ‚Glanzvolles', unter völliger Missachtung und Lösung von Goethes Dichtung und der ursprünglichen „Historia von D. Johann Fausten" aus dem 16. Jahrhundert; eine Umdeutung, die in das Postulat eines ‚faustischen' Charakters, eines ‚Faustischen' schlechthin mündet, das ‚urdeutsch' bzw. ‚germanisch' ist, und das dem historischen Streben des deutschen Volkes nach Grösse, Einheit und Macht entweder entspricht oder gefälligst als Vorbild zu dienen habe. Welche *Torheit* diese *poetischen Torheiten* deutscher Philologen entzünden halfen, darauf verweist im Grunde schon die blosse Erwähnung des

Namens *Goebbels*; das Zitat macht den Zusammenhang lediglich konkret: Das ‚Faustische' als Symbol deutscher Schicksalsverliebtheit, die nichts anderes ist als ideologische Wirklichkeitsverweigerung.

Schwertes Buch ist zunächst eine Philologenarbeit, die die Wortgeschichte des Adjektivs *faustisch* nachzeichnet und dessen Bedeutungswandel von einem ausschliesslich besitzanzeigenden Beiwort (‚zu Faust gehörig') zur ideologisch aufgeladenen Nominalisierung (‚das Faustische') anhand einer Fülle von Belegen aus zentralen und wenig bekannten Texten der deutschen Literatur, Wissenschaft und Publizistik aufzeigt. Das methodische Verfahren sollte nicht darüber hinwegtäuschen, dass Inhalt und Ergebnis von „Faust und das Faustische" nicht nur für Philologen von Interesse sind: Historiker und Politikwissenschaftler, wie überhaupt alle literarisch und politisch Interessierte dürften diese Habilitationsschrift durchaus lesens- und studierenswert finden – etwas, worauf schon die Erstrezensenten in den sechziger Jahren wiederholt hingewiesen hatten, handelt es sich hierbei doch um eine eher seltene Eigenschaft dieser Art von Hochschulschriften.[1] Nichtsdestoweniger ist zu konstatieren, dass selbst innerhalb der Germanistik Schwertes Werk offenbar nicht (mehr?) überall zur Standardlektüre gehört. Noch zu Beginn der achtziger Jahre verlieh ein namhafter Germanist seiner Verwunderung über die „zurückhaltende" Rezeption des Schwerteschen Hauptwerkes Ausdruck:

> Im gleichen Jahr wie die deutsche Übersetzung von Leppmanns ‚Goethe und die Deutschen' erschien Hans Schwertes Untersuchung ‚Faust und das Faustische. Ein Kapitel deutscher Ideologie.' Dieses ausgezeichnete, kenntnisreiche und grundsolide gearbeitete Buch hat, wie mir scheint, bisher nicht die Beachtung gefunden, die es verdient hätte als *erster Versuch einer ideologiekritischen Rezeptionsgeschichte eines Goetheschen Werks, noch lange, bevor Ideologiekritik hierzulande zu einem Modeartikel wurde.* Schwertes Werk will keine Rezeptionsgeschichte der Goetheschen Faustdichtung sein – obschon es bis heute keine bessere gibt! –, sondern kritische Analyse der Entstehung und Entfaltungsform jenes Mythos des ‚Faustischen‹, der sich auf Goethes Werk glaubte berufen zu können.[2]

Damit bekräftigte Mandelkow ein Urteil, das 17 Jahre zuvor der Germanist Hans Mayer abgegeben hatte: dass Schwertes Darstellung „*ganz bewusst als Ideologiekritik, als Vorgang deutscher geistiger Selbstkritik*" angelegt sei.[3] Die positive Einschätzung einer westdeutschen Habilitation, die solchen Anspruch erhob, durch einen ostdeutschen Professor – Mayer lehrte damals in Leipzig – war auf dem Höhepunkt des Kalten Krieges 1962/63 keineswegs

---

[1] N. N. 1962 – Coverlid 1963 – Boehlich 1963 – Reiss 1963 – Mayer 1963 – Nollendorfs 1964.
[2] Mandelkow 1980, Bd.1, S. 17 (Hervorhebung nicht im Original).
[3] Mayer 1963, S. 426.

selbstverständlich. Zwar vermisste Mayer die „*materialistischen Grundpositionen*" bei Schwerte, doch stellte er zugleich auch fest, dass die von Schwerte „*angeführten Ideologiebegriffe von Adorno und Plessner bis zu Hans Barth sämtlich auf jenes Buch von 1845*" zurückführten – auf „*Die deutsche Ideologie*" von Karl Marx und Friedrich Engels, auf das Schwerte mit seinem Untertitel tatsächlich sehr bewusst Bezug genommen hatte, was nun wiederum für einen westdeutschen Habilitanden zur damaligen Zeit keine Selbstverständlichkeit war. Mayer hätte sich die Einbeziehung des Problems des ‚Dämonischen' in den Untersuchungsgegenstand gewünscht und konstatierte, dass Schwerte die gesellschaftlichen Ursachen der Evolution der faustischen Ideologie nicht dargestellt habe – ein Unterfangen, das bei Schwertes Tendenz zur material- und quellenreichen Darstellung genügend Stoff für eine weitere Habilitation an einer Geschichtswissenschaftlichen Fakultät abgegeben hätte. Aber auch eine australische Rezension aus dieser Zeit vermisste gerade den gesellschafts- und politikgeschichtlichen Bezug in Schwertes Arbeit.[4]

Eine zeitgenössische Rezension hebt sich von den anderen deutlich ab. Sie stammt von Walter Boehlich, der seine Ausführungen mit einer bitteren Klage über die restaurativen Tendenzen der Adenauerzeit beginnt:

> Es sah nach 1945 so aus, als wolle eine bedeutende, eine ermutigende Mehrheit wirklich von vorn anfangen, Lehren aus der Geschichte ziehen, die schlechte Vergangenheit bewältigen. Das Alte hatte sich in zu vielen Augen diskreditiert, und so wurde ohne das Alte begonnen. Ohne studentische Verbindungen, ohne Militär, ohne Nationalhymne. Es sah aus wie der Weg zu einer bejahten Demokratie. Achtzehn Jahre später sieht es wiederum so aus, als sei das Alte das Mächtigere. Die Vergangenheit des Dritten Reiches und die Vergangenheit des Kaiserreichs sind nicht bewältigt worden. Es hat, weil das so viel bequemer schien, an gutem Willen dazu gefehlt. Hatte das Alte sich etwa nicht bewährt, war es nicht verwurzelt in breiten Schichten der Bevölkerung? [...]
> Das alte Spiel wiederholt sich. Die kritischen Minderheiten müssen auf ihre Weise versuchen, den Schutt der Vergangenheit wegzuräumen, falsche Ideologien zu beseitigen. Aber sie stossen auf den erbitterten, sich offensichtlich unter dem Eindruck unserer politischen Realität steigernden Widerstand der Zionswächter, die sich von dem Ihren nichts abdingen lassen wollen. Unter bedeutenden Schwierigkeiten versuchen allenthalben Einzelne und kleine oder grössere Gruppen Licht in ein peinliches Dunkel zu bringen. Schatten kommen allemal wieder hinzu. Bis vor kurzem wäre es unmöglich gewesen, die Schuld Hitlers und damit Deutschlands, am Ausbruch des Zweiten Weltkriegs zu bezweifeln – heute darf sie öffentlich angezweifelt werden. Sie wird damit nicht aus der Welt geschafft. Systematisch werden die Geschichte und Vorgeschichte der braunen Barbarei erforscht, und dass es unseren Gerichten so schwer fällt, Schuldige zu finden, kann daran nichts ändern. Erforscht werden auch Geschichte und Vorgeschichte des Ersten Weltkrieges, aber welche offiziellen

---

[4] Coverlid 1963.

Proteste sind laut geworden, als ein Hamburger Historiker ein dickleibiges Buch über die deutschen Annexionspläne zwischen 1914 und 1918 schrieb! Das sei einseitig und ungerecht, hiess es, man müsse dann auch von den Annexionsplänen der Alliierten sprechen – als mache fremdes Unrecht eigenes inexistent. Es wird auch allmählich die Geistesgeschichte des 19. Jahrhunderts erforscht, in der die Keime zu so vielem liegen, was unter Hitler seine volle Entfaltung gefunden hat. Auch hier sind die Widerstände der etablierten Fachvertreter nicht gering einzuschätzen. Zu viele von ihnen sind zu eng verstrickt in das, was da aufgehellt oder angegriffen wird. Zu stark sind Vorurteile, zu weit verbreitet sind vererbte Ideologien. Nur schrittweise kann die Kritik vordringen, nur stückweise kann alter Ballast über Bord geworfen werden. Es wird unabsehbarer Kleinarbeit bedürfen, bis all die Irrlehren, mit denen wir heute noch leben, widerlegt und in ihrer Entstehung und Wirkung analysiert sind.
[...] Einen dieser Schritte hat der Erlanger Literaturhistoriker Hans Schwerte in seinem Buch „Faust und das Faustische. Ein Kapitel deutscher Ideologie" getan. Er hat ihn gründlich, durch eine fast überreiche Materialsammlung vorbereitet, in der manches Bekannte enthalten ist, vieles Vergessene ins Bewusstsein zurückgeholt und erstaunlich viel Unbekanntes ausgebreitet wird. Sein Buch ist desillusionierend, ist nützlich. Es zeigt, ohne freilich sonderlich auf die Zusammenhänge von politischer und geistiger Geschichte einzugehen, dass sich die sogenannte faustische Ideologie in ihrer verfälschenden und hypertrophen Form vor allem zwischen 1870 und 1918 ausgebildet hat, dass sie eine Art Reichsideologie gewesen ist und weder mit dem Fauststoff noch mit Goethes Faust, auf den sie sich zu berufen pflegte, das geringste zu tun hat. Aber es beschränkt sich nicht lediglich auf die genannten fünf Jahrzehnte, sondern verfolgt die Entstehung des Wortes „faustisch" und der Faust-Ideologie von ihren frühesten Anfängen an. [...]
So gewissenhaft Schwerte den Ausdeutungen des Faustischen bis 1918 gefolgt ist, so summarisch eilt er über die letzten Jahrzehnte hinweg. Das Neuere setzt er, bedauerlicherweise, als bekannt voraus. Und doch ist, was auf die Verkehrungen der Reichsgründungszeit folgte, trotz der Kritik, der Wilhelm Böhm es 1933 in seinem Buch „Faust der Nichtfaustische" unterzogen hat, nicht minder wichtig und aufschlussreich. Hat es nichts mit der geschilderten Faustideologie zu tun, wenn 1932 Faust als Pflichtlektüre für die Arbeitslosen vorgeschlagen wurde, wenn Meinecke nach 1945 allen Ernstes glaubte, die Deutschen könnten durch das Studium des Faust umerzogen, zu Demokraten werden? Ist wirklich alles unwichtig, was der Nationalsozialismus an verdrehten Hirngespinsten und Fälschungen vorgebracht hat? Sind die Faustdeutungen der marxistischen Kritiker bis hin zu Lukács und Bloch so ganz bedeutungslos für das Thema, dass man sie völlig übergehen könnte?
Um zu zeigen, was Schwerte zeigen wollte, hätte er seinen Gegenstand kaum glücklicher wählen können. Das am Faust Erwiesene hat er zudem in einem Schlusskapitel für Dürers „Ritter, Tod und Teufel" wiederholt. Trotzdem bleibt ein Missvergnügen zurück. Seine Arbeit ertrinkt in allzureichem Material, das zwar grob gegliedert, aber sprachlich äusserst unzulänglich dargestellt ist. [...] Er schmälert es gleichzeitig durch mangelnden Willen, Verbindungen herzustellen, Zusammenhänge anzudeuten. [...] so gelingt es ihm so gut wie nirgends, die Einzelurteile zu Gesamt- und Gruppenvorstellungen herzuleiten. [...] Es hätten auch Ausblicke auf nichtdeutsche Stimmen das Bild nur deutlicher werden lassen. Erst wenn dies alles einmal in den geistvollsten und zwingendsten Zusammenhang gebracht würde, hätten wir die Darstellung der Faustideologie, die wir uns wünschen, die wir brauchen.[5]

---

[5] Boehlich 1963, S. 26–29.

Dass Boehlichs Rezension auf einer negativen Note endet – mit der auch von Mayer und Coverlid geäusserten Kritik, Schwerte lasse in seiner Untersuchung den gesellschaftlichen und politischen Kontext zu sehr aussen vor –, sollte den Leser jedoch nicht darüber hinweg täuschen, dass Boehlich das Buch und seinen Autor nachdrücklich im Lager der „kritischen Minderheiten" verortet, die der bundesrepublikanischen Restauration ‚alter Formen' und des zugehörigen ‚alten Geistes' ablehnend gegenüberstehen. Es sollte nicht übersehen werden, dass Boehlich das Buch als Beitrag zur Widerlegung all der „*Irrlehren, mit denen wir heute noch leben*," betrachtet – und in diesem Zusammenhang auch Fritz Fischers ein Jahr zuvor erschienenes Buch „*Griff nach der Weltmacht. Die Kriegszielpolitik des kaiserlichen Deutschland 1914/18*" erwähnt, das auf dem Gebiet der Geschichte und Vorgeschichte des Ersten Weltkrieges ebenfalls ‚vererbte Ideologien' über Bord warf.

Wer Schwertes Buch unter der Perspektive bundesdeutscher Zeitgeschichte betrachtet – und nicht primär als germanistische Habilitationsschrift –, dürfte sich eher den positiven Aussagen von Walter Boehlich anschliessen. Die zu konstatierenden, seit 1995 minutiös sezierten und in bisweilen triumphalem Ton publik gemachten Schwächen verschwinden dann zwar nicht, ändern aber auch nichts am auch gerade zeitgeschichtlich kritischen Wert dieses Werks. Wie zaghaft und unzulänglich die von Schwerte hergestellten Beziehungen zu den politischen und gesellschaftlichen Bedingungen der Zeit auch sein mögen: der Autor von „*Faust und das Faustische*" war in der Tat

> [...] obviously not only writing a history but at the same time trying to find an answer to the dominant postwar question in Germany: How was the ideology of the Third Reich possible?[6]

In aller wünschenswerten Deutlichkeit weist Schwerte die Kontinuität eines akademisch-politischen Diskurses vom Ersten bis zum Dritten Reich nach, dessen Parameter letztlich nichts anderes waren als kulturchauvinistisch-imperialistische Ideologeme – ein Unterfangen, das Ende der fünfziger, Anfang der sechziger Jahre *keineswegs* zum geistigen *mainstream* an bundesdeutschen Hochschulen gerechnet werden konnte. Dieser war damals vielmehr eifrig bestrebt, Hitler aus einer „nicht-deutschen politischen Tradition" zu erklären und somit das Dritte Reich von seiner ‚innerdeutschen Vorgeschichte abzutrennen'.[7] Über die zweibändige kommentierte *Faust*-Ausgabe

---
[6] Nollendorfs 1964, S. 264.
[7] So Fritz Fischer in seinem Rückblick auf die deutsche Geschichtswissenschaft der frühen Bundesrepublik: Fischer 1993, S. 7 f.

von Gustav von Loeper, die 1871 in Berlin erschien – und für die der damalige preussische Ministerialrat von der Berliner Universität den Ehrendoktor erhielt – heisst es bei Schwerte:

> In seinen ‚Faust'-Einleitungen verbündete sich der gründliche Goethe-Kenner mit dem königlich-preussischen Ministerialrat, ein gelehrter Dilettant im Schimmer ideologischer Wehr. Loeper sprach aus dem Zentrum dieser hohenzollernschen, der reichischen Ideologie. Das Bündnis Weimar-Potsdam schien endgültig im Zeichen Fausts geschlossen zu sein. Diese viel gelesene, viel zitierte, viel empfohlene, übrigens gründliche und ihrzeit durchaus fortschrittliche ‚Faust'-Ausgabe wurde, willentlich und unwillentlich, zum Spiegel nationalen Glanzes. Eines kommentierte das andere: das neue Reich den ‚Faust', und die Dichtung wiederum die nationale Einigungstat. [...] Das „Problematische", das Verzweifelte, das Verkehrte, das Tragische in ihm übersah man, oder es wurde in andere Bereiche gewiesen. Die beiden Einleitungen Loepers (geschrieben schon 1870) schufen das Arsenal der nationalen, der germanischen, der abendländischen Ideologie des „Faustischen" – bis zu Spengler, bis zu den völkischen Phantasien des Nationalsozialismus.[8]

Diese von Loeper, und unter Bezugnahme auf ihn, durchgeführte „*Umwertung unter national-imperialen Vorzeichen*"[9] hatte nicht nur geistesgeschichtliche Auswirkungen. Sie beeinflusste eben auch, was Schwerte keineswegs unerwähnt lässt, die politische Geschichte in verhängnisvollem Masse –

> Was damals öffentlich mehr oder minder ‚mundtot' gemacht wurde, war anderes als nur eine abweichende Gelehrtenmeinung [...]. Es war das bewusste Umdeuten dieser Schuld in eine nationale (germanische) Sendung; es war das Aufnehmen dieser Schuld in das imperiale Programm. Aus Schuld wurde Grösse. Diese ‚Umwertung der Werte' hatte durchaus nicht Nietzsche vorgenommen, wie es noch Spengler anzudeuten versuchte. Sie wurde von ‚reichisch' gesinnten Gelehrten aus gutem nationalen Gewissen vollzogen; zu ihnen zählte der aus Pommern stammende ‚Preusse' Loeper ebenso wie der aus Kassel kommende ‚Weimaraner' Herman Grimm, zu ihnen gesellten sich die Professoren F. Th. Vischer, Karl Köstlin, Kuno Fischer und Heinrich von Treitschke, gesellte sich die ganze ‚Berliner Schule': Wilhelm Scherer, Erich Schmidt und ihre zahlreichen Schüler, zu ihnen stiessen Männer wie D. F. Strauss, Karl Goedeke, Franz Dingelstedt, Moeller van den Bruck, um nur die gewichtigsten zu nennen.[10]

Viel ist darüber spekuliert worden, weshalb Schwerte über die Faust-Rezeption im Dritten Reich so wenig Worte verloren hat. Er selbst beharrt nachdrücklich darauf, dass nur sachliche, nicht persönliche Gründe dafür verantwortlich sind:

---

[8] Schwerte 1962a, S. 149 f.
[9] ibid., S. 154.
[10] ibid., S. 155.

[E]s lohnte sich nicht, das wenige Vorhandene in die Interpretation nochmals einzubeziehen – es kam tatsächlich kein neuer Gesichtspunkt hinzu.[11]

So endet das sechste Kapitel „*Ideologische Aufhöhung seit 1870*" mit Eugen Kühnemann, über dessen Buch „Goethe" (Leipzig 1930) Schwerte abschliessend urteilt:

> Die Schlusssätze von Kühnemanns ‚Goethe' dürfen gleichzeitig als Abschlusssätze des faustischen Ideologisierungsprozesses seit der Reichsgründung gelten. [...] Auf weiteren Nachweis, die schier unübersehbare Fülle von Belegen für das kräftige Fortleben eines „positiven", also eines national-heroischen, eines humanistisch-autonomen, eines titanisch-tragizistischen „Faustisch" bis 1930, bis 1940, bis 1950 im einzelnen vorzulegen, muss und darf demnach verzichtet werden. Keine neue Abwandlung dieses Wortes und Begriffes trat in diesem Umkreis auf, obgleich die verschiedenen politischen Systeme sich seiner bedienten und noch bedienen.[12]

Nun ist bisher noch kein Wissenschaftler an die Öffentlichkeit getreten, der diese letzte Aussage Schwertes tatsächlich widerlegt hätte. Dass Schwerte also bestimmte Aspekte seines Themas wissentlich oder unwissentlich vernachlässigt und seinem Publikum vorenthalten habe, ist zumindest vorläufig nicht nachgewiesen. In jedem Falle aber bewahrte die Nichtbeschäftigung mit dem Dritten Reich Schwerte davor, die ideologischen Fehlgänge der Goethe- und Faust-Forschung im Nationalsozialismus zu referieren, ohne beispielsweise auf sein eigenes Tun als Schriftleiter der „Weltliteratur" und des „Hamer" einzugehen. Schwerte ersparte sich und anderen solch „*selbstgerechte[s] Urteil über andere Kollegen*", wie es Martin Kröger und Roland Thimme erst 1996 einem führenden bundesdeutschen Historiker, dem 1990 verstorbenen Karl Dietrich Erdmann, nachzuweisen versucht haben.[13]

Das ist aber auch nicht der eigentliche Angriffspunkt des wohl entschiedensten Kritikers von Hans Schwerte, seines Nachfolgers auf dem Aachener Lehrstuhl für Neuere deutsche Literatur, Theo Buck. Für diesen ist „Faust und das Faustische" das Ergebnis eines

> [...] lediglich konsequenten Umpolens der ihm ja wohlvertrauten völkisch-nationalen Betrachtungsweise. Unschwer konnte so der Weg kritischen Befragens der ideologischen Befunde eingeschlagen werden. Ideologieverdacht und Ideologiekritik traten hierbei an die Stelle der bisherigen Positionen. [...]
> Selbstverständlich bleibt das Richtige an diesem Grundlagenwerk der „Faust"-Rezeption

---

[11] Schwerte an Lerchenmueller, 19.11.96.
[12] Schwerte 1962a, S. 188, 189 f.
[13] Kröger/Thimme 1996, zit. nach Ullrich 1996.

nach wie vor richtig. Daneben stellt sich jedoch die Frage der Legitimation des Verfassers. Was man einem germanistischen Anfänger in jenen Jahren, ja selbst einem Hans Ernst Schneider, der sich überzeugend von seiner Vergangenheit distanziert hätte, ohne weiteres zugestehen würde, erscheint infolge des lügnerischen Rollenspiels in einem anderen Licht. Ohne den bekennenden Nachweis innerlicher Umkehr nimmt die Neubesinnung zwangsläufig den Charakter des Verdrängens und der Mimikry an. Infolgedessen erscheint der eingeschlagene Weg der Ideologiekritik eher als wohlkalkulierter, karrierebedingter Vorausvollzug der Forderungen des Zeitgeistes.[14]

Damit soll wohl gesagt werden, dass es dem Buch, wie dem gesamten Schwerte'schen Werk, an *Wahrhaftigkeit* gebreche, da kein „bekennender Nachweis innerlicher Umkehr" voraus- oder damit einhergehe. Das ist nun ein in unserer Zeit eher ungewöhnliches Vokabular, zumal unter germanistischen Philologen. Interessant daran ist, dass Buck die Habilitationsschrift *selbst* als einen solchen Nachweis nicht gelten lassen will; dabei hatte der US-amerikanische Germanist Valters Nollendorfs 1964 gerade den „*confessional and moralizing aspect of the book*" in seiner Rezension von „Faust und das Faustische" hervorgehoben.[15] Mit der Frage nach der „Legitimation" begibt man sich in schwieriges Gelände.

Tatsache ist, dass etliche der ideologiekritischen Aussagen Schwertes auf ihn selbst zurückfallen. Das von ihm konstatierte „,*So soll und muss es werden*'" der ‚faustischen Ideologen', das sich über das „*reale ‚So ist es'*" schob, die „*zweite Wirklichkeit*", die sich über die erste legt, all das kann zugleich auch als eine Charakterisierung seines Lebens gelesen werden: Der Ideologiekritiker Schwerte hat seine eigene Biographie ‚ideologisiert'. Schwertes Vorwurf an die Adresse zahlreicher Philologen des Kaiserreichs und der Weimarer Republik, die ‚faustische Ideologie' als „*Programm künftigen nationa-*

---

[14] Buck 1996, S. 70 f. Sollte die Habilitation wirklich ‚nur' ein „*wohlkalkulierter, karrierebedingter Vorausvollzug der Forderungen des Zeitgeistes*" gewesen sein (der Autor scheint hier die Rolle des auktorialen Erzählers anzunehmen), so ist zu konstatieren, dass Schwerte nicht immer und überall den Zeitgeist der Zukunft erkannte: die DDR bezeichnete Schwerte, ganz dem aktuellen Zeitgeist der Adenauer-Zeit entsprechend, als „*sowjetisch besetzte Mittelzone Deutschlands*". (Schwerte 1962a, S. 334, Fussnote 167).

[15] Und zwar mit einem durchaus kritischen Unterton, da Schwerte eben nicht nur eine wort- und ideologiegeschichtliche Studie vorgelegt habe, sondern sich damit bewusst auch mit der jüngsten Vergangenheit Deutschlands auseinandersetze: „*Although the author is trying to remain ‚objective', he waxes polemical at times; he is obviously not only writing a history but at the same time trying to find an answer to the dominant postwar question in Germany: How was the ideology of the Third Reich possible? The confessional and moralizing aspect of the book never becomes obnoxious [sic], however, and one tends to accept Schwerte's moderating attitude toward the complete abnegation expressed in Günther Anders' pronouncement: ‚Faust ist tot.'*" (Nollendorfs 1964, S. 264).

len Handelns propagiert" zu haben, ist gewiss zutreffend, an Chuzpe indes kaum zu übertreffen: schliesslich war er einer derjenigen, die dieses ‚Programm' dann exekutiert haben. Die Rolle des Wegbereiters zu kritisieren und die eigene Rolle als Täter schweigend zu übergehen, zeugt von kaum fasslicher persönlicher Inkonsequenz.

Aufstieg und Abschluss in Aachen

Es ist sicher keine Übertreibung, zu sagen, dass „Faust und das Faustische" *Kickstart*-Funktion für Schwertes berufliche Karriere hatte. Ob dies vom Autor intendiert war, ist eine müssige Frage: es handelt sich um eine Habilitation, und Schwerte wäre der erste Akademiker seit Einführung dieses äusserst überflüssigen feudalistischen Herrschaftsinstruments, der seine Arbeit nicht auch in dieser Absicht geschrieben hätte.

Den Jahren engagierter Arbeit in Erlangen sollte schliesslich der Aufstieg zum Professor in Aachen folgen. Alle ehemaligen Studenten, mit denen Bernd-A. Rusinek, der Leiter der NRW-Untersuchungskommission, sprach, *„zeigten sich beeindruckt von Schwertes pädagogischem Einsatz".*[16] Dazu gehörte in Erlangen unter anderem die Einrichtung eines studentischen Literaturklubs mit wöchentlichen Treffen, die Einrichtung des noch heute bestehenden theaterwissenschaftlichen Instituts, inklusive Hörspiel-Abteilung, und der Bau des universitären Experimentiertheaters. Hinzu kamen Vorträge und Kurse, die Schwerte in der Erlanger Volkshochschule durchführte. Nicht zu vergessen ist in diesem Zusammenhang auch Schwertes Teilnahme an den von Hermann Glaser organisierten „Nürnberger Gesprächen". Man ist leicht versucht, über diesen Aspekt der Erlanger Jahre hinwegzusehen. Wer sich nur auf die ‚problematischen' Veröffentlichungen Schwertes in dieser Zeit bezieht, auf die ‚merkwürdigen' Umstände seiner Promotion und dann vor allem den ‚steilen' Aufstieg in Nordrhein-Westfalen – in Hochschule und Hochschulpolitik –, der kann leicht zu dem Schluss gelangen, Schwertes ganzen Streben sei nur darauf gerichtet gewesen, möglichst schnell wieder in ‚führende' Positionen zu gelangen. Dass es diese Motivation gab, ist unbestritten; auch Schwerte selbst gibt das im übrigen offen zu.[17] Das allein scheint

---

[16] Rusinek 1996a, S. 174. Siehe hierzu auch die Äusserungen von Marita Keilson-Lauritz, die in Erlangen bei Schwerte studiert hatte (Keilson-Lauritz 1996).
[17] So zum Beispiel in seinem Interview mit dem WDR: Die Lebenslüge eines deutschen Professors.

uns aber keine Erklärung für Schwertes pädagogischen Einsatz in den Erlanger Jahren, innerhalb und ausserhalb der Universität. Polemisch könnte man argumentieren, Schwerte habe diese Foren nur benutzt, um sein ‚demokratisches Mäntelchen' vorzuführen, um sich selbst als Demokraten zu verkaufen.

Dagegen lassen sich Bedenken ins Feld führen: Wenn Schwerte den ‚Musterdemokraten' nur gespielt haben sollte, warum dann so wenig ‚überzeugend', wie nicht wenige seiner Kritiker ja nicht müde werden zu behaupten? Sollten die ‚Entgleisungen' (zum Beispiel in Sachen Thomas Mann) tatsächlich Beleg dafür sein, dass ‚Schneider' Schwierigkeiten hatte, den ‚Schwerte' zu spielen, die Rolle also konsequent durchzuhalten, weshalb hätte er sich dann ohne Zwang oder Verpflichtung so sehr öffentlich und öffentlichkeitswirksam engagiert, wie er das in Erlangen getan hat? Macht es nicht mehr Sinn anzunehmen, dass sein Wirken gerade auch in der Volkshochschule Ausdruck des Bemühens sind, am *Demokratisierungsprozess* der westdeutschen Gesellschaft aktiv und unterstützend teilzunehmen? Wer dagegen einwendet, ein ehemaliger Nazi konnte kein glaubwürdiger ‚Vermittler' demokratischer Überzeugungen sein, muss sich die Frage stellen, weshalb ebendiese Überzeugungen ehemaligen Nazi-Sympathisanten erfolgreich ‚vermittelt' werden konnten?

1963–64 lehrte Schwerte in Münster; es war nur ein kurzes Gastspiel. Doch die Umstände dieser Lehrstuhlvertretung haben Anlass gegeben, an nationalsozialistische Netzwerke zu glauben: Schwerte vertrat den Münsteraner Germanisten Günther Weydt – ehemaliger Privatdozent am Bonner Lehrstuhl von Karl Justus Obenauer und, was im Zusammenhang mit Schwerte-Schneider schon eher relevant sein könnte, während des Krieges Leiter von Einrichtungen der Deutschen Akademie in Brüssel und Antwerpen. Schneider hatte im Rahmen des Germanischen Wissenschaftseinsatzes mit seiner Dienststelle zu tun.[18] Der US-amerikanische Literaturwissenschaftler Earl Jeffrey Richards, der im Aachener RWTH-Sumpf der Besetzung der Komparatistik-Professur eine nicht geringe Rolle spielte, teilte im Mai 1996 der Öffentlichkeit mit, dass Weydt „*Schwerte spätestens seit einem Treffen 1944 in Waterloo*" kannte. Unseres Wissen hat Richards keine Quelle öffentlich genannt, die diese Aussage bestätigen würde.[19] Richards Sorgfalt im Umgang

---

[18] Siehe zum Beispiel Schwarz an Schneider 8.11.43, BA NS 21/790.
[19] Richards 1996. (Der Verfasser nennt in diesem Zeitungsbeitrag keine Quellen).

mit archivalischen Quellen lassen es uns ratsam erscheinen, diese Aussage mit Vorsicht zu behandeln.[20] Schwerte sagt, Weydt habe ihn im Sommer 1963 zur Lehrstuhlvertretung aufgefordert, „*nach Lektüre meines ‚Faustisch'-Buches; ich hatte mit ihm keinerlei Beziehungen.*"[21] Auch diese Aussage ist, da unbelegt, mit Vorsicht zu behandeln.

Als 1964 die Berufung zum ausserplanmässigen Professor in Erlangen erfolgt, ist Schwerte schon Mitte Fünfzig; noch im selben Jahr folgt er dem Ruf an die RWTH Aachen, wo er im August 1965 ordentlicher Professor für neuere deutsche Literaturgeschichte wird. Fünf Jahre später wird Schwerte Rektor der Technischen Hochschule, gegen die Kandidatur eines Konservativen,[22] nach zwei Kampfabstimmungen und gegen das Mehrheitsvotum der Professoren.[23] Auch der Ruf nach Aachen sei, so Richards, das Ergebnis einer ‚stillen Hilfe' ehemaliger Nazi-Kollegen gewesen: Weydt habe sich nicht nur von Schwerte in Münster vertreten lassen, er

> [...] befürwortete dessen Berufung nach Aachen auf Anregung von Gerhart Lohse, damals Aachener Bibliotheksdirektor. Lohse und Weydt waren 1938/39 beide Mitarbeiter am Lehrstuhl Obenauer.[24]

Man fragt sich, wie gross der Einfluss eines Bibliotheksdirektors und eines aussenstehenden Professors auf ein Berufungsverfahren ist. Aber selbst wenn dem so gewesen wäre, dann müssten die ‚Altnazis' – und nicht nur diese – sich später ziemlich über ihren Protégé geärgert haben, wie allein schon der Kampf bis zuletzt gegen die Wahl Schwertes zum Rektor deutlich macht. Schwertes Kandidatur und Amtszeit waren geprägt von den Auseinan-

---

[20] Richards schreibt an selber Stelle auch: „*Berger hatte Hans Schwerte bereits 1942 den Auftrag erteilt, alle Forschungsarbeiten für den germanischen Wissenschaftseinsatz zu koordinieren, einschliesslich der Humanexperimente.*" Hier wird nicht nur mit dem Namen geschlampt, was bedauerlich, aber verzeihlich ist, denn es führt den Leser wenigstens nicht in die Irre. Unverzeihlich ist ein Verstoss gegen historische Sorgfalt hingegen, wenn man – wie Richards das hier tut – aus Bergers Stabsbefehl 14/42 herausliest (bzw. hineininterpretiert), in Schneiders Zuständigkeitsbereich seien auch Menschenversuche gefallen. (Zu diesem Stabsbefehl siehe oben, Kapitel X. Richards Behauptung ist absurd und würde überhaupt nur dann irgendeinen Sinn machen, wenn er nachweisen könnte, dass die Geschichte des Germanischen Wissenschaftseinsatzes von Grund auf neu geschrieben werden müsse).
[21] Schwerte an Lerchenmueller, 14.6.96.
[22] vgl. Fachschaft Philosophie 1995, S. 4.
[23] vgl. Rehberg 1996a, S. 78.
[24] Richards 1996. Richards reizt die Netzwerk-Theorie nicht vollständig aus: Auch Hans Rössner promovierte bei Obenauer und arbeitete als Assistent in Bonn.

dersetzungen um die Reform von Universität und Gesellschaft. Schwerte erscheint rückblickend, wie der Soziologe Karl-Siegbert Rehberg urteilt,

> [...] nicht gerade als Avantgardist der Veränderungen, aber als seriöser Vermittler in dieser konfliktreichen Zeit. Anpassungen der Hochschulverfassung an Mitbestimmungsforderungen der Nichtprofessoren-Gruppen erfolgten auch in Aachen erst unter studentischem Mobilisierungsdruck, aber doch relativ früh. [... Vor der Rektorwahl hatte Schwerte] sich klar für eine Mitbestimmung der Assistenten und Studenten ausgesprochen, ja seine Wahl sogar mit einer Realisierung der Drittelparität verbunden. Einer allzu schnellen Reformdynamik widersetzte er sich durch ausgleichenden Sachbezug, die verschiedenen Interessengruppen im Auge behaltend. [...] Gegenüber den ungeduldigeren, zuweilen radikalen Forderungen zeigte Schwerte wohl so etwas wie eine wohlwollend-herablassende Duldung. Aber gleichviel: In der konservativen oder genauer: Status-quo-Atmosphäre der damaligen Universitäten wirkte er fortschrittlich und reformfördernd.[25]

Fortschrittlich, reformfördernd, ausgleichend. Schwerte mied das radikale Urteil, mit dem so viele andere in dieser Zeit so schnell bei der Hand waren; Lagerdenken war seine Sache nicht mehr.

Schwerte, der als SS-Funktionär Schneider Lageberichte schrieb und mithalf, Gegner in Wissenschaft und Kultur ausfindig zu machen,[26] wurde Anfang 1971 aufgefordert, literaturwissenschaftliche Veranstaltungen zu begutachten, die im Verdacht standen, staatsfeindlich, „verfassungswidrig" zu sein. Schwerte nahm den Auftrag an. Worum ging es? Der damalige CDU-Bundestagsabgeordnete Georg Kotowski, zugleich Professor für Politologie an der Freien Universität Berlin, griff im Bonner Parlament den Berliner Wissenschaftssenator Werner Stein an, weil dieser nichts gegen die ‚kommunistische Agitation' an der FU unternehme. Stein schritt zur Tat und verbot drei germanistische Lehrveranstaltungen, die sich mit der „*Literatur zur Restauration des Kapitals in Westdeutschland*", mit „*Dokumenten des Kampfes der KPD für die Entmachtung der Monopolherren und die Einigung der Arbeiterklasse in den Westzonen*" und mit der „*Literatur der antifaschistischen Ordnung und des Beginns des sozialistischen Aufbaus in der DDR*" befassten. Der damalige FU-Präsident, Rolf Kreibich, klagte gegen das staatlicherseits verhängte Lehrverbot. Als Sachverständiger im folgenden Rechtsstreit vor dem Verwaltungsgericht fungierte Hans Schwerte. Über dessen Rolle hiess es damals im SPIEGEL:

> Die Linken wollen die Wissenschaftsfreiheit zugunsten eines parteilichen Studiums „liquidieren" (Rotz-Resümee: „Die Frage kann nur so stehen: bürgerliche oder sozialistische

---
[25] Rehberg 1996a, S. 78.
[26] Siehe oben, Kapitel XIX – vgl. auch Buck 1996, S. 55.

Ideologie"). Die Rechten sehen oft im Verbot der Gegner das einzig mögliche Mittel. Professoren-Weisheit: „Wir haben gegen ideologisch geschlossene Gruppen anderer keine Chancen." Solch starre Fronten behagen weder besonnenen Wissenschaftlern noch nüchternen Rechtspraktikern. Die einen möchten trotz ideologischer Gegensätze nicht auf die „notwendige wissenschaftliche Analyse, Diskussion und Kritik" verzichten – so der Aachener Germanistik-Professor Hans Schwerte in einem Gutachten über die drei FU-Seminare. Für ihn scheint „selbstverständlich", dass zur „kritischen Auseinandersetzung in der Germanistik ... auch die Diskussion einer marxistischen Literaturwissenschaft und Wissenschaftsmethode gehört". [...] Wie Schwerte die Links-Lektionen zu analysieren – diese Mühe freilich scheute der Senator, der, bedrängt von Christdemokraten und rechten Genossen, die Lektionen kurzerhand verbot.[27]

Nicht schlecht für eine *primär taktisch motivierte Kehre, sind wir versucht zu sagen.* Aber im Ernst: Bei der Lektüre der vielzähligen Veröffentlichungen zum ‚Fall' Schwerte kann man bisweilen den Eindruck gewinnen, dass über der Suche nach den ‚wirklichen' Motiven, der ‚wirklichen' Gesinnung des Herrn Schwerte-Schneider manchen Fahndern die empirischen Fakten zur bedeutungslosen Maske geworden sind: man geht wortlos über sie hinweg. Hans Ernst Schneider hat Anfang der vierziger Jahre über Ereignisse und Personen in einer Form ‚berichtet', die hart am Rande der Denunziation war. Seine ‚wirklichen' Motive dafür sind *prima facie* nicht relevant – in dem Sinne, dass sie für die Betroffenen herzlich wenig Unterschied gemacht haben dürften. Entsprechend haben die wenigsten bisher die Frage gestellt, ob Hans E. Schneider denn ein ‚wirklich' überzeugter Nationalsozialist war. Davon wird *selbst-verständlich* ausgegangen. Was Hans Schwerte betrifft, so ist über der Suche nach seiner ‚wahren' Identität und nach seinen ‚wahren' Motiven sein *konkretes Handeln* bisweilen zu sehr beiseite geschoben worden. Schwerte hat sich in seinen Texten von völkischen und nationalsozialistischen Positionen und Ideologemen gelöst – langsam zunächst, und nicht immer konsequent, wenn man so will: im Zickzack und auf strukturähnlichen Nebengleisen, seit Ende der fünfziger Jahre aber klar und endgültig. In den späten sechziger und siebziger Jahren hat Schwerte für die Demokratisierung der Universität Partei ergriffen; er hat sich für akademische Kollegen und deren Lehrfreiheit eingesetzt, als ein demokratisches System Anstalten machte, undemokratischer zu werden. *„Freiheit ist immer die Freiheit des Andersdenkenden"*. Zwischen dem denunzierenden NS-Gutachter Schneider und dem entschieden demokratischen Sachverständigen Schwerte vor dem Berliner Verwaltungsgericht liegen ziemlich genau dreißig Jahre, eine beachtliche

---

[27] N. N. 1971.

Entwicklung, wenn man es als *Entwicklung* begreift. Wären Schwertes Werk und seine „Umkehr" heute *glaubwürdiger*, hätte er von Anfang an – *ja welche* Positionen vertreten? Die der Exilliteratur? Vom einen Bewusstsein ins andere *springen*? Ist das möglich? Ist das vertrauenserweckend? Nicht wenige NS-Funktionäre haben einen solchen *leap of faith* nach dem 8. Mai 1945 tatsächlich gemacht – und landeten zumeist weich, mit Weihwasser besprenkelt: Sehr verlockend das, damals, eine Zeit lang ja auch für Schwerte, wie wir gesehen haben, aber überzeugend? Nicht für Schwerte: er verharrte nicht auf der „theologischen Seite", sondern entwickelte sich weiter in der fortdauernden Auseinandersetzung mit seinen früheren Positionen.

Sind Leben und Denken von Hans Schwerte, soweit sie anhand öffentlicher Texte und Fakten nachvollziehbar sind, nicht eher zu verstehen vor dem Hintergrund einer genuinen persönlichen und geistigen Entwicklung? Einer Entwicklung, in der Ende und Untergang des Nationalsozialismus einen dramatischen Einschnitt bedeuteten, aber eben keinen definitiven Bruch im Sinne eines Endes, dem ein *voraussetzungsloser* Anfang gefolgt wäre? Und böte das nicht auch den Vorteil, die Biographie eines einzelnen unter derselben Perspektive untersuchen zu können wie die Entwicklung der deutschen Gesellschaft seit jenem 8. Mai 1945?

Hätte eine innere Umkehr „*unter dem Eindruck von Stalingrad und Auschwitz sofort 1945 erfolgen müssen*", um „*ethisch-moralisch begründet*" zu sein, wie Theo Buck in seinem Beitrag schreibt?[28] Hätte demnach, wer sich unter dem Eindruck von Stalingrad 1945 (!) innerlich distanzierte, eine ethisch-moralische Umkehr vollzogen? Hat nicht vielmehr selbst der aus eher pragmatisch-taktischen Gründen gehandelt, der sich im Winter '42/43 zu distanzieren begann: weil er ahnte, dass die Sache für die Deutschen wohl ‚schlecht' enden würde?[29] Mit ethisch-moralischer Begründung hat das nichts zu tun.[30] Eine innere Umkehr angesichts der *Menschheitsverbrechen* in Auschwitz hätte nicht bis 1945 auf sich warten lassen dürfen – es sei denn, man konzediert Schneider, er habe von der Vernichtung der europäischen Juden und der Arbeit der Einsatzgruppen im Osten nicht gewusst.

---

[28] Buck 1996, S. 78.
[29] Schwerte spricht im WDR-Interview davon, dass er und einige Kollegen nach Stalingrad den ‚Grössenwahn' Hitlers und der Reichsführung erkannt hätten.
[30] Auch *etliche Militärs* unter den Verschwörern des 20. Juli haben grösstenteils vorwiegend aus pragmatischen Gründen gehandelt: sie wollten die Niederlage noch abwenden. Bei ‚gutem' Kriegsverlauf wären für nicht wenige unter ihnen die Menschheitsverbrechen kaum ein ausreichender Grund gewesen, Hitler beiseite zu schaffen.

Wir verstehen die dargestellten ‚Rückfälle', ‚Missgriffe' und ‚Entgleisungen' in Schwertes Veröffentlichungen der fünfziger Jahre als Anzeichen eines allmählichen Reflexions- und Ablösungsprozesses – „*langsam, aber sicher vollzog er die geistige Wende um 180 Grad*" [31] –, der natürlich nicht geradlinig verlaufen ist. Kann so ein Prozess überhaupt geradlinig verlaufen? Etliche der Veröffentlichungen Schwertes als *vorauseilende* Anpassungen an den jeweils *kommenden* Zeitgeist zu interpretieren, hiesse, den charakterlosen Hochstapler zum unfehlbaren Hellseher zu erklären.

Um es nochmals klar zu sagen: Es würde uns schwerfallen, einen Lernprozess zu konstatieren, wenn es eine radikale Wende in Schwertes Veröffentlichungen seit 1945 gegeben hätte: das röche nach rein taktisch motivierter Anpassung. Allerdings vollzog sich dieser Reflexionsprozess unter den konkreten politischen und geistigen Bedingungen der Adenauer-Zeit, jener Zeit also, die Abelshauser so zutreffend als die *langen fünfziger Jahre* charakterisiert hat.[32] – Keine Bedingungen jedenfalls, die eine geistige Auseinandersetzung mit seinen bisherigen ideologischen Leitbildern aktiv befördert hätten. Und dennoch ist dieser Ablösungsprozess vonstatten gegangen. Der Beurteilung des Lebens von Schneider/Schwerte *idealtypische* Kategorien zugrunde zu legen, scheint uns kein sehr ergiebiges Vorgehen. Es ist auch nicht realitätsnah. Zugegeben, es liegt nahe, bei der Beurteilung des Lebens eines ehemaligen SS-Hauptsturmführers, der einen falschen Namen annahm und seine Vergangenheit jahrzehntelang der Öffentlichkeit verschwiegen hat, eine rigorose moralische Position einzunehmen. Aber wird man damit den Wechselfällen und Unwägbarkeiten unserer menschlichen Existenz gerecht?

‚*Trotz ideologischer Gegensätze nicht auf wissenschaftliche Analyse, Diskussion und Kritik verzichten*', so fasste der SPIEGEL das politische und wissenschaftliche Credo von Hans Schwerte zu Beginn der siebziger Jahre zusammen. Sollte *das* das Ergebnis einer rein taktisch begründeten Wende gewesen sein? *Das* die Grundlage für das berufliche und öffentliche Handeln eines bundesrepublikanischen Beamten, der das ‚*eigentlich*' nur als ‚*Trug*' inszenierte? Wir sind versucht zu sagen: Wenn es denn so gewesen sein sollte

---

[31] Buck 1996, S. 57. Der unmittelbar darauffolgende Satz lautet: „*Intelligent genug war er, das genaue Gegenteil von dem zu verlautbaren, was er als Hans Ernst Schneider geschrieben hatte.*"
[32] Abelshauser 1987.

– die Bundesrepublik hat wesentlich erfolglosere (und politisch gefährlichere) Entnazifizierungen erlebt –, im Selbst- und im Fremdversuch. Keine einzige der vorliegenden Quellen verrät auch nur andeutungsweise, dass Schneider bis unmittelbar vor Kriegsende etwas anderes als überzeugter Nationalsozialist gewesen ist. Er stand im April/Mai 1945 inmitten der Trümmer seines Lebens, seines Weltbildes und dem Schutt, dem Elend und der Verzweiflung, die diese Ideologie herbeigeführt hatte. Der Namenswechsel war vermutlich motiviert durch schieren Überlebenswillen und eine Flucht vor der individuellen Verantwortung: Schneider wollte für sein Tun nicht zur Rechenschaft gezogen werden, und Schwerte hat nie öffentlich Rechenschaft abgelegt. Das *öffentliche* Eingeständnis erfolgte 1995, bei der Selbstanzeige:

> Die tiefe Scham und Trauer über die vom Nationalsozialismus – besonders von der SS, deren Uniform ich trug – angerichteten Schand- und Mordtaten haben mich bis heute keine Stunde verlassen.[33]

Schwerte-Schneiders Verhalten im Dritten Reich und in der Bundesrepublik ist charakterisiert gewesen durch das Streben nach öffentlicher Anerkennung; die Nähe der Macht hat er immer gesucht: er wollte bewegen, anregen, gestalten, mitentscheiden. Mit jedem Schritt auf der Nachkriegs-Karriereleiter musste es ihm unmöglicher werden, sich zu outen. Dass der Namenswechsel im Frühjahr 1945 ursprünglich als ein Notbehelf geplant war, um die Unwägbarkeiten der unmittelbaren Nachkriegszeit zu überstehen, dass Schwerte so bald als möglich in seine ‚eigentliche‘ Biographie zurückkehren wollte – das ist durchaus denkbar und glaubhaft. Die genannten Charaktereigenschaften haben das so sehr verhindert wie die politische Entwicklung in der Nachkriegszeit es unnötig machten. Schwertes Schweigen korrespondierte ein gesellschaftliches Nicht-wissen-Wollen und – in wievielen Fällen? – ein individuelles wissendes Mit-Schweigen.

Es bleibt die Frage, ob ein Mensch trotz alledem einen individuellen Lern- und Entwicklungsprozess durchmachen kann; ob er erkennt, sich einer menschenverachtenden Ideologie verschrieben zu haben; ob er es schafft, sich geistig von dieser zu lösen und *tatsächlich* ein überzeugter Demokrat zu werden. Der Amsterdamer Psychiater Keilson (er lebte und arbeitete im 2. Weltkrieg im niederländischen Untergrund) hat es auf der Erlanger Tagung zum ‚Fall

---

[33] Zit. nach Keilson-Lauritz 1996, S. 79.

Schwerte' im Februar 1996 als „klinische Tatsache" bezeichnet, dass ein Wechsel der Biographie in vielen Fällen erst die Voraussetzung schafft, sich überhaupt mit seiner eigenen Vergangenheit auseinanderzusetzen. Damit sei *auch* angedeutet, dass wir zumindest die Möglichkeit in Betracht ziehen sollten, es hier nicht ausschliesslich mit einer deutschen (Nachkriegs-) Biographie zu tun zu haben, sondern auch mit einer Krankengeschichte. Muss man Fachmann sein, um sich vorstellen zu können, welcher psychische Druck auf einem Menschen lastet, dem allmählich bewusst wird, welcher Verbrechen er sich moralisch mitschuldig machte und der dazu noch jahre-, jahrzehntelang damit rechnen muss, enttarnt zu werden, weil er es nicht schafft, sich aus diesem Dilemma zu befreien? Man kann hier zurecht einwenden, das habe ein Hans Schwerte sich alles selbst zuzuschreiben. Das ist auch so. Das sollte aber nichts daran ändern, so denken wir, dass man auch einem solchen Menschen ein Mindestmass an Mitgefühl entgegenbringt. Hans Schwerte ist und bleibt ein menschliches Wesen.

Wir haben Hans Ernst Schneider und seine Arbeit im Ahnenerbe durch unsere Forschung ‚kennengelernt', bevor wir wussten, dass er nach 1945 unter dem Namen Schwerte gelebt hat. Als wir seine Nachkriegsveröffentlichungen lasen, wussten wir, was er im Dritten Reich getan und – das nur zum Teil – geschrieben hatte. Wenn man so will, sind wir nie von ihm *getäuscht* und *enttäuscht* worden: wir wussten, was die wesentlichen biographischen Daten betrifft, immer so viel über ihn wie er selbst. Vielleicht hilft das im Umgang mit ihm und seinem ‚Fall', wir wissen es nicht. Es ist menschlich sehr verständlich, wenn sich seit der Demaskierung Hans Schwertes gerade jene plötzlich „*in einem sehr ambivalenten Zustand*" wiederfinden,[34] die ihn jahrzehntelang als kritischen Denker und engagierten Demokraten gekannt und geschätzt haben.

Schwertes letzter öffentlicher Auftritt als Wissenschaftler war am 15. Januar 1995, in einer Radiosendung des Bayerischen Rundfunks, und das Thema seines Vortrages galt jenem Thema, mit dem seine Nachkriegskarriere begonnen hatte: dem ‚Faustischen'. Schwerte zeichnet nochmals die wesentlichen Stationen der Ideologisierung und nationalen Mythisierung der Faust-Figur nach, und er stellt dem Doktor Johann Faust den Zeitgenossen Georgius Agricola daneben: beide, so Schwerte, stellten den „*Typus des neuzeitlichen,*

---

[34] Hermann Glaser, zit. nach Kliemann 1996.

des ‚modernen' Menschen" dar.[35] Hier der Teufelsbündner, der ins Magische, ins Antirationale ausweicht, dort der allzeit nüchterne, gemässigte, sozial verantwortliche und im Bereich des Rationalen und Vernünftigen bleibende Forscher. Aber selbst ein Agricola, darauf weist Schwerte nachdrücklich hin, bleibt *„wie jeder Handelnde in der Verantwortung, damit auch im Verhängnis des Irrtums und der Irrwege".* Agricola, der gelehrte Bergbau- und Hüttentechniker:

> Aber natürlich wusste er, oder: er müsste gewusst haben von den potentiellen Hypertrophien und Auswüchsen schon der Technologien seines eigenen, des 16. Jahrhunderts.

Er wusste oder er müsste gewusst haben – von den sozialen Auswirkungen und Ausbeutungen des Bergbaus, von den gesundheitlichen Schäden, von den kapitalistischen Interessen, die dahinter standen, von dem Leid, in das Erz, Kupfer, Zinn und Blei umgeschmolzen wurden. *Er wusste oder er müsste gewusst haben von den potentiellen Hypertrophien und Auswüchsen seines Jahrhunderts* – ist es vorstellbar, dass Schwerte diesen Satz einfach so dahingeschrieben hat, ohne an seine eigene Vergangenheit zu denken? Man kann hier mit Blick auf Schwerte psychologisieren und *ex post* urteilen, man sollte aber darüber hinaus auch die Frage an sich selbst richten: Tun wir das, was uns heute möglich ist, um die Rahmenbedingungen gesellschaftlichen Lebens so zu verändern, dass auch zukünftige Generationen noch die Chance auf eine menschenwürdige Existenz haben?

Die Hörfunkbeiträge sind im Frühjahr 1996 als Buch erschienen, herausgegeben von Hermann Glaser und Rainer Lindenmann: „Von der Moderne der Renaissance". In der Rezension in der Nürnberger Zeitung steht zu lesen:

> Der aufmerksame Radiohörer wird allerdings einen Text vermissen: Hans Schwertes Beitrag „Faust und das Faustische – vom Faustbuch zum ‚anschwellenden Bocksgesang'", am 15. Januar vergangenen Jahres gesendet, fehlt in der Anthologie. [...] Unverständlich, dass ein Aufklärer wie Glaser diesen Text in der Anthologie unterschlägt (eine ältere Verlagsankündigung nennt den Namen Schwertes noch), unverständlich auch, dass er diesen Akt mit keinem Wort kommentiert. [...] Gegenüber der NZ äusserte Glaser sein Unbehagen: „So oder so hätte es mit dem Schwerte-Text Probleme gegeben, ich befinde mich in einem sehr ambivalenten Zustand." Dass es sich bei Schwerte um einen „exemplarischen Fall" handelt, er also exzellent in die Anthologie gepasst hätte, räumt er ein. Aber das hätte den Rahmen gesprengt. „Die ganze Sache müsste noch einmal aufgerollt werden."[36]

---

[35] Abdruck im Anhang, Dokument 13.
[36] Kliemann 1996.

Ist nicht einer der Hauptvorwürfe gegen Hans Schwerte, *geschwiegen zu haben*? Sich der Pein und der Peinlichkeit entzogen zu haben, *die ganze Sache noch einmal aufrollen zu müssen*? Schwertes Hörfunk-Beitrag ist im Anhang zu diesem Buch vollständig abgedruckt. Für die Genehmigung dazu danken wir dem Autor.

XXVIII.
„Don't Ask – Don't Tell"

Zum bundesrepublikanischen Umgang mit der ‚braunen Vergangenheit'

Schneiders Maskenwechsel steht in engem Zusammenhang mit der ebenso problematischen wie bequemen Vorstellung von der sogenannten *Stunde Null*. Geht es wirklich an, sich über den Betrug eines einzelnen zu empören, ohne die kollektive Lüge zu problematisieren? 1995, das Jahr des grossen rituellen Erinnerns, hat das Wort *Befreiung* zur offiziellen Ideologie erhoben, ohne dass sich nennenswerter Protest erhoben hätte. Dabei sollte man gerade in Deutschland eigentlich immer dann besonders hellhörig werden, wenn alle wesentlichen politischen Kräfte einer Meinung sind. *Befreit* werden normalerweise Geiseln, Gefangene, Opfer, die ihrer Freiheit gewaltsam beraubt wurden. Zu dieser konkreten, alltagssprachlichen Verwendung des Wortes passt nicht recht, dass sich im Zweiten Weltkrieg kein Volk seiner *Befreiung* so bitter und brutal widersetzte wie das deutsche. Aber das sind sprachliche und historische *peanuts*, sozusagen, wenn es, was in der Bundesrepublik der Fall zu sein scheint, auf die grosse Linie ankommt: Deutschland wurde 1945 *befreit*, und damit gehören wir auf die Seite der Sieger und – wenn man am konkreten Wortsinn von *befreien* festhält – auf die Seite der Opfer. Wie gesagt, dieses historische *Unwort* des Jahres 1995 – oder anders und treffender formuliert: dieses *unhistorische* Wort – ist zumal in Deutschland 1995 praktisch nicht problematisiert worden. Das war aber nicht immer so.

Als der damalige Bundespräsident Richard von Weizsäcker in seiner Rede vor dem Deutschen Bundestag am 8. Mai 1985 die Worte aussprach: „Der 8. Mai 1945 war ein Tag der Befreiung", da war diese Interpretation noch durchaus umstritten: gerade deshalb wurde die Rede damals als wichtig und bedeutsam empfunden. Weizsäckers Verwendung des Wortes verwies auf die Tatsache, dass die Deutschen aus ihrer schuldhaften Verstrickung in kaum fassbare Menschheitsverbrechen – Weltkrieg und Holocaust – von fremder Hand *befreit werden* mussten. Dass wir damit nicht ent-*schuldigt* wurden, dass wir eben nicht *Opfer* waren, das stellte Weizsäcker klar durch die Aussage, der 8. Mai sei nicht vom 30. Januar 1933 zu trennen. Hier darf man wohl die Frage aufwerfen, weshalb innerhalb von zehn Jahren alle Kritiker – und es handelt sich hier vorwiegend um konservative und nationalliberale Kräfte – verstummt sind und heute an dem Wort *Befreiung* keinen Anstoss mehr nehmen? Wie geht es zusammen, dass *einerseits* Alfred Dregger damals kundtat – in einer Replik gegen Weizsäcker –, er sei stolz darauf, bis Kriegsende gegen den Ansturm der Roten Armee gekämpft zu haben (und damit nach Kräften die Niederlage Deutschlands – die ‚Befreiung' – zu verhindern suchte), und *andererseits* sein Parteifreund Helmut Kohl 1995 darüber verstimmt war, nicht zu den Gedenkfeierlichkeiten zur Landung der Alliierten in der Normandie eingeladen worden zu sein – zu eben jenem Ereignis, das die Niederlage der Deutschen unumkehrbar machte? Vor zehn Jahren beharrten die Kritiker noch darauf – übrigens durchaus im Sinne einer von konservativen Historikern postulierten Notwendigkeit, *Identifikationsmöglichkeiten* mit der deutschen Geschichte zwischen 1933 und 1945 zu schaffen –, dass das Kriegsende eine ‚tragische' und aus nationaler Sicht durchaus bedauerliche Niederlage der Deutschen gewesen sei, die nicht dadurch relativiert werden könne, dass sie *auch* die ‚Befreiung' vom Nationalsozialismus bedeutete.

Heute, nach der Vereinigung der beiden deutschen Staaten und dem damit verbundenen Wiederaufstieg Deutschlands in die Liga der *global players*, scheint es im Interesse der Vertreter einer neuen deutschen Weltpolitik, den Begriff *Befreiung* zu besetzen und in einem anderen Sinne zu verwenden. Seit der ‚Beantwortung' der ‚deutschen Frage' durch den Anschluss der DDR scheint das Erinnern an die *Niederlage* Deutschlands 1945 nicht mehr opportun. Mit der Übernahme des ehedem problematisierten und nicht von wenigen abgelehnten Begriffs *Befreiung* ist unversehens ein *Schlussstrich* unter die Diskussion über das Dritte Reich gezogen worden: wir wurden *befreit,* waren also schlimmstenfalls Opfer unserer selbst, recht eigentlich gehören wir aber auf die Seite der Sieger, und die Geschichte des neuen, des ‚guten' Deutschlands hat am 8. Mai 1945 und endgültig am 3. Oktober 1990 begonnen. Mit der Zeit davor haben wir im Grunde nichts zu tun. Die Nazis werden so wieder zu *diaboli ex machina*. Wer wollte denn im Ernst noch behaupten, dass Hitler *kein Betriebsunfall war*. Diese Umdeutung des Wortes *Befreiung*, 1995 in aller Öffentlichkeit zelebriert, ist eine Tendenzwende unserer offiziellen Geschichtsbetrachtung, über deren Konsequenzen sich zur Zeit kaum jemand Gedanken zu machen scheint. Wir solidarisieren uns mit den Opfern, bis wir moralisch auf ihrer Seite stehen: *mit uns Deutschen von heute hätte es ein Drittes Reich nie geben können*! So führt die – selbstverständlich notwendige und richtige – moralische Verurteilung des Nationalsozialismus und der Verbrechen gegen die Menschlichkeit unversehens zur *Enthistorisierung* des Dritten Reiches: Es wird erneut aus dem Kontinuum der deutschen Geschichte herausgerissen.

Mitten in die Vorbereitungen zu den 125-Jahres-Feierlichkeiten platzte 1995 in Aachen die Bombe: Der angesehene ehemalige Rektor der Technischen Hochschule, Freund sozialer und anderer Demokraten, Bundesverdienstkreuzträger und Aushängeschild einer geläuterten deutschen Wissenschaft, Hans Schwerte ist SS-Hauptsturmführer Schneider! Über kaum einen Fall hat sich die bundesdeutsche Öffentlichkeit, haben sich die Feuilletons in den letzten Jahren so aufgeregt wie über den ‚Fall Schwerte'. Bundesrepublikanische Gerichte befassten sich nicht nur mit den Handlungen Schneiders im Dritten Reich, sondern auch mit Strafandrohungen und einstweiligen Verfügungen der Wissenschaftler, die über Schwerte forschen. Könnte es daran liegen, dass die Demaskierung Schwertes zugleich die Lüge unserer offiziellen Geschichtsbetrachtung aufdeckte? Störte Schwerte also nur die Inauguration einer neuen deutschen Ideologie, indem er uns zu einem höchst unpassenden Augenblick noch einmal vorführte, dass es keine *Stunde Null* gegeben hat – nicht für das Volk und nicht für den einzelnen Deutschen? Dass die bundesrepublikanische *Erfolgsstory*, einschliesslich des Endsieges über den Bolschewismus 1989/90 – eben nichts an der deutschen Geschichte ändern, nichts beschönigen, nichts im nachhinein weniger schlimm erscheinen lassen kann als es tatsächlich war? Und dass das alles nach wie vor *auch mit uns* zu tun hat? Dass es noch immer zu erklären gilt, welche Faktoren dazu beigetragen haben, aus Deutschen *Agenten des Völkermordes* und aus diesen Agenten wiederum *gute Deutsche* zu machen? Ist also Hans Schneider alias Hans Schwerte nur das Symbol für die Maskenwechsel der Deutschen, die Maskenwechsel der deutschen Nation in diesem Jahrhundert, und ist es recht eigentlich das, was uns in Aufregung versetzt?

Die Art und Weise, wie die Öffentlichkeit mit Schwertes Maskenwechsel umgegangen ist, legt diese Interpretation nahe. Schon am Tag, nachdem die Identität Schwertes mit Schneider öffentlich wurde, stellte der Rektor der RWTH Aachen Habetha den Zusammenhang mit den offiziellen Erinnerungsfeierlichkeiten her: für ihn ist der Fall Schwerte/Schneider ‚*eine gezielte Kampagne zum 8. Mai*'.[1] Gezielt *worauf?* Auf die Demaskierung der neuen Ideologie? Habetha schweigt. Sein Professorenkollege Götz Beck sagt, er habe sein frühzeitiges Wissen für sich behalten, weil er den zu erwartenden, „*meines Erachtens ungerechtfertigten Ansehensverlust unseres Landes*" bei einer Demaskierung Schwertes gescheut habe.[2]

Immer wieder ist vermutet, manchmal behauptet worden – und die Verbindung zu Spengler spricht auch dafür –, Schwertes Karriere sei das Ergebnis von Nazi-Netzwerken an bundesdeutschen Hochschulen gewesen.[3] Welche Konsequenzen ziehen die betroffenen Universitäten aus solchen – höchst beunruhigenden – Vermutungen? Keine, wie uns scheint. Wäre es nicht selbstverständlich gewesen, darauf zu dringen, aus Anlass dieses Falles eine grösser angelegte Untersuchung durchzuführen? Die vom nordrhein-westfälischen Wissenschaftsministerium eingesetzte ›Historische Kommission zur Untersuchung des Falles Schneider/Schwerte und seiner zeitgeschichtlichen Umstände‹, deren Zwischenbilanz von dem Düsseldorfer Historiker Bernd-A. Rusinek im August 1996 vorgelegt wurde, ist gut und notwendig, beschränkt sich bezeichnenderweise aber nur auf den Fall Schwerte. Wir werden das Gefühl nicht los, dass sich Universitäten und Ministerien wieder einmal mit *symbolischen* Taten zufrieden geben. Dass die meisten der ehemaligen NS-Wissenschaftler, die in der Bundesrepublik (und in der DDR) ihre Hochschulkarriere fortsetzten, im Unterschied zu Schwerte mittlerweile tot sind, kann doch nicht ernstlich als Begründung herhalten für das Unterlassen einer Aufarbeitung dieses Aspektes der deutschen Universitätsgeschichte.

---

[1] Zit. nach N. N. 1995a, S. 210.
[2] Zit. nach N. N. 1995a, S. 208.
[3] Als ein Beispiel von vielen siehe Zinsen 1996.

XXIX.

SKANDAL IM ‚SPERRBEZIRK'

RWTH Aachen: Helden vor Sumpflandschaft?

Der Fall Schneider/Schwerte hat an der RWTH Aachen einen noch immer schwelenden Konflikt geschaffen: Zwischen einzelnen Hochschullehrern, zwischen dem Rektorat und der Philosophischen Fakultät, zwischen der Philosophischen Fakultät und dem Wissenschaftsministerium, zwischen Teilen der Presse und dem Rektorat – wobei bald dem Rektorat, bald dem gesamten Establishment der RWTH, bald der Wissenschaftsszene der 50er und 60er Jahre vorgeworfen wird, man habe ehemalige Nationalsozialisten decken und deren Netzwerke verschweigen wollen.[1]

Wer käme da noch auf die Idee zu behaupten, man habe den Nationalsozialismus *bewältigt?* Es hat vielmehr den Anschein, dass er uns *überwältigt* und zugleich unsere Fähigkeit zum rationalen und verantwortlichen Diskurs, wann immer wir ihm und seinen Folgen nicht mehr ausweichen können oder diese uns einholen.

Leider wird *dieser Aspekt* von der NRW-Kommission nicht untersucht. Bernd-A. Rusinek begründet dies in der schon erwähnten Zwischenbilanz so:

> Nun steht unter Historikern unbezweifelt fest, dass Gegenwärtiges, Unabgeschlossenes und noch Schwelendes kein Gegenstand der historischen Forschung sein kann, und es kommen im Fall des noch schwelenden Schneider/Schwerte-Konfliktes an der RWTH Umstände hinzu, wodurch die Auffassung, in einem gegenwärtigen Konflikt habe historische Forschung nichts verloren, nur bestärkt wird.[2]

Dem ist zunächst entgegenzuhalten, dass gewiss *nicht alle* Historiker diese These für ‚unbezweifelbar' halten. Historiker aller Zeiten, gerade auch die

---

[1] Rusinek 1996a, S. 179.
[2] ibid.

namhaftesten, haben sich immer auch als Zeitzeugen betätigt. Wir sind entsprechend durchaus der Meinung, dass Gegenwärtiges, Unabgeschlossenes und noch Schwelendes Gegenstand zeitgeschichtlicher Forschung sein kann, wenn nicht muss, schon allein deshalb, weil diese Begriffe willkommene Masken sind, hinter denen man praktisch jedes heikle zeitgeschichtliche Thema dem historisch geschärften Blick entziehen könnte. Zudem erweckt diese Feststellung der Kommission den Eindruck: ‚*wir wissen etwas, wollen (oder dürfen?) es aber nicht sagen*'. Dass die Zwischenbilanz auch noch explizit darauf hinweist, das Wissenschaftsministerium sei der „*Überzeugung*", dass „*ein solches Feld*" – das Unabgeschlossene, Gegenwärtige, noch Schwelende – „*zum jetzigen Zeitpunkt*" nicht Gegenstand der Kommissionsarbeit sein kann,[3] stimmt zumindest uns sehr nachdenklich: wird hier etwa auf persönliche und/oder politische Interessen Rücksicht genommen? Bei der Untersuchung eines Falles, dessen Dreh- und Angelpunkt für so viele Interessierte die Frage der „Glaubwürdigkeit", der „Aufrichtigkeit" und der „Integrität" individuellen Handelns und Verhaltens Hans Schwertes zu sein scheint, kommt das Aussparen der Aachener Ranküren, die zu Schwertes ‚Enttarnung' geführt haben, einem Abschied von einheitlichen Bewertungsmassstäben gleich. Wann, von wem, auf wessen Initiative und weshalb beschlossen wurde, diesen Teil des „Falles" von der Untersuchung auszuschliessen, ist uns nicht bekannt. Aber bei wem hinterlässt das nicht ein „Gschmäckle" à la Gefälligkeitsgutachten?

Den Aachener Sumpf trockenzulegen, ist nicht unsere Aufgabe. Das können nur Leute vor Ort tun, die freilich nicht wie Theo Buck aus verständlichem, aber wissenschaftsfremdem Übereifer das Augenmass verlieren. Aus dem fernen Tübingen kann man nur Zeugen zitieren und Fragen stellen, d. h. sich mit der Rolle des *Chronisten der Chronisten* bescheiden, Ausschnitte aus einer Reihe von Zeitungsberichten und anderen Veröffentlichungen bringen und einige weiterführende Fragen anschliessen.

3. Mai 1995
Wir sehen durch diesen Vorgang [die Annahme einer fingierten ‚neuen' Identität Schwerte-Schneiders] das Germanistische Institut, an dem wir seit vielen Jahren, teilweise noch als Kollegen Hans Schwertes, lehren und forschen, schwer beschädigt. Die Glaubwürdigkeit

---

[3] ibid.

der an diesem Institut formulierten und in der Lehre vertretenen wissenschaftlichen Positionen ist dadurch objektiv in Frage gestellt.
(Aachener Volkszeitung: Stellungnahme der Germanistik-Professoren Albrecht Betz, Theo Buck, Ludwig Jäger und Christian Stetter).

4. Mai 1995

[Aachener] Nachrichten: [RWTH-Rektor] Habetha will auf Sie zugekommen sein und gesagt haben, Sie sollen den Verdacht [über Schwerte-Schneider] nicht weiter aussprechen, bevor Sie nicht Beweise vorlegen könnten. Sonst müssten Sie mit strafrechtlichen Konsequenzen rechnen. *[Hugo] Dyserinck:* Nein, das ist nicht wahr. Ich habe mich ihm gegenüber auch nie als Urheber der Gerüchte über die Vergangenheit von Hans Schwerte bezeichnet. Ich habe die Gerüchte nie gestreut und damit den Fall Schwerte ins Rollen gebracht. *Nachrichten:* Wer war es denn? *Dyserinck:* Das waren der damalige Dekan Flos und einige andere Professoren. Flos hat mir nach dem Abgang von Frau Hoffmann-Maxis gesagt, er werde jetzt alles tun, damit mein Favorit für meine Nachfolge, Professor Richards, nicht berufen werde. Anschliessend setzten diese Leute dann auch das Gerücht in die Welt, ich besässe geheime Unterlagen über Schwerte, mit denen ich die Fakultät erpressen wolle.
(Aachener Nachrichten: Gespräch mit Professor Dyserinck).

5. Mai 1995

Zwei Stunden lang sprach am Donnerstag eine vierköpfige Delegation der RWTH Aachen mit Fachleuten aus dem Wissenschaftsministerium. Nach der Unterredung erklärte der Dekan der Philosophischen Fakultät, Günther Debus: „Meinen Vorwurf, das Ministerium habe auf einen Brief von mir nicht reagiert, kann ich nicht aufrecht erhalten. Es hat nach dem Schreiben Gespräche gegeben." Monika Lengauer, Sprecherin des Ministeriums, betonte: „Auch Hochschulrektor Prof. Klaus Habetha hat von seiner Aussage abgerückt, bereits im Sommer 1994 Ministerin Anke Brunn von Gerüchten über Schwertes Vergangenheit informiert zu haben." Nach Angaben von Frau Lenggauer denkt das Ministerium momentan nicht daran, Strafanzeige gegen den emeritierten Aachener Professor der Komparatistik (vergleichende Literaturwissenschaft), Hugo Dyserinck, zu stellen. Dyserinck, so der Vorwurf der Hochschule, soll versucht haben, mit seinem Wissen um Schwertes Doppelleben Druck auf die RWTH auszuüben.
(Aachener Nachrichten: Professoren widerrufen nach dem Gespräch im Ministerium).

5. Mai 1995

Noch schlechter [als die RWTH, J. L.] in der Bewältigung der sich damals bereits anbahnenden Affäre steht nur die Landesregierung da. Auch als Wissenschaftsministerin Anke Brunn am 19. November 1994 offiziell unterrichtet wurde, geschah nichts. Keine Überprüfung von Schneider/Schwerte, keine Kontaktaufnahme zu den deutschen Archiven, keine Befragung von Schwerte selbst. Wen wundert es da, dass ausgerechnet niederländische Medien feststellen müssen, „dass offensichtlich kein Interesse an der Aufklärung von Schwertes SS-Vergangenheit" bestand und sie dies in Verbindung damit bringen, dass der Altrektor zu Rau und Innenminister Schnoor ein enges Verhältnis hatte.
(Aachener Volkszeitung: Kommentar von Manfred Kutsch: Der Sumpf blubbert noch).

5. Mai 1995

Bereits am Mittwoch hatte der Romanist Prof. Hans-Rutger Hausmann gegenüber den „Nachrichten" bekannt, dass die Gerüchte seit 1992 im Umlauf waren. Gestern nun erklärte

der Germanist Professor Theo Buck: „Ich habe vor gut zwei Jahren erstmals davon erfahren." Professor Hugo Dyserinck habe ihm Fotos aus der NS-Zeit vorgelegt, auf denen er Schwerte alias Schneider allerdings nicht habe ausmachen können. Buck weiter: „Ich forderte Professor Dyserinck deshalb auf, Beweise für seine Verdächtigungen vorzulegen. Vergeblich. Er hätte uns damals die Unterlagen unterbreiten sollen, die er jetzt dem niederländischen Fernsehen gezeigt hat." Schweres Geschütz fuhr Götz Beck auf, ebenfalls Professor für Germanistik: „Ich wusste seit zwei Jahren vom Doppelleben Schwertes. Auch der Name Dr. Schneider war mir bekannt." Einige Kollegen seien „Heuchler", wenn sie heute bestreiten würden, nicht ebenfalls seit geraumer Zeit über die wahre Identität Schwertes informiert gewesen zu sein. Beck will seine Informationen nicht weitergegeben haben, „weil ich auch heute noch nicht glauben kann, dass Schwerte tief in SS-Verbrechen verstrickt war."
(Aachener Nachrichten: „Einige der Kollegen sind Heuchler").

5. Mai 1995
Ich habe zu keinem Zeitpunkt – vor der Veröffentlichung entsprechender Tatsachen in der Presse – hinsichtlich der Identität von Herrn Schneider alias Schwerte über Wissen verfügt, das mir erlaubt hätte, Gerüchte, die ich seit etwa einem dreiviertel Jahr kannte, anders, denn als üble Verleumdungen zu qualifizieren.
(Aachener Volkszeitung: Leserbrief von Prof. Dr. Ludwig Jäger).

6. Mai 1995
Auch an Sie die Frage, wann haben Sie erstmals von der falschen Identität gehört? Buck: Ich glaube, es hat wenig Sinn, bei jedem nun nachzufragen. Es entsteht eine Schlammschlacht und ein Prozess der gegenseitigen Anklage. Plötzlich ist nicht mehr Schwerte der Angeklagte. Deshalb werde ich mich dazu nicht mehr äussern.
(Aachener Volkszeitung: AVZ-Interview mit Prof. Dr. Theo Buck).

12. Mai 1995
Jeder Kollege mag es mit Erklärungen nach aussen halten, wie er es verantworten will – ich meinesteils werde von meiner ‚Mitwisserschaft' hier so wenig wie im Fall Schwerte Gebrauch machen, wenigstens nicht den, dass ich die Namen derer nenne, die meiner ziemlich sicheren Einschätzung nach dem Gerücht um Schwerte/Schneiders SS-Vergangenheit und Identitätswechsel (wie ich) Glauben schenkten. Hinweise über von Schneider begangene Verbrechen habe ich nicht bekommen – ich kam zu der Auffassung, dass hier niemand etwas Konkretes wusste, und so ist es offenbar noch heute. Im anderen Fall hätte ich damals (d. h. schon vor über zwei Jahren) wohl Anzeige erstattet. [...] Ich habe geschwiegen, weil ich einen zu erwartenden, aber meines Erachtens ungerechtfertigten Ansehensverlust unseres Landes und der Hochschule und übrigen Institutionen nicht wollte. Und ich unterstelle dieses nicht unehrenhafte Motiv auch einem Teil der übrigen ‚Mitwisser'.
(Aachener Volkszeitung: Stellungnahme von Prof. Beck zum Fall Schwerte: Warum ich schwieg).

12. Mai 1995
Dass Schwerte zu meinem Herkommen nach Aachen 1967 beigetragen hat, entspricht den Tatsachen. Er wusste, dass ich 1962 noch in Erlangen für ‚Allgemeine und Vergleichende Literaturwissenschaft' habilitiert worden war, und glaubte (zurecht), dass das Dreiländereck ein idealer Standort für den Aufbau einer spezifisch europäisch orientierten Komparatistik

war. In diesem Sinn dürfte er mich auch der Aachener Fakultät empfohlen haben. Dass dabei irgendwelche (bei mir vorhandene) Kenntnisse zu seiner früheren Vergangenheit eine Rolle gespielt hätten, ist absurd und entspringt dem Reich kompletter und übelwollender Phantasie.
(Aachener Volkszeitung: Professor Hugo Dyserinck bezieht Stellung).

Herbst 1995
Seitens von Professoren des Germanistischen Instituts haben wir in den vergangenen Monaten des öfteren Diffamierungen, Provokationen und (leere) Drohungen erfahren, die sich im wesentlichen gegen unsere Aufklärungsarbeit [in Sachen Schwerte-Schneider] richten. Da sie für die Bewertung der Repressionen im Fall Rohrmoser nicht unerheblich sind, haben wir sie in folgender Chronologie zusammengefasst:
1. Nachdem wir in einer Presseerklärung am 29.4. die Frage gestellt hatten, wer „mindestens von den Gerüchten" um Schneiders Identität wusste, und in diesem Zusammenhang u. a. Prof. Jäger und Stetter erwähnt hatten, mobilisieren diese in ihren Veranstaltungen gegen die Fachschaft und fordern uns auf einer studentischen Germanistik-Vollversammlung am 3.5.95 auf, die Namen der pressrechtlich Verantwortlichen zu nennen, um Anzeige gegen diese erstatten zu können.
(„Die Feierlichkeiten sind nicht betroffen." philfalt extra. Eine Publikation des Fachschaftskollektivs Philosophie. [Herbst 1995], 19).

Herbst 1995
An der Hochschule selbst drückte zunächst lediglich die Fachschaft Philosophie all jenen ihre Verachtung aus, die von den Gerüchten um Schneider gewusst und geschwiegen hatten, formulierte konkrete Fragen und forderte personelle Konsequenzen. Die Antwort liess nicht lange auf sich warten. Der Germanistik-Professor Jäger mobilisierte seine Studierenden (zunächst durchaus erfolgreich) gegen die Fachschaft und drohte (von seinen Studierenden unwidersprochen) mit Anzeige. [...] Es folgte eine Reihe weiterer mehr oder weniger offen ausgesprochener Anzeigedrohungen [des Germanisten] Stetters gegen die Fachschaft, die wiederum durch Anzeigen- und Zwangsexmatrikulationsdrohungen der Hochschulleitung nach der Verhinderung eines Gastvortrages des Rechtsextremisten Günter Rohrmoser am 6. Juli 1995 fortgesetzt wurden.
(Der Fall Schneider/RWTH. Überarbeiteter Artikel aus der LiZ. – In: „... von aller Politik denkbar weit entfernt". Die RWTH – Ein Lesebuch. Aachen [Herbst] 1995, 207–213, 211).

November 1996
Der Germanist Jäger, den wir bisher nur als Gegner unserer Aktivitäten erlebt hatten, erstaunte uns [bei der studentischen Veranstaltung anlässlich der RWTH-Jubiläums-Feierlichkeiten im Oktober 1995] dadurch, dass er von eigener Recherchearbeit erzählte. Es fiel uns auf, wie sehr er sich bemühte, seine Empörung über Schneiders rassistische Propaganda auszudrücken. Deutete sich hier eine positive Entwicklung an?
(AutorInnenkollektiv für Nestbeschmutzung (eds): Schweigepflicht. Eine Reportage. Aachen, 2. korr. Auflage, November 1996, 180).

Zeugenaussagen, gerade auch Zeitungsmeldungen, müssen immer gegen den Strich gelesen werden. Wir können die Faktizität der Tatsachenaussagen in den obigen Zitaten hier aus der Ferne – wie gesagt – nicht überprüfen. Der

Umstand, dass sie unseres Wissens – von den zitierten Fällen abgesehen – nicht widerrufen wurden, ist sicher ein Indiz, wird aber von uns auch nicht als ausreichend betrachtet, etwas als Faktum zu behandeln. Wenn freilich auch nur die Hälfte der Faktenaussagen zutreffen, dann stellen sich zumindest folgende Fragen: Was konkret war an der Reaktion der Repräsentanten in Hochschule und Ministerium 1995 anders oder gar vorbildlicher als das Verhalten der ehemaligen Nationalsozialisten in den Spruchkammer- und Entnazifizierungsverfahren der Nachkriegszeit? War man an deutschen Hochschulen 1995 fähiger, mit der Vergangenheit des 3. Reichs umzugehen als in der Nachkriegszeit? Warum verlief die Auseinandersetzung mit dem „Fall" Schwerte an der anderen betroffenen Universität Erlangen so viel gelassener und unaufgeregter?

Die Reaktionen der Behörden und die Reaktionen darauf

„Ich kann es nicht fassen, wie man mit einer solch verdeckten Biographie leben kann", das war die erste öffentliche Reaktion des nordrhein-westfälischen Ministerpräsidenten Johannes Rau zum ‚Fall' Schwerte.[4] Die Mitglieder der Fraktion von Bündnis 90/DIE GRÜNEN im Düsseldorfer Landtag – die bald darauf mit Rau am Kabinettstisch sassen – konnten damals kaum fassen, weshalb das zuständige Wissenschaftsministerium unter Anke Brunn monatelang von den Gerüchten gewusst, aber nichts Konkretes unternommen hatte. In einer Kleinen Anfrage im Landtag wollten die GRÜNEN am 3. Mai 1995 unter anderem wissen, *was* die Landesregierung bzw. einzelne Mitglieder und das Ministerium *wann* unternommen hatte.[5] Die SPD-Landesregierung antwortete am 31. Mai unter anderem:

> Der Ministerin wurden die Gerüchte um eine SS-Vergangenheit von Professor Dr. Schwerte am 17. November 1994 durch ihr Büro bekannt. Sie hat dies mit dem Staatssekretär erörtert und am 5. Dezember 1994 die Fachabteilung aufgefordert, den Gerüchten im Berliner Dokumentationszentrum nachzugehen. Zuvor, im Sommer 1994 [...] wurden dem zuständigen Referatsleiter die Gerüchte auf Arbeitsebene bekannt. Die Hochschulleitung ging ihnen weiter nach. Dies blieb aber, wie dargelegt, ohne verwertbare Erkenntnisse. [...]
> Von Dezember 1994 bis Anfang März 1995 erhärteten sich die Gerüchte nicht. Die Berufungsangelegenheit [i. e., Nachfolge Dyserinck, J. L.] wurde weitergeführt, die Archivre-

---

[4] Zit. nach Kutsch 1995.
[5] Kleine Anfrage 3095 vom 3. Mai 1995, Drucksache 11/8800.

cherche vorbereitet und die dafür notwendigen Hintergrundinformationen eingeholt. Der Professor, dem die Gerüchte zugeschrieben wurden [i.e., Dyserinck, J. L.], lehnte es ab, gegenüber der Fachabteilung Angaben, auch solche zur Nachbesserung der Recherchemöglichkeiten, zu machen oder Nachweise beizubringen.[6]

Auch ohne die Hilfe Hugo Dyserincks hätte es den Mitarbeiter/-innen des NRW-Wissenschaftsministeriums auf der Grundlage der umlaufenden Gerüchte jedoch möglich sein müssen, den folgenden Recherche-Auftrag über zwei Personen beim Bundesarchiv einzureichen:

- Schneider, Hans Ernst, SS-Hauptsturmführer, Dienststelle: Amt A, Persönlicher Stab RF-SS;
- Schwerte, Hans, geboren 3.10.10 in Hildesheim.

Diese Informationen können Michael H. Katers Buch über „Das Ahnenerbe" (re Schneider) bzw. der im Ministerium liegenden Personalakte (re Schwerte) entnommen werden. Zudem lässt sich zumindest darüber *spekulieren*, ob nicht schon allein die biographischen Angaben zu den Familienangehörigen in Hans Schwertes Düsseldorfer und Aachener Personalakte, zum Beispiel im Zusammenhang mit Versorgungsansprüchen, die Information bereitstellen, dass Frau Schwerte eine geborene *Oldenburg* und verwitwete *Schneider* ist? Es ist uns vollkommen unverständlich, weshalb das Ministerium nicht in der Lage war, wenigstens die zuerst genannten Informationen innerhalb von drei Monaten zu sammeln und als Recherche-Auftrag an das Bundesarchiv weiterzuleiten. Das Ergebnis eines solchen Vorgehens wäre definitiv folgende Rückmeldung gewesen: *Akten über H. E. Schneider sind vorhanden und können zur Einsichtnahme bereit gelegt werden.* (So geschehen bei den Recherchen von Hugo Dyserinck, Ludwig Jäger, Earl Jeffrey Richards, Bernd-A. Rusinek, Gerd Simon, Gjalt Zondergeld, um nur einige der Forscher zu nennen, die Schneiders Akten in den vergangenen Jahren bestellt und eingesehen haben.) Auch eine Rückmeldung über das *Nichtvorhandensein* von Akten über Hans Schwerte wäre informativ gewesen. (So geschehen zumindest bei den Recherchen von Gerd Simon, deutlich vor 1995). Eine Einsichtnahme der Schneider-Akten hätte einerseits biographische Ähnlichkeiten zwischen Schneider und Schwerte bis zum Jahre 1933 verraten, zum anderen hätte es die Möglichkeit eröffnet, Photographien des ‚späten' Schneider mit solchen

---

[6] Antwort der Landesregierung auf die Kleine Anfrage 3095 vom 31.5.95, Drucksache 11/8845.

des ‚frühen' Schwerte zu vergleichen: ein Verfahren, dessen schlagende Beweiskraft der WDR in seiner Sendung über Schwerte-Schneider eindrucksvoll belegt hat.

Oder liess man sich mit der ‚Vorbereitung der Archivrecherche' deshalb so viel Zeit, weil man über Dr. Hans Ernst Schneider längst informiert war? Ist es nicht erstaunlich, wie schnell ein Ministerium arbeiten kann, das es nicht fertig bringt, in drei Monaten einen Rechercheantrag zu formulieren, aber nur *einen Tag* nach Eingang der Selbstanzeige Schwertes über hinreichende Informationen zu verfügen glaubt, um bei der Staatsanwaltschaft eine Anzeige gegen *Dr. Hans Ernst Schneider* wegen Beihilfe zum Mord zu stellen?[7]

Auch die bundesstaatliche Gewalt reagierte schnell. Am 12. Mai 1995, das sind keine zwei Wochen nach der Selbstanzeige Schwertes – und, wie der Zufall so spielt, fast auf den Tag genau fünfzig Jahre nach der Kapitulation Deutschlands und dem Namenswechsel Schneiders –, beschloss Bundespräsident Roman Herzog, dem früheren Rektor der RWTH das 1983 verliehende Bundesverdienstkreuz zu entziehen. Bekanntgegeben wurde die Entscheidung zehn Tage später. Ausschlaggebend sei gewesen, so das Bundespräsidialamt,

[…] dass der Betroffene seine wahre Identität verschleiert hat und in Kenntnis der wahren Biographie der Verdienstorden der Bundesrepublik Deutschland nicht verliehen worden wäre.[8]

So blieb Schwerte-Schneider nur noch das *Kriegs*verdienstkreuz. Auch das hätte Herzog, theoretisch, dem Delinquenten entziehen können – die Bundesrepublik ist Rechtsnachfolgerin des Deutschen Reiches.

Mitte Juli 1995 präsentierte das Wissenschaftsministerium in Düsseldorf eine Beschlussvorlage, laut der dem emeritierten Professor der *„Beamtenstatus aberkannt und die Pension gestrichen"* werden sollte.[9] Beratung und

---

[7] „Ermittlungsverfahren der Staatsanwaltschaft bei dem Landgericht Traunstein gegen Dr. Hans-Ernst Schneider wegen Beihilfe zum Mord (NSG). Anzeigenstatter: Ministerium für Wissenschaft und Forschung des Landes Nordrhein-Westfalen. Anzeige vom 28. April 1995." (vgl. Verfügung der Staatsanwaltschaft bei dem Landgericht München I, gez. Reich, Staatsanwalt als Gruppenleiter, München, 10.10.96, Geschäftsnummer: 320 Js 16306/95, Abschrift).
[8] Zit. nach Fall Schwerte: Verdienstkreuz entzogen. in: Rheinische Post 23.5.95.
[9] Schwerte droht Entzug der Pension. – In: Aachener Volkszeitung 13.7.95.

Entschliessung zogen sich über Monate hinweg. Gegen Ende des Jahres wurde unter Bezug auf das Beamtenrecht Schwertes Ernennung zum Beamten widerrufen: sie sei nur auf Grundlage einer arglistigen Täuschung erfolgt. Konsequenz dieses Regierungsbeschlusses: sofortige Einstellung aller Zahlungen, Rückforderungen in Millionenhöhe, Umzug in ein Wohnstift.[10] „*Wer von den oft beschämend kleinlichen Regelungen weiss, die den Opfern nationalsozialistischen Terrors bei ihrer Entschädigung oder Versorgung zugemutet wurden und werden, der wird die Härte im Fall Schneider/ Schwerte konsequent nennen müssen.*"[11]

Die Amsterdamer Literaturwissenschaftlerin Dr. Marita Keilson-Lauritz äusserte sich empört über das Vorgehen der nordrhein-westfälischen (und bayrischen) Landesregierung:

> Wenn es so ist, dass das Vorgehen des Düsseldorfer Ministeriums (Aberkennung des Professorats, Streichung der Pension, dazu absurde Rückforderungen an Aachen), durch das geltende Beamtenrecht vorgeschrieben ist, so scheint mir dieses Beamtenrecht dringend einer Reform bedürftig. Wenn fünfzig Jahre im Dienste eines demokratischen Landes als arglistige Verletzung eines Treueeides interpretiert werden können, dann ist es höchste Zeit, sich zu überlegen, ob im Namen eines solchen Treueeides nicht vor 1945 verdammt viel Unheil angerichtet worden ist.[12]

Während den einen die Massnahmen der staatlichen Behörden viel zu weit gingen, glaubten andere, auf dem Nebenkriegsschauplatz des ‚Falles' Schwerte selbst die Initiative ergreifen zu müssen: der Professor emeritus Hugo Dyserinck stellte Mitte Juni 1995 Strafantrag gegen den Dekan der Philosophischen Fakultät, Prof. Dr. Günther Debus, wegen übler Nachrede: dieser habe geäussert, er sehe Indizien für den Versuch einer Erpressung im Zusammenhang des Berufungsverfahrens für die Komparatistik-Professur.[13] In Erlangen stellten Ende November 1995 drei Professoren den Antrag, Hans Schwerte den 1948 erworbenen Doktortitel zu entziehen.

Das Für und Wider eines Doktortitelentzuges sind vom Rektor der Universität Erlangen ausführlich und eindringlich dargestellt worden.[14] Am 11. Juli 1996 entschied der Promotionsausschuss der Philosophischen Fakultät II, den

---

[10] Der Behauptung, Schwerte habe sein Eigenheim am Chiemsee verkauft, tritt dieser energisch entgegen: Er habe immer nur zur Miete gewohnt. Schwerte an Simon, 29.12.98, GIFT-Archiv MW-Korr.
[11] Jasper 1996, S. 6.
[12] Keilson-Lauritz 1996, S. 80.
[13] Dyserinck stellt Strafantrag. in: Aachener Volkszeitung 16.6.95.
[14] Jasper 1996.

Anträgen der Professoren Theodor Verweyen und Gunther Witting sowie Theodor Ebert auf Entzug des Titels nicht zu folgen.[15]

Im Vorfeld dieser Entscheidung veranstaltete die Universität Erlangen-Nürnberg im Februar 1996 ein Symposium, dessen Vorbereitung und Verlauf bei einigen Studierenden auf heftige Kritik stiess. In einem *Offenen Brief* kritisierten 29 Studierende das Verhalten der Universitätsgremien im „Fall" Schwerte und den Ablauf des Symposiums. Dabei stellten sie unter anderem fest:

> Inwiefern eine Aberkennung des Dr. phil. rein formaljuristisch nun haltbar oder anfechtbar wäre, erscheint uns in dieser Debatte vergleichsweise uninteressant, da es sich hierbei um *eine Möglichkeit der Distanzierung* der Universität vom Verhalten und der SS-Vergangenheit Schneider/Schwerte, also quasi um einen *symbolischen* und *nicht einen juristischen* Akt handeln würde.
> Desweiteren würde eine solche symbolische Aberkennung des Doktortitels, die – nebenbei bemerkt – mit der vorläufigen Aberkennung von Schwerte/Schneiders Professoren- und Beamtenstatus durch die Kultusministerien der Länder Bayern und Nordrhein-Westfalen konform ginge, auch im Interesse der F.A.U. sowie ihrer Absolventen liegen und die von ihr zu vergebenden Titel in Schutz nehmen.[16]

Wir betrachten den geforderten „symbolischen Akt der Aberkennung des Doktortitels" als das, was er ist: reine Symbolik. Symboltaten sind nichts als Ersatzhandlungen, die den Tätern nach Beinahe-Erstickungen freie Luft verschaffen, die aber die zugrunde liegenden Ursachen nicht deutlich machen, geschweige denn angemessen analysieren.[17] Sie lösen auch das eigentliche Problem nicht. Wolfgang Fritz Haug hat dieses nur symbolische Handeln schon in den sechziger Jahren als „hilflosen Antifaschismus" bezeichnet. Ungeheuerlich und vollends unverantwortlich scheint uns, die Frage der formaljuristischen Haltbarkeit als ‚vergleichsweise uninteressant' zu bezeichnen. Wir sehen darin einen fehlgeleiteten Idealismus am Werk, und die unerschütterliche Selbstgewissheit, die daraus spricht, macht uns zweifeln und lässt uns verzweifeln: hier feiert eine alte deutsche Tradition Urständ, von der wir dachten, sie gehöre der Vergangenheit an.[18]

---

[15] Zur Begründung siehe: Anlage zum Protokoll der 30. Sitzung ... in: Rektor der F.A.U. Erlangen-Nürnberg 1996, S. 120-122.

[16] Armin Kolb und weitere 28 Unterschriften: Offener Brief der Studierenden, Erlangen, 23.2.96. in: Rektor der F.A.U. Erlangen-Nürnberg 1996, S. 118 f.

[17] s. dazu ausführlich Simon 1998h.

[18] Wir teilten unsere Kritik an diesen studentischen Äußerungen der Erlanger Studierendenschaft am 4. Mai 1996 in einem Offenen Brief mit, in dem wir uns auch bereit erklärten, erneut nach Erlangen zu kommen und jene Fragen zu diskutieren, die auf dem Symposium

Über den Verlauf bzw. Ausgang der Rechtsstreitigkeiten zwischen den zuständigen Landesministerien und Hans Schwerte bezüglich seiner Pensions- und sonstigen Beamtenansprüche ist uns nichts bekannt. Sie tun hier im Prinzip auch nichts zur Sache. Das Ermittlungsverfahren wegen Beihilfe zum Mord gegen Dr. Hans Ernst Schneider wurde gemäss § 170 Absatz 2 Satz 1 der Strafprozessordnung mit Verfügung vom 10. Oktober 1996 eingestellt.[19] Das Ermittlungsverfahren wegen mittelbarer Falschbeurkundung wurde per Verfügung vom 14. Oktober 1996 gemäss § 170 Absatz 2 der Strafprozessordnung eingestellt.[20]

---

unausgesprochen geblieben waren. Unserer Stellungnahme schloss sich damals auch der Erlanger Germanist Ulrich Wyss an. Eine Antwort seitens der Studierenden steht noch aus.

[19] Verfügung der Staatsanwaltschaft bei dem Landgericht München I, München, 10.10.96, Geschäftsnummer: 320 Js 16306/95, Abschrift.

[20] Verfügung der Staatsanwaltschaft Traunstein – Zweigstelle Rosenheim –, Rosenheim, 14.10.96, Aktenzeichen 400 Js 14045/95.

XXX.

Wendezeiten, Wendehälse ?

Was [...] fehlt, ist die Einsicht, dass es überhaupt keine gerechte Behandlung der Vergangenheit geben kann, und das hat nichts mit nationalen Mentalitäten zu tun. Der Sachverhalt widersetzt sich rationaler Zergliederung, er ist objektiv total widersprüchlich und zerrissen. Zu jedem Schicksal gibt es genau entgegengesetzte – Gut und Schlecht ineinander vermengt, entlang einer Biographie ebenso wie quer durch Gruppen und Bevölkerungen. Was wir erlernen können, ist, dass die Regeln der Demokratie und die Menschenrechte einzuhalten sind, und schon das ist beim nächsten anstehenden Konflikt wieder in Gefahr, vergessen zu werden.[1]

Die erste Hälfte der neunziger Jahre hat der (wiedervereinigten) Bundesrepublik eine doppelte Debatte über die Frage der ‚Versöhnung' und der ‚politischen Rehabilitation' beschert: im Umgang mit Mitgliedern staatlicher und parteiamtlicher Institutionen der DDR und im Umgang mit verurteilten oder noch untergetauchten RAF-Terroristen. Diese Debatten liefen parallel, ohne dass Verbindungen gezogen, Vergleiche angestellt worden wären: Vergangenheitsbewältigung ‚Ost' und Vergangenheitsbewältigung ‚West' wurden säuberlich getrennt gehalten.

Worum es uns hier geht, sind die Identitäten und Differenzen in den Menschen*bildern*, die der jeweiligen ‚Behandlung' der Vergangenheiten Ost und West zugrunde liegen. Eine solche Untersuchung gestaltet sich allerdings schwierig: wie in den Nach-Kriegsjahren spiel(t)en im Falle der ‚DDR-Vergangenheitsbewältigung' tagespolitische und gesellschaftspolitische Motive eine grosse Rolle. *Tagespolitische*, weil zum Beispiel die Frage der Verantwortung der staatstragenden DDR-Blockparteien (Stichwort: Nationale Front) und ihrer Mitglieder dadurch entscheidend präjudiziert wurde, dass sie handstreichartig zu integralen Bestandteilen jener BRD-Parteien wurden, die zum Zeitpunkt des Anschlusses – und in den folgenden Jahren – die Regierung

---
[1] Reich 1997.

getragen haben. Ein solcher Vorgang hat auch vergangenheitspolitische und historiographische Auswirkungen. – Ein Lesebeispiel, entnommen dem Band 1/1994 der *Historisch-Politischen Mitteilungen*:

> Das Bild der *völligen* Unterwerfung unter den Führungsanspruch der SED, der auch im Artikel 1 der DDR-Verfassung von 1968 festgeschrieben war, *gilt allerdings nur für die Führungselite* der Partei. Das bislang bekannte Quellenmaterial aus allen Gliederungen der Ost-CDU bietet zahlreiche *Hinweise* darauf, dass die Basis der Partei *keineswegs völlig* gleichgeschaltet war, dass es Unzufriedenheit und Widerstands*potentiale* gab, dass also das Verhältnis zur eigenen, fremdbestimmten Parteispitze *problematisch* war. *Nur* das Vorhandensein solcher Kritik- und Reform*potentiale* lässt den raschen Erneuerungsprozess verständlich werden, dem sich die Ost-CDU nach dem Rücktritt ihres Vorsitzenden Gerald Götting am 2. November 1989 unterzog und der mit einem von der Basis geforderten Sonderparteitag am 15./16. Dezember 1989 in Berlin seinen organisatorischen Abschluss fand.[2]

Mit anderen, schlichteren Worten: es gibt Indizien dafür, dass Mitglieder der Ost-CDU auf Ortsvereinsebene auch einmal den Mund aufgemacht haben. Sollen wir das wirklich als die einzig verständliche (und damit *gültige*) Erklärung für den „raschen" Kurswechsel dieser Blockflöte akzeptieren?

Ungleich komplexer ist die Lage in bezug auf die einzige Mitgliedspartei der ehemaligen „Nationalen Front", die von keiner westdeutschen politischen Gruppierung übernommen wurde: die – wie sie mitunter noch immer genannt wird – „Nachfolgepartei der SED": die PDS. Die *Diskussion*, wie mit ihr umzugehen sei, scheint noch immer weit davon entfernt, das Prädikat „verantwortlich" oder „demokratisch" zu verdienen – unabhängig davon, ob es sich um Beiträge von Politikern oder Intellektuellen handelt: „Rote-Socken-Kampagnen" auf der einen Seite, ein Alfred Hrdlicka auf der anderen Seite, der Wolf Biermann *„die Nürnberger Rassegesetze an den Hals"* wünscht, weil dieser äusserte, er wolle nicht, dass ein Mann wie Gregor Gysi *„Gesetze beschliesst, unter denen ich leben muss"*.[3]

Die *gesellschaftspolitische* Bedingtheit der DDR-Vergangenheitsaufarbeitung liegt schon eher auf der Hand: Quantität kann in Qualität umschlagen. Wo eine Gesellschaft die Grenze der Strafverfolgung – und damit der *Kriminalisierung* und *Stigmatisierung* von Menschen und Personengruppen – zieht, hängt natürlich von der Zahl der potentiell Betroffenen ab. Zehn-, gar Hunderttausende von ehemaligen DDR-Bürgern vor Gericht oder vor „Säube-

---

[2] Agethen 1994, S. 90. [Hervorhebungen nicht im Original].
[3] So Biermann 1994 – vgl. a. Hrdlicka 1994. Für eine Stellungnahme zu Hrdlickas Äusserung und den darauffolgenden – Biermann angreifenden, Hrdlicka verteidigenden – Reaktionen in deutschen Feuilletons siehe Broder 1995.

rungsausschüsse" zu zitieren, zu Geld- oder Haftstrafen verurteilen, ihnen Berufsverbot zu erteilen – und das alles von (mehrheitlich) westlichen Richtern, die westdeutsches Recht zugrunde legen? Das war 1990/91 *so offensichtlich politisch unmöglich*, dass eine wirkliche Debatte darüber in der Öffentlichkeit nie geführt wurde: keiner erhob unseres Wissens die Forderung, analog zum Vorgehen der Alliierten 1945 Fragebogen an alle DDR-Bürger über 18 Jahre auszuteilen, um den Grad ihrer Verstricktheit in das realsozialistische System zu ermitteln. Der von der letzten DDR-Regierung und der Bundesregierung im Einigungsvertrag festgeschriebene Weg suchte den Kompromiss zwischen gesellschaftspolitischen Interessen und legitimen Forderungen der in der DDR Verfolgten und Benachteiligten nach Genugtuung. Ende 1997 stimmten Bundestag und Bundesrat einer Verlängerung der Verjährungsfrist für DDR-Unrecht bis zum Oktober 2000 zu. Danach werden beispielsweise „mittelschwere" Delikte, die von Angehörigen der DDR-Staatssicherheit verübt wurden, nicht mehr verfolgt werden können; dazu zählen unter anderem Freiheitsberaubung, Erpressung, Entführung, Verschleppung, Rechtsbeugung und Misshandlung bei Vernehmungen.[4] Die Verlängerung der Verjährungsfrist war umstritten: Richard Schröder, Mitbegründer der SDP in der Endzeit der DDR, hält es für eine *„weltfremde Vorstellung"*, jenen Berg von Schuld nach 40 Jahren SED-Diktatur vollständig sühnen zu wollen.[5] Auch diese Vergangenheitspolitik ist also lebhaft umstritten.

Der Innenausschuss des Europäischen Parlamentes bezeichnete 1995 im Entwurf seines Menschenrechtsberichtes die juristische Verfolgung von DDR-Unrecht *„als eine Form der Diskriminierung der Bürger und der Organisationen in der ehemaligen DDR, die gegen die Normen und die Praxis des Völkerrechts verstösst."*[6] Der ehemalige Bundespräsident Richard von Weizsäcker sprach sich zum selben Zeitpunkt dafür aus, *„dass das Strafen einmal zum Ende finden muss"*.[7] Stefan Heym begründete seine Forderung nach Schliessung der Stasi-Akten mit den vordringlichen nationalen Aufgaben der Gegenwart: *„Wir müssen die Einheit verwirklichen, statt die Menschen in Ost und West gegeneinander zu jagen."*[8] Ähnlich argumentierte auch ein „Ostdeutsches Kuratorium von Verbänden", das Ende März 1995 auf einer PDS-Tagung den Entwurf eines „Schlussgesetzes" vorlegte. Danach sollte

---

[4] vgl. Gärtner 1997.
[5] vgl. ibid.
[6] Zit. nach N.N. 1995b.
[7] In einem Interview mit dem SPIEGEL, zit. nach: taz, 23.01.95, S.1.
[8] Zit. nach Agenturmeldung taz, 7.11.94, S. 4.

eine gesetzliche Straffreiheitserklärung *"dazu dienen, dass zusammenwächst, was zusammengehört. [...] dass nach dem Vollzug der staatlichen Wiedervereinigung [...] die produktiven Potenzen aller Deutschen für die Bewältigung der grossen Herausforderungen unserer Zeit freigesetzt werden."* [9] Das Kuratorium forderte, dass DDR-Bürger, *"die in Ausübung ihrer hoheitlichen Aufgaben für den Staat und seine Behörden tätig wurden"*, nicht mehr strafrechtlich verfolgt werden dürften.

Für eine *auch* juristische Aufarbeitung der DDR-Vergangenheit, und damit gegen eine Amnestie und frühzeitige Verjährung von DDR-Unrecht, haben sich in den vergangenen Jahren ebenfalls zahlreiche Stimmen zu Wort gemeldet, deren biographischer und politischer Hintergrund ebenso vielfältig und verschieden ist wie auf Seiten der Befürworter eines „Schlussstriches". Gegen Richard von Weizsäcker wandte sich 1995 unter anderem die Bürgerrechtlerin Bärbel Bohley:

> Bohley widerspricht von Weizsäcker auch in seiner Auffassung, dass „das Ziel die Aussöhnung" sein müsse. „Mein Ziel ist das nicht", so Bohley zur taz, „mein Ziel ist die Aufdeckung totalitärer Mechanismen. Weizsäcker spricht von seiner ‚Achtung' für die Opfer. Aber es geht nicht um Achtung, sondern es geht um Genugtuung für die Opfer." Viele Befürworter der Amnestie, so Bohley, würden eine Aussöhnung in Wirklichkeit nur mit den Tätern suchen.[10]

Rainer Eppelmann sprach sich für ein „Strafrechtsbegrenzungsgesetz" aus, das ‚die Kleinen laufenlasse', nicht aber die ‚Hauptschuldigen'; eine „Amnestie" kam für ihn nicht in Frage: diese bedeute „Vergebung" und setze voraus, ‚dass Täter sich ihrer Schuld bewusst seien'.[11] Grundsätzlich gegen eine politische Lösung sprach sich zu diesem Zeitpunkt auch die CDU aus. „Schwamm-drüber-Parolen" hielt CDU-Generalsekretär Peter Hintze für völlig unangebracht, und für den Fraktionsgeschäftsführer der Union, Jürgen Rüttgers, stand fest, es dürfe *„keine Amnestie für Stasi-Schergen"* geben.[12]

Dem aufmerksamen Leser, der sich für bundesrepublikanische Zeitgeschichte interessiert, wird nicht entgangen sein, dass die hier kurz nachgezeichnete Diskussion der mittneunziger Jahre eine gewisse Ähnlichkeit aufweist mit jener, die in den Fünfzigern in Westdeutschland geführt wurde. Nicht immer

---

[9] Zit. nach N.N. 1995c.
[10] Bohley 1995.
[11] ibid.
[12] Zit. nach Agenturmeldung *taz*, 7.11.94, S. 4.

ist dieser Vergleich gezogen worden, und nirgends so deutlich wie in der „Erklärung ehemaliger DDR-Bürgerrechtler" vom März 1995:

> Wir wenden uns gegen Überlegungen und Vorschläge, dass ein „Schlussstrich", eine Amnestie oder eine Verjährung von sogenannten „minderschweren Straftaten" entscheidend beitragen könnten, deutsche Diktaturvergangenheit zu bewältigen. Es gibt keinen „Schlussstrich" unter die Verbrechensgeschichte zweier menschenverachtender Systeme. Ohne Gleichsetzung von Nationalsozialismus und stalinistischem „SED"- und MfS-Kommunismus kann festgestellt werden, dass nur eine an den Betroffenen und Opfern orientierte Erinnerung erreichen kann, die „humane Orientierung" (R. Giordano) wiederzuerlangen. [...]
> [D]er Gesetzgeber bzw. die Gesellschaft der Bundesrepublik [steht] vor einer Grundsatzentscheidung. Soll den Tätern und Verantwortlichen für Menschenrechtsverletzungen ein „Schlussstrich" angeboten werden, der in erheblichem Masse auf Nichtwissen der Betroffenen und Opfer basiert? Ist dies juristisch, politisch und moralisch verantwortbar? Wir verneinen dies.
> Dabei geht es nicht um eine Verdammung der SED- und MfS-Täter. Wir wissen, wie „furchtbar schwer es für jeden Bürger einer modernen Diktatur, nicht mitschuldig zu werden" (Manès Sperber). Gerade aus diesem Verständnis für existentielle und persönliche Probleme fordern wir das Einbeziehen von Betroffenen in die Kennzeichnung von Verantwortung für das Unrechtssystem. Hierbei muss die Justiz der Demokratie ihren Beitrag leisten. Wir plädieren für Aufklärung und für einen Abschied von der Diktatur. Unser Wunsch ist nicht, möglichst viele mit hohen Freiheitsstrafen im Gefängnis zu sehen, denn wir kennen „Vernehmungszimmer" und – einige von uns – auch die Gefängnisse von innen und wissen um den grossen Wert der Freiheit. Aber genau aus dieser Erfahrung heraus warnen wir vor Stimmungen, die darauf abzielen, schlimme historische Begebenheiten zu relativieren und einen kleinen, raschen Frieden mit den Tätern zu machen. Wir suchen die exakte Erinnerung, uns interessieren die Fakten und Zusammenhänge – der Menschen wegen und aus dem allerwichtigsten Grund: dass sich so etwas nie mehr wiederholt![13]

‚Gnade oder freies Geleit ...'? Eine ‚zweite Chance' für RAF-Aussteiger?

[Die RAF-Mitglieder] hassten (und hassen) nun nicht mehr nur die „Charaktermasken" des Imperialismus, sondern auch jene Linken, die sich ihrer Politik widersetzten (und widersetzen). Kein Hass ist so unerbittlich und masslos, wie der eines moralistischen Eiferers. In ihrem manichäischen Wahn, der die Welt in Gute und Böse teilt, sind letztlich nur sie Menschen, also gut – der Rest „Bullen" oder „Schweine".
Horst Mahler, Brief aus dem Kerker, Jänner/Februar 1978.[14]

---

[13] Erstunterzeichner: Katja Havemann, Bärbel Bohley, Jürgen Fuchs, et al., März 1993. Zit. nach: Eine Erklärung ehemaliger DDR-Bürgerrechtler. *taz*, 13.03.95, S. 10.
[14] Veröffentlicht in *Neues Forum* (Wien), Heft 291/292, März/April 1978 und folgende.

Fragen der Quantität spielen in der Politik immer eine grosse, wenn nicht die entscheidende Rolle. Hätte die RAF mehr als das (vermutliche) Dutzend im engeren Zirkel gehabt, hätte gar eine substantielle Minderheit der Bevölkerung ihre Ziele geteilt und die eingesetzten Mittel zumindest toleriert – die Bundesregierung müsste sich heute möglicherweise in einem ‚Friedensprozess' engagieren, der demjenigen nicht unähnlich wäre, den die britische Regierung 1994 in Gang zu setzen gezwungen war, der schliesslich zu einem „Friedensabkommen" in Nordirland und 1998 zur Verleihung des Friedensnobelpreises an David Trimble und John Hume führte. Im August 1994 stellte Ralph Giordano in einem Offenen Brief der damaligen Bundesjustizministerin, Leutheusser-Schnarrenberger, Fragen, die sich mit der Ungleichbehandlung von NS-Tätern und RAF-Terroristen befassten:

> Kennen Sie auch nur einen einzigen Nazi-Mörder, der eine so lange Haftstrafe abzusitzen hatte wie Irmgard Möller? [...] Und haben Sie, drittens, noch in Erinnerung, dass selbst schwerstbelastete NS-Täter durchgehend auf eine Strafmilde stiessen, die den Terroristen der RAF grundsätzlich versagt geblieben ist? [...] Ich konstatiere: Niemand, kein einziger NS-Täter hat je seine Strafe absitzen müssen, es sei denn, er wäre vorzeitig in Haft verstorben. [...] Die deutsche Justiz ist bei der Strafzumessung grundsätzlich davon ausgegangen, dass bei ihren [i.e., der RAF] Anschlägen eine „durchgehende Handlungskette" vorliegt. Bestraft wird also nur, wer an der Ausführung eines Anschlags beteiligt war, sondern auch der, dessen Beteiligung allein in der Planung bestand. Ganz anders dagegen bei NS-Tätern! Da wird ausschliesslich nur *der* Angeklagte verurteilt, dem durch Zeugen eine direkte Mordtat nachgewiesen werden kann [...].[15]

Diese *Un*gleichbehandlung fand und findet objektiv statt. Einige der Gründe dafür haben wir versucht, in früheren Kapiteln zu beschreiben.[16] Ralph Giordano plädiert in diesem Brief auch keineswegs dafür, die Fehler bei der Verfolgung von NS-Verbrechern zu wiederholen, die er der Justizministerin in Erinnerung ruft: Er plädiert für *Humanität* in der Ausübung staatlicher Gewalt gegen Irmgard Möller, der die deutsche Justiz nach 22 Jahren Haft trotz Herzerkrankung die Entlassung verweigerte. Dieses Plädoyer für Humanität schliesst die Verurteilung und Ablehnung der Mittel, Wege und Ziele des RAF-Terrorismus keineswegs aus:

---

[15] Giordano 1994.
[16] Siehe v. a. Kap. XXV u. XXVI. Wir halten diese oder andere Ungleichbehandlungen für so wenig akzeptabel wie die völlige Unzulänglichkeit der juristischen Aufarbeitung des Nationalsozialismus in der Bundesrepublik und der DDR. Wir versuchen zu *erklären*, nicht zu *rechtfertigen*.

Ich plädiere mit keinem Wort, mit keiner Silbe für die Terroristen der RAF, eingeschlossen die Taten, derentwegen Irmgard Möller verurteilt worden ist. Welche begreifbare Kritik an der Gesellschaft auch immer die Initialzündung für den Ursprung der RAF-Revolte vor dreissig Jahren gewesen sein mag, ihr mörderischer Fehlschluss macht sie zu gefährlichen Kriminellen, denen heute nichts bleibt als der Zwang zur Umkehr, das Eingeständnis ihres vollständigen politischen und moralischen Bankrotts auf einem mit Leichen sinnlos gepflasterten Weg.[17]

Gleichwohl dürfte unter ‚interesselosen' Beobachtern wenig Zweifel daran bestehen, dass die bundesrepublikanische Gesellschaft und ihre politischen Repräsentanten einen nicht geringen Grad an Verantwortung für die Radikalisierung und Militarisierung jenes Teils der damaligen Protestbewegung trugen, der schliesslich in den Akten des Bundeskriminalamtes unter der Rubrik ‚Baader-Meinhof-Komplex' geführt wurde. Diese Verantwortung lag, und liegt, in der Unwilligkeit und Unfähigkeit zum Dialog begründet. Damit ist zugleich aber auch die Schnittmenge der Verantwortung bezeichnet, die den (späteren) RAF-Terroristen selbst zukommt: die Unwilligkeit, die Unfähigkeit, *erfolgreiche* Kommunikation mit ihren politischen Gegnern zu etablieren.

Zehn Jahre nach dem Höhepunkt des ‚antiimperialistischen Kampfes' der RAF wandten sich Ernst Käsemann, Antje Vollmer und Martin Walser 1987 mit einer Erklärung an die Öffentlichkeit, in der sie die bundesdeutsche Gesellschaft und die RAF-Gefangenen zum Dialog aufforderten:

> Die, die zu Beginn der 70er Jahre geglaubt haben, sie müssten ihnen bedrohlich erscheinende Entwicklungen unserer Gesellschaft mit einer Kriegserklärung beantworten, sind nicht als Gegner oder gar Feinde unserer Gesellschaft geboren. [...] Uns scheint, die Zeit ist reif für die friedliche Lösung. Die Gesellschaft muss den ersten Schritt tun. Sie muss zugehen auf die Ausgestiegenen, die bis jetzt bereit waren, jeden Grad der Kriminalisierung in Kauf zu nehmen. Deswegen machen wir einen Vorschlag, wie man einer Entspannung oder gar Versöhnung näher kommen sollte. Wir laden ein zu einem Dialog mit offenem Ende.[18]

Die Verfasser dieses Aufrufes waren bemüht, sowohl die Entwicklung dieser Menschen zu ‚Terroristen', als auch ihre Entwicklung zu ‚Ausgestiegenen' deutlich zu machen: RAF-Terrorist (oder Sympathisant) *war* man in dieser Bundesrepublik nicht, man *wurde* es – und man konnte und kann sich davon frei machen. Dabei ist es müssig, darüber zu rechten, ob ›Ausgestiegene‹ sich ‚nur' unter dem Druck von Kontaktsperre, Hochsicherheitstrakt, Isolationshaft und dergleichen vom Terrorismus abgewandt haben. Wenn er ‚nur' unter

---

[17] Giordano 1994.
[18] Die Gesellschaft muss den ersten Schritt tun. *taz* 14.10.87.

staatlichem *Druck* erfolgte, dann hiesse das zunächst nicht mehr und nicht weniger, dass selbst unter solch aussergewöhnlichen Haftbedingungen das Leitprinzip des Strafvollzugs verwirklicht wurde: Resozialisierung.

War Irmgard Möllers frühzeitige Entlassung aus der Haft ein Fehler, weil sie bald darauf öffentlich behauptete, in Stammheim sei *gemordet* worden?[19] War die frühzeitige Entlassung Peter Jürgen Boocks ein Fehler, sollte sich erweisen, dass er seine eigene Rolle in der Schleyer-Entführung nicht ganz ehrlich dargestellt hat? Wäre seine Distanzierung vom RAF-Terrorismus deshalb weniger ‚glaubwürdig'? Es gibt Menschen, die diese Fragen affirmativ beantworten, denen alles zu wenig ist, das nicht einer totalen, einer radikalen Umkehr, einem ‚Konversions-Erlebnis' gleichkommt. Nicht alle Menschen haben so eine charismatische Ader.

Im November 1994 stellte Gerd Rosenkranz in einem Kommentar in der „taz" zur Freilassung von Irmgard Möller unter anderem fest:

> Wer den „liberalsten Staat, den es auf deutschem Boden je gab" radikal in Frage stellte, der sollte ihn kennenlernen. Irmgard Möller lernte ihn kennen, wie nur wenige andere in diesem Lande.

Die Festnahme und Verurteilung Irmgard Möllers führte er auf „Verrat" zurück: durch ehemalige Kollegen, die sich den staatlichen Behörden zur Verfügung gestellt und diesen den Weg zur „abgetauchten" Möller gewiesen hatten; ein weiterer „Verrat" im Gerichtssaal habe zum Nachweis ihrer Beteiligung an einem Autobombenattentat auf das US-Hauptquartier in Heidelberg offenbart, bei dem im Mai 1972 drei Menschen ums Leben kamen.

Zur Situation der RAF-Gefangenen heisst es in dem Kommentar:

> Für die Gefangenen geht es um Freiheit und Identität. Sie wollen das eine nicht ohne das andere. Für den Staat geht es um die unblutige Abwicklung eines der blutigsten Kapitel der westdeutschen Nachkriegsgeschichte. Da ist Irmgard Möller, da wären die acht anderen [RAF-Gefangenen] nur ein Anfang. Die eigentliche Bewährungsprobe steht noch bevor. [...] Schliesslich: Was geschieht mit der Untergrundgruppe selbst, die für die Morde der achtziger Jahre verantwortlich ist, aber auch für die „Deeskalation" steht, die Politiker und Wirtschaftsführer seit zweieinhalb Jahren besser schlafen lässt?

Rosenkranz wirft die Frage nicht auf, ob die Gesellschaft das Recht hat darauf zu bestehen, dass Irmgard Möller einen „Wandel aus innerer Überzeugung"

---

[19] Irmgard Möller wurde am 1.12.94 freigelassen. Im Oktober 1997 leitete die Staatsanwaltschaft am Landgericht Hamburg ein Ermittlungsverfahren gegen Irmgard Möller ein, weil sie öffentlich behauptete, die RAF-Terroristen in Stammheim seien ermordet worden.

vollziehe. Er stellt fest, dass eine „innere Umkehr" unter den konkreten Bedingungen der Haft wohl zuviel verlangt sei:

> Ist es „unverbesserlich", unter den gegebenen Umständen am Kern der eigenen Lebensgeschichte festzuhalten? Kaum. Eher schon Selbstschutz, Überlebensstrategie. 22 Jahre Haft, im Wissen, es war nicht nur alles umsonst, es war auch alles falsch. Das übersteigt wohl die Kraft eines Menschen.

Rosenkranzs Verständnis von „Identität" scheint mit einer radikalen Abkehr von früheren Überzeugungen nicht zusammenzugehen. Damit wäre dann bestenfalls noch „Mittel" und „Wege" der (Selbst-) Kritik zugänglich, nicht aber die Grundpositionen des Denkens:

> „Der bewaffnete Kampf war legitim", insistierte Irmgard Möller vor zwei Jahren. Da war auch sein Scheitern schon Geschichte. Die Nachfolger der Baaders und Meinhofs hatten gerade, zweieinhalb Jahre nach dem Zusammenbruch des Sowjetimperiums, das Ende der „Angriffe auf führende Repräsentanten aus Wirtschaft und Staat" verkündet. Irmgard Möller war es, die die fundamentale Kehrtwende der Untergrundgruppe im Namen aller inhaftierten RAF-Mitglieder ausdrücklich begrüsste.

Diese „fundamentale Kehrtwende" war indes alles andere als eine ethisch-moralisch begründete „Umkehr". In der am 10. April 1992 bei der Nachrichtenagentur AFP eingegangenen Erklärung der RAF wurde vielmehr ausschliesslich pragmatisch argumentiert:

> aus unseren erfahrungen und aus den diskussionen mit genossInnen über alle diese fragen steht für uns heute fest, dass die guerilla in diesem prozess von aufbau [von zusammenhängen unter den verschiedensten gruppen und menschen] nicht im mittelpunkt stehen kann. *gezielt tödliche aktionen* von uns gegen spitzen aus staat und wirtschaft *können den jetzt notwendigen prozess im moment nicht voranbringen,* weil sie die gesamte situation für alles, was in anfängen da ist, und für alle, die auf der suche sind, eskalieren.[20]

Die Befürworter einer „unblutigen Abwicklung" des Terrorismus-Kapitels der bundesrepublikanischen Geschichte führen unterschiedliche Begründungen an für eine vorzeitige Entlassung verurteilter RAF-Terroristen. Dabei werden überwiegend politisch-pragmatische Positionen vertreten wie jene von Rosenkranz, die RAF sei ja auch verantwortlich für die „Deeskalation", die *„die Politiker und Wirtschaftsführer [...] besser schlafen"* lasse. Es hat zumindest den Anschein, dass diese Position auch von der Bundesregierung vertreten wurde: offensichtlich hatte die Aussicht, den Terrorismus als Gegenwarts-

---

[20] Zit. nach: 20 Jahre Deutscher Herbst. taz-Journal 1/97, S. 88 f. Hervorhebungen nicht im Original.

Phänomen auf Dauer los zu werden, nicht unwesentlich zur Formulierung des „Versöhnungsangebotes" beigetragen:

> Bundesjustizministerin Sabine Leutheusser-Schnarrenberger (FDP) hat sich für die Freilassung weiterer Mitglieder der Roten Armee Fraktion (RAF) im kommenden Jahr eingesetzt. Dem ZDF sagte die Ministerin nach Angaben des Senders, sie hoffe bei besonders lange einsitzenden RAF-Mitgliedern auf „positive Abschlüsse und Entscheidungen" 1995. Angeblich ist auch Bundeskanzler Helmut Kohl (CDU) dafür, nach Einzelfallprüfungen bei Terroristen eine Haftentlassung zu ermöglichen, wenn sich die RAF-Mitglieder von der Gewaltanwendung distanzierten.[21]

Die damalige Bundestagsvizepräsidentin Antje Vollmer hatte sich aus ähnlichen Gründen für weitere Freilassungen ausgesprochen:

> Mit der Freilassung von Irmgard Möller ist ein Felsbrocken, der bisher die Befriedung des Terrors behinderte, aus dem Weg geräumt worden.[22]

Auch auf der Seite der RAF-Mitglieder und ihrer Sympathisanten wurde diese „Versöhnungspolitik" als das Ergebnis politisch-pragmatischer, keineswegs ethisch-moralischer Überlegungen angesehen. Birgit Hogefeld äusserte dazu in einem Interview mit der „taz" Mitte 1994:

> Dass Kinkel um die Jahreswende 91/92 die Frage nach der Freilassung von einzelnen Gefangenen in die öffentliche Diskussion gebracht hat, hatte ja damals keinen unmittelbaren Anlass. Es war weder zur Zeit eines Hungerstreiks noch gab es eine breite Mobilisierung. Ich denke, die Kinkel- oder KGT-Initiative war Antwort auf zwei Entwicklungen: einerseits jahrelangen Mobilisierungen an der Gefangenenfrage, die zumindest seit dem Hungerstreik 89 auf immer grössere Resonanz in „fortschrittlichen" Teilen der Gesellschaft getroffen ist und zu Widersprüchen geführt hat und zum zweiten, dass es jahrelang keinen Fahndungserfolg gegen die RAF gegeben hatte und dass nach der Aktion gegen Rohwedder 1991 von Seiten der Wirtschaft der Druck auf die Regierung verschärft wurde, nach „Lösungen" zu suchen, die in der gesamten Konfrontation RAF – Staat zu einer Entschärfung führen.[23]

Wenn zutrifft, was Birgit Hogefeld äussert, dann haben jene staatlichen Kräfte, die in den siebziger und achtziger Jahren in „Fundamentalopposition" zur RAF standen – also sowohl geistige Grundlagen als auch konkrete Mittel und Ziele der RAF ablehnten – mit dem Angebot vorzeitiger Freilassungen einen Re-Integrationprozess in Gang gesetzt, bei dem es nur darauf ankommt, wie sich die Gefangenen *in Zukunft* verhalten werden; wie sie zu ihrem eigenen früheren Verhalten stehen, ist dabei nicht relevant.

---

[21] Agenturmeldung in der *taz*, 12.12.1994, S. 2.
[22] ibid.
[23] Interview mit Birgit Hogefeld. *taz*, 16.07.1994, S. 12 f.

Anderseits ist es (zumindest intellektuell) „bequemer", kategorisch Position zu beziehen und in den „*Schützengräben der Hardliner*"[24] zu verharren. Während die Verfasser des weiter oben erwähnten Aufrufs von 1987 der Meinung waren, die Gesellschaft müsse den ersten Schritt tun, schallte ebendieser Gesellschaft aus den Gefängnissen die Antwort entgegen:

> Um einen Dialog mit offenem Ausgang geht es nicht, es geht darum, jedem Widerstand, ob bewaffnet oder unbewaffnet, den Boden zu entziehen.

So der verurteilte RAF-Terrorist Lutz Taufer in einem Brief an die „taz", in dem er und andere RAF-Gefangene die Dialoginitiative 1988 zurückwiesen.[25] Jene „Hardliner im gegenüberliegenden Schützengraben", die ihr Feindbild zum Beispiel in bezug auf Taufer pflegen und den Dialogbereiten polemisch begegnen wollten, mussten lediglich die einschlägige Literatur zur Geschichte der RAF bemühen – dort finden sie hinreichend Belegstellen, mit denen sich Emotionen schüren lassen: Taufer war 1975 Teilnehmer am sog. „Kommando Holger Meins", das die Besetzung der Deutschen Botschaft in Stockholm durchführte –

> Noch einmal forderten sie [die Terroristen] den Einsatzleiter der schwedischen Polizei auf, seine Leute abzuziehen: „Innerhalb von zwei Minuten, oder es knallt." Als keine Reaktion erfolgte, befahlen sie dem Militärattaché Baron von Mirbach, mit gefesselten Händen auf den Flur zu treten. Dann schossen sie. In Kopf, Brust und Bein getroffen, brach der Oberstleutnant zusammen. Zwei, zum Zeichen, dass sie unbewaffnet waren, nur mit Unterhosen bekleidete Polizisten schleppten den Sterbenden die Treppe herunter. Die Polizisten zogen sich zurück und richteten ihre Einsatzzentrale in der Botschafter-Wohnung im Nebenhaus ein. [...]
> Neunmal sprach der schwedische Justizminister in dieser Nacht mit den Besetzern, versuchte ihnen freien Abzug anzubieten, wenn sie ihre Geiseln freiliessen. Sie lehnten ab: „Zwecklos, wir verhandeln nicht. Wenn unsere Forderungen nicht erfüllt werden, erschiessen wir alle Stunde eine Geisel. Sieg oder Tod!"
> Um 22.20 Uhr fragte einer der Terroristen nach dem Wirtschaftsattaché. „Hier bin ich", rief Dr. Hillegaart. Er wurde nach draussen vor ein geöffnetes Fenster geführt. „Hallo, hallo – hört ihr mich?" rief er. Dann fielen drei Schüsse. Der 64jährige Wirtschaftsattaché sank langsam vornüber und blieb, halb aus dem Fenster hängend, liegen. Er war tot.[26]

Das Zitat ist Stefan Austs Buch über den „Baader-Meinhof-Komplex" entnommen. Es ist nicht schwer, mit Hilfe solcher Schilderungen und mit späteren Zitaten, die die „unbeugsame Haltung" eines verurteilten RAF-Terroristen

---

[24] Vollmer 1988.
[25] taz 8.8.88.
[26] Aust 1986, S. 319.

bezeugen, einen moralischen Rigorismus zu *pushen*, der jegliche nicht-parteiische Betrachtung unmöglich macht.[27] Es scheint uns, dass die deutsche Gesellschaft und der deutsche Staat historischen Anlass genug haben, hier sehr vorsichtig und wachsam zu sein. Menschen, die aus ihren Fehlern gelernt haben, die dem Pfad der Gewalt und des Hasses entsagen, die sich für eine zivile, friedliche, tolerante und jederzeit dialogbereite Gesellschaft engagieren, solchen Menschen kann und muss ein Weg eröffnet werden, ein Leben nach dem Terroristenleben zu leben; ihnen muss eine „zweite Chance" zugestanden werden. Der Einwand, dies sei den zufälligen Opfern, den erschossenen Geiseln und den ausgewählten ‚Zielen' der Terroristen nicht erlaubt gewesen, dieser Einwand wiegt schwer. Antworten können wir darauf nur das eine: Wir sind eben keine Terroristen. Wir teilen nicht ihre Ziele. Wir teilen nicht ihr Menschenbild. Wir bedienen uns nicht ihrer Mittel.

Taufer wurde am 26. April 1995 – einen Tag später erfolgte die Selbstanzeige Schwertes – vorzeitig aus der Haft entlassen. Sein „Mitstreiter" im „Kommando Holger Meins" Karl-Heinz Dellwo kam am 10. Mai 1995 frei. Taufer und Dellwo hatten zuvor über den Rechtsanwalt Christian Ströbele, den Industriellen Edzard Reuter und den Vorsitzenden des Zentralrates der Juden, Ignatz Bubis, zu eruieren versucht, unter welchen Bedingungen eine Freilassungsperspektive zustande kommen könnte.[28] Nach geltendem Recht kann der Rest einer lebenslangen Freiheitsstrafe zur Bewährung ausgesetzt werden, wenn fünfzehn Jahre der Strafe verbüsst sind und die schwere Schuld des Verurteilten nicht dagegen spricht. Eine „Gewissensprüfung", die Feststellung der ethisch-moralischen „inneren Umkehr" kennt das bundesdeutsche Strafgesetzbuch in diesem Zusammenhang nicht.

In der öffentlichen Diskussion um den RAF-Terrorismus und seiner „Aufarbeitung" haben nur wenige wirklich die „Schützengräben" verlassen und den Dialog mit den „Anderen" gesucht. Nach dem Mordanschlag der RAF auf den Diplomaten Gerold von Braunmühl blieb es seinen Brüdern vorbehalten, „radikales Denken" *und* „Revisionsbereitschaft" *auf allen Seiten* einzuklagen – und selbst zu praktizieren. Einen Monat nach dem Mord veröffentlichten sie

---

[27] Um Missverständnissen vorzubeugen: wir unterstellen dies *nicht* Stefan Aust. Wir wollen damit lediglich illustrieren, wie einfach es ist, ausgewählte Textstellen in andere Sinnzusammenhänge zu transportieren.
[28] Lt. Aussage von Wolfgang Gast: Das Portrait. *taz*, 11.05.1995, S. 11.

einen „Offenen Brief An die Mörder unseres Bruders", in dem es unter anderem heisst:

> Ihr habt unseren Bruder ermordet. Ihr habt Euern Mord begründet. Wir wollen Euch auf diese Begründung antworten. Das Schreiben, das ihr am Ort des Mordes zurückgelassen habt, haben wir aufmerksam gelesen. Auch anderes, was Ihr geschrieben habt, haben wir gelesen. Wir haben darüber nachgedacht und gesprochen. Warum habt Ihr das gemacht? Eure Begründung ist eine Art Abhandlung: fünf Seiten Weltpolitik, wie Ihr sie seht; eine halbe Seite, die wir ein schlecht passender Einschub wirkt – Aufzählung einiger Funktionen unseres Bruders und ein paar Worte zu dem, wovon Ihr meint, es sei sein Ziel gewesen. Eure Sprache ist wie Beton. Fest verbarrikadiert gegen kritisches Denken, gegen Gefühle und gegen jede Wirklichkeit, die sich ihren erstarrten Begriffen nicht fügen will. Sie gibt dem, der sie spricht, immer recht. [...]
> Fragt Euch niemand, wie Ihr Eure Theorien überprüft und Eure Behauptungen beweist? Und wie legitimiert Ihr das, was Ihr tut? Auf die Zustimmung der Menschen, für die Ihr denken und handeln wollt, habt Ihr verzichtet. Wer erleuchtet Euch? Wer macht Euch zu Auserwählten Eurer elitären Wahrheit? Wer gibt Euch das Recht zu morden? Gibt es irgend etwas ausserhalb Eurer grandiosen Ideen, was Euch erlaubt, einem Menschen Eure Kugeln in den Leib zu schiessen? Glaubt Ihr wirklich, jemanden davon überzeugen zu können, dass Ihr ausgerechnet mit dem Mord an unserem Bruder „den strategischen plan der imerialistischen bourgeoisie, weltherrschaft zu erreichen, in seinen konkreten aktuellen projekten angegriffen" habt? [...]
> Ihr setzt die mörderische Tradition derer fort, die sich für Auserwählte der Wahrheit halten, in deren Namen sie die schlimmsten Verbrechen begehen. Ihr seid auf dem schlechtesten Weg. Gegen Unrecht und Gewalt, die von Staaten und Regierungen ausgehen, werdet Ihr mit Euerem Terror am wenigsten ausrichten. Einer menschenwürdigen Welt werdet Ihr uns mit Euren Morden kein Stück näher bringen. Hört auf. Kommt zurück. Habt den Mut, Euer geistiges Mordwerkzeug zu überprüfen. Es hält der Prüfung nicht stand. Treffend sind nur Eure Kugeln.[29]

---

[29] Die Brüder von Gerold von Braunmühl 1986.

XXXI.
Das Leben geht weiter

Hans Schwerte hatte gehofft, er könne „in den Sarg gehen, ohne als Betrüger dazustehen".[1] Sein Lebensabend hat einen anderen Lauf genommen. Unvermittelt wurde er noch einmal in das Licht der Öffentlichkeit gerückt – nicht als Literaturwissenschaftler und Wissenschaftsmanager, sondern als Hans Ernst Schneider: dem über 80jährigen werden – meist nur von Juristen – Fragen gestellt, die sich auf Dinge beziehen, die er als 30–35jähriger getan hat. Dafür muss er sich verantworten, was in einem juristischen *und* in einem moralischen Sinne auch vollkommen in Ordnung geht.

Schwierigkeiten beim Erinnern lang vergangener Ereignisse haben nicht nur Zeitzeugen oder Angeklagte; wir haben es hier mit einem grundsätzlichen Problem zu tun. Nicht jede Aussage eines Zeitzeugen, die anhand von Akten widerlegt werden kann, ist eine *bewusste* Falschaussage. Sie sagt nichts über das *bona fide* des Zeugen aus, eher schon etwas über den Stellenwert von Interviews in historischen Untersuchungen. Nicht umsonst sind Historiker notorisch quellenfixiert – und definieren den Begriff „Quelle" als *schriftliche* Überlieferung.

Es kommt ein weiteres Problem hinzu, wenn man jemanden über lang vergangene Ereignisse befragt: zur zeitlichen Distanz gesellt sich die Distanz, die der Befragte zu sich selbst, die er zu seinem damaligen Verhalten entwickeln kann. Dieses Problem ist im Falle Hans Schwertes umso offenkundiger als man ihn nach *Hans Ernst Schneider* fragt.

Nun ist es ein eigentümliches Phänomen dieses „Falles" gewesen, dass nicht wenige, die sich mit ihm befassen, das Gespräch mit Hans Schwerte nie gesucht haben. Es gab mehrere Veranstaltungen *über* Hans Schwerte, aber

---
[1] vgl. Greiner 1995.

keine *mit* ihm.[2] Wir haben von bundesdeutschen Professoren gehört, dass sie mit diesem „Herrenmenschen" nie reden würden; dass man Schwerte „nur anschauen" müsse um zu sehen, was für ein Mensch er sei. Wir haben Stellungnahmen von bundesdeutschen Studierenden gehört und gelesen, dass eine Aberkennung des Doktortitels eine Frage der „politischen Hygiene" der Fakultät sei; dass Fragen der formaljuristischen Haltbarkeit „vergleichsweise uninteressant" seien, dass „symbolische" Taten das Gebot der Stunde sind. Es sind dies Sprach- und Verhaltensmuster, die wir aus unserer zeitgeschichtlichen Forschung kennen.

Die Entscheidung um die Aberkennung des Doktortitels ist gefallen;[3] das Bundesverdienstkreuz ist aberkannt; die anderen Auszeichnungen sind zurückgegeben. Die Ermittlungsverfahren gegen Hans Ernst Schneider wegen Beihilfe zum Mord und wegen mittelbarer Falschbeurkundung sind eingestellt. Die Vorgänge in Aachen reizen nur mehr die lokale und regionale Presse zur Berichterstattung. Die Vorträge sind gehalten; die Artikel sind geschrieben; die Ausstellungen sind längst wieder abgebaut; die Bücher sind auf dem Markt. ‚Der Fall ist erledigt'. Ist er das?

Hans Schwerte lebt noch unter uns.
Das „Bedenkliche" daran ist: es scheint niemanden zu interessieren. Für die Mehrheit der bundesdeutschen Gesellschaft ist Hans Schwerte seit April 1995 nicht mehr existent. Es wurde und wird über den „Fall" geschrieben, über die Auseinandersetzungen innerhalb der Wissenschaft und zwischen einzelnen Wissenschaftlern, über die Vorgänge an der RWTH Aachen. Die Person Hans Schwerte, der Mitbürger, spielt keine Rolle. Es ist abzusehen, dass bald auch das Medieninteresse am „Fall" selbst vollständig erlahmt. Wie lange wird es

---

[2] Der Rektor der Universität Erlangen-Nürnberg teilte uns mit, dass es bei der Vorbereitung des Symposiums am 15.2.96 Kontakte mit Hans Schwerte gegeben habe, dieser ein Erscheinen auf Anraten seiner Rechtsanwälte jedoch abgelehnt habe. Wir hatten zuvor Hans Schwerte und seine Frau zur Eröffnungsveranstaltung unserer wissenschaftsgeschichtlichen Ausstellung „im vorfeld des massenmords" (Tübingen, Februar/März 1997) sowie zu einer Gesprächsrunde eingeladen; er hatte grundsätzlich zugesagt, musste dann aber aus gesundheitlichen Gründen fernbleiben.
[3] Zur Begründung der Erlanger Universität siehe Jasper 1996 – Anlage zum Protokoll der 30. Sitzung des Promotionsausschusses.

dauern, bis nur noch die wenigsten Aachener Germanistik-Studierenden den Witz vom „Hans-Ernst-Schneider-Institut" verstehen?

Es stellt sich die Frage, was wir aus dem „Fall Schwerte/Schneider" gelernt haben? *Wollten* wir überhaupt etwas lernen? Als Gesellschaft, als Wissenschaftsgemeinde? Ziehen wir Lehren? Viele, so scheint uns, sind der Meinung, über die moralische Verurteilung hinaus sei eigentlich wenig zu leisten gewesen: Eindeutig Position beziehen, sich von Schwerte-Schneider abgrenzen. Die moralische Verurteilung des Nationalsozialismus und seiner Protagonisten (und dazu zählt auch Hans Ernst Schneider) ist aber eigentlich nicht *Ergebnis*, sondern *Ausgangspunkt* einer jeden verantwortlichen Diskussion, auch einer wissenschaftlichen:

> In Nazism, the historian faces a phenomenon that leaves him no way but rejection, whatever his individual position. There is literally no voice worth considering that disagrees on this matter. [...] Does not such fundamental rejection imply a fundamental lack of understanding? And if we do not understand, how can we write history? The term „understanding" has, certainly, an ambivalent meaning; we can reject and still „understand". And yet, our intellectual, and psychological, capacities reach, in the case of Nazism, a border undreamed of by Wilhelm Dilthey. We can work out explanatory theories, but, if we face the facts directly, all explanations appear weak.[4]

Doch kann diese moralische Position auch in einem anderen Sinne problematisch sein. Ein Antifaschismus, der nur Vor-Urteile, Hass- oder Rachegefühle transportiert, die so stark sind, dass ein Nationalsozialist – ob ehemalig oder gegenwärtig – nicht mehr als Mensch, als menschliches Wesen mit unveräußerlichen Rechten wahrgenommen wird, ein solcher Antifaschismus hat selbst faschistoide Züge. Er ist vergangenheitspolitisch *und* realpolitisch gefährlich, weil über der emphatischen Verdammung des gesamten Phänomens der ‚Hitler in uns selbst' übersehen wird. Die ‚Einzigartigkeit' der von Deutschen in diesem Jahrhundert begangenen Verbrechen meint *nicht*, dass sie und die Umstände, die sie ermöglichten, nicht ‚wiederholbar' wären. Auch wir sind gefährdet. Im Unterschied zur Generation Hans Ernst Schneiders sind wir auch gewarnt.

Die Gefährdung unserer individuellen Humanität durch uns selbst, auch das ist eine Lehre, die man aus dem Studium des Dritten Reichs ziehen kann.

---

[4] Sauer 1967/68, S. 408.

Nur ein Maskenwechsel?

Der Zentralbegriff der „Maske" wird – wie eingangs schon angedeutet – von uns nicht so verwendet, als könnte man durch eine einfache Bewegung, einen Perspektivwechsel oder einen Trick hinter diese Maske blicken und somit zum Eigentlichen, zum Wesen, zum Unbezweifelbaren oder Unhintergehbaren vordringen. Das An-sich einer Person ist sogar dieser selbst unzugänglich. Erkenntnistheoretische Überlegungen sind in diesem Punkt kaum über Kant hinausgekommen, variieren und exemplizieren ihn nur oder fallen schlimmstenfalls hinter ihn zurück. Wir können nur Zeugnisse zusammentragen, aus sich selbst sprechen lassen und da bewerten, wo zu ihrer Einschätzung das Urteil von Sachverständigen hilfreich sein kann – entgegen den verbreiteten Vorannahmen von Philologen und Historikern sind Texte auch für den Laien nicht immer weniger verständlich als die Kommentare, die sie eigentlich verständlich machen sollen. Nicht selten sind, worauf schon Hans Magnus Enzensberger hinwies, Kommentare und Interpretationen auch nichts anderes als ein penetrantes, päpstlich autorisiertes Unterfangen, sich zwischen Leser und Text zu drängen.

Die Zeugnisse sind in unserem Fall überwiegend sprachliche Zeugnisse, vor allem Archivalien, die wegen ihrer Zeitnähe mehr Aufmerksamkeit verdienen als die späteren Erinnerungen von Zeugen oder Menschen aus der näheren Umgebung solcher Zeugen, von Kindern oder Schülern etwa. Solche Zeugnisse sind aber – genauer besehen – bereits Masken über mehrfach durch andere Masken Geprägtes, das im Einzelfall natürlich auch wie alles „Zusammengesetzte" Neues hervorbringen kann, das nicht als Summe von Altem hinreichend zu verstehen ist. Ein Interpret kann also auch nur insbesondere da, wo die Zeugnisse lückenhaft, unklar oder versehentlich oder auch willentlich ‚entstellt', beschädigt oder gestört sind, die Stimmigkeit der aus vorhandenen Masken syntaktisierten Masken aus dem Entstehungsprozess und der Struktur feststellen oder rekonstruieren und vorsichtig aus den Zeitbezügen in seinen wichtigsten Bedeutungen in gegenwärtige Zeitbezüge transportieren – und das heisst nicht zuletzt auch: kritisch bewerten. Die Haupttugend eines solchen Interpreten ist also nicht eine als Wahrheitsstreben auf ein absolut gültiges ‚An-sich' gerichtete Illusion, sondern eher ein Ethos, das man mit radikaler Redlichkeit beschreiben könnte, dem energischen Versuch, vor allem den Archivalien gerecht zu werden. Diese betrifft zur Hauptsache die Auswahl, die Wiedergabe und Deutung. Dass die Zeugnisse kritisch betrachtet werden müssen, nicht einfach so hingenommen werden dürfen, ist in den philologisch-historischen Wissenschaften seit alters her unbestritten und braucht daher nicht weiter ausgeführt zu werden.

Sprechhandlungen überhaupt, aber gerade auch Metaphern haben die Tendenz, etwas, das sich in Bewegung befindet, in etwas Statisches zu verwandeln. Das gilt auch vom Begriff der Maske. Wir versuchten diesen Mangel durch den Begriff ‚Maskenwechsel' zu kompensieren. Dieser dynamische Begriff freilich reicht insofern nicht aus, die Phänomene unter einem Leitbegriff zu beschreiben, als er suggeriert, dass es sich nur um *einen* Maskenwechsel handelte. Schwerte-Schneider hat aber vor dem Maskenwechsel von 1945 zumindest 1932–1933 offenbar schon einmal einen solchen vollzogen. Auch der Übergang von der NS-Kulturgemeinde, die von Rosenberg dominiert wurde, zu Himmlers SS, der Wechsel vom Rasse- und Siedlungshauptamt zum ›Ahnenerbe‹ oder vom ›Ahnenerbe‹ unter die Ägide des Sicherheitsdienstes – um nur einige Stationen vor 1945 ins Gedächtnis zu rufen – lassen sich durchaus als solche Maskenwechsel beschreiben. In der Zeit nach 1945 bis zum Faustbuch kommt es offenbar auch zu Maskenwechseln, die als Zurück zu alten Positionen und an sich abgelegten Masken interpretiert werden können. Die Masken ändern jedenfalls mit der Zeit ihre Gestalt.

Der Maskenwechsel fällt 1945 mit einem Namenswechsel zusammen. Das ist das Besondere, Ins-Auge-Stechende an diesem Maskenwechsel. Wir sind weit davon entfernt, diesen Namenswechsel als Äusserlichkeit, geschweige denn als Kavaliersdelikt zu verharmlosen. Namen sind keineswegs „Schall und Rauch" – wie Faust meinte –, sondern hinterlassen – wie jedenfalls moderne Sprachtheorien herausarbeiten – in der Biographie des Trägers und in dessen Wirkungen in der Umgebung, bei Publikationen sogar in der weiten Welt und ihrer Geschichte, durchaus prägende Spuren. Wenn man so will, verbirgt der Namenswechsel einen Maskenwechsel oder täuscht ihn nur vor; im Falle Schwerte-Schneider ist er auf jeden Fall mit einer Täuschungsabsicht verbunden. Solche Täuschungen kennzeichnen aber nicht nur einige Namenswechsel, sondern sind sogar 1945 ohne Namenswechsel die Regel. Dem Namenswechsler am ähnlichsten ist der „Wusstenix", der sich nach 1945 ahnungslos Gebende. Beide wollen die Vergangenheit in nichts auflösen, zumindest abwehren, wenn nicht aus dem Gedächtnis auslöschen. Das Nichts-auch-nur-geahnt-Haben ist der am meisten verbreitete Maskenwechsel, auf dem der Topos der sog. „Stunde Null" fusst; in der psychischen Verdrängung und in der Überprüfbarkeit durch Gerichte und Behörden hat er sich meistens nicht als sonderlich erfolgreich erwiesen.

Weitaus frecher und sicher negativer zu bewerten sind die abrupten Maskenwechsel „um 180 Grad". Das Schon-immer-dagegen-gewesen-Sein, die plötzlich herausgekehrten Beziehungen zum Widerstand oder zu einzelnen Juden, die Hochstilisierung der Nörgelei eines bekannten Nationalsozialisten oder der von diesem dominierten Institution zur „Verfolgung" war sehr häufig nicht mehr als Täuschung und Ablenkung von den eigenen Untaten. Wer diese Maskenwechsel im Kontext sieht, kann sich nur wundern über eine Öffentlichkeit, die über solche abrupten Maskenwechsel „um 180 Grad" wortlos zur Tagesordnung übergeht, sich aber über einen Namenswechsel wie den von Schneider zu Schwerte in hitzigsten Debatten über Jahre hinweg aufregt, als seien wir dem Teufel persönlich in unserer Mitte begegnet.

ANHANG

DOKUMENTE

I

„Kampfbund für deutsche Kultur"

Endfassung eines Flugblatts aus den Anfängen einer nationalsozialistischen Kulturorganisation.[1]

(Jan. 1929)

Ein Kampfbund für deutsche Kultur soll geschaffen werden durch einen umfassenden Zusammenschluss aller Kräfte des schöpferischen Deutschtums, um in letzter Stunde zu retten und zu neuem Leben zu erwecken, was heute zutiefst gefährdet ist: Deutsches Seelentum und sein Ausdruck im schaffenden Leben, in Kunst und Wissen, Recht und Erziehung, in geistigen und charakterlichen Werten. Gefährdet ist, zum Teil schon schwer geschädigt, was die Vergangenheit an lebendigem Gut hinterlassen hat; zersetzt und erstickt wird das Werteschaffen der Gegenwart; die Zukunft aber, das heilige Anrecht unserer Jugend, wird preisgegeben.

Gewiss muss sich jede Kultur, wie alles Lebendige, in unablässigem Kampfe ihrer Träger behaupten. Heute aber gilt es noch ein anderes! Denn hatte sich im Kriege eine ganze Welt zusammengeschlossen, um das deutsche Volk politisch und wirtschaftlich niederzuringen, so setzt sich seither in Deutschland selbst dieser Vernichtungskampf auf kulturellem Gebiete ebenso

---

[1] „Kampfbund für deutsche Kultur", Jan. 1929 – BAK NS 8/122 Bl. 78–79 – Dieses Flugblatt wurde unterschrieben u. a. von Prof. Adolf Bartels, Weimar / Verleger Hugo Bruckmann und Frau Elsa Bruckmann, München / Wilhelm Fabricius, Führer des „Deutschen Pfadfinderbundes", Weinheim / Prof. Dr. Andreas Heusler, Arlesheim b. Basel / Prof. Dr. Felix Krueger, Leipzig / Dr. Krummacher, Führer des „Deutschen Pfadfinderbundes Westmark", Köln / Werner Lass, Führer der „Freischar Schill", Berlin / Verleger I. F. Lehmann,

skrupellos wie zielbewusst fort, dabei um so gefährlicher, als er sich nicht auf offenem Felde vollzieht, sondern vom Gegner mit unsichtbaren und vergifteten Waffen geführt wird. Denn dieselben Kräfte, die seit Jahrzehnten im Stillen am deutschen Niedergang arbeiten, sie holen nunmehr zu einem weiteren Schlage aus: gegen das innere Wesen, gegen die seelischen Werte des deutschen Volkes. Wahrhaft erschütternd ist es, mit welcher Ahnungslosigkeit und mit welchem Gleichmut die meisten Deutschen diesem Geschehen gegenüberstehen. Sie sehen nicht oder wollen nicht sehen, wie bewusst, planvoll und zähe der Feind mit allen Mitteln des Geldes und der Macht sein Zerstörungswerk betreibt und wie weit bereits der Verfall unserer kulturellen Grundlagen gediehen ist. Sie sehen nicht, wie alle wirklich deutschen, aber auch alle echt religiösen Werte mehr und mehr ausgehöhlt werden und wie erfolgreich man bestrebt ist, die Schöpfer und die Träger dieser Werte lahmzulegen und auch wirtschaftlich zu vernichten. Sie merken nicht, wie zersetzende Kräfte ratlos tätig sind, mit Hilfe einer vielgestaltigen Verführungskunst das Wesen der grossen Deutschen zu verfälschen, und so dem deutschen Volke mit dem Stolz auf seine Vergangenheit auch den Glauben an die Zukunft zu rauben, das heranwachsende Geschlecht aber seelisch zu vergiften und es unfähig zu machen, einer deutschen Wiedergeburt Führer zu sein.

Wohl sind es heute schon Tausende von einzelnen, die solche Erkenntnis gewonnen haben, Tausende, die von dem glühenden Wunsche erfüllt sind, zu retten, was noch zu retten ist, und es in ihrem persönlichen Bereiche auch an der Tat nicht fehlen lassen. Aber wie aussichtslos, wie zermürbend und vereinsamend ist der Kampf des einzelnen! So kann hier nur ein grosser tragender Zusammenschluss helfen.

Die Zeit ist gekommen, da es gilt, der feindlichen Front eine eigene Front gegenüberzustellen.

Die Aufgabe des K.f.d.K. ist es, diese Front ins Leben zu rufen. Hinweg über politische oder wirtschaftliche Meinungsverschiedenheiten, hinweg über alles Trennende individueller Einstellung zu Einzelfragen, hinweg auch über persönliche, kleinliche Bedenken und Hemmungen, will er eine gemeinsame geistige und willenhafte Grundlage schaffen, um von ihr aus das lebendig

---

München / Geheimer Rat Prof. Dr. Ph. Lenard, Heidelberg / Ludwig Pott, „Christl. Pfadfinderschaft Deutschlands (Nordbund)", Hannover / Schuldirektorin Anna Röttger, Vorsitzende der Ortsgruppe für deutsche Frauenkultur, München / Geheimer Rat Prof. D. Dr. E. Schwartz, Präsident der Akademie der Wissenschaften, München / Prof. Dr. Othmar Spann, Wien / Frau Winifried Wagner, Bayreuth / Prof. Adalbert Wahl, Tübingen / Frhr. Hans von Wolzogen, Bayreuth.

wertvolle Alte zu verteidigen, aber vor allem um Luft und Raum zu erkämpfen für das kommende Geschlecht.

Nach dem Wort Lagardes: ›Ein einziges Ja setzt tausend Nein‹ vertritt der Kampfbund die hingebende und tatkräftige Bejahung des vielgestaltigen und doch blutgebundenen deutschen Wesens. Er glaubt aber, dass eine derartige Bejahung nur Lippenbekenntnis bleibt, wenn nicht hinter ihr ein opfermutiger Wille lebendig wirkt, für dieses Gesamtwesen und für die Schöpfungsfreiheit seiner Träger auch tatkräftig einzutreten. Nach innen, indem er die Stumpfheit, Verwahrlosung und Verknöcherung im eigenen Volke mit unerbittlicher Strenge zu überwinden sucht; nach aussen, indem er jene Mächte, die unser eigenstes Wesen zu erdrosseln bemüht sind, kraftvoll verneint.

Setzen andere kulturelle Bünde sich die Pflege des Lebenswerkes eines grossen Deutschen oder eines bestimmten Gebietes unseres geistigen und künstlerischen Schaffens zum Ziel, so soll unser Bund darüber hinaus das ganze Problem der in ihrer Substanz bedrohten deutschen Kultur aufrollen. Hier tut als erstes die Erkenntnis not, dass durch treulose Preisgabe eigener und durch Duldung fremder, ja feindlicher Art wir selbst schwere Schuld auf uns geladen haben; denn gerade aus dieser Erkenntnis erwächst uns die zweite: dass es auch in unsere Herzen und Hände gelegt ist, den Wiederaufstieg, die innere und äussere Wiedergeburt durch eigene Kraft zu vollziehen. So rufen wir denn alle auf, denen unsere deutsche Zukunft am Herzen liegt; alle schöpferischen Kräfte und alle lebendig erhaltenden; die Männer der Kunst, des Wissens, der Tat, alle bewussten Deutschen im Reiche und in aller Welt, alle Freunde der deutschen Kultur; die Frauen, die oft feinfühliger als die Männer das schleichende Gift der Zersetzung fühlen; die Erzieher der Jugend und vor allem diese Jugend selbst, die um ihr materielles Dasein, um geistige Geltung und um seelische Freiheit hart zu ringen hat. Wir rufen alle, die schon jetzt einzeln oder in Vereinigungen für die Erneuerung unserer geistige, künstlerischen, körperlichen und sittlichen Grundlagen sich einsetzen. Sie sollen in unsere Reihen treten und uns helfen, jeder in der Form, die ihm möglich ist: als Mitglied des Bundes, als Unterzeichner unseres Aufrufes, als Spender oder als beratender und fördernder Freund.

2

Heinrich Guthmann
Volkstumsarbeit in Ostpreussen [1]

Wir wiesen vor einiger Zeit an dieser Stelle auf das vorzügliche Beispiel praktischer Volkstumsarbeit hin, das der Gau Schleswig-Holstein (Gaukulturrat Knolle) bietet. Die Darlegung solcher Beispiele ist deswegen wichtig, weil sie eine ausgezeichnete Ergänzung zu den mannigfachen theoretischen Erörterungen und organisatorischen Massnahmen bilden, die die Beschäftigung mit den Fragen des Volkstums manchmal nebenbei, manchmal in der Hauptsache auslöst. Allerdings ist es wohl richtig, dass der rechte Massstab für eine solche Arbeit nur aus der Praxis selbst gewonnen werden kann. Manche Frage lässt sich viel leichter lösen, wenn man die Männer der Praxis zu Rate zieht, und manche Schwierigkeit, die angeblich vorhanden ist, erfährt ihre Lösung durch die unkomplizierte Tat schneller, als wenn man Theorien an Theorien reiht.

Die theoretische Grundlage

Die ostpreussische Hauptabteilung Volkstum und Heimat (Dr. Zastrau), die die seit langen Jahren tätigen Kräfte der praktischen Volkstumsarbeit organisatorisch in Anlehnung an die NS-Kulturgemeinde zusammenfasst, hat einen Rechenschaftsbericht vorgelegt, der einen ähnlich geschlossenen und lückenlosen Aufschluss über die Arbeit gibt, wie dies vor einiger Zeit der Gau Schleswig-Holstein tat. In der Einführung ist gesagt, dass dem Bericht in

---
[1] Heinrich Guthmann: Volkstumsarbeit im Ostpreussen – Berliner Börsen-Zeitung (Beilage „Volk und Kultur"), 5. Nov. 1936 [s. BA NS 15/233 Bl. 59].

jedem Wort tatsächliche Leistungen zugrunde liegen. Die Erörterung auf die theoretischen Grundlagen ist daher auf das gerade noch notwendige Mindestmass beschränkt. Die Basis der Arbeit stellen „alle Äusserungen und Formen boden- und heimatgebundenen Volkstums" dar. Zur Kennzeichnung der eigentlichen Aufgabe wird gesagt, dass es Ziel sei, an der Erziehung und Erhaltung unseres Volkes in einer gesunden, artgemässen und lebensvollen Gemeinschaft mitzuwirken, und zwar von den ursprünglichen, rassisch unverfälschten und geläuterten Lebenswerten her. Das sei eine Art von unten her, mit der Aufgabe, nach und nach alle Kräfte, die schöpferisch sind und vielleicht nur schlummern, zum tätigen Anteil an der Gestaltung und Erhaltung der Volkskultur aufzurufen.

Das Arbeitsmaterial

Als Arbeitsmaterial werden angegeben: eine 2 500 Bände umfassende Bücherei für Leihverkehr und Beratung, ein aus 500 Aufnahmen bestehendes und besonders ausgewähltes volkskundliches Anschauungsmaterial umfassendes Lichtbildarchiv, ein volkskundlich und kulturpolitisch ausgewähltes und zum Teil selbst aufgenommenes Kartenarchiv, Sammlungen von Musterstücken ostpreussischer Volkskunst, geeigneter Volks- und Hausmusikinstrumente, ausgewählter Handpuppen nach charakteristischen Typen ostdeutscher und ostpreussischer Menschen und für den praktischen Bedarf des ostpreussischen Puppenspiels.

Beratungsstellen

Der Beratungsstelle für Volks- und Laienspiel liegt die Zusammenarbeit mit den Grenzlandschulen, den Bezirks- und Kreisjugendpflegern und einer grossen Anzahl geeigneter Buchhandlungen ab. Diese Stelle weist einen Monatsdurchschnitt von 110 bis 120 Fällen ausführlicher Beratung zur Gestaltung von Festen und Feiern (Dorfgemeinschaftsabende, Schulfeste, Parteiveranstaltungen, Kameradschaftsfeiern usw.) nach. Sie arbeitet mit Ansichts- und Ausleihesendungen und bewertet dabei eine Bücherei von etwa 2 000 Bänden. – Die Beratungsstelle für Volks- und Hausmusik hat die Aufgabe des Nachweises und der Auffindung von Spielpartnern. Sie hat eine Ausleihe- und Beratungsbücherei von 500 Bänden und Heften, die der Wiederbelebung der

Volksmusik dienstbar gemacht wird. Sie hat einen neuen, praktischen und für ihre Zwecke besonders nützlichen Blockflötentyp entwickelt und überwacht die Herstellung. – Die Beratungsstelle für Volkskunst veranstaltet Ausstellungen und hat im übrigen eine doppelte Aufgabe, nämlich die, dem Herstellenden und dem Abnehmenden zu dienen. Sie arbeitet mit der Landesplanungsstelle des Oberpräsidiums, der Handwerkskammer und den Heimarbeit-Organisationen zusammen. Diese Beratungsstelle wird durchschnittlich im Monat 90- bis 100 mal in Anspruch genommen. – Die Beratungsstelle für Volkssprache schliesslich veranstaltet Lese- und Erzählabende, stellt die Verbindung zwischen bekannten und unbekannten. Heimatdichtern her, prüft die Manuskripte und hilft bei der Drucklegung und Verbreitung. – Die Schaffung einer fünften Beratungsstelle für Volkstanz ist vorgesehen.

Rüstwoche, Schulungslager usw.

An besonderen Unternehmungen standen statt (die Ausdehnung der Arbeit wird durch diese Zahlen besonders deutlich):

13 Singwochen, 10 vierzehntägige Blockflötenkurse, 3 vierzehntägige Werkkurse zum Selbstbau von Blockflöten, 8 zweitägige Sing- und Spieltreffen, 14 eintägige Singtreffen in Dörfern, 4 achttägige Rüstlager und Arbeitswochen, 1 mehrmonatige Rundreise der Hohnsteiner Puppenspieler mit 500 Spielnachmittagen und -abenden, 16 Volkstumswochen in Dörfern, 34 Lied- und Tanzabende der verschiedenen Organisationen, 4 achttägige Volks- und Laienspielkurse, 21 Volks- und Laienspielkurse von verschiedener Dauer und hauptsächlich auf dem Lande, 5 acht- bis vierzehntägige Werklehrgänge, 12 mehrtägige Schulungen im Rahmen kleinerer Lager mit verschiedenen Zwecken (Fest- und Feiergestaltung, Volkstanz, Sprache), 6 Volkstanzwochen, 19 Lehrgänge und Rüstwochen im Ostlandlager Pfahlbude, 9 Liedschulungen für die Politische Leitung, 3 Liedschulungen für die RGB., 20 Spielkreisabende, 6 grosse Volkskunstausstellungen, 3 volkskundliche Studienfahrten, 7 Vortragsreisen.

Die Ursache des Erfolges

Dieser ganze Bericht aus Ostpreussen beweist eine unfehlbare Sicherheit in der theoretischen Grundlegung der Arbeit und in der Stetigkeit sich dauernd mehrender Erfolge. Diese Sicherheit ist deswegen so gross, weil der wissenschaftliche Teil der Arbeit und die Bemühungen um die praktische Gestaltung der Gegenwartskultur richtig ausgewogen sind. So wird auf der einen Seite ein Überhandnehmen der Theorie und auf der anderen Seite eine Zersplitterung in viele, aber zersplitterte und darum fruchtlose Ansätze verhindert. Die Konzentration in jeder Hinsich gewährleistet den Erfolg jeder Arbeit, nämlich die Konzentration der Leitung, der Arbeitsansätze und schliesslich der grundlegenden Gedanken. Dieses Zaubermittel gilt überall.

3
Zastrau aus der Sicht von Heinrich Harmjanz
(19.12.39)[1]

3.1

Um die Beschwerde und die Eingabe der Frau Ursula Zastrau geb. Gernlein, Potsdam zu verstehen, ist die Kenntnis folgender Vorgeschichte notwendig:

Der Ehemann der Frau Ursula Zastrau, der jetzige Dr. phil Alfred Zastrau, Göttingen, studierte in den Jahren 1928/29 in Berlin Germanistik. Sein Lehrer und Beschützer in Berlin war der damalige Privatdozent für deutsche Philologie Gottfried Weber, der im WS 1929/30 als Ordinarius nach Königsberg/Pr. berufen wurde. Die Berufung Webers nach Königsberg geschah unter ungewöhnlichen Umständen, da ein heftiger Kampf hinter den Kulissen vorausging, um an einer reinen, seit ihrer Gründung ev[angelischen] Universität einen ausgesprochenen Katholiken ablehnen zu können. Mit Hilfe des damals in Königsberg dozierenden Prof. Nadler (jetzt Wien) und anderer katholischer Kräfte, die damals im Preussischen Kultusministerium massgebend waren, kam Weber gegen den Willen der Universität nach Königsberg. Er brachte als seine rechte Hand den damaligen Studenten Zastrau mit. Zastrau ist oder war evangelisch. Zastrau wurde von Weber sofort in führende Stellungen im Deutschen Seminar eingesetzt; der eigentliche Assistent hatte wenig zu sagen.

Im November 1930 kam ich als Student von München nach Königsberg, um als Hochschulgruppen-führer des N.S.D.-Studentenbundes an der Königsberger Universität entsprechend zu wirken. Da ich selbst Germanistik stu-

---
[1] Vermerk Harmjanz 19.12.39, PA. Zastrau BDC REM Bl. 236–244.

dierte, kam ich sofort in den ersten Tagen mit Weber und seinem Klüngel in Berührung, d. h. mit dem Student Zastrau.

Zastrau, der sich durchaus still und ruhig im Hintergrund verhielt, war zunächst nicht als die Seele des Kreises um Weber unter den Studenten ausfindig zu machen. Dieses trat erst dann in Erscheinung, als in den ersten Novembertagen es in Königsberg zu den ersten grossen sogenannten Studentenunruhen an den deutschen Universitäten kam. Der damalige Rektor, Prof. Andree hatte uns nationalsozialistischen Studenten eigenhändig von den Gefallenenkränzen unsere Schleifen abgeschnitten. Meine bei ihm vorgebrachten Proteste waren fruchtlos. Die Folge war ein allgemeiner Studentenaufstand, der unter Führung der nationalsozialistischen Studenten stand. Wir wurden von morgens um 10 Uhr bis etwa abends um 8 Uhr von schätzungsweise 800–900 Polizisten in der Universität belagert. Es gab zahlreiche Verwundete auf beiden Seiten. Die Angelegenheit endigte damit, dass der Rektor abtreten musste, die Polizei sich zurückzog, die Schleifen wieder an die Kränze kamen. Einer der eifrigsten Wortführer damals gegen die Studenten waren der Prof. Weber wie auch sein Famulus Zastrau. Mit Zastrau habe ich mehrfach mehr oder minder freundliche Gespräche gehabt, sei es im Seminar, im Hörsaal oder sonstwo. Vor allen Dingen deswegen, weil ich während der sogenannten Unruhen im Vestibül der Universität drei oder viermal an die gesamte Studentenschaft der Universität – etwa 2 500 Menschen – mehr oder minder längere Ansprachen gehalten hatte. Zastrau äusserte sich etwa folgendermassen: Hitler ein politischer Hasardeur, die Nazi-Menschen ohne Geist und ohne Kopf, Nazis, Leute bei denen der Bizeps regiert und dergl. mehr. Zastrau legte überall, wo er auftrat gesteigerten Wert darauf, als Intelligenzler zu gelten, bzw. ein Weltbürger, Literat, Schöngeistler zu sein. Wie mir bekannt war, stammte er aus sehr ärmlichen Verhältnissen, was ihn aber nie hinderte meistens sehr grossartig und elegant aufzutreten. Als ich auch Zastrau durch Zufall einmal auf der Strasse traf und wieder in politische Debatten verwickelt wurde, kam ich dabei mit in seine Wohnung, deren Eleganz usw. mich masslos überraschte. Dies um so mehr, als die meisten der nationalsozialistischen Studenten unter kümmerlichsten Verhältnissen vegetierten – wir erhielten keine Stipendien – oder Freitische oder hatten keine Fürsprecher, so wie es Zastrau damals hatte. Im Gegenteil, wir konnten es uns höchstens leisten, auf 10-Pfennig-Gutscheinen bei einer der S-A. Hilfsküchen zu essen, bzw. bei andern SA-Leuten als Schlafburschen oder kümmerliche Untermieter zu existieren.

Zastrau war bei allen Studenten, der nationalsozialistischen wie auch den andern national gesinnten Studenten innerhalb der phil. Fakultät bekannt und masslos gehasst. Es soll hierbei keineswegs unerörtert bleiben, dass Zastrau ein äusserst intelligenter, fleissiger und wissensreicher Student war, der weit über den Durchschnitt hinausragte. Es war daher um so verständlicher, dass Zastrau auf Betreiben seines Gönners Weber noch als Student einen Lehrauftrag für „Bibliographie auf dem Gebiete der Germanistik" im Rahmen der phil. Fakultät zugewiesen erhielt. Auch hier fanden sich bei Zastrau immer nur politisch Gleichgesinnte zusammen, die nach dem Umbruch sich alle wieder bei dem inzwischen wegen politischer Unzulässigkeit entlassenen Prof. Hankamer[2] zusammenfanden.

Es war um so überraschender, als nach dem Umbruch Zastrau einer der ersten war, der skrupellos gegen seinen früheren Lehrer Weber Stellung nahm und gegen ihn hetzte. Damit verlor er bei allen Studenten, ausser bei denen seines Geistes, die letzte Achtung, die er noch gehabt hatte.

3.2

Ich habe dann Zastrau aus den Augen verloren und traf ihn durch Zufall – etwa im Jahre 1936 – wieder im Schnellzuge von Berlin nach Königsberg, selbstverständlich zweiter Klasse fahrend. Auf meine erstaunte Frage, was er denn mache und wie es ihm ginge, berichtete er mir gönnerhaft, dass er doch in der Gauleitung massgeblich tätig sei und die ganze Kulturpropaganda in der Provinz Ostpreussen auf den nationalsozialistischen Nenner zu bringen habe. Ich habe damals nichts dazu gesagt, weil mir vor Schreck tatsächlich nichts einfiel und habe mich sofort von Zastrau verabschiedet. Hinterher erfuhr ich, dass Zastrau innerhalb der Gauleitung irgendein „Heimatwerk" zu organisieren habe, und dass er vielen Leuten ein Dorn im Auge sei. 1937, als ich gerade ins Ministerium gekommen war, erschien bei mir einer meiner früheren Hörer, ein Dr. Walter Schlussnuss, dessen Aufenthalt mir jetzt nicht bekannt ist, der mir sein Leid klagte, weil er den dauernden Schikanen Zastraus ausgesetzt sei. Er habe unter Zastrau in der Gauleitung gearbeitet und Zastrau sei jetzt aus der Gauleitung mit Ach und Krach ausgeschieden. Was im einzelnen in der Gauleitung geschehen ist, habe ich von Schlussnuss nicht erfragt, da es mich nicht interessierte. Jedenfalls stand fest, dass Zastrau über Nacht Königsberg verlassen musste.

---

[2] i. O. *Hahnkammer.*

Ich hörte dann von Zastrau erst wieder von dem Rektor der Universität Göttingen, Prof. Dr. Neumann, der schätzungsweise im Sommer 1938 bei mir war, um wegen Zastrau und seiner Leistungen ein besonderes Wort einzulegen. Zastrau müsse sich unbedingt habilitieren, da es kaum wieder einen so fähigen Nationalsozialisten gäbe wie Zastrau. Ich habe dann zum zweiten Mal von Zastrau gehört, durch einen meiner engsten früheren Mitarbeiter im N.S.D.-Studentenbund Königsberg, den jetzigen Dr. phil. Gerhard Mollowitz,[3] Königsberg, Thaerstr. 11, der sich z. Zt. in München für Philosophie habilitiert. Dieser erzählte mir von einem Lager, das Prof. Baeumler[4] veranstaltet habe und hier habe selbstverständlich unser gemeinsamer Freund der „Salonbolschewist" Zastrau das grosse Wort geführt und die grosse Nummer gehabt. Zum letzten Mal hörte ich von Zastrau, als er sich beim „Ahnenerbe" um ein Stipendium bewarb.

b) Zur Eingabe der Frau Ursula Zastrau habe ich Folgendes festzustellen:

Ob der Inhalt der Eingabe unvorsichtig ist oder nicht, ist nicht meine Angelegenheit zu entscheiden. Es ist und war das gute Recht der Frau Zastrau, die Partei ihres Mannes zu ergreifen.

zu 1) Dass sich Zastrau um eine Dozentur an der Hochschule für Lehrerbildung in Elbing erwarb, erfahre ich erst jetzt aus dem vorliegenden Schreiben.

zu 2) Prof. Neumann habe ich damals kurz den Sachverhalt dargestellt, dass ich Zastraus Vergangenheit kenne und ihn charakterlich nicht für unbedingt gefestigt halte, dass er nicht das Ideal eines zukünftigen deutschen Hochschullehrers werden könnte. (…)[5] Ich würde Zastrau unter keinen Umständen gegebenenfalls dem Herrn Minister für einen Besetzungsvorschlag empfehlen. Von der Ablehnung einer Weiterbewilligung des Stipendiums im kommenden Etatjahr kann gar keine Rede sein, da unter dem 4.9.1937 ich selbst noch einen Erlass mitgezeichnet habe, wonach Zatrau ein monatliches Stipendium von 300 RM erhalten hat.

---

[3] i. O. *Molowitz.* – Zu Mollowitz s. Leaman / Simon 1994, S. 454 u. ö.
[4] i. O. *Bäumler.*
[5] Am Rande von Punkt 2 hat Harmjanz hsl. hinzugefügt: „*Zu Prof. Neumann habe ich weder etwas von* [unleserliches Morphem]*wissenschaft' noch einer ‚nicht-arischen Frau' gesagt. Ich habe erst jetzt aus dem Schreiben der Frau G. erfahren, dass Z. mit dieser Studentin verheiratet gewesen sei.*" Mit Frau G. meint H. offenbar Zastraus 2. Frau, deren Geburtsname – wie er sehr wohl wusste – Gernlein war.

zu 3) Dass Herr Prof. Hinz mich in der Sache Zastrau angerufen hat, vermag ich mit Sicherheit nicht mehr zu entscheiden. Es kann sein, dass es so gewesen ist. Wenn Herr Prof. Hinz angerufen hat, habe ich selbstverständlich mit ihm im gleichen Sinne wie mit Prof. Neumann gesprochen.

zu 4) Es hatte eine vertrauliche Sitzung im engeren Kreise der Ahnenerbe-Stiftung stattgefunden. Es sollte auf dieser die Vergebung von einigen Stipendien durchgesprochen werden. Hier hatte sich auch Dr. Zastrau als Stipendiat angemeldet. Zwei Herren vom Reichsforstamt waren in dieser Kommission, da es sich von Vergebung von Stipendien für eine Gemeinschaftsarbeit „Wald und Baum" handelte. Der eine Herr war der Oberlandforstmeister Dr. Eberts und der Landforstmeister von ?, die ich bei dieser Sitzung zum ersten Mal kennen lernte. Als der Antrag Zastraus zur Besprechung kam, erklärten die beiden Herren, Zastrau bekäme selbstverständlich sein Stipenium, wogegen von allen anderen Einspruch erhoben wurde, und ich vom Vorsitzenden Prof. Dr. Wüst-München zur kurzen Berichterstattung aufgefordert wurde. Ich habe hier unter Zeugen erklärt, dass ich Zastraus politische und charakterliche Vergangenheit kennte, dass er u. a. stets und ständig gegen den Nationalsozialismus Stellung genommen habe, wo er nur konnte, dass er viel mit einer Studentin gesehen worden sei, über deren Abstammung man im Zweifel war, dass er ohne Zweifel ein kenntnisreicher sehr intelligenter und wissensreicher Arbeiter sei, ich aber trotzdem es als SS-Angehöriger unter keinen Umständen verantworten könne, dem Reichsführer ausgerechnet diesen Mann besonders zu empfehlen, da er eines Stipendiums des Reichsführers SS nicht würdig sei. Ich fügte noch hinzu, dass Zastrau zum Parteigenossen geworden sei, worauf der Landforstmeister v. ? mir ins Wort fiel: „Na, das hat ja nicht viel zu sagen". Auf die Frage des Vorsitzenden Prof. Dr. Wüst an die Herren vom Reichsforstamt, ob sie gegen meine Einwände etwas zu sagen hatten, erklärten sie, dass sie keineswegs daran interessiert seien, sich besonders für Zastrau einzusetzen. Damit war die Angelegenheit erledigt. Trotz der ausdrücklichen Vertraulichkeit dieser Besprechung haben die beiden Herren vom Reichsforstamt sich sofort mit dem jetzigen Schwiegervater des Dr. Zastrau, Herrn Landforstmeister Gernlein, in Verbindung gesetzt und ihn über den Inhalt der Sitzung unterrichtet.

Herrn Dr. Gernlein hat alle Hebel in Bewegung gesetzt, um gegen mich bei der Reichsführung SS Sturm zu laufen. Von der Reichsführung SS sind grundsätzlich diese Bemühungen abgelehnt worden, da es feststeht, dass Zastrau politisch eine nicht einwandfreie Vergangenheit besitzt, trotz seiner jetzigen Parteizugehörigkeit. Auf Rückfrage bei mir seitens der Reichsführung SS hat auf beiden Seiten darin Übereinstimmung bestanden, dass weder die Reichsführung SS noch ich mich mit Dr. Gernlein auseinander zu setzen habe. Der einzige, der sich mit mir auseinander zu setzen hätte, wäre Herr Dr. Zastrau selbst. Zastrau hat sich bis jetzt überhaupt noch nicht gerührt, sondern nachdem er seinen Schwiegervater bemüht hatte, jetzt seine Frau vorgeschickt. Auch jetzt habe ich keinerlei Veranlassung, mich irgendwie mit seiner Frau auseinanderzusetzen.

Ich halte nach wie vor Zastrau aus charakterlichen Gründen und auf Grund seiner politischen Vergangenheit nicht für würdig, an einer der gross-deutschen Hochschulen als Hochschullehrer zu wirken. Dass Zastrau ohne Zweifel heute wie früher sicher über den Durchschnitt hinaus begabt ist, und auch Dementsprechendes leisten wird, hat nach meiner Auffassung mit einer Ablehnung seiner Person nichts zu tun.

4

Joseph Otto Plassmann [?]
Gedanken zum weiteren Ausbau der Arbeit der Hauptabteilung II im Rassenamt des Rasse- und Siedlungshauptamts

(16.4.37)[1]

Die Tätigkeit der Hauptabteilung II gliedert sich in
a) Sammlung und Durcharbeitung von Tatsachen und Wissensstoffen,
b) Verwertung der Arbeitsergebnisse für die Schulung der SS.

Für die erste Aufgabe muss absolute wissenschaftliche Gründlichkeit und Zuverlässigkeit gesichert sein; für die zweite die Verarbeitung in einer Form, die dem Verständnis einfacher Männer gerecht wird, die im wesentlichen und zunächst von kämpferischer Haltung bestimmt sind. Das wache Verständnis für den kulturpolitischen Kampf des Tages ist bei ihnen durch Vertrautmachung mit den kulturpolitischen Voraussetzungen der Vergangenheit zu schärfen. Dazu gehört ein Mindestmass an Wissen, aber ebensosehr die Verbindung dieses Wissens mit den Forderungen und Fragen der Gegenwart. Es ist unerlässlich, dass eine Anzahl wesentlicher, klar erkennbarer Grundtatsachen herausgearbeitet und durch vielseitige Behandlung immer wieder unterstrichen und eingehämmert wird; ferner die Schärfung des Blickes für den grossen Zusammenhang unseres völkischen Geschehens durch Öffnung

---
[1] Der Führer der Geschäfte RA II; o. U. (Plassmann?) an Stabsführer 16.4.37, PA. Plassmann BDC. Plassmann war zur Abfassungszeit – wenn auch nicht mehr lange – Hauptabteilungsleiter im Rassenamt, und zwar der Abteilung RA II.

des Blickes für die Zeugen unserer Vergangenheit, die dem Gefühl nahe gebracht werden müssen. Es muss auf diese Weise unseren Überlieferungen gegenüber die gleiche selbstverständliche Ehrfurcht geweckt werden, die etwa dem Katholiken gegenüber seinen Kirchen, Heiligtümern und Wallfahrtsorten suggeriert worden ist. Der SS-Mann soll auf diese Weise Träger und Verbreiter des deutschen Lebensgefühls werden, das alle fremdvölkische Suggestion auf die Dauer von selbst ausscheidet.

Daran können die Abteilungen von RA II etwa auf folgende Weise arbeiten:

A. Kirche und Weltanschauung.

Dauernde Fühlung mit der Marschrichtung der römischen und sonstigen christlichen Presse, Erkundung und Herausarbeitung ihrer Parolen, am besten in enger Zusammenarbeit mit dem SD, unter Benutzung seiner Sonderberichte; engere Zusammenarbeit mit den ehrenamtlichen Mitarbeitern, die mit diesem Gebiet vertraut sind. – Aufdeckung der Marschlinie des Gegners unter Herausstellung seiner volkstumsfeindlichen Zielrichtung, Prägung wirksamer Gegenparolen, die leicht verständlich sind, und die dem SS-Mann eingehämmert werden können: Schlagwort gegen Schlagwort.

B. Kunst.

Das Hauptgewicht der Kunstpflege unter den SS-Männern soll nicht so sehr auf dem Subjektiv-Ästhetischen liegen, sondern mehr auf der objektiv-gebundenen Gemeinschaft ausdrückenden Volkskunst. Durch Verständnis für ihre Tiefe und ihren Sinngehalt und Erweckung eines gesunden volkshaften Geschmackes in dieser Hinsicht, die am meisten mit dem alltäglichen Leben verbunden ist, soll der SS-Mann auch auf diesem Gebiet Ausgangspunkt für eine innere Erneuerung der völkischen und volkhaften Ausdrucksform werden. Das lässt sich auf die Dauer nur dadurch erreichen, dass SS-Handwerker selbst mit ihren Werkstätten Zellen ihrer artgerechten, bodenständigen Volkskunst werden. – Dasselbe gilt für die Pflege des volkhaften Liedes und der Volksmusik überhaupt.

C. Wissenschaft.

Es ist dringend notwendig, dass alle SS-Männer, die beruflich im Dienst der Wissenschaft stehen, sowohl für die Erfüllung wissenschaftlicher Aufgaben eingesetzt werden, wie auch sonst in ihrer Zielsetzung dem Geist der SS entsprechend ausgerichtet werden; es handelt sich hier vor allem um Dozenten und Studenten der Hochschule. An jeder deutschen Hochschule müsste zunächst eine feste Gemeinschaft aller SS-Studierenden geschaffen werden, die unter Führung eines Dozenten steht, der Überblick über die Verhältnisse, die einzelnen Fächer und das zu erreichende Arbeitsziel hat. Auf den einzelnen Fachgebieten müssen dann Studenten für bestimmte, der SS dienstbar zu machende Arbeiten eingesetzt werden; solche dringend notwendigen Arbeiten, die die Zusammenarbeit mehrerer Fachgebiete voraussetzen, gibt es noch viele; sie pflegen in der Ressorttrennung der amtlichen Wissenschaft unbeachtet zu bleiben. Dazu gehört die schon in Angriff genommene Aufnahme der Sammlung landschaftlicher Rechtsaltertümer, die auf die Bodenaltertümer überhaupt erweitert werden müsste. Auf diese Weise müssen solche Stätten, die für unsere völkische Geschichte von besonderer Bedeutung sind, allmählich zu einer Art von ‚Heiligen Stätten' werden, wofür in jeder engeren Landschaft wohl noch die Voraussetzungen gegeben sind. Die katholische Kirche hat es ja ausgezeichnet verstanden, eine feste Verbindung des von ihr gepflegten Glaubens mit dem Boden dadurch herzustellen, dass sie das ganze Land mit einem Netz von Kapellen, Kalvarienberge und Wallfahrtsorten überzogen hat, die dem Katholiken eine enge Verbundenheit seines römischen Glaubens mit dem deutschen Boden vortäuschen. Auf diesem Gebiete kann sie nur durch Konkurrenz aus dem Sattel gehoben werden. Mit Quedlinburg und dem Externstein ist schon ein Anfang gemacht. Dies muss sich aber vor allem in die engeren Lebenskreise hinein fortsetzen. Hier ist enge Zusammenarbeit mit der Abteilung A notwendig.

Eine sehr wichtige wissenschaftliche Aufgabe ist u. a. auch die Sammlung von Quellen und Belegen zur Germanengeschichte, die eine zuverlässige Grundlage für die wissenschaftliche Arbeit und die Schulung gibt. Eine solche Quellensammlung fehlt für die Zeit zwischen 378 (Völkerwanderung) und 800 (Unterwerfung der Sachsen) noch vollständig, sodass wir von den sogenannten ‚alten Germanen' ein viel geschlosseneres Bild haben als von dieser ebenso wichtigen Zeit des Heidentums. Dazu könnte zwischen den Hörern der verschiedenen Universitäten die Arbeit so geteilt werden, dass an einer jeden Hochschule bestimmte Quellen systematisch durchgearbeitet und ausgezogen werden. Dabei wäre die Zusammenstellung nach verschiedenen Gebieten vorzunehmen, etwa

a) Religionsgeschichtliches und Brauchtum,
b) Siedlungsgeschichte,
c) Kriegsgeschichte.

Eine Auswertung dieser Quellen für die Schulung sollte so erfolgen, dass man die weltgeschichtlichen Tatsachen mit den heimatgeschichtlichen in enge Verbindung und dadurch dem Verständnis näher bringt. Auf diese Weise hätte die Abteilung C auch wichtige Vorarbeiten zu leisten für die Abteilung D. Volkskunde.

Die Arbeitsgrundlage muss hier eine vollständige und einwandfreie Quellensammlung zum deutschen Brauchtum bilden. Der Schulende darf sich hier nicht, wie noch allgemein üblich ist, auf die gangbaren volkskundlichen Darstellungen verlassen, die durchweg stark subjektiv sind und meistens an die Stelle von Tatsachen Meinungen und mehr oder weniger erkennbare Tendenzen setzen. Sie beruhen meist nicht auf einer gründlichen Durcharbeitung der Quellen selbst, da diese überhaupt nicht planmässig zusammengestellt sind, sondern auf der Benutzung und Auswertung der vorhandenen Literatur. Auf diese Weise herrscht selbst unter Fachleuten weitgehend Unklarheit über wichtige Fragen; etwa das Alter und die Belegbarkeit der Wintersonnenwende, über die Ostara, Hertha, usw. Auch in der Schulung sollte man den SS-Mann unmittelbar an die oft sehr eindrucksvollen Quellen selbst führen. Hier, wie auch in der Arbeit von C, ist eine enge Zusammenarbeit mit dem „Ahnenerbe" zur Vermeidung von Leerlauf unerlässlich, zumal dem „Ahnenerbe" wissenschaftliche Fachkräfte und -werke weitgehend zugänglich sind.

Bei der Pflege und Erweckung lebendigen Brauchtums durch die SS sollte der Grundgedanke nicht vergessen werden, dass das völkische Brauchtum keine Schaustellung für Fremde ist, sondern eine innere und innerliche Angelegenheit für die Beteiligten; daher auch keine SS-Veranstaltung, die irgendwie mit dem normalen „Dienst" in Vergleich gesetzt werden kann. Es ist weniger wichtig, dass künstlich ein „SS-Brauchtum" geschaffen und herausgestellt wird, als dass die SS dem volkshaften Brauchtum selbst dadurch zu neuem Leben verhilft, dass sie seine seelischen Voraussetzungen zu erhalten und wieder zu beleben weiss. Das völkische Brauchtum wurde und wird noch von jüngeren und älteren Kulturverbänden geübt, die von seinem Sinn und seelischem Gehalt durchdrungen sind und daher zuweilen fanatisch daran festhalten (vgl. die Haberer in Oberbayern, die Truderer in Oberschwaben). Die Kirche hat diese Kultverbände mit Recht als schwerste Konkurrenz empfunden und bekämpft, weil hier ein seelisches Erleben wächst, das ihrem Einfluss völlig entzogen ist. Diese Konkurrenz, die die Grundlage eines eigenen und arteigenen religiösen Lebens bildet, ist jedoch nicht gegeben, wenn das Brauchtum eine innere Angelegenheit politischer Organisationen bleibt. Vielmehr muss der einzelne SS-Mann in seinem Lebenskreis der Träger jenes völkischen Fanatismus werden und aus allen dazu bereiten Volksgenossen eine Kämpferschar mit dieser Zielsetzung bilden. Vor allem muss durch die SS dafür gesorgt werden, dass die noch immer erfolgreiche kirchliche Bekämpfung dieser völkischen Äusserungsform aufhört und die Gegenoffensive eröffnet wird. Das ist schwierig und nur auf lange Sicht erreichbar, da es in allererster Linie eine Frage der Menschen und Persönlichkeiten ist; auch soll alle Künstelei peinlichst dabei vermieden werden. Auf die Dauer müsste aber durch die SS ein Netz von solchen Männern über ganz Deutschland gelegt werden, das übersehbar und lenkbar ist. Persönlicher Einsatz ist dabei hundertmal wichtiger als eine nur theoretische Schulung.

E. Bauerngeschichte.

Die Arbeit dieser Abteilung berührt sich engstens mit der von C. und D. und hat diesen zum grossen Teil die Grundlagen zu liefern. Eine entsprechende Sammlung von Urkunden und Belegen hätte alle für die Bauerntumsgeschichte wichtigen Quellen zu sammeln. Dabei muss eine Ausweitung über den Rahmen der bisher bekannten und fast schon allzusehr in den Vordergrund geschobenen „klassischen" Perioden, wie Stedinger und Bauernkrieg erfolgen, z. B. war auch der Aufstand der Tiroler 1809 ein ausgesprochener Bauernkrieg mit dem anschliessenden üblichen Verrat durch die staatlichen Gewalten. Noch garnicht beachtet sind die grossen Aufstände der Flämischen Bauern („Kerels van Vlaanderen") gegen den französischen Feudalismus, vor allem auch der Aufstand der Kärntner 1920 gegen die Bestimmungen von Versailles und 1934 gegen die volksfeindliche Regierung. Auch die Vernichtung der Separatisten im Siebengebirge 1923 hat in manchem Züge eines Bauernkrieges gehabt. In derselben Gegend hat sich übrigens schon 1813/14 die bäuerliche Landwehr bei der Deckung von Blüchers: Übergang über den Rhein Ruhm erworben.

5

Rasse- und Siedlungshauptamt

Die Rassenformel

5.1
Begleitschreiben Bruno Schultz

(8. Februar '44)[1]

Die Bedeutung der rassischen Auslese setzt eine einwandfreie, methodisch gleichartige Durchführung voraus. Die Praxis hat gezeigt, dass Uneinheitlichkeiten: insbesondere in der Auffassung und Mängel in der richtigen und exakten Feststellung der Rassenmerkmale sowie in der Anwendung der Musterungsformeln und der Beurteilung der Rassen vorliegen.

Die beigefügten, unter Berücksichtigung der verschiedenen Aufgabengebiete des RuS-Hauptamtes-SS im Aufgabenbereich der SS-Auslese sowie innerhalb der Volkstumsarbeit erarbeiteten Richtlinien zur Ausfüllung der R-Karte, zur Rassenbestimmung und Rassenbeurteilung bieten Gewähr zur Abstellung der bisherigen Mängel, sowie für eine einheitliche Ausrichtung. Die darin festgelegten Begriffe und Entscheidungen sind als bindend für die Gesamtarbeit anzusehen; soweit in der bisherigen Handhabung Abweichungen davon bestehen, ist eine entsprechende Ausrichtung durchzuführen.

Die Richtlinien sind nur den Eignungsprüfern zugänglich zu machen und unter Verschluss zu halten.

---

[1] Rundbrief Schultz 8. Feb. 1944 + Anlage BDC EWZ Ordner 6a – Den Hinweis auf diese Schriftstücke verdanken wir George Leaman.

5.2
Richtlinien zur Rassenbestimmung

Die Rassenuntersuchung findet ihre schriftliche Festlegung in der Untersuchungs- oder R-Karte. Diese stellt also ein auf knappstem Raume zusammengefasstes Rassengutachten dar, dem die Bedeutung eines Dokumentes zukommt. Es darf nur von solchen Fachkräften erstellt werden, die ihre Berechtigung durch einen vom Rasse- und Siedlungshauptamt-SS ausgestellten Ausweis nachweisen können. Zum Zeichen dessen wird auch die R-Karte vom Eignungsprüfer unterzeichnet bzw. gestempelt. Die Rassenbestimmung auf der Rassenkarte geht von der Voraussetzung aus, dass die wichtigsten feststellbaren Rassenanteile erfasst werden. Neben diesen bleibt ein bald grösserer, bald kleinerer schwerbestimmbarer Anteil, der auf individuelle Sonderentwicklung oder schwer feststellbare Rassenmischung zurückzuführen ist. [...]

Rassenformel:

Die Rassenformel setzt sich aus drei Beurteilungen zusammen:
1. der körperbaulichen Beurteilung
2. der rassischen Beurteilung
3. der Gesamtbeurteilung der Persönlichkeit, wozu ein Gesamturteil der Sippe hinzutreten soll

Körperbauliche Beurteilung:

Die körperbauliche Beurteilung umfasst 9 Stufen wie folgt:

9 Idealgestalt
8 vorzüglich gebauter Körper
7 sehr gut gebauter Körper
6 guter Körper
5 genügender Körper
4 kaum genügender Körper
3 mangelhafter Körper
2 ungenügender Körper
1 Missgestalt

Die Rassenformel

Als Wertungsmassstab wird auch hier von vornherein der Nordische Körperbau einbezogen. Die körperbaulichen Unterschiede sind aber zwischen den schlankwüchsigen Rassen oft sehr schwer auseinander zu halten. So ist z. B. ein hochwüchsiger Westischer Mensch auf Grund des Körperbaues allein vom Nordischen nicht leicht zu unterscheiden. Dasselbe gilt für alle Mischfälle mit farbigen Rassen z. B. der Äthiopischen Rasse.

Bei der Beurteilung des Körperbaues ist zu berücksichtigen das Ebenmass zwischen Gliedmassen und Rumpf. Bei den Gliedmassen zwischen Oberarm und Unterarm, Schulterbreite, Wölbung des Brustkorbes und Verjüngung des Brustkorbes. Ferner ist die Muskulatur und die Hautbedeckung in Betracht zu ziehen. Im Sinne unseres Gestaltvorbildes liegt ein hoher, schlanker Körper mit schlanken, langen aber nicht sehr [dünnen][2] Gliedmassen, schmalem Becken im männlichen Geschlecht, mässig breitem im weiblichen Geschlecht, leicht eingezogener Taille, gleichmässig verjüngtem Brustkorb und mässig verbreiteten Schultern. Die Knochenbeschaffenheit soll kräftig, aber weder zu grob noch zu grazil sein. Die Muskulatur sei gut entwickelt und sehnig, aber nicht zur Bildung derber Muskelknollen neigen. Die Hautbedeckung soll zart und dünn[3] mit geringem bis schwächstem Unterhautfettgewebe beim Mann und mässig starkem im weiblichen Geschlecht sein. Körperliche Mängel, die auf Krankheiten oder Umwelteinflüsse zurückzuführen sind, werden nicht berücksichtigt.

Rassische Beurteilung:

Das Rassenurteil umfasst sechs Stufen, die ebenfalls unter Voraussetzung der Nordischen als der für das deutsche Volk wichtigsten aufgestellt sind. Sie lautet folgendermassen:

a rein Nordisch, rein Fälisch oder Nordisch-Fälisch
b überwiegend Nordisch oder überwiegend Fälisch bei sehr geringem Einschlag einer anderen europäischen Rasse.
c ausgeglichener Mischtyp der Nordisch-Fälischen oder Dinarischen Rasse mit Anteilen der übrigen europäischen Rassen.
c/d kaum ausgeglichener Mischtyp der Nordisch-Fälischen oder Dinarischen Rasse mit feststellbaren Einschlägen der Westischen, Ostischen oder Ostbaltischen Rasse.

---
2 i. O. unleserlich.
3 unsichere Lesung.

d   rein Westisch, rein Ostisch, rein Ostbaltisch, ferner unausgeglichene Mischtypen zwischen diesen Rassen, ausserdem unausgeglichene Mischlinge dieser Rassen mit geringem Nordischen, Fälischen und Dinarischen Anteil
e   rein Fremdblütige und Mischlinge mit aussereuropäischen Blutseinschlag.

Unter rassischer Ausgeglichenheit ist eine harmonische Verbindung von Anteilen der Nordisch-Fälischen und Dinarischen Rasse als Rassen, die besonders wertvoll sind und Anteilen der Westischen, Ostischen und Ostbaltischen Rasse, zu verstehen. Die Anteile der Nordisch-Fälischen oder Dinarischen Rasse müssen dabei mindestens die Hälfte umfassen. [...]

Gesamturteil:

Das Gesamturteil ist keineswegs die Summe von Körper- und Rassenbeurteilung, sondern ist Ausdruck der Bewertung der Gesamtveranlagung des Untersuchten.

Ein körperlich oder rassisch sehr gut beurteilter Mensch kann ein ablehnendes Gesamturteil erhalten, wenn geistige, charakterliche oder erbgesundheitliche Mängel vorliegen. Solche Mängel und nicht ersichtliche Ablehnungsgründe sind auf der R-Karte zu vermerken.

Das Gesamturteil gliedert sich in folgende Stufen:

a	A I
b	A II
b	A III – c A III
c/d	B I
d	B II
e	C

[...] Die in nachstehender Übersicht sowie in den Tabellen festgelegten Begriffe sind bei allen Entscheidungen im Aufgabenbereich zur Festigung deutschen Volkstums zu verwenden.

RuS I   Sehr erwünschter Bevölkerungszuwachs: (Formel: a A I bis b A II) Rein oder überwiegend Nordische und Fälische oder Nordisch/Fälische Typen

Die Rassenformel 417

RuS II	Erwünschter Bevölkerungszuwachs: (Formel: b A III bis c A III) Ausgeglichene Mischtypen der Nordisch/Fälischen oder Dinarischen Rasse mit Anteilen der übrigen europäischen Rassen
RuS III plus	(nur bei rein bzw. überwiegend Fremdstämmigen) Tragbarer Bevölkerungszuwachs: (Formel: c/d A III) Kaum ausgeglichener Mischtyp der Nordisch/Fälischen oder Dinarischen Rasse. Voraussetzung für die Bewertung RuS III + ist 1.) a) im deutschen Raum: völliges Aufgehen im Deutschtum (Sprache, Erziehung, Haushaltsführung) und Bekenntnis zum Deutschtum b) im fremdvölkischen Raum: Kulturelles Hinneigen und Bekenntnis zum Deutschtum 2.) Keine erbbiologische Belastung der Familie 3.) Überdurchschnittliche Leistungen 4.) Charakterlich positive Haltung
RuS III	Unerwünschter Bevölkerungszuwachs: (Formel c/d B I) Kaum ausgeglichene Mischtypen der Nordisch/Fälischen oder Dinarischen Rasse mit feststellbaren Einschlägen der Westischen, Ostischen und Ostbaltischen Rassen ohne die bei der Wertungsgruppe III + (plus) geforderten Voraussetzungen als positiven Ausgleich.
RuS IV	Untragbarer Bevölkerungszuwachs: (Formel: d B II) Rein Westische, rein Ostische, rein Ostbaltische sowie unausgeglichene Mischtypen zwischen diesen Rassen und unausgeglichene Mischtypen dieser Rassen mit geringen Nordischen, Fälischen und Dinarischen Anteilen. Ferner erbbiologisch belastete minderwertige Personen bzw. Sippen. (Die Feststellung erbbiologischer Belastung hat in jedem Falle vom Arzt zu erfolgen.)
RuS IV F	Völlig untragbarer Bevölkerungszuwachs: (Formel: e C) Rein Fremdblütige sowie Mischlinge mit aussereuropäischem Blutseinschlag […]

Reichskommissar für die Festigung deutschen Volkstums
Einbürgerung, Wiedereindeutschung und Förderung von bzw. Eheschliessungen Deutscher mit

RuS	100% Deutschstämmigen	Stammesgleichen (Germanen)	50% Deutschstämmigen aus stammesgleichen germanischen Völkern	25%	50% Deutschstämmigen aus nicht stammesgleichen (nichtgermanischen) Völkern	25%	Fremdstämmigen
I			sehr erwünschter Bevölkerungszuwachs rassisch besonders wertvoll. Keine Bedenken!				
II			erwünschter Bevölkerungszuwachs rassisch wertvoll. Keine Bedenken!				
III			tragbarer Bevölkerungszuwachs Keine Bedenken!		III+ noch tragbarer Bevölkerungszuwachs. Bedenken zurückstellen unter Voraussetzung des Bekenntnisses zum Deutschtum bei erfolgtem kulturellen Aufgehen im bzw. zum Deutschtum. Keine Bedenken!		
					III− Unerwünschter Bevölkerungszuwachs. Belastung für den Blutsbestand des Deutschen Volkes. Bedenken!		
IV		Noch tragbarer Bevölkerungszuwachs Bedenken zurückstellen auf Grund der Deutschstämmigkeit.			Unerwünschter Bevölkerungszuwachs, Belastung für den Blutbestand des Deutschen Volkes. Bedenken!		Völlig unerwünschter Bevölkerungzuwachs, schwere Belastung Schwere Bedenken!
IV F					Untragbarer Bevölkerungszuwachs., schwere Belastung, schwere Bedenken!		Völlig Untragbarer Bevölkerungszuwachs., schwere Belastung ... schwerste Bedenken!

Die Rassenformel

Reichskommissar für die Festigung deutschen Volkstums. Beurteilung von Kindern fremdvölkischer bzw. gemischtvölkischer Abstammung.

Mutter	I	II	III+	III	IV	IV F
I	1	2	2	3	4/5	7
II	2	2	3	3	4/5	7
III+	2	3	4	4/5	5/6	7
III	3	3	4/5	4/5	5/6	7
IV	4/5	4/5	5/6	5/6	6	8
IV F	7	7	7	7	8	8

Entscheidung

positiv	negativ
1 = sehr erwünscht	5 = unerwünscht
2 = erwünscht	6 = völlig unerwünscht
3 = tragbar	7 = untragbar
4 = noch tragbar	8 = völlig untragbar
Antrag auf Schwangerschaftsunterbrechung ablehnen, bzw. deutsche Erziehung des Kindes sicherstellen.	Antrag auf Schwangerschaftsunterbrechung zustimmen, bzw. deutsche Erziehung des Kindes verhindern.

Obiges Schema ist nicht dogmatisch aufzufassen, es lässt vielmehr den RuS-Führern in den Grenzfällen (4/5) die Entscheidung aufgrund eigener Verantwortung. Bei der Entscheidung der 4/5 gekennzeichneten Grenzfälle ist insbesondere die deutsche oder andere germanische Volkszugehörigkeit eines Elternteils von ausschlaggebender Bedeutung […].

6

[Hans Ernst Schneider]
Bericht über die Teilnahme am
7. Internationalen Osterferien-Lehrgang von
›Het Nederlandsch Central Bureau voor Volksdansen‹
vom 10.–15. April 1939 in Oosterbeek (Holland).[1]

Leiter dieser Tagung und des Lehrgangs waren der holländische Volkskundler D. J. van der Ven und seine Gattin Dr. Elise van der Ven-Ten Bensel, auf deren Grundstück „De Meihof" in Oosterbeek ein Teil der Veranstaltungen stattfand.

Teilnehmer: etwa 60 Holländer und Holländerinnen, 40 Engländer und Engländerinnen, 15 Flamen und Flaminnen, 1 Amerikanerin und ich als einziger Deutscher.

Die Lehrkräfte waren ausschliesslich Engländer und Engländerinnen, die zu diesem Zweck von der ›English Folk-dance and Song-Society‹ aus London herübergeschickt waren und die ich schon von meinem vorjährigen Aufenthalt in England kannte.

Gelehrt wurden ausschliesslich englische Country-, Morris- und Schwerttänze. Die eigenen holländischen Volkstänze werden im ›Niederländischen Volkstanzbüro‹ nicht geschützt und fast gar nicht gepflegt. Sie wären zu einfach, oder zu plump, jedenfalls nicht gefällig genug für die Geselligkeit,

---

[1] Bericht o. D. o. VA. (Schneider), PA. Schneider BDC AE.

wurde mir gesagt. In den englischen Tänzen sieht man weniger die national-englische Eigenart, sondern im Ausdruck allgemein nordischen Empfindens (Figurentanz!), was zum Teil zweifellos richtig erkannt ist, in dieser Ausschliesslichkeit aber zu Fehldeutungen führen muss. Vielmehr muss in dieser einseitigen Bevorzugung rein englischen Tanzgutes das Ergebnis einer zehnjährigen geschickten, sehr wenig aufdringlichen, sehr entgegenkommenden englischen Kulturpropaganda in Holland gesehen werden. Diese Einstellung hat dazu geführt, dass die offizielle holländische Volkstanzzentrale ihre nationale Eigenart fast aufgegeben hat, was bis in Einzelheiten hin zu beobachten war, z. B. hinsichtlich der geübten Tanzhaltung, des Tanzschrittes usw., die gänzlich englisch nationaleigentümlich genannt werden müssen und was innerhalb der holländischen Gruppen auch nur durch Nachahmung zu erzielen war, nicht aber als ein Ausdruck eigener volksgemässer Haltung. Weiter hat diese Einstellung bewirkt, dass man unter ›nordisch‹ eben ausschliesslich die englischen Figurentänze versteht – man nicht aber auch den deutschen, schwedischen, norwegischen, dänischen und flämischen und auch den eigenen holländischen Tänzen dieselbe Beachtung schenkt, was für die Begriffserkenntnisse des „Nordischen" zweifellos notwendig wäre. Es ist darin aber kein zufälliges Ergebnis zu sehen, sondern, wie gesagt, die Leistung einer geschickten und tatkräftigen englischen Kultur-Propaganda. Auf die Verbundenheit holländischen und englischen Volkstums wurde immer wieder, mit und ohne Worte, hingewiesen. Von der an sich viel engeren Verbundenheit des Holländischen mit dem Niederdeutschen, auch gerade auf dem Gebiet des Volkstanzes und des Volksliedes wurde nichts erwähnt.

Da das niederlänsiche Volkstanzbüro immerhin eine ziemlich verbreitete Wirkungsmöglichkeit hat, gelingt es, diese englischen Tänze (unter neu erfundenen holländischen Namen) auch verhältnismässig weit unter den sich für Volkstanz interessierenden Kreisen zu verbreiten.

Ebenso hatten die anwesenden Flamen schon eine gute Kenntnis der englischen Tänze, wenn sie auch aus ihrem Volkstumskampfe heraus daneben mehr ihre Eigenart zu pflegen bestrebt sind.

Ausser dem Volkstanz stand noch Volkslied und Blockflötenspiel auf dem Lehrprogramm.

Das Volksliedsingen wurde von einem Herrn Harry van Cos geleitet, der auch einen öffentlichen Liederabend gab. Dieser Harry van Cos ist nach meinen Informationen mit grösster Wahrscheinlichkeit als ein Volljude anzusprechen. Es ist dies wieder bezeichnend für die innere Instinktlosigkeit, mit der in vielem Herr und Frau van der Ven ihre Volkskunde und Volkstumsarbeit betreiben, trotzdem sie gerade Deutschen gegenüber immer ihr volles Einverständnis mit den nationalsozialistischen Grundsätzen der Volkstumspflege zu betonen wissen.

Bei dem Volksliedsingen wurden ebenfalls etwa zur Hälfte englische Lieder gesungen.

Aufschlussreich war der öffentliche Liederabend des Herrn van Cos (›Volkslieder verschiedener Nationen‹). Neben schottischen, irischen, englischen, holländischen, französischen und deutschen Liedern wurden auch drei jiddische, zwei kreolische Lieder und zwei Negro-Spirituals gesungen, die bezeichnender Weise alle nicht nur mit höchstem Pathos und Mitgefühl vorgetragen, sondern auch mit grösstem Beifall aufgenommen wurden. Die deutschen standen übrigens als einzige der europäischen Liedgruppe zwischen den jiddischen und negroiden Liedern! Ich hielt diese Anordnung für eine bewusste Geste.

Aus dem Gesagten und manchen anderen Beobachtungen ergibt sich, dass innerhalb des „Het Nederlandsch Centraal Bureau voor Volksdansen" die Eigenart holländischen Volkstums nicht gepflegt wird, sondern dass dort die Beschäftigung mit den Dingen des Volkstums zu einer mehr interessanten gesellschaftlichen Angelegenheit wird, die zum grössten Teil vom englischen Vorbild bestimmt ist. Wobei hinzugefügt werden muss, dass auch in der „English Folk-Dance and Song Society" das jiddische Element eine bestimmte Rolle spielt. Daneben bedeutet zweifellos für Herrn und Frau van der Ven diese Beschäftigung mit der theoretischen und praktischen Volkskunde eine eindeutige Geschäftsangelegenheit, was jeder bestätigen kann, der jemals mit ihnen in Beziehung getreten ist. Diese Vorbehalte müssen gemacht werden, wenn deutsche Dienststellen über die Person von Herrn oder Frau van der Ven mit der holländischen Volkskunde in Beziehung treten, beide sind allerdings die einzigen, die sich in Holland ernstlich und breiter mit diesen Dingen befassen, sodass sie von uns dennoch beachtet werden müssen.

Ich habe mich nicht gescheut, in vorsichtiger Weise mit Herrn und Frau van der Ven und auch den zahlreichen holländischen und flämischen Teilnehmern über diese Erscheinung der ausschliesslichen Pflege englischen Tanzgutes zu sprechen und meine Verwunderung darüber auszudrücken.

Das Ergebnis dieser Gespräche war eine Aufforderung Herrn van der Vens an mich, wenn möglich noch im Herbst und Winter d. J. ähnliche Lehrgänge für deutsches Volkstanz- und Volksliedgut durchzuführen – im August zunächst nur einen Wochenendlehrgang, im Winter ist dann eine deutsch-englische Woche geplant. Beides mit flämischer Beteiligung.

Ich habe – trotz obiger Vorbehalte – grundsätzlich zugesagt. Es scheint mir dieses eine dringende Notwendigkeit zu sein. Die dort sich zusammenfindenden Holländer und Flamen kennen vom deutschen Volkstum fast nichts und vom englischen sehr viel. Es muss sicher unsere Aufgabe sein, in sehr vorsichtiger Weise uns dort eine Art ›kulturelles Vorfeld‹ vor unserer Staatsgrenze zu schaffen, Kenntnis des deutschen Volksgutes auch in diese dafür durchaus zu interessierende Kreise zu tragen und zu versuchen, dem eindeutigen englischen Vordringen ein Gegenwixht von uns aus zu setzen. Ich brauche nicht zu betonen, dass dieses Vorhaben ohne jede nationalsozialistische Propaganda vor sich gehen muss, dass nur aus der gesagten Haltung der deutschen Lehrenden, einiges vom Wollen der deutschen Volkstumspflege deutlich werden darf. Alles sollte 2 ›unpolitisch‹ sein, wie die Holländer es ausdrücken, da sie kein Empfinden dafür haben, dass jedes sich Beschäftigen mit Volkstum schon eine politische Handlung darstellt, was eindeutig durch die englischen Erfolge klar wird. Weiterhin möchte ich von mir aus anregen (und ich habe dieses auch schon in Oosterbeek angedeutet), dass bei Gelegenheit zu deutschen volkstumspflegerischen Lehrgängen oder Veranstaltungen dafür ausgewählte geeignete Holländer und Flamen eingeladen werden. Es ist dies ein Weg, auf dem diese artverwandten Volkstümer unsere Eigenart kennen lernen könnten, wozu in einem Teil der Jugend durchaus der Wille vorhanden ist, wozu aber bis jetzt kaum Gelegenheit war. Ebenso könnte man auch dadurch wieder dem dort sonst vielgeübten Reisen nach England ein wenig entgegenzutreten versuchen. Natürlich kann eine solche Einladung nicht zu ausgesprochen parteipropagandistischen Veranstaltungen ergehen. Es müsste dies für jeden Einzelfall genau erwogen werden. Diese Anregung will ich mit entsprechenden Ausführungen vor allem an die Reichsjugendführung und die Reichsstudentenführung weitergeben, die mir für ihre mögliche Verwirklichung am ehesten in Betracht zu kommen scheinen.

Zusammenfassend ist zu sagen, dass mir ein deutscher volkstumspolitischer Einsatz gerade in dem benachbarten Holland (in Verbindung mit den Flamen) und gerade auch in diesem Zeitpunkt bei entsprechend zurückhaltenden

---

2 Lesung unsicher. G. S.

Verhalten von grösster Wichtigkeit und Notwendigkeit zu sein scheint. Die rein wissenschaftliche Leistung ist in solchen Fällen nicht immer überzeugend genug und dringt vor allem nicht weit genug vor.

7

Protokoll einer von
Wilhelm Spengler geleiteten SD-Tagung

(21.4.44)[1]

Tagung von III C in Passau vom 15. bis 17. April 1944. Über die Gesamttagung erstattet SS-Hauptsturmführer Dr. Stein gemäss Weisung des Amtschefs einen umfassenden Bericht. Hier werden nur die mit dem Referat VII B 3 in engerem Zusammenhang stehenden Referate auf der Tagung genauer betrachtet.

Am 16. April 1944 hielt SS-Standartenführer Dr. Spengler, der Leiter der Tagung, in Vertretung für den Amtschef III, SS-Brigadeführer Ohlendorf, ein Referat über die Bearbeitung des religiösen Lebens ins der Gruppe III C. Es wurde davon ausgegangen, dass bei der heutigen Kriegslage die religiösen Fragen dringender denn je für den Sicherheitsdienst sind. Ein besonderes Interesse für die Neugestaltung des religiösen Lebens im Reiche bekundet Reichsleiter Bormann. SS-Brigadeführer Stellrecht in der Dienststelle Rosenberg ist neuerdings diesen Fragen mit besonderer Energie nachgegangen. Nach den Ausführungen von SS-Standartenführer Spengler hat der Amtschef III, SS-Brigadeführer Ohlendorf, über die religiösen Probleme besondere Ideengänge entwickelt, die er eigentlich bei der Passauer Tagung persönlich vortragen wollte. Infolge einer dienstlichen Abhaltung beim Staatssekretär im Reichswirtschaftsministerium konnte er aber zur Tagung nicht erscheinen.

SS-Standartenführer Spengler wies darauf hin:[2] durch die zweijährige

---

[1] AV. Levin 21.4.44, BA ZR 550/1 Bl. 277–9.
[2] i. O. folgt hier: *dass*; das passt aber nicht zur Hauptsatz-Konstruktion der nachfolgenden Wörter. G. S.

Vernachlässigung der Bearbeitung religiöser Fragen im Amt III (das Amt IV hat nur exekutive Interessen) sind jetzt die Gauleiter dazu übergegangen, eine eigene nachrichtendienstliche Tätigkeit auf diesem Gebiet zu entfalten. Auf Weisung des Reichsleiters Bormann sind Gauhauptstellen für Sonderfragen eingerichtet worden. Bei diesen Gauhauptstellen werden genau präzisierte Fragen über die Tätigkeit der Pfarrer, Wirksamkeit der Predigten, Indifferenz der Bevölkerung gegenüber den Kirchen usw. beantwortet. Es handelt sich dabei nicht nur um die politischen Kirchen, sondern um das gesamte religiöse Erziehungsgebiet. SS-Standartenführer Spengler wies darauf hin, wie schlecht es augenblicklich besonders bei den Evakuierten um die religiöse und sittliche Erziehung der gottgläubigen Kinder steht. Die Kirchen kümmern sich um ihre Anhänger, während sich die Partei um die Gottgläubigen überhaupt nicht kümmert. Früher gab es einen christlichen Sittenkodex im Kinderbilderbuch. Jetzt ist keiner vorhanden, da man meist nur technische oder ethisch belanglose Bilder bringt. Besonders hingewiesen wurde auf die literarische Form der Fabel, die wertvolle Hinweise für eine Neugestaltung geben könnte. Bei Diskussionen in den Schulklassen sind die gottgläubigen höheren Schüler unterlegen, da sie nicht betreut werden. Hinzu kommt die religiöse Problematik der Feiergestaltung.

SS-Standartenführer leitet aus seinen Ausführungen folgende notwendigen Aufgabengebiete für die Bearbeitung des religiösen Lebens im SD ab:

1. Nachrichtendienstliche Einfangung der religiösen Lebenswirklichkeit. Es soll festgestellt werden, ob es sich um Menschen handelt, die nur an einer lieb gewordenen Lebensordnung hängen.
2. Erfassung der religiösen Anliegen der Hinterbliebenen. Hier sind schwierige Probleme zu überwinden, da auf nationalsozialistischer Seite noch keine Klarheit über Tod und Sterblichkeit usw. besteht.
3. Erfassung der religiösen Zwischenschicht zwischen Konfessionsanhängern und Nationalsozialisten. Auf diese religiöse Zwischenschicht, die wahrscheinlich den grössten Teil des Volkes ausmacht, ist bei den SD-Berichten bisher fast überhaupt nicht eingegangen worden.
4. Volksvorstellung über die Kirchenbehandlung nach dem Kriege. Es herrscht ein grosses Misstrauen in breiten Volkskreisen gegenüber der Partei, die nach dem Kriege die Kirchenanhänger ausrotten möchte. Hier muss ebenfalls eine andere Auffassung Platz greifen.
5. Kirchliche Anpassungsvorgänge an neue schöpferische Impulse. Die Kir-

chen haben Sonderbeauftragte ernannt, die die nationalsozialistische Feiergestaltung studieren sollen und die wertvollen [!] Anregungen auf das liturgische Leben der Kirchen übertragen sollen.
6. Frage der Kirchenmitgliedschaft als politischer Wertungsgesichtspunkt. Ist die Mitgliedschaft bei einer Kirche bereits ein Gesichtspunkt für eine negative persönliche Bewertung der betreffenden deutschen Menschen? Sind nicht vielmehr oft ausgesprochen religiöse Anliegen der Grund zum Verbleiben im Kreise der Kirche?

Das neue Referat soll diese Fragenkreise energisch betrachten. Bei den Abschnitten sollen Arbeitskreise eingeführt werden, die Besprechungen über religiöse Probleme durchführen sollen. Diese Besprechungen müssen aber inoffiziell bleiben. Ausserdem wird ein besonderes Lektorat für religiöses Leben eingerichtet.

Die anschliessende Diskussion ergab wertvolle Gesichtspunkte für die Bedeutung des religiösen Lebens und der Kirchen, die ihm vom Sicherheitsdienst zugemessen wird.

Am 17. April 1944 sprach SS-Sturmbannführer Dr. Rössner in einem ausgezeichneten Referat über vordringliche Fragen der Volkskultur und -kunst. Rössner ging dabei auf alle Probleme der heutigen Kulturlage ein: Film, Theater, Musik, Truppenbetreuung, KdF. usw. Besonders ausgiebig wurden die volkskulturellen Fragen behandelt. Auch hier ist wieder die Initiative von Reichsleiter Bormann spürbar, der sich für diesen Problemkreis persönlich besonders interessiert. Die Frage des Tanzes und der Unterhaltungsmusik wurde in der anschliessenden Aussprache eingehend durchgesprochen. Rössner wies besonders auf den kulturellen Amerikanismus hin, den wir noch im Jazz und in bestimmten Gesellschaftsformen vor uns haben. Beseitigen können wir ihn nicht durch Verbote, sondern nur durch Erziehung. Der Krieg habe uns gelehrt, dass Kultur keine Museumsangelegenheit sei, sondern schöpferische Gestaltung und Wachstum. Die Kultur sei heute lebenswichtiger denn je. Die Führungsstellen des Reiches werden sich deshalb immer mehr für die Kulturfragen einsetzen.

Anschliessend sprachen SS-Sturmbannführer Jaskulsky[3] und SS-Hauptsturmführer Scheelke über ihre Erfahrungen in der Abschnittsarbeit auf dem III C-Sektor. Hier wurden besonders interne technische Probleme des Amtes III (Aufbau der V-Männer-Netze usw.) erörtert.

---
[3] Jaskulsky < Jaksulski, cj. Dr. Hans J., geb. 14.9.1912 dürfte gemeint sein.

SS-Standartenführer Spengler fasste die Ergebnisse der Tagung zusammen und schloss mit dem Führergruss.

Der Gesamteindruck der Tagung war sehr gut. Man hatte den Eindruck, dass alles ausgezeichnet vorbereitet war und die Leitung der Tagung blieb stets fest in den Händen von SS-Standartenführer Spengler.

8

Hans Ernst Schneider

Politische Aufgaben der deutschen Wissenschaft, insbesondere der Volkskunde in den westlichen und nördlichen germanischen Randgebieten.

(27.2.43)[1]

Meine[2] Aufgabe ist jetzt weniger eine volkskundliche als eine politische: in den germanischen Randgebieten an der politischen Ordnung mitzuwirken. Um die Volkskunde schliesst sich im grösseren Rahmen die Germanenkunde. Es geht nicht um Einzelprobleme, nicht nur um wissenschaftliche Werte, sondern es gilt bei den westgermanischen Völkern das alte Reichsbewusstsein wieder zu wecken. Das ist das wissenschaftlich-politische Problem, eine Umwertung von Germanenkunde zum Erziehungswerk, ein sinnvoller Kriegseinsatz der deutschen Geisteswissenschaften.

Praktische Ergebnisse dieser Arbeit: Es gelang in der breiteren Masse der Völker die Wissenschaft einzuschalten. Man muss aufmerksam werden, wie sehr diese germanischen Völker ihren Ursprung vergessen haben und wie sehr sie jeglicher Geschichte entwöhnt sind. Man kann z. B. in Holland nicht über Mischlingsgesetze sprechen, da fehlt vollkommen jedes Verständnis. So hat sich der Führer der NSB darüber beklagt, dass man die Juden aus ihrer Bewe-

---

[1] Vortrag auf der Tagung der Lehr- und Forschungsstätte für germanischdeutsche Volkskunde in Salzburg am 27. Februar 1943. Wiedergabe nach dem Referat in dem Bericht Prodinger o. D., PA Höfler, BDC.
[2] i. O.: *Seine* [Prodingers Mitschrift geht vom zusammenfassenden Referat in wörtliche Wiedergabe über].

gung ausgeschlossen hat. In Holland wurde eine ähnliche Gemeinschaft wie das Ahnenerbe aufgebaut. Sie befasst sich mit Volkskunde, Sinnbildfragen und Vorgeschichte. Eine Zeitschrift wird herausgegeben, um dem Volk klar zu machen, dass wir eines Blutes sind. Ausstellungen über Sinnbilder und Vorgeschichte werden von dieser „Volksche Werksgemeenschap" veranstaltet. In Flandern besteht dieselbe Gründung. Die Zeitschrift „Hamer" soll den grossgermanischen Gedanken zum Ausdruck bringen. Eine deutsche Forschungslücke macht sich in der politischen Aussenarbeit höchst unangenehm bemerkbar, wenn z. B. Begriffe wie „Das Reich" unklar sind.

Die Wissenschaft ist sozusagen politisch geworden bei dieser Arbeit. Es sollen ihre Extrakte verwertet werden. Jeder deutsche Wissenschaftler muss sich auch die politische Folgerung seiner Ideen vor Augen halten. Vor allem in diesen Randräumen, in denen die zentrifugalen Kräfte unglaublich stark sind. Die norwegischen nationalen Strömungen laufen der grossgermanischen Gemeinsamkeit entgegen.

Man hat sich die Aufgabe gestellt zunächst ein germanisches Geschichtsbuch zu schaffen. Eine Frage von Jahren soll in möglichst kurzer Zeit gelöst werden. Der „Hamer" erscheint bis jetzt in Holland, in Flandern, nun soll auch eine deutsche Ausgabe geschaffen werden, um auch dem deutschen Volk einen Begriff zu geben, was germanisch ist, denn auch im deutschen Volk muss noch viel erzogen werden.

Es ist die Aufgabe der Gemeinschaft[3] nicht die scheinbar äusserliche für die Werbung der Waffen-SS, sondern die Wissenschaft, die im Innern unseres Landes geleistet wird zu vertreten. Es wird die unlösbare Verflechtung der Forschungsarbeit im Kleinsten, mit den dringendsten Grundfragen unseres Volkes besonders deutlich.

---

[3] i. O. folgt „*Schn's*".

9

Hans Ernst Schneider

Wissenschaftspolitik nach der Flucht aus den ›Germanischen Ländern‹

(2.10.44)[1]

Betr.: Entwurf für Vorlage beim Reichsführer-SS über Weiterführung unserer Arbeit.

1. Sämtliche aus den germanischen Ländern geflüchteten Wissenschaftler, insbesondere die Geisteswissenschaftler und hier vor allem jene, die bisher schon mit uns zusammengearbeitet haben, werden durch das Amt „Ahnenerbe" in Deutschland zusammengefasst und in zweckmässiger Weise zum Arbeitseinsatz gebracht. Es muss vermieden werden, dass eine Verzettelung dieser zum Teil sehr wertvollen Kräfte in Deutschland dadurch eintritt, dass die verschiedensten Dienststellen sich die einzelnen Wissenschaftler zu ihren besonderen Zwecken heranziehen.

2. Diese Wissenschaftler sind vielmehr, wie es bisher auch in unserer Arbeit üblich war, einheitlich zu erfassen und an solche gemeinsamen wissenschaftlichen Aufgaben zu bringen, die sich in kurzer Zeit kulturpolitisch und propagandistisch verwerten lassen und die mit den Führungsaufgaben insbesondere der SS-Hauptämter abgestimmt sind.

---

[1] Uns scheint wichtig, hier einmal den ersten Entwurf [AV. Schn. 2.10.1944, PA. Schneider, BDC] wiederzugeben. Die Endfassung [ibid.] weicht z. T. erheblich ab. Diese Abweichungen dürften aber mit Schneider nichts mehr zu tun gehabt zu haben.

Es ist dabei darauf hinzuweisen, dass eine grosse Anzahl dieser Wissenschaftler ihres Alters oder anderer Hinderungsgründe wegen nicht in einen anderen direkten Arbeitsprozess einzuschalten sind.

3. Zum Zweck der Durchführung einer solchen gemeinsamen wissenschaftspolitischen Aufgabe ist vorzuschlagen, die Mehrzahl dieser geflüchteten Wissenschaftler gemeinsam unterzubringen. Der RF-SS soll gebeten werden, dem „Ahnenerbe" hierfür eines der durch die Ereignisse des 20. Juli beschlagnahmten Gutshäuser oder dergl. zur Verfügung zu stellen, möglichst in der Nähe einer Universitätsstadt. Als solche Universitätsstadt wird zunächst Erlangen oder Göttingen[2] vorgeschlagen.

4. Im Mittelpunkt einer solchen gemeinsamen Arbeit sollte als vordringlich konkrete Aufgabe die weitere Herausgabe des „Hamer" in niederländischer und deutscher Sprache stehen. Die Zeitschrift könnte dabei ganz wesentlich bei der Betreuung der gesamten niederländischen und flämischen Flüchtlinge in Deutschland eingesetzt werden und weiter auch wie bisher den Zwecken der Waffen-SS in ihren Ausbildungs- und Ergänzungseinheiten dienen. Die Zeitschrift soll dabei nicht öffentlich erscheinen. Sie soll, den Kriegsumständen angepasst, einfarbig bleiben. Sie könnte im Bedarfsfall sogar 14-tägig herauskommen. Die entsprechenden verlagstechnischen Mitarbeiter sowie die Schriftleiter sind aus unserem alten niederländischen Mitarbeiterstab vorhanden.

Nach meinen Feststellungen wird etwa im niederländischen Arbeitsbereich der Germanischen Leitstelle weiter erscheinen die SS-Zeitung „Storm", eine politische Tageszeitung,[3] und die Zeitschrift „De Pioneer" von Rost van Tonningen. Ebenso werden Zeitungen und Zeitschriften im flämischen Sektor erscheinen. Auch von wallonischer Seite wird eine Wochenzeitung, „L'Occident", erscheinen. Die Weiterführung des „Bulletin de L'Ouest" ist mit Genehmigung von SS-Obersturmbannführer Degrelle ebenfalls geplant, wozu wir um Mithilfe aufgefordert worden sind. Meines Wissens arbeitet auch das Schulungsamt mit allen Ausgaben weiter. Umso mehr erscheint es notwendig, den „Hammer" mit seiner besonderen Themenstellung innerhalb dieser mehr politisch ausgerichteten Zeitschriften unbedingt in Deutschland weiterzuführen.

---

[2] „*oder Göttingen*" handschriftlich nachgetragen.
[3] Hier irrt Schneider. ›Storm‹ war eine Wochenzeitung.

5. Die Wiederherausgabe des „Hammer" ist eine ganz konkrete kulturpolitische Aufgabe, die den geflüchteten Wissenschaftlern sofort das Gefühl einer sinnvollen Mitarbeit geben würde. Der „Hammer" könnte für die weltanschauliche Erfassung der vielen geflüchteten Niederländer und Flamen von hervorragendem Wert sein, insbesondere auch weil alle anderen geplanten Zeitungen in diesem Bereich mehr tagespolitisch und nachrichtlich ausgerichtet sind und auf den eigentlichen germanischen Volkstumsbereich im Sinne des „Hammer" nicht eingehen.

Daneben wäre die Arbeit der Wissenschaftler auf weitere wissenschaftliche Spezialarbeiten auszudehnen. Da insbesondere aus den Niederlanden und Flandern Germanisten gekommen sind, ergibt sich eine einmalige Gelegenheit, eine schon lange geplante wissenschaftliche Gemeinschaftsarbeit über das Verhältnis der deutschen und niederländischen Literatur und Sprache zu einander durchzuführen. Hierbei stände von deutscher Seite als besonderer Sachkenner und Arbeitsleiter der bisherige deutsche Gastprofessor in Gent, Prof. Dr. Max Ittenbach, zur Verfügung. Gerade eine solche, scheinbar zunächst nur wissenschaftlich interessierende Arbeit würde in kürzester Zeit wieder von einem allgemeiner interessierenden Punkte her, nämlich der Sprache und Literatur, eine ganz enge Verbundenheit dieser Räume aufzeigen – und zwar in einem Masse, wie dies die Wissenschaft bisher noch nicht erarbeitet hat, trotz mancher guter Ansätze dafür. Die sofortige mögliche kulturpolitische Auswertung liegt dabei auf der Hand.

6. Die herübergekommenen Vorgeschichtler könnten gesondert bei dem dem Reichsführer-SS als Chef des Heimatheeres vorzuschlagenden Einsatz Prof. Unverzagt eingesetzt werden.

7. Die geflüchteten Bretonen sind, soweit sie sich nicht schon bei der SS gemeldet haben, ebenfalls möglichst wissenschaftlich zu beschäftigen. Dies geschieht in Zusammenarbeit mit Prof. Weisgerber, Marburg und Prof. Mühlhausen. Eine politische Betätigung der Bretonen in dem von ihnen gewünschten Sinn über Rundfunk und Zeitung wird von den dafür verantwortlichen Dienststellen bis auf weiteres gänzlich abgelehnt (Reichssicherheitshauptamt, Propagandaministerium). Die mit uns zusammenarbeitenden Wallonen, wie überhaupt alle geistig fähigen Wallonen sind bei der genannten Wochenzeitschrift „L'Occident" und bei dem mit unserer Unterstützung herauszugebenden „Bulletin doctrinal" anzusetzen.

Vorstehende Punkte wurden mit SS-Obersturmbannführer von Kielpinski und SS-Obersturmbannführer Dr. Rössner am 27.9.1944 durchgesprochen, die grundsätzlich ihr Einverständnis mit diesen geplanten Massnahmen aussprachen. Ebenso wurde mir von der Germanischen Leitstelle, Abt. Westreferat, zu der baldigen Wiederherausgabe des „Hammer" Zustimmung gegeben.

10

Hans Ernst Schneider

Der ›Germanischen Wissenschaftseinsatz‹ nach der Flucht aus den ›Germanischen Ländern‹

(3.10.44)[1]

Für eine Weiterführung unserer Arbeit sind meiner Meinung nach 2 Gesichtspunkte massgeblich.
1. Unsere Arbeit muss organisatorisch in ihrem Gerippe wenigstens soweit zusammengehalten werden, dass jederzeit ein Neuanfang in den jetzt feindbesetzten Gebieten wieder möglich ist.
2. Die nach Deutschland geflüchteten Wissenschaftler, Verleger und technischen Mitarbeiter müssen sinnvoll angesetzt werden und dürfen nicht durch unkontrollierbaren Einzeleinsatz uns verloren gehen.

Es müssten daher, auch im Interesse der jetzigen politischen und militärischen Lage, folgende Sofortaufgaben schnellstens durchgeführt werden.

a) Sammlung und Einsatz der geflüchteten germanischen Wissenschaftler einschliesslich unserer verlegerischer Arbeitskräfte im Sinne der Arbeitsaufgaben des Reichsführers-SS – s. meinen Vermerk über Vorlage-Entwurf RF-SS.

b) Mit allen Mitteln und mit Hilfe unserer eigenen Kräfte ist der „Hammer" wieder in Erscheinung zu bringen, dazu die genehmigte wallonische Zeit-

---
[1] AV. Schneider 3.10.1944, PA. Schneider, BDC.

schrift „Bulletin doctrinal". Im einzelnen s. dazu ebenfalls meinen Vermerk über Vorlage-Entwurf RF-SS.

c) Die wissenschaftliche Unterstützung auf allen Arbeitsgebieten der Germanischen Leitstelle, die zur Durchführung der ihr übertragenen Aufgaben dringlich unserer Mitarbeit mit den uns zur Verfügung stehenden Arbeitserfahrungen der letzten Jahre bedarf. (S. im einzelnen meinen Vermerk über Unterredung mit SS-Hauptstuf. Dr. Dolezalek).

Personell ergibt sich dabei für uns folgende Situation: Da wahrscheinlich doch mit einer sofortigen Wiederbesetzung der Niederlande und Belgiens nicht gerechnet werden kann, könnte SS-Obersturmführer Dr. Mai seinem Wunsche gemäss der Truppe abgegeben werden und SS-Untersturmführer (F) Dr. Augustin seinem Wunsche gemäss auf die SS-Junkerschule Tölz kommen. Allerdings wäre es sehr zweckmässig, wenn erwirkt werden könnte, dass im Falle einer Wiederaufnahme unserer Arbeit diese beiden Führer uns unbedingt wieder frei zu geben sind, da ohne sie eine sinnvolle und baldige Wiederaufnahme unserer Arbeit in den Niederlanden und Flandern z. Zt. einfach undenkbar wäre.

Dasselbe gilt für den Geschäftsführer der „Germaanschen Werkgemeenschap Nederland", SS-Sturmmann Bindels, der jetzt mit Genehmigung von SS-Standartenführer Baumert zur Stabsabteilung der Waffen-SS beim Persönlichen Stab übernommen wurde. Auch er könnte in obigem Sinne zur Truppe abgegeben werden, solange unsere Arbeit in den Niederlanden nicht wieder aufgenommen wird. Ohne ihn aber in den Niederlanden unsere Arbeit wieder anfangen zu wollen, wäre bei seiner Kenntnis der Dinge und bei seiner ausgezeichneten organisatorischen Fähigkeit unmöglich. Auch hier müsste also möglichst der obige Vorbehalt ausgesprochen werden.

SS-Hauptsturmführer (F) Prof. Schwalm ist baldigst aus Norwegen zurückzuziehen, da er für uns in Oslo nur noch wenig Arbeitsmöglichkeiten hat und sein Einsatz beim SD in dem vorgesehenen Sinn nicht zustande kommt (der SD hatte geglaubt, anscheinend gemäss einer Auskunft von SS-Sturmbannführer Leib, dass Prof. Schwalm ganz in den SD übertreten wolle und könne, wovon natürlich keine Rede sein kann). SS-Hauptsturmführer Prof. Schwalm könnte dann mit mir zusammen die obengenannten Aufgaben von Deutschland aus durchführen. Ohne dessen wertvolle Hilfe könnten z. B. die uns von der Germanischen Leitstelle sofort gestellten Aufgaben gar nicht durchgeführt werden, was auch SS-Hauptsturmführer Dr. Dolezalek ausdrücklich betonte, zumal ich selbst vollauf durch die anderen Aufgaben dann eingespannt wäre.

11

Hans Ernst Schneider

Der Einsatz der deutschen Geisteswissenschaften unter Führung durch die SS

Ein Brief an den Reichsgeschäftsführer des ›Ahnenerbes‹, Wolfram Sievers

(17.3.45)¹

Zusammen mit SS-Hauptsturmführer Prof. Schwalm möchte ich Ihnen einen grundsätzlichen Einblick in das geben, was uns beide hier z. Zt. im Rahmen unserer Arbeit sehr beschäftigt und uns auch Sorgen macht. Ich möchte das zunächst Ihnen gleichsam persönlich schreiben, weil uns beiden persönlich sehr daran liegt, dass auch Sie schon jetzt von den möglichen Folgerungen und Auswirkungen der jetzigen Arbeiten unterrichtet sind. Bei nächster Gelegenheit müssten wir dann einmal mündlich darüber vertrauensvoll sprechen.

 Schon unsere Mitarbeit und unser Einschalten bei der Amtsgruppe D hat ja im Grunde sowohl den bisherigen Arbeitsrahmen des „Ahnenerbe" wie auch den der eigenen Abteilung „Germanischer Wissenschaftseinsatz" zum Teil weit überschritten. Eine grössere Verbreitung der Basis dieser Arbeit ergab sich dann zwangsläufig dadurch, dass die von der Amtsgruppe gestellten Themen und Themenkreise eine Einordnung in einen allgemeinen grösseren Rahmen erforderlich machten. Schon unsere seinerzeitigen Gespräche in

---

1 Schneider an Sievers 17.3.45, PA. Schneider, BDC.

Waischenfeld und die daraus entstandenen Vorschläge an den Reichsführer-SS weisen in eine Richtung, die im Grunde auf einen allgemein heute noch möglichen Einsatz der gesamten deutschen Geisteswissenschaften unter Führung durch die SS zielte. Durch die sich durch Weiterführung unserer hiesigen Besprechungen ergebenen engen Zusammenarbeit mit dem Reichssicherheitshauptamt, das seinerseits wieder aufs engste mit dem Reichsdozentenführer zusammenarbeitet, wurde diese Basis noch mehr verbreitet und wir selbst in diese Gesamtarbeit auch vollgültig eingespannt. Durch weitere Unterredungen insbesondere mit der Auslandswissenschaftlichen Fakultät und auch SS-Sturmbannführer Dr. Krallert, denen eine baldige Unterredung mit der Heydrich-Stiftung und dem Prager Arbeitskreis folgen wird, führt auch unsere Arbeit nun konkret auf diesen Gesamteinsatz der deutschen Geisteswissenschaften hin. Die augenblickliche kriegsmässige Organisation dieser Arbeit liegt zu einem gewichtigen Teil beim Reichssicherheitshauptamt, ohne dass auch von dort her damit eine endgültige Regelung etwa für Friedenszeiten geschaffen werden soll.

Es hat sich nun dabei herausgestellt, dass selbst auch nur ein Teil dieses Fragenkomplexes nicht mehr unter der Bezeichnung „Ahnenerbe" laufen kann, da das „Ahnenerbe" eben doch noch nicht das eigentliche Wissenschaftsamt des Reichsführer-SS geworden ist und auch noch nicht als solches anerkannt wird. An sich wäre jetzt für das „Ahnenerbe" die grosse Chance gewesen, sich diese Stellung zunächst innerhalb der SS zu schaffen. Sie werden aber verstehen, Standartenführer, dass wir beide hier dazu schon allein aus äusserlichen Gründen gar nicht in der Lage sein können. Es wäre an sich selbstverständlich die Aufgabe des Amtschefs, unser Amt so stark zu vertreten, dass es diese Führungsaufgabe tatsächlich heute übernehmen könnte. Das ist, wie Sie auch wissen, nicht der Fall. Im Gegenteil müssen wir leider oft feststellen, dass das Ansehen, das der Herr Kurator persönlich in der SS hat, uns oft eher Türen verschlossen als geöffnet hat, wobei allerdings von Aussenstehenden das „Ahnenerbe" zu unrecht viel zu sehr mit der Person und der Leistung des Herrn Kurators identifiziert wird und die übrigen Leistungen des „Ahnenerbe" übersehen werden. Jedoch ist es in jedem Fall nicht immer möglich, dem aufklärend entgegenzutreten, zumal man ja auch nach aussen hin als Angehöriger eines Amtes über dessen innere Spannungen nicht sprechen will.

Tatsache ist jedenfalls, dass wir die hier jetzt vorbereiteten Arbeiten, die, wie gesagt, tatsächlich beinahe eine Gesamtsteuerung des heute noch möglichen Geisteswissenschaftseinsatzes bedeuten, nicht unter der Bezeichnung

„Das Ahnenerbe" laufen lassen können. Das einzige, was wir können, ist, immer wieder darauf hinzuweisen, dass sowohl ich wie SS-Hauptsturmführer Prof. Schwalm Angehörige des „Ahnenerbe" sind und uns als solche nicht nur an diesen Führungsaufgaben beteiligen, sondern dazu geradezu etwa auch vom Reichssicherheitshauptamt aus aufgefordert worden sind. So ergibt sich fast von selbst die Notwendigkeit, bei Durchführung dieser Aufgabe, die zunächst in Planung und Besprechung verläuft, immer wieder auf das Reichssicherheitshauptamt als Träger dieses Kriegseinsatzes zu verweisen, insbesondere dann, wenn, was fast immer der Fall ist, die Frage auch bei unseren persönlichen Verhandlungen auftaucht, von wem wir eigentlich zu dieser umfassenden Arbeit legitimiert wären. In einem solchen Augenblick kann kein Zweifel sein, dass wir eine Legitimation durch die Person des Herrn Kurators in diesem umfassenden Sinne leider nicht haben.

12

Hans Ernst Schneider

Tätigkeitsbericht über die kulturpolitische Arbeit in Flandern

(28.10.42)[1]

Im Sommer 1942 begann ich im Auftrage des Amtes „Ahnenerbe" und des Amtes VI im Rahmen der Dienststelle SS-Brigadeführer Jungclaus meine Arbeit in Flandern mit dem Ziel, parallel zur Volkschen Werkgemeenschap in Den Haag, hier die Germanische Werkgemeinschaft Flandern zu gründen. Durch mannigfache Besuche und viele Vorbesprechungen sind die Vorbereitungen jetzt soweit zum Abschluss gebracht, dass die Werkgemeinschaft Flandern auch juristisch in den nächsten Tage gegründet werden kann. Eine genaue Absprache mit dem SD, insbesondere hinsichtlich der personellen Besetzung, ist vorangegangen. Auch der Militärverwaltungschef ist unterrichtet worden und hat sein Einverständnis erklärt. Der benötigte Etat wurde beim Amt Vii beantragt und ist grundsätzlich genehmigt worden. Der offizielle Arbeitsbeginn der Werkgemeinschaft Flandern kann damit zum 1. November 1942 festgesetzt werden. An diesem Tage werden der vorgesehene Geschäftsführer der Werkgemeinschaft, Herr Vercammen und der vorgesehene Verleger der Werkgemeinschaft, Herr Bernaerts, ihre hauptamtliche Tätigkeit beginnen. Sitz der Werkgemeinschaft ist zunächst Brüssel, Wollstraat 46.

---

[1] H. E. Schneider: Tätigkeitsbericht über die von SS-Obersturmführer Dr. Schneider im Auftrag des Amtes ›Ahnenerbe‹ und des Amtes VI durchgeführte kulturpolitische Arbeit in Flandern. 28.10.42, NS 21/930 (vgl. a. IfZ Mchn MA-366 Bl. 2698877–9). Über den Titel hsl.: „*Aus Anlass der Anwesenheit von SS-Gruppenführer Berger in Brüssel am 29.–30.10.42. Sn.*" (= Schneider).

Ein passendes Haus für den Verlag wird noch gesucht. Die Gründung der Werkgemeinschaft Flandern ist im Zusammenhang mit der gesamten Arbeit des Ahnenerbe in den germanischen Randländern zu betrachten. Erste Formung dieses Arbeitsauftrages des Ahnenerbe wurde durch die Arbeit in den Niederlanden, insbesondere durch die dortige Völkische Werkgemeinschaft, erzielt. Parallel, jedoch ohne organisatorischen oder personellen Zusammenhang, soll die Werkgemeinschaft Flandern arbeiten. Ihr Arbeitszeil ist die Herausarbeitung der germanischen Grundlagen und Grundwerte des flandrischen Raumes und die Bewusstmachung dieser Grundlagen und Grundwerte bei den Flamen durch entsprechende Verbreitung. Diese Verbreitung wird vor allem, wie auch in den Niederlanden, durch Zeitschriften, Bücher, Broschüren, Vorträge und Ausstellungen geschehen. Diese gesamte Arbeit steht selbstverständlich im Rahmen des grossgermanischen Auftrags der SS, d. h. die Arbeit der einzelnen Werkgemeinschaften in den Randländern dient keineswegs zur Festigung vorhandener nationalistischer Bestrebungen, sondern zur Hinführung in eine germanische Ordnung und Weltanschauung.

Der Vorsitzende der germanischen Werkgemeinschaft Flandern wird Prof. Dr. Soenen sein, Professor an der Universität in Gent (Anatomie und Anthropologie). Der Hauptamtliche Geschäftsführer wird sein Herr Vercammen, der bisher der Stabsführung der Flämischen-SS angehörte, als wissenschaftlicher Berater und als erster Schriftleiter wird Herr Trefois arbeiten, der jetzt dem Deutschen Institut in Brüssel angehört. Im übrigen wird die Werkgemeinschaft in bestimmten Arbeitsgemeinschaften aufgebaut werden, wo jeweils ein ausgewählter Fachmann den Vorsitz führen soll. Die Führung der Werkgemeinschaft ist in der Dienststelle SS-Brigadeführer Jungclaus verankert, und zwar hier, abgesehen von der unmittelbaren Einflussnahme des Amtes Ahnenerbe durch meine Abteilung, zunächst durch Prof. Tackenberg. Dieser ist gleichzeitig Leiter des Deutschen Institutes in Belgien, eine Einrichtung des Deutschen Auswärtigen Amtes. Es ist intern mit Prof. Tackenberg verabredet, darauf hinzuarbeiten, dass auch dieses Institut eines Tages unserer Arbeit zur Verfügung stehen wird. Prof. Tackenberg wird baldigst in die SS (Amt Ahnenerbe) aufgenommen werden. Ihm zur Seite soll möglichst bald ein Vertreter des Amtes Ahnenerbe stehen (wahrscheinlich der SS-Scharführer Wilke).

An die Germanische Werkgemeinschaft soll versucht werden, das schon seit vielen Jahren auf völkischer Grundlage arbeitende Flämische Institut für Volkstanz (Vivo) lose anzufügen. Einer seiner Leiter, Dr. Verstraete, wird gleichzeitig als Stifter der Germanischen Werkgemeinschaft in Erscheinung treten. Den benötigten Monatsbeitrag der Vivo in Höhe von etwa b.frs. 8 000,– wird ebenfalls die Germanische Werkgemeinschaft Flandern aus ihrem Etat tragen. Damit können wir den Versuch machen, mehrere tausend aufgeschlossene Menschen in Flandern mit unserer Arbeit vertraut zu machen und sie ihr langsam zu gewinnen. Ebenso an die Werkgemeinschaft angeschlossen werden soll nach und nach der Arbeitskreis um SS-Hauptsturmführer Dr. Sommer, den er bisher im Auftrag des Reichssicherheitshauptamtes aufgebaut hat. Er hat sich vor allem mit rassenkundlichen Fragen beschäftigt und insbesondere auch nach der Wallonie hineingearbeitet. Einzelheiten sind mit Hauptsturmführer Dr. Sommer bereits besprochen. Er ist bereit, nach und nach Teile seiner Arbeit an die Werkgemeinschaft abzutreten.

Der Werkgemeinschaft Flandern wird ein eigener Verlag zur Verfügung stehen, geleitet von Herrn Bernaerts, in dem mit der Zeit sämtliche SS-gebundenen Erscheinungen in Flandern zusammengefasst und herausgebracht werden sollen.

Mit Genehmigung des Chefs des SS-Hauptamtes wird ab 1. Januar 1943 eine selbständige flämische Ausgabe des „Hamer" erscheinen. Eine grossdietsche Auslegung dieser Zeitschriftenausgabe wird durch die innere Haltung des „Hamer" unmöglich sein. Eine deutsche und norwegische Ausgabe sollen baldigst erfolgen.

Ferner soll baldigst eine eigene kleine wissenschaftliche Zeitschrift durch die Werksgemeinschaft herausgegeben werden. Auch hier werden die Vorarbeiten von SS-Hauptsturmführer Dr. Sommer eingebaut werden. In Zusammenarbeit mit der Werkgemeinschaft bereitet er bereits diese Zeitschrift durch Beschaffung von Artikeln vor.

Die politische Lenkung und Führung der Werkgemeinschaft Flandern wird sehr vorsichtig und zurückhaltend sein müssen. Es wird zunächst nicht möglich sein, sie direkt in Verbindung mit der SS zu bringen, da diese in Flandern bisher allzusehr die Meinung hat aufkommen lassen, sie erstrebe eine reine Eindeutschungspolitik. Die Werkgemeinschaft wird im Gegenteil zunächst auch Gruppen umfassen müssen, die dem VNV ergeben sind und die sich auch noch nicht endgültig von der katholischen Kirche gelöst haben (z. B. viele Mitglieder von Vivo). Es muss aber versucht werden, welche wertvollen Einzelpersonen dennoch an uns durch langsame Eingewöhnung zu binden. Es muss daher vor jedem Radikalismus innerhalb dieser Arbeit gewarnt werden, im Gegensatz etwa zur Arbeit in den Niederlanden, wo bereits viel offener aufgetreten werden kann.

13

Hans Schwerte

Faust und das Faustische – Vom Faustbuch zum „anschwellenden Bocksgesang"[1]

Jedes Jahrhundert hinterlässt seine eigenen Zeichen und Figuren, seine Emblemata und Entwürfe. Wahrscheinlich genauer: oft erst spätere Jahrhunderte wählen unter jenen Zeichen früherer Jahrhunderte solche, die ihnen noch nachträglich, fast emblematisch-symbolisch, situationsdeutend erscheinen wollen.

Für das 16. Jahrhundert gäbe es, allein in Deutschland, eine Fülle solcher Exempla, leitender Namen oder Ereignisse, unter denen, je nach Perspektive und Vorhaben, zu wählen möglich wäre – gleich ob wir die epochalen Benennungen „Renaissance", „Humanismus", „Reformation" anwendeten, oder hinzusetzten Kopernikus und Amerika, auch die Tridentiner Gegenreformation, auch die brennenden Scheiterhaufen, europaweit, und auch nicht vergässen den Anbeginn bedeutender technologischer Neuerungen.

Gewiss bleibt Martin Luther die überragende Figur dieses 16. Jahrhunderts; er hat die geistige und politische Lage in Deutschland und Europa für weitere Jahrhunderte verändert. Ihm die andere, schliesslich nicht minder bekannt gebliebene Figur des „Doctor" Johann Faust/Faustus exemplarisch daneben zu stellen, scheint zunächst eine Zufallsauswahl zu sein. Doch gehört dieser Name, dieses Phänomen „Faust", bald weltliterarischen Ranges, ohnehin

---

[1] © 1995 Hans Schwerte. Schriftliche Fassung des gleichnamigen Rundfunkvortrages, gesendet vom Bayerischem Rundfunk am 15.1.95 im Rahmen der Hörfunkreihe „Von der Moderne der Renaissance". [Wir danken Dr. Hans Schwerte für die Genehmigung zur Veröffentlichung des Textes. J. L. + G. S.]

in die Nähe des protestantischen Reformators, wenn auch als sein aufrührerisches, gar höllisches Gegenbild. Doch auch er, einmal als solches emblematisch exemplarisches, also weiterdeutendes Zeichen genommen, ist, wie mir scheint, in der Lage, einige Aspekte dieses merkwürdig labyrinthischen und untergründigen 16. Jahrhunderts offen zu legen, also überlieferungsfähig und zukunftsweisend zu halten – auch über das Allgemeine jener meist unüberprüften Stichworte „Renaissance", „Humanismus", „Reformation" hinaus.

Wir müssen uns allerdings zuerst darüber einigen, wer hier mit Faust gemeint ist, *welchen* Faust wir hier herbeizitieren. Seine Geschichte, seine emblematische Geschichte, ist gut 500 Jahre alt. Dreimal taucht in diesem Jahrhundert sein Namenszeichen, in Varianten, auf: am allgemein bekanntesten die Prosaerzählung von 1587, meist, doch immer ungenau, als „Volksbuch" bezeichnet.

Doch vor diesem Faust-Buch von 1587, der „Historia", lag, und zwar urkundlich gesichert, das Leben und Wirken, die schwierig rekonstruierbare Biographie eines deutschen Mannes, der als Dr. Georg oder Jörg Faustus (der nicht latinisierte Name erscheint erst in späteren literarischen Quellen) etwas von 1480 bis 1540 gelebt haben dürfte. Den Doktor-Titel hat er sich wahrscheinlich selbst zugelegt. Dieser Mann, der historische Faust, gab den Namen, ein für allemal.

In früheren Darstellungen meist beschrieben als ein Landstreicher und Scharlatan, begabt mit gewissen Zauberkünsten; doch ist diese Darstellung heute nicht mehr haltbar. Urkundlich gesichert taucht er mehrfach auf: teils in brieflichen und literarischen Zitaten schon zu seinen Lebzeiten, teils in urkundlichen Notizen von zuständigen Kanzleien, datiert zwischen 1507 und 1539/40. Teils geben sie ein aggressiv negatives Bild, wobei dennoch erstaunlich bleibt, kennt man die Briefschreiber und Adressaten, dass man sich überhaupt mit diesem so dubiosen Mann abgibt – teils, und dies eher unerwartet, ein Bild geradezu der Achtung und Zustimmung. Manche Angebereien gehörten anscheinend zu seinem öffentlichen und geschäftstüchigen Auftreten. Nach diesen zeitgenössischen Zeugnissen war er studiert oder gelehrt oder belesen in damaliger Philosophie und Theologie, aber anscheinend besonders bekannt und auch gerufen als Astrologe. Auch wird er als Magier, als Magus benannt, was heisst: in einigem bewandert in dem sich im 16. Jahrhundert herausbildenden Naturwissen, also Alchimie/Chemie und ärztlichem Wissen/Medizin, wahrscheinlich auch mit einigen alchemischen und physikalisch/optischen sogenannten „Experimenten" vertraut (Laterna magica). Magie also, das durch Jahrhunderte verbreitete Stichwort für naturforschendes Verhalten und Erkennenwollen; das grenzte jedoch oft dicht an verdächtiges Geheimnis und Häresie, gar an Teufelswerk, wie man meinte. Der Schritt von der geduldeten sogenannten Weissen Magie zur sogenannten Schwarzen Magie, einem vermeintlich höllische gesteuertem Wissenwollen, war schmal und lebensgefährlich. Auch Faust/Dr. Faustus dürfte als ein solcher Grenzgänger verrufen gewesen sein. Wahrsagerei und Handlesekunst scheute er ebenfalls nicht – nach allem: eine Art Intellektueller, ein Früh-Intellektueller, ein gesellschaftlicher Aussenseiter, der sich auf eigene Weise durchzuschlagen wusste: Jahrmärkte brauchen nicht ausgeschlossen gewesen zu sein. Was er jedoch im einzelnen, womöglich beruflich trieb (auch er soll kurze Zeit Lehrer gewesen sein), ist unbekannt. Offensichtlich war er, auch dies typisch für dieses Jahrhundert, einer jener, die – wie es hiess – „die Strassen zog", der also durch die Strassen der Welt zog, und auf seine, die *andere* Weise „Erfahrung" sammelte, die *curiositas* der Landstrassen. Georg Faust bewegte sich kreuz und quer durch Deutschland, möglicherweise durch Europa.

Erinnert sei hier an Paracelsus, der selbst geschrieben hatte: will einer ein rechter Arzt sein, so müsse er „peregrinisch und mit lantsreichung die bletter in büchern umbkeren". Jedenfalls war dieser Faust auffällig geworden, bis zu seinem angeblichen Teufelstod und bald legendär nach diesem legendärem Tod, angeblich im Örtchen Stauffen im Breisgau. Sein Name war bekannt geworden und geblieben, was immer er getrieben haben mag; altüberlieferte Zauber- und Teufelsstreiche wurden ihm zugeschrieben. Anekdotenbildungen setzten ein, was schliesslich in einen jahrzehntelangen Literarisierungsprozess überging, den das Literaturwerk von 1587, die „Historia", abschloss.

Übrigens: es waren tatsächlich vielfach bedeutende Männer, die sich, ausser einigen amtlichen Ratsprotokollen, aus welchen Gründen immer, mit ihm befassten. Und schliesslich waren es, anderswo nirgends, Luther und Melanchton, die diesen Mann Faust, als ihren Zeitgenossen, und die den Namen Faust in den haftenbleibenden Kontakt mit dem Teufel brachten, Luther sogar noch zu dessen Lebzeit. Beide Daten, Luthers Tischgesprächsnotizen (erst nach seinem Tod erschienen) und Melanchtons Vorlesungsnachschriften gaben entscheidende Strukturhinweise für den von mir genannten Literarisierungsprozess im Namen des Faust und bestimmten entscheidend die Tendenz der Historia von 1587. Es sind protestantische Quellen, aus denen die Rede von der Teufelsbündnerei dieses Faust und die Teufelswarnung stammt – schon daher unsühnbar.

Offensichtlich war er den Zeitgenossen allzu auffällig, ja aufsässig erschienen. Durchaus eine ambivalente, zwielichtige Figur. Ob er selbst jemals, wie ihm dann nachgesagt, Teufelsbündnerei (alias Schwarze Magie) angedeutet haben könnte, bleibt zweifelhaft; er wäre dann ein Gerichtsfall geworden, mit bekanntem Ausgang. Dieser historische Georg Faust, wahrscheinlich aus dem Städtchen Knittlingen (bei Maulbronn im Enzkreis) stammend, gehörte, auf seine Art, als ein anderer Prototyp in dieses rebellisch und fanatisch aufgeregte Jahrhundert. Allerdings war er durchaus keine „faustische Natur", wie im 19. Jahrhundert gelegentlich konstruiert. Er hat keine Zeile, kein Wort hinterlassen, keine eigene Dokumentation. Um so erstaunlicher, wie sehr er gerade seine gelehrten Zeitgenossen beunruhigt zu haben scheint.

Eine Art Leitfigur dieses Jahrhunderts denn doch? Wenn auch nur am Rande des Geschehens? Wohl genauer: erst sein literarisch umgeformtes Bild von 1587 unter Nutzung seines „weitbeschreyten" Namens stellte, vielleicht gegen des Verfassers Absicht, eine solche exemplarische Figur vor, negativ angelegt, aber in dieser Negation erscheint deutlich die Stossrichtung, bis in noch weitere Jahrhunderte: die Wissbegierde, die *curiositas,* heisst: die falsche, die gotteslästerliche Wissbegierde, (die) *vana curiositas* (Augustinus): wissen wollen, was nicht zu wissen ist, gar der Verrat der *„arcanae dei et imperii et naturae"* (wie Machiavelli vorgeworfen). Faust gab mit seinem Namen und Exemplum ein fast mythisch-mystisches Emblem, gar ein Symbol, einerseits für die mögliche Selbstverantwortung jeglichen Erkenntniswillens, anderseits, bei solchermassen auch je möglicher Grenzüberschreitung, für das darin vorgegebene Scheitern, des luziferischen Sturzes.

Möglicherweise aber – und diese Annahme scheint heute, in genauerer Textkritik, über das rein Hypothetische hinausgekommen zu sein –, möglicherweise hätte solches verwegen Emblematische tatsächlich schon aus dem Buch von 1587 selbst herausgelesen werden können, der „Historia von D. Johann Fausten dem weitbeschreyten Zauberer und Schwartzkünstler". Dieses Buch jedoch, und dies nun ohne jeden philologischen Zweifel, war verfasst vordringlich als ein Warnbuch – anonym in Frankfurt erschienen, geschrieben wahrscheinlich von einem protestantischen, akademisch gelehrten Autor, vielleicht ein Theologe schon aus einem protestantischen Pfarrhaus. Das Buch setzte, von seiner Erzähl- und Zitatweise her, einen einigermassen akademisch belehrten Leser voraus, denn gerade auch dessen potentielle „Hoffahrt" und „Neugierde" wurden angesprochen. Nichts also von „Volksbuch", wie später daraus konstruiert. Sogleich aber ein literarischer Verkaufserfolg sondergleichen – 23 Auflagen bzw. Nachdrucke innerhalb von

Faust und das Faustische

nur zwölf Jahren (1587–1598) und fünf Übersetzungen in europäische Sprachen, zweimal ins Englische, ein – wie sich später herausstellen sollte – weltliterarisches Ereignis.

Ein ambivalentes, ein polemisches Buch im Namen dieses, nun nach 40/50 Jahren literarisch gewordenen Faust, jetzt *Johann* Faust. Es war, Ende des 16. Jahrhunderts, ein Warnbuch höchsten und aggressiven Ernstes des protestantischen *sola scriptura, sola fide, sola gratia,* geradezu eine exemplarische Warnung am Ende dieses teufels- und hexensüchtigen Jahrhunderts, Warnung vor allem und immer noch vor jener *vana curiositas,* dem sträflich-falschen Wissenwollen des Menschen, seiner Neu-Gier – zugleich aber, und darin lag (scheinbar?) das eindringlich Polemische, doch zugleich Aufregende: die Warnung vor der höhnischen Allgegenwart des Teufels und seiner, auch sexuellen Verführungs- und Gewährungskünste, überdies geschickt und unterhaltend erzählt.

„Seydt nüchtern und wachet/
dann ewer Widersacher der Teufel geht umbher wie ein brüllender Löwe/
und suchet welchen er verschlinge",
dieser Vers aus dem 1. Petrus-Brief, in Luthers Sprache, und mehrfach wiederholt, gibt tatsächlich die Erzählabsicht und den Erzählernst dieses Buches wieder.

Doch trotz solcher Höllenwarnung und -angst scheint einiges dafür zu sprechen, dass diese Faust-Historia von 1587 und im folgenden Jahrzehnt auch anderen Sinnes hatte gelesen werden können, ja gelesen worden war, entgegen der warnenden Erzählabsicht des Verfassers, sozusagen „gegen den Strich" gelesen worden war, woraus vielleicht auch der ungewöhnliche Auflagenerfolg sich erklären liesse.

Demnach gelesen, anderen, doppelten Sinnes, als das Wagnis eines verwegenen Grenzgängers und Wissbegierigen, also Fausts, der, wie schon in den ersten Kapitel zu lesen stand und was als aberwitzige Anmassung galt, der die „Elementa" (= die Urstoffe der Schöpfung, Suche nach den letzten Wurzeln) zu speculieren" gewagt hatte und „alle Gründ am Himmel und Erden erforschen" wollte, die *imitatio dei,* höchste Majestätsbeleidigung!

Solch angeblich eigenmächtiger Versuch kritischer Mündigkeit des unbedingten Erkenntnisverlangens des aus den Kirchen- und Obrigkeitszwängen ausbrechenden, also des „neuzeitlichen" Subjekts oder Individuums, sollte dies, im Gegensinn, aus dem Faust-Buch von 1587 herauszulesen möglich gewesen sein? Heimliche Rebellion darin aufspürend, versteckt hinter Zitaten und Zweideutigkeiten? Doch vom Autor selbst stand dahinter, fundamentaler, die seit dem 14. Jahrhundert über Europa verbreitete Angst kirchlich und herrschaftlich gesetzter Ordo vor den jetzt im 16. Jahrhundert überall akut gewordenen Grenzüberschreitungen in ein freieres, ungebundenes Denken. (Christopher Marlowe und Giordano Bruno starben, 1593 und 1600, für dieses „neue Denken" den Mord- und Brandtod).

Um solche Grenzüberschreitungen und Grenzöffnungen in diesem Jahrhundert der grossen Veränderungen von einer anderen Seite her deutlicher werden zu lassen, sei ein ebenso exemplarisches Lebenswerk daneben gestellt – ein deutscher Intellektueller, Naturforscher und Arzt, auch ein politisch Handelnder, dessen 500. Geburtstag im Jahr 1994 mit vielen wissenschaftlichen, auch landeskundlichen Veranstaltungen gedacht wurde: Georgius Agricola (Georg Bauer), 1494 in Glauchau/Erzgebirge geboren, 1555 in Chemnitz gestorben, welcher Stadt er mehrmals als Bürgermeister vorstand. Er war der bedeutendste Bergbau- und Hüttenmann dieses Jahrhunderts, europaweit beachtet und eigene Zeichen seines Wirkens setzend. Ein solcher Mann sollte das Überlieferungsbild der Renaissance und ihrer Bedeutung für uns mitbestimmen. Dem Faust ist er sicherlich nie begegnet. Jedoch erstaunlich, dass die Lebzeiten dieser beiden, sonst kaum ähnlichen Männer, Georgius Agricola und Georg Faust/Faustus, fast übereinstimmen, 1494–1555 und etwa 1480–1540 (wobei Fausts Daten leicht variabel sein könnten).

Zu recht steht Agricolas Portraitplastik heute im Ehrensaal des Deutschen Museums zu München. Doch in den meisten geistesgeschichtlichen, auch rein historischen Darstellungen hat er erstaunlich wenig Gewicht, obgleich er zweifellos und ganz entscheidend technisch-industrielle, ökonomische, auch wissenschaftliche Weichen gestellt hat, ja die Ergebnisse seiner Nachforschungen zu Erde, Wasser, Feuer, Luft noch jahrhundertelang überliefert wurden und seine davon handelnden Schriften bis heute eine wichtige historische Quelle darstellen. Auch darum sei er hier herangezogen.

Zunächst als Arzt und Pharmakologe wurde sein Interesse geweckt an Mineralien und vergleichender Mineralogie, daran anschliessend an Bergbau und Verhüttung, an Erz und Silber und jeglichem Metall und Gestein, und an aller dazu benötigten Technik: Maschine, Pumpe, Hebel, Zahnrad, vor allem: an Wasser und Feuer, den Energien, neben der immer noch tausend- und zehntausendfach eingesetzten und ausgenutzten Menschenkraft. Agricola gehörte in Europa zu den ersten, die sich dem neuzeitlichen naturwissenschaftlichen, auch technologischen Verfahren näherte, zwischen Leonardo und Galilei, und darüber sachlich, ohne magisch-okkulten Kontext, zu berichten versuchten.

Methodisch bedeutete das: nur eigene Beobachtung, eigenes Hinsehen, eigene Erfahrung, bedeute: selbst Probieren und Prüfen. Agricola näherte sich, wenn auch ohne Mathematik, dem (modernen) Experiment, auf dem die neuzeitliche Naturwissenschaft beruht. Ich „ziehe die Wahrheit jeder Autorität vor", schrieb er knapp vierzigjährig in einem Brief („*veritatem praeferens authoritati*"). Dies meinte in jener religiös aufgewühlten Zeit dennoch keine konfessionelle Aussage; denn mit Autoritäten waren hier die antiken Autoren und die ihm zeitgenössischen Fachschriften gemeint, das tradierte Buchwissen. „*Veritatem praeferens authoritat*" bedeutet für Agricola vielmehr die fundamentale Fixierung jeder induktiven Methode, der Grundständigkeit eben des wissenschaftlichen Experimentes.

Nichts also aufschreiben, d.h. in Sprache bringen, was nicht selbst erfahren und geprüft war, einschliesslich jener antiken Autoritäten, sofern sie nachprüfbar oder unwiderlegt waren. In Sprache bringen – das hiess auch für Agricola noch: meist ins Lateinische, die Sprache europäischer Verständigung, seltener in die weithin noch vorlutherische deutsche Schriftsprache. Aber selbst im Lateinischen des 16. Jahrhunderts mussten für dieses neuartige Fachgebiet oft neue, jeweils passende Worte gefunden, mussten sprachlich probiert werden, experimentell auch hierin. Sprachliche Spurensuche im neuen physikalisch-technischen Gelände!

Seine Methode möglichst exakt belegbarer Wissenserfahrung und Wissensvermittlung praktizierte er als Forscher und Autor, so weit seine Erkundung in den einzelnen Wissensgebieten möglich war, wozu auch sein europaweites Nachfragen in Briefen bei Freunden und Kollegen und über neu erschienenes Schrifttum gehörte. Auch gehörte zu solcher Methode grundlegend z. B. die Fixierung einheitlich anwendbarer Masse und Gewichte für Medizin, Apotheke und Hütte, für das Messwesen selbst, besonders hinsichtlich der widersprüchlichen antiken Überlieferungen. So zeugt Agricolas Haupt- und Lebenswerk von 1556 „*De re metallica duodecim libres*", erst nach seinem plötzlichen Tod fertiggestellt und ausgeliefert, bis heute bewundernswert von diesem frühen Versuch exakter, aber auch anwendungsfähiger Wissensvermittlung – nicht zuletzt durch die fast 300 sorgfältig hergestellten und von ihm selbst ausgewählten Holzschnitte, zuverlässige maschinen- und energietechnische Bildbeschreibungen. In vielen Grundzügen ist diese bemerkenswerte Buch fast 200 Jahre lang anleitend und anwendbar geblieben – bis zu Anfang und Mitte des 18. Jahrhundert die Dampfkraft andere technische Masse setzte.

So trat mit Agricola in die humanistisch-theologischen, in die Geistesauseinandersetzungen dieses Jahrhunderts ein neuer, ein naturkundiger Partner, der sein Latein ebenso elegant zu schreiben verstand und der einen bisher im offiziellen humanistischen Schrifttum kaum beachteten, aber aktuellen Wissensbereich einbrachte und ihn sachlich darzustellen verstand, ohne von Magie, gar von Schwarzkunst zu reden.

Um so verblüffender jedoch, jedenfalls beim ersten Hinblick, wie geradezu typologisch ähnlich der Lebens- und Studiengang dieser beiden Protagonisten im 16. Jahrhundert gewesen zu sein scheint, der Agricolas und der des, nun allerdings literarischen Faust der „Historia" von 1587.

Beide studierten sie zunächst Theologie bzw. Philologie, was damals kaum getrennt war. Agricola, als baccalareus artium, wirkte gut fünf Jahre lang als Schullehrer und -rektor an der Zwickauer Latein- und Griechisch-Schule. Auch Johann Faust erwirbt – so die „Historia" – nach dem ersten Studium den Doctor theologiae, wenngleich schon dem Speculieren zugeneigt. Doch danach habe er die Heilige Schrift „ein weil hinder die Thür unnd unter die Banck gelegt" und „ward ein Weltmensch", was reformatorisch hiess: wandte sich den Welt-, den Naturwissenschaften zu, der Mathematik, Astrologie und Medizin, wurde Doctor medicinae und praktizierender Arzt und half vielen Leuten, so wird berichtet. Ebenso Agricola: er gibt seinen Schulberuf auf und beginnt, schon 28 jährig und aus bisher nicht recht geklärten Gründen, ebenfalls ein neues Studium, erst in Leipzig, einige Monate später aber schon in Bologna, Venedig, vielleicht noch an anderen italienischen Universitäten.

Er studiert dort, auch er ein Weltmensch geworden, Medizin und Pharmakologie nebst Mineralogie, und kommt als Doctor medicinae 1526, 32 Jahre alt, wieder zurück in seine Heimat, wird dort erst in St. Joachimsthal, danach in Chemnitz Stadtarzt. Noch in Joachimsthal schreibt er sein erstes naturkundliches Werk, *„Bermannus sive de re metallica"*, 1530 veröffentlicht, das ihn in der gelehrten Welt sofort bekannt machte. Erasmus hatte ihm das Vorwort dazu geschrieben.

Dies die typische Wendung dieser beiden Männer des 16. Jahrhunderts zum naturwissenschaftlichen, bei Agricola auch technologischen Verfahren der Neuzeit: nicht mehr aufhaltbar, nicht durch die anhebende Gegenreformation, nicht durch den 30 jährigen Krieg, nicht durch die Orthodoxien beider Kirchen und die brennenden Scheiterhaufen.

Agricola, gestorben 1555, Johann Fausten, literarisch öffentlich seit 1587, stellten beide den Typus des neuzeitlichen, des „modernen" Menschen dar, und zwar in betonter, geradezu biographischer Abkehr von der Theologie als der bisherigen Leitwissenschaft, in Hinwendung zur naturwissenschaftlichen Theorie und Praxis, als Erfahrungswissenschaft – Komplementärfiguren, wenn man so will.

Allerdings: nichts, um einmal vorweg zu zitieren, gar nichts „Faustisches" in Leben und Wirken dieses Agricola. Ihn betraf die fundamentale Anklage dieses Jahrhunderts nicht, „wolte alle Gründ am Himmel und Erden erforschen." Zwar gehörte auch die wissenschaftliche und technische Rationalität seines Forschens und Berichtens zur sogenannten „Renaissance" des 15./16. Jahrhunderts, zur Selbstbefreiung aus wissenschaftliche unkontrollierten Vorgaben, aber bei ihm ohne jedes Ausweichen in magische Hypertrophien – vielmehr für ihn in Übereinstimmung, scheint es, mit Gottes Schöpfungsvorgabe und seines Erforschungsauftrages zum allgemeinen menschlichen Nutzen.

Faust und Agricola – beide erstaunlich ähnlich, könnte es scheinen. Aber in der Faust-Historia von 1587 wären wir mit diesen Angaben gerade erst bei Kapitel 6 von 68 Kapiteln angelangt. Denn strukturentscheidend wird die Weggabelung beider Lebensläufe, darin freilich nicht minder exemplarisch. Denn während Agricola, auch als Arzt, mehrmals als Pestarzt, im experimentellen Umkreis der neu sich installierenden Natur- und Technikwissenschaft tätig blieb, versuchte Johann Faust mit einem, für die damalige Zeit, geradezu masslosen Anspruch unmittelbar, im Überspringen der rationalen, der operationalen Grenzen, in die innerste Wirkungs- und Zeugungsstätte der Natur, des Alls einzudringen und das gründende Geheimnis von Erd' und Himmel zu verstehen, gleichsam die Weltformel zu finden – und sei es, das Universitätswissen reiche Faust nicht mehr hin, mit magischen, mit antirationalen, mit zauberischen Mitteln, mit Beschwörungsriten. Er „nahm an sich Adlers Flügel", behauptete der Buchautor, masste sich in diesem seit altersher höchsten Flugbild den Überblick und Einblick in die göttliche Region an. Das gelang ihm nicht. So kam Teufel und Teufelspakt in Fausts hochfliegendes Streben. Als der mit seinen Auskünften auch versagte, blieben Zauberspass und deftige Spässe übrig – am Ende, nach den verschriebenen 24 Jahren, der Teufelstod. Also, heisst es schon am Eingang der „Historia" (und genauso hatte es auch Luther zitiert), „Also wer hoch steygen will / der fellet auch hoch herab": das war das leitende Erzählsignal dieses Warnbuches – der Höllensturz Fausts, endgültig.

So schien es. Doch ein Gerücht von diesem Faust blieb in der Welt, vom Ende des 16. Jahrhunderts bis zum Ende des 20. Jahrhunderts und wird durch das 21. Jahrhundert bleiben: unter anderem gefasst in dem Wort „faustisch".

Noch im 16. Jahrhundert, als erster, wagte sich an den literarisch gewordenen Faust-Stoff der junge englische Dramatiker Christopher Marlowe (1564-1593, er wurde erdolcht). Er hatte anscheinend nach Lektüre einer der englischen Übersetzungen schon von 1588 oder 1592 sofort ein Drama geschrieben, erstmals in London aufgeführt 1594: „The Tragical History of Life and Death of Doctor Faustus". Auch Marlowe, einer der genialsten und gefährdetsten Intellektuellen des ausgehenden 16. Jahrhunderts, einer der *homines novi*, wie sie in Italien vorgeprägt worden waren, hatte, offensichtlich fasziniert, das Frankfurter Faust-Buch „gegen den Strich" gelesen, erkannte sofort, scheint es, den rebellischen Kern dieser generationsexemplarischen Erzählung. Er machte daraus die Tragödie eines hochgelehrten, ja weisen Mannes und Lehrers, dessen Höllensturz er in einem chorischen Epilog tief beklagen liess. Denn Apollons Lorbeerkranz hätte diesem tüchtigen Magier rechtens zugestanden.

Doch den entscheidenden, neuen emblematischen Vergleich setzte Marlowe sogleich zu Anfang, in den Prolog-Chorus, in welchem er schon ein/zwei Jahre nach dem protestantischen Warnbuch von 1587 den abendländischen Code-Wechsel einfügte: im Vergleich dieses Faustus mit dem zumal seit Ovid allbekannten Ikarus. Dies war die Wende der erregenden Faust-Tradition. War Ikarus, der bekanntlich gegen die Warnung des Vaters Dädalus, aus eigenem Willen und Wesensantrieb, mit seinen wächsern gefestigten Flügeln zu hoch der Sonne sich genähert hatte, seit dem frühen Christentum und während des ganzen Mittelalters ein Sinnzeichen des sündhaft mutwilligen Ausbrechens aus der gültig vorgegebenen Welt- und Wissensordnung gewesen, er also zu recht tief und tödlich abstürzte, höllisch bestraft, so hatte sich im Verlauf des 15./16. Jahrhunderts, zuvörderst in Italien, die Umdeutung, die *Renovatio*, dieses und anderer antiker Zeichensystem vollzogen, als ein Bildzeichen nun humanen Mündigwerdens, der Code-Wechsel. Zwar war dieses „sapere aude" (Horaz/Kant), wage deine Vernunft zu gebrauchen, immer auch dem Scheitern ausgesetzt, Ikarus und seinem Sonnenanflug gleich; aber darin, zugleich bild- und sinnsetzend, war in diesem Ikarus-Zeichen nun der Wagemut eigenen Bewusstwerdens eingeschrieben worden. Denn mit der exemplarischen Vergleichssetzung, Faust gleich Ikarus, gleich der Flugsehnsucht des Ikarus, erst mit dieser ikarischen Kontrafaktur durch Marlowe hatte, Ende des 16. Jahrhunderts, der Fauststoff seine eigentliche tragische Fallgrösse und Fallhöhe erreicht, bis hin zu Goethe, der nie einen Zweifel darüber aufkommen liess, dass auch sein Schauspiel eine „Tragödie" war, eine Tragödie schliesslich des scheiternden, wenn nicht gar verbrecherisch masslos gewordenen Mannes. – Soweit das 16. Jahrhundert.

Goethes Tragödie kann hier nicht nachgegangen werden. Marlowes Schauspiel war auch ihm die entscheidende Traditionsvorgabe geblieben, auf welchen verschiedenen Wegen immer. Goethe verband sie mit weiteren häretischen und hermetischen Überlieferungen, vor allem solcher der Renaissance, des Humanismus, des reformatorischen 16. Jahrhunderts. In 60 Jahren formte er seine Faust-Tragödie zu einem der grössten Sprachereignisse deutscher Dichtung, die schliesslich die gesamte geistige, ästhetische, aber auch politische Geschichte des Abendlandes seit der Antike, seit 3 000 Jahren, bis in die ersten Jahrzehnte des 19. Jahrhunderts einzunehmen versuchte.

Das überlieferte Handlungsschema behielt er bei: der in höchste, ihm verborgene Schöpfungsgeheimnisse strebende Mann Faust, auch er Theologe, Arzt, Laboralchemist, stösst an die Grenzen seines Denkens und Schauens; auch er verschreibt sich der angebotenen Teufelshilfe. Nach den Umwegen und Höhepunkten im Zweiten Dichtungsteil endet Faust, wie seit der Historia von 1587 musterhaft vorgeschrieben, im Zugriff Mephistos, des Teufels.

Dass Goethe diesem (auch ironisch sichtbaren) Höllenrachen-Schluss noch eine andere Lösung anfügte, die auch das tragische Ende Fausts aufzuheben scheint, ist eine andere poetische und dramatische Dimension, die hier ausser Betracht bleiben muss. Nur bleibt ohne jeden Interpretationszweifel: Goethes Faust endet als der Scheiternde. Goethe lässt nach Ablauf der Akte 4 und 5 des Zweiten Teils keine andere Lesart zu – einschliesslich der berühmt-berüchtigten, politisch allerorts zerredeten Schlussvision des greisen, blindäugigen Kolonisators vom freien, eben noch herbeigepressten Volk auf freiem Grund – Schlussverse, deren entscheidende Aussagen jedoch im Irrealis, im Konjunktiv stehen, als das Unerreichte: der Irrtum des höchsten Augenblicks. Das poetisch Grossartige, das Eindringliche dieser Dichtung Goethes, auch nach 160 Jahren noch, darf uns nicht über ihren dramaturgischen Kern hinweglesen lassen, einem der Leitverse, der schon im Prolog von dem Herrn im Himmel, dem Spielleiter, vorausgesprochen wird: „Es irrt der Mensch, solang' er strebt." So sehr dieses Streben immer wieder dem deutschen Wesen, dem angeblich faustischen deutschen Wesen auf den Leib geschrieben worden ist: das von Goethe irreversibel in dieses Streben eingefügte „Irren", den Irrtum, hat man gern und wissentlich überlesen.

Goethe hat nicht zufällig das Ikarus-Bildzeichen des 16. Jahrhunderts an handlungsentscheidender Stelle selbst aufgenommen: dort wo am Ende des dritten Aktes des Zweiten Teiles der Sohn Helenas und Fausts, Euphorion, nach vergeblichem Flugversuch tödlich niederstürzt und der Chor aufjammernd ihm „Ikarus! Ikarus!" nachruft. Die scheinbar triumphierende, mit Faust zu sprechen: die *tätige* Selbstverwirklichung endet im Fangeisen des Irrtums – *ein*, wenn nicht *das* Resümee dieser Faust-Tragödie beider Teile, das Resümee auch, das ist anzufügen, faustischer Überheblichkeit.

Denn dieses Zwitterwort „faustisch", „das Faustische" – es stammte in keiner Weise von Goethe selbst – usurpierte die Tragödie Goethes bis zu ideologischem Missbrauch jeglicher Art. Damit sind wir im Traditionsverlauf und -vorlauf vom 16. zum 21. Jahrhundert: denn aus Goethes Faust-Gestalt und -Handlung, welche die Historia von 1587 und die Tragödie Marlowes von 1592 aufgenommen hatte, konstruierte man, d.h. deutsche Gelehrte konstruierten ab Mitte des 19. Jahrhunderts zunächst einen vaterländischen Mythus, germanisch grundiert, dann nach der Reichsgründung von 1870/71, in einem philologischen Verlesen sondergleichen, den faustischen, den faustisch-strebenden Auftrag deutscher Geschichte, bald national-imperial derart aufgehöht (wobei die „Adlers Flügel" von 1587 wieder eine Haupt- und unrühmliche Rolle spielten), bis darin der sogenannte „Freiheitsgang" germanisch-deutscher Geschichte ein für allemal erfasst schien, zumal die des Deutschen Reiches von 1870-1918. Irrtum und Schuld Fausts wurden, expressis verbis, in Pflicht und Grösse uminterpretiert. Goethes tragische Dichtung war, in dem fatalen Stichwort „faustisch", in einen Kultus der nationalen Tat und Sendung aufgehoben worden. Sobald seitdem in Deutschland dieses „Faustische" zur Rede steht, erschreckenderweise bis heute hin bzw. schon wieder, scheint das Nationale mitaufgeregt zu sein. Die, zumal von Spengler angerufene, faustische Unruhe wird zur deutschen, zur nationalen Unruhe. Dieser ›Mythus‹ vom „Faustischen Menschen" wurde schliesslich ausgeweitet zu einem „Faustischen" Missionsauftrag an den Erdkreis schlechthin, den abendländischen, und führte ab 1919/20 zu Oswald Spenglers heroisch-tragischen Endzeit- und Untergangsvisionen solchen faustischen Kulturkreises mit seinem angeblich „leidenschaftlichen Hang zum Grenzenlosen" und Unbedingten, worin selbst Maschine und Technik als auszeichnende faustische Willensleistung, geradezu faustischen Urwillens, eingenommen wurden.

Die Tragödie solchen selbstgesetzten faustische Menschentums hätte 1945 beendet sein müssen. Auf nichts weniger wartet die Welt heute und künftig als auf solche neue faustische Unruhe und einen neuen faustisch-heroischen Sturz, wartet nicht auf neuen, mythensüchtigen Bocksgesang, der uns Deutschen wieder tragisches Schicksal ins Gesicht zeichnen will und von

Faust und das Faustische

neuem uns den mangelnden „Sinn für Verhängnis" einzureden versucht. Das 21. Jahrhundert bedarf, hoffe ich, wünsche ich, keiner ikarisch-faustischen Heroik, keines ikarisch-faustischen Absturzes mehr. –

Agricola, um noch einmal auf den gelehrten Berg- und Hüttenmann des 16. Jahrhunderts zurückzukommen, hatte mit diesen zwielichtigen Zeichensystemen nichts zu tun. Er blieb, nach einigen theologischen Abschweifungen, bei dem eigenen Masssystem naturwissenschaftlichen Verfahrens und Entdeckens. Jeglicher faustischer Überschwang fehlte ihm. (Das lutherische *sola fide, sola gratia* hat ihn anscheinend nicht berührt; er blieb sein Leben lang im Schutzmantel der Mater Ecclesia). Aber natürlich wusste er, oder: er müsste gewusst haben von den potentiellen Hypertrophien und Auswüchsen schon der Technologien seines eigenen, des 16. Jahrhunderts. Er beschrieb die gesundheitlichen Frühschäden der Bergleute in den noch unzulänglich ausgestatteten Schächten. Vom erzgebirgischen radioaktiven Uranabbau wusste man noch nichts; doch ging damals schon die „Bergsucht", der frühtödliche Schneeberger Lungenkrebs um. Agricola beobachtete die sozialen Auswirkungen und Ausbeutungen, auch in den schnell hochwachsenden Bergbaustädten. Er wusste zu deutlich vom Zusammenhang von Metall und Kapital, von Erz- und Silberbergbau und Geld. Die Fuggers, die Welser und andere Kapitalverwerter aus den grossen deutschen Städten waren überall schnell dabei. Er wusste, aus welchem Silber und welchen Silberthalern die Herrschaft und die Kriege der Grossmächtigen, bis zu Kaiser und Königen und den eigenen Herzögen, finanziert wurden und wusste, mit allem Abscheu, auch von den neuen Explosivwaffen, die aus dem geförderten Erz, dem Kupfer, Zinn und Blei gegossen und geschmiedet wurden und wusste von der tödlichen Schändung allen Menschentums durch Kriege während seiner eigenen Lebensjahrzehnte. Er hat darüber berichtet. Auch wusste er schon von den Naturverwüstungen durch das von ihm beschriebene Bergbau- und Hüttenwesen, die kahlgeholzten Berge und Hügel z. B. seiner näheren erzgebirgischen Heimat.

Jede Generation und jedes Zeitalter weiss um die selbstgeschaffenen, die eigenen Hypertrophien, aber will künftige Gefährdungen und Verletzungen nicht vorauswissen. Es ist dem kundig forschenden Agricola nicht anzurechnen, was zukünftig, im 19., 20., 21. Jahrhundert aus Technik, Industrie, naturwissenschaftlichem Labor, mit allem für die Menschen Gedeihlichem und allem fürchterlich Ungedeihlichem, entstanden ist und noch entstehen wird. Aber er hat in seinem Zeitraum, den wir gern auch oder gar nur mit Humanismus und Renaissance, als das Mündigwerden des Menschen benennen (die darin auch enthaltene technische Revolution wird ebenso gern übersehen), in diesem Zeitraum also, exemplarisch genommen, hat Agricola mit-verantwortlich die Weiche in das naturwissenschaftlich gesteuerte Industriezeitalter gestellt – und ich wiederhole: ohne magische Übergriffe und Selbstüberhöhungen. Aber er bleibt wie jeder Handelnde in der Verantwortung, damit auch im Verhängnis des Irrtums und der Irrwege. Das Gesicht des verzweifelten Faust blickt auch über seine Schultern. Doch Agricola blieb bei der Sache vernünftigen Masses, soweit ihm dies als dann doch unausweichlich Mithandelndem möglich war.

Faust und Agricola, scheinbar einander ausschliessende Typologien, dennoch komplementäre Figuren dieses 16. Jahrhunderts in der Ambivalenz der „Moderne", der Aufklärung, die es emblematisch-symbolisch, auch für uns noch im, vielleicht paradoxen, Gleichgewicht zu halten gälte, als das je menschlich Möglich und das je Unmögliche. Denn die Lehre, das Prodesse, die aus solchem Zusammenblick gewonnen werden könnte, wäre exakt das, was Goethe, auch der naturforschende, wiederholt als „Balance" bezeichnet hat, die Balance zwischen Notwendigem und Übermässigem, zwischen Bedingtem und Unbedingtem, auch zwischen vernünftigem Einsehen und erkenntnisleitendem Schauen. Solche geleitete und wägende Vernunft, darf man sagen: solche gezügelte, solche solidarische Rationalität, dem 21. Jahrhundert zu wünschen, ja ihm, im Wissen um die Geschichte Fausts, aufs dringlichste anzumahnen, dazu bedarf es keiner Vision, nur der kritischen Balance dieser Vernunft selbst.

Verwendete Literatur (zum Artikel von Hans Schwerte)

Georgius AGRICOLA: Ausgewählte Werke. Berlin, Heidelberg 1955ff. Band 1: Helmut WILSDORF: Georgius Agricola und seine Zeit 1956. Band 2: Bermannus sive de re metallica Dialogus. Ed. Helmut WILSDORF / Hans PRESCHER / Heinz TECHEL. 1955. Band 8: De re metallica Libri XII. Ed. Georg FRAUNSTADT / Hans PRESCHER. 1974. Band 9: Briefe und Urkunden. Bearb. von Ulrich HORST / Hans PRESCHER / Georg FRAUSTADT. 1992.
Hans PRESCHER: Georgius Agricola. Kommentarband zum Faksimiledruck „Vom Bergbau". Basel 1557. Leipzig, Weinheim 1985.
Georgius AGRICOLA: Vom Berg- und Hüttenwesen. Übers. und bearb. von Carl Schiffner et al. Düsseldorf 1961, München 1994.
Gisela-Ruth ENGEWALD: Georgius Agricola. Leipzig 1982.
Werner SCHIFFNER: Agricola und die Wismut. Leipzig 1994.
Karl Heinz LUDWIG / Volker SCHMIDTCHEN: Metalle und Macht, 1000 bis 1600. Propyläen Technikgeschichte. Berlin 1992.

Horst RABE: Deutsche Geschichte 1500–1600. München 1991.
Günter BAYERL: Technische Intelligenz im Zeitalter der Renaissance. – In: Technikgeschichte Bd. 45, Nr. 4, 1978.
Franz IRSIGLER: Luthers Herkunft und Umwelt – Wirtschaft und Gesellschaft der Zeit. – In: Martin Luther und die Reformation in Deutschland. Ausstellung zum 500. Geburtstag Martin Luthers. Germanischen Nationalmuseum Nürnberg. Katalog. Frankfurt 1983, 17-40.
Historia von D. Johann Fausten. Text des Druckes von 1587. Kritische Ausgabe. Ed. Stephan FÜSSEL / Hans Joachim KREUTZER. Stuttgart 1988.
Hans HENNING: Faust-Bibliographie. Teil I. Weimar 1996.
Hans HENNING: Faust-Variationen. Beiträge zur Editionsgeschichte. München 1993.
Günter MAHAL: Faust. Die Spuren eines geheimnisvollen Lebens. Bern, München 1980.
Frank BARON: Faustus: Geschichte, Sage, Dichtung. München 1982.
Hannes KÄSTNER: Fortunatus und Faustus. – In: Lili Jg. 23, Heft 89, 1993.
Hans SCHWERTE: Faust und das Faustische. Ein Kapitel deutscher Ideologie. Stuttgart 1962.
Hans SCHWERTE: Der weibliche Schluss von Goethes „Faust". – In: Sprachkunst XXI, 1990, 1. Halbband.
Werner BODENHEIMER: Das Primat des Deutschen. Studien zu Agricolas „De re metallica" und „Vom Bergwerck". – In: Aus dem Antiquariat, 6/7, 1993. Beilage zu: Börsenblatt für den deutschen Buchhandel, Nr. 51+60, 1993.
Karl Georg ZINN: Kanonen und Pest. Über die Ursprünge der Neuzeit im 14. und 15. Jahrhundert. Opladen 1989.
Frank BARON: Faustus on Trial. The Origins of Johann Spies's „Historia". Tübingen 1992.

LITERATURVERZEICHNIS

ABELSHAUSER, Werner (1987): Die langen Fünfziger Jahre. Wirtschaft und Gesellschaft der Bundesrepublik 1949–1966. Düsseldorf 1987 (Historisches Seminar Bd. 5).
ACKERMANN, Josef (1970): Heinrich Himmler als Ideologe. Göttingen 1971.
ACKER-SUTTER, Rotraud et al. (1986): Das Salzburger Landesinstitut für Volkskunde. Richard-Wolfram-Forschungsstelle. Ein Institut stellt sich vor. Salzburg 1986.
AGETHEN, Manfred (1994): Unruhepotentiale und Reformbestrebungen an der Basis der Ost-CDU im Vorfeld der Wende. *Historisch-Politische Mitteilungen* 1/1994, S. 89–114.
AHLZWEIG, Claus (1994): Muttersprache – Vaterland. Die deutsche Nation und ihre Sprache. Opladen 1994.
ALY, Götz / HEIM, Susanne (1991): Vordenker der Vernichtung. Auschwitz und die deutschen Pläne für eine neue europäische Ordnung. Hamburg 1991.
AMMON, Hermann (1926): Die philosophische Doktorwürde. Dessau 1926.
ARENDS, Felix / BRINKMANN, Hennig (1950): Die Lage der germanistischen Forschung und des Deutschunterrichts auf der Germanistentagung in München. 11. bis 16. September 1950. *Wirkendes Wort* 1; 1, S. 59–62.
ARENDT, Hans Jürgen (1982): Zur Frauenpolitik des faschistischen deutschen Imperialismus im zweiten Weltkrieg. *Jahrbuch für Geschichtswissenschaft* 26, 1982, S. 299–333.
ARONSON, Shlomo (1971): Reinhard Heydrich und die Frühgeschichte von Gestapo und SD. Stuttgart 1971.
ASTEL, Karl (1935): Rassendämmerung und ihre Meisterung durch Geist und Tat als Schicksalsaufgabe der weißen Völker. *NS. Monatshefte* 6, 60, März 1935, S. 194–215.
AUERBACH, Hellmuth (1992): ›Ahnenerbe‹. in: W. Benz (Hg.): Legenden, Lügen, Vorurteile. Ein Wörterbuch zur Zeitgeschichte. München 1992 (2. Aufl.), S. 13 f.
AUST, Stefan (1986): Der Baader-Meinhof-Komplex. Hamburg 1986.
AutorInnenkollektiv für Nestbeschmutzung (1996): Schweigepflicht. Eine Reportage. Der Fall Schneider und andere Versuche, nationalsozialistische Kontinuitäten in der Wissenschaftsgeschichte aufzudecken. 2. Auflage. Unrast, Münster 1996.

BAEUMLER, Alfred / FEHRLE, Eugen (Hg.) (1932): Was bedeutet Herman Wirth für die Wissenschaft. Leipzig 1932.

BARBIAN, Jan-Pieter (1993): Literaturpolitik im ›Dritten Reich‹. Institutionen, Kompetenzen, Betätigungsfelder. Frankfurt/M. 1993.
BARNER, Wilfried (1996): Literaturgeschichtsschreibung vor und nach 1945. in: Barner / König 1996, S. 119–149.
BARNER, Wilfried / KÖNIG, Christoph (Hg.) (1996): Zeitenwechsel. Germanistische Literaturwissenschaft vor und nach 1945. Frankfurt 1996.
BAYERSDÖRFER, Hans-Peter / CONRADY, Karl Otto / SCHANZE, Helmut (Hg.) (1978): Literatur und Theater im Wilhelminischen Zeitalter. Festschrift Hans Schwerte. Tübingen 1978.
BAYLE, F. (1953): Psychologie et Ethique du National-Socialisme. Etude anthropologique des dirigeants SS. Paris 1953.
BENZ, Wolfgang / NEISS, Marion (Hg.) (1997): Die Erfahrung des Exils. Exemplarische Reflexionen. Bibliothek der Erinnerung Band 3. Berlin 1997.
BERTIN, Francis (1976): L'Europe de Hitler. Coride-sur-Noireau 1976 (2. ed.).
BERVE, Helmut (1942): Das Neue Bild der Antike. Leipzig 1942.
BESSLING, Reiner (1997): Schule der nationalen Ethik: Johann Georg Sprengel, die Deutschkundebewegung und der deutsche Germanistenverband. Diss., Hannover, Frankfurt/Main, Berlin ... 1997.
BIERMANN, Wolf (1994): [Interview mit dpa]. *FAZ*, 22.11.1994.
BINDER, Hermann: Deutschland. Heilig Herz der Völker. Lebenswerte in deutscher Dichtung. Stgt.: DVA. 1940.
BIRN, Ruth Bettina (1986): Die Höheren SS-und Polizeiführer. Himmlers Vertreter im Reich und in den besetzten Gebieten. Düsseldorf 1986.
BOBERACH, Heinz (Hg.) (1984): Meldungen aus dem Reich. 17 Bände. Herrsching 1984.
BOBERACH, Heinz / BOOMS, Hans (Hg.) (1977): Aus der Arbeit des Bundesarchivs. Boppard 1977.
BOCKHORN, Olaf (1988): Zur Geschichte der Volkskunde an der Universität Wien. Von den Anfängen bis 1939. in: Lehmann, Albrecht / Kuntz, Andreas (Hg.): Sichtweise der Volkskunde. Berlin, Hamburg 1988, S. 63 ff.
BOCKHORN, Olaf (1994a): Mit all seinen völkischen Kräften deutsch: Germanisch-deutsche Volkskunde in Wien. in Jacobeit / Lixfeld / Bockhorn 1994, S. 559–575.
BOCKHORN, Olaf (1994b): Von Ritualen, Mythen und Lebenskreisen: Volkskunde im Umfeld der Universität Wien. in: Jacobeit / Lixfeld / Bockhorn 1994, S. 477–526.
BOEHLICH, Walter (1963): Das Faustische. Gedanken zu einem ideengeschichtlichen Buch. [„Faust und das Faustische"]. *Der Monat* 15, 178, Juli 1963, S. 26–29.
BOEHM, Max Hildebert (1940): Seelische Umsiedlung. *Nation und Staat* XIII, 1940, S. 233-4.
BOHLEY, Bärbel (1995): [Interview]: Amnestie führt doch zu Amnesie. *taz*, 23.01.1995, S. 1.
BOLHUIS, J. J. van (Hg.) (1948–1952): Onderdrukking en verset. Nederland in oorlogstijd. Arnsheim, Amst.., Bd. I-IV, 1948–1952.
BOOSS-BAVNBEK, Bernhelm / PATE, Glen (1990): Wie rein ist die Mathematik? 50 Jahre militärische Verschmutzung der Mathematik. *Informationsdienst Wissenschaft und Frieden* 8, 2, Juli 1990, S. 44–49.

BORSDORF, Ulrich / NIETHAMMER, Lutz (1995): Zwischen Befreiung und Besatzung. Analysen des US-Geheimdienstes über Positionen und Strukturen deutscher Politik 1945. Neuausgabe: Weinheim 1995.
BOSMANS, Jac (1993): De academie in bezettingstijd. in: Tot hier en niet verder. De RK Universiteit in oorlogstijd. Uitgave ter gelegenheid van het 14e lustrum van de KUN. Nijmegen 1993.
BÖTTCHER, Karl Wilhelm (1949): Menschen unter falschem Namen. *Frankfurter Hefte* 4; 1949, H. 6, S. 492–511.
BRIEGLEB, Klaus (1990): Unmittelbar zur Epoche des NS-Faschismus. Arbeiten zur politischen Philologie 1978–1988. Frankfurt/M. 1990.
BROCHHAGEN, Ulrich (1994): Nach Nürnberg. Vergangenheitsbewältigung und Westintegration in der Ära Adenauer. Schriftenreihe des Hamburger Instituts für Sozialforschung. Hamburg 1994.
BRODER, Henryk M. (1995): Ein Beitrag zur Hrdlicka-Debatte. *Süddeutsche Zeitung*, 11.1.1995.
BRUMLIK, Micha (1990): Die Entwicklung der Begriffe ›Rasse‹, ›Kultur‹ und ›Ethnizität‹ im sozialwissenschaftlichen Diskurs. in: Dittrich / Radtka 1990, S. 179–190.
BUCHSTEIN, Hubertus / GÖBLER, Gerhard (1986): In der Kontinuität einer „braunen" Politikwissenschaft? Empirische Befunde und Forschungsdesiderate. *Politische Vierteljahresschrift* 27, 3, 1986, S. 330–340.
BUCHWALD, Reinhard: Führer durch Goethes Faustdichtung. Erklärung des Werkes und Geschichte seiner Entstehung. Stuttgart o. J. [1943].
BUCK, Theo (1996): Ein Leben mit Maske oder ‚Tat und Trug' des Hans Ernst Schneider. *Sprache und Literatur*, 77–1996, S. 48–81.
BUCK, Theo (1985): Zur Literatur der Weimarer Republik. in: Buck / Steinbach 1985, S. 7–47.
BUCK, Theo / STEINBACH, Dietrich (Hg.) (1985): Tendenzen deutscher Literatur zwischen 1918 und 1945. Stuttgart, Klett 1985.
BURGER, Heinz Otto (Hg.) (1952): Annalen der deutschen Literatur. Geschichte der deutschen Literatur von den Anfängen bis zur Gegenwart. Eine Gemeinschaftsarbeit zahlreicher Fachgelehrter. Stuttgart 1952.
BUSSE, Hermann Eris (1934): Eugen Fischer. *Mein Heimatland* 21, 5/6, 1934, S. 141–8.

C. M. (1948): Die letzte Instanz. *Frankfurter Hefte* 3; 1948, H. 10, S. 957 f.
CALIC, Edouard (1982): Reinhard Heydrich – Schlüsselfigur des Dritten Reiches. Düsseldorf 1982.
CHILD, Clifton J. (1954): The Political Structure of Hitler's Europe. in: Toynbee, Arnold u. Veronica (Hg.): Hitler's Europe. London u. ö. 1954, S. 75.
CLEVERINGA, P. s. Holk / Schoeffer 1983.
COHEN, A. E. (1948): Frontuniversiteit Leiden. Een plan van Dr. Wimmer tot verDuitsing van de Leidse Universiteit. *Nederland in oorlogstijd* 3, 2, März 1948, S. 17 f + 26–28.
CONWAY, Martin (1993): Collaboration in Belgium. Léon Degrelle and the Rexist Movement 1940–1944. New Haven, London 1993.

COUDENHOVE-KALERGI, Richard (1958): Eine Idee erobert Europa. Meine Lebenserinnerungen. Wien, München, Basel. Desch 1958.
COVERLID, D. R. (1963): Review [„Faust und das Faustische"]. *AUMLA*. (Journal of the Australasian Universities Modern Language and Literature Association) 19, May 1963, S. 183 f.
DAVENPORT, Charles B. (1911): Heredity in Relation to Eugenics. New York 1911.
DECKEN, Godele von der (1988): Emanziption auf Abwegen. Frauenkultur und Frauenliteratur im Umkreis des Nationalsozialismus. (m. e. Vorwort v. Uwe-K. Ketelsen). Frankfurt/M. 1988.
DEICHMANN, Ute (1995): Biologen unter Hitler. Portrait einer Wissenschaft im NS-Staat. Frankfurt/M. 1995.
DENECKE, Ludwig (1971): Jacob Grimm und sein Bruder Wilhelm. Stuttgart 1971.
DEUTSCHKRON, Inge (1995): Mein Leben nach dem Überleben. München 1995.
Die Brüder von Gerold von Braunmühl (1986): An die Mörder unseres Bruders. *taz*, 7.11.1986.
DIEWERGE, Heinrich (1936): Der Fall Gustloff. Vorgeschichte und Hintergründe der Bluttat von Davos. München 1936.
DITTRICH, E. / RADTKA, F-O. (1990): Ethnizität. Wissenschaft und Minderheiten. Opladen 1990.
DOMARUS, Max (1962): Hitler. Reden und Proklamationen 1932 – 1945. Neustadt a. d. Aisch 1962.
DÖSCHER, Hans-Jürgen (1987): Das Auswärtige Amt im Dritten Reich. Diplomatie im Schatten der ›Endlösung‹. Berlin 1987.
DÜRING, Klaus von (Red.) / KÜSTER, Bernd (Text) (1986): Große Kunstschau Worpswede – Sammlung Roselius, Hoetger-Embleme – Katalog Osterholz. Worpswede 1986.

EBERHART, Helmut (1994a): Die „gläubige Wissenschaft". in: Jacobeit / Lixfeld / Bockhorn 1994, S. 441-8.
EBERHART, Helmut (1994b): Von der „gläubigen Wissenschaft" zum ›Ahnenerbe‹ der SS: Salzburg und die ns. Volkskunde. in: Jacobeit / Lixfeld / Bockhorn 1994, S. 549-557.
EBERT, Max (1924-32): Reallexikon der Vorgeschichte. 15 Bde. Berlin 1924-32.
EBERT, Theodor (1996): Antrag [auf Widerrufung der Verleihung des Doktortitels an Hans Schwerte]. in: Rektor der Friedrich-Alexander-Universität Erlangen-Nürnberg (ed.): Ein Germanist und seine Wissenschaft. Der Fall Schneider/Schwerte. *Erlanger Universitätsreden* Nr. 53/1996, 3. Folge. Erlangen 1996, S. 115.
EICHBERG, Henning et al. (1977): Massenspiele. NS-Thingspiel, Arbeiterweihespiel und olympisches Zeremoniell. Stuttgart 1977.
EMRICH, Wilhelm (1943a): Der Einbruch des Judentums in das wissenschaftliche und fachliche Denken. *Das deutsche Fachschrifttum* 4/5/6, Apr-Juni 1943, S. 1-3.
EMRICH, Wilhelm (1943b): Wandlungen der Faust-Deutung. *Europäische Literatur* 2, 6, Juni 43, S. 22.
ENDRES, Elisabeth (1983): Die Literatur der Adenauer-Zeit. München 1983.

ENGELHARDT-KYFFHÄUSER, Otto (1940): Das Buch vom großen Treck. Mit einem Geleitwort von SS-Obergruppenführer Lorenz. Berlin 1940.

EPSTEIN, Fritz (1960): War-Time Activities of the SS-Ahnenerbe. in: M. Beloff (ed.): On the Track of Tyranny. London 1960.

Fachschaft Philosophie (Hg.) (1995): „Die Feierlichkeiten sind nicht betroffen." Die Fälle Schneider, Gehlen und Rohrmoser im 125. Jahr der RWTH Aachen. *philfalt extra*. Aachen 1995.

FISCHER, Eugen (1955): Die Wissenschaft vom Menschen. Anthropologie im XX. Jahrhundert. in: Schwerte / Spengler 4, 1955, S. 276–277.

FISCHER, Fritz (1993): Hitler war kein Betriebsunfall. Aufsätze. München ³1993.

FRECKMANN, Klaus (1987): Aufklärung und Verklärung. Posititonen im Werk Georg Schreibers in: Gerndt, Helge (Hg.): Volkskunde und Nationalsozialismus. (*Münchener Beiträge zur Volkskunde* 7). München 1987, S.283–95.

FREI, Norbert (1996): Vergangenheitspolitik. Die Anfänge der Bundesrepublik und die NS-Vergangenheit. München 1996.

FRICKE, Gerhard / KOCH, Franz / LUGOWSKI, Klemens (1941): Von deutscher Art in Sprache und Kunst. 5 Bde. Stuttgart, Berlin 1941.

GÄRTNER, Peter (1997): Einzige Chance der Opfer. *Schwäbisches Tagblatt*, 23.10.1997.

GAST, Wolfgang (1995): Das Portrait. *taz*, 11.05.1995, S. 11.

GAUCH, Hermann (1934): Germanische Odal- oder Allodverfassung. Goslar 1934².

GERSDORF, Ursula von (1969): Frauen im Kriegsdienst 1914–1945. Stuttgart 1969.

GIES, Horst (1968): Zur Entstehung des Rasse- und Siedlungsamtes der SS. in: Dieter Rebentisch (Hg.): Paul Kluke zum 60. Geburtstag. Frankfurt/Main 1968, S. 127–139.

GIORDANO, Ralph (1994): Es ist längst genug. *taz* 9.8.94.

GOLDHAGEN, Daniel Jonah (1996): Hitler's Willing Executioners. Ordinary Germans and the Holocaust. London 1996.

GRANIN, Daniil (1988): Der Genetiker. (Aus dem Russ. von E. Ahrndt). Köln 1988.

GREINER, Ulrich (1995): Mein Name sei Schwerte. *Die Zeit* 12.5.95.

GRIMM, Jacob (1968): Vorreden zur Deutschen Grammatik von 1819 und 1922 (Mit einem Vorwort zum Neudruck von Hugo Steger). Darmstadt 1968.

GROENEVELD, Eduard G. (1977): The Muses Under Stress. Dutch Cultural Life During the German Occupation. in: Madajczyk 1977, S. 343–365.

GROENEVELD, Eduard G. (1984): The Dutch Universities between 1940 and 1945. Teachers and Students under German Occupation. in: Buszko, J. et al. (Hg.): Universities during world war II (= Zeszyty naukowe Universytetn Jagiellonskiego DCXLIII, 72) Warschau, Krakau 1984, S. 155–178.

GRUNSKY, Hans Alfred (1937): Der Einbruch des Judentums in die Philosophie. (Schriften der Deutschen Hochschule für Politik 1, 14). Berlin 1937.

HACHMEISTER, Lutz (1996): Mein Führer, es ist ein Wunder! *die tageszeitung*, 27.12.96, S. 11-13.

HACHMEISTER, Lutz (1998): Der Gegnerforscher. Die Karriere des SS-Führers Franz Alfred Six. München 1998.

HAGEMANN, Walter (1948): Publizistik im Dritten Reich. Hamburg 1948.
HARVOLK, Edgar (1990): Eichenzweig und Hakenkreuz. Die deutsche Akademie in München (1924–62) und ihre volkskundliche Sektion. München 1990.
HASSLER, Marianne / WERTHEIMER, Jürgen (Hg.) (1997): Der Exodus aus Nazideutschland und die Folgen. Jüdische Wissenschaftler im Exil. Tübingen 1997.
HAUSMANN, Frank-Rutger: ›Deutsche Geisteswissenschaft‹ im Zweiten Weltkrieg. Dresden. 1998.
HAVEMANN, Katja / BOHLEY, Bärbel / FUCHS, Jürgen et al. (1993): Gegen „Schlussstrich", gegen Amnestie und Verjährung. März 1993. (Veröffentlicht u. a. in *taz*, 13.03.1995, S. 10).
HEIBER, Helmut (1983): Akten der Partei-Kanzlei. Regesten Bd. 1. München u. ö. 1983.
HEIBER, Helmut (1991): Universität unterm Hakenkreuz. Tl. I Der Professor im Dritten Reich. Bilder aus der akademischen Provinz. München 1991.
HEIBER, Helmut (1994): Universität unterm Hakenkreuz. Tl. II Die Kapitulation der Hohen Schulen. Das Jahr 1933 und seine Themen. München 1994.
HENTSCHEL, Claudia (1984): Zum Leben und Werk von Gunther Ipsen. Ein Beitrag zur Geschichte der Soziologie. (Unveröff. Staatsexamensarbeit). Münster 1984.
HERBERT, Ulrich (1996): Best. Biographische Studien über Radikalismus, Weltanschauung und Vernunft 1903–1989. Bonn 1996.
HERBERT, Ulrich (1997): Als die Nazis wieder gesellschaftsfähig wurden. *Die Zeit*, 10.1.1997, S. 34.
HERBST, Ludolf (1982): Der Totale Krieg und die Ordnung der Wirtschaft. Die Kriegswirtschaft im Spannungsfeld von Politik, Ideologie und Propaganda 1939–1945. Stuttgart 1982.
HERMAND, Jost (1988): Der alte Traum vom neuen Reich. Frankfurt/M. 1988.
HERMANNS, Fritz (1982): Brisante Wörter. Zur lexikographischen Behandlung parteisprachlicher Wörter und Wendungen in Wörterbüchern der deutschen Gegenwartssprache. in: Herbert E. Wiegand (Hg.): Studien zur neuhochdeutschen Lexikographie II. Hildesheim, New York 1982 (= *Germanistische Linguistik* 3-6, 1980), S. 87–108.
HERMANNS, Fritz (1991): Düsseldorfer Vortrag [ungedruckt] 1991.
HERMANNS, Fritz (1994): Schlüssel-, Schlag- und Fahnenwörter. Zu Begrifflichkeit und Theorie der lexikalischen ›politischen‹ Semantik. Arbeiten aus dem Sonderforschungsbereich 245. Sprache und Situation. Heidelberg/Mannheim. Bericht 81. Dez. 1994.
HERRMANN, Max (1894): Stichreim und Dreireim bei Hans Sachs. in: A. L. Stiefel (Hg.): Hans-Sachs-Forschungen. Nürnberg 1894, S. 407–471.
HERRMANN, Max (1923): Die Bühne des Hans Sachs. Ein offener Brief an Albert Köster. Berlin 1923.
HESSE, Alexander (1995): Die Professoren und Dozenten der preußischen Pädagogischen Akademien (1926–1933) und Hochschulen für Lehrerbildung (1933–1941). Weinheim 1995.
HIMMLER, Heinrich (1937): Die Schutzstaffel als antibolschewistische Kampforganisation. München 1937, 3. Auflage.
HIRSCHFELD, Gerhard (1978): Im Rheinkahn von Köln nach Leiden. NS-Planspiele für eine ›Germanische Reichsuniversität‹. in: Walter Först (Hg.): Heimat, Region und Ferne. Köln, Berlin 1978 (= Rheinisch-Westfälische Lesebücher 5), S. 63–72.

HIRSCHFELD, Gerhard (1983): Nazi Propaganda in Occupied Western Europe: The Case of the Netherlands. in: Welch, David H. (Hg.): Nazi Propaganda. The power and limitations. London 1983, S. 143–160.

HIRSCHFELD, Gerhard (1984): Fremdherrschaft und Kollaboration. Die Niederlande unter deutscher Besatzung 1940–1945. Stuttgart 1984.

HIRSCHFELD, Gerhard (1997): Die nationalsozialistische Neuordnung Europas und die „Germanisierung" der westeuropäischen Universitäten. in: Helmut König et al. 1997, S. 79–102.

HOFFMANN, Gabriele (1972): NS-Propaganda in den Niederlanden. München-Pullach 1972.

HÖHNE, Heinz (1967): Der Orden unter dem Totenkopf. Die Geschichte der SS. Gütersloh 1967.

HÖHNE, Heinz (1985): Der Krieg im Dunkeln. Macht und Einfluß des deutschen und russischen Geheimdienstes. München 1985.

HOLK, L. E. van / SCHOEFFER, I. (Hg.) (1983): Gedenkschriften van Prof. Mr. P. Cleveringa betreffende zijn gevangenschap in 1940–1941 en 1944. Leiden 1983.

HOLZLÖHNER, E. (1943): Verhütung und Behandlung der Auskühlung im Wasser. *Mitteillungen aus dem Gebiet der Luftfahrtmedizin* 7/43, S. 42–44.

HOOPS, Johannes (1911–1919): Reallexikon der germanischen Altertumskunde. 4 Bde. Straßburg 1911–1919.

HÖRISCH, Jochen (1998): „Verhaften Sie die üblichen Verdächtigen". Unheimliche Dimensionen in den Fällen Schneider/Schwerte, Paul de Man, Jauß. in: Loth / Rusinek 1998, S. 181–195.

HORKHEIMER, Max (1939/40): Die Juden in Europa. *Zeitschrift für Sozialforschung* 8, 1939/40, S. 115–137.

HRDLICKA, Alfred (1994): Offener Brief an Wolf Biermann. *Neues Deutschland*, 24.11.1994.

HÜNEMÖRDER, Christian (1991): Biologie und Rassenbiologie in Hamburg 1933 bis 1945. in: Krause, Eckart et al.: Hochschulalltag im ›Dritten Reich‹. Die Hamburger Universität 1933–1945. Berlin, Hamburg 1991 Bd. 3, S. 1171 ff.

HUNGER, Ulrich (1984): Die Runenkunde im Dritten Reich. Frankfurt/M., Bern ... 1984.

HUTTON, Christopher: Linguistics and the Third Reich. Mother-tongue fascism and the science of language. London, New York. 1999.

IDENBURG, P. J. (1978): De Leidse Universiteit 1928–1946. Vernieuwing en verzet. Den Haag 1978.

IDENBURG, P. J. (1982): De Leidse Universiteit tegen Nationaal-Socialisme en Bezetting. Leiden 1982.

IMT (1946–1949): Trials of War Criminals before the Nuremberg Military Tribunals. Nürnberg 1946ff. (Teilübersetzung: Der Prozeß gegen die Hauptkriegsverbrecher vor dem Internationalen Militärgerichtshof Nürnberg. Bd. I-XLII, Nürnberg 1946–1949).

IRVING, David (1987): Göring. Eine Biographie. (dt. von Richard Giese). München, Hamburg 1987, 2. Aufl. Reinbek 1989.

ISPERT, Wolfgang (1944): Vom Sinn des Krieges. Der europäische Zukunftsweg. *Aussprache – Schriftenreihe der Forschungsstelle Volk und Raum*, Folge 3, Feb. 1944.

JACOBEIT, Wolfgang / LIXFELD, Hannjost / BOCKHORN, Olaf / DOW, James R. (Hg.) (1994): Völkische Wissenschaft. Gestalten und Tendenzen der deutschen und österreichischen Volkskunde in der ersten Hälfte des 20. Jahrhunderts. Wien, Köln, Weimar 1994.

JACOBSEN, Hans-Adolf (1979): Karl Haushofer: Leben und Werk. Boppard 1979.

JACOBSEN, Hans-Adolf (1981): Auswärtige Kulturpolitik als „geistigeWaffe". Karl Haushofer und die Deutsche Akademie (1923–1937). in: Düwell, Kurt (Hg.): Beiträge zur Geschichte der Kulturpolitik Bd. 1 Köln, Wien 1981, S.218 ff.

JÄGER, Ludwig (1996): Germanistk – eine deutsche Wissenschaft. Das Kapitel Schneider/ Schwerte. *Sprache und Literatur*, 77, 1996, S. 5–47.

JÄGER, Ludwig (1998): Seitenwechsel. Der Fall Schneider/Schwerte und die Diskussion der Germanistik. München 1998.

JANKUHN, Herbert (1939): Die Jahrestagung der Forschungs- und Lehrgemeinschaft „Das Ahnenerbe" in Kiel. *Kieler Blätter* 3, 1939, S. 223–4.

JANKUHN, Herbert (Hg) (1944): Jahrestagungen. Bericht über die Kieler Tagung 1939. in: Forschungs- und Lehrgemeinschaft „Das Ahnenerbe". Neumünster 1944.

JASPER, Gotthard (1996): Die Universität Erlangen-Nürnberg und der Fall Schneider/ Schwerte. in: Der Rektor der Friedrich-Alexander-Universität Erlangen-Nürnberg 1996, S. 3–19.

JENS, Walter (1962): Völkische Literaturbetrachtung – heute. in: Richter, Hans Werner (ed.): Bestandsaufnahme. Eine deutsche Bilanz 1962. Sechsunddreissig Beiträge deutscher Wissenschaftler, Schriftsteller und Publizisten. München u. ö. 1962.

JOHLER, Reinhard et al. (Hg.) (1991): Südtirol. Im Auge der Ethnographen. Wien, Lana 1991.

JOLLES, André (1929/30): Einfache Formen. Legende / Sage / Mythe / Rätsel / Spruch / Kasus / Memorabile / Märchen / Witz. Halle 1929/30. Tübingen 1982 [6. Aufl.] [Sächsische Forschungsinstitute in Leipzig D: Forschungsinstitut für neuere Philologie II. Neugermanistische Abteilung, Heft II].

JONG, Louis de (1961/62): De Bezetting. Teil 1 Amsterdam 1961, Teil 2 Amsterdam 1962.

JONG, Louis de (1972): Het koninkrijk der Nederlanden in de tweede wereldoorlog. Deel 4: Mei 40 – Maart 41. s'Gravenhage 1972.

JONG, Louis de (1989): Jews and Non-Jews in Nazi-Occupied Holland. in: Marrus 1989, S. 129–145.

JONGE, A. A. de (1968): Het Nationaal-Socialisme in Nederland. Voorgeschiedenis, ontstaan en ontwikkeling. Den Haag 1968.

JUNGINGER, Horst: Sigrid Hunke. Europe's New Religion and its Old Stereotypes. Okt. 1997. (http://www.uni-tuebingen.de/deutsches-seminar/gift/index.html)

JUNGRICHTER, Cornelia (1979): Ideologie und Tradition. Studien zur nationalsozialistischen Sonettdichtung. Bonn 1979.

KAISER, Friedhelm (1939): Germanenkunde als politische Wissenschaft. Bericht über die Jahrestagung der Forschungs- und Lehrgemeinschaft „Das Ahnenerbe" 1939 zu Kiel. Neumünster 1939.

KAMLAH, Wilhelm (1957): Geschichte im Zerrspiegel. *Die Erlanger Universität* 10; 3, 15.5.57.

KANTOROWICZ, Alfred (1959): Einer der helfen wollte, wurde hingerichtet. *Die Zeit* Nr. 14, 3.4.59, Beilage 1.
KANTOROWICZ, Alfred (1964): Wolfram Sievers. in: A. K.: Deutsche Schicksale. Intellektuelle unter Hitler und Stalin. Wien, Köln ... 1964, S. 107–118.
KATER, Michael H. (1966): Das ›Ahnenerbe‹. Die Forschungs- und Lehrgemeinschaft in der SS. Organisationsgeschichte von 1935 bis 1945. Diss. Heidelberg 1966.
KATER, Michael H. (1974): Das ›Ahnenerbe‹ der SS 1935–1945. Ein Beitrag zur Kulturpolitik des Dritten Reiches. Stuttgart 1974.
KATER, Michael H. (1983): Frauen in der NS-Bewegung. *Vierteljahreshefte für Zeitgeschichte* 31, 1983, S. 202–241.
KEILSON, Hans (1997): Überwindung des Nationalsozialismus. Literarische und psychoanalytische Annäherungen. in: Benz / Neiss 1997, S. 29–46.
KEILSON-LAURITZ, Marita (1996): Hans Schwerte – Irrtum und Neuversuch. in: Rektor der Friedrich-Alexander-Universität Erlangen-Nürnberg 1996, S. 75–81.
KEITER, Friedrich (1955): Renato Biasutti. Der Geograph als Rassen-, Völker- und Kulturforscher. in: Schwerte / Spengler 1955, S. 335.
KELDER, Jan Jaap et al. (Hg.) (1985): De nieuwe orde en de Nederlandse letterkunde 1940–1945. s'Gravenhage 1985.
KELLY, Reece C. (1980): Die gescheiterte nationalsozialistische Personalpolitik und die mißlungene Entwicklung der nationalsozialistischen Hochschulen. in: Erziehung und Schulung im Dritten Reich. Tl. 2: Hochschule, Erwachsenenbildung. Stuttgart 1980, S. 61 ff.
KEMPNER, Robert M.W. (1964): SS im Kreuzverhör. München 1964.
KESTEN, Hermann (ed.) (1973): Deutsche Literatur im Exil. Briefe europäischer Autoren 1933–1949. Frankfurt 1973.
KIELPINSKI, Walter von (1943): Die deutschen Übersetzungen norwegischer Schönliteratur. *Weltliteratur* 18, 8/9, Aug.–Sep. 43, S. 206 f.
KINDER, Elisabeth (1977): Der Persönliche Stab Reichsführer-SS. Geschichte, Aufgaben und Überlieferung. in: Boberach / Booms 1977, S. 379–397.
KIRKNESS, Alan et al. (Hg.) (1990): Studien zum deutschen Wörterbuch von Jacob Grimm und Wilhelm Grimm. 2 Bde. Tübingen 1990.
KLATT, Fritz: Geistige Verantwortung. *Geistige Arbeit* 7, 21, 5.11.40, 1–2.
KLEE, Ernst (1997): Deutscher Menschenverbrauch. *Die Zeit* Nr. 49, 28.11.1997.
KLEFISCH, Peter (1987): Das Dritte Reich und Belgien 1933–1939. Diss. Köln 1987.
KLESSMANN, Christoph (1986): Die doppelte Staatsgründung. Deutsche Geschichte 1945–1955. Schriftenreihe der Bundeszentrale für politische Bildung Bd. 193. 4., ergänzte Auflage, Bonn 1986.
KLIEMANN, Thomas (1996): Verzweifelter Faust. *Nürnberger Zeitung* 16.5.96.
KLINGEMANN, Carsten (1990): Das „Institut für Sozialwissenschaften" an der Universität Heidelberg zum Ende der Weimarer Republik und während des Nationalsozialismus. *Jb. f. Soziologiegeschichte* 1990, S. 79–120.
KLINGEMANN, Carsten (1996): Soziologie im Dritten Reich. Baden-Baden 1996.
KLINKSIEK, Dorothee (1982): Die Frau im NS-Staat. Stuttgart 1982.

KLUGE, Ellen / MAURER, Vera / WEIGEL, Gerda (1982): Sprachforschung zwischen Politik und Wissenschaft. Eine Streitschrift Otto Behaghels wird zum Politikum. in: Germanistik in Gießen 1925-1945. Beiheft zur Ausstellung. Gießen 1982, S. 19-34.

Kluge, Friedrich (1894): Sprachreinheit und Sprachrichtigkeit – geschichtlich betrachtet. *Zs. d. Allg. Dt. Sprachvereins* 9, 10/11, Okt. 1894, S. 201-211.

KNEGTMANS, Peter Jan et al. (1996): Collaborateurs van niveau. Opkomst en val van de hoogleraren Schrieke, Snijder en van Dam. Amsterdam 1996.

KOEHL, Robert L. (1957): RKFDV: German Resettlement and Population Policy 1939-1945. A history of the Reich Commission for the Strengthening of Germandom. Cambridge 1957.

KÖNIG, Helmut / KUHLMANN, Wolfgang / SCHWABE, Klaus (Hg) (1997): Vertuschte Vergangenheit. Der Fall Schwerte und die NS-Vergangenheit der deutschen Hochschulen. München 1997.

KÖSTER Albert (1923a): [Besprechung von Herrmann] *Dt. Lit.ztg.* 1/2, 1923, S. 18-20.

KÖSTER Albert (1923b): Die Bühne des Hans Sachs. Ein letztes Wort. *Dt. Vierteljahrsschr.* 1, 4, 1923.

KRAUSNICK, Helmut / WILHELM, Hans Heinrich: Die Truppe des Weltanschauungskrieges. Die Einsatzgruppen der Sicherheitspolizei und des SD 1938-1942. Stuttgart 1981.

KRÖGER, Martin / THIMME, Roland (1996): Die Geschichtsbilder des Historikers Karl Dietrich Erdmann. Vom Dritten Reich zur Bundesrepublik. München 1996.

KUHN, Anette / ROTHE, Valentine (1987): Frauen im Faschismus. 2 Bde. Düsseldorf 1987.

KÜRSCHNER, Wilfried (1994): Linguisten-Handbuch. Tübingen 1994.

KUTSCH, Arnulf (Hg.) (1984): Zeitungswissenschaftler im Dritten Reich. Sieben biographische Studien. Köln 1984.

KUTSCH, Manfred (1995): Neue Enthüllungen im Fall Schwerte. *Aachener Volkszeitung* 29.4.95.

KUTZLEB, Hjalmar (1932): Scholastik von heute II. Herman Wirth. *Die Neue Literatur* 33, 1932, S. 108-112.

KWIET, Konrad (1968): Reichskommissariat Niederlande. Versuch und Scheitern nationalsozialistischer Neuordnung. Stuttgart 1968.

LADEMACHER, Horst (1990): Zwei ungleiche Nachbarn. Wege und Wandlungen der deutsch-niederländischen Beziehungen im 19. und 20. Jh. Darmstadt 1990.

LAKATOS, Imre (1974): Die Geschichte der Wissenschaft und ihre rationalen Rekonstruktionen. in: Diederich, Werner: Theorien der Wissenschaftsgeschichte. Frankfurt/Main 1974, S. 55-119.

LANDSBERG, Paul Ludwig (1933): Rassenideologie und Rassenwissenschaft. *Zs. f. Sozialforschung* 2, 1933.

LANG, Jochen von (1982): Das Eichmann-Protokoll. Tonbandaufzeichnungen der israelischen Verhöre. Berlin 1982.

LEAMAN, George (1993): Heidegger im Kontext. Gesamtüberblick zum NS-Engagement der Universitätsphilosophen. Hamburg 1993.

LEAMAN, George / SIMON, Gerd (1992): Deutsche Philosophen aus der Sicht des Sicherheitsdienstes des Reichsführers SS. *Jahrbuch für Soziologiegeschichte* 1992, S. 261–292.

LEAMAN, George / SIMON, Gerd (1994): Die Kant-Studien im 3. Reich. *Kant-Studien* 85, 1994, S. 443–469.

LEERS, Johann von (1935): Odal. Das Lebensgesetz eines ewigen Deutschland. Die Geschichte des deutschen Bauerntums nationalsozialistisch gesehen. Goslar 1935.

LEEUW, A. J. van der (1948): De universiteiten en hogescholen. in: Bolhuis 1948–1952, Bd. 3, S. 301–337.

LEGGEWIE, Claus (1998): Von Schneider zu Schwerte. München 1998.

LEHMANN-HAUPT, Hellmut (1948): Cultural Looting of the ›Ahnenerbe‹. Report prepared by Monuments Fine Arts and Archives Section, OMGUS. Berlin, March 1, 1948 (maschinenschriftliches Manuskript).

LEIBBRANDT, Georg (Hg.) (1941): Die deutschen Siedlungen in der Sowjetunion. *Deutsche Arbeit* 42, 6/7, Juni/Juli 1942. Berlin 1941.

LENK, Kurt (1986): Über die Geburt der „Politikwissenschaft" aus dem Geiste des „unübertrefflichen" Wilhelm Heinrich Riehl. *Politische Vierteljahresschrift* 27, 3, 1986, S. 252–8.

LERCHENMUELLER, Joachim (1996): Arbeiten am Bau Europas? Zur Wissenschaftspolitik der SS in den „germanischen Randländern". in: Rektor … 1996, S. 47–74.

LERCHENMUELLER, Joachim: In the Name of Political Expediency? The case of the Nazi-turned-liberal Porfessor Hans Schwerte demonstrates that Germans still have some lessons to learn from their past. Feb. 1996. (http://www.uni-tuebingen.de/deutsches-seminar/gift/index.html)

LERCHENMUELLER, Joachim (1997): ‚Keltischer Sprengstoff'. Eine wissenschaftsgeschichtliche Studie über die deutsche Keltologie von 1900 bis 1945. Tübingen, Niemeyer 1997.

LERCHENMUELLER, Joachim (in Arbeit): Geschichtswissenschaft in den Planspielen des Sicherheitsdienstes der SS. Tübingen, GIFT.

LERCHENMUELLER, Joachim / SIMON, Gerd (1997): im vorfeld des massenmords. germanistik im 2. weltkrieg. eine übersicht. 3. überarbeitete Auflage, Tübingen 1997.

LESKE, Monika (1990): Philosophen im ‚Dritten Reich'. Berlin 1990.

LESZCZYNSKI, Kazimierz (Hg.) (1963): Fall 9. Das Urteil im SS-Einsatzgruppenprozeß, gefällt am 10. April 1948 in Nürnberg vom Militärgerichtshof II der Vereinigten Staaten von Amerika. (Mit einer Einleitung von Siegmar Quilitzsch). Berlin (DDR) 1963.

LICHTENSTEIN, Heiner (1990): Himmlers grüne Helfer. Die Schutz- und Ordnungspolizei im ›Dritten Reich‹.

LINS, Ulrich (1988): Die gefährliche Sprache. Gerlingen 1988 (vgl. a. die Rezension im *Argument* 175, 1989, S. 453–455).

LIXFELD, Gisela (1994): Das ›Ahnenerbe‹ Heinrich Himmlers und die ideologisch-politische Funktion seiner Volkskunde. in: Jacobeit / Lixfeld / Bockhorn / Dow 1994, S. 217–255.

LIXFELDT Hannjost (1994a): Aufstieg und Niedergang von Rosenbergs Reichsinstitut für Deutsche Volkskunde. in: Jacobeit / Lixfeld / Bockhorn / Dow 1994, S. 269–331.

LIXFELDT Hannjost (1994b): Nationalsozialistische Volkskunde und Volkserziehung. in: Jacobeit / Lixfeld / Bockhorn / Dow 1994, S. 341–366.
LIXFELDT Hannjost (1994c): Kulturpolitische Institutionen Rosenbergs. Ein Überblick. in: Jacobeit / Lixfeld / Bockhorn / Dow 1994, S. 190–192.
LOEBER, Dietrich A. (1972): Diktierte Option. Die Umsiedlung der Deutsch-Balten aus Estland und Lettland. Dokumentation. Neumünster 1972.
LOEWY, Ernst (1966): Literatur unterm Hakenkreuz. Das Dritte Reich und seine Dichtung. Eine Dokumentation. Frankfurt/Main 1966 u. ö.
LOOCK, Hans-Dietrich (1960): Zur „Grossgermanischen Politik" des Dritten Reiches. *Vierteljahreshefte für Zeitgeschichte* 8, 1960, S. 37–63.
LOSEMANN, Volker (1980): Zur Konzeption der NS-Dozentenlager. in: Manfred Heinemann (Hg.): Erziehung und Schulung im Dritten Reich. Tl. 2: Hochschule, Erwachsenenbildung. Stuttgart 1980.
LOTH, Wilfried / RUSINEK, Bernd-A. (1998): Verwandlungspolitik. NS-Eliten in der westdeutschen Nachkriegsgesellschaft. Frankfurt/M. 1998.
LÜCK, Margret (1979): Die Frau im Männerstaat. Frankfurt/M. 1979.
LÜHRS, Georg (1936): Der „Fall Hankamer". *Der junge Osten* 1,5, Feb. 1936.
LUNDGREN, Peter (1985): Hochschulpolitik und Wissenschaft im 3. Reich. in: Wissenschaft im Dritten Reich. Hg. v. P. L. Frankfurt/M. 1985, S. 10.
LUTZHÖFT, Hans-Jürgen (1971): Der Nordische Gedanke in Deutschland 1920–1940. Stuttgart 1971.

MACCIOCCHI, Maria-Antonietta (1976): Jungfrauen, Mütter und ein Führer – Frauen im Faschismus. Berlin 1976.
MADAJCZYK, Czeslaw (Hg.) (1977): Inter arma non silent musae. The war and culture 1939–1945. Warschau 1977.
MADER, Julius (1961): Die graue Hand. Eine Abrechnung mit dem Bonner Geheimdienst. Berlin 2. Aufl. 1961.
MAHLER, Horst (1978): Brief aus dem Kerker. *Neues Forum* (Wien), Heft 291/292, März/April 1978, S. 8 ff (Teil 1); Heft 293/294, Mai/Juni 1978, S. 18 ff (Teil 2); Heft 295/296, Juli/August 1978, S. 25 ff (Teil 3).
MANDELKOW, Karl Robert (1980): Goethe in Deutschland: Rezeptionsgeschichte eines Klassikers. 2 Bde., München 1980.
MARRUS, Michael R. (Hg.) (1989): The „Final Solution" Outside Germany. Vol. 4.1, London 1989.
MARWELL, David / LEAMAN, George et al. (1994): The Holdings of the Berlin Document Center. A Guide to the Collections. Berlin, BDC 1994.
MASON, Timothy W. (1976a): Zur Lage der Frau. *Gesellschaft* 6, 1976, S. 118–193.
MASON, Timothy W. (1976b): Women in Germany, 1925–1940: Family, Welfare and Work. History Workshop 1+2, 1976.
MAYER, Hans (1963): Rezension [„Faust und das Faustische"]. *Germanistik* 4, 1963, S. 425 f.
MAYR, Ernst (1984): Die Entwicklung der biologischen Gedankenwelt. Berlin 1984.
MAYR, Walter (1995): „Ich bin doch immun". *Der Spiegel*, 19/1995, S. 94–96.

MEERTENS, P. J. (1948): De wetenschappelijke en populair=wetenschappelijke instellingen. in: Bolhuis 1948–1952, Bd. 2, S. 589–604.

MEISSL, Sebastian (1981): Germanistik in Österreich. Zu ihrer Geschichte und Politik 1918–1938. – in: Kadmoska, Franz (Hg.): Aufbruch und Untergang. Österreichische Kultur zwischen 1918 und 1938. Wien 1981, S. 475–496, 481.

MEISSL, Sebastian (1985): Zur Wiener Neugermanistik der dreißiger Jahre: Stamm, Volk, Rasse, Reich. Über Josef Nadlers literaturwissenschaftliche Position. in: Amann, Klaus / Berger, Albert (Hg.): Österreichische Literatur der dreißiger Jahre. Ideologische Verhältnisse – Institutionelle Voraussetzungen. Fallstudien. Wien 1985, 1990_, S. 130–146.

MEISSL, Sebastian (1986): Der Fall Nadler 1945–1950. in: Meissl, Sebastian u. a. (Hg.): Verdrängte Schuld, verfehlte Sühne. Entnazifizierung in Österreich 1945–1955. Symposion des Instituts für Wissenschaft und Kunst Wien, März 1985. Wien, München 1986, S. 281–301.

MEISSL, Sebastian (1989): Wiener Ostmark-Germanistik. in: Heiss, Gernot et al. (Hg.): Willfährige Wissenschaft. Die Universität Wien 1938–1945. Wien 1989, S. 133–154.

MEYER, Klaus (1969): Arbeiterbildung in der Volkshochschule. Die „Leipziger Richtung". Ein Beitrag zur Geschichte der deutschen Volksbildung in den Jahren 1922–1933. Stuttgart 1969.

MICHELS, Eckard (1993): Das Deutsche Institut in Paris 1940–1944. Ein Beitrag zu den deutsch-französischen Kulturbeziehungen und zur auswärtigen Kulturpolitik des Drittten Reiches. Stuttgart 1993.

MILES, Robert (1988): Racism. London 1988 u. ö.

MILES, Robert (1990): Die marxistische Theorie und das Konzept ‚Rasse'. in: Dittrich / Radtka 1990, S. 155–177.

Ministerie van onderwijs, kunsten en wetenschapen. in: RIOD 1952.

MINOR, Jacob (1896/97): Stichreim und Dreireim bei Hans Sachs. *Euphorion* 3, 1896, S. 692 ff + 4, 1897, S. 210 ff.

MOSSE, George L. (ed.): Police Force in History. London, Beverley Hills. 1975. vol. 2.

MÜLLER, Hans-Harald / SCHÖBERL, Joachim (1991): Karl Ludwig Schneider und die Hamburger ›Weiße Rose‹. Ein Beitrag zum Widerstand von Studenten im „Dritten Reich". in: Krause, Eckart / Huber, Ludwig / Fischer, Holger (Hg.): Hochschulalltag im ›Dritten Reich‹. Die Hamburger Universität 1933–1945. Hamburg 1991, Bd I, S. 423–437.

MÜLLER-HILL, Benno (1984): Tödliche Wissenschaft. Die Aussonderung von Juden, Zigeunern und Geisteskranken 1933–1945. Reinbek 1984.

MÜLLER-SEIDEL, Walter (1997): Wissenschaft im 20. Jahrhundert. Vorläufiger Bericht über den Fall des Germanisten Hans Schwerte. *Marbacher Arbeitskreis für Geschichte der Germanistik, Mitteilungen* H. 11/12, 15.7.1997, S. 1–15.

MYLLYNIEMI, Seppo (1979): Die baltische Krise 1938–1941. (Aus dem Finnischen von Dietrich Assmann). Stuttgart 1979.

N. N. („fri") (1940c): Politik und Wissenschaft. *Frankfurter Zeitung* 2.5.40 (=BA NS 22/440).

N. N. (1939a): Jahrestagung des ›Ahnenerbes‹. *NN – Norddeutscher Nachrichtendienst des Deutschen Nachrichtenbüros* 148, 31.5.39, S. 1 ff.

N. N. (1939b): „Ahnenerbe" als Forschung und Lehre. Die Jahrestagung der Forschungs- und Lehrgemeinschaft „Das Ahnenerbe" in Kiel vom 31. Mai bis 5. Juni 1939. *NS-Bibliographie* 4, 8, Aug. 39, S. 70–3.

N. N. (1940a): Die Auslandswissenschaftliche Fakultät an der Universität Berlin. *NS-Monatshefte* 11, 119, Feb. 1940, S. 109–110.

N. N. (1940b): Die Auslandswissenschaftliche Fakultät an der Universität Berlin. *Monatshefte für Auswärtige Politik* 7, 1940, S. 108–110.

N. N. (1950): Illegale. Nix viel – aber geht. *Der Spiegel*, 23/1950, S. 12 f.

N. N. (1962): Bibliographie crititique [Rezension „Faust und das Faustische"]. *Etudes Germaniques* 17, 4, Octobre-Décembre 1962, S. 477 f.

N. N. (1963): Beinahe harmlos. *Der Spiegel* 48/1963, S. 50 f.

N. N. (1971): Selbstverständlich frei. *Der Spiegel* 13/1971, S. 73 f.

N. N. (1983): Früherer SS-Führer Best nicht mehr prozessfähig. *Frankfurter Allgemeine Zeitung*, 26.10.1983, S. 10.

N. N. (1995a): Der Fall Schneider/RWTH. Überarbeiteter Artikel aus der LIZ. in: Oase 1995, S. 207–213.

N. N. (1995b): Unrecht muss Unrecht bleiben. *taz*, 9.01.1995, S. 4.

N. N. (1995c): Wider die ‚juristische Delegitimierung der DDR'. *taz*, 27.03.1995, S. 5.

NADLER, Josef (1941): Literaturgeschichte des deutschen Volkes. Band 4. Berlin 1941.

NEHRING, Alfons / SCHRADER, Otto (Hg.) (1917–1929): Reallexikon der indogermanischen Altertumskunde. 2 Bde. Berlin 1917–1929. 2. Auflage.

NESTLER, Ludwig et al. (1990): Die faschistische Okkupationspolitik in Belgien, Luxemburg und den Niederlanden (1940–1945) (Dokumentenauswahl) Berlin 1990 (=Europa unterm Hakenkreuz 1).

NIETHAMMER, Lutz (1982): Die Mitläuferfabrik. Die Entnazifizierung am Beispiel Bayerns. Bonn, 2. Auflage 1982.

NOLLENDORFS, N. (1964): Review [„Faust und das Faustische"]. *Monatshefte für Deutschen Unterricht, Deutsche Sprache und Literatur* 56, 1964, S. 263 f.

NORTON, Donald H. (1958): Karl Haushofer and the German Academy, 1925–1945. *Central European History* 1, 1958, S. 80–99.

OASE e.V. (Hg.) (1995): „… von aller Politik denkbar weit entfernt". Die RWTH – Ein Lesebuch. Aachen 1995.

OBENAUER, Karl (1910): August Ludwig Hülsen. Seine Schriften und seine Beziehung zur Romantik. (Diss. München). Erlangen 1910.

OLT, Reinhard / RAMGE, Hans (1984): „Außenseiter": Otto Behaghel, ein eitel Hirngespinst oder Nationalsozialismus. *Linguistik und Literaturwissenschaft* 14, 53/54, 1984, S. 194–223.

ÖSTERLE, Anka (1987): John Meier und das SS-›Ahnenerbe‹. in: Volkskunde und Nationalsozialismus. Referate und Diskussionen einer Tagung der Deutschen Gesellschaft für Volkskunde, München, 23. bis 25. Oktober 1986. Hg. v. Helge Gerndt, München 1987, S. 83–93.

ÖSTERLE, Anka (1988): John Meier – Eine Biographie im Schatten des Nationalsozialismus. (Unveröffentlichte Magisterarbeit). Tübingen 1988.
ÖSTERLE, Anka (1991): Die volkskundlichen Forschungen des ‚SS-Ahnenerbes' mit Berücksichtigung der ‚Kulturkommission Südtirol'. in: Johler 1991, S. 76–89.
ÖSTERLE, Anka (1993): The Office of Ancestral Inheritance and Folklore Scholarship. in: Dow, James R. / Lixfeld, Hannjost: The Nazification of an Academic Discipline. Bloomington 1993, S. 189–246.
OSTWALD, Wilhelm (1910): Die Forderungen des Tages. Leipzig 1910.
OSTWALD, Wilhelm (1911): Sprache und Verkehr. Leipzig 1911.
OTT, Hugo (1988): Martin Heidegger. Unterwegs zu seiner Biographie. Frankfurt/M. 1988.
OTTEMA, J.G. (1872): Thet oera linda bok. Leeuwarden 1872.

PÄTZOLD, Kurt (1986): ›Faustisches Volk‹ oder Räuberhorde? Faschistische Politik und Propaganda 1933–1940. in: Reinhard Kühnl / Karen Schönwälder (Hg.): Sie reden vom Frieden und rüsten zum Krieg. Köln 1986, S. 174–209.
PAUWELS, Louis / BERGIER, Jacques (1962): Aufbruch ins dritte Jahrtausend. Von der Zukunft der phantastischen Vernunft. (Aus dem Frz. v. Gerda v. Uslar). Bern, Stuttgart 1962 [ohne wissenschaftlichen Apparat].
PEIFFER, Jürgen (Hg.) (1992): Menschenverachtung und Opportunismus. Zur Medizin im 3. Reich. Tübingen 1992.
PETRICK, Fritz et al. (1992): Die Okkupationspolitik des deutschen Faschismus in Dänemark und Norwegen (1940–1945). Berlin, Heidelberg 1992 (Europa unterm Hakenkreuz 7).
PEUKERT, Detlef J. K. (1987): Die Weimarer Republik. Krisenjahre der Klassischen Moderne. Frankfurt 1987.
PFEFFER, Karl Heinz (1944): Begriff und Methode der Auslandswissenschaften. *Geist der Zeit* H. 3/4, 1944, S. 151 ff.
PFEIFER, Wolfgang et al. (1982): Etymologisches Wörterbuch des Deutschen. Bd. I, Berlin 1982.
POLIAKOV, Léon / WULF, Josef (1959): Das Dritte Reich und seine Denker. Berlin 1959, München 1978 u. ö.
POPP, Emil (1955): Zur Geschichte des Königsberger Studententums 1900–1945. Würzburg 1955.
PREL, Max du /JANKE, Willi (Hg.) (1941): Die Niederlande im Umbruch der Zeiten. Alte und neue Beziehungen zum Reich. Im Auftrag des Reichskommissars Seyss-Inquart. Würzburg 1941.

REEKEN, Dietmar von (1993): Heimatbewegung, Kulturpolitik und Nationalsozialismus. Die Geschichte der „Ostfriesischen Landschaft" 1918–1949. Aurich 1993.
REESE-NÜBEL, Dagmar (1988): Kontinuitäten und Brüche in den Weiblichkeitskonstruktionen im Übergang von der Weimarer Republik zum Nationalsozialismus. in: Hans-Uwe Otto / Heinz Sünker (Hg.): Soziale Arbeit und Faschismus. Bielefeld. 1988, S. 223 ff.

REHBERG, Karl-Siegbert (1996a): Eine deutsche Karriere. Oder: Gelegenheit macht Demokraten. Überlegungen zum Fall Schwerte/Schneider. *Merkur* 1/1996, Januar, S. 73–80.

REHBERG, Karl-Siegbert (1996b): Gelegenheit macht Demokraten. in: Der Rektor der Friedrich-Alexander-Universität Erlangen-Nürnberg 1996, S. 94–111.

REICH, Jens (1997): Gespenster von gestern. *Die Zeit* 21.2.97.

REISS, H. S. (1963): Review [„Faust und das Faustische"]. *German Life & Letters* 17, 1, October 1963, S. 141 f.

Rektor der Friedrich-Alexander-Universität Erlangen-Nürnberg (Hg.) (1996): Ein Germanist und seine Wissenschaft. Der Fall Schneider/Schwerte. *Erlanger Universitätsreden* Nr. 53/1996, 3. Folge. Erlangen 1996.

REX, John (1990): ›Rasse‹ und ›Ethnizität‹ als sozialwissenschaftliche Konzepte. in: Dittrich / Radtka 1990, S. 141–153.

RICHARDS, Earl Jeffrey (1996): Die Schatten der Literaturwissenschaft. Jauß, Schwerte und Curtius – Eine Replik auf Michael Nerlich. *Frankfurter Rundschau* 14.5.1996.

RICHTER, Hans (1942): Heimkehrer. Bildberichte von der Umsiedlung der Volksdeutschen aus Bessarabien, der Dombrudsch, dem Buchenlande und aus Litauen. Vorwort von Generaloberst der Polizei und SS-Oberst-Gruppenführer Daluege. Berlin 1942 u. ö.

RICHTER, Hans Werner (ed.) (1962): Bestandsaufnahme. Eine deutsche Bilanz 1962. Sechsunddreissig Beiträge deutscher Wissenschaftler, Schriftsteller und Publizisten. München u. ö. 1962.

RIEDEL, Hildegard (1969): Die faschistische Kultur- und Wissenschaftspolitik in ihren Auswirkungen auf das Buch- und Bibliothekswesen – speziell die Deutsche Nationalbibliothek. (masch.) Diss. Leipzig 1969.

Rijksinstituut voor oorlogsdocumentatie (= RIOD) (1952): Het proces Rauter. s'Gravenhage 1952.

RÖMER, Ruth (1985): Sprachwissenschaft und Rassenideologie in Deutschland. München 1985 u. ö.

ROSELIUS, Ludwig (1933a): Briefe und Schriften zu Deutschlands Erneuerung. Oldenburg 1933.

ROSELIUS, Ludwig (Hg.) (1933b): Erstes Nordisches Thing. Bremen 1933.

ROSENKRANZ, Gerd (1994): Zur Entlassung von Irmgard Möller. *taz*, 18.11.1994, S.10.

RÖSSNER, Hans (1935): Rilkes Stundenbuch als religiöse Dichtung. *GRM* 23, 1935, S. 260–283.

RÖSSNER, Hans (1938): Georgekreis und Literaturwissenschaft. I. Teil: Die Grundlagen der Wissenschaft. Phil. Diss. Bonn 18.10.1937, o.O.

RÖSSNER, Hans (1943): Zum Kriegseinsatz der Geisteswissenschaften. *Weltliteratur* 18, 10/11, Okt.–Nov. 43, S. 135–144.

RÖTHER, Klaus (1980): Die Germanistenverbände und ihre Tagungen. Ein Beitrag zur germanistischen Organisations- und Wissenschaftsgeschichte. Köln 1980.

ROTHFEDER, Herbert Philipp (1963): A Study of Alfred Rosenberg's Organization For National Socialist Ideology. Diss. Univ. of Michigan 1963.

RÖTZSCH, Helmut / PLESSKE, Hans-Martin (1987): Die Deutsche Bücherei in Leipzig. Ein Abriß der Geschichte des Gesamtarchivs des deutschsprachigen Schrifttums 1912 bis 1987. *Jahrbuch der Dt. Bücherei* 23, 1987, S. 23–124.

RUNGE, Georg (1940): Zur Umsiedlung der Volksdeutschen. *Nation und Staat* 13, 4, 1940, S. 115–9.

RÜRUP, Reinhard (Hg.) (1987): Topographie des Terrors. Gestapo, SS und Reichssicherheitshauptamt auf dem ›Prinz-Albrecht-Gelände‹. Eine Dokumentation. Berlin 1987, 8. Auflage 1991.

RUSINEK, Bernd-A. (1996b): Ein Germanist in der SS. in: Rektor ... 1996, S. 23–46.

RUSINEK, Bernd-A. (1998): Von Schneider zu Schwerte. Anatomie einer Wandlung. in: Loth / Rusinek 1998, S. 143–179.

RUSINEK, Bernd-A. (Bearbeiter) (1996a): Zwischenbilanz der Historischen Kommission zur Untersuchung des Falles Schneider/Schwerte und seiner zeitgeschichtlichen Umstände. [unveröffentlichtes Typoskript] Düsseldorf, August 1996.

SAUER, Christoph (1990): Der aufdringliche Text. Hilversum 1990.

SAUER, Wolfgang (1967/68): National Socialism: Totalitarianism or Fascism? *American Historical Review* 73, 1967/68.

SCHÄFER, Wolfgang (1957): NSDAP. Entwicklung und Struktur der Staatspartei des Dritten Reiches. Hannover und Frankfurt/M. 1957.

SCHLEIERMACHER, Sabine (1988): Die SS-Stiftung ›Ahnenerbe‹. Menschen als ›Material‹ für ›exakte‹ Wissenschaft. in: Osnowski, Rainer (Hg.): Menschenversuche: Wahnsinn und Wirklichkeit. Köln 1988, S. 70–87.

SCHLICKER, Wolfgang (1975): Zur auswärtigen Kulturpolitik des deutschen Imperialismus in der Zeit der Weimarer Republik und der faschistischen Diktatur. Die „Akademie zur wissenschaftlichen Erforschung und Pflege des Deutschtums (Deutsche Akademie) in München. (unveröffentlichtes Ms.) 1975.

SCHMID NOERR, Gunzelin (1997): Die Emigration der Frankfurter Schule. in: Hassler / Wertheimer 1997, S. 228–245.

SCHMOOK, Reinhard / ASSION, Peter (1994): Hans Naumann. in: Jacobeit / Lixfeld / Bockhorn / Dow (Hg): Völkische Wissenschaft. Gestalten und Tendenzen der deutschen und österreichischen Volkskunde in der ersten Hälfte des 20. Jahrhunderts. Wien, Köln, Weimar 1994, S. 39 ff.

SCHNEIDER, Hans Ernst (1936a): Heimatmuseen und Volkstumsarbeit. *Der junge Osten* 1, 9, Juni 1936, S. 264–7.

SCHNEIDER, Hans Ernst (1936b): Das Theater als Stätte völkischen Glaubens. ibid. 1, 10, Juli 1936, S. 293–8.

SCHNEIDER, Hans Ernst (1936c): Königliches Gespräch. Braunschweig u. ö., Westermann 1936, 2. Auflage 1943.

SCHNEIDER, Hans Ernst (1940a): Ostpreußischer Frauentanz. *Niederdt. Zs. für Volkskunde* 18, 1940, S. 100–129.

SCHNEIDER, Hans Ernst (1940b): Einleitung. *Weltliteratur* 15, 11, Nov. 40, S. 206.

SCHNEIDER, Hans Ernst (1941a): Tat und Trug. Zur ostpreußischen Dichtung der Gegenwart. *Weltliteratur* 16, 3, März 41, S. 63 f.

SCHNEIDER, Hans Ernst (1941b): Ostpreußische Frauen. *Weltliteratur* 16, 12, Dez. 41, S. 324 f.
SCHNEIDER, Hans Ernst (1942): Mißdeutungen. Zum Verhältnis von Dichter und Gemeinschaft. *Weltliteratur* 17, 6, Juni 42, S. 115–9.
SCHNEIDER, Hans Ernst (1943): Ein unerwünschtes „Wiedersehen". *Weltliteratur* 18, 8/9, Aug.-Sep. 43, S. 126 f.
SCHNEIDER, Hans Ernst (1944): [Einleitung]. *Hammer* [dt. Ausgabe] 1, 3, März 1944, S. 2–3.
SCHÖFFER, Ivo (1956): Het nationaal-socialistische beeld van de geschiedenis der Nederlanden. Een historiografische en bibliografische studie. Amsterdam 1956.
SCHÖNWÄLDER, Karen (1992): Historiker und Politik. Geschichtswissenschaft im Nationalsozialismus. Frankfurt/M., New York 1992.
SCHOEPS, Hans Joachim (1967): Zeitgeist im Wandel. Das Wilhelminische Zeitalter. Stgt. 1967.
SCHOLDER, Klaus (Hg.) (1982): Die Mittwochsgesellschaft. Protokolle aus dem geistigen Deutschland 1932 bis 1944. Berlin 1982.
SCHOLTZ-KLINK, Gertrud (1968): Die Frau im Dritten Reich. Tübingen 1968.
SCHOOF, Wilhelm (1938): Das hundertjährige deutsche Wörterbuch. *Die Deutsche Höhere Schule* 5, 1938, S. 79–82.
SCHORCHT, Claudia (1990): Philosophie an den bayrischen Universitäten 1933–1945. Erlangen 1990.
SCHOTTLÄNDER, Rudolf (1988): Verfolgte Berliner Wissenschaft. Ein Gedenkwerk. (Mit Vorworten von Wolfgang Scheffler, Kurt Pätzold und einem Nachwort von Götz Aly). Berlin 1988.
SCHREIBER, Georg (1949): Zwischen Demokratie und Diktatur. Persönliche Erinnerungen an die Politik und Kultur des Reiches (1919–1944). Regensburg, Münster 1949.
SCHRÖDER, Otto (1929): Die Erwerbung der philosophischen Doktorwürde (Dr. phil. – Dr. rer. nat.) an den Universitäten Deutschlands ... Halle 1929.
SCHULTEN, Paul: Oudheid en Nieuwe Orde. Geerto Aeilko Sebo Snijder (1896–1992). in: Knegtmans et al. 1996, 155–222.
SCHULTZ, Bruno K. (1937): Taschenbuch der rassenkundlichen Meßtechnik. München, Berlin 1937.
SCHUSTER, Kurt A. (1943/44): 10 Jahre PPK zum Schutze des NS-Schrifttums. Zur Entwicklung der NS-Bibliographie. *Zentralbl. f. Bibliothekswesen* 60, 1943/44, S. 354.
SCHWERTE, Hans (1948a): Studien zum Zeitbegriff bei Rainer Maria Rilke. Inaugural-Dissertation der Philosophischen Fakultät der Friedrich-Alexander-Universität Erlangen. Tag der mündlichen Prüfung: 18.12.48 [nicht publiziertes Typoskript].
SCHWERTE, Hans (1948b): Ein Hinweis auf Rilkes ‚religöses Sein'. *Zs. f. Religions- u. Geistesgeschichte* 1, 1948, S. 345–351.
SCHWERTE, Hans (1949a): Goethe Feier – 1949. *Die Erlanger Universität* 3, 1949, 4, S. 57 f.
SCHWERTE, Hans (1949b): Vom Sinn des Studiums. *Die Erlanger Universität* 3, 1949, 3. Beilage, S. 1 f.
SCHWERTE, Hans (1950a): Der humanisierte Mythos. Zu Thomas Manns Joseph-Tetralogie. *Die Erlanger Universität* 4, 1950, 5. Beilage, S. 2 f.

SCHWERTE, Hans (1950b): Zu Hermann Schneiders „Urfaust?". *GRM* 1, 1950, 2, S. 74–77.

SCHWERTE, Hans (1950c): Die traurige Geschichte vom Aschenputtel. Zum Problem des Verfalls der Geisteswissenschaften. *Die Erlanger Universität* 4, 1950, 4. Beilage, S. 2 f.

SCHWERTE, Hans (1950/51): Rilkes Geburt der Venus. *GRM* 32, NF 1, 1950/51, S. 155–159.

SCHWERTE, Hans (1951): Der Vorheizer der Hölle. Zu Thomas Manns ‚archaischem Roman'. *Die Erlanger Universität* 5, 3. Beilage.

SCHWERTE, Hans (1952a): Der Weg ins zwanzigste Jahrhundert. 1889–1945. in: Burger 1952, S. 719–840.

SCHWERTE, Hans (1952b): Der Ruf nach dem ‚Vater'. *Die neue Furche* 6, 9, 1952, S. 593–598.

SCHWERTE, Hans (1952c): Ein Lessing-Betrug. *FAZ*, 29.10.1952.

SCHWERTE, Hans (1952/53): Hoffmannsthal und der deutsche Roman der Gegenwart. *Wirkendes Wort* 3, 1952/53, S. 143–149.

SCHWERTE, Hans (1953a): Moderne Kunst – Mut oder Ausflucht? *Die Erlanger Universität* 6, 3. Beilage, 18.3.53.

SCHWERTE, Hans (1953b): Aorgisch. *GRM* 34, NF 3, 1953, S. 29ff.

SCHWERTE, Hans (1953c): Bemerkungen zu Barlachs Drama. *Die Erlanger Universität* 6, 7. Beilage, 29.7.53.

SCHWERTE, Hans (1953d): Überbrettl. *GRM* 34, 1953, NF 3, S. 153f.

SCHWERTE, Hans (1954a): Über Barlachs Sprache. *Akzente. Zeitschrift für Dichtung* 1, 1954, S. 219–225.

SCHWERTE, Hans (1954b): Hugo von Hofmannsthal. Zum 80. Geburtstag. *Die Erlanger Universität* 7, 1, 27.1.54.

SCHWERTE, Hans (1954c): Gottfried Benn. in: Schwerte / Spengler 1954, Bd.1, S. 125–129.

SCHWERTE, Hans (1954d): Hingabe und Bescheidung: zur 25. Wiederkehr des Todestages H. v. Hoffmannsthals. *Zeitwende* 25, 7, 1954.

SCHWERTE, Hans (1954e): Hugo v. Hoffmannsthal. in: Schwerte / Spengler 1954 I, S. 166–169.

SCHWERTE, Hans (1954f): Das Lächeln in den Duineser Elegien. *GRM* 35, NF 4, 1954, S. 289–298.

SCHWERTE, Hans (1954g): Begegnung auf der Strasse. Zeitwende. *Die neue Furche* 25, 5, 1954, S. 325–330.

SCHWERTE, Hans (1954h): Nürnberger Faust-Arien. *Blätter der Städtischen Bühne*, Nürnberg/Fürth, März 1954.

SCHWERTE, Hans (1954j): Saltimbanques. *GRM* 35, NF 4, 1954, S. 243–245.

SCHWERTE, Hans (1954k): Friedrich Hebbels „Maria Magdalena". *Blätter der Städtischen Bühne*, Nürnberg/Fürth, März 1954.

SCHWERTE, Hans (1955a): Menschenleer. *Die Erlanger Universität* 8, 4, 22.6.55.

SCHWERTE, Hans (1955b): Thomas Manns Schelmenroman. Zur Biographie des „Felix Krull". *Die Erlanger Universität* 8, 3, 11.5.55.

SCHWERTE, Hans (1955c): Liebevolle Auflösung. Thomas Manns Hochstapler Bekenntnisse. *Zeitwende* 26, 6, 1955, S. 399–405.

SCHWERTE, Hans (1955d): Rainer Maria Rilke. in: Schwerte / Spengler 1954 I, S. 178–181.

SCHWERTE, Hans (1955e): Sommer-Blatt. *Die Erlanger Universität* 8, 5, 20.7.55.

SCHWERTE, Hans (1955f): Böhlau, Helene. *NDB* Bd. II, 1957, S. 376f.

SCHWERTE, Hans (1955g): Bierbaum, Otto Julius. *NDB* Bd. II, 1957, S. 231f.

SCHWERTE, Hans (1955h): Thornton Wilder. *Blätter der Städtischen Bühne*, Nürnberg/Fürth, September 1955.

SCHWERTE, Hans (1956a): Rainer Maria Rilkes „Ausgesetzt auf den Bergen des Herzens". in: R. Hirschenauer / A. Weber (Hg.): Wege zum Gedicht. München, Zürich 1956, S. 297–307.

SCHWERTE, Hans (1956b): Karl Krolow: ‚Verlassene Küste'. in: R. Hirschenauer / A. Weber (Hg.): Wege zum Gedicht. München, Zürich 1956, S. 384–391.

SCHWERTE, Hans (1956c): Zur Interpretation von Gogol: „Der Mantel". in: Interpretationen moderner Kurzgeschichten. Frankfurt, Berlin, Bonn 1956, S. 108–116.

SCHWERTE, Hans (1956d): Zur deutschen Lyrik der Gegenwart (I). *Blätter für den Deutschlehrer* 1, 1956, S. 2–8.

SCHWERTE, Hans (1956e): Zur deutschen Lyrik der Gegenwart (II). *Blätter für den Deutschlehrer* 2, 1956, S. 33–37.

SCHWERTE, Hans (1956f): Ein vergessenes Nachlaßwerk. *Die Erlanger Universität* 9, 2. Beilage, 22.2.56.

SCHWERTE, Hans (1956g): Hans Carossa. *Zeitwende. Die neue Furche* 27, 1956, 11, S. 790 f.

SCHWERTE, Hans (1956h): Dauer und Vergänglichkeit. Zu Rilkes 30. Todestag. *Zeitwende. Die neue Furche* 27, 1956, 12, S. 833–839.

SCHWERTE, Hans (1956i): Karl Krolow. Verlassene Küste. in: R. Hirschenauer / A. Weber (Hg.): Wege zum Gedicht. München, Zürich 1956, S. 384–391.

SCHWERTE, Hans (1956j): Theater und Literatur. *Blätter der Städtischen Bühne*, Nürnberg/Fürth, Oktober 1955.

SCHWERTE, Hans (1956/57): Hermann Hesse – 80 Jahre. *Blätter für den Deutschlehrer* 4/1956–57, S. 103–106.

SCHWERTE, Hans (1957a): Das Wirkliche. Zu Heimito von Doderers „Die Dämonen". *Die Erlanger Universität* 10, 5, 17.7.57.

SCHWERTE, Hans (1957b): Hermann Eris Busse. *NDB* Bd. III, 1957, S. 75.

SCHWERTE, Hans (1957c): Helene Christaller. *NDB* Bd. III, 1957, S. 218.

SCHWERTE, Hans (1957d): Juliane Déry. *NDB* Bd. III, 1957, S. 611f.

SCHWERTE, Hans (1957f): Grenzscheide der Tradition. Das Lebenswerk Rudolf Alexander Schröders. *Die Erlanger Universität* 10, 7.Beilage, 18.12.57.

SCHWERTE, Hans (1957g): Der offene Dramenschluss. *Blätter der Städtischen Bühne*, Nürnberg/Fürth, Februar 1957.

SCHWERTE, Hans (1958a): Das Wirkliche. Zu Heimito von Doderers Roman „Die Dämonen". *Blätter für den Deutschlehrer* 1, 1958, S. 2–8.

SCHWERTE, Hans (1958b): Rückkehr zur Literaturgeschichte. Zur Methodik der Literaturwissenschaft und des Deutschunterrichts. *Die Erlanger Universität* 11, 1958, 5. Beilage.

SCHWERTE, Hans (1958c): „Im Beschlossenen ruht meine Welt." Zu Rudolf Alexander Schröders 80. Geburtstag am 26. Januar 1958. *Zeitwende. Die neue Furche* 26, 1958, 1, S. 14–20.

SCHWERTE, Hans (1959a): Ibsen und die Revolution des Modernen Dramas. *Die Erlanger Universität* 12, 1959, 3. Beilage, S. 1 f.

SCHWERTE, Hans (1959b): Die problematische Kunst der Interpretation. Literaturwissenschaft zwischen Form und Geschichte. *Zeitwende. Die neue Furche* 30, 1959, 9, S. 614–621.

SCHWERTE, Hans (1959c): Bestand und Wagnis. Vom Grenzgang lyrischer Sprache. *Blätter für den Deutschlehrer* 3, 1959, 3, S. 1–3.

SCHWERTE, Hans (1959d): Die Mühsal des Gleichgewichts. Bemerkungen zur modernen Lyrik auf Grund einiger Verse von Goethe. *Zeitwende. Die neue Furche* 30, 1959, 2, S. 107–109.

SCHWERTE, Hans (1959e): Gerrit Ernst M. Engelke. *NDB* Bd. IV, 1959, S. 516 f.

SCHWERTE, Hans (1960a): Schillers Räuber. *Deutschunterricht* 12, 1960, 2, S. 18–41.

SCHWERTE, Hans (1960b): Henrik Ibsen: Nora. in: Ludwig Büttner (Hg.): Das europäische Drama von Ibsen bis Zuckmayer. Dargestellt in Einzelinterpretationen. Frankfurt, Berlin, Bonn 1960, S. 17–40.

SCHWERTE, Hans (1961a): Rezension über die Paul Raabe Ausstellung, Heinz Ludwig Greve: Expressionismus. Literatur und Kunst. Eine Ausstellung des dt. Literaturarchivs im Schiller-Nationalmuseum Marbach. *Germanistik* 2, 1961, S. 124/25.

SCHWERTE, Hans (1961b): Das Käthchen von Heilbronn. *Deutschunterricht* 13, 1961, 2, S. 5–26.

SCHWERTE, Hans (1961c): Rainer Maria Rilkes ‚Ausgesetzt auf den Bergen des Herzens'. in: R. Hirschenauer / A. Weber (Hg.): Wege zum Gedicht. München, Zürich 4. Auflage 1961, S. 297–307.

SCHWERTE, Hans (1961d): Stifters Erzählung „Brigitta". *Blätter für den Deutschlehrer* 2, 1961, S. 33–45.

SCHWERTE, Hans (1962a): Faust und das Faustische. Ein Kapitel deutscher Ideologie. Ernst Klett Verlag, Stuttgart 1962.

SCHWERTE, Hans (1962b): Die deutsche Lyrik nach 1945. *Der Deutschunterricht* 14, 1962, 3, S. 47–59.

Schwerte, Hans (1963): Carl Sternheim ‚Die Hose'. *Der Deutschunterricht* 15, 1963, 6, S. 59–80.

SCHWERTE, Hans (1964a): Deutsche Literatur im Wilhelminischen Zeitalter. *Wirkendes Wort* 14, 1964, S. 254–270.

SCHWERTE, Hans (1964b): Rezension zu Helmut Arntzen. Der moderne deutsche Roman. *Germanistik* 5, 1964, S. 348 f.

SCHWERTE, Hans (1964c): Anfang des expressionistischen Dramas: Otto Kokoschka. *Zeitschrift für deutsche Philologie* 83, 1964, S. 171–191.

SCHWERTE, Hans (1965a): Simultaneität und Differenz des Wortes in Schillers „Wallenstein". *GRM*, NF 15, 1965, S. 15–25.

SCHWERTE, Hans (1965b): Rainer Maria Rilkes „Ausgesetzt auf den Bergen ...". in: R. Hirschenauer / A. Weber (Hg.): Wege zum Gedicht. München, Zürich 2. Auflage 1965, S. 297–307.

SCHWERTE, Hans (1965c): Carl Sternheim. in: Benno von Wiese (Hg.): Deutsche Dichter der Moderne. Ihr Leben und Werk. Berlin 1965, S. 420–434.

SCHWERTE, Hans (1966a): Ideologische Stereotype und Leitbildmodelle. in: Hermann Glaser (Hg.): Haltungen und Fehlhaltungen in Deutschland. *Das Nürnberger Gespräch* 2, 1966.

SCHWERTE, Hans (1966b): Deutschkunde – irrational, rational. in: Axel Silenius (Hg.): Vorurteile in der Gegenwart. Begriffsanalyse – Funktionen – Wirkung – Störungsfaktor. Frankfurt/M. 1966, S. 57–64.

SCHWERTE, Hans (1966c): Zum Begriff der sogenannten Heimatkunst in Deutschland (Arbeitsgruppenreferat). in: Hermann Glaser (Hg.): Aufklärung heute – Probleme der deutschen Gesellschaft. Ein Tagungsbericht. Das Nürnberger Gespräch 2. Freiburg 1966, S. 177–190.

SCHWERTE, Hans (1967a): Das Wilhelminische Zeitalter. in: N. N. (Hg.): Zeitgeist im Wandel, Stuttgart 1967, S. 121–145.

SCHWERTE, Hans (1967b): Das Wilhelminische Zeitalter. in: H. J. Schoeps (Hg.): Das Wilhelminische Zeitalter. Stuttgart 1967, S. 121–145.

SCHWERTE, Hans (1968a): Rainer Maria Rilkes „Ausgesetzt auf den Bergen ...". in: R. Hirschenauer / A. Weber (Hg.): Wege zum Gedicht. München, Zürich 7. Auflage 1968, S. 297–307.

SCHWERTE, Hans (1968b): Ganghofers Gesundung. Ein Versuch über Sendungsbewusste Trivialliteratur. in: Heinz Otto Burger (Hg.): Studien zur Trivialliteratur. Studien zur Philosophie und Literatur des 19. Jahrhunderts 1, Frankfurt/M. 1968, S. 154–208.

SCHWERTE, Hans (1968c): Der Begriff des Experiments in der Dichtung. in: Reinhold Grimm / C. Wiedmann (Hg): Literatur und Geistesgeschichte. Festgabe Otto Burger, 1968, S. 387–405.

SCHWERTE, Hans (1970): Carl Sternheim. Deutsche Dichter der Moderne, 2.Aufl., 1970, S. 448–462.

SCHWERTE, Hans (1974a): Der Begriff des Experiments in der Dichtung. *Universitas* 29, 1974, S. 47–60.

SCHWERTE, Hans (1974b): Das Faustische, eine deutsche Ideologie. Aufsätze zu Goethes Faust I. 1974, S. 86–105 (2. Auflage 1984).

SCHWERTE, Hans (1978): Die Tragödie Faust. Ein Vortrag. *Faust-Blätter*, 1978, 35, S. 1433–1443.

SCHWERTE, Hans (1979): Le troisième Faust. *Faust-Blätter*, Halbjahresschrift der Faust Gesellschaft, Stuttgart 1979, 37, S. 1603 -04.

SCHWERTE, Hans (1980): ‚Umfaßt euch mit der Liebe holden Schranken', Zum Faustprolog, Vers 347. *Euphorion*. Zeitschrift für Literaturgeschichte 1980, 74, S. 417–426.

SCHWERTE, Hans (1982a): ‚Adlers Flügel'. Zu Historia 1587 (Kap.2+5). in: Gunther Mahal (Hg.): Der historische Faust. Ein wissenschaftliches Symposium (26./27. Sept. 1980). Knittlingen 1982, S. 57–63 (= Publikationen des Faust-Archivs Bd. 1).

SCHWERTE, Hans (Hg.) (1983a): Dr. Johann Fausts Luftfahrt in den Bischofskeller zu Salzburg. Salzburg 1983.
SCHWERTE, Hans (1983b): ‚Faust'-Inszenierung und ‚Faust'-Rezeption. *Jahrbuch für internationale Germanistik* 15, 1983, 2, S. 77–90.
SCHWERTE, Hans (1984): Luther: Sprache, Literatur. Einige Anmerkungen, einige Thesen. in: Ludwig Markert, Karl Heinz Stahl (Hg.): Die Reformation geht weiter. Erlangen 1984, S. 55–74.
SCHWERTE, Hans (1986): Faustus Ikarus. Flugsehnsucht und Flugversuche in der Faust-Dichtung von der Historia bis zu Goethes Tragödie. *Goethe-Jahrbuch*, Weimar 103, 1986, S. 302–315.
SCHWERTE, Hans (1987): Dionysos unter den Musen. in: Eduard Beutner et al. (Hg.): Dialog der Epochen. Studien zur Literatur des 19. und 20. Jahrhunderts. Festschrift Walter Weiss. Wien 1987, S. 76–87.
SCHWERTE, Hans (1988): Herakles und der Kentaur. Anmerkungen zu Peter Weiss ‚Die Ästhetik des Widerstandes'. Hinter jedem Wort die Gefahr des Verstummens. 1988, S. 1–20.
SCHWERTE, Hans (1990): Der weibliche Schluss von Goethes Faust. *Sprachkunst* 21, 1990, 1, S. 129–143.
SCHWERTE, Hans (1991a): ‚Das Faustische', eine deutsche Ideologie. Aufsätze zu Goethes Faust I. 1991, 3. Aufl., S. 86–105.
SCHWERTE, Hans (1991b): Auslösung einer Republik: Über einen Roman von Frank Thiess: ‚Der Zentaur', 1931. *Jahrbuch der deutschen Schillergesellschaft* 35, 1991, S. 275–293.
SCHWERTE, Hans (1993): Aprèslude [u.v.a.m.] in: Wilpert 1993.
SCHWERTE, Hans (1995): Maltes Angst. Zu Rilkes ‚Die Aufzeichnungen des Malte Laurids Brigge'. *Sprachkunst* 25, 1995, 2, S. 309–319.
SCHWERTE, Hans (1996): In 50 Lebens- und Arbeitsjahren gewandelt. [Leserbrief]. *Frankfurter Allgemeine Zeitung*, 13.11.96.
SCHWERTE, Hans (1998): Faust und das Faustische – Vom Faustbuch zum „anschwellenden Bocksgesang". in diesem Band, Anhang Dokument 13.
SCHWERTE, Hans / SCHANZE, Helmut (Hg.) (1968–1994): Indices zur deutschen Literatur. 29 Bde. Frankfurt/M., Bonn 1968–1994.
SCHWERTE, Hans / SPENGLER, Wilhelm (Hg.) (1954): Denker und Deuter im heutigen Europa.
Bd. 1: Deutschland, Österreich, Schweiz, Niederlande und Belgien. Oldenburg, Hamburg 1954 (= Gestalter unserer Zeit 1).
Bd. 2: England, Frankreich, Spanien und Portugal, Italien, Osteuropa. Oldenburg, Hamburg 1954 (= Gestalter unserer Zeit 2).
SCHWERTE, Hans / SPENGLER, Wilhelm (Hg.) (1955): Forscher und Wissenschaftler im heutigen Europa.
Bd. 3: Weltall und Erde. Physiker, Chemiker, Erforscher des Weltalls, Erforscher der Erde, Mathematiker. Oldenburg, Hamburg 1955 (= Gestalter der Zeit 3).
Bd. 4: Erforscher des Lebens. Mediziner, Biologen, Anthropologen. Oldenburg, Hamburg 1955 (= Gestalter der Zeit 4).

SCHWINN, Peter (1989): Auf Germanensuche in Südtirol. Zu einer volkskundlichen Enquete des SS-Ahnenerbes. *Jahrbuch für Volkskunde* NF 12, 1989, S. 85–98.

SCHWINN, Peter (1991): ‚SS-Ahnenerbe' und ‚Volkstumsarbeit' in Südtirol 1940–1943. in: Johler 1991, S. 92–104.

SEELIGER, Rolf (1966): Doktorarbeiten im Dritten Reich. Dokumentation mit Stellungnahmen. München 1966 (Braune Universität Heft 5).

SEELIGER, Rolf (Hg.) (1964): Braune Universität Heft 1, München 1964.

SIEBERT, Erich (1966): Entstehung und Struktur der Auslandswissenschaftlichen Fakultät an der Universität Berlin. Gesellschafts- und Sprachwissenschaftliche Reihe XV, 1, 1966.

SIEBERT, Erich (1971): Die Rolle der Kultur- und Wissenschaftspolitik bei der Expansion des deutschen Imperialismus nach Bulgarien, Jugoslawien, Rumänien und Ungarn in den Jahren 1938–41. Diss. HUB Berlin 1971.

SIJES, B. A. (1989): The Position of the Jews during the German Occupation of the Netherlands: Some Observations. – in: Marrus, Michael R. (Hg.): The „Final Solution" Outside Germany. Vol. 4.1, London 1989, S. 146 ff.

SIMENON, Gérard (1997): Dieser Text ist eine Fälschung. Tübingen: GIFT 1997.

SIMON, Gerd (1979): Materialien über den „Widerstand" in der deutschen Sprachwissenschaft des Dritten Reichs: der Fall Georg Schmidt-Rohr. in: G. Simon (Hg.): Sprachwissenschaft und politisches Engagement. Weinheim, Basel 1979.

SIMON, Gerd (1982): Zündschnur zum Sprengstoff. Leo Weisgerbers keltologische Forschungen und seine Tätigkeit als Zensuroffizier in Rennes während des 2. Weltkriegs. *Linguistische Berichte* 79 1982, S. 30–52.

SIMON, Gerd (1985a): Die sprachsoziologische Abteilung der SS. in: W. Kürschner / R. Vogt (Hg.): Sprachtheorie, Pragmatik, Interdisziplinäres. Akten des 19. Linguistischen Kolloquiums Vechta 1984. Bd. 2. Tübingen 1985, S. 375–396.

SIMON, Gerd (1985b): Sprachwissenschaft im 3. Reich. Ein erster Überblick. in: F. Januschek (Hg.): Politische Sprachwissenschaft. Opladen 1985, S. 97–141.

SIMON, Gerd (1986a): Wissenschaft und Wende 1933. Zum Verhältnis von Wissenschaft und Politik am Beispiel des Sprachwissenschaftlers Georg Schmidt-Rohr. *Das Argument* 158, 1986.

SIMON, Gerd (1986b): Hundert Jahre Muttersprache. Die Ideen eines Museumsdirektors und ihre Folgen. *Der Deutschunterricht* 38, 5, 1986, S. 84–98.

SIMON, Gerd (1986c): Der Wandervogel als ‚Volk im Kleinen' und Volk als Sprachgemeinschaft beim frühen Georg Schmidt(-Rohr). in: H. E. Brekle et al. (Hg.): Sprachwissenschaft und Volkskunde. Opladen 1986, S. 155–183.

SIMON, Gerd (1987): Der diskrete Charme des Sprachpflege-Diskurses. in: R. Vogt (Hg.): Über die Schwierigkeiten der Verständigung beim Reden. Opladen 1987, S. 278–295.

SIMON, Gerd (1989): Sprachpflege im 3. Reich. in: K. Ehlich (Hg.): Sprache im Faschismus. Frankfurt/M. 1989, S. 58–86.

SIMON, Gerd (1990a): Wider die Utzmaasereien in der Sprachwissenschaftsgeschichtsschreibung. *Zs. f. germanistische Linguistik* 18, 1, 1990, S. 81–94.

SIMON, Gerd (1990b): Die Bemühungen um Sprachämter und ähnliche Norminstanzen in Deutschland der letzten hundert Jahre. in: W. Settekorn (Hg.): Sprachnorm und Sprachnormierung. Wilhelmsfeld 1990, S. 69–84.

SIMON, Gerd (1991): Die deutsche Schrift im Dritten Reich. *Esperanto in Baden-Württemberg* 7, 4, Aug. 1991.

SIMON, Gerd (1992): Ein NS-Wissenschaftler wird 100 Jahre – was macht man da? Akademische Riten zwischen Antifaschismus und Wissenschaftlichkeitsanspruch. *Das Hochschulwesen* 40, 1, 15.2.92, S. 45 f.

SIMON, Gerd (1996): „Ihr Mann ist tot und läßt Sie grüßen." Hans Ernst Schneider alias Schwerte im 3. Reich. *Sprache und Literatur* 27, 77, 1996, S. 82–120.

SIMON, Gerd (1997): Europagedanke und Sprachpolitik im 3. Reich 1933–1945. in: Bernzen, Rolf et al. (Hg): Sprachpolitik in Europa – Sprachenpolitik für Europa. Stuttgart, ifa o. J. [1997], S. 39–45 (= Materialien zum Internationalen Kulturaustausch 36).

SIMON, Gerd (1998a): Germanistik in den Planspielen des SD. Tübingen, GIFT 1998.

SIMON, Gerd (1998b): Blut- und Boden-Dialektologie. Eine NS-Linguistin zwischen Wissenschaft und Politik. Anneliese Bretschneider und das ›Brandenburg-Berlinische Wörterbuch‹. Tübingen, GIFT 1998. (Wörterbücher im 3. Reich. Bd. 2).

SIMON, Gerd (1998c): Die hochfliegenden Pläne eines ›nichtamtlichen Kulturministers‹. Erich Gierachs Plan eines ›Handbuchs der Germanenkunde‹. Tübingen, GIFT 1998. (Wörterbücher im 3. Reich. Bd. 1).

SIMON, Gerd (1998d): Die nationalsozialistische Wissenschaftspolitik und die Universität Prag. (Vortrag 23.9.1998 Universität Freiburg).

SIMON, Gerd (1998e): Zwei Rechtschreibreformversuche im 3. Reich! Zu Hiltraud Strunks Beitrag ›Gab es etwas einzustampfen.‹ *Der Deutschunterricht* 50, 6, Dez. 1998, 86–92.

SIMON, Gerd (1998f): Zu Ludwig Jägers Editorial und seinem Beitrag „Germanistik eine deutsche Wissenschaft". (http://www.uni-tuebingen.de/deutsches-seminar/gift/index.html).

SIMON, Gerd (1998g): Schwerte-Schneider – Organisator der Menschenversuche in Dachau? (ebenda).

SIMON, Gerd (1998h): Symboltötungen. Der Fall Schwerte-Schneider und neue hilflose Antifaschismen. (ebenda).

SIMON, Gerd (in Arbeit): Der Krieg als Krönung der Wissenschaft.

SIMON, Gerd (in Arbeit): Deutscher Strukturalismus 1933–1945.

SIMON, Gerd (in Arbeit): Manfred Pechau, Linguist zwischen Saalschlachten und Massenmord.

SIMON, Gerd (in Kürze): Buchfieber.

SIMON, Gerd / BACK, Dieter M. Walther (in Kürze): Mit Akribie und Bluff ins Zentrum der Macht. Tübingen, GIFT (Wörterbuch im 3. Reich Bd. 3).

SIMON, Gerd / ZAHN, Joachim (1992): Nahtstellen zwischen sprachstrukturalistischem und rassistischem Diskurs. Eberhard Zwirner und das Deutsche Spracharchiv im Dritten Reich. *OBST* 46, 1992, S. 252.

SIX, Franz Alfred (1936): Die politische Propaganda der NSDAP im Kampf um die Macht. Diss. Heidelberg 1936.

SMELSER, Ronald / SYRING, Enrico / ZITELMANN, Rainer (Hg.) (1993): Die Braune Elite II. 21 weitere biographische Skizzen. Darmstadt 1993.
SMELSER, Ronald / ZITELMANN, Rainer (Hg.) (1989): Die braune Elite – 22 biographische Skizzen. Darmstadt 1989.
SMITH, Arthur L. (1972): Life in war time Germany. Colonel Ohlendorfs Opinion Service. *The Public Opion Quarterly* 36, 1972.
SMITH, Bradley F. / Peterson, Agnes F. (Hg.): Heinrich Himmler. Geheimreden 1933 bis 1945 und andere Ansprachen. Frankfurt/M. 1974.
SMITH, Bruce L.: History and organization of die kulturpolitische Abteilung of the German Foreign Office. o. D. IfZ München. MA 1300 / 3.
SOWADE, Hanno (1989): Otto Ohlendorf – Nonkonformist, SS-Führer und Wirtschaftsfunktionär. in: Smelser / Zitelmann 1989, S. 188–200.
Staatliche Pressestelle Hamburg, Redaktion Hanno Jochimsen (Hg.) (1967): Institution des Verbrechens. Das Zusammenwirken von ‚Sicherheitspolizei' und ‚Sicherheitsdienst' im NS-Staat. Eine Dokumentation. Hamburg 1967.
STECHE, Theodor (1925): Neue Wege zum reinen Deutsch. Breslau 1925.
STECHE, Theodor (1931): Sprachwissenschaft und Welthilfssprache. *Germana Esperantisto* 28, 6, Juni 1931, S. 85–90.
STECHE, Theodor (1934a): Wikinger entdecken Amerika. Die altisländischen Berichte. Hamburg 1934, 1938².
STECHE, Theodor (1934b): Die Ura-Linda-Chronik, altgermanisch oder gefälscht? *Völk. Beobachter* 11.1.34.
STECHE, Theodor (1934c): Zur Ura-Linda-Chronik. *Bücherkunde der Reichsstelle zur Förderung des deutschen Schrifttums* 1, 1934, S. 16–17.
STECHE, Theodor (1936): Deutsche Vor- und Frühgeschichte. (Grundlagen, Aufbau und Wirtschaftsordnung des nationalsozialistischen Staates I, 2, 11a). Berlin, Wien o. J. [1936].
STECHE, Theodor (1942): Deutsche Stammeskunde. (Sammlung Göschen 126). Berlin 1942.
STECHE, Theodor (1944): Amerikas erste Entdeckung durch die Nordmänner. *EWD* 4, 3, 1944, S. 7–9.
STEPHENSON, Jill (1975): Women in Nazi Society. London 1975.
STOKES, Lawrence D. (1975): Otto Ohlendorf, the Sicherheitsdienst and Public Opinion in Nazi Germany. in: Mosse 1975, S. 231–261.
STROHMEYER, Arn (1993): „Der gebaute Mythos": Die Bremer Böttcherstraße. in: Deutsche Vereinigung für Religionsgeschichte. Jahrestagung 1993: Lokale Religionsgeschichte (Bremen). 1993, S. 37 f.

TEUDT, Wilhelm: Germanische Heiligtümer. Jena 1929 u. ö.
TRAUTMANN, M. (1890): Ueber Entstehung und Ziele, Wirken und Erfolge des ADSV. Bonner Zeitung 82, 25./ 26.1.1890 – Stadtarchiv Bonn.
Trials of war criminals [s. IMT].
TUCHEL, Johannes / SCHATTENFROH, Reinhold (1987): Zentrale des Terrors. Prinz-Albrecht-Straße 8. Hauptquartier der Gestapo. Berlin 1987.
TUCHOLSKY, Kurt (1960): Gesammelte Werke. Bd. 5. Reinbek 1960.

ULLRICH, Volker (1996): Soldatische Lebensform. Die zwei Vergangenheiten des Historikers Karl Dietrich Erdmann. *Die Zeit* Nr. 43, 18.10.96, S. 23.

URBAN, Regina / HERPOLSHEIMER, Ralf (1984): Franz Alfred Six (geb. 1909) in: Kutsch 1984, S. 169–213.

VELD, N.K.C.A. in t' (1976): De SS en Nederland. Documenten 1935–1945. Deel I: Inleiding / Documenten 1935–1942. s'Gravenhage 1976.

VERWEYEN, Theodor / WITTING, Gunther (1996): Antrag [auf Widerrufung der Verleihung des Doktortitels an Hans Schwerte]. in: Rektor der Friedrich-Alexander-Universität Erlangen-Nürnberg, 1996, S. 112–114.

VOLLMER, Antje (1988): Zwischenbilanz eines Dialogs. *taz* 8.8.1988.

WARMBRUNN, Werner (1963): The Dutch under German Occupation 1940–1945. Stanford, London 1963.

WEGENER, Max (1934): Der Prozeß Ura-Linda. *Erlanger Hochschulblätter* Sdnr. Juni 1934, S. 10–12.

WEHBERG, Hans (Hg.) (1921): Georg Friedrich Nicolai. Aufruf an die Europäer. Gesammelte Aufsätze zum Wiederaufbau Europas. Leipzig, Zürich, Wien 1921.

WEIMAR, Klaus (1997): Der Germanist Hans Schwerte. in: König et al. 1997, S. 46–59.

WEINGART, Peter / KROLL, Jürgen / BAYERTZ, Kurt (1992): Rasse, Blut und Gene. Geschichte der Eugenik und Rassenhygiene in Deutschland. Frankfurt/M. 1992.

WENIG, Otto (Hg.) (1968): 150 Jahre Rhein. Friedr.-Wilh.-Universität zu Bonn 1818–1968. Verzeichnis der Professoren und Dozenten. Bonn 1968.

WERNER, Sebastian (1993): Werner Best – Der völkische Ideologe. in: Smelser et al. 1993, S. 13–25.

WESS, Ludger (Hg.) (1989): Die Träume der Genetik. Gentechnische Utopien von sozialem Fortschritt. Nördlingen 1989.

WEYER, Johannes (1985a): Politikwissenschaft im Faschismus (1933–1945): Die vergessenen zwölf Jahre. *Polit. Vierteljahresschrift* XXV, 1985, S. 423–437.

WEYER, Johannes (1985b): Chaos oder System? Überlieferungen zur Wissenschaftspolitik des Faschismus. *Forum Wissenschaft* 2, 1985, S. 31–35.

WEYER, Johannes (1986): Forschen für jeden Zweck. Zur Diskussion über die Politikwissenschaft im Faschismus. *Politische Vierteljahresschrift* 27, 3, 1986, S. 259–264.

WIEGERS, Fritz (Hg.) (1932): Herman Wirth und die deutsche Wissenschaft. (Mitwirkung von F. Bork, H. Plischke, B. K. Schultz, L. Wolff). München 1932.

WIENERT, Walter (Bearb.) (1935): Chronik der Friedrich-Wilhelms-Universität zu Berlin.. [Bd. I] April 1932 bis März 1935. Berlin o. J. [1935].

WIGGERHAUS, Renate (1986): Frauen unterm Nationalsozialismus. Studien zur Rassenpolitik und Frauenpolitik. Opladen 1986.

WILHELM, Hans Heinrich (1981): Die Einsatzgruppe A der Sicherheitspolizei und des SD 1941/42. Eine exemplarische Studie. in: Krausnick / Wilhelm 1981, S. 281–654.

WILPERT, Gero von et al. (Hg.) (1993): Lexikon der Weltliteratur, Bd. 2: Hauptwerke der Weltliteratur in Charakteristiken und Kurzinterpretationen. Stuttgart, 3. Auflage 1993.

WIRTH, Herman (1933): Die Ura Linda Chronik. Leipzig 1933.

WISTRICH, Robert / WEISS, Hermann (1989): Wer war wer im Dritten Reich. Ein biographisches Lexikon. Frankfurt/M. 2. Aufl. 1989.
WULF, Joseph (1964): Presse und Funk im Dritten Reich. Gütersloh 1964, Reinbek 1966 (2. Aufl.).
WULF, Joseph (1989a): Kultur im Dritten Reich. Bd. 1 Presse und Funk. Frankfurt/M., Berlin 1989.
WULF, Joseph (1989b): Kultur im Dritten Reich. Bd. 2 Literatur und Dichtung. Frankfurt/M., Berlin 1989.
WÜST, Walther (1929): Gedanken über Wirths „Aufgang der Menschheit". *Zs. f. Missionskunde und Religionswissenschaft* 44, 1929, S. 257–274 + 287–307 (306).
WÜST, Walther (1934): Raum und Welt-Anschauung. in: Karl Haushofer (Hg.): Raumüberwindende Mächte. Leipzig, Berlin 1934, Bd. 3, S. 170.
WÜST, Walther (1941): Indogermanisches Bekenntnis. München. o. J. (1941).
WÜST, Walther (1961): Nhd. Gretchenfrage. *PHMA* 7, 1961, S. 84–86.
WÜSTER, Eugen (1931): Internationale Sprachnormung in der Technik. Berlin 1931, 2. Aufl. 1966.
WYSS, Ulrich (1996): Ein Germanist in Erlangen. in: Rektor der Friedrich-Alexander-Universität Erlangen-Nürnberg 1996, S. 82–93.

ZASTRAU, Alfred (1961): Goethe-Handbuch. Goethe, seine Welt und Zeit in Werk und Wirkung. 2. Auflage. Stuttgart 1961 Bd. 1 + 4 [mehr nicht erschienen].
ZEE, Sytze van der (1992): Voor Führer, volk en vaderland. Amsterdam 1992.
ZENTNER, Christian / BEDÜRFTIG, Friedemann (Hg.) (1985): Das große Lexikon des Dritten Reichs. München 1985.
ZINSEN, Joachim (1996): Schwerte und seine treuen Kameraden. *Aachener Nachrichten* 4.5.96.
ZONDERGELD, Gjalt (1978): De friese beweging in het tijdvak der beide wereldoorlogen. Leeuwarden 1978.
ZONDERGELD, Gjalt (1997): Hans Ernst Schneider und seine Bedeutung für das SS-Ahnenerbe. in: König / Kuhlmann / Schwabe 1997, S. 14–30.
ZONDERGELD, Gjalt (o. D.): Hans Ernst Schneider in den Niederlanden. Vortrag auf Einladung der Fachschaft Philosophie Erlangen am 23. Mai 1995. *philfalt EXTRA* o. D. (vor 9.10.95), S. 24–32.

Personenverzeichnis

Es werden nur die im Haupttext genannten Personen aufgeführt. Aus den Fußnoten haben wir nur die Namen gewählt, die zum Haupttext in einer inhaltlichen Beziehung stehen; d. h. die Namen in den Quellenangaben und im Literaturverzeichnis wurden beiseite gelassen. Fettgedruckte Seitenzahlen verweisen auf für die Person zentrale Informationen.

Abelshauser, Werner 353
Achenbach, Ernst 295, 317
Adler, Alfred 207
Adler, Hans Hermann 111
Adorno, Theodor Wiesengrund 341
Agricola, Georgius [Pseudonym für Georg Bauer] 355, 448 ff.
Albach, Horst 101
Alexander-Thieme, Barbara 281
Alquen, Gunter d' 161
Anderle [Vorname unbek., Dr., Historiker] 238
Anders, Günther 346
Andree, Karl 403
Andres, Karl [Pseudonym für André Jolles] 106 (Fn. 80)
Anrich, Ernst 244
Arntz, Helmut 330
Augustin, Alarich **203 f.**, 436
Augustinus, Aurelius 446
Aust, Stefan 383

Baader, Andreas 379, 381
Baatz, Bernhard 294 f.

Baatz, Hans 218 f., 222
Backe, Herbert 246
Baesecke, Georg 48
Baeumler, Alfred 56, 59, 143
Barlach, Ernst 337 f.
Bartels, Adolf 395 (Fn. 1)
Barth, Hans 341
Baumert [Vorname unbek., SS-Standartenführer] 436
Beck, Götz 361, 365 f.
Becker, Carl Heinrich 259
Becker, Georg [Deckname von F. A. Six] 281 (Fn. 27), 301
Beger, Bruno 66 f.
Behaghel, Otto 127
Behrends, Hermann 84 f.
Benn, Gottfried 336
Berger, Ernst Eduard 244
Berger, Gottlob 161, 202, 215, 219, 349 (Fn. 20)
Bergsträsser, Arnold 111
Bernaerts [Vorname unbek.] 440, 442
Bertram, Ernst 273
Berve, Helmut 106

Best, Werner 9, **84 f.**, 199, 295
Betz, Albrecht 364
Beyer, Hans Joachim 245
Biasutti, Renato 332
Biermann, Wolf 374
Bigga, Paul 82
Bismarck, Otto von 13
Bloch, Ernst 342
Bock, Franz 244
Boehlich, Walter 341 ff.
Böhm, Franz 122, 138 (Fn. 86)
Böhm, Wilhelm 342
Böttcher, Karl Wilhelm 289 ff., 298
Bohley, Bärbel 376 ff.
Bohmers, Assien 210
Bojahr, Friedrich [Pseudonym für H. E. Schneider] 33
Boock, Peter Jürgen 380
Borchardt, Knut 101
Bormann, Martin 21, 192, 222, 324, 425
Botzenhardt, Erich 244
Boule, Pierre Marcellin 331
Boveri, Margret 314
Bracher, Karl Dietrich 101
Brackmann, Albert 245
Brandenburg, Erich 245
Brandt, Willy 308
Braunmühl, Gerold von 384
Brazier [Vorname unbek.] 245
Bretschneider, Anneliese 46, 54 (Fn. 20)
Brinkmann, Hennig 307 (Fn. 12)
Bronnen, Arnolt 43
Bruckmann, Elsa 395 (Fn. 1)
Bruckmann, Hugo 395 (Fn. 1)
Brunn, Anke 364, 367
Bruno, Giordano 448
Bubis, Ignatz 384
Buck, Theo IX, 32 (Fn. 2), 282, 304, 307, 345 f., 352, 362 ff.
Burger, Heinz Otto 2, 28, 167, 261, 304 ff., 333
Busch, Fritz Otto 191
Busse, Hermann Eris 321
Buttmann, Rudolf 46

Cerff, Karl 219
Child, Clifton 199
Christian, Viktor 7, 260 f.
Clauss, Ludwig Ferd. 66 f.
Conring, Hermann 299 f.
Cos, Harry van 157
Coverlid, D. R. 343
Creutzfeldt, Otto 101

Dahm, Georg 246
Dahrendorf, Ralf 101
Daitz, Werner 243
Dante, Alighieri 15
Darré, Richard Walter 63, 72 f., 82, 116, 127, 134, 138, 146, 174
Davenport, Charles B. 326
Debus, Günther 364, 370
Deeters, Gerhard 151, 191
Delbrück, Max 327
Dellwo, Karl-Heinz 384
Dietrich, Otto 160
Dilthey, Wilhelm 388
Dingelstedt, Franz 344
Dingler, Hugo 142
Döblin, Alfred 308
Dolezalek, Alexander 230, 235, 243, 436
Dollfuss, Engelbert 23, 260
Domvile, Barry 131, 191
Dregger, Alfred 359
Drescher, Siegfried 27 (Fn. 41)
Drexler, Hans 236
Dürer, Albrecht 342
Dwinger, Edwin Erich 273
Dyserinck, Hugo 364 ff., 370

Ebert, Max 130
Ebert, Theodor 371
Eberts, Heinrich 406
Eckert, Otto [Konsul] 187
Ehlich, Hans 215, 239 ff.
Eichmann, Adolf 77, 84, 95
Eickstedt, Egon von 329
Eigen, Manfred 101
Emrich, Wilhelm 95 (Fn. 23), 164
Engels, Friedrich 341

Eppelmann, Rainer 376
Ernst, Paul 334
Etten, H. W. van 223
Everding, August 101

Fabricius, Wilhelm 395 (Fn. 1)
Farwerck, Frans E. 176
Faust[us], Johann [alias Georg (Jörg) F.] 339 ff., 355, **443 ff.**
Fehrle, Eugen 49
Feuchtwanger, Lion 43
Fichte, Johann Gottlieb 101
Fischer, Eugen 246, **319 ff.**
Fischer, Fritz 343
Fischer, Kuno 344
Flemming, Wilhelm (Willi) 164
Flex, Walter 44
Frank, Walter 144
Franz, Leonhard 43, 94, 243 f.
Frauendienst, Werner 244
Frenssen, Gustav 334
Frenzel, Elisabeth 46 (Fn. 30)
Freud, Sigmund 207
Freyer, Hans 95 (Fn. 19)
Fricke, Gerhard 14, 97, 171, 220, 245
Friedrich der Grosse 32
Frings, Theodor 322
Fritzsche, Hans 274
Fröbel, Friedrich 207
Fuchs, Jürgen 377 (Fn. 13)
Fuchs, Siegfried 245
Fuller, Leon W. 268 f.

Gadamer, Hans-Georg 107
Galinsky, Hans 244
Galilei, Galileo 448
Galke, Bruno 135, 138
Gehlen, Arnold 143
Gehlen, Reinhard 4
George, Stefan 27, 31
Gernlein, Friedrich Georg 57 ff., 406
Gerstenhauer, Max Robert 179
Gerstenmaier, Eugen 60
Gierach, Erich 149

Gierer [Pseudonym von Walter Scheidt] 331
Gieseler, Wilhelm 244, 246
Giordano, Ralph 377 f.
Glasenapp, Helmuth von 140 (Fn. 97)
Glaser, Hermann 347, 356
Goebbels, Joseph 45, 236, 262, 266, 339
Goedeke, Karl 344
Göhring, Martin 244
Göring, Hermann 76, 174, 192, 274
Goethe, Wolfgang von 102, 339, 453 ff.
Götting, Gerald 374
Gofferje [Vorname unbek.] 245
Goldhagen, Daniel Jonah 276 f.
Gossler, Gustav von 11
Gottsched, Johann Christoph 32
Granin, Daniil 327
Grau, Wilhelm 190
Grewe, Wilhelm 244
Grimm, Jakob 11
Groke, Georg 301
Gross, Walther 323 f.
Grunsky, Hans 143 ff.
Günther, Hans F. K. 67, 143, 145, 323 f., 330
Guthmann, Heinrich 398 ff.
Gustloff, Wilhelm 63
Gysi, Gregor 374

Habetha, Klaus 361, 364
Hachmeister, Lutz 94, 100, 301, 317
Haering, Theodor jun. 245
Härtle, Heinrich 219
Haffner, Sebastian [Pseudonym für Raimund Pretzel] 149 f.
Hagemeyer, Hans 164
Hagen, Hans W. 160, 164
Hamperl, Herbert 185 f.
Handy, Thomas T. 296
Hankamer, Paul **26 ff.**
Harmjanz, Heinrich **57 ff.**, 94, 148 (Fn. 140), 184, 187 f., 402
Hassenstein, Bernhard 101
Hauer, Jakob Wilh. 140
Haug, Wolfgang Fritz 371

Haushofer, Karl 93, 141, 217
Hausmann, Hans-Rutger 364
Havemann, Katja 377 (Fn. 13)
Haverbeck, Werner 49
Heberer, Gerhard 319 (Fn. 46), **329 ff.**
Heemskerk-Duiker, W. F. van 226
Heidegger, Martin 138 (Fn. 86), 143, 322
Heix, Maria Magdalena, verh. Hankamer 26
Heix, Peter [Deckname von Paul Hankamer] 8 (Fn. 36)
Herbert, Ulrich 9, 276, 295
Herpolsheimer, Ralf 113
Herrmann, Max 18, 19
Herzog, Roman 369
Hertz, Rudolf 271
Hess, Rudolf 46, 49, 142, 217, 256
Hesse, Hermann 313 f.
Hettner, Alfred 203
Heusler, Andreas 395 (Fn. 1)
Heydrich, Reinhard 33, 65, 82, 84, 106, 110 f., 113
Heym, Stefan 375
Heyse, Hans 48
Hielscher, Friedrich 255 f.
Hildebrand, Dietrich von 144
Himmler, Heinrich 49, 63, 67 f., 71, 76, 82 ff., 91, 93, 116, 123, 127 ff., 134 ff., 142 f., 145 f., 148, 160, 164, 166, 181 f., 187, 191 f., 194, **197 ff.**, 202, 230, 236, 241, 247 ff., 262, 292, 298, 324
Hinkel, Hans 45
Hintze, Peter 376
Hinz, Walther 406
Hippke, Erich 252
Hirt, August 66, 255, 263 f., 303
Hitler, Adolf 35, 126, 136 ff., 199, 292, 322 f., 326, 341, 343, 360
Höfler, Otto 149, 155, 164, 244 f.
Höhn, Reinhard 82, 113
Hönigswald, Richard 144, 259
Hoetger, Bernhard 136
Hoffmann, Helmut 191

Hoffmann, Karl 149
Hoffmann-Maxis [Vorname unbek., Komparatistin] 364
Hofmann, Erich 236
Hofmann, Werner 101
Hofmannsthal, Hugo von 314
Hogefeld, Birgit 382
Hoops, Johannes 130
Horaz [Pseudonym für Quintus Horatius Flaccus] 452
Horkheimer, Max 37, 277 f.
Houten, Hermann van 125, 176, 226
Hrdlicka, Alfred 374
Hübner, Arthur **121 ff.**, 127, 150 (Fn. 149)
Hülsen, August Ludwig 101
Hugenberg, Alfred 321
Humboldt, Wilhelm von 12
Hume, John 378
Huth, Otto 120, 212

Ipsen, Gunther 95 (Fn. 19)
Isenburg, Helene Elisabeth von 94, 100
Ispert, Wolfgang 177 (Fn. 2), 204
Ittenbach, Max 164, 219, 433

Jacob-Friesen, Karl Hermann 121
Jacobsen, Rudolf 33, 69
Jäger, Laurentius [Pseudonym für Lorenz J.] 103 f.
Jäger, Ludwig ix, 30 (Fn. 45), 227, 286, 304 ff., 364 ff.
Jandl, Ernst 265
Jankuhn, Herbert 158, 164
Jaskulsky, Hans 427
Jasper, Gotthard 25 f.
Jens, Walter 333
Jessen, Peter 109
Johst, Hanns 164
Jokl, Norbert 261
Jolles, André [alias Johannes Andreas J.] 91 f., **105 ff.**
Jost, Heinz 84 f.
Jungclaus, Richard 440 f.
Junker, Heinrich 259, 303

Käsemann, Ernst 379
Kästner, Erich 43
Kaiser, Friedhelm 162 f.
Kant, Immanuel 452
Kantorowicz, Alfred 256
Kater, Michael H. 37, 61, 68, 181, 184, 186 f., 193, 256 f.
Keilson, Hans XI, 354
Keilson-Lauritz, Marita XI, 347, 370
Keiter, Friedrich 319 (Fn. 46), 329
Kielpinski, Walter von 91, **94 ff.**, 102, 109, 163, 170, 209, 213 f., 230, 247, 433
Kiesselbach, Anton 303
Kindermann, Heinz 164, 245
Kinkel, Klaus 382
Kinkelin, Wilhelm 73, 146 f.
Kirchner, Joachim 219
Kirfel, Willibald 140 (Fn. 97)
Klaatsch, Hermann 331
Klagges, Dietrich 260
Klatt, Fritz 167
Klopfer, Gerhard 219
Kluge, Friedrich 119, 320
Knochen, Helmuth 65
Koch, Franz 14, 97, 171
Knolle, Heinrich 398
Kölbl, Leopold 141
Kömstedt, Rudolf 305
König, Helmut 332
Köster, Albert 19 (Fn. 6)
Köstlin, Karl 344
Kohl, Helmut 359, 382
Kolakowski, Leszek 101
Kolbenheyer, Guido 315
Koppe, Wilhelm 245
Korff, Hermann August 92
Kotowski, Georg 350
Krahe, Hans 151
Krallert, Wilfried 438
Krause, Wolfgang 147
Kreibich, Rolf 350
Krieck, Ernst VIII, 143
Kröger, Martin 345
Krüger, Felix 395 (Fn. 1)

Krüger, Gerhard 161
Krummacher [Vorname unbek.] 395 (Fn. 1)
Krupinskij [Vorname unbek.] 245
Kubach, Fritz 233 (Fn. 10)
Kühnemann, Eugen 345
Kürschner, Wilfried 257
Kuhlmann, Wolfgang 332
Kuhn, Thomas VII

Lagarde, Paul de la 397
Lakatos, Imre VII
Lang, Arend 210, 300
Lass, Werner 395 (Fn. 1)
Lauterbacher, Hartmann 220
Leaman, George 76 (Fn. 16)
Leggewie, Claus 248, 279 f.
Lehmann, I. F. 395 (Fn. 1)
Lenard, Philipp 396 (Fn. 1)
Lengauer, Monika 364
Lenz, Fritz 324 f.
Leonardo da Vinci 448
Leutheusser-Schnarrenberger, Sabine 378, 382
Ley, Robert 46, 274
Leyen, Friedrich von der 101
Ligeti, György 101
Lindenmann, Rainer 356
Lixfeld, Gisela 61, 68
Löffler, Hermann 164, 244
Loeper, Gustav von 343 f.
Lohse, Gerhart 349
Longert, Wilhelm 59
Loos, Irma 169 f.
Lorenz, Konrad 330
Lukács, György 342
Ludwig, Emil 42
Lübke, Heinrich 299
Lührs, Georg 27 (Fn. 41)
Lüst, Reimar 101
Luetzelburg, Philipp v. 66
Lugowski, Klemens 14, 97
Luserke, Martin 54
Luther, Martin 443, 445, 447

Machiavelli, Nicolo 446
Macintosh [Vorname unbek.] 245
Mader, Julius 113
Mahler, Horst 377
Mahnke, Horst 300 ff.
Mai, Friedrich Wilhelm 175 (Fn. 11), 436
Makowski, Hans **214**
Mandelkow, Karl Robert 340
Mann, Golo 101
Mann, Heinrich 27 f., 308
Mann, Thomas 28, 42, 102, 307 ff., 334, 347 f.
Marcu, Valeriu 43
Marlowe, Christopher 448, 452 ff.
Marschelke, Kurt 244
Martin, Bernhard 164
Marx, Karl 27, 341
Maschke, Erich 245
Mausser, Otto 135 (Fn. 78), 148
Mayer, Hans 340 f., 343
Mayr, Ernst 330
Mayr, Walter 281
Meinecke, Friedrich 342
Meinhof, Ulrike 379, 381
Meins, Holger 383 f.
Meissner, Paul 245
Melanchthon, Philipp 445
Mengele, Josef 326, 328, 331
Mentzel, Rudolf 94, 98, 185, 236
Merck, Mathilde 146 (Fn. 127)
Miegel, Agnes 165 ff., 169
Milch, Erhard 252
Minor, Jacob 19 (Fn. 6)
Mitscherlich, Alexander 293
Mitteis, Heinrich 244
Möller, Eberhard Wolfgang 160 f.
Möller, Irmgard 378 ff.
Moeller van den Bruck, Arthur 344
Mönch, Walther 228
Mönckeberg, Carl 106 (Fn. 80)
Mönckeberg, Mathilde 106 (Fn. 80)
Mohr, Wolfgang 245
Mollison, Theodor 331
Mollowitz, Gerhard 405

Monroy, [Vorname unbek., Oberforstmeister] von 56
Montessori, Maria 207
Mrugowski, Joachim 252
Muckermann, Hermann 321
Mühlhausen, Ludwig 433
Müller-Hill, Benno 326
Muller, Herman J. 326
Muncker, Franz 101

Nadler, Josef **19 ff.**, 26, 245, 261, 402
Napoléon 189
Narr, [Vorname unbek., Dr., SS-Hauptsturmführer im SD III C] 244
Naumann, Hans 228, 245
Neckel, Gustav 118
Nehring, Alfons 268 (Fn. 1)
Neubacher, Hermann 20
Neubert, Fritz 245
Neumann, Friedrich 43, 58, **118**, 405
Nietzsche, Friedrich 1, 102, 344
Nollendorfs, Valters 346
Nowak, Kurt 332

Obenauer, Karl Justus 91 f., 97, **101 ff.**, 163, 348 f.
Oesterle, Anka 139
Ohlendorf, Otto 85, 93 f., 104, **108 ff.**, 214 f., 246, 425
Osenberg, Werner 246
Ostwald, Wilhelm 119 (Fn. 11)
Ottema, J. G. 122 (Fn. 30)
Over de Linden, Cornelius 121

Papen, Franz von 274
Paracelsus, Philippus Aureolus Theophrastus [alias Theophrastus Bombastus von Hohenheim] 445
Paul, Otto 189 f.
Paulsen, Peter 235
Pauly, August 130
Payr, Bernhard 164
Pechau, Manfred 85, 247
Peiffer, Jürgen 328 (Fn. 99)
Pestalozzi, Johann Heinrich 207

Peterseim [Vorname unbek., SS-Sturmbannführer] 161
Petersen, Julius 18 (Fn. 5), 27
Petöfi [Vorname unbek.] 245
Petri, Franz 245
Pfannenstiel, Wilhelm 252
Pfeffer, Karl Heinz 164, 243
Picasso, Pablo 314 f.
Pinder, Wilhelm 245
Plassmann, Otto 34, **60 ff.**, 70, 74, 135 (Fn. 78), **177 ff.**, 190, 215, 238, **408 ff.**
Plessner, Hellmuth 341
Plutzar, Friedrich 204 ff.
Polte, Friedrich 153
Pott, Ludwig 396 (Fn. 1)
Pourtalès, Guy de 339
Pretzel, Raimund 149
Pretzel, Ulrich 122, 149 f.
Prinzhorn, Fritz 164
Prinzing, Albert 244
Probst, Christoph 256
Proust, Marcel 43

Radke, Gerhard 160 ff.
Rampf, Adolf 131, 191, **194**, 215
Rascher, Sigmund 66, 159, 250 ff., 263 f.
Rathenau, Walter 23
Rau, Johannes 258, 364, 367
Rauter, Hanns Albin 108, 209 f.
Rehberg, Karl-Siegbert 350
Reichwein, Adolf 260
Reinerth, Hans 155
Reischle, Hermann 63, 73, 128, 146
Rensch, Bernhard 330
Reuter, Edzard 384
Richards, Earl Jeffrey 348 f., 364, 368
Riedweg, Franz 219, 221
Rilke, Rainer Maria 167 f., 306
Rimbaud, Arthur 5
Ritterbusch, Paul 171
Röpke, Wilhelm 322
Rössner, Hans 23, 56, 74, 91, 94, **96 ff.**, 102 f., 109, 113, 163, 167 f., 171 ff.,

213 f., 222 f., 230, 233 f., 239, 247, 286, 298, 316 f., 427 f., 433
Röttger, Anna 396 (Fn. 1)
Rohrmoser, Günter 366
Rohwedder, Detlev Carsten 382
Rollet, Edwin 23
Romberg, Hans Wolfgang 255
Roselius, Ludwig 136
Rosenberg, Alfred 22, **34 ff.**, 39, 44 f., 59, 117 f., 137 (Fn. 85), 141, 143, 145, 150 (Fn. 152), 154, 164, 190 ff., 206, 233, 236, 323, 325, 395
Rosenkranz, Gerd 380 f.
Rüttgers, Jürgen 376
Rusinek, Bernd-A. 281 (Fn. 27), 318, 347, 361 f., 368
Rust, Bernhard 299

Sagarra, Eda XI
Saran, Franz 44
Sauer, August 19
Saure, Wilhelm 185
Schacht, Hjalmar 273 f.
Schäfer, Ernst 131, **190 f.**
Scheelke, Hanns 427
Scheidt, Walter 331
Scheller, Thilo 164
Schelling, Friedrich Wilhelm Joseph von 101
Schemm, Hans 45
Scherer, Wilhelm 344
Schick, Hans 219
Schilling, Kurt 159
Schirach, Baldur von 21, 60
Schlegel, August Wilhelm von 101
Schlegel, Friedrich von 101
Schleiermacher, Friedrich Daniel Ernst 101
Schlussnuss, Walter 404
Schmidt, Erich 344
Schmidt, Wolfgang 244
Schmidt-Rohr, Georg 120 (Fn. 19), 192, 234 ff.
Schneider, Ernst 193
Schneider, Hermann 65, 217

Schneider, Karl Ludwig 5 (Fn. 31)
Schnetz, Joseph 148
Schnoor, Herbert x, 364
Schoeps, Hans Joachim 305
Scholl, Hans 256
Scholl, Sofie 256
Schreiber, Georg 93, 226
Schrepfer, Hans 244
Schröder, Richard 375
Schulenburg, Fritz-Dietlof von der 60
Schultz, Bruno K. **76 ff., 413 ff.**
Schultze, Walther 150 (Fn. 152), 185 f., 218 f., 233
Schulz, Eberhard 314
Schuschnigg, Kurt 23
Schuster, Ernst 114
Schwabe, Klaus 332
Schwalbe, Gustav 331
Schwalm, Hans 175 (Fn. 11), 176, 200, **202 ff.**, 215, 231, 235, 239, 241 f., 247, 263, 284 f., 436 f.
Schwaner, Wilhelm 120 (Fn. 19)
Schweizer, Bruno 178, 191
Schwidetzky, Georg 331
Schwidetzky, Ilse 331
Scekfu [Vorname unbek.] 245
Scurla, Herbert 245
Seeliger, Rolf 85
Seidl, Alfred 256
Seraphim, Ernst 245
Seyss-Inquart, Arthur 20, 108, 177 (Fn. 2), 199, 206
Siebert, Luwig 192
Siebert, Wolfgang [?] 246
Sievers, Wolfram 34, 64, 68, 70, 74, 128, 131, 135, 138, 142, 144, 146, 153, 160, 162, 164, 177, 180 f., 188 ff., 191, 194, 196, 202, 208, 215, 221, 234, 236, 238 ff., 247 ff., 262 f., 292, 330, 437
Six, Franz Alfred 33, 91 ff., 100, 108, **110 ff.**, 131, 144, 164, 227, 243, 281 (Fn. 27), 300 ff., 317
Soenen, R. van 441
Sommer, Carl 442

Späth, Lothar 37
Speer, Albert 246
Spengler, Oswald 344, 454
Spengler, Wilhelm **91 ff.**, 95, 98, 100, 102 ff., 109 f., 153, 162 f., 213 f., 246 f., 286, **316 ff., 425 ff.**
Sperber, Manès 377
Spiess, Karl von 154 f.
Stammler, Wolfgang 85
Stang, Walter **44 ff.**
Staudinger, Hermann 138 (Fn. 86)
Steche, Theodor **119 ff.**
Stein, Werner 350, 425
Steiner, Rudolf 101
Stellrecht, Helmut 425
Sternheim, Carl 337
Stetter, Christian 364 ff.
Stokar-Neuforn, Walter von 204, 208
Strauss, David Friedrich 344
Ströbele, Christian 384
Stülpnagel, Karl Heinrich von 84

Tackenberg, Kurt 441
Taufer, Lutz 383 f.
Terboven, Josef 199
Teudt, Wilhelm 63, 137 (Fn. 85), 143 f.
Thierfelder, Franz 217
Thimme, Roland 345
Thorak, Josef 273
Till, Rudolf 130, 164, 298 f.
Tille, Edda [verh. Hankamer] 27
Tillich, Paul 278
Timofeeff-Ressowski, Nicolaj W. 260, 327, 330
Toller, Ernst 42 f.
Tonningen, Rost van 432
Toscano [Vorname unbek.] 245
Trefois [Vorname unbek.] 441
Treitschke, Heinrich von 344
Trimble, David 378
Trotzki, Leo v, 7
Tucholsky, Kurt 43
Turgenjew, Iwan 24
Turowski, Ernst 91, **107 f.**, 215, 219 f., 227

Personenverzeichnis

Undset, Sigrid 170
Unverzagt, Wilhelm 433
Urban, Regina 113

Valjavec, Fritz 244 f.
Ven, Elise van der 157, 420 f.
Vercammen, Jan 440 f.
Verschuer, Otmar von 246, 319 (Fn. 46), 325, **327 ff.**
Verstraete, E. 441
Verweyen, Theodor 371
Verweylen [Vorname unbek., flämischer Dichter] 105
Vischer, F. Theodor 344
Vogt, Oskar 259, 327
Vollmer, Antje 379, 382
Vries, Hans de 244 f.
Vries, Jan de 164, 226, 244 (Fn. 16), 245

Walser, Martin 379
Walz, Kurt 112
Walzel, Oskar 102
Wapnewski, Peter 101
Wartburg, Walther von 322
Wassermann, Jacob 43
Weber, Gottfried 402 f.
Weigel, Karl Theodor 254
Weimar, Klaus 296 ff.
Weinheber, Josef 31
Weinhold, Karl 150
Weisgerber, Leo 302, 433
Weisskopf, Victor F. 101
Weizsäcker, Richard von 358 f., 375 f.
Wegener, Max 121 f.

Wettstein, Fritz von 327
Weydt, Günther 348 f.
Wiechert, Ernst 165 ff.
Wiener, Norbert 37
Wilhelm II 10, 13
Wimmer, Friedrich 205, 208
Wirth, Herman 62 f., **116 ff.**, **120 ff.**, **123 ff.**, 128, 134, 138 f., 142, 144, 146, 148, 204, 330
Wissmann, Wilhelm 151
Wissowa, Georg 130
Witting, Gunther 371
Wohlhaupter, Eugen 245
Wolff, Karl 248
Wolfram, Richard 154 f., 164, 174
Wrobel, Ignaz [Pseudonym von Kurt Tucholsky] 43
Wüst, Walther 7, 58, 65, 93, 111, 120, 128 ff., **139 ff.**, 153, 162, 164, 180 f., 189 ff., 200, 215 f., 238, 241, 249, 255 ff., 261 ff., 292, 331, 406, 438
Wüster, Eugen 119
Wulf, Joseph 64, 85
Wyss, Ulrich 306

Zastrau, Alfred 29, **48 ff.**, 262, 298, 305, **398 ff.**
Zehrer, Hans 318
Ziegler, Matthes 155
Ziesemer, Walther 30, 224
Zondergeld, Gjalt 248, 368
Zweig, Arnold 43
Zwirner, Eberhard 259

BILDNACHWEISE

Abb. 1, 2:   DLA Marbach
Abb. 3–11:   GIFT-Archiv
Abb. 12:   ›Die Aktion. Kampfblatt für das neue Europa‹ 2, Mai 1941
Abb. 13:   ›Storm‹ SS [holländische Zeitschrift]
Abb. 14:   GIFT-Archiv
Abb. 15:   BA NS 21/76
Abb. 16:   ›Storm‹
Abb. 17:   PA Rascher, BDC
Abb. 18:   PA Rascher, BDC
Abb. 19a: PA Schneider, BDC
Abb. 19b: PA Schneider, BDC
Abb. 19c: PA Nadler, BDC
Abb. 19d: Festschrift Burger
Abb. 19e: PA Zastrau, BDC
Abb. 19f: PA Sievers, BDC
Abb. 19g: PA Schwalm, BDC
Abb. 19h: PA Augustin, BDC
Abb. 20:   Institut für Zeitgeschichte, München, SWF-d8
Abb. 21:   PA Rudolf Hertz, Universitätsarchiv Bonn